50
1
MY OTHER SIGN IS BETTER
DOWN WITH THIS SORT OF THING
I'VE NO IDEA WHY I'M HERE
MY ARMS ARE TIRED
WHAT ARE WE PROTESTING AGAINST AGAIN
IT'S A SIGN
BURGER PLANET

GUINNESS WORLD RECORDS 2023

DEBOUT SUR UNE MONTGOLFIÈRE À LA PLUS HAUTE ALTITUDE

Bienvenue dans le **Guinness World Records 2023** ! Commencez votre voyage dans le monde extraordinaire des records en prenant de la hauteur, à 4 km au-dessus de la Terre, grâce à Rémi Ouvrard (FRA). Le 10 nov. 2021, l'audacieux Rémi, habillé en astronaute, a décidé de prendre un selfie à 4 016 m au-dessus de Châtellerault, dans la Vienne (FRA). Il s'est tout simplement mis debout au sommet d'une montgolfière pilotée par son père, Jean-Daniel. Une prouesse réalisée dans le cadre du Téléthon.

Missions

3… 2… 1… Vous venez de décoller à bord d'une nouvelle édition du *Guinness World Records* totalement révisée et mise à jour ! L'édition 2023 vous emmène en voyage au-delà de ce monde, pour vous révéler les tout derniers records – et les plus incroyables – qui aient été réalisés sur Terre et dans l'espace. Suivez-nous tout au long de nos 9 "missions" (chapitres). Il est temps d'explorer l'ultime frontière…

JEUNES TALENTS
Plébiscitée, cette rubrique revient cette année encore pour présenter 9 nouveaux talents. Parcourez les interviews de ces jeunes de moins de 16 ans qui partagent leur expérience pour le moins inspirante dans des domaines divers et variés : **le plus jeune grand maître des échecs**, **le gagnant du Classic *Tetris* World Championship**, **le plus grand adolescent**… ou encore la détentrice de **la plus grande collection de baumes à lèvres** !

AUTOUR DU MONDE
Le célèbre roman de Jules Verne, *Le Tour du monde en 80 jours*, aura 150 ans en 2023. Pour célébrer cet événement, nous faisons un tour de notre planète sous l'angle des records. Pas d'inquiétude : vous n'avez pas besoin de passeport et encore moins de sortir de chez vous. C'est un voyage virtuel.

ARRÊT SUR IMAGE
Chaque chapitre se termine par un poster : consacré à un détenteur ou à une détentrice de record emblématique, placé hors de son contexte habituel pour mieux en mettre en valeur sa spécificité. Par exemple, Olympia – le plus grand bonhomme de neige – en vacances sous le soleil de la Grèce et toisant l'Acropole…

HALL OF FAME
Ce sont 8 nouveaux héros détenteurs d'un Guinness World Records, parmi les plus inspirants, qui sont célébrés dans le Hall of Fame 2023. Parmi eux, nous rendons hommage à l'athlète paralympique, Ellie Simmonds, au champion de Rubik's Cube, Max Park, à la légende du foot, Cristiano Ronaldo, à la multi-lauréate de Grammy Awards, Beyoncé, et à l'astronaute Wally Funk.

CONTINUEZ VOTRE VOYAGE EN LIGNE
Signalées dans le livre par le symbole "Play", des vidéos gratuites vous attendent sur **guinnessworldrecords.com/2023**. Notre équipe digitale a sélectionné des clips des plus incroyables détenteurs et détentrices de records du monde. Alors ne ratez pas l'occasion de les voir plus vrais que nature. Et nous vous avons réservé encore plus de contenu bonus, grâce aux QR codes.

LE MOT DE L'ÉDITEUR

Bienvenue dans la nouvelle édition du livre millésimé le plus vendu au monde. Cette année, nous avons étudié 38 991 candidatures, et vous découvrirez au fil des 250 pages qui suivent notre sélection parmi les 4 964 records validés.

Encore aujourd'hui, des milliers de personnes dans le monde rêvent d'obtenir un certificat officiel du Guinness World Records. Notre équipe de gestion des records le constate en traitant les dizaines de milliers de candidatures envoyées chaque année. L'allègement des restrictions liées à la COVID-19 et le retour à un semblant de "normalité" ont joué en faveur des initiatives de records. Et si la tâche est ardue pour trier ces candidatures, c'est parce que nous découvrons des exploits incroyables couvrant des domaines toujours plus larges, réalisés par des individus venant d'horizons toujours plus variés.

En lisant le *Guinness World Records 2023*, vous constaterez, je l'espère, que nous faisons tout pour mettre à l'honneur la plus vaste palette de records possible. Quel que soit votre profil, il existe un superlatif pour qualifier votre talent. Nous avons ainsi lancé en 2022 le projet Kids' Records qui réunit des défis que les moins de 16 ans peuvent relever (p. 8–9). Nous avons également développé l'Initiative Handicap du GWR, pour offrir à tous la possibilité de se surpasser, en élargissant la définition de nos catégories de record (p. 10–11). Nous sommes d'ailleurs fiers de nous être associés cette année à des organismes tels que la Dwarf Sports Association et le Royal National Institute for the Blind.

Au cours des douze derniers mois, nous avons constaté un intérêt de plus en plus marqué des candidats pour des records extra-terrestres. C'est pourquoi nous lançons cette année un chapitre – ou plutôt ce que nous avons appelé "une mission" – consacré à l'espace. Désormais, c'est à un nouveau type de course à l'espace que l'on assiste en raison des voyages commerciaux dans l'espace : c'est à qui obtiendra le titre du "premier civil dans l'espace", du "plus âgé" ou du "plus jeune" et laissera son empreinte à l'ultime frontière. Certes, ce type de record n'est pas à la portée de tous, mais il témoigne indéniablement de la volonté humaine de repousser les limites du possible.

Nous revenons sur la terre ferme pour toutes les autres *missions* habituelles : la vie sur Terre, le corps humain, les exploits incroyables, la technologie, les divertissements, le monde moderne et le sport. Comme toujours, chaque sujet est traité avec l'aide

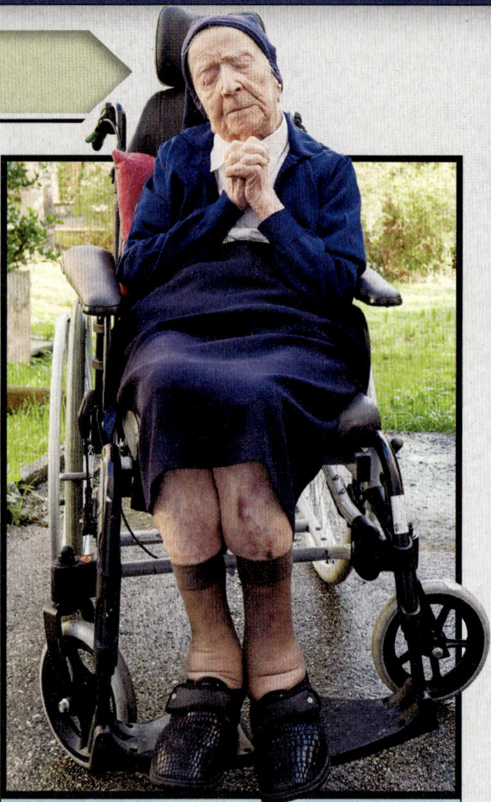

LA PERSONNE LA PLUS ÂGÉE
Le 25 avr. 2022, sœur André, de son vrai nom Lucile Randon, est devenue officiellement la personne la plus âgée du monde à 118 ans et 73 jours. Née à Alès le 11 fév. 1904, Lucile Randon est devenue religieuse à l'âge de 40 ans et a travaillé comme gouvernante pour la famille Peugeot à Versailles.

LA PLUS GRANDE COLLECTION D'OBJETS DU STUDIO GHIBLI
Au chapitre des Collections (p. 84–85), voici la maquilleuse professionnelle et mannequin Éloïse Von Velvet. Fan du Studio Ghibli depuis l'âge de 6 ans, elle garde dans une pièce de son domicile parisien 1 304 objets de collection du studio d'animation.

LE 4 KM POURSUITE INDIVIDUELLE (C5) LE PLUS RAPIDE HANDISPORT (HOMME)
Dorian Foulon a gagné sa manche qualificative lors des Jeux paralympiques d'été de 2020 avec un temps de 4 min 18,274 s, avant de remporter l'or en finale, le même jour. Dorian, qui est né avec un pied bot, est devenu le **1er cycliste handisport à disputer le Tour de l'Avenir** en août 2019, avec l'équipe Nouvelle-Aquitaine.

LE MARATHON LE PLUS RAPIDE DÉGUISÉ EN ARLEQUIN
Lors du Virgin Money Marathon de Londres le 3 oct. 2021, le coureur Gilles Dufosse s'est démarqué. Il a franchi la ligne d'arrivée en un temps de 3 h 56 min 27 s, sans ôter son masque ni son déguisement d'arlequin.

de notre équipe internationale de consultants et de conseillers chevronnés (voir p. 252-253). Nous sommes heureux d'accueillir de nouveaux membres au GWR, notamment l'IRONMAN Group, la World Jigsaw Puzzle Federation, AbleGamers et le championnat du monde de ParaSurf de l'International Surfing Association (Fédération internationale de Surf). Nous remercions aussi les nouveaux-venus dans notre équipe, parmi lesquels le paléontologue Dr Steven Zhang, la politologue et professeure d'université Erica Chenoweth, le maître des effets spéciaux Ian Failes, le féru de grimpe Michael Levy et l'historien de la mode Cassidy Zachary. Qui dit nouveaux consultants dit nouveaux sujets. Alors partez à la découverte de thèmes tels que l'ornithologie (p. 42-43), les animaux héroïques (p. 50-51), l'activisme politique (p. 200-201) ou encore la cryptomonnaie et les NFT (p. 202-203).

LE TOUR DU MONDE

À côté de nos *missions* habituelles, vous trouverez un chapitre s'inspirant de la parution – il y a 150 ans – du célèbre roman de Jules Verne *Le Tour du monde en 80 jours*. Dans "Le tour du monde en 300 records" (p. 114-147), nous rendons hommage à l'esprit aventurier de Jules Verne et vous faisons découvrir 300 faits et lieux culturels exceptionnels. Si vous n'avez pas eu la possibilité de voyager au cours des deux dernières années, cette rubrique devrait vous combler avec les innombrables merveilles de notre planète.

LE VAINQUEUR LE PLUS ÂGÉ EN CHAMPIONNAT DU MONDE DES RALLYES
Lors du Rallye de Monte-Carlo 2022, les pilotes vétérans Sébastien Ogier et Sébastien Loeb (en photo) se sont affrontés. C'est Sébastien Loeb (né le 26 fév. 1974), aux côtés de sa co-pilote Isabelle Galmiche, qui a remporté la victoire le 23 jan., et signé son 80e succès en Championnat du monde des Rallyes à 47 ans et 331 jours.

LE PLUS DE VICTOIRES EN EUROPEAN RUGBY CHAMPIONS CUP DE RUGBY
Le 22 mai 2021, le Stade Toulousain a remporté sa 5e victoire lors de l'European Rugby Champions Cup, en gagnant le match 22-17 contre La Rochelle, au Twickenham Stadium de Londres. Un mois plus tard, Le Stade a remporté sa 21e victoire record du Top 14 en ligue nationale, avec 3 points d'avance sur La Rochelle.

En 1996, Le père de Romain Ntamack, Émile, demi d'ouverture, a remporté la Champions Cup avec Toulouse.

LE MOT DE L'ÉDITEUR

LE PLUS ANCIEN CINÉMA EN ACTIVITÉ
Situé non loin de la résidence d'été des frères Lumière à La Ciotat, sur la Côte d'Azur, l'Eden Théâtre proposait des séances payantes depuis 123 ans et 80 jours au 9 juin 2022. La toute première projection à l'Eden a eu lieu le 21 mars 1899. Elle se composait d'une sélection de films des Frères Lumière, notamment *Caravane aux Pyramides d'Égypte* et *Lancement de Navire à La Ciotat*. Le rival de l'Eden Théâtre, le State Theatre situé en Iowa (USA) (voir p. 116), a également débuté en proposant des films des Frères Lumière.

LE SCORE LE PLUS ÉLEVÉ EN PATINAGE ARTISTIQUE
Lors des Championnats du monde de Montpellier en mars 2022, les champions olympiques Gabriella Papadakis et Guillaume Cizeron ont obtenu des notes record au **programme libre** (137,09) et à la **danse rythmique** (92,73) : leur score total est de 229,82 points.

C'est un plaisir d'accueillir une fois encore les "Jeunes Talents" – ces détenteurs de record âgés de 15 ans ou moins qui font déjà parler d'eux dans le monde. Dans cette édition, vous découvrirez entre autres un champion du monde de *Tetris*, un grand maître des échecs, deux danseurs de hip-hop et un surdoué de l'arithmétique de 8 ans.

HALL OF FAME

Les 8 nouveaux entrants au Hall of Fame du GWR sont aussi dignes d'admiration. Chaque année, nous sélectionnons des personnalités qui nous semblent incarner les valeurs qui sous-tendent les records ; parce qu'elles font de leur mieux, elles sont une source d'inspiration pour nous tous. Découvrez cette année une astronaute octogénaire (p. 34–35), un ado féru de technologie qui change des vies avec des LEGO® (p.148–149) et un maître dans le domaine

LE PLUS DE VARIÉTÉS DE FROMAGE SUR UNE PIZZA
Le 25 sept. 2021, les chefs Morgan Niquet, François Robin et Julien Serri ont réalisé une pizza garnie de 834 fromages français différents, disposés sur une base de 30,5 cm, lors du SIRHA 2021, le rendez-vous international des professionnels du food-service, de la restauration et de l'alimentation.

LE PLUS DE VICTOIRES D'ÉTAPE AU RALLYE DAKAR PAR UN PILOTE
Le 12 jan. 2022, Stéphane Peterhansel a franchi la ligne d'arrivée à Bisha (SA), en remportant la 82e victoire d'étape de sa carrière. Peterhansel et son coéquipier Carlos Sainz Sr ont remporté les 1res victoires d'étape avec un véhicule hybride, mais à la suite d'ennuis mécaniques, ils sont restés en bas du classement général.

LE PLUS DE MÉDAILLES D'OR EN JUDO AUX JO
Le judoka guadeloupéen Teddy Riner est revenu des trois derniers JO avec une médaille d'or. Lors des JO de Tokyo en 2020, il a remporté l'or au terme de l'épreuve par équipe mixte, ce qui porte son total de médailles à 5, puisqu'il a décroché le bronze en individuel dans la catégorie des +100 kg.

de la musique, du cinéma et de l'entrepreneuriat (p. 164–165).

Nous revisitons aussi nos Arrêts sur image. Ces pages poster révèlent la singularité d'un record en le mettant en perspective. Quelle est la taille d'une baleine bleue, le **plus grand animal** du monde ? Quelle est la hauteur de la **plus haute grande roue** ? Et quelle proportion de viande le **plus grand producteur de bœuf** produit en réalité ? Pour répondre à ces questions, nos artistes de 55 Design ont placé la baleine dans une rue animée de Londres (p. 52–53), déplacé la grande roue à côté de la Grande Pyramide d'Égypte (p. 160–161) et posé un gigantesque hamburger sur le Washington Monument (p. 212–213). Vous ferez d'autres découvertes époustouflantes en parcourant cette nouvelle édition.

LES MEILLEURS RECORDS DE JEUX VIDÉO DE TOUS LES TEMPS

Ne manquez pas le Top 25 des records de jeux vidéo à la p. 184. Les éditeurs et les gestionnaires des records ont travaillé de concert avec nos spécialistes en jeux vidéo. Au final, ils nous présentent les plus grands records de tous les temps dans ce domaine – pas nécessairement les meilleurs jeux (bien qu'ils soient tous plutôt incroyables !), mais ceux qui se distinguent par des développements techniques, les prouesses de leurs joueurs, le succès de leur franchise ou encore la popularité de leur série. Que nous soyons candidat ou spectateur d'une tentative sur les réseaux sociaux, voire simple lecteur du GWR, les records élargissent notre horizon et le champ des possibles. Peu importe votre ambition – que vous souleviez des poids sur un monocycle dans votre salle de sport (p. 81), que vous grimpiez au sommet de l'Everest (p. 96) ou que vous vous propulsiez à la *Station spatiale internationale* (p. 20) –, l'essentiel est de vous fixer un objectif, de tout faire pour y parvenir et, surtout, de vous faire plaisir.

Craig Glenday
Rédacteur en chef

LA PLUS HAUTE ALTITUDE DEBOUT AU SOMMET D'UNE MONTGOLFIÈRE
Le 10 nov. 2021, l'intrépide Rémi Ouvrard a renoncé au confort relatif d'un panier de montgolfière pour une chaise de jardin fixée au sommet de l'aérostat de 25 m de haut. Il a ainsi volé au-dessus de la campagne de la Vienne, près de Châtellerault, à 4 016 m d'altitude.

AU-DELA DU LIVRE...
Nous avons tant de nouveaux records à vous faire découvrir cette année que nous avons ajouté plein de bonus en ligne. Chaque fois que vous voyez nos deux astronautes arborer des QR codes, scannez le carré pour être redirigé vers des vidéos TikTok, des publications Facebook, des stories Instagram et des articles sur le site du GWR. Vous trouverez également les règles à suivre pour tenter un record. Le bouton ▶ signifie qu'une vidéo dudit record est disponible sur notre chaîne YouTube. Pour les trouver rapidement, scannez le QR code. Et si vous êtes un utilisateur de Snapchat, vous pouvez débloquer encore plus de contenu vidéo en scannant les Snapcodes qui parsèment le livre. Il vous suffit d'ouvrir l'application et de pointer l'appareil photo vers le Ghostface Chillah qui se fait passer pour un juge du GWR. Amusez-vous bien !

LE PLUS DE SAISONS CONSÉCUTIVES EN UEFA CHAMPIONS LEAGUE AVEC AU MOINS UN BUT MARQUÉ
Karim Benzema a marqué au moins une fois sur 17 saisons consécutives, la 1re en 2005. Son 15e but a été marqué lors de sa victoire avec le Real Madrid 3–1 contre Manchester City, le 4 mai 2022. Benzema partage ce record avec Lionel Messi, l'attaquant du Paris-Saint-Germain.

Réservé aux enfants !

Les jeunes du monde entier se mobilisent ! Nous avons entendu que vous en aviez assez que les adultes s'approprient les records amusants. C'est donc terminé : il en existe désormais rien que pour vous !

Pléthore de défis du GWR conviennent aux enfants en quête de records, mais les adultes (qui *devraient* pourtant le savoir !) les rendent très difficiles à battre. Aussi, pour que les moins de 16 ans aient une chance de se faire un nom, nous avons établi une sélection de records auxquels les plus âgés n'ont pas accès !

Dans ce chapitre, découvrez 4 exemples issus du Kids' Records Project qui vous permettront de commencer à vous entraîner. Il en existe bien plus sur le site du GWR Kids – notamment une sélection de challenges de jeux vidéo –, vous n'aurez donc aucun mal à trouver un record correspondant à vos talents, quels qu'ils soient. Et qui sait, votre nom figurera peut-être l'année prochaine dans le livre !

Scannez le QR code pour accéder à l'ensemble des règles officielles du GWR pour tous les records destinés aux enfants cités ici. Vous pourrez aussi choisir un défi parmi d'autres catégories. Il vous suffit de suivre les instructions pour enregistrer votre tentative. Serez-vous "Officially Amazing" ?

LE PLUS DE PELUCHES ATTRAPÉES LES YEUX BANDÉS PAR UNE ÉQUIPE DE 2 EN 1 MIN

Pour ce challenge sportif, vous devrez saisir le plus de peluches possible.

1. Il s'agit d'un record en duo : l'une lance les peluches, l'autre les rattrape.
2. Les peluches doivent être disponibles dans le commerce (c'est-à-dire vendus en magasin) et ne doivent pas mesurer plus de 19 cm.
3. Une distance de 3 m doit être mesurée au sol et marquée d'une ligne des 2 côtés. Le lanceur doit se tenir derrière une des lignes et le receveur derrière l'autre.
4. Celui qui attrape les peluches doit avoir les yeux bandés.
5. Les peluches ne peuvent être attrapées qu'avec les mains, les bras et le haut du corps.
6. Dès que vous en avez attrapé une, vous pouvez le lâcher.

Record en cours : Inscrivez-vous maintenant !

LE PLUS RAPIDE À CONSTRUIRE UNE TOUR À ANGLE DROIT AVEC 20 BRIQUES LEGO®

Vous n'avez besoin que d'un chronomètre et de 20 briques LEGO® (nous vous conseillons d'utiliser une plaque de construction).

1. Il s'agit d'un record individuel.
2. Seules des briques de 2 x 4 LEGO® peuvent être utilisées. L'usage d'une plaque de construction LEGO® est facultatif (mais particulièrement recommandé !).
3. Mettez les mains posées à plat sur une table. Les briques sont séparées les unes des autres, sans qu'elles ne touchent la plaque.
4. Dès que le chrono démarre, vous ne devez utiliser qu'une main pour saisir une brique. Vous devez ensuite alterner l'usage de la main gauche puis la droite ou vice versa.
5. Chaque brique doit être placée à angle droit (90°) par rapport à la brique précédente, et alignée de façon à créer une tour droite (voir à gauche).
6. Le chronomètre s'arrête dès que la 20e brique est placée. La tour construite doit tenir en place 5 s pour que le record soit validé.

Record actuel : 21,70 s, par William Liu (USA), le 13 nov. 2021.

Relevez ces défis chez vous !
Vous avez sans doute chez vous les objets utilisés pour les défis décrits ici. Prévoyez un chronomètre et/ou un mètre ruban, selon le type de record. Si vous êtes plus amateur de jeux vidéo, vous trouverez des défis à relever avec les licences les plus populaires.

Empiler des briques LEGO

Construire une tour d'habitation

Classer l'alphabet

Attraper des peluches

Coller des Post-it sur le visage

Trier les objets recyclables

Enfiler des chaussettes

Empiler des livres

Accrocher des cannes en sucre d'orge

Empiler des boîtes de conserve

Associer des emojis

LE PLUS DE CHAUSSETTES ENFILÉES SUR UN PIED EN 30 S

Ne mettez pas les pieds dans le même sabot pour tenter ce record !

1. Il s'agit d'un record individuel.
2. Les chaussettes utilisées doivent être vendues dans le commerce.
3. Dès que le chronomètre démarre, enfilez une chaussette à la fois sur le pied choisi.
4. Les chaussettes doivent être remontées au-dessus de l'articulation de la cheville pour être validées pour le record.
5. Les chaussettes qui se déchirent pendant la tentative de record ne seront pas validées.

Record actuel : 15, par Alberto Ugolini (ITA), le 25 févr. 2022.

LE PLUS D'AVIONS EN PAPIER DANS UNE CIBLE EN 3 MIN

Ce devrait être vite expédié – il suffit de lancer des avions en papier dans un seau. Rien de plus simple, non ? !

1. Il s'agit d'un record individuel.
2. Avant le début de la tentative, fabriquez BEAUCOUP d'avions en papier. Vous devez utiliser des feuilles de papier A4 (21 x 29,7 cm) et faire en sorte que les ailes des avions soient identifiables.
3. La largeur du seau que vous utilisez comme cible ne doit pas excéder 30 cm au sommet.
4. Vous devez vous tenir à au moins 3 m du centre du seau. Il faut donc mesurer la distance et la délimiter au sol.
5. Lancez le plus d'avions possible dans le seau – 1 à la fois. Ceux qui rebondiront hors du seau ne seront pas validés.

Record actuel : inscrivez-vous maintenant !

Pensez à réutiliser ou recycler le papier à la fin de votre tentative de record !

Lancer des boules de Noël

Lancer des avions en papier

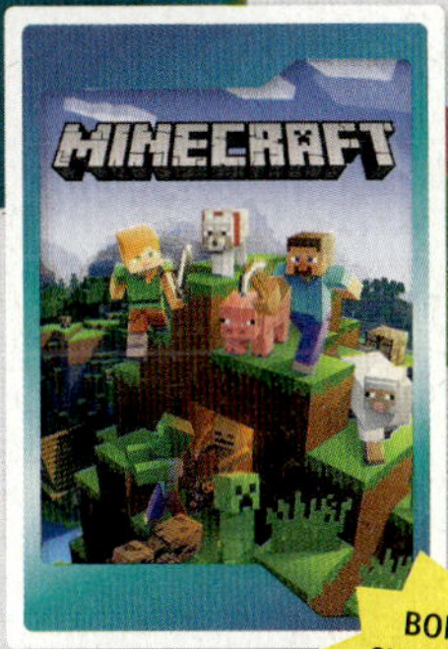

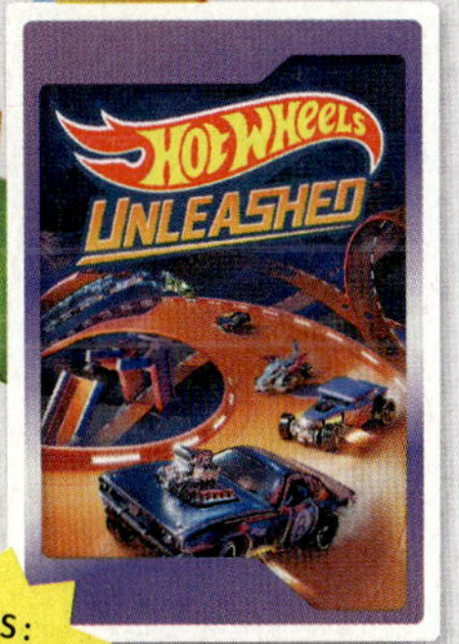

BONUS : CHALLENGES GAMING !

Trier des bonbons

Préparer son cartable

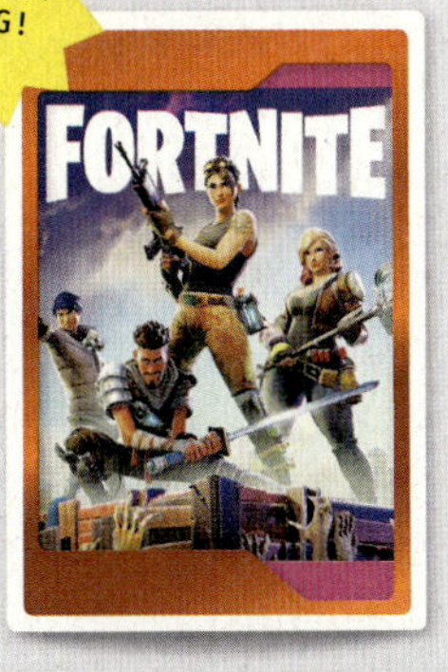

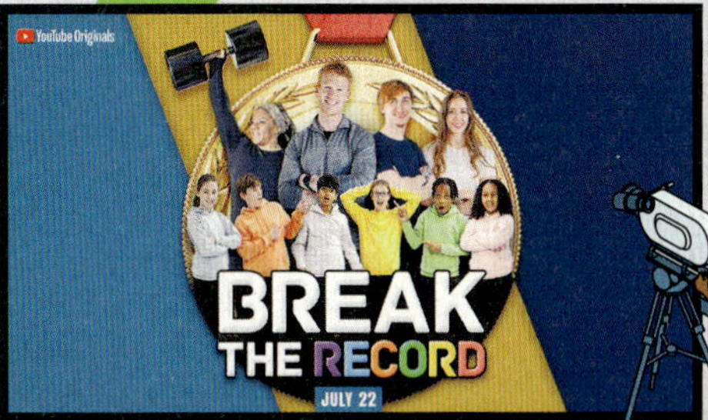

***BREAK THE RECORD* SUR YOUTUBE**

Mia et Harry nous aident à présenter le Kids' Records Project bénévolement. Ils figuraient tous 2 dans la série *Break the Record* diffusée sur la chaîne GWR YouTube Originals.

Dans cette émission, les enfants étaient coachés par des détenteurs de record célèbres avant de se lancer eux-mêmes dans une tentative de record officielle face à un juge du GWR. Harry a obtenu le certificat pour **la balle de minitennis lancée le plus loin depuis une estrade en hauteur**, en envoyant une balle à 31,7 m alors qu'il se tenait sur une estrade de 10 m, au Crystal Palace National Sports Centre de Londres (GBR). Pour voir Harry en action, et visionner d'autres vidéos de records d'enfants, scannez le QR code ci-dessous.

KiDoodLe tv™

ENCORE PLUS DE DÉFIS EN LIGNE

Pour trouver plus de contenu pour les enfants, poursuivez votre voyage en ligne. Sur le site dédié du GWR, vous découvrirez les dernières cascades et acrobaties, des collectionneurs délirants, des animaux étonnants et des hobbies très étranges, mais aussi des jeux et des énigmes inspirés par vos détenteurs de record préférés.

Vous trouverez aussi toutes sortes de défis à relever sur Kidoodle.TV. Cette plateforme de streaming sécurisée propose du contenu trié sur le volet pour une expérience de records absolument bluffante. Visionnez plus de 100 vidéos mettant en scène des records tels que **le lama qui saute le plus haut, la plus petite femme** et **les Rubik's Cubers les plus rapides**, ainsi que des tutoriels animés par certains détenteurs de record.

Initiative handicap

S'inspirant des classifications déjà existantes dans ce domaine, le GWR travaille avec des experts pour présenter un ensemble de catégories destinées aux candidats présentant un handicap. Nous annoncerons d'autres classifications dans le courant de l'année prochaine.

Le GWR a toujours fait en sorte que tout le monde puisse battre des records, quel que soit son handicap. Découvrez des exemples de personnes surmontant l'adversité dans "Sans limites" p. 98-99. Et si nous avons toujours validé des records établis par des para-athlètes (voir p. 232-233), un nouveau projet est en cours au GWR afin qu'il soit désormais possible de battre des records en marge des compétitions officielles des fédérations sportives.

L'objectif est d'ouvrir des catégories de records à des participants présentant un handicap physique ou intellectuel. Après avoir sollicité les conseils d'organisations sportives et d'associations pour personnes handicapées, nous avons mis au point un système de classification qui, nous l'espérons, permettra au plus grand nombre de se hisser au sommet.

Le diagramme ci-contre présente la 1re d'une série de classifications destinées aux participants présentant un handicap, que l'on définit comme "une perte ou une anomalie d'un organe ou d'un mécanisme du corps". Ce système se décline en 6 catégories – Vue (V), Intellectuel (I), Muscle (M), Coordination (C), Amputation (A) et Taille (T)–, chacune étant divisée en sous-catégories, de façon à englober un grand nombre de déficiences.

Cette initiative a déjà commencé à porter ses fruits, comme en témoignent les quelques candidats sur cette page dont les records ont été validés. Si ces individus hors du commun vous donnent envie de présenter, vous aussi, votre candidature, enregistrez votre demande sur **guinnessworldrecords.com/apply** et indiquez-nous le ou les records que vous souhaitez tenter. C'est pour vous une occasion unique de devenir "Officially Amazing" !

LE 100 MILES LE PLUS RAPIDE SUR UN TAPIS DE COURSE (LA2)

Amy Palmiero-Winters (USA) a mis 21 h, 43 min et 29 s pour parcourir 160 km sur un tapis de course, à New York (USA), les 10-11 juill. 2021. Elle a changé de prothèse de jambe pendant sa course pour rester à son aise et en sécurité tout au long de la tentative. Vous en saurez plus sur les exploits d'Amy p. 98-99.

LA PLUS GRANDE DISTANCE VERTICALE À PIED EN 24 H (LA2)

Le 17 août 2021, Jon Hilton (GBR) a gravi 1 345 m jusqu'au sommet du Ben Nevis – la plus haute montagne des îles Britanniques. La jambe de Jon avait été amputée en nov. 2020 des suites de la formation d'un caillot de sang. Il a tenté ce record pour prouver que son handicap ne le définit ni ne le limite – et pour récolter plus de 13 000 £ en faveur de plusieurs associations caritatives. On le voit ici avec ses enfants (de g. à dr.) Ryan, Lauren et Joshua.

LE PLUS LONG 50-50 GRIND SUR UN SKATEBOARD (DV2)

Dan Mancina (USA) a réussi un grind de 6,85 m, à Royal Oak (Michigan, USA), le 15 janv. 2022. Après avoir perdu la vue, Dan retrouve ses réflexes de skateur en utilisant les sons et les craquements – mais aussi une canne – pour s'aider à s'orienter quand il est sur sa planche.

LE TEMPS CUMULÉ LE PLUS RAPIDE POUR TRAVERSER LE ROYAUME-UNI EN TANDEM (DV1)

Tim et Andy Caldwell (tous 2 GBR) ont parcouru le Royaume-Uni à vélo de St David's (Pembrokeshire) à Lowestoft (Suffolk), en 24 h, 43 min et 47 s, du 2 au 5 juin 2021. En 2013, Tim a subi un arrêt cardiaque qui lui a fait perdre la vue et occasionné des troubles du langage et de la marche. Andy, son cousin, a donc fait monter Tim sur le tandem pour l'aider à retrouver sa santé physique et mentale – et le duo a fini par établir ce nouveau record du GWR !

Vous découvrirez des athlètes paralympiques – tel Daniel Dias (BRA), qui détient **le plus de médailles en natation (hommes) lors des jeux Paralympiques d'été** – dans le chapitre consacré au sport (p. 218-245). Voir aussi les p. 232-233 sur le parasport.

Guinness World Records CLASSIFICATIONS DES HANDICAPS

II – Déficience intellectuelle
De grosses difficultés d'apprentissage ou d'adaptation à une situation au quotidien ; a parfois besoin d'aide pour les tâches quotidiennes. La déficience cognitive des participants doit être évaluée par un médecin qui doit démontrer une incidence avérée sur la performance physique.

MP1 – Déficience de la force musculaire – membre supérieur
Incapacité à générer de la pleine force de mouvement avec les bras et les épaules ; fonction limitée des bras et des épaules mais pas du tronc et des jambes.

MP2
Déficience de la force musculaire – tronc
Incapacité à générer de la pleine puissance avec le tronc ; pleine capacité à exercer de la force avec les bras, fonction limitée du tronc mais aucune fonction des jambes.

CIM1 – Troubles de la coordination – bras monoplégique/paralysie d'un bras*
Perte ou manque de mouvements coordonnés dans 1 seul bras (gauche ou droit).

CID1 – Troubles de la coordination – diplégie des bras/paralysie des 2 bras*
Perte ou manque de mouvements coordonnés dans les 2 bras.

CI1 – Troubles de la coordination – quadriplégie*
Perte ou manque de mouvements coordonnés des 4 membres (bras et jambes).

CIH
Troubles de la coordination – hémiplégie*
Perte ou manque de mouvements coordonnés sur un côté du corps (gauche ou droit).

CIM2 – Troubles de la coordination – jambe monoplégique/paralysie d'une jambe*
Perte ou manque de mouvements coordonnés dans 1 seule jambe (gauche ou droite).

CID2 – Troubles de la coordination – jambes diplégiques/paralysie des 2 jambes*
Perte ou manque de mouvements coordonnés dans les 2 jambes.

MP3 – Troubles de la force musculaire – jambes
Incapacité à générer la pleine puissance avec les jambes ; pleine capacité à exercer de la force à l'aide des bras, pleine fonction du tronc, mais capacité limitée des jambes.

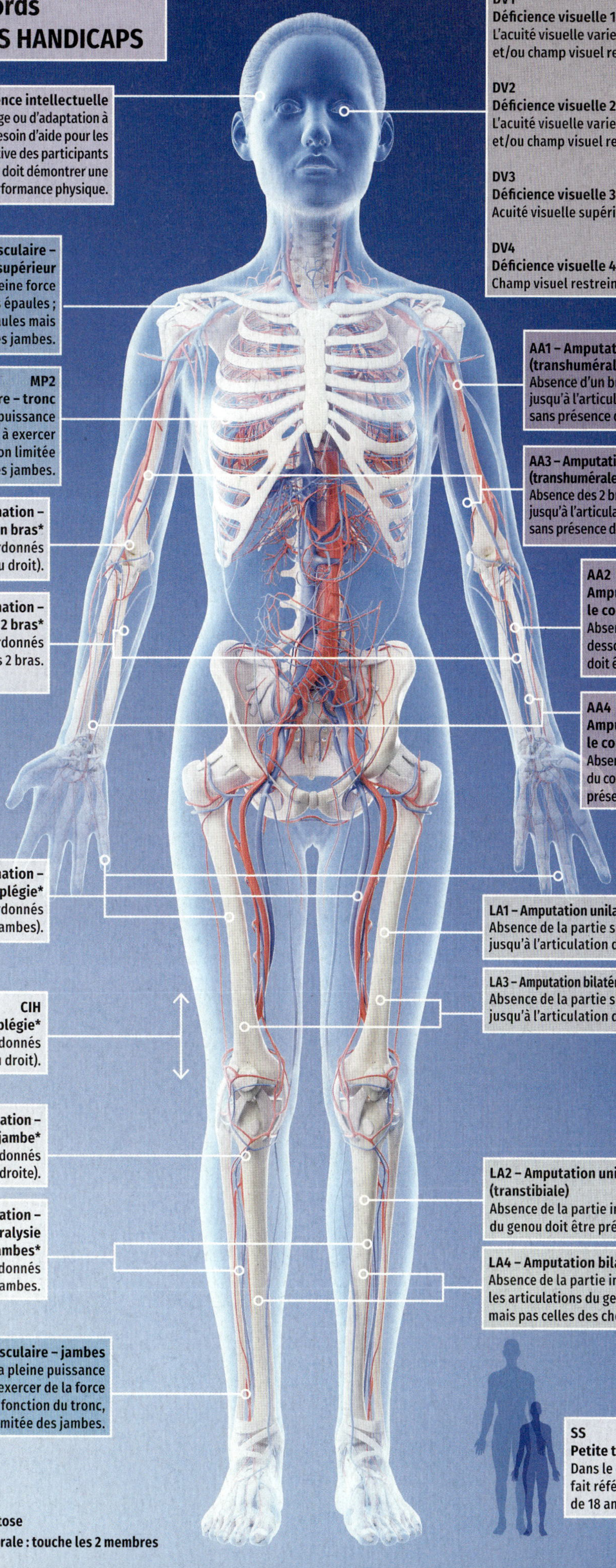

DV1
Déficience visuelle 1
L'acuité visuelle varie de LogMAR 0,5 à 1,48 (inclus) ; et/ou champ visuel restreint à un diamètre inférieur à 40°.

DV2
Déficience visuelle 2
L'acuité visuelle varie de LogMAR 1,5 à 2,58 (inclus) ; et/ou champ visuel restreint à un diamètre inférieur à 10°.

DV3
Déficience visuelle 3
Acuité visuelle supérieure à LogMAR 2,60.

DV4
Déficience visuelle 4
Champ visuel restreint à un diamètre inférieur à 10°.

AA1 – Amputation unilatérale au-dessus du coude (transhumérale)†
Absence d'un bras à partir du dessus du coude ou jusqu'à l'articulation de l'épaule (désarticulation) sans présence de l'articulation du coude.

AA3 – Amputation bilatérale au-dessus du coude (transhumérale)†
Absence des 2 bras à partir du dessus du coude ou jusqu'à l'articulation de l'épaule (désarticulation) sans présence de l'articulation du coude.

AA2
Amputation unilatérale sous le coude (transradiale/ulnaire)
Absence d'un seul avant-bras à partir du dessous du coude ; l'articulation du coude doit être présente, mais pas celle du poignet.

AA4
Amputation bilatérale sous le coude (transradiale/ulnar)
Absence des 2 avant- bras à partir du dessous du coude ; l'articulation du coude doit être présente, mais pas celle du poignet.

LA1 – Amputation unilatérale sous la hanche (transfémorale)
Absence de la partie supérieure de la jambe qui peut aller jusqu'à l'articulation du genou.

LA3 – Amputation bilatérale sous la hanche (transfémorale)
Absence de la partie supérieure des 2 jambes qui peut aller jusqu'à l'articulation du genou.

LA2 – Amputation unilatérale sous le genou (transtibiale)
Absence de la partie inférieure de la jambe ; l'articulation du genou doit être présente, mais pas celle de la cheville.

LA4 – Amputation bilatérale sous le genou (transtibiale)
Absence de la partie inférieure des 2 jambes ; les articulations du genou doivent être présentes, mais pas celles des chevilles.

SS
Petite taille
Dans le cadre de ce record, la petite taille fait référence aux participants de plus de 18 ans mesurant moins de 147,32 cm.

*Comprend hypertonie, ataxie et athétose
†Unilatérale : touche 1 membre ; bilatérale : touche les 2 membres

GWR DAY

Chaque année, des milliers de personnes à travers le monde relèvent des défis pour célébrer le GWR Day. Le 18e GWR Day a eu lieu le 17 nov. 2021. Après les évaluations à distance imposées par l'épidémie de Covid-19 en 2020, notre communauté internationale de recordmen/women était impatiente de sortir et de faire son show. Nous avons découvert une incroyable variété de talents !

= Lieu de la tentative de record

GWR Day 2021 : records autour du monde

	Titre	Record	Détenteur
1	Le plus de prises de jonglage à la hache consécutives	2 919	David Rush (USA)
2	Le plus de voitures consécutives survolées sur un pogo stick	5	TPhil, alias Tyler Phillips (USA)
3	Le plus de trick shots réussis au billard en 1 h	58	Florian Kohler (FRA)
4	Le plus long saut de chat barre/mur	4,90 m	Najee Richardson (USA)
5	Le kilomètre le plus rapide sur des béquilles (1 jambe)	6 min et 12,88 s	Christian Roberto López Rodríguez (ESP)
6	Le plus de "doubles tours du monde" en 1 min (femmes)	24	Laura Biondo (VEN)
7	Le plus rapide à retourner 3 bouteilles d'eau	1,20 s	Rocco Mercurio (ITA)
8	Le plus longtemps à faire tourner 5 hula-hoops avec les fesses et les bras	4 min et 6 s	Andrea M (GBR, née USA)
9	Le plus long backflip entre des barres horizontales	6 m	Ashley Watson (GBR)
10	Le plus de sauts à la corde croisés sur 1 jambe les yeux bandés en 30 s	57	Cristian Sabba (ITA)

9

16

10

12

15

11

13

14

18

17

GWR Day 2021 : records autour du monde

	Titre	Record	Détenteur
11	Le plus de sauts périlleux arrière sur 1 jambe en 30 s	12	Ayoub Touabe (MAR)
12	Le plus de punaises plantées sur un tableau en liège en 1 min	140	André Ortolf (DEU)
13	Le plus de pommes écrasées à la main en 1 min	21	Naseem Uddin (PAK)
14	Le plus de tours de magie exécutés les yeux bandés en 1 min	30	Avery Chin (MYS)
15	Le plus de tours sur un BMX Stick-B en 30 s	37	Takahiro Ikeda (JPN)
16	Le plus rapide à tirer une voiture sur 50 m en marchant sur les mains	1 min et 13,27 s	Zhang Shuang (CHN)
17	La tour de 3 personnes la plus rapide sur 20 m	11,20 s	Jordan Steffens, Shani Stephens et Josh Strachan (tous AUS)
18	Le plus de baguettes lancées les yeux bandés sur une cible en 1 min	17	Anthony Kelly (AUS)

Le GWR Day 2021 a aussi vu un couple de jeunes breakdancers exploser les records – voir p. 104 pour en savoir plus...

LA PLUS GRANDE STATION SPATIALE

Au 22 déc. 2021, après l'ajout du module *Nauka* et du module d'amarrage *Prichal*, la *Station spatiale internationale (ISS)* avait une masse de 418 190 kg, ou de 459 025 kg en comptant le vaisseau amarré. Elle est aussi **la station spatiale à la vie la plus longue** : elle est occupée de manière continue depuis plus de 21 ans.

L'astronaute Thomas Marshburn a pris cette photo en plongée de l'*ISS* durant une sortie extra-véhiculaire en déc. 2021. Ci-contre, on voit l'*ISS* depuis l'un des vaisseaux Crew Dragon de SpaceX, qui a amené le nouveau personnel en nov. 2021.

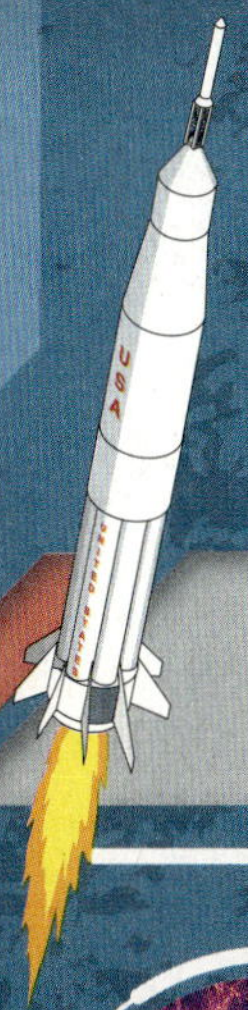

MISSION

Système solaire

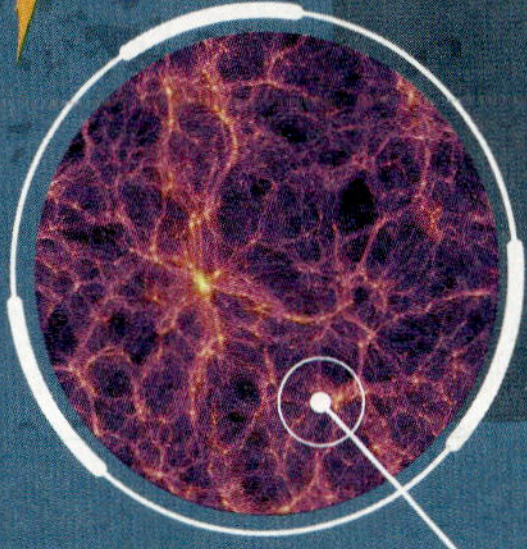

Nauka et Prichal

Matthias Maurer, astronaute de l'Agence spatiale européenne

La station abrite nombre d'équipements, dont plus de 100 ordinateurs et des robots volants autonomes.

Astrobee, robot assistant

Fusées

Le plus de lancements réussis (modèle de fusée unique)
Entre le 18 mai 1973 et le 22 févr. 2017, les fusées *Soyouz-U* soviétiques/russes (**10**, voir ci-contre) ont atteint l'orbite 765 fois. Ce décompte comprend **le plus de lancements réussis sur 1 an** : 47, en 1979. Même quand l'usine envoyait une nouvelle fusée sur la rampe de lancement tous les 8 jours, *Soyouz-U* n'a connu que 2 échecs. Durant des décennies de carrière, seuls 22 lancements n'ont pas atteint l'orbite prévue, ce qui vaut à cette fusée un taux de réussite phénoménal de 97,2 %.

Le plus grand vaisseau spatial réutilisable
Le Système de transport spatial de la NASA (**8**) était centré sur un orbiteur, la navette spatiale, qui avait une masse de 78 200 kg et mesurait 37,2 m de long pour une envergure de 23,8 m. Lors du lancement, les moteurs de la navette fournissaient un tiers de la poussée grâce au carburant du réservoir externe orange, et les moteurs de 2 fusées classiques fournissaient la poussée restante.

La fusée *Energia* de l'Union soviétique et son orbiteur Buran (**6**) ont été les plus proches rivaux de la navette spatiale. L'orbiteur mesurait 36,3 m de long, pour une envergure de 23,9 m et une masse de 62 000 kg env. Il n'a volé qu'une fois, sans équipage, le 15 nov. 1988, puis le projet a été annulé.

LE 1er LANCEMENT DE FUSÉE À CARBURANT LIQUIDE
Le 16 mars 1926, le docteur Robert Hutchings Goddard (USA) a lancé une fusée propulsée à l'essence et à l'oxygène liquide dans le champ de choux de sa tante Effie à Auburn (Massachusetts, USA). Son invention a atteint une altitude de 12,5 m et la vitesse moyenne de 96,5 km/h sur 56 m. Le vol a duré un tout petit peu plus de 2 s au total.

LA 1re UTILISATION DE FUSÉES
À la fin du XIIe siècle, les chimistes chinois ont inventé de petits feux d'artifice autopropulsés, les *ti lao shu* ("rats au sol"), en plaçant de la poudre à canon dans de petits morceaux de bambou. Des fusées plus stables et plus grandes, fixées à des tiges ressemblant à des flèches, ont dû apparaître à la même époque. Quand le traité militaire *Huo Lung Ching* ("manuel du dragon de feu", voir ci-dessus) est sorti au XIVe siècle, les ingénieurs militaires chinois connaissaient bien des modèles de fusées avancées.

La fusée la plus puissante en capacité d'emport
Lancé pour la 1re fois le 6 févr. 2018, le lanceur Falcon Heavy de SpaceX peut soulever une charge utile maximale de 63 800 kg en orbite basse. Il se compose d'une fusée *Falcon 9* avec un 1er étage supplémentaire placé de chaque côté. Ainsi, il comptabilise un nombre total de 27 moteurs et atteint 22 800 kN (kilonewtons) de poussée.

La masse ne fait pas tout. Pour certaines missions, la taille de la charge est plus importante. Pour un chargement exceptionnel comme le télescope spatial *James Webb* (p. 30-31), **la coiffe la plus large** s'impose : le nez conique de 5,4 m de diamètre de la fusée *Ariane 5* de l'Agence spatiale européenne (**12**).

La fusée à carburant liquide la plus puissante
Le moteur de fusée russe/soviétique RD-171M, qui a volé pour la 1re fois en propulsant le lanceur Zenit le 13 avr. 1985, génère 7 265 kN de poussée au niveau de la mer. Son système de pompage central injecte un mélange de carburant et d'oxygène liquide dans ses 4 chambres de combustion séparées à la vitesse de 2,5 t par seconde.

La plus petite fusée orbitale
La *SS-520-5* (**13**) mesure à peine 9,54 m de haut pour un diamètre de 0,52 m et un poids de 2 600 kg. Elle est donc env. 30 fois plus légère que la navette spatiale *Columbia*. Conçue par l'Agence d'exploration aérospatiale japonaise (JAXA) pour placer de petits satellites et instruments scientifiques en orbite basse, elle a volé pour la 1re fois le 3 févr. 2018. Le principal lanceur de la JAXA, le Mitsubishi H-IIA (**9**), est beaucoup plus grand.

Le plus de lancements en orbite par un pays (année en cours)
Ces dernières années, la Chine a dominé le terrain en ce qui concerne le nombre de lancements de fusées. En 2021, les fusées chinoises ont réussi 53 vols orbitaux. Le programme spatial chinois utilise beaucoup la série *Longue Marche 3* (**7**), qui a réussi 128 lancements depuis ses débuts en 1984. L'Administration spatiale nationale chinoise prévoit de remplacer les fusées des séries *Longue Marche 2*, *3* et *4* dans les années à venir, car elles font partie des rares lanceurs actifs utilisant toujours l'hydrazine, **le carburant à fusée le plus toxique**, dans les moteurs de leur 1er étage. Ingérer ou inhaler ne serait-ce que 4 g d'hydrazine suffit à tuer un humain adulte.

L'ÉTAGE DE FUSÉE LE PLUS PUISSANT
Lancé pour la 1re fois le 21 févr. 1969, le 1er étage de la fusée lunaire soviétique *N1* (**3**), le bloc A, générait env. 45 250 kN de poussée au niveau de la mer. En comparaison, la fusée américaine *Saturn V* générait 31 100 kN. La *N1* a été conçue par le bureau d'études OKB-1 (aujourd'hui RSC Energia) et n'a été lancée que 4 fois. Elle n'a jamais atteint son orbite et le programme a finalement été fermé en 1974.

FUSÉES À L'ÉCHELLE

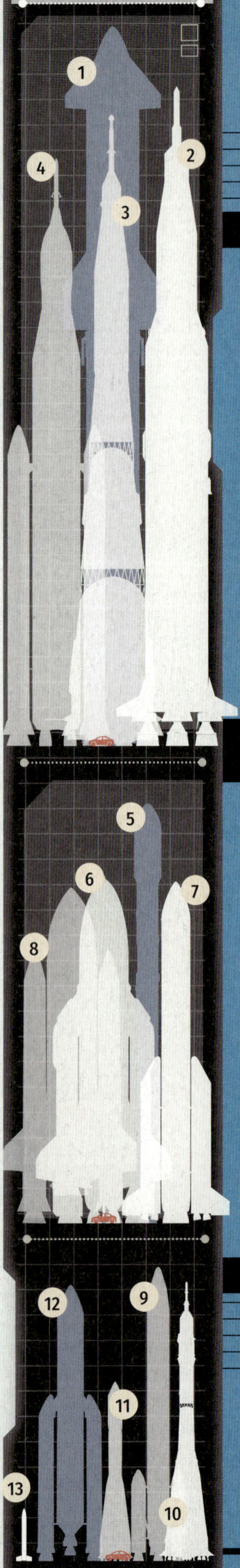

Un carré représente 4,2 m.

Les nombres entre parenthèses renvoient au schéma FUSÉES À L'ÉCHELLE.

LE MOTEUR-FUSÉE À CHAMBRE UNIQUE LE PLUS PUISSANT

Le gigantesque moteur F-1 de Rocketdyne a été construit pour le 1er étage de la fusée *Saturn V* de la NASA. Il mesurait 5,6 m de haut pour 8 400 kg et développait une poussée de 6 770 kN au niveau de la mer. Il a volé pour la 1re fois lors d'un test sans équipage de *Saturn V* le 9 nov. 1967.

LE 1er VAISSEAU SPATIAL ORBITAL RÉUTILISABLE

La navette spatiale de la NASA a été le 1er vaisseau spatial capable de décoller et d'atterrir plusieurs fois. *Columbia* a volé pour la 1re fois le 12 avr. 1981 et a été la 1re à redécoller, le 12 nov. de la même année.

LA PLUS VIEILLE FAMILLE DE FUSÉES ORBITALES

Les fusées sont souvent classées en "familles", des configurations différentes du même design de base. La série R-7 soviétique/russe comprend les fusées qui ont lancé **le 1er satellite artificiel** en 1957 (**11**) et des atterrisseurs sur Vénus pendant les années 1970, ainsi que les fusées *Soyouz* (photo) transportant les équipages de la *Station spatiale internationale*.

LE PLUS GRAND PROPULSEUR DE FUSÉE À CARBURANT SOLIDE

Le propulseur à 5 segments du Space Launch System (SLS), lanceur super-lourd de la NASA (**4**), a été construit par Northrop Grumman (USA). Chacun de ces propulseurs, qui seront utilisés en paires, génère 14 590 kN au niveau de la mer, ce qui en fait **les moteurs de fusée les plus puissants** jamais fabriqués. Ils produisent 25 % de poussée en plus que les propulseurs à carburant solide de la navette spatiale.

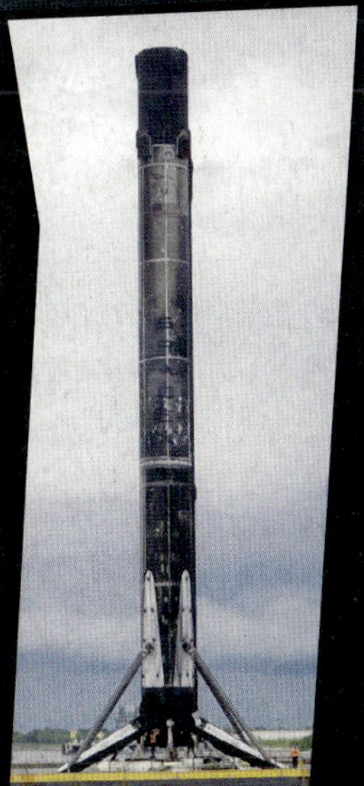

LE PLUS DE MISSIONS POUR UN 1er ÉTAGE DE FUSÉE

Le propulseur B1051 de la *Falcon 9* de SpaceX (**5**) a réalisé 12 missions du 2 mars 2019 au 19 mars 2022. Pour son 1er vol, il a propulsé la mission *Demo-1* de Crew Dragon pour la NASA. Il a ensuite lancé des satellites radar canadiens, un satellite télécom *SiriusXM* et 522 satellites *Starlink* (sur 9 vols). Ces cycles décollage/retour ont patiné la peinture blanche éclatante d'origine, qui est devenue gris cendre.

LA PLUS GRANDE FUSÉE

Conçue dans le cadre du programme *Apollo* de la NASA, *Saturn V* (**2**) reste la plus grande fusée jamais construite. Elle mesurait 110,6 m de haut et pesait 2 965 t une fois prête au décollage, avec son carburant. De 1967 à 1973, les *Saturn V* ont emporté 7 missions ayant touché le sol lunaire et ont placé la station spatiale *Skylab 1* en orbite (voir p. 21). Cette fusée cédera la 1re place à la fusée de 120 m de haut Starship (**1**), de SpaceX, si celle-ci est lancée à l'été 2022 comme cela est prévu.

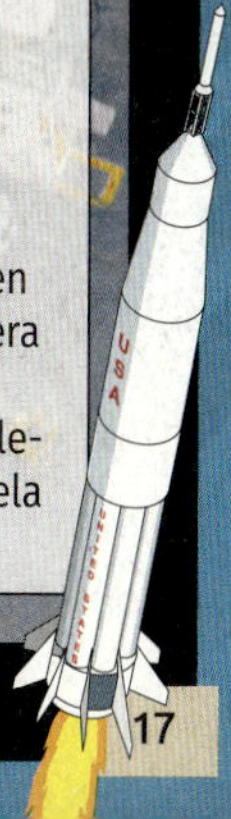

La frontière de l'espace

LE 1ER VOL SPATIAL HABITÉ FINANCÉ PAR DES FONDS PRIVÉS
Le 21 juin 2004, *SpaceShipOne*, construit et exploité par l'entreprise aérospatiale Scaled Composites (USA), a atteint l'altitude de 100,12 km et franchi la ligne de Kármán sur une trajectoire suborbitale au-dessus du désert de Mojave (Californie, USA). Le pilote, Mike Melvill (USA, né ZAF), a reçu **les 1res ailes d'astronaute commercial** de la Federal Aviation Administration (FAA) américaine.

Où commence l'espace ? Difficile de répondre à cette question. En effet, il n'existe pas de barrière naturelle entre l'air et le vide de l'espace. Les fines volutes de l'atmosphère supérieure s'étendent au-delà de l'orbite de bien des satellites et même de celle de la Station spatiale internationale. *Nous devons donc tirer une ligne plus bas. Aujourd'hui, la barrière la plus communément acceptée, la ligne de Kármán, est à 100 km d'altitude, mais d'autres points de transition ont été proposés.*

La survie à l'"altitude équivalente" la plus élevée
La 1re limite importante, la limite d'Armstrong, se trouve à env. 19 km d'altitude. La pression de l'air est assez basse pour que l'eau bout à la température du corps. Seules quelques personnes ont été exposées à une telle pression et y ont survécu. Le plus chanceux a été le volontaire de la NASA Jim LeBlanc (USA), qui a été exposé à une altitude équivalente à 36,5 km lors d'une panne de combinaison spatiale durant des essais en chambre à vide, le 14 déc. 1966.

L'altitude la plus élevée pour un avion à portance aérodynamique
Durant les années 1950, le scientifique Theodore von Kármán (né HUN) a proposé de définir l'espace en se basant sur la physique des vols à haute altitude. Selon ses calculs, il existe une altitude à laquelle la vitesse nécessaire pour maintenir la portance aérodynamique dépasse celle nécessaire pour entrer en orbite. Il a suggéré qu'elle était comprise entre 80 et 100 km, mais n'a pas fait de calculs plus précis. Dans un article de 2018, le consultant du *GWR* pour le vol spatial, Jonathan McDowell, a repris les équations de Kármán avec des données modernes et a calculé la "ligne de Kármán effective", qu'il a située entre 77 et 86 km d'altitude.

Ces calculs, toutefois, reposent sur un avion parfait hypothétique. Dans les faits, la plus haute altitude atteinte par un avion à portance aérodynamique est bien inférieure : 37,65 km. Ce record a été établi le 31 août 1977 par le pilote d'essai soviétique Alexandr Fedotov dans un MiG-25 "Foxbat" modifié, le Ye-266M.

Le plus haut vol dans un avion passagers commercial
L'US Air Force et la NASA utilisent une limite atmosphérique appelée "mésopause", à env. 80 km d'altitude, pour séparer l'air et l'espace. Le 11 juill. 2021, l'avion-fusée *Unity* de Virgin Galactic (ci-dessous) a atteint une altitude de 86 km et franchi cette limite avec 6 passagers à bord. Durant l'ascension, il est aussi devenu **l'avion passagers commercial le plus rapide** : il a atteint Mach 3 (3 563 km/h) en franchissant l'altitude de 40 km.

Le 1er objet artificiel dans l'espace
La fusée allemande *Aggregat 4* (prototype du missile balistique V-2, voir ci-contre) a été le 1er objet artificiel à franchir la ligne de Kármán, à 100 km d'altitude. La date exacte est incertaine, mais le vol a probablement eu lieu durant l'été 1944, lors d'une série de lancements verticaux secrets qui auraient atteint 120 km d'altitude, depuis une île de la mer Baltique appelée Greifswalder Oie.

Après la Seconde Guerre mondiale, nombre de puissances alliées ont testé des fusées V-2 confisquées aux vaincus. Outre **les 1res photos prises depuis l'espace** (voir ci-contre), la V-2 a aussi emporté **les 1ers chiens dans l'espace**, 2 chiens errants de Moscou appelés Dezik et Tsygan, qui ont atteint 110 km d'altitude le 22 juill. 1951.

Orbite quasi circulaire la plus basse
La plus haute limite proposée pour marquer le début de l'espace est l'orbite stable minimale. Plus l'altitude d'un objet est basse, plus l'atmosphère le ralentit par friction, ce qui l'entraîne hors de son orbite et vers la Terre. Il doit donc maintenir une certaine vitesse pour résister à cette attraction. Les satellites aux orbites quasi circulaires (dont le périgée et l'apogée, le point le plus proche et le plus éloigné du centre de la Terre, ont des valeurs similaires en km) ne peuvent pas descendre sous 120 km env.

Le 16 août 2016, le satellite de recherche chinois Lixing-1 est descendu jusqu'à une orbite dont le périgée et l'apogée étaient respectivement de 124 et 133 km. Il est resté en orbite ainsi pendant trois jours avant de rentrer dans l'atmosphère le 19 août.

LE 1ER AVION-FUSÉE PASSAGERS COMMERCIAL
Le 11 juill. 2021, le SpaceShipTwo *Unity* de Virgin Galactic a atteint l'altitude de 86 km et la vitesse maximale de Mach 3 (3 700 km/h). L'équipage de 6 personnes comprenait 2 pilotes et 4 passagers, dont le fondateur de Virgin, Richard Branson (en haut, à droite). Même à vitesse supersonique, *Unity* est uniquement piloté à la main, sans ordinateur pour assister les pilotes.

OÙ COMMENCE L'ESPACE ?

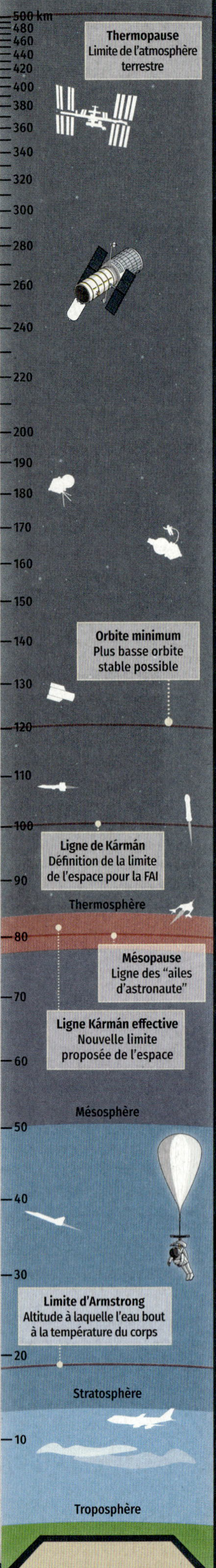

L'AVION-FUSÉE LE PLUS RAPIDE
Un avion X-15A-2 a atteint Mach 6,7 (7 274 km/h), à l'altitude de 31,12 km au-dessus de la Californie (USA), le 3 oct. 1967. Le programme X-15 a compté 199 vols au total. Le plus élevé a atteint 107,8 km. Huit des 12 pilotes ayant piloté le X-15 ont obtenu des ailes d'astronaute.

LA 1RE IMAGE DE LA TERRE DEPUIS L'ESPACE
Le 24 oct. 1946, une fusée V-2 de fabrication allemande a décollé de New Mexico (USA) avec un appareil photo à la place de la bombe prévue. L'appareil a pris des photos montrant la courbe de la Terre et le noir de l'espace depuis une altitude de 104,6 km env.

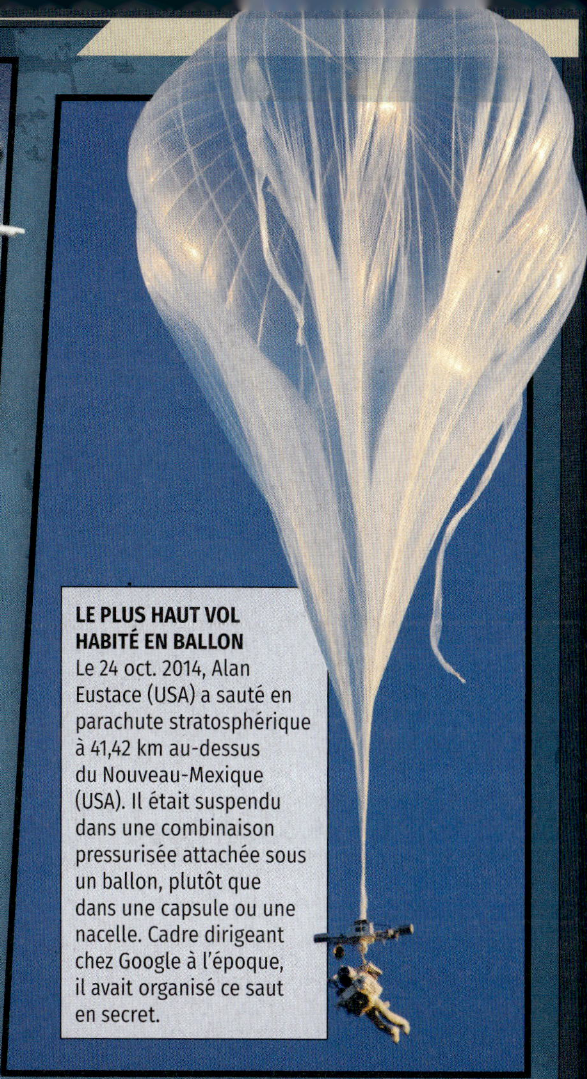

LE PLUS HAUT VOL HABITÉ EN BALLON
Le 24 oct. 2014, Alan Eustace (USA) a sauté en parachute stratosphérique à 41,42 km au-dessus du Nouveau-Mexique (USA). Il était suspendu dans une combinaison pressurisée attachée sous un ballon, plutôt que dans une capsule ou une nacelle. Cadre dirigeant chez Google à l'époque, il avait organisé ce saut en secret.

LA 1RE MISSION SUBORBITALE TRANSPORTANT DES CLIENTS PAYANTS
Produite et exploitée par l'entreprise aérospatiale Blue Origin (USA), la fusée *New Shepard* a fait son 1er lancement habité depuis Van Horn (USA) le 20 juill. 2021. Le propulseur NS4, nouvelle version du véhicule ayant réussi **le 1er atterrissage contrôlé par une fusée suborbitale** le 23 nov. 2015, a emporté l'équipage à 107 km.

Les 4 passagers ont établi des records ce jour-là. Jeff Bezos, fondateur de Blue Origin, et son frère Mark (tous 2 USA, en bas, à gauche ; respectivement à gauche et à droite) sont devenus **les 1ers frères ou sœurs dans l'espace en même temps** ; le client payant Oliver Daemen (NLD, né le 20 août 2002, en haut, à gauche) est devenu à 18 ans et 334 jours **la plus jeune personne dans l'espace** ; et l'aviatrice vétérane Wally Funk (née le 1er févr. 1939) est devenue **la plus âgée** (voir p. 34). Son record a été battu le 13 oct. 2021 par William Shatner (CAN, né le 22 mars 1931), acteur de *Star Trek* alors âgé de 90 ans et 205 jours, mais elle reste **la femme la plus âgée**.

La vie en orbite

LA 1RE MISSION ORBITALE DE PARTICULIERS
Le 16 sept. 2021, un lanceur Falcon 9 de SpaceX a propulsé la mission spatiale civile *Inspiration4* du Kennedy Space Center (USA) : (de gauche à droite) l'organisateur Jared Isaacman, la médecin Hayley Arceneaux, l'ingénieur de vol Chris Sembroski et le pilote Sian Proctor (tous USA), réunis dans le vaisseau *Crew Dragon* de SpaceX. La mission a levé plus de 200 millions $ pour l'association caritative de traitement du cancer chez l'enfant St Jude.

La 1re personne à manger dans l'espace
Le 2 avr. 1961, durant l'historique mission *Vostok 1* de 108 min (**le 1er vol spatial habité**), le cosmonaute soviétique Youri Gagarine a mangé du pâté de bœuf et de foie dans un tube d'aluminium, puis de la pâte à tartiner au chocolat en dessert.

La 1re personne à vomir dans l'espace
Le mal de l'espace est une forme de cinétose, le mal des transports, causée par la désorientation et l'absence de gravité. La 1re victime a été le cosmonaute soviétique Gherman Titov, qui a été pris de nausée et de vomissements durant le vol de *Vostok 2*, le 6 août 1961. Environ la moitié des personnes volant dans l'espace en sont atteintes, mais les symptômes disparaissent généralement après 1 à 2 jours en orbite.

La 1re performance musicale dans l'espace
Durant la double mission *Vostok 3/4*, les cosmonautes Andriyan Nikolayev et Pavel Popovich ont décollé à 24 h d'intervalle, respectivement les 11 et 12 août 1962. Ils ont été en contact radio une bonne partie du vol et en ont profité pour chanter, pour le plus grand bonheur du contrôle au sol.

Les 1ers instruments de musique dans l'espace ont été un harmonica Hohner "Little Lady" et des grelots introduits à bord de la mission *Gemini VI* par deux astronautes de la NASA, Walter "Wally" Schirra et Tom Stafford. Le 16 déc. 1965, ils ont surpris le contrôle au sol et l'équipage de *Gemini VII*, également en orbite, en interprétant la chanson de Noël *Jingle Bells*.

Les 1ers aliments cultivés dans l'espace
Durant leur séjour de 61 jours dans la station spatiale *Saliout 4* en 1975, les cosmonautes Piotr Klimouk et Vitali Sevastianov ont utilisé la serre Oasis-1M pour cultiver des oignons verts, qu'ils ont mangés à l'occasion des 40 ans de Sevastianov, le 8 juill.

Le 26 sept. 2019, à bord de la *Station spatiale internationale* (*ISS*), des cellules de bœuf de la start-up Aleph Farms (ISR) ont donné **la 1re viande de laboratoire produite dans l'espace**.

Les 1res personnes à voter dans l'espace
Les cosmonautes Youri Onoufriyenko et Youri Oussatchiov (tous 2 RUS), alors à bord de la station spatiale *Mir*, ont voté par procuration à l'élection présidentielle russe du 16 juin 1996.

En 1997, le Texas a modifié la loi sur le vote par correspondance. David Wolf (USA) a pu voter à une élection régionale depuis *Mir*. Il est le 1er astronaute américain à voter depuis l'espace.

Le 1er feu dans une station spatiale
Le 23 févr. 1997, un feu a éclaté sur *Mir* lors d'une défaillance des "chandelles" de perchlorate de lithium, qui sont chauffées pour dégager de l'oxygène. Bien qu'il l'ait éteint, l'équipage a failli évacuer à bord de son "vaisseau de sauvetage" *Soyouz*.

Le plus de temps cumulé en sortie extra-véhiculaire
Le cosmonaute Anatoli Soloviov (RUS) a cumulé 82 h et 22 min en sortie dans l'espace de 1988 à 1998, sur *Mir*. Parmi ses 16 sorties extra-véhiculaires, 7 étaient des missions de réparation d'urgence durant l'expédition *24* de *Mir*, après une collision avec un vaisseau de ravitaillement.
Le record de la sortie extra-véhiculaire pour **une femme** est détenu par l'astronaute Peggy Whitson (USA), qui a passé 60 h et 21 min à l'extérieur de l'*ISS* entre 2002 et 2017. Au total, elle a passé 665 jours, 22 h et 22 min en orbite, **le plus de temps cumulé dans l'espace (femmes).** *Voir p. 23.*

Le système de toilettes le plus coûteux
La navette spatiale *Endeavour* a décollé en janv. 1993 avec de nouvelles toilettes unisexes sur le pont intermédiaire. La NASA les a décrites comme "un système complet de collecte et de traitement [...] tenant dans une demi-cabine téléphonique". Ces w.c., qui ont coûté 30 millions $ et comptaient 4 000 pièces, étaient dotés de prises pour retenir les pieds de l'utilisateur.

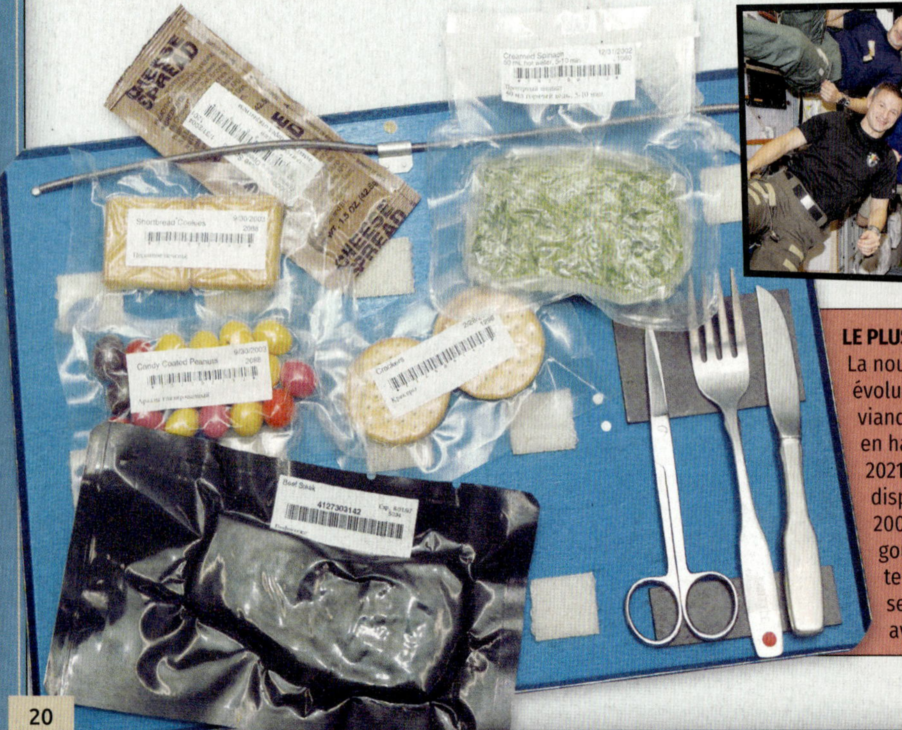

LE PLUS GRAND MENU DANS L'ESPACE
La nourriture spatiale a beaucoup évolué depuis le tube de pâté de viande de Youri Gagarine (voir en haut, à gauche). Au 16 nov. 2021, les astronautes américains disposent d'un menu de 200 plats standard, plus des gourmandises envoyées de temps en temps. Le menu russe serait encore plus diversifié, avec env. 300 plats.

VACANCES SPATIALES

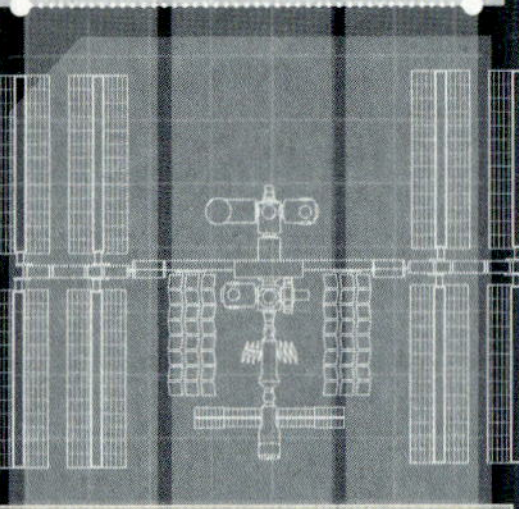

En 2019, la NASA a annoncé l'ouverture de l'*ISS* aux touristes. C'est la location la plus technologique du monde ! Une place dans ce SpaceBnB coûte la somme astronomique de 1,1 million $ la nuit. Que comprend ce prix ?

Internet et bureau

WiFi
Disponible dans toute la station

Espaces de travail
Une centaine de tablettes et d'ordinateurs portables

Équipement de laboratoire
Hottes aspirantes, boîtes à gants, congélateurs

Cuisine et repas

Préparation
Hydratateur
de sachets repas, menu diversifié

Table
Avec poignées pour se tenir

Machine à café
"ISSpresso" à l'italienne

Équipements et services

Parking gratuit sur place
8 postes d'amarrage

Séjours longue durée autorisés
Jusqu'à 437 jours

Environnement en apesanteur
Chute libre continue

Sans vis-à-vis
Les voisins sont à 408 km en contrebas

Gym
Tapis de course, vélo d'appartement, appareils de musculation

Non inclus

Baignoire/douche

Cour ou balcon

Machine à laver

Four

LA PLUS GRANDE PIÈCE DANS L'ESPACE
Lancé le 14 mai 1973, le *Skylab* de la NASA était la 1re station spatiale des États-Unis et le plus grand volume habitable unique lancé dans l'espace. L'élément principal est le 3e étage reconverti d'un lance-fusée *Saturn V*. Cette station spatiale cylindrique avait un volume interne total de 238,3 m³, pour un volume habitable de 173 m³.

LA 1RE VIDÉO MUSICALE FILMÉE DANS L'ESPACE
Le 12 mai 2013, durant sa dernière mission sur l'*ISS*, le commandant Chris Hadfield (CAN) a posté sur YouTube une vidéo dans laquelle il chante *Space Oddity* de David Bowie. Bowie lui a dit que c'était l'interprétation la plus émouvante de sa chanson.

LE PLUS DE PERSONNES DANS L'ESPACE EN MÊME TEMPS
Le 11 déc. 2021, pendant quelques minutes, la population humaine dans l'espace a compté 19 personnes : 6 dans une capsule *New Shepard* suborbitale de Blue Origin, 3 dans la station spatiale chinoise *Tiangong* et 10 dans l'*ISS*. Le record précédent était de 14 personnes et datait du 20 juill. 2021 (durant le 1er vol Blue Origin, voir p. 19). Il avait été égalé du 15 au 17 sept. durant la mission *Inspiration4* (voir ci-contre).

LE PLUS RAPIDE À COURIR UN MARATHON EN ORBITE (HOMMES)
Tim Peake (GBR) a couru un marathon en 3 h, 35 min et 21 s, sur un tapis à bord de l'*ISS*, le 24 avr. 2016.

Le 16 avr. 2007, l'astronaute de la NASA Sunita Williams (USA), participante au marathon de Boston, a établi le record **femmes**, en 4 h et 24 min.

LE PLUS LONG VOL SPATIAL UNIQUE
Le docteur Valeri Poliakov (RUS, ci-dessous) a passé 437 jours, 17 h, 58 min et 31 s dans l'espace. Il a rejoint la station spatiale *Mir* à bord d'un Soyouz TM18 le 8 janv. 1994 et est revenu sur Terre le 22 mars 1995.

Le plus long vol spatial unique pour une femme a duré 328 jours, 13 h, 58 min et 12 s. Il a été réalisé par l'astronaute Christina Koch (NASA, USA) du 14 mars 2019 au 6 févr. 2020. Étonnamment, c'était sa 1re mission.

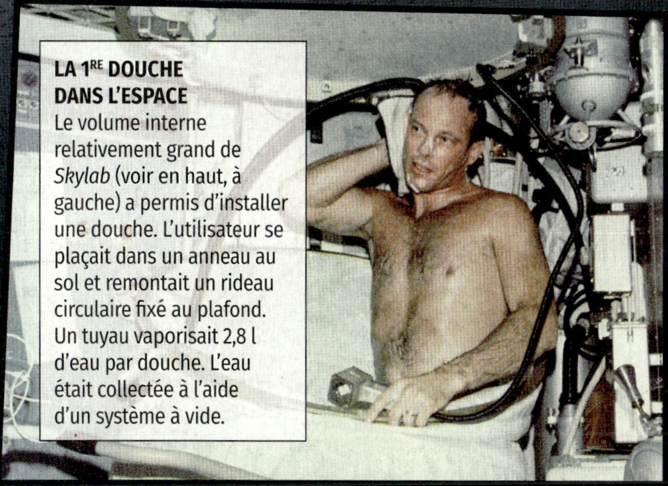

LA 1RE DOUCHE DANS L'ESPACE
Le volume interne relativement grand de *Skylab* (voir en haut, à gauche) a permis d'installer une douche. L'utilisateur se plaçait dans un anneau au sol et remontait un rideau circulaire fixé au plafond. Un tuyau vaporisait 2,8 l d'eau par douche. L'eau était collectée à l'aide d'un système à vide.

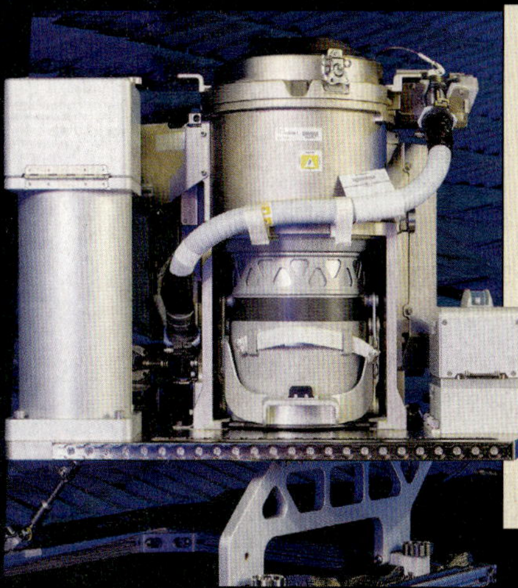

LE PLUS DE TOILETTES DANS UNE STATION SPATIALE
Avec l'arrivée du module russe *Nauka* le 29 juill. 2021, l'*ISS* peut se vanter de posséder 3 toilettes. En 2020, celles de la partie américaine ont été remplacées par le Système universel de gestion des déchets, qui est plus silencieux, plus hygiénique et plus facile à utiliser pour les femmes astronautes et cosmonautes.

Débris spatiaux

LA 1RE PERSONNE PERCUTÉE PAR UN DÉBRIS SPATIAL
Le 22 janv. 1977, Lottie Williams (USA) se promenait à Turley (banlieue de Tulsa, Oklahoma, USA) quand elle a vu passer ce qu'elle a pris pour une étoile filante. Peu après, elle a été frappée à l'épaule, sans violence, par un morceau de fibre de verre noircie de 12,7 cm. Il s'agissait d'un morceau du 2e étage d'une fusée américaine, Delta II, qu'elle venait de voir rentrer dans l'atmosphère.

*De plus en plus d'objets se pressent au-dessus de nos têtes. Tout juste 65 ans après le lancement du **1er satellite artificiel** (qui a engendré le **1er débris spatial**, voir ci-contre), 4 304 satellites actifs et 19 167 débris spatiaux détectables orbitent autour de la Terre. Les débris spatiaux compliquent l'utilisation des satellites, et ils sont de plus en plus nombreux.*

Le plus de satellites actifs en orbite (pays)
D'après les données AstriaGraph au 15 févr. 2022, 2 453 satellites actifs appartiennent au gouvernement des États-Unis ou à des entreprises américaines. Plus de 1 000 d'entre eux ont été lancés au cours de l'année précédente, principalement dans le cadre de la constellation Starlink de SpaceX.

Au 15 févr. 2022, 7 343 débris orbitaux détectables, soit env. 40 % des débris en orbite, appartiennent à la Communauté des États indépendants (CEI), en faisant ainsi **le plus grand contributeur aux débris spatiaux (pays)**. La CEI réunit la Fédération de Russie et plusieurs pays de l'ex-URSS. Ce total comprend 959 fusées abandonnées et 1 287 satellites inactifs.

Le plus grand débris en orbite (dimensions)
Lancé le 25 mars 2000 et désactivé le 18 déc. 2005, le satellite de recherche *IMAGE* mesure 2,25 m le long de l'axe de sa structure principale et a une masse de 494 kg. Toutefois, il est doté de 4 antennes radiales de 250 m. Pour éviter toute collision, on considère donc que *IMAGE* mesure 502 m de large.

En janv. 2022, **les plus grands débris (masse)** en orbite sont 22 étages supérieurs usagés de la fusée soviétique/russe Zenith-2, active de 1985 à 2004. Ils ont tous une masse sèche, c'est-à-dire sans carburant, de 8 900 kg, mais ils contiennent tous au moins un peu de carburant, leur masse réelle est donc plus élevée.

Le type de débris spatial le plus commun
Les restes d'explosions et de collisions en orbite sont appelés "débris de fragmentation". D'après les données du Bureau du programme débris orbitaux de la NASA de 2018, ils représentent 52,6 % de tous les objets détectables en orbite terrestre. Env. 12 "événements de fragmentation en orbite", des explosions de satellites ou de fusées dans l'espace, se produisent tous les ans.

Hors essais d'armements (voir ci-contre), l'événement de fragmentation le plus significatif a été **la 1re collision entre 2 satellites**. Le 10 févr. 2009, le satellite de communication actif *Iridium 33* a été percuté par le satellite militaire russe abandonné *Kosmos-2251*. Bilan : 2 296 débris de fragmentation détectables.

LA 1RE MAINTENANCE INHABITÉE DE SATELLITE EN ORBITE
La plupart des satellites sont des équipements à usage unique, abandonnés comme débris spatiaux à la fin de leur vie. Une solution consiste à les ravitailler dans l'espace : c'est la "maintenance en orbite". **La 1re maintenance de satellite en orbite** a été réalisée par les astronautes de la navette spatiale *Challenger* en 1984, mais les missions habitées se sont révélées trop coûteuses.

C'est là qu'entrent en jeu des projets tels que le *Mission Extension Vehicle* (*MEV-1*) de Northrop Grumman. *MEV-1* est un "remorqueur spatial" qui s'est amarré à *Intelsat 901* le 25 févr. 2020 à l'aide d'un grappin (encart). Il a utilisé ses systèmes de contrôle d'attitude pour remettre le satellite en service actif le 2 avr. 2020.

LE PLUS GRAND SATELLITE INACTIF (MASSE)
Envisat est un satellite de recherche et d'observation de la Terre. Il mesure 26 m sur son axe le plus long, pour une masse sèche de 7 911 kg. L'Agence spatiale européenne l'a lancé le 1er mars 2002, mais a perdu le contact le 8 avr. 2012. Il suscite des inquiétudes en raison de sa taille et de sa proximité avec d'autres débris spatiaux. Chaque année, il passe à moins de 200 m de 2 autres objets catalogués. Le visuel montre un modèle d'*Envisat* à un salon de l'espace en 1999.

QU'Y A-T-IL EN ORBITE ?

Satellites actifs
Masse : jusqu'à 8 200 kg
Taille : 0,5-50 m
Nombre en orbite : 4 300

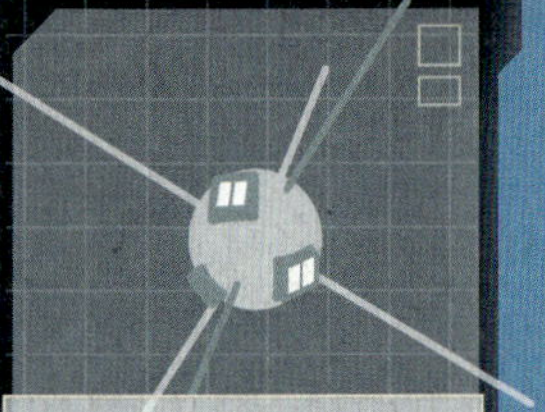

Satellites inactifs
Masse : jusqu'à 8 200 kg
Taille : 0,5-50 m
Nombre en orbite : 3 930

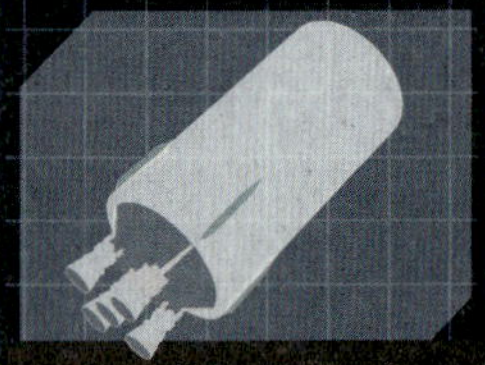

Corps de fusée envoyés
Masse : 750-10 000 kg
Taille : 2-12 m
Nombre en orbite : 2 050

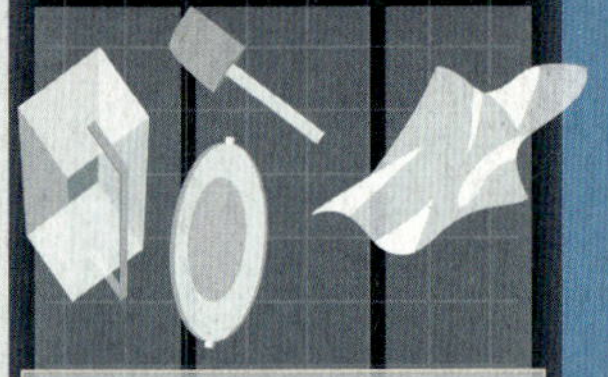

Débris de mission
Masse : jusqu'à 50 kg
Taille : 0,1-2 m
Nombre en orbite : inconnu

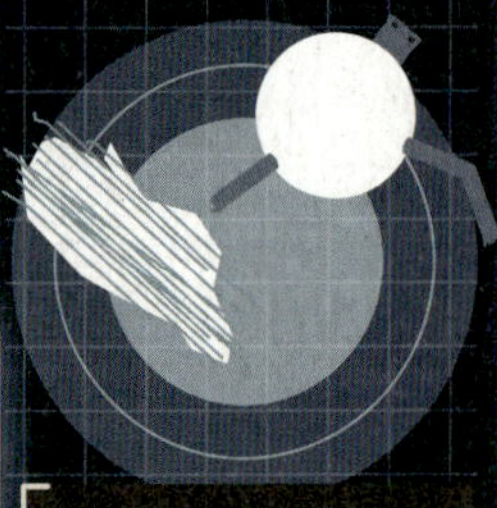

Grands débris de fragmentation
Masse : 1-500 kg
Taille : plus de 10 cm
Nombre en orbite : 7 860

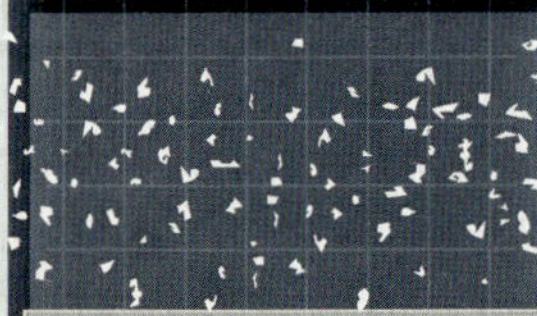

Petits débris de fragmentation
Masse : moins de 1 kg
Taille : moins de 10 cm
Nombre en orbite : plus de 20 000

Échelle non respectée. Chiffres approximatifs.

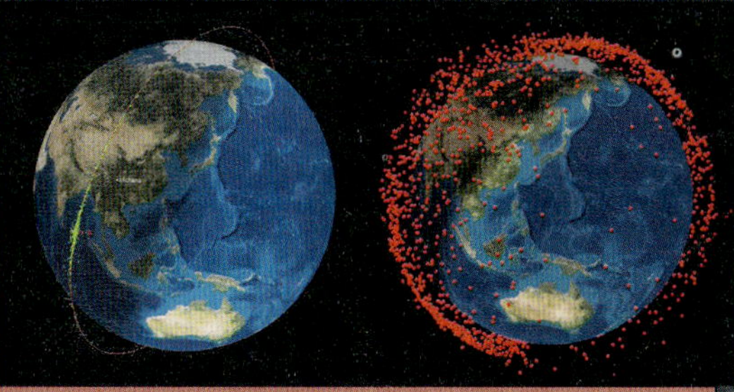

LE PLUS GRAND ÉVÉNEMENT DE FRAGMENTATION DE SATELLITE

Le 11 janv. 2007, l'armée chinoise a délibérément détruit le satellite météorologique *Fengyun 1C* (alias objet 1999-025A) dans le cadre d'un essai. Cela a produit 3 430 débris détectables en orbite (fragments qui mesurent au moins 10 cm) et, selon les estimations, 150 000 morceaux plus petits. Les 2 images ci-dessus montrent le nuage de débris peu après l'impact (à gauche) et après 1 an en orbite (à droite).

LA PLUS GRANDE COLLISION ENTRE VAISSEAUX SPATIAUX

Le 25 juin 1997, un véhicule de ravitaillement Progress inhabité (7 t) a percuté la station spatiale russe *Mir* (130 t). À bord de *Mir*, les cosmonautes Vassili Tsibliev et Alexander Lasutkin ont dû colmater une brèche dans le module *Spektr*, dont les panneaux solaires ont été endommagés (encart), tandis que l'astronaute Michael Foale (USA) préparait la capsule *Soyouz* en cas d'évacuation. Les niveaux d'énergie et d'oxygène ont dangereusement baissé et la station a culbuté, hors de contrôle.

LE PLUS GRAND OBJET PERDU LORS D'UNE SORTIE DANS L'ESPACE

Le 18 nov. 2008, une trousse à outils de 18 kg s'est détachée de l'équipement de l'astronaute Heidemarie Stefanyshyn-Piper (USA) durant une sortie hors de la *Station spatiale internationale*. Elle a été classée sous le nom 2008-059B. Son orbite a décliné naturellement, sans menacer la station, et elle a brûlé dans l'atmosphère le 3 août 2009.

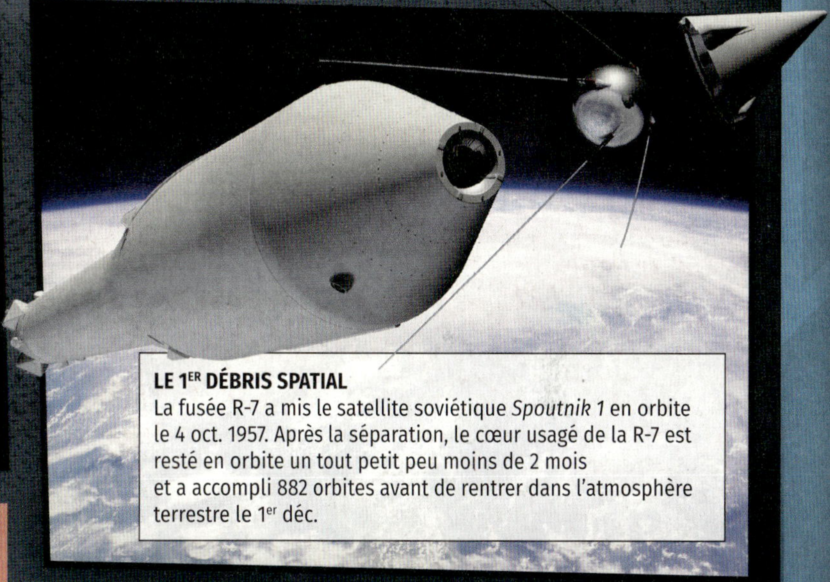

LE 1ER DÉBRIS SPATIAL

La fusée R-7 a mis le satellite soviétique *Spoutnik 1* en orbite le 4 oct. 1957. Après la séparation, le cœur usagé de la R-7 est resté en orbite un tout petit peu moins de 2 mois et a accompli 882 orbites avant de rentrer dans l'atmosphère terrestre le 1er déc.

LE PLUS GRAND DÉBRIS SPATIAL À FAIRE UNE RENTRÉE INCONTRÔLÉE

La station spatiale *Skylab* avait une masse de 75,7 t quand elle est rentrée dans l'atmosphère le 11 juill. 1979. La NASA avait modifié son orientation pour augmenter les chances de combustion, mais ne contrôlait ni le lieu ni l'heure de l'atterrissage.

Skylab a atterri en Australie de l'Ouest, semant des débris sur une zone de 150 km de large env. Le comté d'Espérance a envoyé une amende ironique de 400 $ à la NASA : **la 1re amende pour dépôts d'ordures depuis l'espace**.

LE PLUS VIEUX DÉBRIS SPATIAL TOUJOURS EN ORBITE

Une fusée américaine Vanguard a mis le satellite *Vanguard 1* en orbite le 17 mars 1958. Après la séparation avec cet objet de la taille d'un pamplemousse, le propulseur du 3e étage a adopté une orbite avec un périgée (point le plus bas) de 651 km et un apogée (point le plus haut) de 4 226 km. Il est toujours en orbite. Il est classé sous le nom d'objet 1958-002A.

Robots explorateurs

LE PASSAGE LE PLUS PROCHE DU SOLEIL

La sonde *Parker Solar Probe* est passée à env. 8 542 000 km du Soleil, le 20 nov. 2021, à 21 h, 25 min et 24 s. Son dernier périhélie (le point de son orbite elliptique le plus proche du Soleil) a bénéficié de l'assistance gravitationnelle de Vénus le 16 oct. 2021. Le 20 nov., elle a aussi atteint **la vitesse la plus élevée pour un vaisseau spatial** : 586 800 km/h.

LE 1ER VAISSEAU INTERPLANÉTAIRE À ATTERRIR SUR ROUES

Le rover *Curiosity* de la NASA a atterri sur Mars, les roues en avant, le 6 août 2012, à 5 h 17. Les rovers précédents utilisaient déjà un atterrisseur, mais *Curiosity* était trop grand. Il a traversé l'atmosphère en parachute, puis a déclenché une sorte de grue à fusée, qui a guidé sa descente jusqu'à ce que les roues touchent le sol. Le rover *Perseverance* (ci-contre, en bas) a aussi adopté cette technique.

LE PLUS DE DONNÉES ENVOYÉES D'UNE AUTRE PLANÈTE

Entre photos haute définition, mesures radar sous la surface et analyses spectrales, la sonde *Mars Reconnaissance Orbiter* de la NASA a transmis 422 térabits de données à la Terre au 1er janv. 2022, soit l'équivalent de 154 jours terrestres de streaming vidéo en 4K. Ce vaisseau polyvalent gravite autour de Mars depuis le 10 mars 2006.

L'EXPLORATION LA PLUS DISTANTE D'UN OBJET DU SYSTÈME SOLAIRE

Le 1er janv. 2019, à 5 h 33, la sonde *New Horizons* de la NASA est passée à 3 538 km de 486958 Arrokoth, dans la ceinture de Kuiper, 1,6 milliard de km après Pluton. Elle a révélé que cette "binaire de contact" est composée de 2 sphères aplaties.

ROVERS PLANÉTAIRES AYANT PARCOURU LE PLUS DE CHEMIN

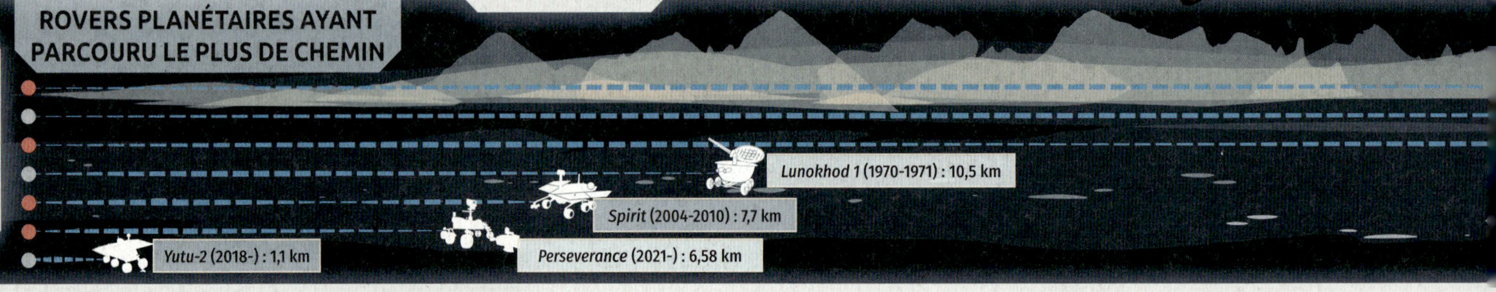

LE PLUS DE VAISSEAUX ACTIFS EN ORBITE AUTOUR D'UNE AUTRE PLANÈTE

Le 10 févr. 2021, l'arrivée de la sonde chinoise *Tianwen-1* a porté à 8 le nombre de vaisseaux opérationnels autour de Mars. Le 1er janv. 2022, des photos spectaculaires, prises par un appareil libéré par la sonde, l'ont montrée en orbite au-dessus du pôle Nord de Mars recouvert de glace.

Le 1er rover planétaire

Le rover soviétique à énergie solaire *Lunokhod 1* a aluné le 17 nov. 1970. Conçu pour rester opérationnel pendant env. 90 jours, il a survécu 321 jours et a parcouru 10 540 m à la surface de la Lune.

Le 1er vaisseau spatial à visiter Mercure

La sonde robotisée *Mariner 10* de la NASA a survolé Mercure pour la 1re fois le 29 mars 1974. Elle est passée près de cette planète 2 fois de plus avant de s'éteindre. Elle gravite autour du Soleil encore aujourd'hui.

La survie la plus longue à la surface de Vénus (vaisseau spatial)

Après s'être posé sur Vénus à 3 h 57, le 1er mars 1982, l'atterrisseur soviétique *Venera 13* a transmis des données jusqu'à 6 h 04, 127 min plus tard. C'est 4 fois plus longtemps que les scientifiques ne l'avaient prévu en raison des vents violents, de l'énorme pression et de la température de 457 °C régnant sur Vénus.

La 1re image prise à la surface d'une comète

Le 12 nov. 2014, *Philae* s'est posé sur la comète 67P/Tchourioumov-Guérassimenko. Le lendemain, une mosaïque de 2 de ses appareils a été diffusée. Elle montre la falaise à côté de laquelle il s'est posé, ainsi que l'atterrisseur lui-même.

La 1re image prise à la surface d'un astéroïde a été prise par le rover japonais *HIBOU*, à 2 h 44, le 22 sept. 2018, sur la surface rocheuse de l'astéroïde 162173 Ryugu.

L'orbite la plus proche d'un astéroïde

Le 6 oct. 2020, la sonde *OSIRIS-REx* de la NASA a baissé son orbite autour de 101955 Bennu à 374 m d'altitude. Deux semaines plus tard, elle a quitté cette orbite de transfert et s'est posée à la surface, où elle a prélevé un échantillon avec son bras extensible. Elle est maintenant en route pour la Terre et nous livrera son butin en sept. 2023.

Avec son diamètre d'à peine 510 m de pôle à pôle, Bennu est **le plus petit objet autour duquel a gravité un vaisseau spatial**.

** Les dates et les heures sont indiquées en Temps universel coordonné (UTC).*

LE ROVER LUNAIRE OPÉRATIONNEL LE PLUS LONGTEMPS
Au 9 mars 2022, le rover chinois *Yutu-2* était opérationnel sur la Lune depuis 40 jours lunaires. (1 jour lunaire dure env. 28 jours terrestres.) Il est arrivé à bord de la sonde *Chang'e 4*, qui a réalisé **le 1er alunissage sur la face cachée de la Lune** le 3 janv. 2019.

LE MOTEUR IONIQUE LE PLUS PUISSANT UTILISÉ DANS L'ESPACE
Lancée le 24 nov. 2021 vers les astéroïdes troyens, *Lucy* est propulsée par les moteurs Evolutionary Xenon Thruster-Commercial de la NASA, qui atteignent 3,5 kW (4,6 HP). Un moteur ionique utilise l'électricité pour accélérer des atomes lourdement ionisés à des vitesses incroyables.

LE PLUS LONG VOL SUR MARS
Le 5 juill. 2021, lors de son 9e vol, l'hélicoptère autonome *Ingenuity* de la NASA a parcouru 625 m sur la planète rouge. Il a traversé une région sableuse battue par les vents, le site de Séitah dans le cratère de Jezero, dépassant ainsi un obstacle que le rover *Perseverance* (voir ci-dessous) avait rencontré pour se déplacer.

Les rovers se sont déplacés l'après-midi, afin que le Soleil chauffe les moteurs à la température idéale.

LE RECORD DE VITESSE AU SOL SUR MARS
Les rovers martiens jumeaux *Spirit* et *Opportunity* ont atteint 3,7 cm/s en ligne droite. Les roues pourraient rouler à 5 cm/s, mais les ingénieurs n'ont jamais demandé de déplacement en ligne droite à une telle vitesse. *Spirit* et *Opportunity* se sont posés sur Mars en janv. 2004, et le 2nd a été actif jusqu'en 2018.

Le plus petit vaisseau spatial interplanétaire
Lancés le 5 mai 2018 avec l'atterrisseur martien *InSight*, les vaisseaux jumeaux de la mission Mars Cube One (MarCO) tenaient chacun dans une boîte pesant 13,5 kg et mesurant 30 x 20 x 10 cm. Surnommés *WALL-E* et *EVE*, les 2 satellites ont rejoint Mars indépendamment et ont été conçus pour servir de relais radio entre *InSight* et la Terre.

La planète la plus visitée par des sondes
Au 24 janv. 2022, 26 missions au moins partiellement couronnées de succès ont été lancées vers Mars : 5 vaisseaux ont survolé la planète, 14 vaisseaux sont entrés en orbite autour d'elle et 11 atterrissages ont été réalisés. 23 autres missions ont échoué avant de fournir des données scientifiques.

Le plus de planètes visitées par un vaisseau spatial
La sonde *Voyager 2* de la NASA a survolé les 4 géantes gazeuses externes (Jupiter, Saturne, Uranus et Neptune) entre 1979 et 1989. Elle a réalisé **le 1er survol d'Uranus** (passage le plus près le 24 janv. 1986) et **de Neptune** (25 août 1989). Elle est l'une des 2 sondes de la NASA lancées en 1977 (voir ci-dessous), qui ont pu profiter de l'assistance gravitationnelle de ces 4 planètes grâce à un alignement qui ne se produit que tous les 176 ans.

L'objet artificiel le plus éloigné
Le 20 janv. 2022, la sonde *Voyager 1* se trouvait à 23,298 milliards de km de la Terre, soit env. 156 fois la distance Terre-Soleil. Il y a 10 ans, le 25 août 2012, elle devenait **la 1re sonde à quitter le Système solaire**, mais elle continue de contacter la Terre, ce qui lui vaut le record de **la plus longue distance de communication**. Si elle survit, elle atteindra une distance de 23,836 milliards de km de la Terre le 20 janv. 2023. Selon les prévisions, elle devrait manquer d'alimentation d'ici 2025.

LA PLUS LONGUE DISTANCE COUVERTE EN 1 JOUR MARTIEN (SOL)
Le rover *Perseverance* de la NASA a parcouru 319,786 m lors de son 351e jour martien. (Un jour martien dure 24 h, 39 min et 35 s.) Il était en mode "AutoNav", c'est-à-dire qu'il ne recevait que des instructions générales de la Terre et a utilisé son propre logiciel pour éviter les obstacles.

Planètes et étoiles

LE 1er OBJET INTERSTELLAIRE
'Oumuamua ("éclaireur" en hawaïen) est une comète de 400 m de long originaire d'un autre système stellaire que le nôtre. L'astronome Robert Weryk (CAN) l'a découverte le 19 oct. 2017.
Passant au-delà de l'orbite de Neptune en 2022, elle quittera le Système solaire dans env. 20 000 ans.

Les roches lunaires les plus jeunes
Pour la mission de collecte d'échantillons *Chang'e 5*, l'Agence spatiale nationale chinoise a sélectionné une région de la Lune appelée Oceanus Procellarum. C'est l'une des "mers" sombres, des plaines de roche volcanique visibles depuis la Terre. Ces zones ayant moins de cratères que les "plateaux" clairs, on pensait qu'elles s'étaient formées plus récemment. Le vaisseau spatial a rapporté 1,7 kg de roches, le 16 déc. 2020 et a révélé qu'elles n'ont qu'1,96 milliard d'années, ce qui en fait les échantillons de roches lunaires les plus jeunes de plus d'1 milliard d'années.

Le cratère le plus profond
Le bassin Pôle Sud-Aitken, du côté sombre de la Lune, mesure 2 250 km de large pour une profondeur moyenne de 12 km à partir du bord du cratère.

La plus grande lune
Avec un diamètre moyen de 5 262,4 km, Ganymède, une lune de Jupiter, est le 9e plus grand objet du Système solaire. Elle est plus grande que la planète Mercure et fait plus de 2 fois la masse de notre Lune.

La lune la plus distante d'une planète
Néso gravite à une distance moyenne de 50,18 millions de km du centre de Neptune. Elle parcourt son orbite en 9 631,9 jours terrestres (26,37 ans). Son orbite rétrograde, à "contresens", suggère qu'il s'agit probablement d'un monde gelé, qui se trouvait autrefois au-delà de Neptune et a été "capturé" par la planète.

La plus grande lune rétrograde est Triton, autre satellite de Neptune. Elle mesure 2 706 km de diamètre.

Le plus petit monde rond
Méthone est une petite lune de Saturne en forme d'œuf. Elle mesure 3,88 x 2,58 x 2,42 km. Sa surface semble parfaitement lisse, ce qui est très rare. Sa forme suggère qu'elle est probablement recouverte d'une épaisse couche de poussière très fine qui n'a pas de force intrinsèque.

L'astéroïde à la période la plus courte
L'astéroïde gravitant le plus vite est 2021 PH27, qui tourne autour du Soleil en 114,7 jours. Il franchit l'orbite de Mercure mais passe plus près du Soleil. Fort d'un diamètre de 2 km, il a été découvert le 13 août 2021 par Scott Sheppard avec l'appareil DECam, à l'Observatoire interaméricain du Cerro Tololo (CHL).

Les comètes, qui contiennent de la glace, gravitent beaucoup plus loin. **La comète à la période la plus courte** est 311P/PanSTARRS, dans la ceinture d'astéroïdes. Contrairement à la plupart des comètes, qui parcourent leur orbite en plusieurs décennies ou siècles, elle tourne autour du Soleil en 3 ans et 88 jours.

Le plus long réseau fluvial sur un autre monde
Titan, lune de Saturne, a un réseau de rivières, de lacs et de mers sous sa dense couche nuageuse (en bas, à gauche). Toutefois, elle est si froide (-176 °C) que le fluide qui y coule est du méthane et non de l'eau. La plus longue rivière de Titan, Vid Flumina, mesure 412 km et traverse un réseau de profonds canyons avant de se jeter dans une mer appelée Ligeia Mare. Elle a été repérée par la sonde *Cassini*, le 26 sept. 2012, par imagerie radar.

Des planètes record...
- **La plus grande :** Jupiter a un diamètre équatorial de 143 884 km. Son volume fait plus de 1 000 fois celui de la Terre.
- **La plus dense :** La Terre a une densité moyenne de 5 513 kg/m^3. À comparer avec Saturne, **la planète la moins dense**, qui a une densité de 687 kg/m^3.
- **La plus chaude :** Vénus a une température de surface moyenne de 473 °C.
- **La plus inclinée :** Uranus tourne sur un axe incliné à 97,77° par rapport à son plan orbital. Les scientifiques pensent que cela est dû à une collision avec une planète de la taille de la Terre, qui l'aurait "renversée" sur le côté.
- **La plus excentrique :** L'orbite de Mercure la fait passer à moins de 46 millions de km du Soleil en périhélie (point de l'orbite le plus proche du Soleil) et à 69,81 millions de km en aphélie (point le plus éloigné).

LES PLUS GRANDS LACS EXTRATERRESTRES
La mission *Cassini* (NASA/ESA) a découvert env. 75 lacs mesurant jusqu'à 110 km de large à la surface de la plus grande lune de Saturne, Titan. Ils se composent de méthane et d'éthane liquides et se concentrent près des pôles de cette lune.

LE PLUS LONG ORAGE SEC
Sur Saturne, la sonde *Cassini* a observé un orage sec qui a duré 333 jours, du 14 janv. au 13 déc. 2009. La géante gazeuse subit des perturbations météorologiques, les "grandes taches blanches" (photo), qui sont parfois assez grandes pour être vues au télescope depuis la Terre.

LES VOISINS DE LA TERRE

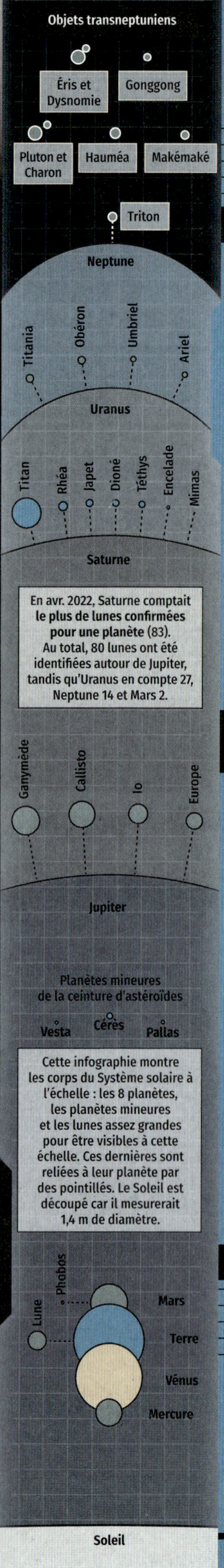

En avr. 2022, Saturne comptait **le plus de lunes confirmées pour une planète** (83). Au total, 80 lunes ont été identifiées autour de Jupiter, tandis qu'Uranus en compte 27, Neptune 14 et Mars 2.

Cette infographie montre les corps du Système solaire à l'échelle : les 8 planètes, les planètes mineures et les lunes assez grandes pour être visibles à cette échelle. Ces dernières sont reliées à leur planète par des pointillés. Le Soleil est découpé car il mesurerait 1,4 m de diamètre.

LA MONTAGNE LA PLUS ÉLEVÉE

Le sommet d'Olympus Mons, sur Mars, se situe à 21 287 m au-dessus du datum, l'équivalent martien du niveau de la mer. Ce volcan a un diamètre de 624 km, fait à peu près la taille de la France et est plus de 2,5 fois plus élevé que l'Everest.

LE PLUS GRAND ANTICYCLONE

La Grande Tache rouge est une tempête située dans l'hémisphère sud de Jupiter. Bien qu'il soit toujours plus grand que la Terre, cet anticyclone vieux de 350 ans rapetisse : il mesurait env. 25 000 km de large quand les sondes *Voyager* l'ont observé en 1979, mais le télescope spatial *Hubble* a montré qu'il n'en faisait plus que 14 893, le 4 sept. 2021.

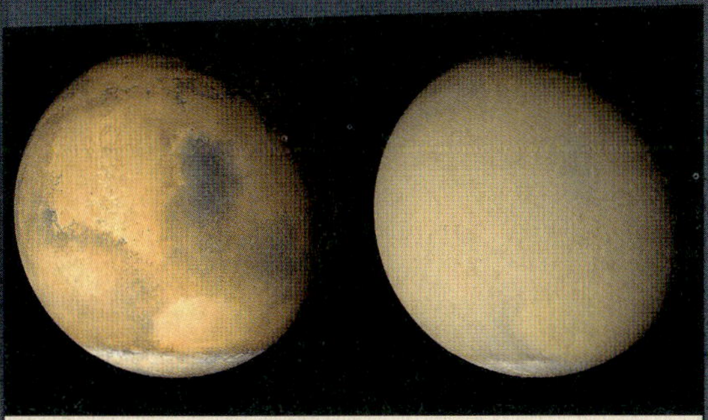

LES PLUS GRANDES TEMPÊTES DE POUSSIÈRE

Mars connaît des tempêtes de sable hors du commun, qui peuvent recouvrir toute la planète et durer des mois. Elles posent de véritables défis aux ingénieurs qui créent les équipements martiens. Par exemple, la poussière a une influence sur la quantité d'énergie que les panneaux solaires peuvent produire.

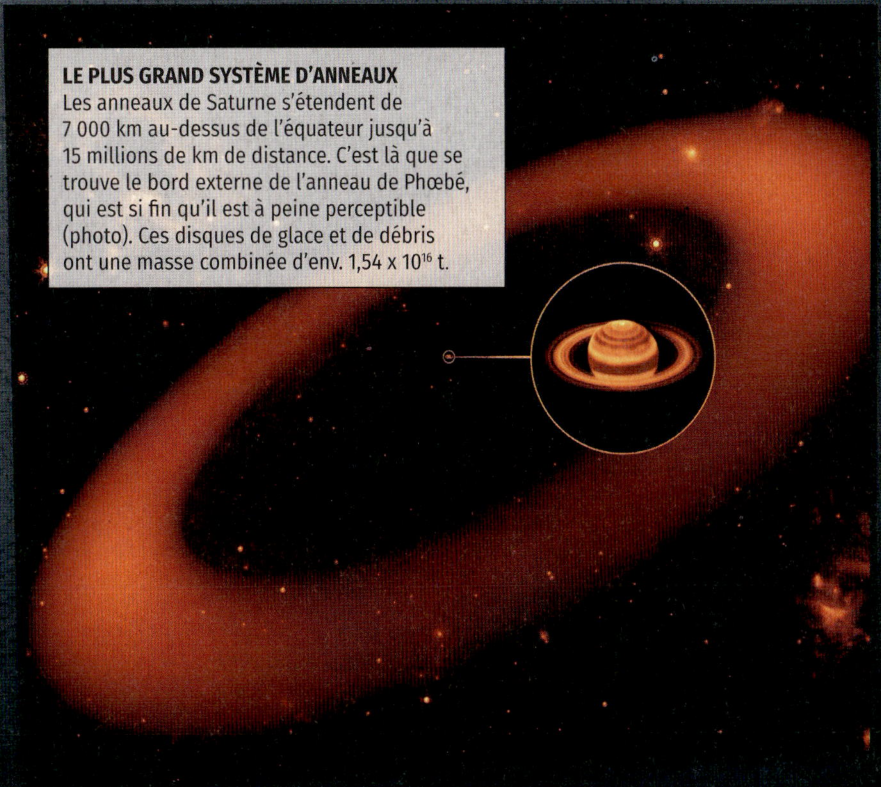

LE PLUS GRAND SYSTÈME D'ANNEAUX

Les anneaux de Saturne s'étendent de 7 000 km au-dessus de l'équateur jusqu'à 15 millions de km de distance. C'est là que se trouve le bord externe de l'anneau de Phœbé, qui est si fin qu'il est à peine perceptible (photo). Ces disques de glace et de débris ont une masse combinée d'env. 1,54 x 10^{16} t.

LE PLUS GRAND OBJET DE LA CEINTURE DE KUIPER

La planète naine Pluton a un diamètre de 2 376 km, d'après les mesures prises par la sonde *New Horizons* lors de son survol du 14 juill. 2015. Pluton est le plus grand des corps gelés de la ceinture de Kuiper, qui se trouve au-delà de l'orbite de Neptune, mais elle n'a pas **la masse la plus élevée** : ce record revient à sa voisine Éris, avec ses 1,66 x 10^{19} t.

LE PLUS DE VAISSEAUX SPATIAUX À OBSERVER UNE COMÈTE

Quand la comète C/2013 A1 (Siding Spring) est passée à moins de 141 000 km de Mars, le 19 oct. 2014, les 7 vaisseaux spatiaux actifs autour de la planète ont tenté de l'observer. Trois orbiteurs et les astromobiles à la surface, *Opportunity* et *Spirit*, l'ont détectée.

LE PLUS GRAND ASTÉROÏDE DE TYPE M

16 Psyche a un diamètre moyen de 226 km et une masse estimée de 2,28 x 10^{16} t. Il gravite autour du Soleil, entre Mars et Jupiter et, comme tous les astéroïdes de type M, on suppose qu'il contient une grande quantité de métal. La sonde *Psyche* de la NASA, dont le décollage est prévu en août 2022, sera le 1er vaisseau spatial à visiter un objet de ce type.

Astronomie

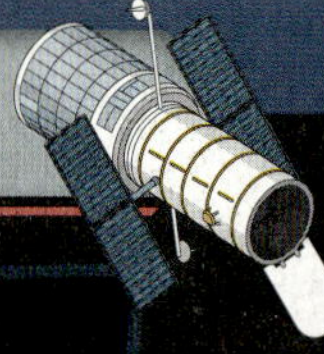

LE PLUS DE PLANÈTES DANS UN AUTRE SYSTÈME SOLAIRE
Kepler-90, étoile de la constellation du Dragon, possède 8 planètes confirmées, comme notre Système solaire. Elles sont regroupées à une UA maximum de leur étoile, à peu près la distance de la Terre au Soleil. Situé à 2 840 années-lumière de la Terre, ce système planétaire a été découvert par le télescope spatial Kepler de la NASA.

Les astronomes utilisent le système de la magnitude apparente pour décrire l'éclat des objets dans le ciel nocturne. Plus le chiffre est élevé, plus un objet est sombre aux yeux d'un observateur sur Terre. Le point zéro sur l'échelle est l'éclat de l'étoile Véga. Des objets exceptionnellement lumineux peuvent donc avoir une magnitude négative. ***L'étoile la plus brillante vue depuis la Terre****, Sirius A (Alpha Canis Majoris), a une magnitude apparente de – 1,46.*

L'étoile la plus lumineuse
Située dans la nébuleuse de la Tarentule, dans le Grand Nuage de Magellan (voir à droite), RMC 136a1 a un éclat 6 170 000 fois supérieur au Soleil. Malgré cette extrême luminosité, sa magnitude apparente n'est que de 12,23, car elle est très éloignée de la Terre : 160 000 années-lumière.

L'étoile la plus rapide dans la galaxie
S4714 orbite autour de Sagittarius A*, le trou noir supermassif au centre de la Voie lactée, à une vitesse maximale de 24 000 km par seconde. Elle pourrait ainsi aller du Soleil à Mars en 2 h et 45 min. En comparaison, notre Système solaire orbite autour du centre de la Voie lactée à seulement 220 km par seconde.

La plus petite masse pour une exoplanète
Les exoplanètes gravitent autour d'une autre étoile que le Soleil. Elles peuvent être détectées en observant attentivement la lumière émise par leur étoile. **Les 1res exoplanètes confirmées** ont été Poltergeist et Phobetor, repérées autour du pulsar PSR B1257 +12 (alias Lich) en 1992. En avr. 2020, les astronomes étudiant Lich en ont découvert une autre, baptisée Draugr, dont la masse ne fait que 0,02 % de celle de la Terre.

Le trou noir le plus proche de la Terre
Les astronomes étudiant la géante rouge V723 Monocerotis, à 1 500 années-lumière de la Terre, ont déduit la présence d'un trou noir invisible exerçant son attraction sur cette étoile, la déformant et modifiant son intensité lumineuse régulièrement. Il a été surnommé "la Licorne". On pense que sa masse ne fait que 3 fois celle du Soleil, ce qui en fait un des trous noirs les moins massifs de l'univers connu.

La période de révolution la plus courte (planète)
K2-137b gravite à 0,005 UA de son étoile. Son année solaire dure à peine 4 h et 18 min. Sa masse fait env. 89 % de celle de la Terre, mais son orbite rend peu probable la présence de la vie. Mercure, la planète brûlante la plus proche de notre Soleil, gravite à 0,38 UA.

L'exoplanète la plus proche de la Terre
En avr. 2020, on a découvert une 3e planète autour de Proxima Centauri, **l'étoile la plus proche** de la Terre à l'exception du Soleil, à 4,2 années-lumière. Proxima Centauri c a une orbite plus éloignée que Proxima Centauri b. Pendant une partie de son année de 1 928 jours, elle est donc l'exoplanète la plus proche de la Terre.

La galaxie confirmée la plus lointaine
Découverte à l'aide du télescope spatial Spitzer et des télescopes terrestres en avril 2022, HD1 est située à 33,4 milliards d'années-lumière. Nous la voyons telle qu'elle était il y a 13,4 milliards d'années-lumière, juste 300 millions d'années après le Big Bang. Elle est donc **la plus vieille galaxie**. Au sein de HD1 pourrait se trouver les étoiles les plus primitives de l'univers : les étoiles dites «de population III». Elle pourrait bientôt être un objet d'observation du futur télescope spatial James James Webb (voir p. 30–31).

L'objet le plus distant visible à l'œil nu
La galaxie du Triangle se trouve à env. 3 millions d'années-lumière de la Terre et a une magnitude de 5,7. Avec la pollution lumineuse, cet objet peu brillant n'est visible que dans des zones très isolées. L'objet le plus distant visible dans des conditions plus habituelles est la galaxie d'Andromède, à 2,5 millions d'années-lumière, avec sa magnitude de 3,44.

L'objet le plus distant jamais visible à l'œil nu a été une explosion, GRB 080319B. À 6 h 12 UTC, le 19 mars 2008, le satellite *Swift* (NASA) a détecté un sursaut gamma dans une galaxie à env. 7,5 milliards d'années-lumière. L'explosion a atteint une magnitude de 5,8 et aurait été visible à l'œil nu pendant env. 30 s. Ces sursauts sont produits par les supernovas, quand les étoiles s'effondrent en étoile à neutrons ou en trous noirs.

LE TROU NOIR LE PLUS MASSIF
Situé à 10,8 milliards d'années-lumière, TON 618 a une masse estimée de 66 milliards de fois celle du Soleil. Ce quasar "radio-fort" hyperlumineux produit de puissants jets dans les longueurs d'onde des ondes radio. Mesurant env. 2 600 UA d'un bord de l'horizon des événements à l'autre, il est assez grand pour avaler notre Système solaire 40 fois.

1 année-lumière = 9 461 milliards km
1 unité astronomique (UA) = 149,6 millions km

SUPERSTARS : TAILLE À L'ÉCHELLE

LA SUPERNOVA LA PLUS BRILLANTE
L'explosion stellaire SN 1006 est apparue en avr. 1006 et a duré 2 ans, avec une magnitude maximale de – 7,5. Bien qu'elle se soit produite à 7 000 années-lumière, près de l'étoile Beta Lupi, elle était visible de jour et sa présence a été signalée dans les écrits de l'époque, de l'Europe à l'Asie de l'Est.

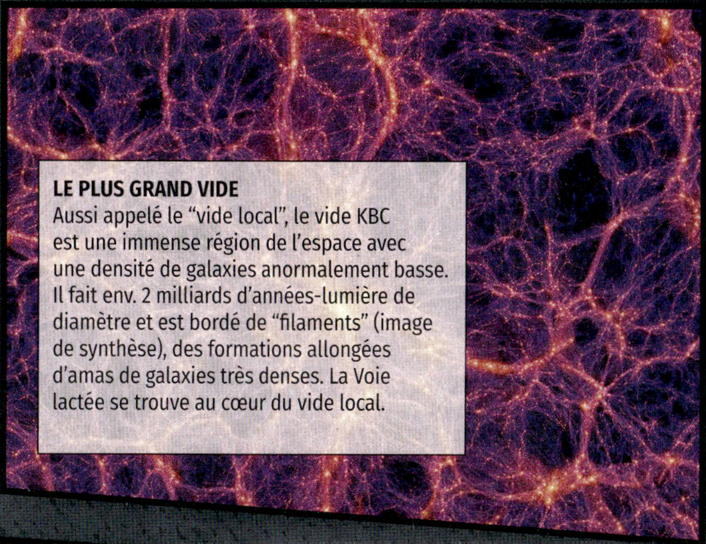

LE PLUS GRAND VIDE
Aussi appelé le "vide local", le vide KBC est une immense région de l'espace avec une densité de galaxies anormalement basse. Il fait env. 2 milliards d'années-lumière de diamètre et est bordé de "filaments" (image de synthèse), des formations allongées d'amas de galaxies très denses. La Voie lactée se trouve au cœur du vide local.

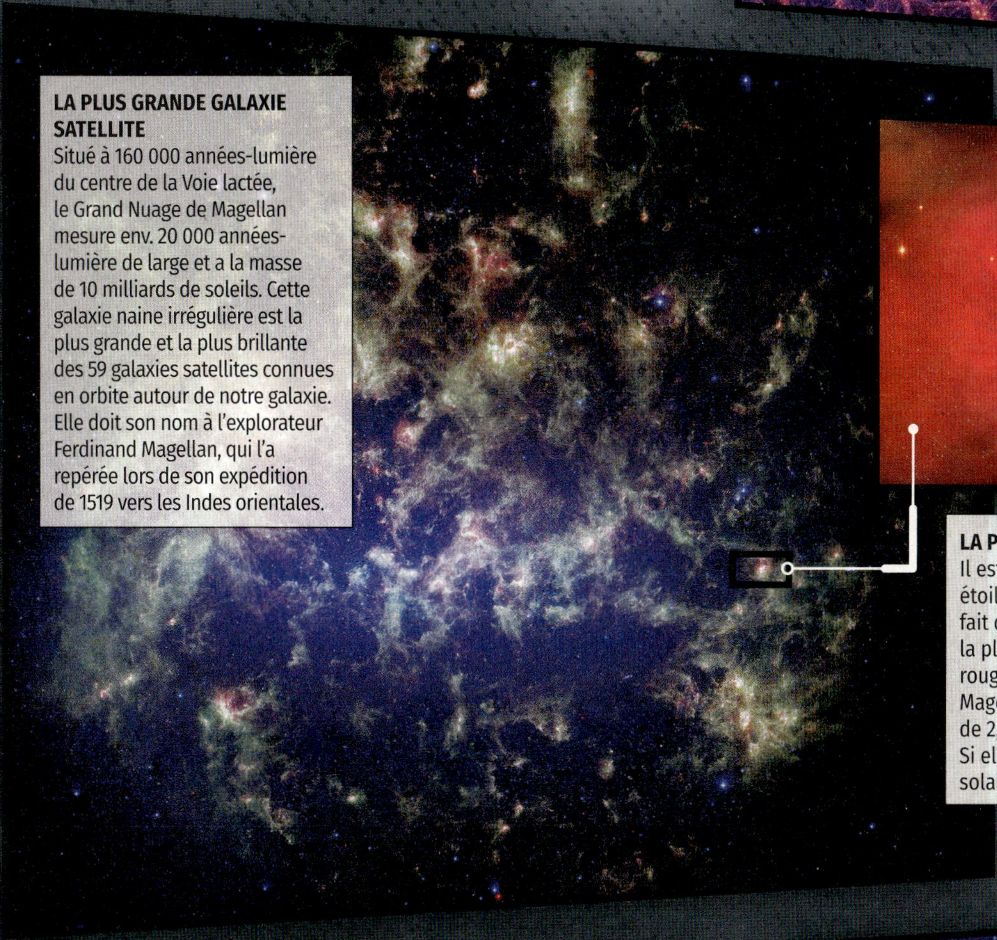

LA PLUS GRANDE GALAXIE SATELLITE
Situé à 160 000 années-lumière du centre de la Voie lactée, le Grand Nuage de Magellan mesure env. 20 000 années-lumière de large et a la masse de 10 milliards de soleils. Cette galaxie naine irrégulière est la plus grande et la plus brillante des 59 galaxies satellites connues en orbite autour de notre galaxie. Elle doit son nom à l'explorateur Ferdinand Magellan, qui l'a repérée lors de son expédition de 1519 vers les Indes orientales.

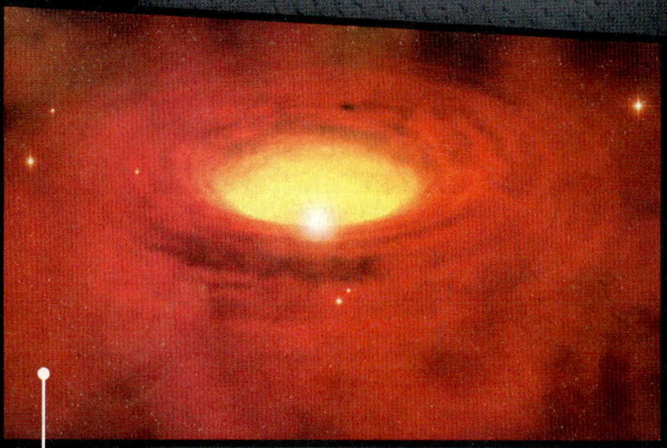

LA PLUS GRANDE ÉTOILE
Il est difficile de mesurer directement la taille d'une étoile distante et l'identité de la plus grande étoile fait donc débat parmi les astronomes. La candidate la plus probable est WOH G64, supergéante rouge qui se trouve dans le Grand Nuage de Magellan, découverte en 1981. Son diamètre est de 2,14 milliards km, soit 1 400 fois celui du Soleil. Si elle remplaçait le Soleil dans notre Système solaire, elle dépasserait l'orbite de Jupiter.

LA PLUS PETITE ÉTOILE
EBLM J0555-57Ab fait env. la taille de Saturne (à droite), avec une masse qui fait 8,1 % de celle du Soleil. Elle se trouve dans un système à 3 étoiles à env. 600 années-lumière de la Terre. Une étoile doit avoir une certaine masse pour assurer la fusion de l'hydrogène en hélium dans son noyau et briller. En dessous, on parle d'une naine brune.

L'ENDROIT LE PLUS FROID DE L'UNIVERS
La nébuleuse du Boomerang, nuage de poussière et de gaz à 5 000 années-lumière de la Terre, a une température de – 272 °C. Des températures plus basses ont été obtenues en laboratoire, mais c'est la température naturelle la plus basse enregistrée, juste au-dessus du zéro absolu. Elle est causée par le flux rapide des gaz en expansion.

Le télescope spatial *James Webb*

Les Houston Rockets sont l'équipe de basket locale de la NASA au Texas. Ils doivent leur nom au Johnson Space Center. Ils ont l'habitude de voir des astronautes sur le terrain, mais cet invité-là est un peu encombrant ! Avec son bouclier thermique qui couvre la majorité du terrain et son miroir primaire de 6,5 m, le James Webb Space Telescope (JWST) est **le plus grand télescope spatial** et le nouveau fer de lance du programme astronomique de la NASA.

Lancé le 25 déc. 2021, le JWST est non seulement le plus grand télescope dans l'espace, mais aussi le vaisseau spatial le plus complexe jamais construit.

Faire tenir un télescope aussi puissant dans une enveloppe suffisamment petite et légère pour l'envoyer dans l'espace représentait un défi colossal. L'ensemble devait trouver place dans une coiffe de 4,57 m de large, puis se déplier durant un voyage de plusieurs mois. Au total, 344 étapes de déploiement devaient se succéder. La moindre erreur, et le télescope était perdu.

Le JWST a été entièrement conçu pour filtrer le plus de "bruit" possible de notre Système solaire afin de détecter le faible rayonnement infrarouge des objets les plus distants – et les plus anciens – de l'Univers. Tandis que le télescope spatial *Hubble* est en orbite terrestre basse, le JWST se situe dans un point de l'espace appelé point de Lagrange Terre-Soleil L2. Ainsi, il orbite autour du Soleil à l'unisson avec la Terre, mais assez loin (1,6 million km) pour que le bouclier thermique bloque la lumière du Soleil.

Avec les technologies inventées spécifiquement pour ce projet, vous ne serez pas surpris d'apprendre que le JWST est aussi **le vaisseau spatial le plus cher** jamais créé. En 2005, le projet avait obtenu un budget de 3,5 milliards $, mais quand le lancement (fortement retardé) a eu lieu, les coûts de conception et de construction s'élevaient à 9,5 milliards $. Malgré tout, la NASA ne doute pas que le JWST justifiera bientôt ces investissements.

MISE AU POINT DU MIROIR PRINCIPAL
Dans cette image test diffusée le 19 mars 2022, on voit des dizaines de galaxies lointaines derrière l'étoile proche choisie pour calibrer le JWST. Les 18 segments du miroir principal doivent s'aligner avec une précision de moins de 50 nanomètres pour assurer une mise au point optimale et former un unique et énorme miroir.

Le miroir est recouvert d'une couche d'or microscopique pour réfléchir le plus de lumière infrarouge possible.
AT&T
adidas

En revue

LA PLUS HAUTE TOUR DE LANCEMENT
La tour Starbase atteint 146 m de haut dans le site SpaceX de Boca Chica (Texas, USA). Elle est donc plus grande que la pyramide de Gizeh (voir p. 160-161). Elle a été bâtie pour soutenir le développement du lanceur Starship/Super Heavy, qui mesure 120 m de haut (voir p. 16), et a été utilisée la 1re fois pour assembler les 2 derniers étages, le 10 févr. 2022.

Le plus de lancements orbitaux consécutifs réussis par un modèle de fusée
Entre le 14 janv. 2017 et le 21 avr. 2022, la fusée *Falcon 9* de SpaceX (USA) a effectué 120 lancements orbitaux, dont 6 missions habitées, sans défaillance totale ou partielle. La dernière perte d'une Falcon 9 remonte au 1er sept. 2016, quand une fusée qui devait lancer le satellite israélien *AMOS-6* a explosé avec sa charge utile durant les essais prélancement.

La plus longue distance conduite sur Mars par une personne
Les astromobiles du Jet Propulsion Laboratory de la NASA ont parcouru 17,2 km sous le contrôle de Paolo Bellutta (ITA/USA), qui a quitté la conduite d'astromobiles à distance en juill. 2019. Ce total réunit les distances parcourues par les astromobiles jumelles *Spirit* et *Opportunity* (13 km) et par l'astromobile *Curiosity* (4,2 km).

L'orbiteur martien en fonction le plus longtemps
Au 20 avr. 2022, la sonde *2001 Mars Odyssey* de la NASA gravitait autour de la planète rouge depuis 20 ans et 178 jours. Lancée le 7 avr. 2001, elle a atteint sa destination le 24 oct. de la même année et a recueilli de grandes quantités de données sur la composition chimique et minéralogique de Mars.

L'OBSERVATOIRE SPATIAL EN FONCTION LE PLUS LONGTEMPS
Le télescope spatial *Hubble* a été lancé le 24 avr. 1990 et était toujours actif au 24 avr. 2022, soit 32 ans de mission. Sa longévité est largement due aux 5 missions d'entretien menées entre 1993 et 2009.

LA STATION AVEC LE PLUS DE SORTIES DANS L'ESPACE
Au 18 avr. 2022, 246 sorties extra-véhiculaires ont été effectuées depuis la *Station spatiale internationale (ISS)*. 2021 a été très dynamique, avec 13 sorties, dont 3 liées à l'arrivée du module *Nauka* et d'autres destinées à améliorer les systèmes d'alimentation.

Le plus de données recueillies par une astromobile
L'astromobile *Curiosity* de la NASA, qui a atterri sur Mars le 6 août 2012, a transmis 2 096 gigabits de données à la Terre au 1er janv. 2022. Les atterrisseurs sont plus petits que les orbiteurs et ont donc moins de puissance pour la transmission radio et de plus petites antennes. *Curiosity* a transmis presque toutes ses données scientifiques grâce à une antenne UHF qui communique avec les orbiteurs martiens, notamment *2001 Mars Odyssey* et *Mars Reconnaissance Orbiter* (voir aussi p. 24.)

Le plus grand panneau solaire dans l'espace
Avec le déploiement du second IROSA (*ISS* Roll-Out Solar Array) le 28 juin 2021, l'aire totale des panneaux solaires de l'*ISS* a atteint 3 244 m², ce qui permet de produire env. 120 kW d'électricité. Ces panneaux flexibles, dont l'un est visible derrière Thomas Pesquet en sortie dans l'espace, à gauche, ont été ajoutés dans le cadre d'un ensemble d'améliorations du système d'alimentation.

Le vol spatial habité le plus court
La mission sous-orbitale New Shepard NS-20 de la société Blue Origin (USA) a eu lieu le 31 mars 2022. La fusée a décollé de Van Horn (Texas, USA) à 8 h 57 heure locale (13 h 57 UTC). Ses composants, un propulseur et une capsule, sont revenus sur Terre 9 min et 57 s

LE PLUS LONG SÉJOUR À BORD DE L'*ISS*
La Station spatiale internationale a hébergé Mark Vande Hei (USA, en haut) et Piotr Doubrov (RUS) pendant 354 jours, 14 h et 56 min, du 9 avr. 2021 au 30 mars 2022. Seules 4 personnes sont restées dans l'espace plus longtemps, mais elles ont toutes servi à bord de la station spatiale soviétique/russe *Mir* (1986-2001). Pour **le plus long vol spatial unique** dans l'absolu, rendez-vous p. 21.

L'ÉTOILE LA PLUS ÉLOIGNÉE
L'étoile WHL0137-LS, alias Earendel, se trouve à 12,9 milliards d'années-lumière de la Terre. Elle a été découverte par une équipe internationale coordonnée par Brian Welch et Dan Coe, qui a publié ses découvertes dans *Nature*, le 30 mars 2022. L'équipe a étudié les "lentilles gravitationnelles" dans les images du télescope spatial *Hubble*. Ce phénomène se produit quand la masse extrême d'une galaxie relativement proche déforme la lumière d'objets situés derrière elle – trop distants pour être visibles – et les grossit.

plus tard. (Pour en savoir plus sur les vols spatiaux commerciaux et privés, voir p. 18-19.)

Le plus de comètes découvertes à l'aide d'images de vaisseau spatial
On attribue à l'astronome amateur Worachate Boonplod (THA) la découverte de 780 comètes au 1er janv. 2022. Il travaille avec des images de l'Observatoire solaire et héliosphérique (ESA et NASA). À la même date, cet observatoire avait permis de découvrir 4 343 comètes : **le plus de comètes découvertes par un vaisseau spatial**. Pour connaître **le plus jeune chasseur de comètes**, voir p. 110.

La plus grande constellation de satellites
Au 29 avr. 2002, la constellation Starlink de SpaceX comptait env. 2 146 satellites opérationnels. L'objectif ultime de l'entreprise est d'utiliser 12 000 satellites de 260 kg sur des orbites maximales de 550 km pour assurer une couverture Internet haut débit globale.

La plus grande comète du nuage d'Oort
Le 10 avr. 2022, les résultats de l'observation de la comète C/2014 UN271 (Bernardinelli-Bernstein) par le télescope spatial *Hubble* ont été publiés dans *The Astrophysical Journal Letters*, confirmant qu'elle a un noyau de 119 km de diamètre. C'est la plus grande comète du nuage d'Oort, la région de notre Système solaire où se forment la plupart des comètes.

La plus grande comète dans l'absolu est 95P/Chiron, énorme corps rocheux de 182 km de large qui gravite entre Saturne et Uranus. Toutefois, son orbite inhabituelle passe très près du Soleil, ce qui lui a fait perdre la majorité de sa glace. Elle ne ressemble donc que peu aux comètes classiques, comme Bernardinelli-Bernstein.

Le plus d'exoplanètes découvertes par un même télescope
Au 24 janv. 2022, 3 184 exoplanètes ont été identifiées et confirmées à partir des observations du télescope spatial *Kepler*, ce qui représente 64,9 % des 4 903 exoplanètes connues des astronomes. Plus de 3 000 exoplanètes candidates attendent des études complémentaires pour confirmation.

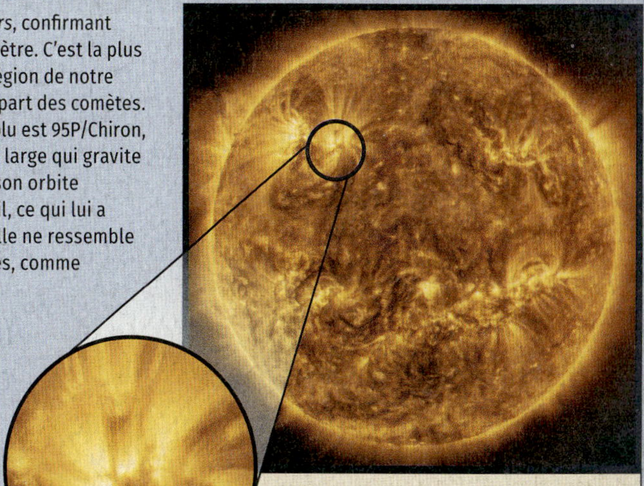

L'IMAGE DU DISQUE TOTAL DU SOLEIL À LA PLUS HAUTE RÉSOLUTION
Le 7 mars 2022, l'Imageur ultraviolet extrême de la sonde *Solar Orbiter* de l'Agence spatiale européenne a pris une mosaïque d'images de 9 148 x 9 112 pixels de notre étoile. La sonde se trouvait à une distance de 75 millions de km, à mi-chemin entre la Terre et le Soleil. La définition était 10 fois meilleure que celle d'un écran TV 4k.

La 1re femme noire à servir sur une mission prolongée sur l'*ISS*
Le 27 avr. 2022, l'astronaute Jessica Watkins (NASA, USA) a décollé pour l'*ISS* à bord d'un Crew Dragon de SpaceX. Membre de l'expédition 67/68, elle devrait rester sur l'*ISS* jusqu'en sept. 2022. Deux astronautes noires, Stephanie Wilson et Joan Higginbotham, ont participé à la construction de l'*ISS* durant les années 2000, mais pas pour une mission longue.

LE VÉHICULE AUTONOME LE PLUS LOURD
Avec ses 3 106 t, Crawler-Transporter 2 est utilisé par le programme Exploration Ground Systems du centre spatial Kennedy (Floride, USA). Il génère sa propre énergie grâce à des moteurs diesel de locomotive et est conçu pour déplacer les fusées et leur plateforme mobile jusqu'au pas de tir. Il transporte ici la fusée Space Launch System (SLS) de la NASA, qui, avec la Starship/Super Heavy de SpaceX (voir ci-contre), est l'une des 2 fusées gigantesques qui devraient décoller pour la 1re fois en 2022.

Crawler-Transporter 2 mesure 39,9 m de long et 34,7 m de large.

PIONNIÈRE DE L'AVIATION

Wally Funk

Cette aviatrice octogénaire est la preuve vivante que les rêves peuvent devenir réalité. Elle a dû attendre 60 ans pour qu'ils se réalisent en raison de la discrimination de genre.

Wally est fascinée par l'aviation dès son plus jeune âge. Elle n'a d'yeux que pour la pionnière Amelia Earhart et persuade ses parents de la laisser prendre des leçons de vol. Elle obtient sa licence de pilote à 17 ans et accumule des milliers d'heures de vol à l'université.

En 1961, à 21 ans, Wally rejoint le programme *Mercury 13*, une initiative privée visant à prouver que les femmes peuvent devenir astronautes. Les candidates subissent les mêmes tests physiques et psychologiques que les astronautes de *Mercury 7* – les recrues du 1er vol spatial de la NASA – et répondent à toutes les exigences, au point de surpasser parfois leurs homologues masculins.

Le projet est abandonné en 1962, mais Wally demeure déterminée à bâtir sa carrière dans l'aviation. Ni les compagnies commerciales ni l'US Air Force n'acceptant de femmes pilotes, elle doit donc tenir d'autres rôles – d'abord en tant qu'instructrice dans l'aviation civile, puis comme inspectrice de la FAA et enquêtrice de la sécurité aérienne.

Ce n'est qu'à 82 ans et 169 jours que Wally atteint son objectif. Le 20 juill. 2021, elle rejoint l'équipage de *Blue Origin NS-16* et devient **la femme la plus âgée dans l'espace**. "Personne n'avait attendu aussi longtemps", souligne Jeff Bezos, fondateur de Blue Origin. "Il était temps."

2

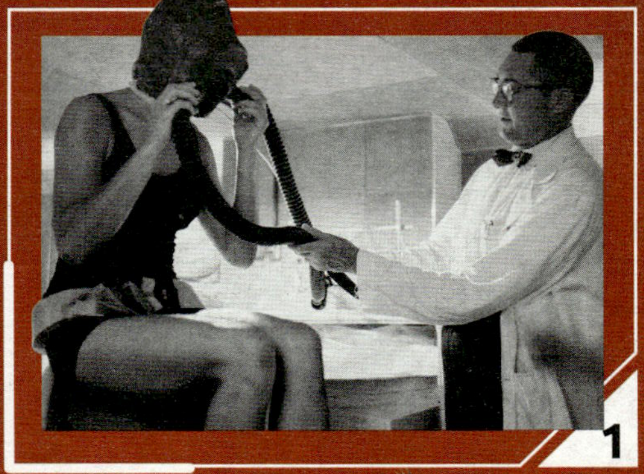
1

3

4

INFORMATIONS

Nom	Wally Funk
Lieu de naissance	Las Vegas (Nouveau-Mexique, USA)
Date de naissance	1er févr. 1939
Titre du *GWR*	**La femme la plus âgée dans l'espace**
Carrière	1re femme inspectrice de la FAA*. 1re femme enquêtrice de la sécurité aérienne pour la NTSB†

*Federal Aviation Administration
†National Transportation Safety Board

5

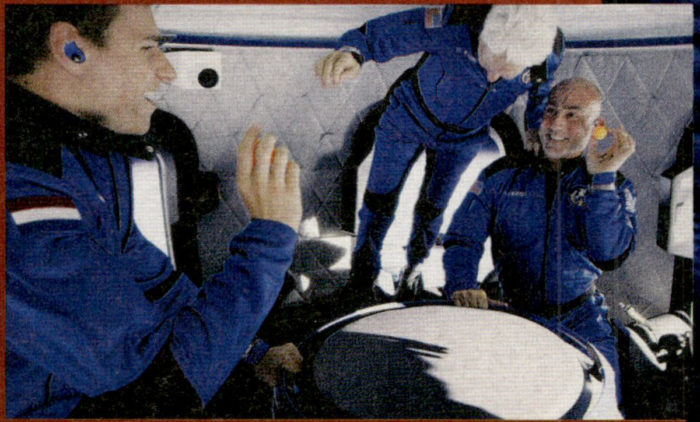

6

7

Wally a cumulé plus de 19 000 h de vol et appris à voler à plus de 3 000 étudiants.

1. Wally lors des essais de *Mercury 13*, se préparant pour un test à la Lovelace Clinic au Nouveau-Mexique. Personne ne sachant alors quelles étaient les qualités primordiales pour devenir astronaute, les tests sont variés et, selon les normes actuelles, parfois étranges !

2. Wally dans le cockpit d'un avion d'entraînement AT-6 en 1961. Cette année-là, elle s'engage à suivre l'entraînement des astronautes et à devenir l'un des membres de la mission *Mercury 13*.

3. À 20 ans, Wally obtient un 1er emploi d'instructrice de l'aviation civile à Fort Sill (Oklahoma, USA). Elle apprend aux hommes recrutés par l'Air Force à voler, bien qu'elle ne soit pas elle-même autorisée à faire partie de l'Air Force.

4. En 1995, plusieurs candidates à *Mercury 13*, notamment Wally, sont invitées au lancement de la navette *Discovery* dans le cadre de la mission STS-63, à laquelle participe **la 1re femme pilote d'une navette spatiale**, Eileen Collins. Elles se font appeler les FLATS (First Lady Astronaut Trainees/1res femmes stagiaires astronautes).

5. Wally discute avec Jeff Bezos, fondateur de Blue Origin, qu'elle accompagnera lors de la mission NS-16 (voir p. 19). Plus tard, il se souviendra de son calme et de son enthousiasme à l'idée de s'envoler dans l'espace.

6. Les 4 membres de l'équipage de Blue Origin saluent les journalistes après leur vol. De gauche à droite : Oliver Daemen (**la plus jeune personne à voler dans l'espace**), Jeff Bezos, Wally Funk et Mark Bezos. "Je veux y retourner", lance Wally à la foule. "Vite."

7. Wally reçoit ses ailes d'astronaute de Jeff Ashby, ancien commandant de la navette spatiale, qui fait désormais partie de l'équipe de Blue Origin.

Pour en savoir plus sur Wally, consultez le chapitre Hall of Fame sur www.guinnessworldrecords.com/2023

LA CHÈVRE DOTÉE DE LA PLUS GRANDE PAIRE DE CORNES
Mesurée à Naters (CHE) le 23 juin 2020, l'envergure de la paire de cornes recourbées d'Albino atteignait 1,44 m, soit à peu près la longueur d'un manche à balai. Propriété de Roland Fercher (ci-contre), Albino était une chèvre du Simplon, race rare originaire de la région montagneuse située à la frontière entre la Suisse et l'Italie. De mai à oct., ce bouc paissait avec une dizaine de ses congénères de races diverses, qu'il dominait naturellement du fait de son impressionnante parure. Il est mort le 17 avr. 2022.

MISSION

La vie sur Terre

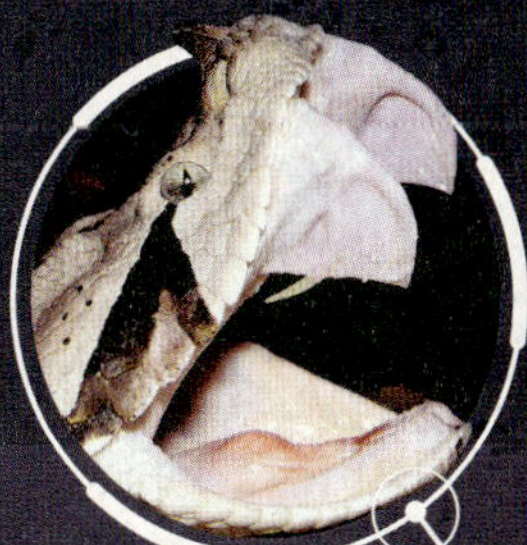

En Suisse, la tradition veut que l'on mette une couronne de fleurs aux animaux exceptionnels.

Méga-mammifères

Certes, ***le plus grand animal de tous les temps*** *nage encore dans nos océans (voir p. 52-53), mais une grande partie de la mégafaune a aujourd'hui disparu. Si dinosaures et autres reptiles géants ont souvent été sous les feux de la rampe, certains mammifères ont eux aussi atteint des proportions impressionnantes...*

Mammifère terrestre

Plusieurs prétendants se disputent le titre du plus gros mammifère terrestre de tous les temps. Le 1er en lice est *Paraceratherium* (**1**), sorte de rhinocéros géant au cou allongé qui vivait il y a 23 à 34 millions d'années. Ce mastodonte mesurait en effet au moins 4,8 m au garrot et pesait env. 18,5 t, soit l'équivalent de plus de 3 éléphants d'Afrique *(Loxodonta africana)*, **le plus gros animal terrestre** de notre époque.

L'éléphant à défenses droites (*Palaeoloxodon*, **2**), qui atteignait 4,5 m au garrot et dont la masse a été estimée entre 15 et 22 t, est néanmoins un sérieux rival.

N'oublions pas enfin le zygolophodon *(Mammut borsoni)*, qui aurait atteint 16 t pour 4,1 m au garrot.

Mammouth

Les plus gros étaient le mammouth méridional *(Mammuthus meridionalis)* et son descendant, le mammouth des steppes (*M. trogontherii*, **3**), qui atteignaient 4 m de haut au garrot pour une masse parfois supérieure à 14 t. **La dernière population de mammouths**, une variété naine du mammouth laineux *(M. primigenius)*, vivait sur l'île de Wrangel, au large de la Sibérie, il y a env. 4 000 ans "seulement".

Paresseux

Les parents éloignés de nos paresseux arboricoles étaient d'énormes mammifères terrestres natifs du

continent américain. Lorsque *Eremotherium* (**4**) ou *Megatherium*, qui pesaient jusqu'à 4 t, se dressaient sur leurs pattes arrière, ils dépassaient 3,5 m ! À titre de comparaison, un paresseux tridactyle d'aujourd'hui *(Bradypus)* mesure 45 cm de long pour un poids 1 000 fois inférieur !

Cervidé

Cervalces latifrons (**5**) arpentait le nord de l'Eurasie au Pléistocène, il y a 0,21 à 1,5 million d'années. Tout le poids de cet animal de 900 à 1 200 kg, qui pouvait dépasser 2,5 m au garrot, reposait sur son seul talus, un os du pied env. 25 % plus gros que celui de l'élan d'Amérique (*Alces alces gigas*, **le plus grand cervidé** actuel). Si cet énorme orignal avait à peu près la taille d'un bison d'Amérique *(Bison bison)*, l'envergure de ses bois, qui ne dépassait pas 2,5 m, était inférieure à celle du mégalocéros, un autre cervidé (à droite).

Primate

D'après les estimations reposant sur ses mâchoires et dents jugales, le gigantopithèque (*Gigantopithecus*, **6**) pesait 300 kg tandis qu'il pouvait atteindre 3,7 m dressé sur ses pattes arrière. Certains paléobiologistes plus prudents parlent toutefois de 200 à 300 kg pour 2,5 à 3 m de hauteur. Apparenté à l'orang-outang *(Pongo)* d'Indonésie, cet énorme singe vivait dans le sud de la Chine actuelle il y a entre 2,15 millions et 300 000 ans. Un gorille des plaines orientales mâle adulte *(Gorilla beringei graueri)*, **le plus grand primate actuel**, mesure env. 1,75 m pour moins de 210 kg.

Marsupial

Un cousin de nos wombats (Vombatidae), *Diprotodon optatum* (**7**), vivait en Australie jusqu'à il y a 44 000 ans. Selon une étude de Stephen Wroe fondée sur un squelette complet de ce méga-herbivore, un adulte mâle mesurait en moyenne plus de 3,7 m du museau à l'extrémité de la queue. Il pesait par ailleurs 2,8 t, soit plus de 30 fois le poids du plus gros spécimen mâle du kangourou roux *(Osphranter rufus)*, **le plus grand marsupial** contemporain.

LA PLUS GRANDE RAMURE DE TOUS LES TEMPS

D'après les peintures rupestres et les restes de squelette découverts, le mégalocéros *(Megaloceros giganteus)* portait d'énormes bois palmés dont l'envergure atteignait 3,6 m. Bien qu'il ait été appelé "grand cerf des tourbières" ou encore "élan irlandais", ce cervidé était en fait présent dans tout le nord de l'Eurasie.

Rongeur

Josephoartigasia monesi (**8**) vivait en Amérique du Sud il y a env. 2,6 millions d'années. Sur la base d'un crâne de 53 cm de long, les chercheurs évaluent le poids de cet énorme cobaye à 1 à 2 t. À titre de comparaison, le grand cabiai (*Hydrochoerus hydrochaeris*, **le plus gros rongeur** actuel) pèse env. 55 kg pour un crâne de 24 cm. Le plus proche parent vivant de *J. monesi*, le pacarana *(Dinomys branickii)*, est bien plus petit.

Tigre à dents de sabre

Le tigre de Sibérie *(Panthera tigris altaica)*, qui dépasse parfois 1 m au garrot pour 300 kg, est **le plus grand félin sauvage** actuel. Certains de ses ancêtres étaient encore plus imposants. Avec 1,2 m au garrot, le smilodon, *Smilodon populator* (**9**), est ainsi l'un des plus grands félins de tous les temps. Un crâne exceptionnellement gros découvert en Uruguay aurait appartenu à un spécimen de 436 kg, ce qui représente plus du double du poids d'un lion mâle *(P. leo)*. Ce sont les véritables poignards que constituent les dents acérées du *Smilodon* adulte qui lui ont valu son nom de tigre à dents de sabre.

Canidé

Le chien vedette de la nature (si l'on exclut les races domestiques, voir p. 49) était *Epicyon haydeni* (**10**), canidé qui vivait en Amérique du Nord il y a 7 à 10 millions d'années. D'après les fossiles retrouvés, ce prédateur mesurait 95 cm au garrot et pesait 75 kg, rivalisant ainsi avec l'ours noir *(Ursus americanus)*. *Epicyon* (littéralement "bien plus qu'un chien") était un borophaginé, sous-famille aujourd'hui éteinte. **Le plus gros canidé sauvage** est actuellement le loup gris *(Canis lupus)*, qui mesure en moyenne 73 cm au garrot et pèse de 16 à 80 kg.

Venin

LA GRENOUILLE LA PLUS VENIMEUSE
Aparasphenodon brunoi administre son terrible venin (LD_{50} = 0,16-0,24 mg/kg de masse corporelle) à l'aide de minuscules épines osseuses sous-cutanées situées sur son museau. À peine 1 g de cette toxine suffit à tuer 80 humains ou 300 000 souris.

LES PLUS LONGS CROCHETS DE SERPENT
En Afrique subsaharienne, la vipère du Gabon *(Bitis gabonica)* injecte très profondément son venin dans ses proies à l'aide d'immenses crochets de 50 mm de long. Elle produit en outre une plus grande quantité de poison que tout autre serpent, de sorte qu'un seul adulte mâle peut tuer 30 personnes.

LES ARAIGNÉES LES PLUS VENIMEUSES
Deux genres se disputent ce titre. Avec une LD_{50} humaine de 7,5 µg de venin par kg, les araignées bananes d'Amérique centrale et du Sud (*Phoneutria*, à droite) provoquent les plus graves envenimations.
La toxicité des araignées à toile entonnoir mâles d'Australie (*Atrax*, à gauche) est du même ordre. Elles s'attaquent certes moins aux humains mais leurs morsures sont redoutables, car les peptides de leur venin surstimulent notre système nerveux avec des conséquences parfois fatales.

L'ÉCHELLE DE LA DOULEUR DE SCHMIDT

En 1983, l'entomologiste Justin O. Schmidt (USA) a publié un document sur la pénibilité des piqûres d'hyménoptères, classant les piqûres de nombreuses fourmis, abeilles et guêpes sur une échelle de 1 à 4 en fonction de la douleur ressentie et décrivant la sensation qu'elles provoquent. En voici quelques exemples...

1 – ***Tetraponera* spp.** "Un coup porté par un gringalet. Il est trop faible pour vous faire mal, mais vous êtes ensuite sur vos gardes."

1,5 – ***Dieunomia heteropoda*** "Certes, la taille de l'hyménoptère compte, mais ce n'est pas le seul élément ! Une cuillère en argent vous tombe sur l'ongle du gros orteil, et vous voilà en train de sauter sur un pied."

2 – **Bourdon (*Bombus* spp.)** "Des flammes colorées. Un feu d'artifice sur votre bras !"

LES SCORPIONS LES PLUS VENIMEUX
Administré en sous-cutané à des souris, le venin de *Leiurus quinquestriatus* (ci-contre) a révélé une LD_{50} de 0,25 mg/kg. Bien que le venin d'*Androctonus* soit légèrement moins toxique, ces scorpions d'Afrique du Nord font un plus grand nombre de victimes humaines.

Si le poison pénètre passivement dans l'organisme après que la victime a mangé ou touché un animal, le venin est injecté activement lors d'une piqûre ou morsure. Sa dangerosité est généralement évaluée par le biais de sa dose létale moyenne (LD_{50}), exprimée en milli- ou microgrammes de venin par kilo (mg/kg ou µg/kg) de masse corporelle, soit la quantité nécessaire pour tuer 50 % des sujets testés (souris ou autres).

Les 1res grenouilles venimeuses
Les scientifiques connaissent depuis longtemps les grenouilles à poison, dont la terrible *Phyllobates terribilis* de Colombie qui, du fait de la LD_{50} de sa batrachotoxine (0,2 µg/kg), s'avère **la grenouille la plus toxique**. Il a en revanche fallu attendre 2015 pour avoir confirmation de l'existence de grenouilles venimeuses. Le venin de 2 espèces brésiliennes récemment découvertes (*A. brunoi* – voir plus haut – et *Corythomantis greeningi*) est plus toxique encore que celui du serpent Fer de lance *(Bothrops)*.

La 1re salamandre venimeuse
Une étude de 2010 a confirmé le caractère venimeux du pleurodèle de Waltl *(Pleurodeles waltl)* qui vit en Espagne, au Portugal et au Maroc. Sous la menace, ce triton peut faire saillir ses côtes au point qu'une rangée d'épines osseuses perce sa peau, sécrétant une substance laiteuse toxique très efficace.

Le 1er crustacé venimeux
Déjà décrit en 1987, *Xibalbanus tulumensis* est un rémipède, crustacé marin aux allures de mille-pattes qui vit dans les grottes sous-marines de la péninsule du Yucatán (MEX). Il injecte à ses proies un venin hémotoxique semblable à celui du crotale, décomposant ainsi leurs tissus organiques qu'il peut alors engloutir.

Le venin d'insecte le plus toxique
Avec une LD_{50} de 0,12 mg/kg de masse corporelle, le venin de la fourmi *Pogonomyrmex maricopa* est env. 20 fois plus puissant que celui de l'abeille européenne. Douze piqûres de cette fourmi native de l'Arizona (USA) suffisent à éliminer un rat.

LE CÉPHALOPODE LE PLUS VENIMEUX

Le venin des pieuvres aux anneaux bleus *Hapalochlaena maculosa* et *H. lunulata* est la maculotoxine, un type de tétrodotoxine (TTX). Une morsure injectant 0,87 mg peut tuer un humain. La TTX est **le poison des poissons les plus toxiques**, les poissons-globes (Tetraodontidae).

L'Australie abrite **le plus de serpents venimeux** : plus de 100 espèces terrestres sur un effectif mondial d'env. 600.

LE SERPENT TERRESTRE LE PLUS VENIMEUX

Bien qu'aucun décès ne lui ait encore été imputé, le taïpan du désert *(Oxyuranus microlepidotus)* est très dangereux : 1 mg de venin suffit à tuer un humain. Cette espèce native du Queensland (AUS) chasse surtout des mammifères (rats ou autres) qu'elle doit maîtriser très vite, d'où la puissance de son venin.

LE POISSON LE PLUS VENIMEUX

Les poissons pierres *(Synanceia)*, dont la dangerosité est renforcée par un camouflage efficace, comptent jusqu'à 15 épines dorsales, chacune dotée de 2 poches contenant 5 à 10 mg de venin. La LD_{50} intraveineuse du venin de *S. horrida* étant de 0,4 µg/kg chez la souris, 1 ou 2 épines suffisent à inoculer une dose létale à un humain.

LA PIQÛRE D'INSECTE LA PLUS DOULOUREUSE

Présente du Nicaragua au Paraguay, la fourmi *Paraponera clavata* est classée 4+ sur l'échelle de Schmidt (voir ci-dessous). La douleur de sa piqûre a été comparée à celle que provoque l'impact d'une balle de fusil.

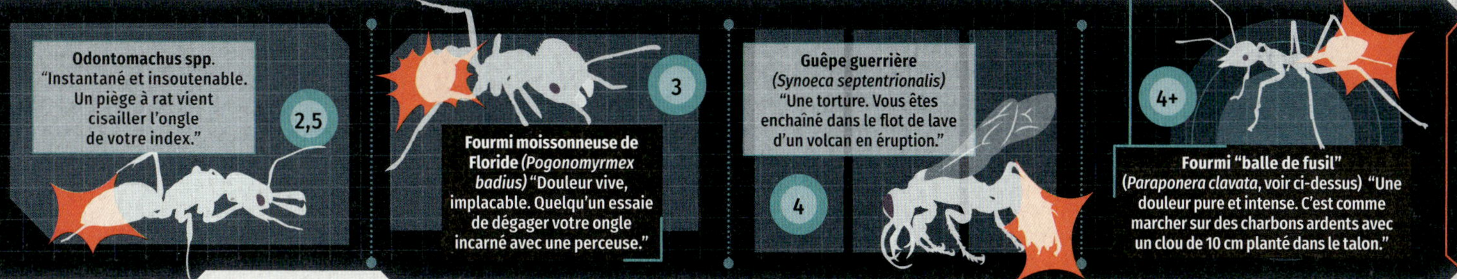

Le plus de décès dus à des morsures de serpent par pays
Selon des sources médicales, 1,2 million de personnes auraient succombé à une piqûre de serpent en Inde entre 2000 et 2019. Cela représente en moyenne 58 000 décès par an, soit près de la moitié des victimes à l'échelle planétaire. Lorsque l'espèce était citée, il s'agissait le plus souvent de la vipère de Russell (*Daboia russelii*). Cette forte mortalité s'explique par le grand nombre de piqûres dans ce pays où les serpents apprécient autant les zones urbaines que rurales, ainsi que par le manque d'antivenins dans les régions reculées.

Le plus gros animal venimeux terrestre
Un dragon de Komodo mâle (*Varanus komodoensis*) mesure en moyenne 2,59 m pour 79-91 kg. Les chercheurs ont longtemps pensé que sa salive contenait des bactéries mortelles, jusqu'à ce qu'une étude menée en 2009 par Bryan G. Fry (à droite, avec un dragon de Komodo) et son équipe mette en évidence 2 glandes à venin sous la mâchoire. C'est donc par une morsure venimeuse et non une infection bactérienne que **le plus grand saurien** immobilise ses proies.

Q & R : BRYAN G. FRY
Surnommé "Docteur Venin", il dirige le Venom Evolution Lab de l'université du Queensland (AUS).

Quelles sont les questions que l'on vous pose le plus souvent ?
"Vous êtes-vous déjà fait piquer ?" C'est comme demander à Lewis Hamilton s'il a déjà eu un accident ! Toute activité extrême comporte des risques, mais nous anticipons. Lorsque nous partons pour un lieu reculé, nous emmenons un médecin et un antivenin.

Pourquoi une telle toxicité dans la faune sauvage australienne ?
Du fait de notre climat extrêmement chaud. L'Australie est ainsi le pays des reptiles et le seul continent qui compte plus de serpents venimeux que d'espèces non venimeuses.
Je citerais le taïpan du désert (voir plus haut) au venin particulièrement puissant et dévastateur : il détruit physiquement les terminaisons nerveuses et coagule le sang, obstruant ainsi les vaisseaux.

Quel animal est-on le plus surpris de découvrir venimeux ?
Le dragon de Komodo. On a répété à tort pendant des décennies que son arme redoutable était des bactéries pathogènes, alors qu'il y a moins de bactéries dans sa gueule que dans celle d'un lion ou que dans la bouche d'un enfant de 5 ans qui a mordu son copain à la cheville !

Identifier les oiseaux

LE PLUS D'ESPÈCES D'OISEAUX (PAYS)

Selon BirdLife International, la Colombie abritait 1 884 espèces d'oiseaux en 2020 (16,9 % de l'effectif mondial), dont le rare Dacnis de Hartlaub (*Dacnis hartlaubi*, à gauche). Le Pérou et le Brésil arrivant en 2e et 3e positions, l'Amérique du Sud est le continent qui compte **le plus d'espèces d'oiseaux** (3 445, près du tiers du total planétaire).

L'ENCHÈRE LA PLUS ÉLEVÉE POUR UN LIVRE D'HISTOIRE NATURELLE

Le 7 déc. 2010, un exemplaire du *Birds of America* de John James Audubon s'est négocié 7,3 m £. Cet ouvrage, dont il ne resterait que 120 exemplaires complets, réunit 1 000 illustrations de 435 oiseaux en taille réelle, réalisées entre 1827 et 1838 par le pionnier de l'ornithologie, originaire d'Haïti.

LA 1RE AGENCE D'ARCHITECTURE SPÉCIALISÉE DANS L'OBSERVATION DES OISEAUX

Fondée à Vardø (NOR) en nov. 2010 par l'architecte naturaliste Tormod Amundsen (NOR), l'agence Biotope conçoit des structures destinées à l'observation de la faune sauvage. Nombre de ces cabanes, paravents et autres tours sont inspirés des *gapahuks* norvégiens, petits abris élaborés à partir de matériaux naturels.

LE 1ER GUIDE D'IDENTIFICATION DES OISEAUX

Florence A. Merriam (USA) a publié en 1889 *Birds Through an Opera-Glass*. Cette compilation d'articles illustrés de dessins réalisés à la main est le 1er guide d'identification des oiseaux qui s'adresse à des ornithologues en herbe et non à des chasseurs.

CES OISEAUX QUI ABONDENT

Pour tester vos jumelles, cherchez les 3 oiseaux les plus couramment observés par région au 1er déc. 2021, selon l'appli *eBird* lancée en 2002 (voir ci-contre).

AFRIQUE
1. Bulbul des jardins (*Pycnonotus barbatus*) = 151 357
2. Tourterelle maillée = 104 745
3. Tourterelle à collier = 98 231

ASIE
1. Martin triste (*Acridotheres tristis*) = 1 016 833
2. Pigeon biset = 896 052
3. Tourterelle tigrine = 819 547

AUSTRALIE
1. Cassican flûteur (*Gymnorhina tibicen*) = 812 893
2. Gralline pie = 657 076
3. Loriquet arc-en-ciel = 545 434

AMÉRIQUE CENTRALE
1. Urubu noir (*Coragyps atratus*) = 500 862
2. Merle fauve = 472 662
3. Quiscale à longue queue = 443 750

LE PLUS ANCIEN COMPTAGE D'OISEAUX

Soucieux de proposer une alternative aux traditionnelles parties de chasse, Frank McChapman (USA) a initié en 1900 le CBC (Christmas Bird Count), organisé tous les Noëls par la National Audubon Society. Plus de 3 000 CBC ont lieu désormais sur l'ensemble du continent américain, avec le cardinal rouge (*Cardinalis cardinalis*, ci-dessous) souvent à l'honneur.

- **L'oiseau le plus grand :** les autruches mâles d'Afrique du Nord (*Struthio camelus camelus*) peuvent mesurer jusqu'à 2,7 m de haut et peser 156 kg.
- **L'oiseau le plus petit :** le colibri d'Elena mâle (*Mellisuga helenae*), originaire de Cuba et des îles alentour, mesure 57 mm de long – queue incluse – et peut peser 2 g. Les femelles sont un peu plus grandes.
- **La population d'oiseaux la plus abondante :** la population adulte estimée de travailleurs à bec rouge (*Quelea quelea*) d'Afrique subsaharienne oscille entre 1 et 2 milliards.
- **Le son le plus sonore :** l'araponga blanc mâle (*Procnias albus*), natif des forêts de Guyanes, du Venezuela et du nord du Brésil, émet un son allant jusqu'à 125,4 dB pendant les parades nuptiales.

Le 1er oiseau sauvage bagué

Un héron cendré (*Ardea cinerea*) bagué au tout début du XVIIIe siècle en Turquie a été identifié en Allemagne en 1710. Le baguage des faucons aurait commencé encore plus tôt.

La 1re distinction d'espèces d'oiseaux sur la base de leur chant

Dans *The Natural History and Antiquities of Selborne*, son ouvrage novateur de 1789, Gilbert White (GBR) distingue 3 espèces de pouillots uniquement en fonction de leur chant. Ces 3 oiseaux par ailleurs très semblables sont le pouillot fitis (*Phylloscopus trochilus*), le pouillot siffleur (*P. sibilatrix*) et le pouillot véloce (*P. collybita*).

La revue ornithologique la plus pérenne

Le *Journal of Ornithology* (ancien *Journal für Ornithologie*), la publication officielle de la société allemande d'ornithologie, a été lancé en 1853 par Jean-Louis Cabanis (DEU).

La 1re revue d'ornithologie grand public, *The Audubon Magazine* a été créé par George Bird Grinnell (USA) en févr. 1887. Cette revue a cessé de paraître 2 ans plus tard, faute de fonds. En 1899, Frank M. Chapman a lancé *Bird Lore*, qui a repris le titre de *Audubon Magazine* en 1941, après la création de la National Audubon Society.

LE PLUS D'ESPÈCES D'OISEAUX (PARC NATIONAL)
Depuis sa création en 1973, 1 009 espèces d'oiseaux ont été répertoriées dans le parc national de Manú (PER). L'oiseau national de ce pays, le coq-de-roche péruvien (*Rupicola peruvianus*, photo), est l'un des habitués de ce site inscrit au patrimoine mondial de l'UNESCO.

LA PLUS JEUNE PERSONNE À AVOIR OBSERVÉ DES OISEAUX SUR LES 7 CONTINENTS
Mya-Rose Craig (GBR, née le 7 mai 2002) avait 13 ans et 234 jours à la fin de son tour du monde ornithologique. Le 27 déc. 2015, elle observait ainsi pétrels des neiges (*Pagodroma nivea*) et manchots empereurs (*Aptenodytes forsteri*) en Antarctique, sa dernière étape.

En 2020, Mya-Rose organisa dans l'Arctique la manifestation pour le climat la plus septentrionale.

LE PLUS D'ESPÈCES D'OISEAUX RECENSÉES EN 1 AN (INDIVIDU)
En 2016, Arjan Dwarshuis (NLD, au centre) a observé 6 852 espèces d'oiseaux dans 40 pays, soit les 2 tiers des espèces mondiales de l'époque, selon la liste mondiale des oiseaux de l'IOC. Il a ainsi battu le record précédent de 699 espèces, tout en levant des fonds pour BirdLife International.

LE PLUS D'ESPÈCES D'OISEAUX RECENSÉES EN 24 H (PAR ÉQUIPE)
Le 8 oct. 2015, 4 guides professionnels (de gauche à droite : Rudy Gelis (NLD), Mitch Lysinger (USA), Tuomas Seimola (FIN) et Dušan Brinkhuizen (NLD)) ont identifié 431 espèces d'oiseaux en Équateur, dont l'organiste à ventre brun (*C. pyrrhophrys*, à droite).

La plus ancienne association de protection des oiseaux
La Royal Society for the Protection of Birds (RSPB) trouve ses origines dans les groupes de femmes fondés en 1889 par Emily Williamson et Eliza Phillips pour dénoncer l'utilisation de plumes d'oiseaux dans la mode féminine. En 1891, les 2 philanthropes fondent la RSPB, qui acquiert le statut de Charte Royale en 1904 et réunit aujourd'hui plus d'un million de membres.

Octroyée pour la 1re fois en 1908, la RSPB "Medal" est la plus haute distinction décernée par l'association. Dame Georgina Mace, Bill Oddie OBE et Sir David Attenborough comptent parmi les plus prestigieux élus. **Le plus jeune lauréat de la RSPB Medal**, Dara McAnulty (GBR, né en Irlande du Nord le 31 mars 2004), avait 15 ans et 209 jours lorsqu'il a reçu le prix en 2019 pour son *Journal d'un jeune naturaliste*.

Le 1er guide naturaliste illustré de photographies
Publié en 1895, l'ouvrage de Richard et Cherry Kearton *British Birds' Nests: How, Where, and When to Find and Identify Them* était un guide pour ornithologues et oologues (collectionneurs d'œufs) amateurs illustré exclusivement de photographies. Les frères britanniques ont élaboré des postes d'observation très créatifs pour saisir les oiseaux sur le vif, allant jusqu'à se cacher dans les entrailles d'un bœuf naturalisé !

Le comptage le plus important en 24 h (record mondial)
Dans le milieu de l'ornithologie, les "Big Days" voient des équipes ou des individus rivaliser d'efforts pour identifier le plus d'espèces d'oiseaux en 1 journée. Lors du Global Big Day du 8 mai 2021, 7 234 espèces ont ainsi été décomptées par 51 816 observateurs répartis dans 192 pays.

Cet événement était orchestré par *eBird*, **la plus grande base de données ornithologique pour scientifiques et amateurs**. Le site Internet et l'application ont été créés en 2002 par le Cornell Lab of Ornithology (USA) d'Ithaca. En déc. 2021, *eBird* avait répertorié plus de 1,1 milliard d'observations et 81 millions de fiches.

LE PLUS D'ESPÈCES D'OISEAUX OBSERVÉES (EN 1 VIE)
Claes-Göran Cederlund (SWE, 1948-2020) a répertorié 9 761 espèces d'oiseaux. Sa passion l'a amené dans 135 pays, et jusqu'en Polynésie française (ci-dessous, avec un chevalier des Tuamotu (*Prosobonia parvirostris*)). Son oiseau préféré était le martinet noir (*Apus apus*).

Drôles de bestioles

L'OISEAU À LA CORNE LA PLUS LONGUE

Le kamichi cornu *(Anhima cornuta)* présente entre les yeux une formation cartilagineuse protubérante atteignant 15 cm de long. Ce fragile penne noir frontal se casse facilement, de sorte qu'il semble ornemental. Doté d'un éperon osseux sur chaque aile, le kamichi n'est pas sans défense pour autant.

LE PLUS GRAND GÉNOME

Le génome est l'ensemble du matériel génétique propre à un organisme vivant. Celui de l'axolotl *(Ambystoma mexicanum)*, un amphibien du Mexique qui peut passer toute sa vie à l'état larvaire, compte 32 milliards de paires de base (doubles brins d'ADN ou d'ARN), au moins 10 fois plus que celui d'un être humain !

LE POISSON OSSEUX LE PLUS LOURD

La môle *(Mola)* est un gros poisson osseux de 1 t en moyenne, qui aime prendre le soleil près de la surface de l'océan. Un spécimen exceptionnel *(M. alexandrini)* observé au large du Japon en 1996 atteignait 2,3 t. Les môles sont aussi **les poissons les plus féconds**, les ovaires d'une femelle renfermant jusqu'à 300 millions d'ovules de la taille d'un grain de sable (1,27 mm de diamètre).

LE RONGEUR QUI VIT LE PLUS LONGTEMPS

Le rat-taupe nu *(Heterocephalus glaber)* ne se distingue pas seulement par son étrange apparence. **Le plus eusocial des mammifères** est également remarquable par sa vie en colonies, sa résistance à diverses pathologies, dont le cancer, et sa longévité (jusqu'à 31 ans).

DES ARMES PEU COMMUNES

Que ce soit pour capturer une proie ou échapper à un prédateur, les animaux ont développé d'habiles tactiques, parfois répugnantes. Dans certains cas, ces adaptations à des fins prédatrices ou défensives battent elles aussi des records…

4,5 m

La mouffette rayée *(Mephitis mephitis)* est **le mammifère le plus nauséabond**. Les sécrétions musquées que ses glandes anales projettent jusqu'à 4,5 m restent perceptibles à une concentration de 10 pour 1 milliard !

L'urubu à tête rouge *(Cathartes aura)* régurgite de la nourriture sur ses prédateurs. Présent du Canada à l'Amérique du Sud, c'est **le vautour le plus répandu** sur ce continent.

La salamandre géante des palmiers *(Bolitoglossa dofleini)* a **la langue la plus rapide** : en 7 ms, soit 50 fois plus vite qu'un clignement d'œil, elle peut la projeter à une distance supérieure à la moitié de son corps.

LE FOUISSEUR LE PLUS RAPIDE (MAMMIFÈRE)

Le condylure étoilé *(Condylura cristata)* peut en moyenne identifier, capturer et consommer sa proie (un ver par exemple) en 230 ms. Un temps record de 120 ms (1/4 du temps nécessaire pour cligner de l'œil) a même été enregistré. Doté de 25 000 mécano-récepteurs, ou organes d'Eimer, le museau de cette taupe est **l'organe sensoriel animal le plus sensible**.

Le poisson avec le plus d'yeux
Formellement identifié en 1958, *Bathylychnops exilis*, qui vit jusqu'à 900 m de profondeur dans le nord-est de l'océan Pacifique, est le mieux loti en la matière. Sous ses yeux principaux se trouvent en effet 2 "globes secondaires" dotés de rétine et de cristallin, dirigés vers le bas. Derrière se trouve encore une 3e paire d'yeux qui, bien que dépourvus de rétine, contribuent à dévier la faible luminosité vers les organes visuels principaux.

Le primate au plus long nez
Endémique de Bornéo, le bien nommé nasique, ou long-nez *(Nasalis larvatus)*, a un appendice nasal atteignant 17,5 cm de long chez le mâle âgé. Lorsqu'un nasique mâle est inquiet, agité ou en phase de séduction, son nez rougit et sert de caisse de résonance, amplifiant son cri très particulier.

Le plus de dents chez un crocodilien
Présent uniquement sur le sous-continent indien, le gavial du Gange *(Gavialis gangeticus)* se distingue

LE PLUS DE DOIGTS CHEZ UN PRIMATE
Selon une étude de 2019, l'aye-aye *(Daubentonia madagascariensis)* aurait 6 doigts au lieu de 5 à chaque main : une petite bosse au niveau du poignet constituerait un "pseudo-pouce", complétant le 3e doigt très allongé de ce primate, pratique pour dénicher larves et insectes dans les trous d'arbre.

LE PLUS GRAND ÉCART INTEROCULAIRE (PAR RAPPORT AU CORPS)
Cyrtodiopsis whitei, une mouche de Malaisie, peut avoir les yeux écartés de 10,5 -mm alors qu'elle mesure 7,5 mm. Pour un être humain de 1,80 m, cela reviendrait à un espace interoculaire de 2,4 m !

LES PLUS LONGUES OREILLES DE CHAUVE-SOURIS (PAR RAPPORT AU CORPS)
Originaire de l'ouest de l'Amérique du Nord, l'oreillard maculé *(Euderma maculatum)* a des oreilles de 5 cm pour une longueur tête-corps de 7 cm env. Cela correspondrait chez un humain à des lobes de 1,2 m ! Dans la mesure où la plupart des chauves-souris repèrent leurs proies par écholocation, de si grands organes auditifs sont forcément le fruit de l'évolution.

Les oreilles de l'oreillard maculé s'enroulent autour de sa tête au repos. En chasse, elles se déploient et se gorgent de sang.

Le toxote, ou poisson archer à bandes noires *(Toxotes jaculatrix)*, est un fin chasseur. Il peut déloger un insecte à 1,5 m de distance par un puissant crachat.

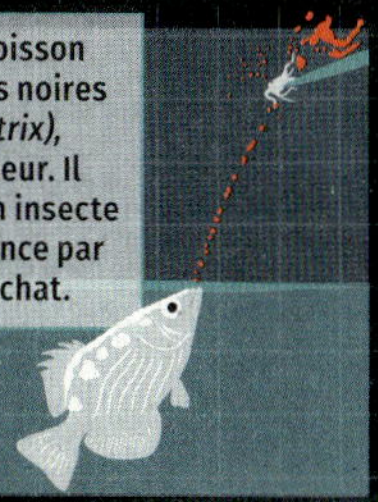

Plusieurs espèces de poisson génèrent leur propre électricité pour paralyser leurs proies. Avec ses décharges atteignant 860 V, l'anguille électrique *(Electrophorus)* est **la plus puissante** d'entre elles.

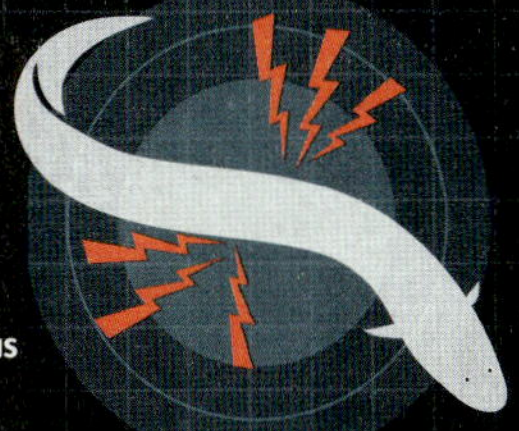

Les sinus du lézard à corne *(Phrynosoma)* d'Amérique du Nord sont comprimés dans ses orbites. S'il se sent menacé, il peut les rompre et projeter du sang sur son prédateur jusqu'à 1,2 m.

1,2 m

Outre leur vision performante (ci-dessous), les crevettes-mantes ont des pattes puissantes et rapides, qui leur permettent de cogner proies ou ennemis à 23 m/s : c'est **la plus puissante force de frappe autonome.**

des autres crocodiliens par son museau long et fin doté de 110 dents imbriquées et très acérées. Si ses mâchoires sont très étroites comparées à celles des crocodiles et alligators, elles sont parfaites pour capturer les petits poissons rapides qui constituent l'essentiel de sa nourriture.

Le plus grand imitateur
Dans la nature, la palme de l'imitation revient à la pieuvre mimétique *(Thaumoctopus mimicus)* des eaux indo-pacifiques. Capable de changer de forme, de couleur, mais aussi de façon de se mouvoir, ce poulpe peut imiter au moins 16 animaux différents, du serpent de mer au bernard-l'hermite en passant par les seiches, méduses et autres raies.

La plus grosse portée pour un mammifère sauvage
Mi-hérisson mi-musaraigne, le tenrec est un insectivore endémique de Madagascar et des îles voisines. Il a été rapporté qu'une tangue *(Tenrec ecaudatus)*, la plus grosse espèce de tenrecs, a un jour mis bas une portée de 31 petits (dont 30 ont survécu).

Les 1res fourmis "explosives"
Colobopsis cylindrica est une fourmi charpentière arboricole d'Asie du Sud-Est qui ne recule devant rien pour protéger ses colonies. Les ouvrières n'hésitent pas à rompre leur paroi corporelle lorsque leur nid est attaqué, libérant ainsi une sécrétion toxique poisseuse qui a raison de leurs agresseurs.

LES YEUX LES PLUS COMPLEXES
Les squilles, ou crevettes-mantes (Stomatopoda), qui vivent dans les eaux chaudes des lagons et du littoral, ont les yeux les plus élaborés du règne animal. Composés de milliers d'unités optiques élémentaires (ommatidies), ils comptent jusqu'à 16 cônes, ou photorécepteurs, lorsque l'œil humain n'en a que 3. Douze cônes servent à l'analyse de la couleur (ce qui permet aux squilles de voir de l'ultraviolet à l'infrarouge), les 4 derniers à la lumière polarisée.

Habits de lumière

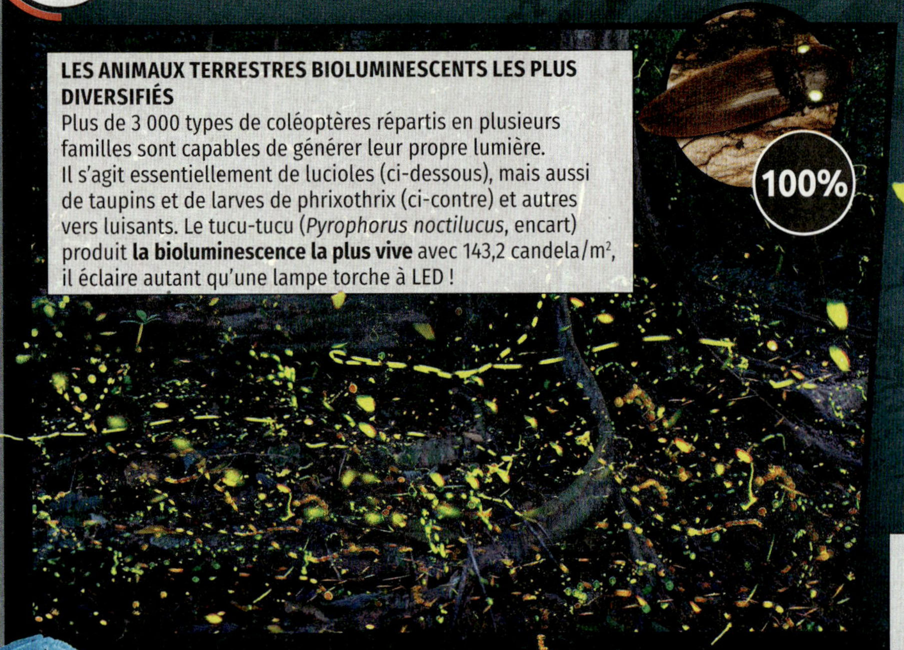

LES ANIMAUX TERRESTRES BIOLUMINESCENTS LES PLUS DIVERSIFIÉS
Plus de 3 000 types de coléoptères répartis en plusieurs familles sont capables de générer leur propre lumière. Il s'agit essentiellement de lucioles (ci-dessous), mais aussi de taupins et de larves de phrixothrix (ci-contre) et autres vers luisants. Le tucu-tucu (*Pyrophorus noctilucus*, encart) produit **la bioluminescence la plus vive** avec 143,2 candela/m^2, il éclaire autant qu'une lampe torche à LED !

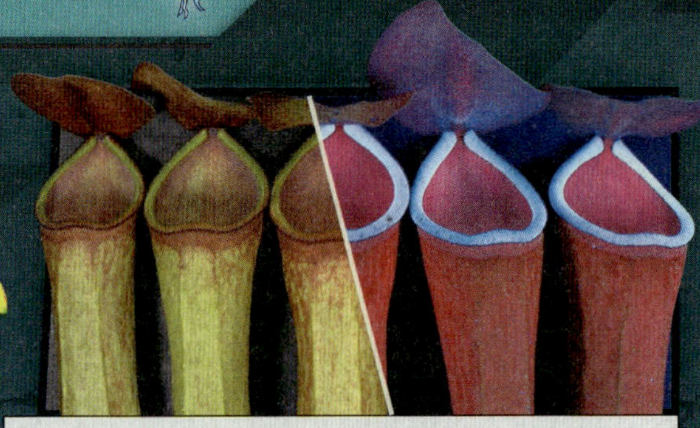

LA PLANTE CARNIVORE LA PLUS FLUORESCENTE
Lors d'une étude menée en 2013, *Nepenthes khasiana*, plante carnivore endémique du nord de l'Inde, a éclipsé toutes ses rivales. Observé sous lumière UV de 366 nm, le péristome de son urne diffuse une lumière bleue fluorescente perceptible à 430-480 nm, attirant ainsi des insectes vers un destin fatal.

LE 1ER MONOTRÈME FLUORESCENT
L'ornythorinque (*Ornithorhynchus anatinus*, ci-dessous) n'est plus à une extravagance près ! Si le pelage de ce mammifère pondeur semble brun, une étude menée en 2020 sous lumière UV de 200-400 nm a révélé chez 3 spécimens de musée une fluorescence vert/cyan perceptible à 500-600 nm.
Une autre étude a identifié **le plus gros mammifère fluorescent** à ce jour : il s'agit du wombat commun (*Vombatus ursinus*) qui peut atteindre 1,3 m de long.

LE SCORPION LE PLUS LOURD
Sous lumière UV, tous les scorpions luisent dans l'obscurité. C'est le cas du scorpion empereur (*Pandinus imperator*), qui pèse jusqu'à 60 g. L'exosquelette fluorescent des scorpions pourrait les protéger de la lumière du soleil, les aider à détecter l'intensité UV ambiante et ainsi à mieux se cacher la nuit.

BRILLER DE TOUS SES FEUX

Des milliers d'organismes brillent pour survivre, la plupart dans les profondeurs marines. Cette aptitude ne leur sert pas seulement à éclairer les alentours : certaines des 12 fonctions-clés identifiées par Steven Haddock, expert en bioluminescence à l'institut de recherche de l'aquarium de la baie de Monterey, sont présentées ici...

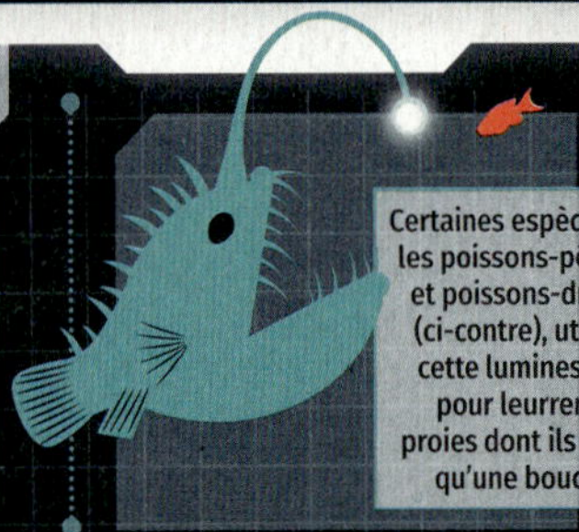

Certaines espèces, dont les poissons-pêcheurs et poissons-dragons (ci-contre), utilisent cette luminescence pour leurrer des proies dont ils ne font qu'une bouchée.

La luminescence peut s'avérer une arme efficace pour désorienter, voire étourdir, une proie potentielle : c'est la technique utilisée par le calmar géant.

Dans cette lutte effrénée, les victimes aussi utilisent parfois la lumière pour échapper à leurs ennemis. Ainsi, la contre-illumination les soustrait au regard de prédateurs plus profonds.

LES GROTTES AUX VERS LUISANTS LES PLUS COURUES
Depuis 1889, les touristes affluent vers les grottes de Waitomo (NZ). Chaque année, de 450 000 à 500 000 visiteurs admirent le spectacle féerique que leur livrent les larves d'*Arachnocampa luminosa*. En émettant une lumière bleu-vert, ces vers attirent leurs proies vers ce qu'elles prennent pour un magnifique ciel étoilé, pour mieux les piéger dans un vaste enchevêtrement de filaments enduits de mucus adhésif.

La bioluminescence *est la production et l'émission de lumière par un organisme vivant via une réaction chimique : la luciférine s'oxyde en présence de luciférase, émettant alors des photons. Certaines espèces produisent tous ces composés chimiques elles-mêmes, d'autres les absorbent dans leur nourriture, d'autres encore travaillent en symbiose avec des micro-organismes bioluminescents (cf. les bactéries vivant dans le leurre des poissons-pêcheurs).* ***La fluorescence*** *se produit lorsqu'un type de lumière est absorbé et une autre longueur d'onde émise sur le spectre visible, d'une teinte souvent différente, la longueur d'onde de la lumière étant quantifié en nanomètres (nm).*

Les plus anciens coléoptères bioluminescents
Les coléoptères sont à la fois les animaux terrestres bioluminescents les plus divers (voir plus haut), mais aussi les plus vieux. Citons notamment *Cretophengodes azari*, qui remonte au crétacé moyen (quelque 99 millions d'années), et dont un spécimen a été découvert fossilisé dans l'ambre de Birmanie. Selon plusieurs études, la lumière émise par son organe abdominal bioluminescent serait un mécanisme de défense.

LA PLUS GRANDE "MER DE LAIT"
Une mer de lait est un phénomène naturel lors duquel de vastes colonies de bactéries bioluminescentes illuminent l'océan la nuit. Entre le 25 juill. et le 9 août 2019, une mer de lait de plus de 100 000 km^2 (env. la superficie de l'Islande) a été observée par satellite au large de l'île de Java (IDN) (voir ci-dessus).

LE GENRE DE CHAMPIGNONS LE PLUS BIOLUMINESCENT
Sur les 81 espèces de champignons connues pour leur bioluminescence, 68 au moins, soit 84 %, appartiennent au genre *Mycena*. Bien qu'elle soit encore peu étudiée, la bioluminescence des mycènes est connue depuis fort longtemps. Elle était ainsi qualifiée de "bois qui brille" par le philosophe grec Aristote (384-322 av. J.-C.).

LA PLUS GRANDE VARIÉTÉ DE POISSONS BIOLUMINESCENTS
Des milliers de poissons marins – dont le poisson-dragon (ci-dessus) – peuvent émettre de la lumière, notamment dans le spectre bleu-vert (450-550 nm). Cependant, 3 genres de poisson-dragon (*Aristostomias*, *Malacosteus* et *Pachystomias* ; encart ci-dessous : *P. microdon*) ont évolué pour émettre – et percevoir – des rayons infrarouges (>700 nm), de sorte qu'ils peuvent repérer leurs proies sans en être vus.

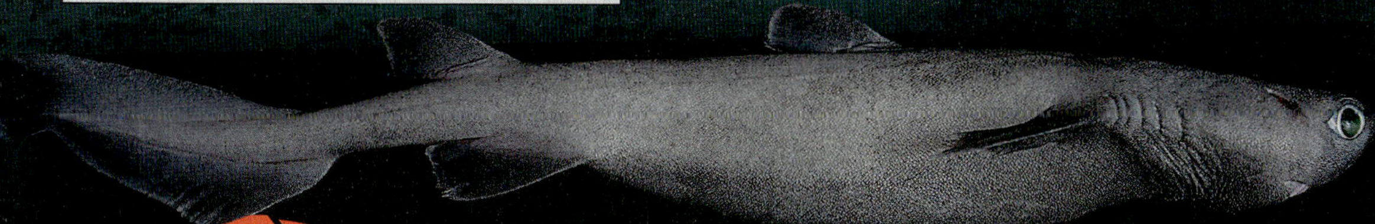

Certains requins émettent de la lumière pour localiser leurs proies, attirer un partenaire ou se cacher.

LE PLUS GROS VERTÉBRÉ BIOLUMINESCENT
Parmi les diverses espèces de requin capables d'émettre de la lumière, la plus imposante est le squale liche *(Dalatias licha)*, représenté ici à la fois à la lumière du jour et dans l'obscurité, en bleu. Avec une longueur d'env. 1,8 m, ce requin est aussi le plus gros vertébré bioluminescent. Cette propriété n'a été mise au jour qu'en 2020, car ce squale benthique vit jusqu'à 600 m de profondeur.

Photophore (organe électroluminescent) rouge

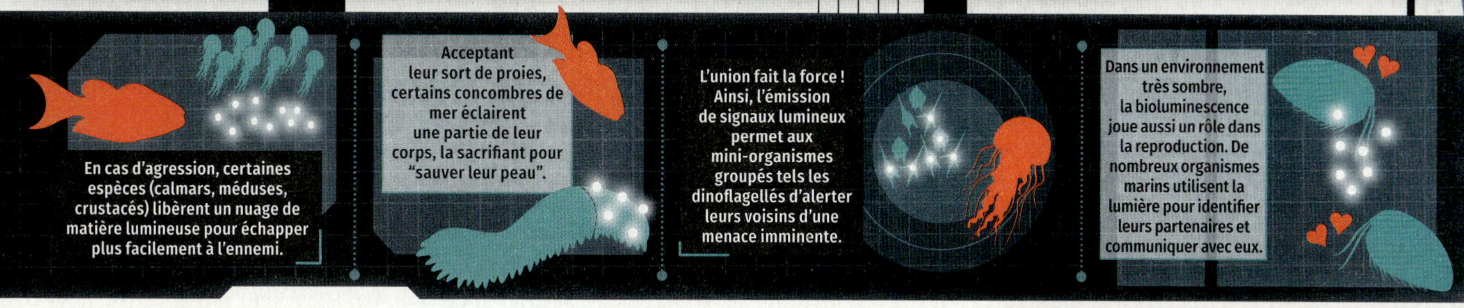

Le plus gros organisme bioluminescent
Le plus gros organisme vivant, et de ce fait la créature luminescente la plus imposante, est une armillaire à squames foncées *(Armillaria solidipes)* qui couvre 890 ha dans la forêt nationale de Malheur (Oregon, USA). À la différence des autres champignons luminescents (voir plus haut), seul le mycelium de cette espèce émet de la lumière. Selon une étude de 2015, les champignons brillent lorsque l'oxygène ambiant produit de l'oxyluciférine en présence de luciférine. Leur objectif pourrait être d'attirer les insectes qui disséminent leurs spores.

Le plus long animal bioluminescent
Espèce appartenant au même ordre que la physalie, le siphonophore géant *(Praya dubia)* est un invertébré translucide des profondeurs marines qui atteint 50 m de long (la taille d'une piscine olympique !). Techniquement, un siphonophore n'est pas un individu isolé, mais un superorganisme composé de milliers de minuscules zoïdes, tous spécialisés dans une tâche. Ce très long ver émet une lumière bleutée qui incite les proies éventuelles à s'approcher de ses tentilles urticantes.

Le 1er animal terrestre à émettre de la lumière rouge
La plupart des animaux bioluminescents émettent une lumière bleu-vert, mais tous ne s'en contentent pas. Ainsi, les vers de chemin de fer *(Phrixothrix)* luisent de 2 couleurs : ces larves dont la morphologie évoque un convoi de wagonnets possèdent 11 paires d'organes latéraux émettant une lumière verte, auxquels s'ajoutent 2 sortes de "phares" en tête, qui diffusent une lumière rouge de 620-638 nm.

Les animaux les plus sombres
Si certains animaux génèrent de la lumière, d'autres font leur possible pour la neutraliser. Parmi les plus extrêmes, citons les poissons-pêcheurs du genre *Oneirodes*, dont la peau ultra-noire absorbe 99,95 % de la lumière. Au fond des océans, ce n'est pas aux rayons du soleil que cette réflectance de 0,044 % seulement à 480 nm les soustrait, mais à la bioluminescence de leurs proies !

La baie la plus "biolumineuse"
L'eau de Mosquito Bay située sur l'île de Vieques (Puerto Rico, USA) renferme jusqu'à 700 000 dinoflagellés *(Pyrodinium bahamense)* par litre. La forte concentration de ces dinophytes, qui réagissent à la moindre agitation en émettant pendant 1/10e de seconde env. une lumière bleu-vert, s'explique par l'abondance de nourriture et la forme de la baie.

Animaux domestiques

_MIAOU_GNIFIQUE DYNASTIE FÉLINE

Comme cela a été établi à Farmington Hills (Michigan, USA) le 29 janv. 2021, Fenrir Antares Powers (à gauche) est, avec ses 47,83 cm de la base des pattes avant au garrot (partie du corps en saillie entre les omoplates), **le plus grand chat domestique** vivant. Ce Savannah a pris le relais de son frère décédé Arcturus Aldebaran Powers. Avec ses 48,40 cm au garrot attestés le 3 nov. 2016, ce dernier conserve néanmoins le record GWR du **plus grand chat domestique de tous les temps**.

Ces chats gigantesques ont été élevés par William Powers (USA ; à gauche, avec Fenrir), également propriétaire d'une autre fratrie féline hors du commun. Altair Cygnus Powers, un Maine Coon silver (ci-dessus), est ainsi **le chat domestique à la plus longue queue** (40,83 cm, vérifié le 25 oct. 2021). C'était auparavant son frère, Cygnus Regulus Powers, qui détenait ce record. Ce Maine Coon reste aujourd'hui encore **le chat domestique à la plus longue queue de tous les temps** (44,66 cm), comme attesté le 28 août 2016.

Les noms de ces 4 chats sont issus du folklore et de la cosmologie. Fenrir est un loup puissant dans la mythologie scandinave.

LE TABLEAU LE PLUS CHER PEINT PAR UN ANIMAL

Wild and Free de Pigcasso s'est vendu 430 000 ZAR (plus de 25 000 €) le 13 déc. 2021. Cette truie sud-africaine, propriété de Joanne Lefson, a peint avec une encre non toxique plus de 400 œuvres qu'elle a signées de son groin.

LE CHIEN LE PLUS RAPIDE AU BASEBALL

Le Jack Russell Macho a fait le tour du diamant en 21,06 s, au stade des Dodgers à Los Angeles (USA), le 24 sept. 2021. Macho et son maître, Lori Signs, se sont entraînés plus de 1 an avant de tenter ce concours organisé par le fabricant de nourriture pour animaux Lucy Pet.

ATTRAPE-LES SI TU PEUX !

Le lapin le plus rapide à réaliser 5 sauts

Guidée par sa maîtresse Nicole Barrett, la lapine Penelope a franchi 5 obstacles en 4,816 s, le 18 janv. 2020, dans le cadre du Bradford Premier Small Animal Show du sud du Yorkshire (GBR). Les concours d'obstacles pour lapins ont vu le jour en Suède dans les années 1970.

Le saut le plus haut pour un cochon d'Inde

Le 10 mars 2021, Fizz, le cobaye de Gabriele Nava Mambrettia (9 ans), a exécuté debout sur ses pattes arrière un bond de 32 cm pour atteindre une plateforme à Bellevue (CHE).

LE PLUS LONG DÉFILÉ DE MULES ET MULETS MONTÉS

Cinquante mules et mulets ont défilé avec leurs cavaliers à travers Warrensburg (USA), le 23 oct. 2021, dans le cadre du 150e anniversaire du Missouri, sous la supervision de la University of Central Missouri. Cet animal est en effet à la fois la mascotte de cet État et de cette université.

Le saut le plus haut pour un cochon

Kotetsu, porc entraîné par Makoto Ieki, a franchi une barre située à 70 cm de hauteur, à la ferme Mokumoku Tezukuri de Mie (JPN), le 22 août 2004.

Le plus de paniers marqués par un…

- **cochon d'Inde en 30 s** : le 16 nov. 2021, Molly, cobaye d'Emma Müller, a réalisé 4 *dunks* en 30 s, à Dombóvár (HUN).
- **chien en 1 min** : Leonard Lee, border collie de 3 ans entraîné par Teresa Hanula, sa maîtresse, a marqué 14 paniers en 60 s, à River Rouge (Michigan, USA), le 28 oct. 2021.

Le plus de vêtements retirés d'une corde à linge par un chien en 1 min

Le 28 févr. 2021, le berger australien Daiquiri a ramassé 18 éléments sur une corde à linge, à Strathmore (Alberta, CAN), guidé par Jennifer Fraser. Ce binôme détient 2 autres records GWR : ceux du **plus de jouets ramassés en 1 min** (15) et du **plus de passages entre les jambes d'une même personne en 30 s** (37).

LE PERROQUET LE PLUS RAPIDE EN TROTTINETTE SUR 5 M
Le 15 févr. 2022, Chico, un cacatoès Triton a parcouru 5 m en 14,58 s sur le tournage de *Lo Show dei Record* à Milan (ITA), battant son propre record, établi 5 jours plus tôt, de près de 3 s. Chico appartient au dresseur d'oiseaux Kaloyan Yavashev (BUL).

LE CHIEN LE PLUS GRAND
Zeus, le dogue allemand de 2 ans de Brittany Davis de Bedford (Texas, USA), mesurait 1,046 m au garrot, le 22 mars 2022. Encart : Zeus sur ses pattes arrière avec le fils de Brittany, Jamison, 15 ans. Le record du **plus grand chien de tous les temps** (1,118 m, le 4 oct. 2011) revient à un autre dogue allemand répondant au nom de Zeus, qui appartient à la famille Doorlag du Michigan (USA).

LE CHEVAL LE PLUS RAPIDE SUR SES PATTES ARRIÈRE SUR 5 M
Le 27 févr. 2022, Alvin, poney Shetland, a parcouru 5 m sur 2 pattes en 16,70 s, à Klippan, Skåne (SWE). Selon Paulina Tufvesson, qui l'entraîne, "Alvin pense être aussi puissant que n'importe quel autre cheval. Il déteste qu'on le traite comme un bébé. C'est une vraie diva !"

La plus longue distance parcourue par une chèvre en skate : 36 m, Happie (USA)

Le chien le plus rapide à franchir 5 obstacles en skate : 2,46 s, Lenny the Batdog (FRA)

La plus longue distance en paddle par un binôme chien/humain sur un cours d'eau : 1,69 km, Bono et Ivan Moreira (BRA)

Le plus long plongeon d'un cochon : 3,31 m, Miss Piggy (AUS)

Le chien funambule le plus rapide : 18,22 s, Ozzy (GBR)

Autrefois, Daiquiri et Jennifer détenaient aussi le record du **plus d'objets ramassés par un chien** (11). Molly et son maître Oscar Lynagh de Melbourne (Victoria, AUS) les ont détrônés le 20 juin 2021 avec 23 objets collectés sans en faire tomber un seul.

Le plus vieux cochon de tous les temps
Née le 1er févr. 1998, Baby Jane avait 23 ans et 221 jours à sa mort le 10 sept. 2021. Ses maîtres Patrick Cunningham et Stanley Coffman de Mundelein (Illinois, USA) se souviennent d'une truie "extrêmement sensible et affectueuse". Baby Jane, qui voyageait régulièrement avec le couple, aimait apparemment beaucoup la plage. Elle avait un faible pour Key West (Floride), le point le plus méridional des États-Unis continentaux.

La plus vieille fratrie féline
Nées le 1er mars 2000, les jumelles Shorthair noires et blanches Pika et Zippo, qui vivent à Londres (GBR) avec la famille Teece, ont fêté leur 22e anniversaire en 2022.

La plus grande paire de cornes portée par un bœuf
Le 8 mai 2019, à Goodwater (Alabama, USA), l'envergure des cornes de Poncho Via, Texas Longhorn du ranch de la famille Pope, a été établie à 3,23 m, soit env. 3 fois la largeur d'une piste de bowling !

La plus grande paire de cornes d'une vache a été mesurée à 2,65 m d'envergure à Lawton (Oklahoma, USA), le 4 oct. 2019. Cette belle parure est celle de 3S Danica, également une Texas Longhorn, propriété de Mike Davis.

Le mouton le plus cher
Lors d'une vente aux enchères organisée à Lanark (GBR), le 27 août 2020, un consortium d'éleveurs a payé 350 000 guinées (460 000 € env.) pour acquérir Sportsmans Double Diamond, agneau mâle Texel pure race élevé par Charlie Boden.

L'âne le plus grand
L'âne Romulus, American Mammoth Jackstock, mesurait 172,7 cm, le 8 févr. 2013. Âgé de 18 ans en 2022, il vit avec son frère Remus, dans la ferme de Cara et Phil Yellott au Texas (USA).

LE PLUS DE TOURS JOUÉS PAR UN CHAT EN 1 MIN
Entraîné par sa maîtresse Anika Moritz, Alexis a réussi 26 tours lors d'un show de 60 s présenté à Bruck an der Leitha (AUT), le 10 juin 2020. Propriétaire d'Alexis depuis l'âge de 11 ans, Anika a commencé à pratiquer le renforcement positif avec elle quelques semaines à peine après son arrivée.

Animaux héroïques

LA 1RE MÉDAILLE AMÉRICAINE RÉCOMPENSANT LE COURAGE ANIMAL

Le 14 nov. 2019, à Washington DC (USA), l'association Animals in War & Peace a remis la Medal of Bravery à 8 animaux – 6 à titre posthume – (voir tableau) qui avaient fait preuve de "bravoure et de courage dans l'exercice de leur mission". Le 9 mars 2022, 3 chiens supplémentaires recevaient cette médaille tandis que la toute récente Distinguished Service Medal récompensait 3 autres chiens, Smoky, Hurricane et Feco, qui s'étaient surpassés.

Les 1ers récipiendaires de la Medal of Bravery

Nom	Animal	Service
Chips	Chien	Éclaireur en Afrique du Nord pendant la 2e Guerre mondiale
Stormy	Chien	Éclaireur pendant la guerre du Vietnam
Lucca	Chien	Agent de recherche spécialisé du corps des Marines déployé en Irak et en Afghanistan
Bucca (haut, centre)	Chien	Interventions postincendies à New York
Bass (haut, gauche)	Chien	Chien polyvalent du corps des Marines Opérations Spéciales en Afghanistan et en Afrique de l'Est
Cher Ami (haut, droite)	Pigeon	A transmis des messages vitaux pendant la 1re Guerre mondiale
GI Joe	Pigeon	A permis d'éviter une attaque pendant la 2e Guerre mondiale
SSgt Reckless (gauche)	Cheval	Jument au grade de Sergent d'état-major ; a fourni des munitions et retrouvé des blessés pendant la guerre de Corée

La 1re médaille de bravoure décernée à un animal
La Cloche (FR) fut **le 1er récipiendaire** de la Blue Cross Medal* qui récompense des animaux depuis 1940. Lorsque le *Meknès* fut torpillé au large de Dieppe, le 24 juill. 1940, ce chien sauta à l'eau pour sauver son maître qui ne savait pas nager.

Le plus de Blue Cross Medals décernées à un animal revient à Juliana, le Grand Danois de W.T. Britton (GBR), qui en a reçues 2 : la 1re pour avoir éteint un engin incendiaire en urinant dessus pendant le Blitz en 1941 ; la 2e pour avoir prévenu ses maîtres d'un incendie en 1944.

Jim, le chat de M. et Mme Coffey (GBR), a sauvé le couple en le réveillant pendant un incendie nocturne en 1942. C'est **le 1er félin récompensé par la Blue Cross Medal**.

Le plus de pathologies détectées par des chiens
Entre 2008 et 2022, Medical Detection Dogs (GBR) a dressé des chiens à identifier à l'odeur (biodétection) 28 pathologies, dont le paludisme, la maladie de Parkinson, le cancer et la Covid-19. L'association forme aussi des chiens à l'assistance médicale : les renifleurs hors pair ainsi dressés détectent d'infimes changements dans l'organisme de leur maître qu'ils alertent en cas d'urgence médicale.

Les plus haut gradés...
- **Dromadaire** : Bert – shérif adjoint de réserve pour le comté de Los Angeles à San Dimas (USA) en 2003.
- **Manchot** : Brigadier Nils Olav de la Garde royale norvégienne depuis 2016 ; anobli par Harald V de Norvège en 2008.
- **Cheval** : Major Perseus du Household Cavalry Blues and Royals Regiment est depuis 2017 l'animal le plus haut gradé de l'armée britannique.

ROBIN HUTTON
La fondatrice de l'association Animals in War & Peace est l'autrice de 2 ouvrages sur des héros animaux méconnus.

Comment êtes-vous devenue ambassadrice de la cause animale ?
Depuis les recherches entreprises pour mes livres, j'éprouve un respect encore plus profond envers les animaux. J'ai eu envie de leur rendre un bel hommage, comme le fait le PDSA (GBR) avec sa médaille Dickin (voir à droite). En 2016, en nominant Reckless pour ce prix, j'ai demandé au directeur de PDSA : "Pourquoi les États-Unis ne décernent-ils pas une médaille comme celle-ci ? Nous avons aussi besoin d'une distinction de ce type."

Comment choisissez-vous les animaux héroïques ?
Notre comité de nomination (5 membres) est épaulé par un comité consultatif (10 membres). Nous invitons le grand public et l'armée à faire des propositions. Des animaux sont également nominés par notre comité.

Le public peut-il proposer des nominations ?
Oui et c'est essentiel ! Il suffit de cliquer sur l'onglet "Medals" sur notre site **animalsinwarandpeace.org**.

Pour certains, les animaux ne devraient pas être utilisés dans les conflits humains. Qu'en pensez-vous ?
Les animaux de guerre que je connais sont très bien traités par leur maître et leur unité militaire, très conscients de la valeur de ces "multiplicateurs de force", qui apportent à l'équipe des compétences que les humains n'ont pas.

**En 1918, la Blue Cross britannique a décerné l'ordre du Mérite (pas une médaille) à tous les chevaux militaires de la Première Guerre mondiale.*

LE PLUS PETIT CHEVAL (MÂLE)
Comme en attestent les mesures prises à Łódź (POL) le 24 avr. 2018, Bombel mesure à peine 56,7 cm au garrot. Ce petit Appaloosa intervient souvent comme animal thérapeutique avec sa maîtresse Katarzyna Zielińska dans les hôpitaux pédiatriques de la région.

La 1re utilisation du terme *pet therapy* (zoothérapie) date d'avril 1964 par le psychologue Boris Levinson (LTU, né RUS) dans un article publié dans *Mental Hygiene*.

LES HONNEURS DU PDSA

Initiée en 1943 par Maria Dickin, fondatrice du People's Dispensary for Sick Animals (PDSA), la médaille Dickin est l'équivalent pour les animaux de la Croix de Victoria. **Les 1res médailles Dickin** ont ainsi été attribuées le 2 déc. 1943 à 3 pigeons. Au 1er avr. 2022, l'organisation caritative britannique avait ajouté 2 autres distinctions à son panel et décerné 71 médailles Dickin supplémentaires, dont 37 à des chiens.

Médaille Dickin (créée en 1943)
La 1re distinction décernée par le PDSA à des animaux en hommage à leur courage et dévotion lors d'un conflit militaire.

Médaille d'or (créée en 2002)
L'équivalent civil de la médaille Dickin, assimilée à la croix de George. Salue le courage et l'engagement en dehors des périodes de guerre.

Magawa (à droite)

Ordre du Mérite (créé en 2014)
Cette dernière distinction, qui équivaut à un OBE, récompense les actes d'extrême loyauté et un service exceptionnel.

LE 1[ER] ÂNE À RECEVOIR LA PURPLE CROSS DE LA RSPCA

Le 19 mai 1997, Murphy, âne de l'armée australienne, a reçu à titre posthume la Purple Cross de la RSPCA nationale pour son courage pendant la Première Guerre mondiale. Au cours de la bataille des Dardanelles, en 1915-1916, Murphy a transporté les blessés du front jusqu'aux hôpitaux de campagne, sauvant ainsi avec son maître, John Simpson Kirkpatrick, quelque 300 soldats.

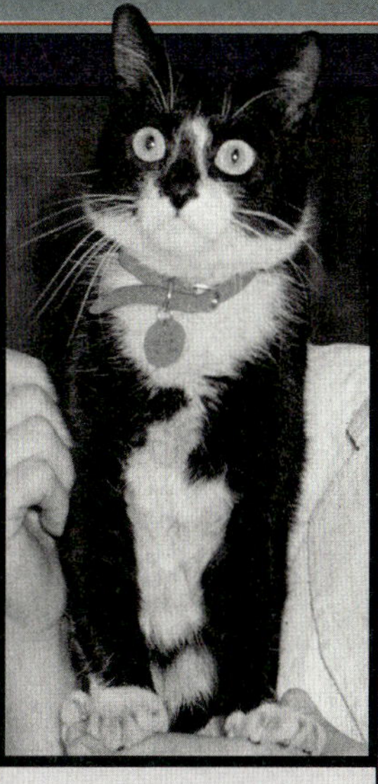

LE 1[ER] CHAT À RECEVOIR LA MÉDAILLE DICKIN

Simon était à bord du HMS *Amethyst* lorsque ce navire a été bombardé en 1949 pendant l'incident du Yangtze. Ce chat a été décoré pour "avoir éliminé un grand nombre de rats alors qu'il était lui-même blessé", contribuant ainsi à sauver les provisions restantes.

LE PLUS DE MINES DÉTECTÉES PAR UN RAT

Magawa, rat géant de Tanzanie dressé et déployé par l'ONG belge APOPO, a détecté 71 mines terrestres au cours de sa carrière. C'est au Cambodge qu'il a repéré tous ces explosifs entre janv. 2017 et mai 2021, date à laquelle il a cessé ses fonctions, à l'âge de 7 ans. Magawa a reçu la médaille d'or de la PDSA (à gauche) pour ses vaillants efforts, avant de mourir en 2022.

L'OURS LE PLUS HAUT GRADÉ

Juno, ourse polaire du zoo de Toronto (Ontario, CAN), déclarée mascotte officielle de l'armée canadienne, a reçu le titre de soldat honoraire le 27 févr. 2016 (Journée internationale des ours polaires). Nommée caporale honoraire pour son 1er anniversaire, le 11 nov. 2016, Juno a été promue au grade de caporale cheffe honoraire en 2020. L'une de ses principales missions est la sensibilisation au changement climatique arctique.

LE PLUS D'ANIMAUX THÉRAPEUTIQUES DANS UN AÉROPORT

Conçue pour déstresser les voyageurs anxieux, la Canine Airport Therapy Squad (CATS) de l'aéroport international de Denver (Colorado, USA) était, avec 87 binômes "maître-animal" bénévoles, le plus gros service de ce type en déc. 2021. Si son nom évoque les chats, CATS en compte actuellement un seul, Xeli, parmi de nombreux chiens, du toy fox-terrier au lévrier irlandais.

LE PLUS DE CHIENS GUIDES DRESSÉS

Au 31 déc. 2021, l'association Dogs for the Blind avait dressé 36 670 chiens destinés à faciliter les déplacements de personnes aveugles ou malvoyantes. Créée en 1931 par Muriel Crooke et Rosamund Bond, qui ont dressé les 4 premiers chiens dans leur garage, l'association britannique a fêté son 90e anniversaire en 2021.

LE 1[ER] CHIEN PARACHUTISTE ANTI-BRACONNAGE

Le 17 sept. 2016, le berger allemand Arrow et son maître, Henry Holsthyzen (ZAF), ont fait une démonstration en sautant d'un hélicoptère qui survolait la base aérienne de Waterkloof près de Pretoria (ZAF), à une altitude de 1 828 m. Si Arrow n'est pas le 1er chien à sauter en parachute en tandem, il est le 1er à le faire dans le cadre d'un programme de lutte contre le braconnage.

ARRÊT SUR IMAGE

La baleine bleue

Avec une longueur de 25 m et un poids de 160 t en moyenne, la baleine bleue (*Balaenoptera musculus*) n'est pas seulement **le plus gros mammifère**, c'est aussi **le plus gros animal** de tous les temps. Le record absolu revient à un spécimen de 33,57 m de long (l'équivalent de 3 bus à impériale), mesuré en 1909 dans une station baleinière de l'Atlantique Sud.

La baleine bleue collectionne les superlatifs, que ce soit pour ses mensurations ou son insatiable appétit. Il n'est guère étonnant qu'elle ait aussi **le plus gros cœur**. À titre d'exemple, celui d'un spécimen de 24 m échoué en 2014 pesait 199,5 kg, à peu près le poids d'un piano droit, et mesurait 1,5 m dans sa plus grande longueur.

Selon de récentes études, le pouls de la baleine bleue chute à 2 bpm lorsqu'elle plonge, soit **le rythme cardiaque le plus lent pour un mammifère**. Il remonte à env. 40 bpm en surface, ce qui, selon Jeremy Goldbogen de l'université de Stanford, correspond "quasiment à la fréquence maximale que ce cœur peut physiquement soutenir".

La baleine bleue peut rester immergée pendant 1 h, notamment parce qu'elle est dotée des **plus gros poumons**. Sa capacité pulmonaire globale est de 5 000 l, un volume suffisant pour gonfler 450 ballons en une seule expiration ! Enfin, ces organes allient taille et efficacité, puisque 90 % de l'air inspiré passe dans le sang.

LE PLUS GRAND ÉCART DE TAILLE ENTRE PROIE ET PRÉDATEUR
La baleine bleue se nourrit presque exclusivement de krill, de petits crustacés de 50 mm de long tout au plus, soit près de 500 fois plus petits qu'elle. En nov. 2021, des chercheurs de l'université de Stanford ont démontré que les cétacés à fanons (dont la baleine bleue est le plus gros représentant) consomment 3 fois plus de krill qu'on ne le pensait (16 t par jour en moyenne en été). La baleine engloutit une grande quantité d'eau de mer qu'elle filtre ensuite en pressant sa langue de 4 t en moyenne (**la plus grosse**, bien sûr) contre son palais, recrachant l'eau et retenant le krill entre ses fanons.

Les bancs de krill sont si importants dans l'océan Austral qu'ils sont visibles de l'espace !

UNE NOURRITURE TRÈS RICHE
Le régime alimentaire de la baleine bleue est extrêmement calorique. Une seule bouchée de krill représente en effet quelque 457 000 calories, soit l'équivalent de 830 Big Mac et près de 200 fois l'énergie dépensée pour se la procurer. Il est vrai que ce cétacé a besoin d'une alimentation riche pour subvenir aux besoins de son corps massif.

En revue

LE GENRE DE PLANTES CARNIVORES LE PLUS RÉCENT
Selon une étude de 2021, les *Triantha* ont une alimentation partiellement carnée. Endémiques des marécages et prairies humides d'Amérique du Nord, ces plantes capturent des insectes à l'aide des poils collants (trichomes) de leurs tiges qui produisent en outre une enzyme leur permettant d'en absorber les nutriments.

Les plus vieux boyaux
Selon une publication de janv. 2020, les organes internes de fossiles datant de 550 millions d'années ont été mis au jour dans la Wood Canyon Formation (Nevada, USA). Ces tubes digestifs rudimentaires appartenaient à des Cloudina, empilements de cônes calcaires de 15 cm de long tout au plus. Ces métazoaires marins primitifs qui remontent à l'édiacarien, soit quelque 300 millions d'années avant l'émergence des dinosaures, comptent parmi les 1res formes de coquillages de la planète.

Le plus gros arthropode de tous les temps
Arthropleura armata pouvait atteindre 2,6 m de long (presque autant qu'un ours polaire !) et plus de 0,45 m de large, pour env. 50 kg. Son corps aplati et segmenté, couvert de lourdes plaques, ne comptait que 32 à 64 pattes, bien moins que ses plus petits descendants (voir ci-dessous). À l'époque où vivait ce gigantesque mille-pattes, il y a env. 345 à 295 millions d'années, la pression partielle d'oxygène dans l'atmosphère était plus forte, ce qui améliorait sa capacité respiratoire et encourageait sa croissance.

Le plus de pattes
Récemment identifié dans la région des Goldfields de l'Australie occidentale, *Eumillipes persephone* est doté de 1 306 pattes (653 paires), soit plus que tout autre animal vivant ou disparu. Presque chaque segment des quelque 330 que compte ce fin mille-pattes de 95,7 mm de long et 0,95 mm de large dispose en effet de 2 paires de pattes. Découvert dans un puits de forage à près de 60 m de profondeur, *Eumillipes* est par ailleurs dépourvu d'yeux et de pigmentation. Cette espèce fascinante, qui explore son environnement à l'aide d'une paire de longues antennes tactiles, a été révélée en août 2020 et formellement décrite en déc. 2021 dans la revue *Scientific Reports*.

LE 1ER ANIMAL HYBRIDE ÉLABORÉ PAR L'HOMME
Des ossements de kunga remontant à env. 4 500 ans ont été découverts au Moyen-Orient. Selon l'analyse ADN publiée en janv. 2022, cet équidé trapu utilisé autrefois pour tirer chars de guerre et carrosses royaux était le fruit de l'union d'une ânesse domestique *(Equus africanus asinus)* et d'une hémione sauvage mâle *(E. hemionus hemippus)*, espèce également disparue.

LE PLUS VIEUX CHIEN
Le 16 mars 2022, TobyKeith (né le 9 janv. 2001) était, à 21 ans et 66 jours, **le chien vivant le plus âgé**. Ce chihuahua vit avec ses "sœurs" Luna (bulldog américain) et Lala (chien chinois à crête) chez Gisela Shore (USA), à Greenacres (Floride, USA). Pour Gisela, TobyKeith est "un amour ! Doux, tendre, affectueux... c'est aussi mon petit garde du corps."

LE PLUS VIEIL ANIMAL TERRESTRE
Jonathan, tortue géante des Seychelles *(Aldabrachelys gigantea hololissa)*, serait né vers 1832, de sorte qu'en 2022, il devrait fêter son 190e anniversaire. Ce résident de l'île de Sainte-Hélène dans l'Atlantique sud avait ainsi atteint sa pleine maturité (50 ans ou plus) lorsqu'il est arrivé sur l'île en 1882.

Seule la baleine bleue, autre animal marin, est plus lourde que **le plus gros requin de tous les temps** (voir p. 52-53).

LE PLUS GROS POISSON DE TOUS LES TEMPS
Une nouvelle méthode permettant de calculer la longueur d'un animal à partir de la largeur de ses dents (encart, à côté d'une dent de grand requin blanc) a légèrement revu à la hausse la taille du mégalodon *(Otodus megalodon)*. Cette espèce de requin éteinte aurait ainsi mesuré jusqu'à 20 m de long, 3 fois plus que le grand requin blanc *(Carcharodon carcharias)*.

LES PAPILLONS LES PLUS SOMBRES

Selon une étude publiée en mars 2020 sur les papillons de couleurs foncées, 3 espèces de la sous-famille des Biblidinae [*Eunica chlorochroa*, *Catonephele antinoe* et les mâles *C. numilia* (ci-dessus)] présentent une réflectance de 0,06 %. À titre de comparaison, celle des papillons aux ailes noires (et non *ultra*-noires) est de 1-3 %. Découvrez **l'animal le plus sombre** p. 47.

Le calmar le plus profond

Un calmar à longs bras (*Magnapinna*) a été identifié à 6 212 m de profondeur dans la fosse des Philippines (Pacifique occidental). C'est le 1er de ce genre observé en zone hadale, la partie la plus profonde des océans (6 000 m sous la surface de l'eau et au-delà). Publiées le 2 déc. 2021 dans *Marine Biology*, ces données repoussent de 1 477 m les aptitudes bathymétriques des *Magnapinna*.

La plus grande colonie de poissons

Une frayère de poissons des glaces de Jonas (*Neopagetopsis ionah*) découverte en mer de Weddell au large de l'Antarctique réunirait plus de 60 millions de nids actifs, et pourrait ainsi abriter quelque 100 milliards d'œufs. Selon les experts, cette méga-colonie de 240 km² (à peu près la superficie d'Édimbourg, ou 2,5 fois celle de Paris) s'est formée sur plusieurs décennies.

Le plus grand hôtel à insectes

Désireuses d'attirer davantage de visiteurs mais aussi de renforcer la biodiversité, les réserves naturelles des Highland Titles de Duror, Argyll et Bute (GBR) ont bâti un immense "manoir à insectes" de 199,9 m³, comme cela a été attesté le 28 mars 2022. Il aura fallu 6 mois à 7 personnes pour le construire à partir de matériaux non locaux (épicéa de Sitka, bambous, briques, écorce et copeaux de bois).

Records de longévité en captivité…

- **Léopard** : Raven, léopard mélanistique *(Panthera pardus)* né le 15 juill. 1997, avait 24 ans et 26 jours, le 10 août 2021. Cette panthère noire est le félin le plus âgé du Center for Animal Research and Education (CARE) de Bridgeport (Texas, USA).
- **Koala** : Né en févr. 1997, Midori avait 25 ans passés le 1er mars 2022, un âge bien supérieur à l'espérance de vie moyenne d'un koala *(Phascolarctos cinereus)*, soit 15-16 ans. Midori est aussi **le plus vieux koala en captivité de tous les temps**. Offert au Japon par le gouvernement d'Australie occidentale, Midori réside à l'Awaji Farm Park England Hill de Hyogo depuis son arrivée au pays du Soleil-Levant en 2003.
- **Wombat** : Wain, paresseux commun *(Vombatus ursinus)* du zoo Satsukiyama d'Ikeda à Osaka (JPN), est un rescapé de la nature dont la date de naissance est estimée aux alentours de janv. 1989. Au 31 janv. 2022, il aurait donc env. 32 ans.
- **Serpent** : Née le 1er juill. 1983, Annie, anaconda vert (*Eunectes murinus*, **l'espèce de serpent la plus lourde**) avait 37 ans et 317 jours, le 14 mai 2021. Paul Swires, son maître initial, en a fait don en 2004 aux Montecasino Bird Gardens de Johannesburg (ZAF).
- **Paresseux** : Jan, paresseux à 2 doigts *(Choloepus didactylus)*, secouru à l'âge d'env. 6 mois en mai 1970, aura 52 ans en 2022. Le quinquagénaire, qui réside au zoo de Krefeld (DEU) depuis 1986, a eu un 20e petit (un fils, Kalle) en janv. 2022.

L'INSECTE À LA LANGUE LA PLUS LONGUE

La trompe de *Xanthopan praedicta*, sphinx d'Afrique australe et de Madagascar, peut se déployer sur 28,5 cm, plus de 4 fois la taille de son corps ! Cet insecte étant le seul à être doté d'une langue assez longue pour atteindre le nectar de l'étoile de Madagascar (orchidée de Darwin), le sort de ces 2 espèces est irrévocablement lié.

LA PLUS GRANDE DISTANCE POUR UN LAGOMORPHE

En 2019, "BBYY", lièvre arctique *(Lepus arcticus)* bagué, a parcouru 388 km en 49 jours sur l'île Ellesmere (Nunavut, CAN). Cette information revêt une grande importance sur le plan scientifique car on pensait jusque-là que les lagomorphes (lièvres, lapins et pikas) ne s'éloignaient guère d'un territoire riche en nourriture.

LE 1ER ANIMAL AUX POUCES OPPOSABLES

Surnommé "Monkeydactyl", *Kunpengopterus antipollicatus* présentait la particularité de pouvoir toucher de son pouce le bout de ses autres doigts, une spécificité propre à la plupart des primates qui l'aidait peut-être à grimper aux arbres. Ce ptérosaure du jurassique décrit dans *Current Biology* en avr. 2021 vivait dans le nord-est de la Chine il y a env. 160 millions d'années.

LE PLUS GROS SQUELETTE DE *TRICERATOPS*

Le squelette reconstitué de "Big John", *Triceratops horridus* de la fin du crétacé, mesure 7,15 m de long et 2,7 m de haut au niveau du bassin. Découvert en 2014 dans le Dakota du Sud (USA), ce fossile s'est vendu 7,7 millions $, en oct. 2021 (encart : le triceratops avec Iacopo Briano, expert en ventes aux enchères naturalistes).

Rumeysa Gelgi

Rumeysa Gelgi (TUR) fait tourner les têtes où qu'elle aille. Du haut de ses 215 cm, elle est la plus grande femme du monde.

Rumeysa doit son impressionnante stature à une maladie extrêmement rare : le syndrome de Weaver, qui provoque une accélération de la croissance et des déformations du squelette. Elle est le 27e cas qui ait été diagnostiqué, et le 1er en Turquie. Rumeysa se déplace en fauteuil roulant et ne peut marcher qu'à l'aide d'un déambulateur. Si cette maladie ne lui facilite pas la vie, elle affirme qu'être si grande la fait se sentir unique.

En 2014, elle devient **la plus grande adolescente** et profite de cette notoriété pour parler au nom des autres personnes atteintes du syndrome de Weaver et de scoliose. Rumeysa refuse de se laisser décourager par ses problèmes physiques : scolarisée à domicile, elle occupe désormais un emploi de *Web designer*.

Le 23 mai 2021, la taille de Rumeysa a été de nouveau mesurée à 215,16 cm, ce qui fait d'elle **la plus grande femme**. Elle espère rencontrer un jour **le plus grand homme** – Sultan Kösen, également turc (voir p. 72). "Détenir un record est vraiment incroyable, dit Rumeysa. Je sais que seules les personnes hors norme peuvent en obtenir, et je suis désormais l'une d'elles".

1

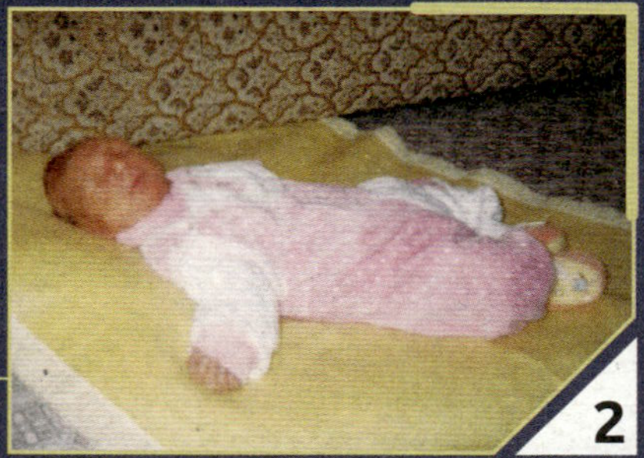

2

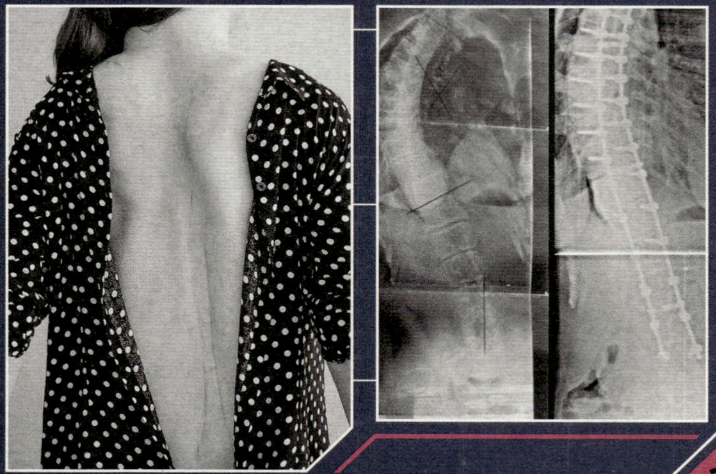

3

INFORMATIONS

Nom	Rumeysa Gelgi
Lieu de naissance	Safranbolu (TUR)
Date de naissance	1er janv. 1997
Titres du GWR	**La plus grande femme** (215,16 cm)
**femme*	**Le plus long doigt*** (11,2 cm)
	Les plus grandes mains* (24,93 cm)
	Le plus long dos* (59,90 cm)
Loisirs	Natation, lecture

4

5

1. Rumeysa possède des chaussures orthopédiques sur mesure pour ses pieds de 30,5 cm. Elle détient par ailleurs plusieurs records féminins : **le plus long doigt** (majeur droit), **les plus grandes mains** (du poignet au bout des doigts) et **le plus long dos** (vertèbres T1–L5).

2. Rumeysa, âgée de 1 mois. En mauvaise santé dès sa naissance, elle subit une opération à cœur ouvert à 1 an. Elle réussit à faire ses 1ers pas à 5 ans, à l'aide d'un déambulateur, après 9 mois de physiothérapie.

3. Des images de Rumeysa figurent dans l'exposition photos *#IAmStraightForward* présentée à New York en 2018. Ses radios mettent en évidence les conséquences de la scoliose – déviation de la colonne vertébrale.

4. Grâce à ses titres du GWR, Rumeysa utilise sa notoriété pour s'exprimer sur divers sujets médicaux. Elle a été invitée dans plusieurs émissions télé et a accordé de nombreuses interviews.

5. La famille de Rumeysa lui apporte le plus grand soutien et se dit fière de ses 2 records. Elle adore jouer avec sa nièce Zeynep (en photo ci-dessus), qui dit de Rumeysa que son "côté enfant" ressort quand elles sont ensemble.

6. En 2021, Rumeysa a obtenu son diplôme d'intégrateur Web à la Codecademy. Travailler dans les nouvelles technologies a toujours été son rêve.

Rumeysa a suivi 8 mois de cours pour obtenir un diplôme d'intégrateur Web via la Codecademy.

6

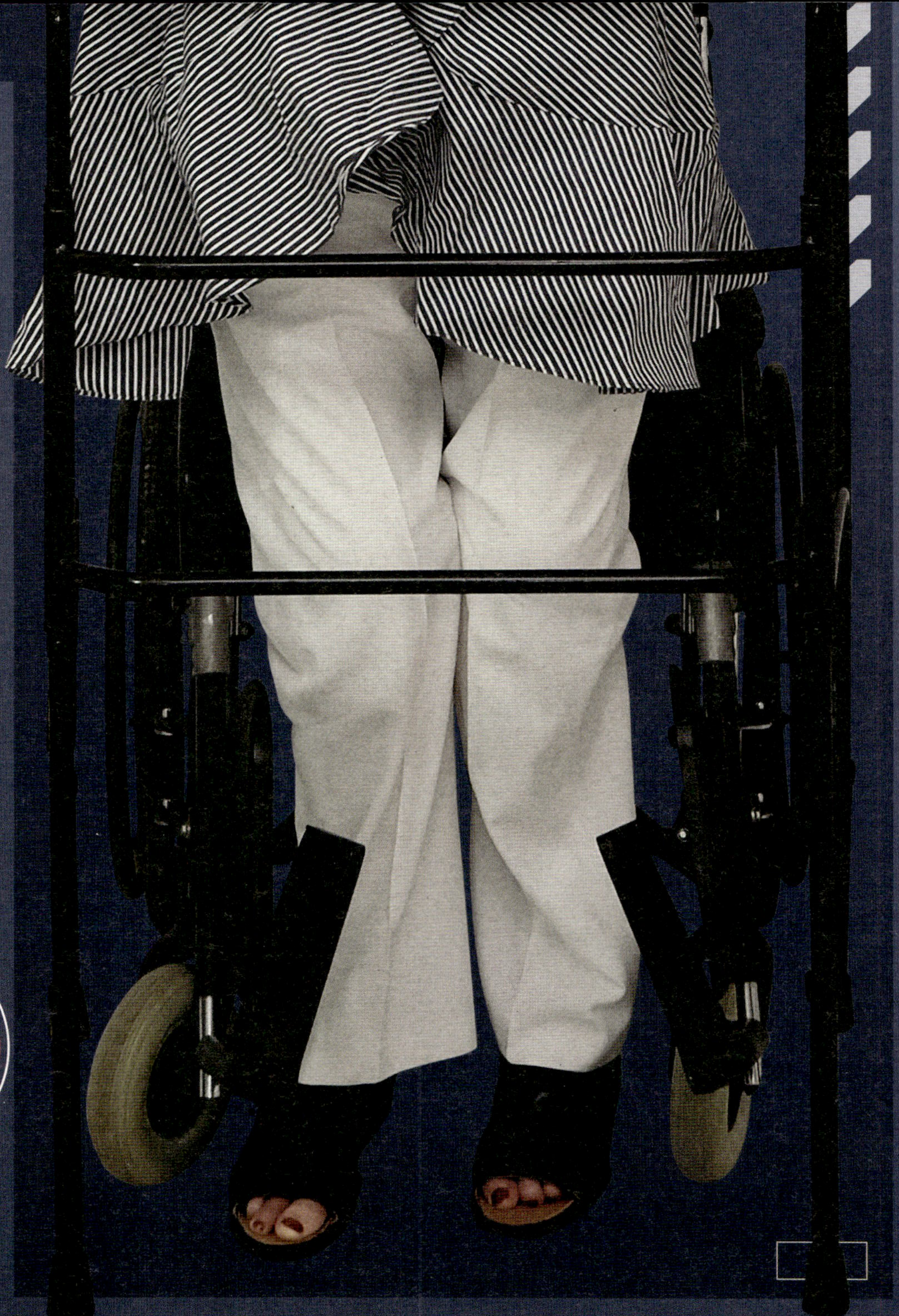

Pour en savoir plus sur Rumeysa, consultez le chapitre Hall of Fame sur **www.guinnessworldrecords.com/2023**

LA PLUS GRANDE OUVERTURE DE BOUCHE (FEMME)
Samantha Ramsdell, de Norwalk (Connecticut, USA), ouvre si grand la bouche qu'un espace de 6,52 cm a été mesuré entre ses incisives supérieures et inférieures le 15 juill. 2021. Sa bouche abyssale – 10 cm de large – peut engloutir une grosse portion de frites. "Ce n'est pas un effet de filtre, précise Samantha, qui fait sensation sur TikTok, c'est mon vrai visage !" Pour le record masculin, voir p. 62.

MISSION

Corps humain

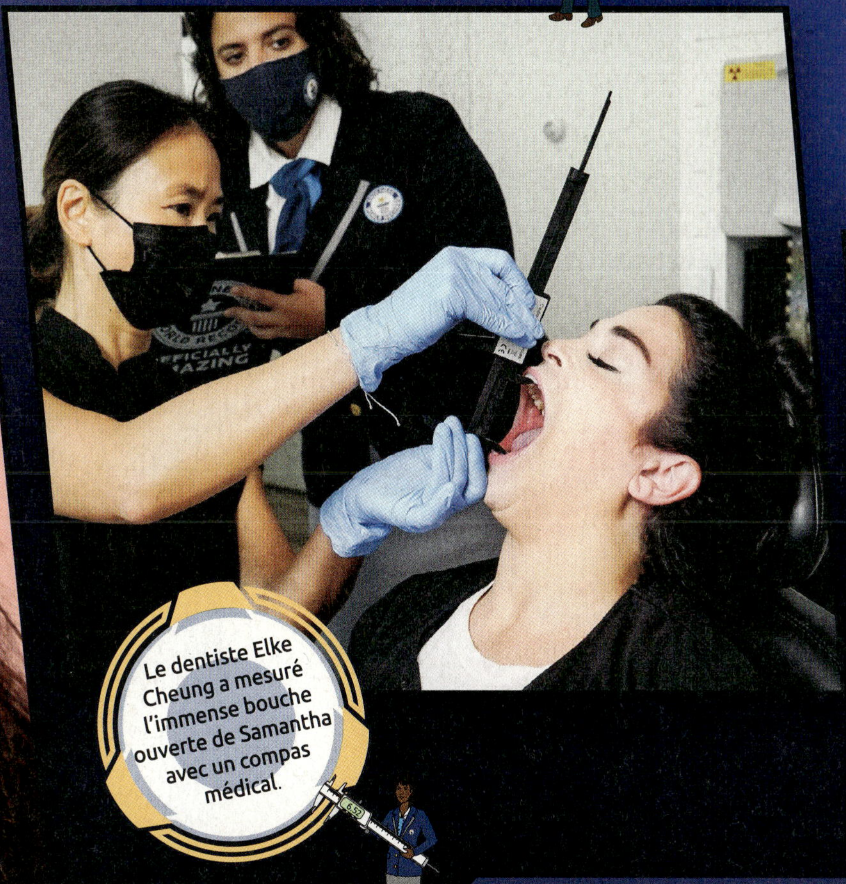

Le dentiste Elke Cheung a mesuré l'immense bouche ouverte de Samantha avec un compas médical.

Les plus vieux…

LA PERSONNE À SORTIR UN NOUVEL ALBUM
Tony Bennett (USA, né le 3 août 1926) avait 95 ans et 58 jours à la sortie de *Love for Sale*, son 2e album collaboratif avec la chanteuse Lady Gaga, le 30 sept. 2021. Annoncé comme son 61e et dernier album studio, il rend hommage au compositeur américain Cole Porter.

LA PLUS LONGUE CARRIÈRE DANS LA MÊME SOCIÉTÉ
Le 26 janv. 2022, Walter Orthmann (BRA, né en 1922) était directeur commercial chez RenauxView, à Brusque, Santa Catarina (BRA), depuis 84 ans et 9 jours. Il a débuté comme assistant d'expédition le 17 janv. 1938, l'entreprise s'appelait alors Industrias Renaux S.A.

LA PERSONNE À TRAVERSER L'ATLANTIQUE À LA RAME
Le 5 févr. 2021, Frank Rothwell (GBR, né le 9 juill. 1950), 70 ans et 212 jours, a achevé son périple entre San Sebastián, La Gomera, Canaries, et Nelson's Dockyard, Antigua, Caraïbes. Ses 4 828 km de traversée en solitaire et sans assistance ont permis de récolter 1 million de £ pour la recherche sur la démence.

LE PROFESSEUR DE DANSE
Ulla Kasics (CHE, née le 19 janv. 1926) a terminé ses études de danse en 1948 ; elle a fondé sa propre école en 1954, après la naissance de ses 2 fils. Elle enseigne toujours à titre indépendant 4 jours par semaine, à 95 ans et 164 jours, comme cela a été vérifié à Zurich (CHE), le 2 juill. 2021.

L'ÂGE N'EST QU'UN NOMBRE

Patient de chirurgie : 116 ; Chiyo Miyako (JPN, née le 2 mai 1901)

Passager d'avion : 115 ; Charlotte Hughes (GBR, née 1er août 1877)

Passager de montgolfière : 109 ; Emma Carrol (USA, née le 18 mai 1895)

Barbier : 107 ; Anthony Mancinelli (USA, né ITA, 2 mars 1911)

Circumnavigateur par les transports publics : 106 ; Saburō Shōchi (JPN, né le 16 août 1906)

LE PLUS VIEIL ACTEUR PROFESSIONNEL À JOUER HAMLET
Ian McKellen (GBR, né le 25 mai 1939) avait 82 ans et 28 jours le soir de la première de *Hamlet* au Theatre Royal Windsor (GBR), le 21 juin 2021. La production de 2021 ne faisait aucune distinction d'âge, de couleur et de sexe.

Le 19 avr. 2022, le GWR a appris avec tristesse le décès de ▶ Kane Tanaka (JPN, née le 2 janv. 1903, à droite). À 119 ans et 107 jours, elle était la 2e personne la plus âgée jamais enregistrée, derrière Jeanne Calment (FRA, 21 févr. 1875-4 août 1997), 122 ans et 164 jours.

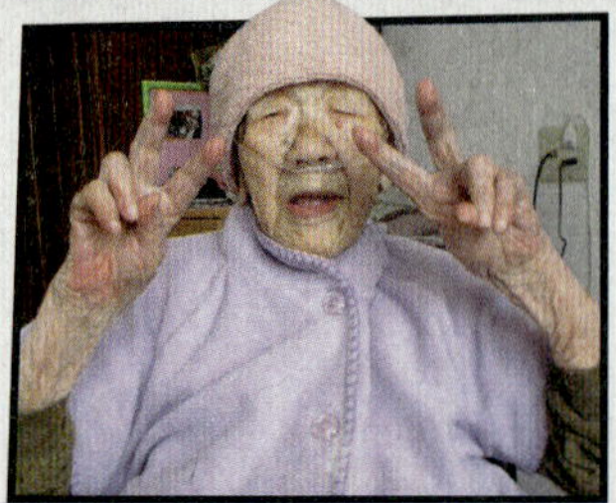

Les 10 plus vieilles personnes vivantes

	Nom	Né	Âge
1	Lucile Randon (FRA)	11 févr. 1904	118 ans et 90 jours
2	Tekla Juniewicz (POL, née UKR)	10 juin 1906	115 ans et 336 jours
3	María Branyas Morera (ESP, née USA)	4 mars 1907	115 ans et 69 jours
4	Casilda Benegas-Gallego (ARG, née PRY)	8 avr. 1907	115 ans et 34 jours
5	Fusa Tatsumi (JPN)	25 avr. 1907	115 ans et 17 jours
6	Sofía Rojas (COL)	13 août 1907	114 ans et 272 jours
7	Bessie Hendricks (USA)	7 nov 1907	114 ans et 186 jours
8	Mila Mangold (USA)	14 nov. 1907	114 ans et 179 jours
9	Edie Ceccarelli (USA)	5 févr. 1908	114 ans et 96 jours
10	Kahoru Furuya (JPN)	18 févr. 1908	114 ans et 83 jours

Source : Gerontology Research Group ; données correctes au 12 mai 2022

LES VRAIS JUMEAUX DE TOUS LES TEMPS
Les sœurs japonaises Umeno Sumiyama (à droite) et Koume Kodama, 3e et 4e d'une fratrie de 11 enfants, sont nées le 5 nov. 1913 dans le village de Nouma, préfecture de Kagawa. À la mort de Koume, le 3 févr. 2022, elles avaient atteint un âge record pour des jumeaux monozygotes : 108 ans et 90 jours.

L'ÂGE COMBINÉ LE PLUS ÉLEVÉ POUR 4 FRÈRES ET SŒURS VIVANTS
Geraldine (née le 3 avr. 1921), Marjorie (née le 19 mai 1924), Robert (né le 2 août 1928) et Richard (né le 17 oct. 1929) Goebel (USA), nés de Walter et Anne Goebel, avaient un âge combiné de 383 ans 147 jours au 8 nov. 2021.

PERSONNE
Sœur André, alias Lucile Randon (FRA, née le 11 févr. 1904), 118 ans et 73 jours, est **la plus vieille femme** et **personne** vivante. Aussi **la plus vieille religieuse** et **la survivante la plus âgée de la Covid-19**, l'ancienne gouvernante et enseignante vit dans une maison de retraite à Toulon (FRA).

HOMME
Le 4 févr. 2022, Juan Vicente Mora (VEN, né le 27 mai 1909) était âgé de 112 ans et 253 jours, comme cela a été ratifié à San José de Bolívar (VEN). L'année de sa naissance commençait la construction du RMS *Titanic*. À ce jour, "El Tío" ("l'oncle") a 18 petits-enfants, 41 arrière-petits-enfants et 12 arrière-arrière-petits-enfants !

Personne sur une tyrolienne : 106 ; Jack Reynolds (GBR, né le 6 avr. 1912)

Demoiselle d'honneur : 105 ; Edith Gulliford (GBR, née le 12 oct.

Juge : 105 ; Albert R Alexander (USA, né le 8 nov. 1859)

Sprinter de compétition : 105 ; Hidekichi Miyazaki (JPN, né le 22 sept. 1910)

Pilote : 105 ; Cole Kugel (USA, né le 14 mars 1902)

La personne ayant gravi le K2 (femmes)
Le 28 juill. 2017, Vanessa O'Brien (GBR/USA, née le 2 déc. 1964), 52 ans et 238 jours, a atteint le sommet du K2 (8 611 m), 2e plus haute montagne du monde.

La personne ayant marché de John o' Groats à Land's End
Allan Knight (GBR, né le 11 juin 1945) a achevé son périple entre les 2 extrémités de la Grande-Bretagne à 76 ans et 144 jours, le 2 nov. 2021. Sa femme Christina l'a soutenu pendant cette marche épique, qu'il a terminée en un peu moins de 2 mois.

Le kite surfer
Le 28 juill. 2021, Susan Frieder (USA, née le 21 janv. 1944) pratiquait encore régulièrement le kite surf au large d'Hawaï (USA), à 77 ans et 188 jours.

La sauteuse à la corde de compétition
Le 25 juill. 2021, Annie Judis (USA, née le 23 nov. 1943) participait au championnat virtuel de saut à la corde américain, à Beverly Hills (Californie, USA), à 77 ans et 244 jours.

Le patineur de vitesse de compétition
Iichi Marumo (JPN, né le 1er avr. 1929) a participé aux championnats des Maîtres du Japon à Koriyama, Fukushima, le 9 janv. 2022, à l'âge de 92 ans et 314 jours. Il a couru 2 distances de sprint, réalisant des temps de 2 min et 28,47 s sur le 500 m et de 6 min et 22,94 s sur le 1 000 m.

L'héliskieur
Le 5 avr. 2021, Junior Bounous (USA, né le 24 août 1925), 95 ans et 224 jours, a été largué d'un hélicoptère sur la piste de ski de Snowbird (Utah, USA). Il est devenu moniteur en 1947, a fait son 1er héliski en 1961 et a rejoint le National Ski Hall of Fame en 1996.

La reine régnante
Elizabeth II (née le 21 avr. 1926), reine du Royaume-Uni et du Commonwealth, a fêté son 96e anniversaire en 2022. Sa Majesté a accédé au trône le 6 févr. 1952. Au 22 avr. 2022, elle avait donc régné sans interruption pendant 70 ans et 75 jours, ce qui fait d'elle **le plus ancien monarque vivant**.

LA PLUS VIEILLE PERSONNE DANS L'ESPACE
William Shatner (CAN, né le 22 mars 1931), légende de *Star Trek*, a participé à un vol spatial suborbital le 13 oct. 2021 à l'âge de 90 ans et 205 jours. Il faisait partie de l'équipage de la mission New Shepard NS-18 de Blue Origin, qui a décollé de Van Horn (Texas, USA).
Pour **le record femmes**, voir p. 34.

Anatomie incroyable

LE PLUS DE TUNNELS DE CHAIR (VISAGE)

James Goss (GBR) possède 15 tunnels sur le visage depuis le 2 févr. 2022, record confirmé au *Lo Show dei Record*, à Milan (ITA). S'il peut passer sa langue (et même ses doigts) dans certains trous, il les bouche généralement avec des bijoux. James s'est fait faire son 1er piercing au lobe de l'oreille à 13 ans.

LE POIDS LE PLUS LOURD SOULEVÉ AVEC LA LANGUE

Le 22 févr. 2022, Thomas Blackthorne (GBR) a soulevé un poids de 13 kg – presque 2 fois plus lourd qu'un poids olympique – avec sa langue, sur le plateau de *Lo Show dei Record*, à Milan (ITA). Le poids était attaché à un crochet à viande qui transperçait la langue de Thomas.

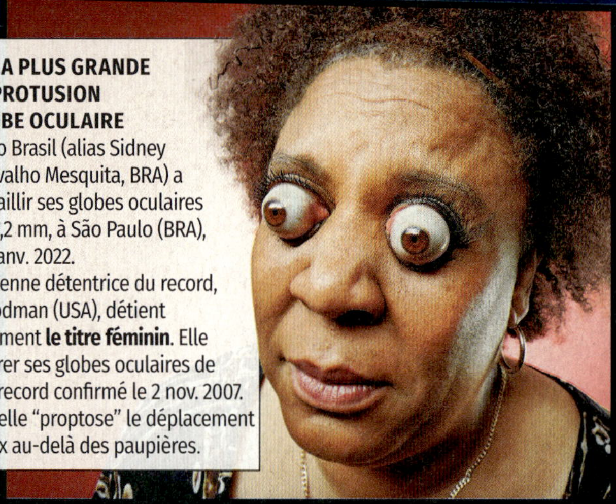

LA PLUS GRANDE PROTUSION DE GLOBE OCULAIRE

Tio Chico Brasil (alias Sidney de Carvalho Mesquita, BRA) a fait saillir ses globes oculaires de 18,2 mm, à São Paulo (BRA), le 10 janv. 2022.

L'ancienne détentrice du record, Kim Goodman (USA), détient actuellement **le titre féminin**. Elle peut étirer ses globes oculaires de 12 mm, record confirmé le 2 nov. 2007. On appelle "proptose" le déplacement des yeux au-delà des paupières.

*Évaluation du record mondial

PRENDRE DES RISQUES : ASSUREZ VOS MEILLEURS ATOUTS

Lloyds de Londres assure les parties du corps humain depuis des décennies, protégeant ainsi les caractéristiques distinctives des célébrités. GWR a même entériné quelques-unes de leurs assurances record...

YEUX : 25 000 $ pour les yeux qui louchent de l'acteur Ben Turpin

NEZ : 7,8 m $ pour le nez de l'œnologue Ilya Gort

CORDES VOCALES : 3,5 millions $ pour la voix du chanteur Bruce Springsteen

JAMBES : 100 millions £ pour le footballeur David Beckham

LA PLUS GRANDE ENVERGURE DE BRAS

Mohamed Shehata (EGY) peut écarter ses bras de 250,3 cm – soit env. la longueur d'une Smart. Il doit ce record – vérifié au Caire (EGY), le 27 avr. 2021 – à sa très grande taille : Mohamed mesure 213,8 cm.

Il possédait également **la plus grande envergure de mains** (31,3 cm) à la même date.

Le plus de craquements continus d'articulations
Le 23 juin 2021, à Varberg (Halland, SWE), Sebastian Qval Wold (SWE) a fait craquer 36 articulations de ses doigts, orteils, cou, dos, chevilles, poignets, coudes et genoux. Ces craquements portent le nom médical de "crépitations".

La langue la plus large
La partie la plus large de la langue de Brian Thompson (USA) mesure 8,88 cm, record ratifié à La Cañada (Californie, USA), le 30 juill. 2018. Elle est ainsi plus large que le diamètre d'une balle de baseball !

Le record féminin (7,33 cm) est détenu par Emily Schlenker (USA) et a été confirmé à Syracuse (New York, USA), le 2 nov. 2014.

Le plus fort claquement de langue
Le 6 août 2003, Kunal Jain (CAN) a atteint un niveau sonore record de 114,2 dBA – plus bruyant qu'une tronçonneuse à 90 cm de distance – en faisant claquer sa langue à Richmond Hill (Ontario, CAN).

Le ronflement le plus bruyant (93 dBA) a été enregistré par Kåre Walkert (SWE) pendant son sommeil au Örebro Regional Hospital (SWE), le 24 mai 1993. C'est le niveau sonore d'une rame de métro en mouvement. Les grognements de Kåre étaient amplifiés par l'apnée, un trouble respiratoire.

La plus puissante morsure humaine
En août 1986, Richard Hofmann (USA) a atteint une force de morsure d'au moins 442 kg (4 337 m de Newton), pendant env. 2 s, lors d'un test de recherche au College of Dentistry de l'université de Floride (USA), soit 6 fois supérieure à la moyenne humaine. Notre force de morsure provient des 2 masséters de la mâchoire – **les muscles les plus puissants** du corps humain.

Le plus grand tour de poitrine musclée
Le 20 mai 1993, le tour de poitrine d'Isaac Nesser (USA) a été mesuré à 188 cm, à Greensburg (Pennsylvanie, USA). Isaac doit son extraordinaire musculature à l'haltérophilie, qu'il a pratiquée assidûment à raison de 2 h 2 fois par jour. Il a notamment

LA PLUS GRANDE OUVERTURE DE LA BOUCHE
Le 22 févr. 2022, l'écart entre les incisives supérieures et inférieures d'Isaac Johnson (USA) était de 10,19 cm. Une ouverture assez grande pour accueillir 2 mandarines, 1 canette de soda ou même 1 balle de baseball !

LA PLUS GRANDE CIRCONFÉRENCE DE LANGUE
Dante Barnes (USA) a obtenu plus de 16 millions de likes pour ses vidéos TikTok, dans lesquelles il gonfle sa langue, comme un ballon, jusqu'à env. 3 fois sa taille initiale. Dante peut manipuler ses muscles pour que la circonférence de sa langue atteigne 12,19 cm, vérifiée à Battle Creek (Michigan, USA), le 24 déc. 2021. Elle peut atteindre 4,2 cm de haut et 4 cm de large.

soulevé 254 kg en développé couché et des haltères de 136 kg au curling.

Le plus de piercings de la langue
Le 5 janv. 2017, Francesco Vacca (USA) avait 20 piercings de la langue, nombre confirmé au studio de piercing Invisibleself de Lyndhurst (New Jersey, USA).

Le plus de tatouages d'insectes
Abeilles, scarabées, mille-pattes et phalènes, Michael Amoia (USA) a 864 insectes encrés sur son corps, nombre vérifié le 28 oct. 2021, à New York (USA).

Le plus de modifications corporelles
Rolf Buchholz (DEU) a subi 516 modifications corporelles, vérifiées le 16 déc. 2012, à Dortmund (DEU). Elles incluent 481 piercings, 2 implants de corne et des aimants dans les doigts de la main droite. Le plus douloureux a été le tatouage sur la paume.

Maria José Cristerna (MEX) détient **le record féminin**, avec 49 modifications : tatouages, implants transdermiques sur le front, la poitrine et les bras, et piercings dans les sourcils, les lèvres, le nez, la langue, les lobes d'oreilles, le nombril et les mamelons.

Le plus de modifications corporelles pour un couple marié est de 84, record détenu par Victor Hugo Peralta (URY) et sa femme Gabriela Peralta (ARG), vérifié à Milan (ITA), le 7 juill. 2014 : 50 piercings, 8 piercings microdermaux, 14 implants corporels, 5 implants dentaires, 4 extenseurs d'oreille, 2 boulons d'oreille, une langue fourchue (Victor) et un corps tatoué à plus de 50 %.

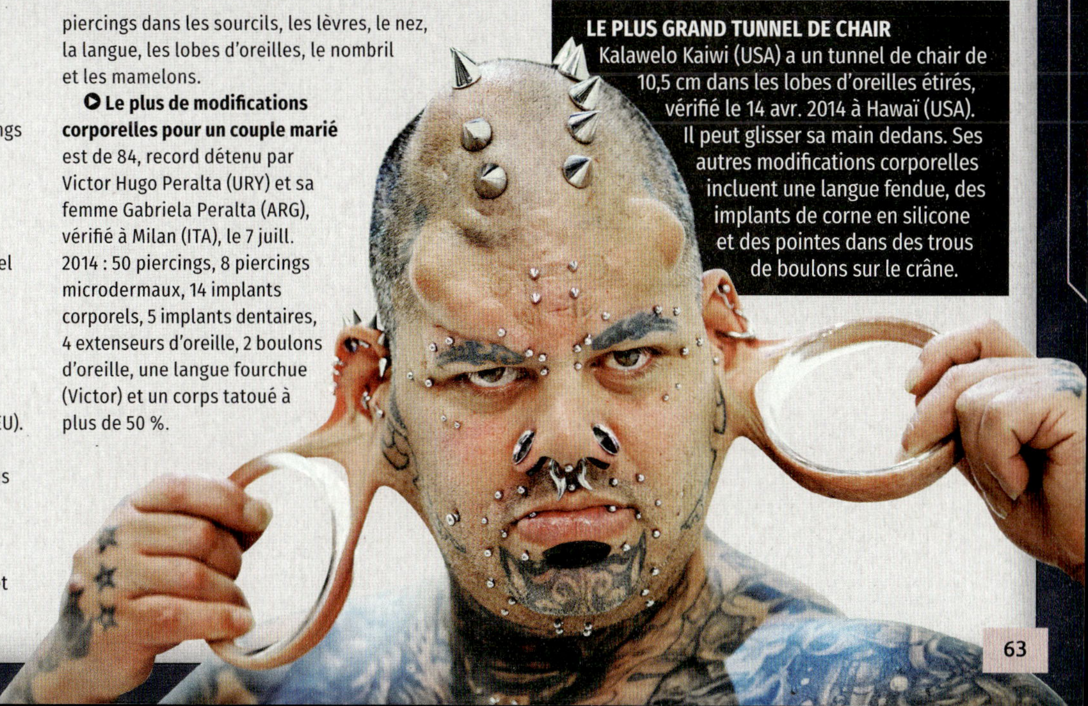

LE PLUS GRAND TUNNEL DE CHAIR
Kalawelo Kaiwi (USA) a un tunnel de chair de 10,5 cm dans les lobes d'oreilles étirés, vérifié le 14 avr. 2014 à Hawaï (USA). Il peut glisser sa main dedans. Ses autres modifications corporelles incluent une langue fendue, des implants de corne en silicone et des pointes dans des trous de boulons sur le crâne.

Ongles

1980 : Shridhar Chillal
A cessé de couper les ongles de sa main gauche en 1952 ; ils atteignaient 909,6 cm avant d'être coupés avec un outil électrique en 2018.

1999 : Lee Redmond
Dernière coupe en 1979 ; ses ongles régulièrement baignés dans de l'huile d'olive chaude atteignaient 865 cm en 2009, avant de se casser dans un accident de voiture.

2009 : Melvin Boothe
Le 30 mai 2009, ses ongles mesuraient 985 cm, soit plus que la longueur d'un bus à impériale londonien ; Melvin est décédé plus tard dans l'année.

2011 : Chris Walton
"The Dutchess", chanteuse de club de Las Vegas, a laissé pousser ses ongles à partir de 1990. Ils atteignaient 731,4 cm avant qu'elle les coupe en 2016.

2017 : Ayanna Williams
"Mes ongles, c'est 50 % de mon être", a déclaré Ayanna. En 2021, ils atteignaient 733,5 cm avant qu'elle les fasse couper.

QU'EST-CE QU'UN ONGLE ?

Comme la peau et les cheveux, les ongles sont surtout composés de kératine. Ils sont produits par les cellules vivantes du doigt. Lorsque de nouvelles cellules se forment, elles repoussent les plus anciennes, qui se compactent et durcissent, formant ainsi les ongles.

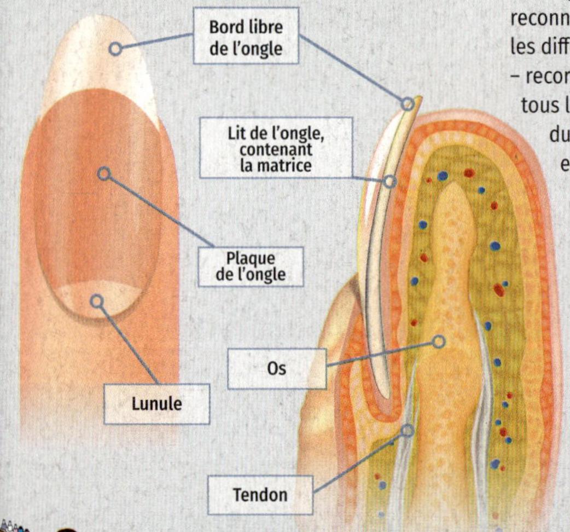

Le Guinness World Records s'est intéressé aux ongles pour la 1re fois en 1960 avec un prêtre chinois anonyme aux ongles mesurant 57,79 cm. Aujourd'hui, avec la découverte récente d'un nouveau prétendant au Minnesota (USA), le record s'élève à plus de 13 m, soit une augmentation de plus de 2 200 % au cours de ces années !

L'histoire de ce prêtre de Shanghai qui n'a pas coupé ses ongles pendant 27 ans date de 1910 mais n'a été reconnue que par la 8e édition du GWR (1960). Depuis, les différentes catégories d'**ongles les plus longs** – records masculin, féminin, 1 main, 2 mains, et de tous les temps – figurent dans toutes les éditions du GWR et comptent parmi les records les plus emblématiques et les plus discutés.

Le record de cette catégorie très compétitive a changé de mains plusieurs fois au fil des ans. Ci-dessus une liste de quelques-uns des détenteurs les plus récents.

La dernière titulaire en date – Diana Armstrong (USA, à droite) – a laissé pousser ses ongles pendant 24 ans, jusqu'en 2022. Peints avec des couleurs vives, ils ont été mesurés dans sa ville natale de Minneapolis, battant **le record absolu vivant** et **de tous les temps** pour une paire de mains, avec une longueur stupéfiante de 1306,58 cm. L'ongle de son pouce droit, le plus long de tous, mesurait 138,94 cm...

Q & R : DIANA ARMSTRONG, DÉESSE DES ONGLES

Pourquoi avez-vous arrêté de couper vos ongles ?
J'ai beaucoup souffert lorsque ma fille Latisha est décédée en 1997 à 16 ans, suite à une crise d'asthme pendant son sommeil. La veille, elle avait poli et limé mes ongles, c'est pour cela que je ne voulais plus me les couper. Je n'ai rien dit à personne. Même mes enfants n'ont jamais su pourquoi, j'ai gardé ça pour moi pendant des années.

Qu'est-ce qui est le plus difficile avec de longs ongles ?
Fermer une fermeture Éclair ! Je peux ouvrir une canette avec un couteau. J'ai conduit une voiture, mais en sortant ma main par la fenêtre, donc je ne conduis plus. Et dans les WC publics, j'utilise les plus grandes toilettes – mes ongles ne rentrent pas dans les toilettes standard !

Vos ongles sont-ils difficiles à entretenir ?
Je ne suis pas allée dans un salon de manucure depuis 22 ans – personne ne veut s'en occuper –, ce sont mes petits-enfants qui prennent soin de mes ongles. Pour les limer et les polir, il faut 10 h par ongle. Je les fais limer tous les 4 à 5 ans avec un outil de menuiserie Dremel et j'utilise 15 à 20 flacons de vernis. Je les ai vernis la semaine dernière, cela m'a pris 4 jours !

2022 : Diana Armstrong
Les ongles de ses 2 mains mesuraient 1 306,58 cm, le 13 mars 2022. Coupés pour la dernière fois en 1997, ils ont été conservés comme un hommage vivant à sa fille Latisha. “Mes ongles font partie de moi, je ne peux pas imaginer les couper.”

Poils et cheveux

LE 1ER COSTUME FABRIQUÉ AVEC DES POILS DE MOUSTACHE
Pam Kleemann-Passi, POLITIX et Nico de Germanicos Bespoke Tailors (tous AUS) ont créé un costume "mo-hair" en nov. 2021. dans le cadre de la campagne annuelle Movember. Pendant un mois, les hommes sont invités à se laisser pousser la moustache pour sensibiliser le public à la santé masculine. Les poils provenaient du réseau Sustainable Salons (AUS) et de collaborateurs touchés par des maux typiquement masculins.

Le poil humain le plus épais
Un poil de 772 micromètres d'épaisseur a été arraché de la barbe de Muhammad Umair Khan (PAK), à Lahore (PAK), comme cela a été vérifié le 3 mars 2021. C'est env. 4 fois l'épaisseur maximale moyenne d'un cheveu humain.

Les cheveux les plus longs jamais vus sur un adolescent
Le 29 juill. 2020, les tresses de Nilanshi Patel's (IND) mesuraient 2 m, à Modasa (Gujarat, IND). Surnommée "la vraie Raiponce", elle a décidé de faire couper ses luxueuses mèches pour la 1re fois en 12 ans et en a fait don à un musée.

La plus grande coupe afro
Aevin Dugas (USA) a cultivé une coiffure naturelle qui atteint 25 cm de long, soit une circonférence de 1,57 m, comme cela a été confirmé à Gonzales (Louisiane, USA), le 4 févr. 2021.

La plus longue extension de cheveux
Nikola Kulezic (SRB) a appliqué une extension de cheveux de 820,29 m au mannequin Ivana Knežević, à Šabac (SRB), le 26 juin 2013. Il a utilisé des cheveux synthétiques de différentes couleurs et nuances, qu'il a noués, tricotés, brûlés et collés pour former une extension 7,5 fois plus longue qu'un terrain de football américain.

TRAN VAN HAY
La chevelure démesurée de ce septuagénaire vietnamien avait atteint 6,8 m à sa mort en févr. 2020. Peut-il ainsi prétendre au titre des **cheveux les plus longs de tous les temps** ? Malheureusement non. Nous n'avons pas eu l'occasion de les mesurer avant sa mort, il n'a donc jamais été officiellement détenteur du titre GWR.

La plus longue barbe
La barbe de Sarwan Singh (CAN) mesurait 2,49 m de long, le 8 sept. 2011, à Surrey (Colombie-Britannique, CAN). En tant que sikh dévoué, Singh adhère strictement aux articles de foi connus sous le nom des "cinq K", dont l'un – "Kesh" – interdit de se couper les cheveux.

Le record femmes (25,5 cm) est détenu par Vivian Wheeler (USA), comme cela a été vérifié sur le plateau de *Lo Show dei Record*, à Milan (ITA), le 8 avr. 2011.

La plus longue barbe de tous les temps
Hans N. Langseth (NOR) portait une barbe – nouée en serpentin – qui mesurait 5,33 m à sa mort en 1927. Il souhaitait qu'elle soit préservée pour la postérité et son fils en a fait don à la Smithsonian Institution des États-Unis en 1967.

Les plus grands championnats du monde de la barbe et de la moustache
Le 1er sept. 2017, les championnats du monde de la barbe et de la moustache, organisés par l'Austin Facial Hair Club (USA) au Texas, réunissaient 738 participants.
Ce même jour, Rose Geil (USA) devenait **la 1re compétitrice dans la catégorie "barbe complète"**. Elle a obtenu une très honorable 6e place sur 107, avec un score de 48. Rose Geil doit sa barbe au syndrome des ovaires polykystiques et à la génétique.

Karl-Heinz Hille (DEU) a remporté **le plus de victoires** à ces championnats, avec la 8e en 2011.

Le plus grand don de cheveux (individuel)
Le 26 août 2021, Zahab Kamal Khan (USA) a donné 155 cm de cheveux pour en faire des perruques à l'association Children with Hair Loss. C'était sa 1re coupe de cheveux en 17 ans, et elle a eu lieu à McLean (Virginie, USA).

Les cheveux humains poussent d'env. 1,2 cm par mois. S'ils ne sont pas coupés, ils atteindront 60 à 90 cm.

LES PLUS LONGS CHEVEUX
Les cheveux de Xie Qiuping (CHN) atteignaient 5,627 m le 8 mai 2004. Sa dernière coupe remontait à 1973, à l'âge de 13 ans. "Ce n'est pas un problème, a-t-elle assuré au GWR. Il suffit d'être patiente et de se tenir droite."

Il n'y a actuellement pas de **record masculin**. Le moine Swami Pandarasannadhi, à Madras (IND), aurait eu des cheveux de 7,92 m de long dans les années 1940, mais ils étaient emmêlés, peut-être à cause d'une affection du cuir chevelu appelée "plica neuropathica". Pour le record, les cheveux doivent être démêlés.

LES PLUS LONGS POILS

Les poils de corps les plus longs sont ici représentés en taille réelle. Pour pouvoir prétendre au record, un poil doit rester attaché au demandeur ; la longueur finale est une moyenne de 3 mesures humides.

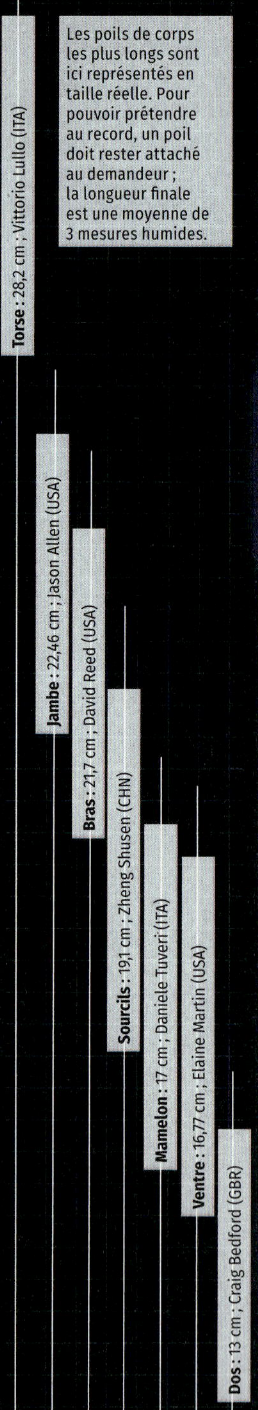

100 %

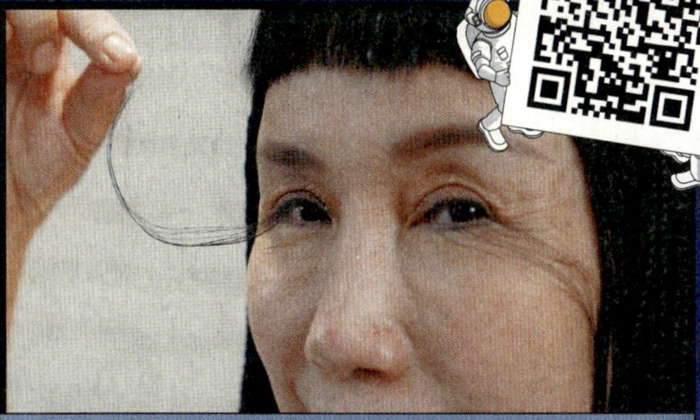

LES PLUS LONGS CILS

You Jianxia (CHN) a des cils extra-longs – ceux de sa paupière supérieure gauche mesuraient 20,5 cm à Shanghai (CHN), le 20 mai 2021. La cause de ce phénomène folliculaire reste un mystère mais il offre des avantages : "Avec mes cils naturellement longs, je n'ai pas besoin de fard à paupières ni d'eye-liner", a-t-elle déclaré au GWR.

LE PLUS GRAND CONCOURS DE CHEVEUX GELÉS

Le 1er avr. 2020, le Takhini Hot Springs Hair Freezing Contest (CAN) a accueilli 288 participants, à Whitehorse (Yukon, CAN). Ces derniers se rendent sur place quand la température est inférieure à -20 °C, plongent la tête dans l'eau, puis coiffent leurs cheveux qui prennent des formes incroyables en gelant.

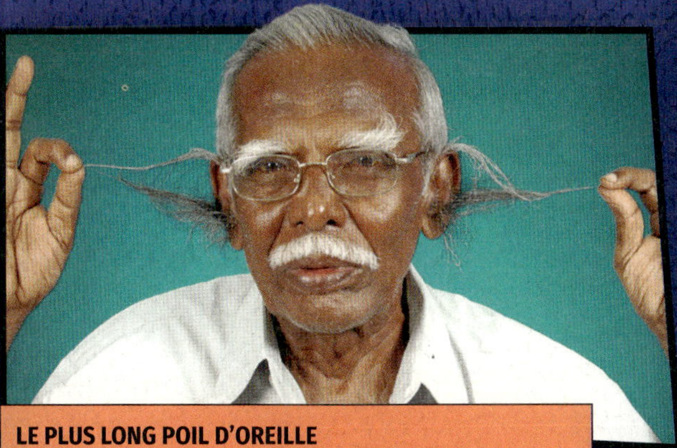

LE PLUS LONG POIL D'OREILLE

Les plus longs poils qui poussaient au centre des oreilles externes (milieu du pavillon) d'Anthony Victor (IND) atteignaient 18,1 cm, le 26 août 2007. Ce directeur d'école à la retraite était surnommé "le professeur aux oreilles poilues" par ses élèves.

LA PLUS LONGUE CHEVELURE

Asha Mandela (USA) a des cheveux de 5,96 m de long, comme cela a été confirmé le 11 nov. 2009 à l'émission de CBS *The Early Show*, à New York (USA). Ses cheveux pèsent 19 kg – env. 3 fois le poids d'une boule de bowling – et il lui faut 2 jours pour les laver et les sécher. Elle préfère qu'ils sèchent naturellement en éventail autour d'elle allongée au soleil.

LA PLUS LONGUE CHEVELURE (HOMMES)

Sudesh Muthu (CAN) avait des cheveux de 1,91 m de long, le 6 août 2010, mesurés au bureau du Guinness World Records à Londres (GBR).

LE PLUS GRAND MOHICAN

Joseph Grisamore (USA) arborait une imposante coiffure mohawk de 108,2 cm, le 20 sept. 2019, comme confirmé à Park Rapids (Minnesota, USA). Ce jour-là, la crête de Grisamore avait été préparée par la coiffeuse Kay Jettman, aidée de la femme de Joseph (Laura), de sa mère (Kay) et d'une demi-bombe de laque got2b Glued Blasting.

LA PLUS LOURDE BOULE DE CHEVEUX HUMAINS

Le coiffeur Steve Warden (USA) a commencé à fabriquer une boule de cheveux coupés – surnommée "Hoss" –, dans son salon Blockers, à Cambridge (Ohio, USA). Après l'exposition de Hoss au musée Ripley's Believe It or Not ! d'Orlando (Floride), des visiteurs se sont mis à apporter leurs propres cheveux coupés et des dons sont aussi arrivés par la poste. Le 13 déc. 2021, Hoss pesait 102,12 kg.

MISCELLANÉES D'ADAM KAY

Adam Kay, ancien médecin, a tout lâché pour devenir écrivain et comédien. Son expérience de la salle de chirurgie a donné lieu à une série de livres best-sellers sur le fonctionnement... et les dysfonctionnements de notre corps. Ici, le médecin humoriste a pioché dans les dossiers médicaux du GWR et en a tiré quelques perles qui en feront pâlir plus d'un.

LA MALADIE LA PLUS CONTAGIEUSE

Si vous avez eu la rougeole, vous avez survécu à la maladie connue la plus contagieuse au monde ! Elle est causée par un virus (le *Morbillivirus* de la rougeole), si infectieux qu'une personne malade va, en moyenne, en contaminer 15, si elles ne sont pas vaccinées. La cata !

LA LANGUE LA PLUS LONGUE

Nick Stoeberl (Californie, USA) peut tirer la langue si loin que le bout se trouve à 10,1 cm de sa lèvre. Que peut-on faire avec un muscle aussi puissant ? Eh bien, Nick l'enveloppe dans du film alimentaire et peint avec ! Vraiment amusant !

L'APNÉE LA PLUS LONGUE

Combien de temps pouvez-vous retenir votre respiration ? Quelques secondes ? 1 ou 2 min ? Vous êtes loin d'égaler le record de Budimir Šobat (HRV). Le 27 mars 2021, cet apnéiste de 56 ans a retenu sa respiration pendant 24 min et 37,36 s, plus que la durée d'un épisode des *Simpsons* !! Et pour prouver qu'il ne trichait pas, il l'a fait sous l'eau dans une piscine !

LA PLUS GRANDE COLLECTION DE DENTS HUMAINES

Vous collectionnez peut-être les gommes ou les timbres. Giovanni Battista Orsenigo (ITA) collectionne les... dents HUMAINES ! Ce dentiste déterminé a conservé toutes les molaires, canines et incisives qu'il a extraites et en a rempli des tiroirs, soit 2 000 744 dents exactement !

LA PLUS LONGUE CRISE DE HOQUET

En 1922, alors qu'il pesait un porc, le fermier Charles Osborne (USA) a été pris d'une crise de hoquet, ou *singultus* dans le langage médical. Et il n'a cessé d'hoqueter jusqu'en 1990 ! Soit quelque 430 millions de hoquets non-stop et de grincements de dents en 68 ans ! Hic !

LA PIRE ÉPIDÉMIE DE MANIE DANSANTE

Imaginez que vous ne puissiez pas arrêter de danser ! C'est le principal symptôme du "tarentisme", ou manie dansante. Cette maladie se serait déclarée à Aix-la-Chapelle (DEU), en juill. 1374, où des milliers de personnes auraient dansé une gigue frénétique pendant des heures, voire des jours, avant de s'effondrer d'épuisement. On pensait autrefois qu'elle était causée par une morsure d'araignée, mais cela n'a jamais été confirmé.

LA PLUS HAUTE CHUTE DANS UNE CAGE D'ASCENSEUR

Stuart Jones (NZ), ouvrier du bâtiment, a chuté de 70 m, soit 23 étages, dans une cage d'ascenseur sur laquelle il travaillait dans l'immeuble Midland Park à Wellington (NZ), en mai 1998. Il s'est cassé les côtes, les hanches, les jambes et les rotules, mais a étonnamment survécu !

LE ROT LE PLUS BRUYANT

Neville Sharp (AUS) a réussi à émettre un rot à vous briser les tympans (112,4 dB). C'est une "performance répétée" presque aussi forte qu'un coup de trombone dans le trou de l'oreille (mais bien plus odorante !).

LE PLUS DE PIQÛRES D'ABEILLES

Un adulte moyen peut survivre à env. 1 000 piqûres d'abeilles. En janv. 1962, un essaim énervé a attaqué Johannes Relleke (ZWE) dans la mine d'étain de Kamativi (ZWE). S'il a fui en plongeant dans une rivière infestée de crocodiles, il a toutefois subi de multiples piqûres. Les médecins ont retiré un nombre record de 2 443 dards !

LE CERVEAU HUMAIN LE PLUS LOURD

En 1899, un énorme morceau de matière grise de 2 850 g – soit l'équivalent du poids de 4 ballons de basket ou plus que le poids d'un chihuahua ! – a été prélevé sur le crâne d'un patient de 21 ans (mort, bien évidemment !). À titre de comparaison, le cerveau humain adulte moyen pèse env. 1 350 g – soit plutôt l'équivalent d'un ananas et moins qu'un animal domestique !

LA TEMPÉRATURE CORPORELLE LA PLUS ÉLEVÉE

Il n'est pas bon d'avoir une température corporelle trop élevée, comme ce fut le cas pour Willie Jones (USA). Le 10 juill. 1980, une canicule a fait monter sa température à 46,5 °C – et ce APRÈS avoir été mis dans la glace pendant 15 min par des médecins ! Willie a étonnamment survécu. Surnommé la "Torche humaine" par le personnel incrédule, il est sorti du Grady Memorial Hospital d'Atlanta 24 jours plus tard.

L'ALIMENTATION LA PLUS ÉTRANGE

Monsieur Mangetout, alias Michel Lotito (FRA), avait des goûts étranges en matière de nourriture. Entre 1966 et 2007, il a ainsi consommé 18 bicyclettes, 15 caddies, plusieurs téléviseurs (à l'époque où ils étaient plus gros !) et un avion léger Cessna 150 ! Il était atteint de la maladie de Pica, caractérisée par un fort appétit pour des objets non comestibles !

LA PLUS LONGUE CRISE DE BÂILLEMENTS

En 1888, le médecin Edward W. Lee (USA) a rapporté le cas d'une jeune fille de 15 ans qui s'est mise à bâiller après une extraction de dent. Et elle a continué, sans interruption, pendant 5 semaines ! Même des doses de belladone, un poison, et de chloroforme n'ont pas pu l'arrêter. La morale ? Prenez soin de vos dents !

LE PLUS GROS CORPS ÉTRANGER LAISSÉ DANS UN PATIENT

Vous quittez l'hôpital ? Vérifiez que vous n'avez rien oublié – et, surtout, que les médecins n'ont rien oublié ! Meena Purohit (IND) a été opérée le 1er juill. 1989, mais les chirurgiens distraits ont oublié une pince à artères de 33 cm dans son abdomen !

LE CRI LE PLUS FORT

Jill Drake (GBR) a poussé un cri de 129 dBA, lors d'une fête d'Halloween au Millennium Dome de Londres en 2000. Comment expliquer ce cri qui frôle le seuil de la douleur ? Jill pense que son hurlement ahurissant vient de l'époque où elle travaillait dans une école... SILENCE AU FOND !

LE NEZ LE PLUS LONG

Mehmet Özyürek (TUR) a un nez difficile à ignorer : son énorme appendice mesure 8,8 cm. "Je suis très fier de mon nez et je n'ai pas envie d'en changer, a-t-il précisé au GWR. J'ai toujours eu le sentiment que grâce à mon nez, je pouvais découvrir des endroits et être quelqu'un." Son super nez lui a porté chance – et il compte bien continuer à en profiter.

LE NEZ LE PLUS ASSURÉ

Un bon odorat peut être très précieux. En mars 2008, Ilja Gort (NLD) a assuré son nez pour 5 millions €. Propriétaire du Château de La Garde, dans le Bordelais (FRA), et producteur des vins Tulipe, Ilja voulait ainsi protéger son précieux odorat. (Pour en savoir plus sur les parties du corps assurées, voir p. 62-63).

LE PLUS LONG NEZ DE TOUS LES TEMPS

Le nez de Mehmet est peut-être sans égal aujourd'hui, mais l'histoire suggère qu'il y en a eu un 2 fois plus long. Celui de Thomas Wedders (GBR), qu'il exhibait dans un cirque itinérant en Angleterre dans les années 1770, mesurait ainsi 19 cm.

Les plus grands pieds

Petit garçon, Jeison Rodríguez (VEN) allait à l'école pieds nus, ne trouvant pas de chaussures à sa taille. Aujourd'hui, ▸ **l'homme aux plus grands pieds** a parcouru le monde. Nous avons photographié la chaussure droite de Jeison sur le Hollywood Walk of Fame, juste à l'extérieur du GWR Museum, sur Hollywood Boulevard. Et vous, quelle est la taille de vos pieds ?

La chaussure taille US 26 de Jeison est ici à côté de celle taille 10½ de son neveu, pour comparaison.

Avec sa taille de 2,20 m, Jeison Orlando Rodríguez Hernández s'est toujours distingué. Ce sont toutefois ses pieds phénoménaux qui ont attiré l'attention du monde entier.

Jeison doit sa taille démesurée à une glande pituitaire hyperactive. À 9 ans, il a constaté que ses pieds étaient plus grands que ceux de ses amis – une poussée de croissance rapide vit sa pointure passer de 5½ à 11 en 1 an (du 38,5 au 44, taille française) ! Ses pieds immenses ne lui ont pas facilité la vie. Il était malmené et ne trouvait pas de chaussures à sa taille. Il devait porter des sandales fabriquées avec des chutes de tissu et allait souvent pieds nus à l'école.

Robert Wadlow (USA, 1918-1940), **l'homme le plus grand de tous les temps**, portait des chaussures pointure US 37AA (pointure européenne 75) pour ses pieds de 47 cm de long. Jeison, qui pensait avoir **les plus grands pieds du monde**, a contacté le GWR en 2014. Le titre lui a été dûment décerné plus tard dans l'année, mais il n'avait pas fini de grandir. En 2018, il s'envola vers l'Europe pour faire mesurer ses pieds à Beauvais (FRA) : son pied gauche atteignait 40,47 cm et le droit 40,55 cm (soit une pointure 69).

Jeison rêve de devenir chef pâtissier, mais il veut aussi aider d'autres personnes souffrant de la même maladie que lui. Il a évoqué les défis qu'il doit relever dans des émissions de télévision internationales et ses chaussures sont maintenant fabriquées à la main, grâce au cordonnier Georg Wessels (DEU, ci-dessus à droite). Les 1res sandales de Jeison occupent une place de choix dans le musée de Georg.

S'il ne verra peut-être jamais son nom immortalisé sur le Hollywood Walk of Fame, grâce au GWR, Jeison sera toujours une superstar avec un pas d'avance sur les autres.

En revue

La toute dernière espèce humaine
La toute dernière espèce humaine découverte est l'*Homo longi* ("homme dragon"), décrit pour la 1re fois dans la revue *The Innovation*, le 25 juin 2021. Un crâne fossile a été mis au jour en 1933, à Harbin (CHN), mais seulement daté récemment – de 146 000 ans, ère du Pléistocène moyen. L'hominine, énorme et aux épais sourcils, avait un visage large d'aspect moderne. Cette espèce pourrait être la plus proche parente de *H. sapiens*, devant les Néandertaliens, qui occupent actuellement cette position.

L'épidémie de coronavirus la plus meurtrière
Au 31 mars 2022, la Covid-19 (Coronavirus Disease 2019) avait fait 6 132 461 victimes et infecté 483 556 595 personnes, selon l'Organisation mondiale de la santé (OMS).

Elle est également **la 1re pandémie de coronavirus** classée épidémie mondiale par l'OMS, le 11 mars 2020. La Covid-19 a été détectée pour la 1re fois à Wuhan (CHN), fin 2019.

Le tétraplégique ayant vécu le plus longtemps
Le 19 févr. 2021, Donald Clarence James (CAN, né le 12 août 1933) était paralysé depuis 69 ans et 192 jours. Son courage et sa détermination sont devenus une source d'inspiration pour tous ceux qui le connaissent – dont son neveu Brent, qui a fait une demande au GWR au nom de son oncle.

Le pacemaker fonctionnant depuis le plus longtemps
Au 7 juin 2021, le pacemaker de Stephen Peech (GBR) fonctionnait depuis 37 ans et 251 jours. Ce dernier avait alors 75 ans.

La personne ayant survécu le plus longtemps au remplacement d'une valve cardiaque
Le 4 déc. 1972, la valve mitrale du cœur d'Annabella Bell (GBR) était remplacée par une valve artificielle. Elle l'a gardée pendant 49 ans et 60 jours, comme vérifié à Falkirk (GBR), le 2 févr. 2022.

Seth Wharton (USA) a survécu **le plus longtemps au remplacement de 2 valves cardiaques**. Ses prothèses valvulaires aortiques et mitrales, posées le 2 oct. 1990, fonctionnaient toujours 31 ans et 207 jours plus tard, comme cela a été confirmé à LaVale (Maryland, USA), le 27 avr. 2022.

LA FAMILLE LA PLUS GRANDE
Savanna Trapp-Blanchfield, Scott Trapp, Kristine Trapp, Molly Steede et Adam Trapp (tous USA) ont une taille moyenne de 203,29 cm, vérifiée à Duluth (Minnesota, USA), le 6 déc. 2020. "Nous avons toujours été fiers de notre taille et nous voulons représenter la taille d'une manière positive."

L'HOMME LE PLUS PETIT
Edward "Niño" Hernández (COL) mesurait 72,1 cm le 29 févr. 2020, à Bogotá (COL). Il doit sa taille à une hypothyroïdie, sa glande thyroïde ne produisant pas assez d'hormones. Edward, qui a eu 35 ans en 2022, est un danseur enthousiaste de reggaeton et de vallenato.

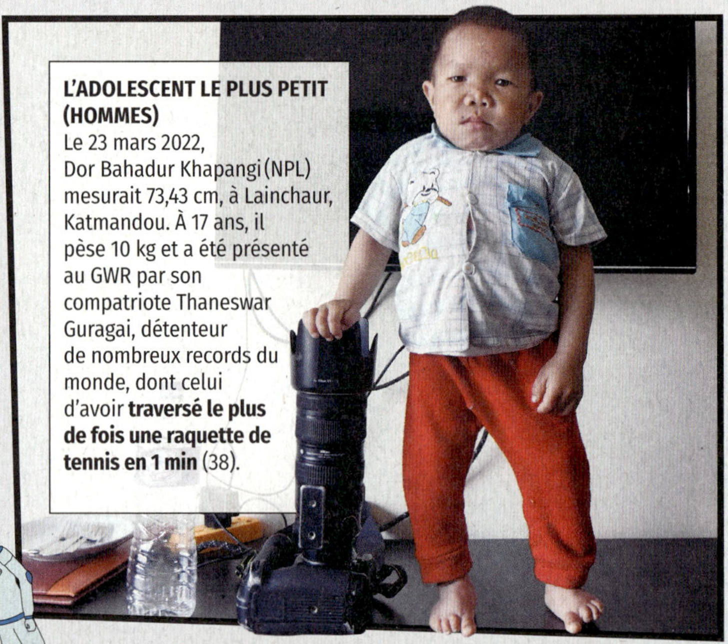

L'ADOLESCENT LE PLUS PETIT (HOMMES)
Le 23 mars 2022, Dor Bahadur Khapangi (NPL) mesurait 73,43 cm, à Lainchaur, Katmandou. À 17 ans, il pèse 10 kg et a été présenté au GWR par son compatriote Thaneswar Guragai, détenteur de nombreux records du monde, dont celui d'avoir **traversé le plus de fois une raquette de tennis en 1 min** (38).

LA RENCONTRE ENTRE SULTAN ET JYOTI
En 2018, **l'homme le plus grand** et **la femme la plus petite** du monde se sont rencontrés au pied de la Grande Pyramide de Gizeh (EGY). Sultan Kösen (TUR) mesure 251 cm et Jyoti Amge (IND) 62,8 cm.
En 2014, Jyoti a rejoint le casting de la série américaine à succès *American Horror Story* dans le rôle de Ma Petite, devenant ainsi **la plus petite actrice** du monde.

LA FEMME LA PLUS PETITE (NON MOBILE)
Wildine Aumoithe (USA) mesurait 72 cm, à North Miami Beach (Floride, USA), le 13 oct. 2021. Elle souffre de dysplasie de SADDAN – trouble rare de la croissance osseuse –, ce qui ne l'empêche pas de profiter de la vie. Elle affirme que même si le monde n'est pas conçu pour elle, elle peut le conquérir et espère être une source d'inspiration pour d'autres petites personnes.

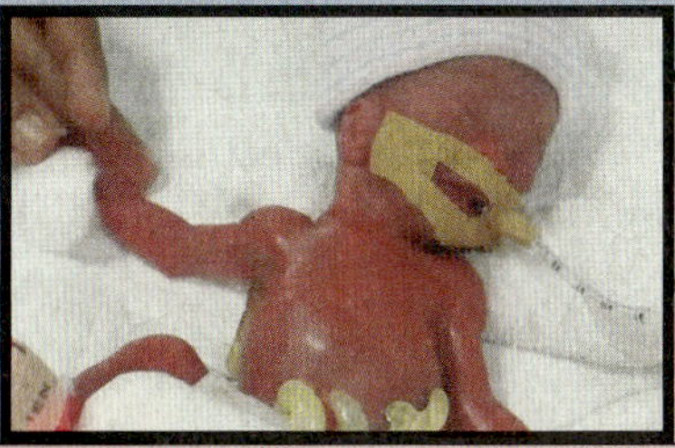

LE NOUVEAU-NÉ LE PLUS LÉGER
Kwek Yu Xuan (SGP) pesait 212 g – moins qu'une boîte de soupe – lorsqu'elle est née par césarienne d'urgence à l'hôpital universitaire national de Singapour, le 9 juin 2020. Avec un âge gestationnel de 24 semaines et 6 jours, elle était prématurée de 4 mois. Ses parents, Kwek Wee Liang et Wong Mei Ling, ont pu la ramener chez eux en août 2021.

L'embryon le plus ancien utilisé dans une grossesse réussie
En févr. 2020, Tina et Ben Gibson (Tennessee, USA) ont "adopté" un embryon congelé le 14 oct. 1992. Il a été implanté chez Tina, qui a donné naissance à une fille, Molly, le 26 oct. 2021. Molly, née 29 ans et 12 jours après la congélation de son embryon, a ainsi battu le record de sa sœur Emma, née en 2018 – 14 ans après la congélation de son embryon.

Le plus long intervalle entre des naissances de triplés
Cian DeShane est né le 28 déc. 2019, à 10 h 40, à Burlington (Vermont, USA). Son jumeau Declan et sa sœur Rowan sont nés le 2 janv. 2020 – Rowan, à 23 h 14, soit 5 jours, 12 h et 34 min après Cian. Ces triplés sont ainsi nés dans des décennies différentes.

Les plus longues jambes (femmes)
Mesurées le 21 févr. 2020, la jambe gauche de Maci Currin, de Cedar Park (Texas, USA), faisait 135,2 cm, et la jambe droite 134,3 cm.

La plus grande rate
La rate est un organe du système lymphatique qui participe à la défense immunitaire. Chez l'adulte, elle mesure env. 12,7 cm, mais lors de sa splénectomie, le 14 sept. 2020, Megan Compton, de Richmond (Virginie, USA), a été débarrassée d'une rate de 73,66 cm. La rate est un des organes dont le corps peut se passer.

LE PLUS D'ENFANTS MIS AU MONDE EN MÊME TEMPS ET AYANT SURVÉCU
Le 6 mai 2021, Associated Press a annoncé la naissance de 9 enfants, nés de Halima Cissé (MAL), à la clinique Ain Borja de Casablanca (MAR). C'est **le 1er cas connu de nonuplés** ayant survécu à la naissance.

Les médecins ont fait transporter Cissé par avion à Casablanca pour y recevoir des soins spécialisés. Là-bas, le 4 mai, elle a donné naissance prématurément – à 30 semaines – à 9 bébés par césarienne. Les 5 filles et les 4 garçons pesaient chacun entre 500 g et 1 kg. Sur la photo, Cissé et son mari Kader Arby, en oct. 2021, avec leurs filles Adama, Oumou, Hawa, Kadidia et Fatouma, et leurs garçons Oumar, Elhadji, Bah et Mohammed VI, âgés de 5 mois.

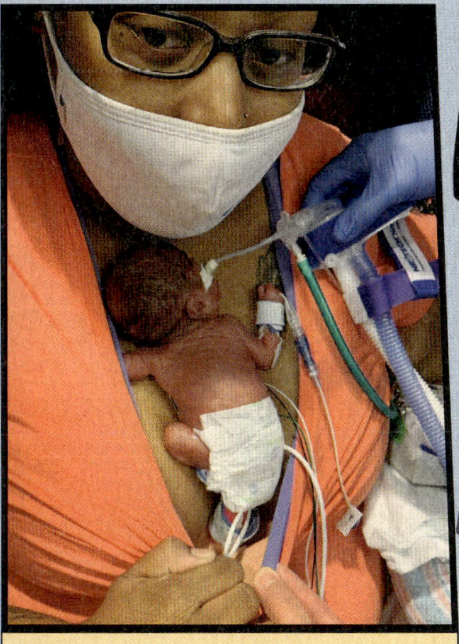

LE BÉBÉ LE PLUS PRÉMATURÉ
Curtis Zy-Keith Means (USA), fils de Michelle Butler, est né le 5 juill. 2020, à Birmingham (Alabama, USA), à l'âge gestationnel de 21 semaines et 1 jour, ce qui en fait un prématuré de 132 jours. Un bébé naît à terme à 40 semaines. Les médecins estimaient ses chances de survie à moins de 1 %, mais il a défié les probabilités et quitté l'hôpital en avr. 2021, à l'âge de 9 mois.

LE PLUS DE FRÈRES ET SŒURS ALBINOS
Six frères et sœurs britanniques sont atteints d'albinisme, comme vérifié à Coventry (GBR), le 14 mai 2021. Cette absence de mélanine se traduit par un teint pâle, des cheveux clairs et une mauvaise vue. Ils s'appellent Ghulam Ali, Muqadas Bibi, Haider Ali, Mohammed Rafi, Naseem Akhtar et Musarat Begum. Leurs parents, Aslam Parvez et Shameem Akhtar, sont atteints de la même maladie.

LA PLUS GRANDE DIFFÉRENCE DE TAILLE POUR UN COUPLE
Femme plus grande : Une différence de taille de 56,8 cm n'est pas un obstacle pour James et Chloe Lusted (tous 2 GBR, à droite). Elle mesure 166,1 cm, tandis que lui mesure 109,3 cm, comme cela a été confirmé à Rhyl (Clwyd, GBR), le 2 juin 2021. Le couple s'est marié en 2016 et a une fille, Olivia.
Homme plus grand : Le 14 avr. 1990, une différence de 94,5 cm séparait ce couple français, formé de Fabien Pretou (188,5 cm) et Natalie Lucius (94 cm).
Même sexe : Les candidatures sont ouvertes pour les différences de taille dans les couples de même sexe.

SPEEDCUBER

Max Park

Max Park peut résoudre un Rubik's Cube en un clin d'œil. Il a établi ▶ 47 records du monde de speedcubing, remporté 314 médailles d'or et est devenu champion du monde. Et ses victoires ne se limitent pas à cette discipline.

Quand Max est diagnostiqué autiste à 2 ans, ses parents, Schwan et Miki, apprennent qu'il aura toujours besoin d'aide. Il souffre de problèmes de sociabilité et de motricité fine qui entravent la coordination des muscles des doigts et de la main. Le Rubik's Cube aide Max à résoudre ces troubles et il montre vite un véritable talent. À 10 ans, il remporte la 2e compétition de speedcubing à laquelle il participe face à des étudiants. Ces compétitions lui offrent plus qu'une simple chance de victoire : elles lui permettent d'intégrer une communauté partageant la même passion et d'apprendre à nouer des relations sociales qui peuvent poser des difficultés aux personnes atteintes d'autisme.

Max confirme son ascension vers le sommet en juill. 2017 quand il remporte le prestigieux titre de la résolution 3x3x3 lors du championnat du monde de Rubik's Cube à Paris, avec un temps moyen de 6,85 s sur 5 résolutions. Et il continue de repousser les limites du cubing. Le 22 janv. 2022, Max améliore son record de **la résolution 4x4x4 la plus rapide (moyenne)** : 20,68 s.

2

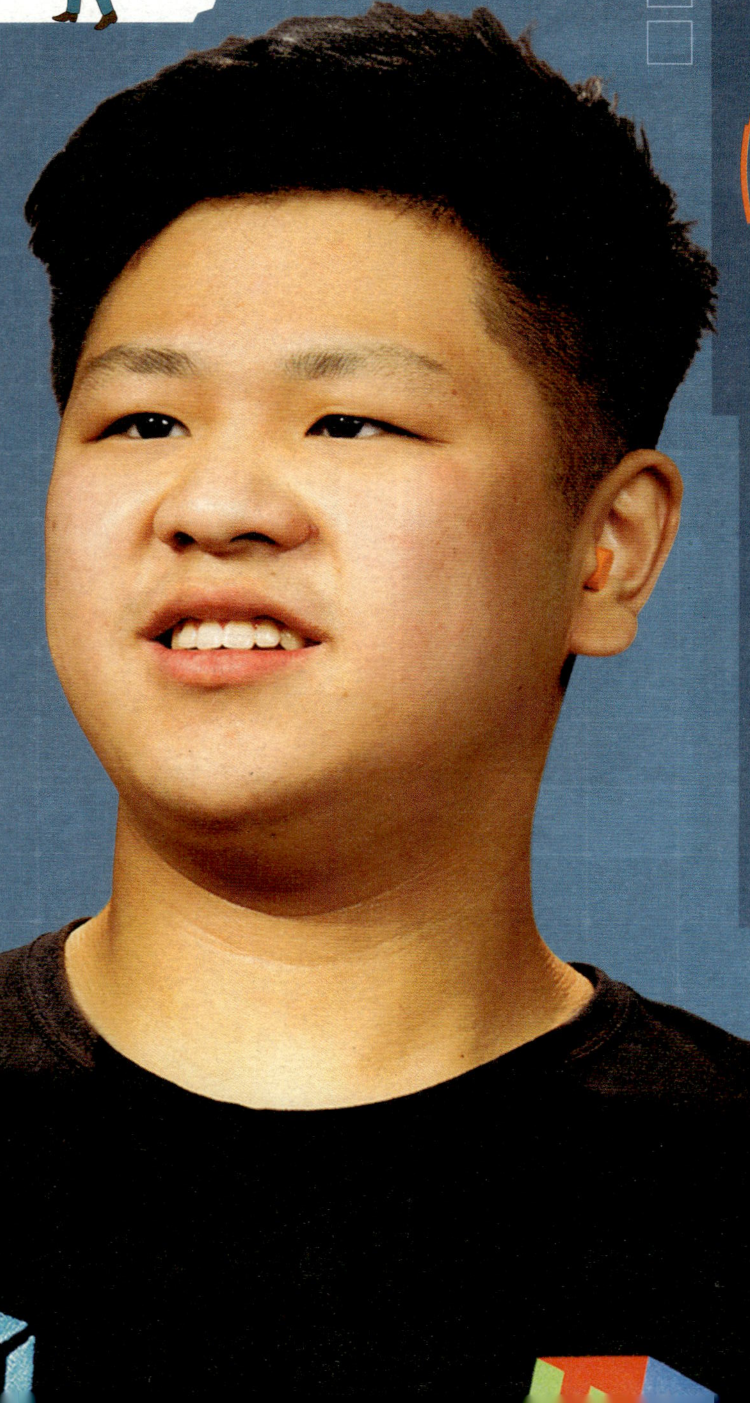

1

INFORMATIONS

Nom	Max Park
Lieu de naissance	Cerritos (Californie, USA)
Records du monde en cours	• **3x3x3 (à une main)** : 6,82 s • **4x4x4 (moyenne)** : 20,68 s • **5x5x5** : 34,92 s • **5x5x5 (moyenne)** : 39,49 s • **6x6x6** : 1 min et 9,51 s • **6x6x6 (moyenne)** : 1 min et 15,63 s • **7x7x7** : 1 min et 40,89 s • **7x7x7 (moyenne)** : 1 min et 46,57 s

Max a contribué à populariser le "100" – le temps moyen de 100 résolutions d'un Rubik's Cube à la suite.

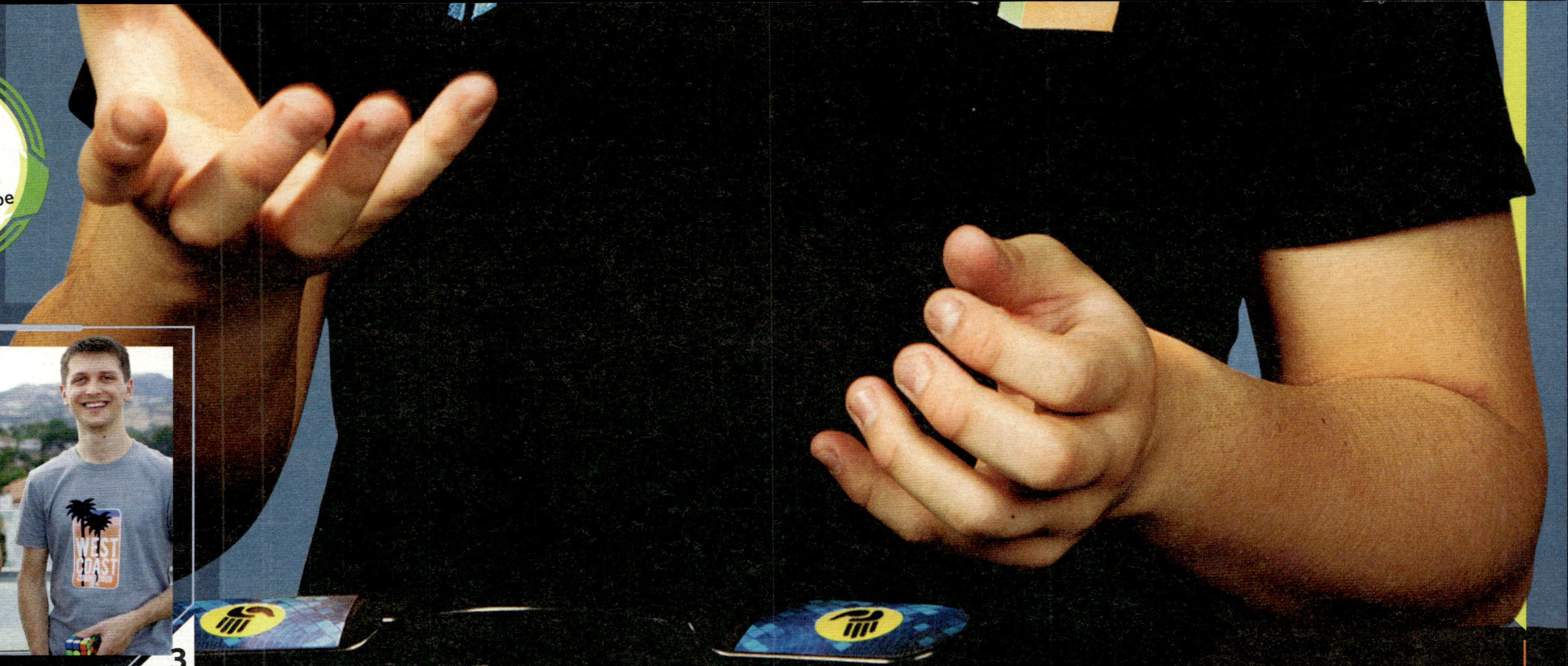

1. Les parents de Max espéraient que ce casse-tête l'aiderait à améliorer ses capacités motrices – mais ils étaient loin d'imaginer qu'il deviendrait un jour champion du monde et recordman !

2. Grâce au speedcubing, Max a rencontré Chris Olson qui a réalisé un portrait de lui dans le cadre d'un court-métrage. Chris a par ailleurs produit le documentaire *Why We Cube* et travaillé sur *The Speed Cubers* (voir #4).

3. Max et le double champion du monde du 3x3x3 Feliks Zemdegs en tournée promotionnelle en 2018. Considéré comme l'un des plus grands speedcubers, Feliks est la 1re personne à qui Max a demandé un autographe.

4. Le documentaire Netflix *Speed Cubing : Le Duel* réalisé en 2020 s'intéresse au parcours de Max et Feliks lors des championnats du monde WCA de Melbourne en 2019. Bien que Max ait battu nombre des records de Feliks et que les acolytes soient toujours opposés en compétition, leur amitié transcende toute rivalité.

5. Max en compétition lors de la finale 3x3x3 des championnats du monde 2019. Malgré sa déception de terminer à la 4e place, Philipp Weyer (DEU) ayant décroché le titre, Max a remporté haut la main 5 autres épreuves lors de ce championnat et confirmé son statut de star vedette du cubing. Sa devise : "Ne réfléchis pas, résous."

Pour en savoir plus sur Max, consultez le chapitre Hall of Fame sur www.guinnessworldrecords.com/2023

LA MARCHE SUR SLACKLINE LA PLUS ÉLEVÉE

Le 2 déc. 2021, Rafael Zugno Bridi (BRA) a marché sur des nuages le long d'une sangle large de 2,5 cm, tendue entre 2 montgolfières flottant à 1 901 m au-dessus de Praia Grande (Santa Catarina, BRA). Bridi a franchi les 18 m nus pieds. Son exploit a été confirmé par l'International Slackline Association. En 2020, Bridi et Alexander Schulz (DEU) ont fait les gros titres après avoir effectué **la plus longue marche sur slackline au-dessus d'un volcan en activité** (261 m), le mont Yasur situé au Vanuatu (ci-contre).

Un autre record de slacklining a été battu en 2021 : **la plus longue marche sur slackline** (ci-contre, à l'extrême droite). Les 4-6 juill., un groupe de 15 slackliners a tenté de franchir 2 130 m au-dessus de la vallée de Lapporten (SWE). Seuls 4 d'entre eux sont parvenus au bout de la slackine tendue à 600 m d'altitude sans chuter : Quirin Herterich, Lukas Irmler, Ruben Langer et Friedi Kühne (tous DEU). Les records ci-dessus ont tous été validés par l'International Slackline Association.

MISSION

Exploits incroyables

L'équipe "LavaLine" a affronté les pluies acides, les fontaines de lave et les fumées toxiques pour traverser le mont Yasur.

Records en famille

DES PIONNIERS NOMMÉS PICCARD

Bertrand Piccard (CHE), 3e génération d'aventuriers, a suivi les traces de son audacieuse famille en effectuant **le 1er tour du monde en ballon** avec son copilote Brian Jones (GBR). Le 21 mars 1999, leur *Breitling Orbiter 3* s'est posé sur le sol du désert égyptien 19 jours et 21 h après avoir décollé du Château d'Oex (CHE) – soit une distance totale de 40 814 km. Voir à droite pour d'autres infos sur les Piccard.

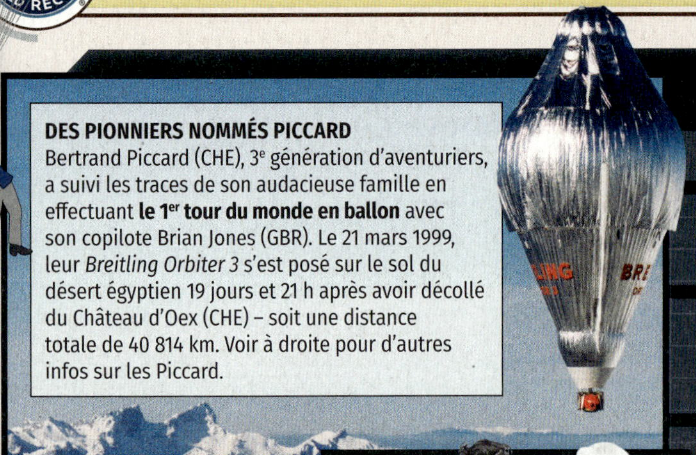

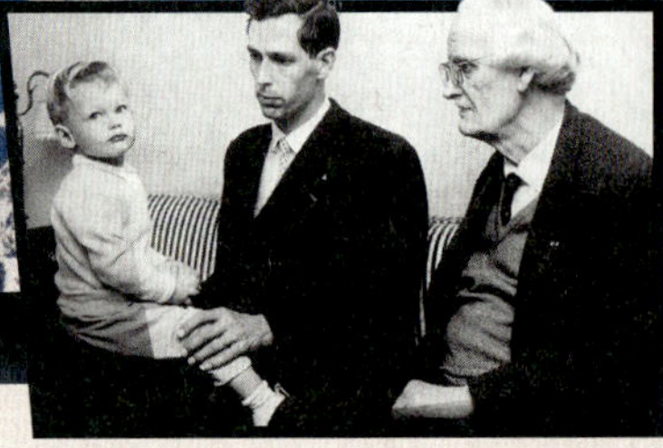

La saga de la famille Piccard a débuté avec 2 frères suisses, Auguste et Jean-Félix :

- **1931 :** Auguste établit le record d'altitude en vol (15 781 m) et devient **la 1re personne à franchir la stratosphère**.
- **1934 :** L'épouse de Jean-Félix, Jeannette Ridlon, effectue **un vol à une altitude encore jamais atteinte alors par une femme** (17 550 m).
- **1937 :** Jean-Félix remonte dans les airs et y réussit **le 1er vol en ballons en grappe**.
- **1948 :** Auguste et son fils Jacques préfèrent se tourner vers les océans et construisent **le 1er bathyscaphe** (un sous-marin baptisé *FNRS-2*).
- **1960 :** Jacques opère **la 1re descente** jusqu'au **Challenger Deep à bord d'un vaisseau pourvu d'un équipage**.
- **1963 :** Le cousin de Jacques, Don – lui aussi attiré par les ballons –, accomplit **la 1re traversée de la Manche en montgolfière**.
- **1999 :** Le fils de Jacques, Bertrand (à gauche, avec son père et son grand-père) réalise **le 1er tour du monde en ballon** (voir à gauche).
- **2016 :** Bertrand achève **le 1er tour du monde à bord d'un avion fonctionnant à l'énergie solaire**, le *Solar Impulse*.

REPÈRES CHRONOLOGIQUES

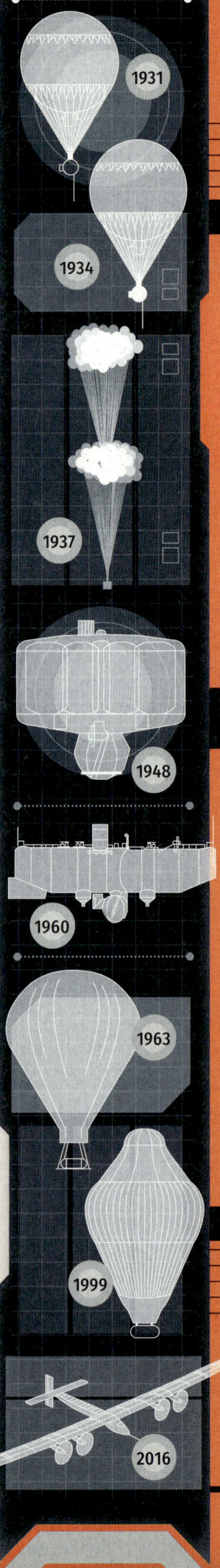

La troupe de cirque Kehaiovi

Le 1er exploit de la famille du cirque Kehaiovi (BUL) remonte au 21 juill. 1976. Grâce à des tremplins, ils avaient formé **la plus haute colonne humaine** (6 personnes). En 1986, ils ont fait encore mieux avec l'aide du patriarche de la famille, George Kehaiov, qui a soutenu 6 acrobates sur ses épaules, élevant ainsi la colonne d'un 7e étage.

Deux filles de George, Dessi et Getti, ont elles aussi obtenu des trophées GWR. Dessi a battu **le record du nombre de cerceaux en rotation** par 3 fois, entre 1987 et 1989, avec un score passant de 65 à 97 (le record appartient aujourd'hui à Marawa Ibrahim, avec 200 cerceaux). Getti, quant à elle, a conquis **le record féminin de la plus ample rotation de cerceau** avec 5,18 m, le 2 nov. 2018.

Les Lauenburger, chuchoteurs canins

Grâce à son savoir-faire, le duo allemand composé de l'éducateur canin Wolfgang Lauenburger et de sa fille, Alexa, a remporté de multiples records GWR et a participé à des concours de talents télévisés et à des tournées de cirque dans le monde. Guidée par Wolfgang, la chienne Emma a parcouru **les 10 m les plus rapides sur les pattes arrières** (3,05 s), tandis que sa consœur, Maya, excécutait **le plus de rotations sur elle-même en 30 s.** (49). Le 8 fév. 2022, Alexa et Maya ont réalisé ensemble (animal et personne) **le plus de sauts en 1 min** (62), avant de prendre la tête de **la plus longue chenille canine** (9 chiens).

LES HYPERACTIFS HICKSON

Eamonn Hickson (IRL ; à l'extrême gauche) totalise 5 records, dont **le 100 m crawlé le plus rapide** (55,4 s) réalisé le 25 juill. 2019. Depuis son 1er exploit réalisé en 2014, toute sa famille a été atteinte par le virus du record. Ainsi, sa sœur Sandra (au centre) possède 3 titres GWR dont celui du **mile** (1,6 km) **le plus rapidement parcouru avec des menottes (femmes)**, effectué en 6 min et 37 s, le 18 mai 2018. Son frère Jason (au centre, à droite) en totalise 4, dont celui du **plus de transformations en rugby en 1 min** (12, établi le 9 déc. 2018). Le compagnon de Sandra, Nathan Missin (à l'extrême droite), a inauguré son propre palmarès le 12 déc. 2020 avec **le mile** (1,6 km) **le plus rapide lesté de 27 kg** (6 min et 54 s).

Les équilibristes Braun

Le 30 juill. 2005, Cricket Braun (USA), jeune maman passionnée de fitness, a tenu **le plus longtemps sur une planche d'équilibre**, stabilisée dessus, pendant 1 h, 30 min et 38 s, à Salt Lake City (Utah, USA).

Environ une décennie plus tard, après que l'exploit de Cricket a été amélioré plusieurs fois, notamment par d'émérites recordmen comme Ashrita Furman et Silvio Sabba (voir ci-contre), sa fille de 17 ans, Tatum, a rapporté le titre dans le giron des Braun grâce à ses 7 h, 25 min et 30 s passées sur la planche, le 10 juill. 2015. Le nouveau record de Tatum est resté valide jusqu'à ce qu'il lui soit disputé par sa sœur aînée, Cally, qui a réalisé 8 h, 2 min et 2 s, le 29 juin 2019.

La collection Connors

Lily et Rhianna Connors, de Swansea (GBR), ont en commun une passion pour les collections. Le 20 juin 2016, Lily, 12 ans, se trouvait à la tête de **la plus vaste collection consacrée à *Doctor Who***, avec 6 641 objets. Trois ans plus tard, le 24 sept. 2019, sa petite sœur Rhianna comptait à son actif **la plus grande collection de jouets Shopkins**, forte de 2 271 articles.

Le frère de Lily et Rhianna, Thomas, s'est attelé à un tout autre exploit. Le 28 oct. 2012, il a réalisé **le plus de paniers arrière en 1 min** (9), battant un record de basket initialement détenu par la mascotte de la NBA, Harry the Hawk. Il a depuis amélioré sa performance à 13 paniers. Par ailleurs, le 25 sept. 2014, Thomas a exécuté **le plus de paniers arrière depuis le milieu de terrain en 1 min**, réussissant 6 lancers malgré la difficulté.

Les explosifs Smith

Pendant de nombreuses années, David "Cannonball" Smith (USA) était considéré comme le meilleur boulet de canon humain. Grâce à un lanceur géant de sa création, il avait pulvérisé le record du **plus long lancer de boulet de canon humain**, le 13 août 1995, avec 54,9 m.

Les 7 enfants de David ont tous été boulet de canon humain dès qu'ils en ont eu l'âge. L'un d'eux – David "Bullet" Smith Jr – s'est même lancé à plein temps dans cette activité. Depuis la retraite de son père, David Jr a battu 4 fois le record de distance, le plus récemment avec une envolée de 59,4 m, le 13 mars 2018.

LES EXCEPTIONNELS SABBA

Depuis son 1er titre GWR obtenu en 2011, Silvio Sabba (ITA) est devenu l'un de nos recordmen les plus prolifiques. Il comptait 223 exploits à son actif au 20 oct. 2021. Le fils de Silvio, Cristian, s'est à son tour lancé dans l'aventure en 2019, établissant **le record de temps pour assembler et basculer un jeu de dominos** (par équipe de 4). Il détient à présent 8 titres GWR – plutôt impressionnant pour un enfant de 12 ans !

LES FLYING WALLENDAS

En 1922, le funambule Karl Wallenda (DEU) a conçu un numéro avec sa future épouse, Helen Kreis, et son frère Herman. Au fil des décennies suivantes, le clan Wallenda, devenu plus nombreux, a connu la gloire pour ses figures de haut vol, dont celle de **la pyramide humaine sur corde raide la plus élevée**, avec 4 niveaux, un exploit établi le 4 août 2001. Aujourd'hui, le recordman en chef de la famille est l'arrière-petit-fils de Karl, Nik, fort de 11 titres GWR, dont un obtenu pour **la 1re traversée sur corde raide au-dessus des chutes du Niagara**, effectuée le 15 juin 2012.

La troupe actuelle des Flying Wallendas comprend 6 cousins de Nik et reste dirigée par son oncle Tino.

LA 1re FAMILLE DE DRAGSTER

Durant ses 43 années de courses de dragster NHRA, John Force (USA) a remporté 154 tournois (**le plus de victoires sur une carrière**) et 16 championnats Funny Car (**le plus de victoires en championnat**). Ses 3 filles ont toutes piloté pour son équipe, et Brittany (en photo) détient un record individuel. Le 1er nov. 2019, elle a été **la plus rapide dans une course Top Fuel** (ci-dessous), avec 544,23 km/h, à Las Vegas (Nevada, USA).

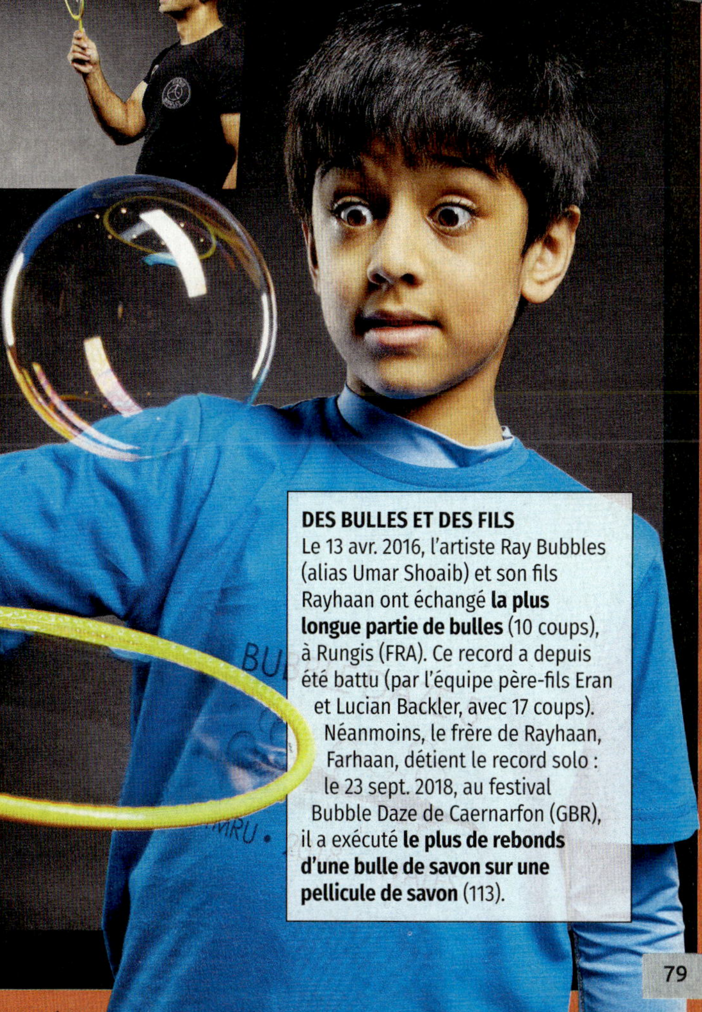

DES BULLES ET DES FILS

Le 13 avr. 2016, l'artiste Ray Bubbles (alias Umar Shoaib) et son fils Rayhaan ont échangé **la plus longue partie de bulles** (10 coups), à Rungis (FRA). Ce record a depuis été battu (par l'équipe père-fils Eran et Lucian Backler, avec 17 coups). Néanmoins, le frère de Rayhaan, Farhaan, détient le record solo : le 23 sept. 2018, au festival Bubble Daze de Caernarfon (GBR), il a exécuté **le plus de rebonds d'une bulle de savon sur une pellicule de savon** (113).

Multitâches

LE PLUS DE TRONÇONNEUSES RATTRAPÉES EN JONGLANT SUR UN MONOCYCLE
Space Cowboy, alias Chayne Hultgren (AUS), jongle avec une tronçonneuse, et il le fait même perché sur un monocycle géant ! Son meilleur score a été obtenu au Greentop Circus de Sheffield (South Yorkshire, GBR), le 29 juill. 2015, en rattrapant 10 fois une tronçonneuse en marche. Il détient le même record sur **monocycle électrique** – 10 réceptions –, réalisé le 9 mai 2017.

LA PLUS LONGUE SÉANCE DE HULA-HOOP EN FAISANT LA PLANCHE
Le 5 juin 2021, Kai Sandmeyer (DEU) a fait tourner un cerceau pendant 6 min et 34 s tout en faisant la planche entre 2 coffres installés à la salle de sport d'Ehingen (DEU). Il a doublé le précédent record, établi par ObaroEne Otitigbe (USA), le 5 déc. 2020. Kai s'était préparé avec un programme quotidien de yoga et d'exercices abdominaux.

LE 200 M LE PLUS RAPIDE À VÉLO AVEC LE CORPS EN FEU
Le 29 janv. 2022, le cascadeur Josef Tödtling (AUT) s'est immolé et a roulé sur 200 m en 49,55 s au paddock, au célèbre circuit de course de Monza, près de Milan (ITA). L'exploit, filmé pour le *Lo Show dei Record*, est le 5e titre GWR de Tödtling avec le corps embrasé.

La slackline moderne a été pratiquée pour la 1re fois par des grimpeurs du Yosemite National Park (Californie) à la fin des années 1970.

LE MARATHON LE PLUS RAPIDE

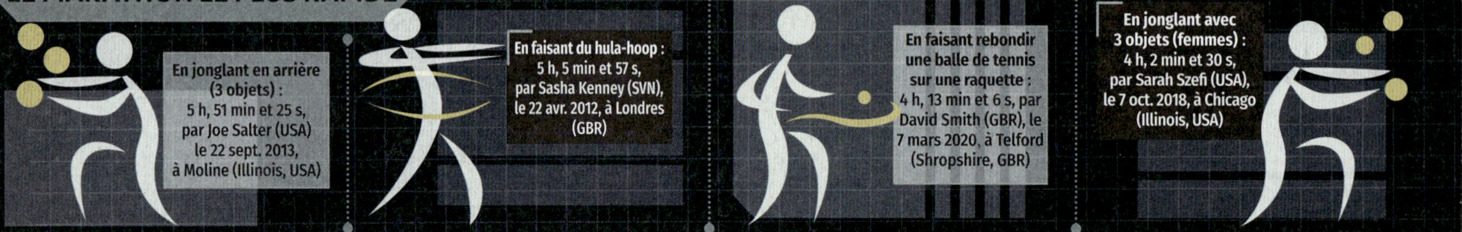

En jonglant en arrière (3 objets) : 5 h, 51 min et 25 s, par Joe Salter (USA) le 22 sept. 2013, à Moline (Illinois, USA)

En faisant du hula-hoop : 5 h, 5 min et 57 s, par Sasha Kenney (SVN), le 22 avr. 2012, à Londres (GBR)

En faisant rebondir une balle de tennis sur une raquette : 4 h, 13 min et 6 s, par David Smith (GBR), le 7 mars 2020, à Telford (Shropshire, GBR)

En jonglant avec 3 objets (femmes) : 4 h, 2 min et 30 s, par Sarah Szefi (USA), le 7 oct. 2018, à Chicago (Illinois, USA)

DÉPART

L'ÉCHAPPÉE LA PLUS RAPIDE D'UNE CAMISOLE DE FORCE TOUT EN AVALANT UNE ÉPÉE
Frankie Stiletto, alias Rachael Williams (USA), s'est libérée d'une camisole de force Posey en 47,94 s tout en avalant une lame de 38 cm, le 2 avr. 2016, à Dallas (Texas, USA). L'étudiante en neurosciences devenue artiste de foire a maîtrisé l'art d'avaler les sabres en tout juste 18 mois.

La plus longue distance à ski en jonglant avec 3 objets
Tommy Tropic, alias Thomas Petrie (USA), a parcouru 1,6 km tout en "skiglant", à Boyne Falls (Michigan, USA), le 6 janv. 2021. Il s'était associé à l'haltérophile Lillii Armstrong (USA) le même jour pour couvrir **la plus longue distance à ski tout en effectuant des passes de 6 objets entre 2 jongleurs** : 400 m. Tropic a également parcouru **la plus longue distance sur skate tout en jonglant avec 3 objets** : 5 km.

Le 100 m le plus rapide en faisant du hula-hoop
Le 18 mai 2019, pour fêter sa dernière année de lycée, Thomas Gallant (USA) a couvert 100 m en 15,97 s en faisant du hula-hoop, à Saint Johns (Floride, USA).

La plus longue séance de saut à la corde en faisant du hula-hoop
À 63 ans, Zhang Jiqing (CHN) a célébré le GWR Day 2018 en sautant à la corde 1 min et 32,65 s tout en faisant du hula-hoop, à Pékin (CHN).

La résolution la plus rapide d'un Rubik's cube sur un hoverboard
Le 7 mars 2021, à 13 ans, Samuel Smookler (USA) a combiné ses 2 loisirs préférés – le speedcubing et le hoverboard – pour établir le record de 15,86 s, à Altadena (Californie, USA). Voici d'autres résolutions cubiques exécutées à la vitesse de l'éclair dans des circonstances singulières :
- **Sur un pogo-stick** : 9,61 s, par Xia Yan (CHN), à Xi'an (Shaanxi, CHN), le 7 janv. 2021.
- **En faisant du hula-hoop** : 9,87 s, par Josiah Plett (CAN) à Victoria (Colombie-Britannique, CAN), le 14 févr. 2021.
- **Sur un vélo** : 14,95 s, par Ramanathan Venkatachalam (IND), à Chennai (IND), le 18 nov. 2020.
- **En s'élançant dans le vide** : 30,14 s, par Nitin Subramanian (USA), à Waialua (Hawaï, USA), le 19 mars 2021.

Le plus de claquements effectués avec 2 fouets embrasés en 30 s (avec le corps en feu)
L'incandescent artiste Aaron Bonk (USA) a réalisé 92 claquements de fouet embrasé – un fouet en feu ! – tout en étant lui-même enflammé des chevilles aux épaules, le 26 juill. 2018, à Brunswick (Ohio, USA).

LE PLUS DE PLANCHES EN BOIS DE PIN BRISÉES EN SAUTANT DANS LE VIDE
Ernie Torres (USA) a pulvérisé 12 planches de pin en sautant en parachute au-dessus d'Eloy (Arizona, USA), le 23 mai 2013. Il disposait de 70 s pour battre le précédent record de 7 planches, établi par l'acteur de *Power Rangers* Jason David Frank. Ernie, ceinture noire de tangsudo, recueillait des fonds pour les militaires américains blessés.

LA PLUS LOURDE CHARGE SOULEVÉE AVEC UNE BARRE D'HALTÈRES AU-DESSUS DE LA TÊTE SUR UN MONOCYCLE
Le 5 avr. 2021, perché sur un monocycle, Jason Auld (GBR) a soulevé 68 kg au-dessus de sa tête à Édimbourg (GBR). Jason était qualifié pour cet exploit puisqu'il a été monocycliste professionnel pendant 14 ans et coach dans *Ninja Warrior : le parcours des héros*. Il a également fondé l'équipe de monocycle extrême Team Voodoo.

LE PLUS DE JONGLERIES À MONOCYCLE SUR UN FILIN FLEXIBLE (5 OBJETS)
Le 18 janv. 2020, Raul Cañas Zamora (MEX) a effectué 10 jongleries sur son monocycle tout en parcourant une corde flexible à Dubaï (UAE). L'exploit a eu lieu à bord du paquebot de croisière MSC *Bellissima*, sur lequel Raul travaillait avec le Cirque du Soleil. Il détient également le même titre GWR pour **3 objets**, avec 203 passes.

En dribblant 2 ballons de basket : 3 h, 50 min et 26 s, par Kev Howarth (GBR), le 6 oct. 2019, à Katowice (POL)

En sautant à la corde : 3 h, 29 min et 54 s, par Volkan Yıldız (TUR), le 4 mars 2018, à Antalya (TUR)

En dribblant un ballon de foot : 3 h, 27 min et 16 s, par Alistair Kealty (AUS), à Antalya (Turquie), le 3 mars 2019

En jonglant avec 3 objets : 2 h, 50 min et 12 s, par Michal Kapral (CAN), le 30 sept. 2007, à Toronto (Ontario, CAN)

ARRIVÉE

Le plus de jumping jacks consécutifs (avec le corps en feu)
Le 13 août 2015, Sean Kinney (USA), de Los Angeles (Californie, USA), a fêté ses 45 ans en se transformant en bougie d'anniversaire. Il a exécuté 30 jumping jacks en 30 s – un exploit réalisé en apnée.

Le plus long dribble de ballon de foot sur une slackline
Le 14 janv. 2016, l'extraordinaire footballeur freestyle John Farnworth (GBR) a conjugué ses talents pour la slackline et le football freestyle en maintenant un ballon en l'air pendant 29,82 s, à Preston (Lancashire, GBR).

Le plus de roulades avant à vélo sur un ballon d'exercice en 1 min
Le 16 sept. 2021, le trialiste Matthew Turner (GBR) a effectué 11 saltos avant sur un vélo de trial avec l'aide d'un ballon d'exercice judicieusement positionné. Il exécutait d'abord un demi-salto sur le ballon, puis rebondissait dessus pour terminer la pirouette et se réceptionner sur les deux roues. L'exploit a eu lieu dans l'émission *Blue Peter* de la chaîne CBBC.

Le plus de sauts consécutifs sur une corde raide
Juan Pedro Carrillo (USA) a effectué 1 323 sauts à la corde sur une corde raide au Big Apple Circus Big Top de Boston (Massachusetts, USA), le 26 avr. 2004.

Le record en **1 min** est de 211 sauts, exécutés par Henry Ayala (VEN), le 30 sept. 2003, au Billy Smart's Circus de Bristol (GBR). Le filin se trouvait à une hauteur de 8,1 m.

Le plus de sauts sur un monocycle en 1 min est de 237, réalisés par Peter Nestler (USA), le 20 févr. 2013, à la Moorhead Junior High School de Conroe (Texas, USA).

L'échappée du plongeon de la mort la plus profonde
La polyvalence du magicien Robert Gallup (AUS) aura atteint de vertigineuses extrémités pour son "Défi du plongeon de la mort" de 1997. Jambes ligotées, mains menottées, enchaîné, enfermé dans un sac postal puis cadenassé dans une cage, il a été largué d'un avion volant à 5 485 m d'altitude au-dessus du désert de Mojave (Californie, USA). Moins d'une minute avant l'impact, à 240 km/h, il s'est libéré de ses entraves et a ouvert son parachute placé à l'extérieur de la cage.

LA CHARGE LA PLUS LOURDE SOULEVÉE, HARNACHÉ PAR LA MÂCHOIRE
Leonardo Costache (ROM) a soulevé 101,3 kg – soit env. 15 boules de bowling –, à Bucarest (ROM), le 16 août 2020. L'hercule à la mâchoire d'acier compte aussi à son actif **le plus de jongleries en 1 min, pendu par les dents (3 objets)** : 195, exécutées à Gilleleje (DNK), le 4 juill. 2019.

Talents exceptionnels

LA PLUS LONGUE ROTATION DE 30 HULA-HOOPS
Mariam Olayiwola (GBR) a fait tourner 30 cerceaux autour de son buste pendant 2 min et 9,33 s, à Londres (GBR), le 15 août 2021, écrasant son propre record qui était de 35 s. Mariam, ancienne scientifique écologique, se consacre aujourd'hui à plein temps au hula-hoop depuis qu'une voiture l'a renversée en 2019 alors qu'elle traversait la rue.

DARYL TAN HONG AN
Cet adepte singapourien des puzzles rotatifs a insufflé quelques subtilités à son art… Il a en effet été **le plus rapide à résoudre un Rubik's Cube avec 1 seule main (la tête en bas)** (17,12 s) et **le plus rapide à résoudre 2 puzzles rotatifs simultanément (la tête en bas)** (56,61 s). Les 2 exploits ont été réalisés le 18 avr. 2021.

LE LIMBO EN ROLLERS SOUS 10 BARRES LE PLUS RAPIDE
Le 20 févr. 2021, Shrishti Dharmendra Sharma (IND) n'a mis que 1,69 s pour rouler avec ses patins sous 10 barres à Umred (Maharashtra, IND). Les barres étaient espacées de 1 m chacune et placées à une hauteur de 30 cm. Shrishti explique sa stupéfiante souplesse par la pratique du yoga.

LE PLUS D'ŒUFS EN ÉQUILIBRE SUR LE DOS D'UNE MAIN
Ibrahim Sadeq (IRQ, à droite) a empilé et maintenu 18 œufs sur le dos de sa main gauche à Nasiriyah (IRQ), le 10 juill. 2021. Sa performance rejoint celle de Jack Harris (GBR), qui avait obtenu le même résultat à Londres (GBR), le 30 mai 2020. Les 2 hommes ont soutenu les œufs au moins 5 s, conformément au règlement GWR.

LES OBJETS TRACTÉS LES PLUS LOURDS

LES 20 M LES PLUS RAPIDES EN ROULADE CONTORSIONNÉE
Pour démontrer que "force et puissance pouvaient rimer avec souplesse", Sofia Tepla (UKR) a contorsionné son corps pour lui donner une forme circulaire – allongée sur le ventre, elle a relevé ses jambes par-dessus la tête – et a roulé sur 20 m en 10,49 s. L'adolescente de 13 ans a réalisé cet exploit à Milan (ITA), le 10 févr. 2022.

Le plus rapide à manger 1 banane (sans les mains)
La gastronaute vedette des réseaux sociaux, Leah Shutkever (GBR), a avalé une banane en 20,33 s, le 24 oct. 2021. Elle détient le même record pour **le hot dog (sans les mains)** (18,15 s), obtenu le 11 avr. de la même année. Ses exploits alimentaires comprennent des records minute pour le plus de **tomates** (8), **saucisses** (10), **minicornichons** (23) et **amandes** (40) engloutis.

Le 100 m le plus rapide à 4 pattes (femmes)
Julie Holland (USA) a mis 22,99 s pour terminer une course de 100 m à Vernon (Colombie-Britannique, CAN), le 9 août 2021. Elle a calqué son allure sur celle d'un cheval.

L'empilement de chaises le plus haut
Le 22 avr. 2021, Jay Ehsan (GBR) a érigé une tour de 5,2 m constituée de chaises, à Manchester (GBR), en 45 min. Il a ainsi empilé 31 chaises en s'aidant d'une échelle.

LES PLUS LONGS…

Jonglage avec 3 boules de feu : 2 min et 25,2 s, par Michael Francis (CAN), à Kitchener (CAN), le 5 juin 2021.

Baiser au piment habanero : 3 min et 36,86 s, par Lance Rich et Matthew Burnham (tous 2 USA), à Shreveport (Louisiane, USA), le 8 mai 2021.

Rotation d'un ballon de basket sur un crayon : 1 h et 11 min, par Ryosuke Kanaoka (JPN), à Osaka (JPN), le 2 juill. 2021.

Surf d'une vague (femmes) : 8 h, par la wakesurfeuse Lori Keeton (USA), à Rockville (Indiana, USA), le 8 juin 2021.

LE PLUS DE…

"Tope-là" par un couple sautant en parachute : Emily Aucutt et Josh Carratt (tous 2 GBR) ont échangé 32 tapes durant les 63 s de leur saut en parachute au-dessus de l'aérodrome de Langar (Nottingham, GBR), le 9 juill. 2021. Cet événement avait été organisé par la marque de gel antibactérien Carex.

Flammes soufflées en 30 s : Christopher Campbell (CAN) a "expiré du feu" à 55 reprises avec une seule gorgée d'essence à London (Ontario, CAN), le 26 janv. 2021. L'exploit a été réalisé durant un concours de mangeurs d'ailes de poulet épicées intitulé "Une soirée très chaude".

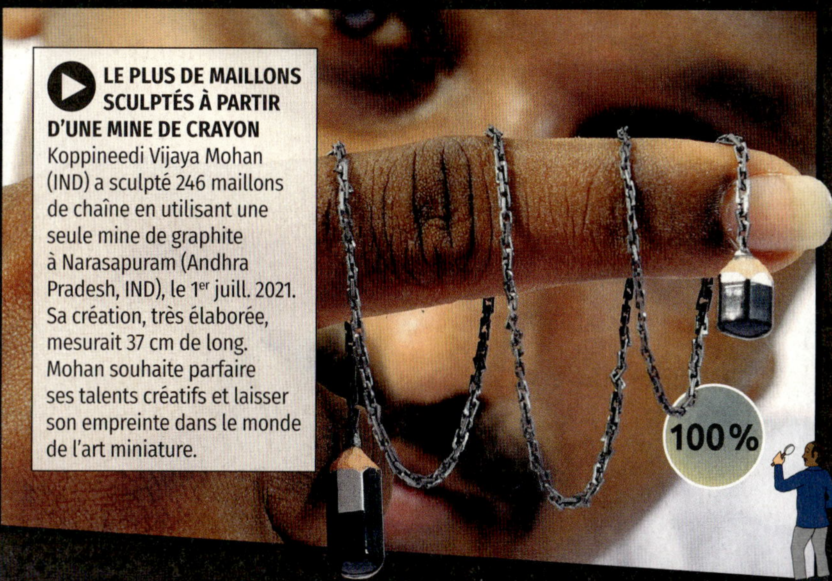

LE PLUS DE MAILLONS SCULPTÉS À PARTIR D'UNE MINE DE CRAYON

Koppineedi Vijaya Mohan (IND) a sculpté 246 maillons de chaîne en utilisant une seule mine de graphite à Narasapuram (Andhra Pradesh, IND), le 1er juill. 2021. Sa création, très élaborée, mesurait 37 cm de long. Mohan souhaite parfaire ses talents créatifs et laisser son empreinte dans le monde de l'art miniature.

LE PLUS DE ROTATIONS HÉLICOÏDALES EN SKYSURF

Le 1er nov. 2021, Keith "KĒBĒ" Edward Snyder (USA) a réussi 160 rotations hélicoïdales (rotations inversées à 360°) en skysurf. Il a battu le précédent record de près de 100 rotations ! Ce vertigineux exploit a été exécuté au-dessus du plateau de Gizeh au Caire (EGY).

LE PLUS PETIT ASPIRATEUR

Le spécialiste de la miniaturisation Ahsan Qayyum (PAK) – ancien détenteur du record de sculpture à la mine de crayon ci-dessus – a créé un aspirateur opérationnel d'à peine 1,3 cm. Conçu à partir d'un crayon papier creux, il fonctionne à l'électricité.

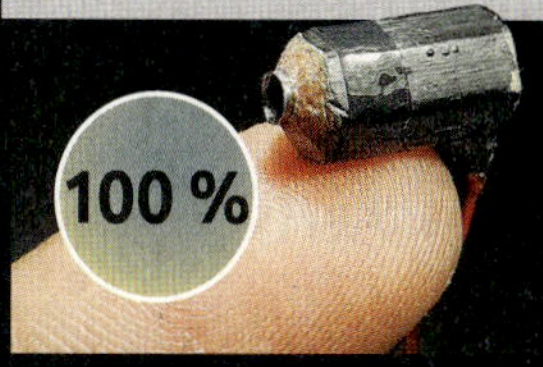

LE PLUS GROS PISTOLET NERF

Du micro au macro... Michael Pick d'Huntsville (Alabama, USA) a fabriqué une maquette de 3,81 m du N-Strike Elite Longshot CS-6 de Nerf, soit une échelle à 300 %. Les flèches de 30 cm qu'elle tire sont capables de traverser des pastèques et même du béton !

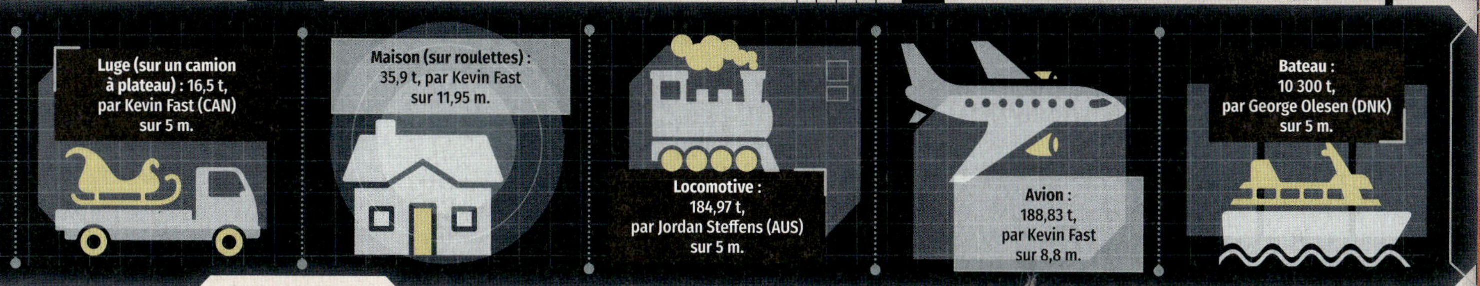

Bougies allumées dans la bouche : Le 25 juin 2021, Garrett James (USA) a tenu 105 bougies allumées dans sa bouche pendant près de 40 s à Charlotte (Caroline du Nord, USA).

Puzzles rotatifs résolus avec la tête en bas : Tête renversée, Li Zhihao (CHN) a résolu 195 Rubik's Cubes à Shangluo (Shaanxi, CHN), le 23 janv. 2021. **Le plus de cubes rotatifs résolus en faisant du hula-hoop** est de 1 015, réalisés par Josiah Plett (CAN) à Victoria (Colombie-Britannique, CAN), le 13 févr. 2021.

Jonglages consécutifs avec 5 raquettes de tennis : Le 28 mai 2021, Lauri Koskinen (FIN) a totalisé 501 jongleries avec 5 raquettes à Masala (Uusimaa, FIN). Le multiple recordman polyvalent a également réalisé **le plus de têtes avec un ballon de gymnastique en 30 s** (88) et **le plus de pirouettes consécutives tout en jonglant avec une tronçonneuse et 2 balles** (9).

Sandwichs confectionnés en 3 min : Elmwood School a préparé 1 334 sandwichs, à Rockcliffe Park (Ontario, CAN), le 5 oct. 2021.

EN 1 MIN, LE PLUS DE...

Chaussures triées par paires : 18, par Joshua Block (USA), à Paramus (New Jersey, USA), le 6 juin 2021.

Blocs de bétons brisés à coups de hache : 37, par N. Narayanan (IND), à Madurai (IND), le 6 avr. 2021.

Tours de magie : 37, par Avery Chin (MYS), à Kuala Lumpur (MYS), le 31 août 2021.

Applaudissements d'une main : 468, par Cory Macellaro (USA), à Wading River (New York, USA), le 15 août 2021.

Battes de baseball détruites avec les mains : 68, par Muhamed Kahrimanovic (DEU, né BIH), à Milan (ITA), le 14 févr. 2022.

LE 1ER COMBAT D'OREILLERS EN TÉLÉ À LA DEMANDE

Le 29 janv. 2022, un défi particulier est devenu un événement sportif télévisé sous le titre de *Pillow Fight Championship: Pound Down*, à Miami (Floride, USA). Les concurrents, pourvus de gouttières dentaires réglementaires, se sont affrontés avec des oreillers spéciaux. Le spectacle était disponible sur FITE.TV pour 12,99 $. Hauley Tillman a remporté le titre masculin, tandis que la poids paille UFC Istela Nunes (à droite) est devenue la 1re championne PFC après avoir remporté 8 combats.

Collections

OBJETS DU STUDIO GHIBLI
Éloïse Jéglot (FRA) a un petit faible pour le célèbre studio d'animation japonais depuis l'âge de 6 ans. C'est le DVD de *Princesse Mononoké* (1997) offert par sa maman qui a tout déclenché. Au 7 oct. 2021, Éloïse possédait 1 304 objets sous licence du Studio Ghibli, à Paris (FRA). Ses propres tatouages colorés rendent également hommage aux productions Ghibli.

OURS BE@RBRICK
Au 20 déc. 2020, Gao Ke (CHN) avait réuni 1 008 figurines Be@rbrick, à Pékin (CHN). Produits par Medicom Toy of Japan, ces ours de collection s'inspirent d'icônes de la culture pop. Combien pouvez-vous en identifier ici ?

PUZZLES ROTATIFS
Florian Kastenmeier (DEU) comptait à son actif 1 519 puzzles rotatifs, à Mindelheim (Bavière, DEU), au 28 févr. 2022. Sa pièce maîtresse est un Rubik's Cube de 1977, provenant de la 1re chaîne de production en Hongrie. L'objet que Florian aimerait le plus acquérir est le prototype original en bois conçu en 1974 par son inventeur, Ernő Rubik.

COLLECTIONS HORS DU COMMUN

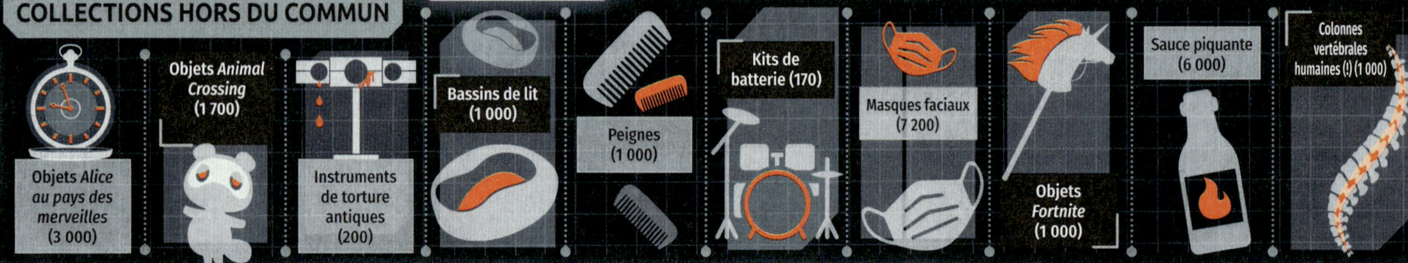

BOULES DE NOËL
Pour fêter Noël 2021, Sylvia Pope (GBR) a décoré sa maison de Swansea (GBR) avec 1 760 ornements festifs. Surnommée "Nana Baubles" ("Mamie Boules de Noël"), Sylvia possède tant de décorations qu'elle procède à l'habillage de son plafond dès septembre, afin que tout soit fin prêt pour Noël !

Trèfles à 6 feuilles
László Hegedűs (HUN) possédait 27 trèfles à 6 feuilles ultra-rares au 23 sept. 2021. Ils ont la réputation d'offrir 6 bienfaits : fidélité, espoir, amour, chance, argent et longévité.

Sachets de sel et de poivre
Le collectionneur Salacnib "Sonny" Molina (USA) a rassemblé 395 duos de sachets sel-poivre, à Woodstock (Illinois, USA). Ses goûts, assez éclectiques, l'ont incité à collectionner également **les tubes de Pringles** (256), **les verres en forme de crâne** (307) et **les marionnettes à doigt** (497).

Chaussettes
Au 30 sept. 2020, Ashan Fernando (USA) détenait 660 paires de chaussettes différentes, à Berkley (Massachusetts, USA).

Objets Manny Pacquiao
Le champion de boxe philippin a transmis la passion des collections à Marc Anthony Eser (PHL), qui possède 705 objets à la gloire de Pacquiao. Sa collection a été inventoriée à Calamba (Laguna, PHL), le 20 avr. 2021. Pacquiao lui-même détient plusieurs titres GWR, dont celui du **plus de victoires aux mondiaux de boxe dans différentes catégories de poids** (8).

Les 20 catégories de records GWR illustrées ci-dessus sont ouvertes et n'attendent que vos candidatures. Nous avons indiqué les prérequis minimum entre parenthèses. Si votre salle de bains croule sous les peignes ou si vos instruments de torture encombrent votre cuisine, n'hésitez plus, inscrivez-vous sur www.guinnessworldrecords.com/apply

Gobelets en papier
Rafael Levin (USA) possède 800 gobelets en papier, un chiffre confirmé le 4 août 2021, à Woodmere (New York, USA). Il s'était lancé dans l'aventure afin de prouver à sa petite sœur que "tout est toujours possible".

Badges de chambres d'hôtel
Pour conserver un souvenir de ses nombreux voyages, Kamalesh Kumar Maheshwari, de Nashik (Maharashtra, IND), s'est mis à collectionner les badges d'accès à ses chambres d'hôtel. Il en totalise 922.

OBJETS *POWER RANGERS*

Originaire de Gilbert (Arizona, USA), Michael Nilsen a débuté sa collection *Power Rangers* en 1993. Au 2 janv. 2021, il possédait 9 364 objets. À l'âge de 9 ans, Michael était fasciné par les robots polymorphes de la série, les Megazords ; quand il a compris qu'il pouvait acheter et transformer ces "Mighty Morphin" lui-même, il a décidé de les collectionner.

OBJETS *HARRY POTTER*

Le petit sorcier de J. K. Rowling a dû lancer un sortilège à Tracey Nicol-Lewis (GBR), qui détient 5 284 articles dédiés à *Harry Potter*. Originaire de Bargoed (Mid Glamorgan, pays de Galles), Tracey les a intégrés dans sa collection, encore plus faramineuse dédiée à ***Wizarding World,*** et forte de 5 434 objets au dernier décompte, effectué en avr. 2021.

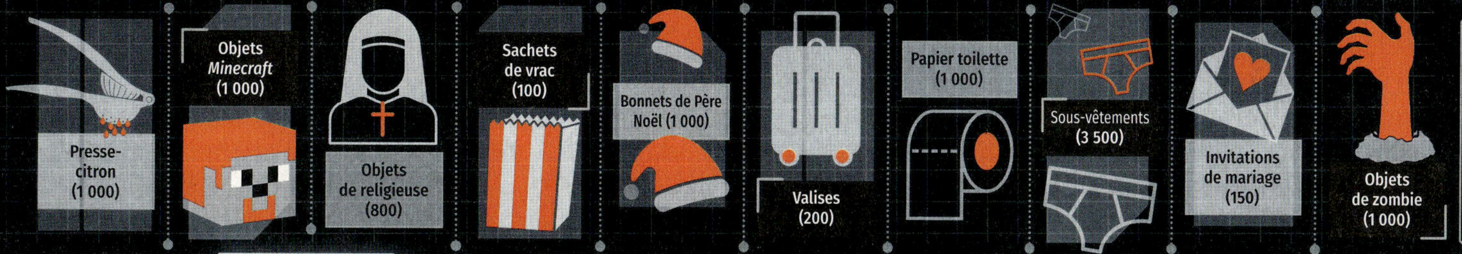

Jouets mécaniques

Un lapin à ski mécanique acquis par hasard il y a plus de 30 ans aura suffi à lancer la passion de Marla Mogul (USA) pour les jouets à remontoir. Au 30 mars 2021, elle en avait 1 258, à Los Angeles (Californie, USA).

Jetons de casino

Au 21 janv. 2022, Gregg Fisher (USA) comptait 2 222 jetons distincts de casino et de jeux. Comme il se doit, ils sont précieusement conservés dans la Mecque du jeu d'argent, Las Vegas (Nevada, USA).

Baguettes

Benny Vervaeck (BEL) détient 2 529 paires de baguettes différentes, à Humbeek (Brabant, BEL). Ses préférées ont été fabriquées à Bali à la naissance de sa fille.

Casse-noisettes

Arnas Jurskis (LTU) a réuni 10 000 casse-noisettes dans un musée dédié, à Vilnius (LTU), chiffre validé le 23 juill. 2021. Ses favoris sont des spécimens français des XVIe et XVIIe siècles, richement ornés de couronnes, d'armoiries et de fleurs de lys.

Fers à cheval

Petru Costin (MDA) a la chance d'avoir rassemblé 13 855 fers à cheval, un record authentifié à Chișinău (MDA), le 4 juill. 2021. Il collectionne également les bérets militaires.

Objets *One Piece*

Lam Siu Fung (CHN) avait rassemblé 20 125 objets inspirés de la série de manga créée par Eiichiro Oda – chiffre vérifié à Hong Kong (CHN), le 11 avr. 2021. Son bien le plus précieux est la série de figurines *Portrait of Pirates*.

Objets de football

Le Museum of Michel Platini de Mosfiloti (CYP) comptait 40 669 objets liés au football au 30 juin 2017. La galerie, également débit de kebabs, a été fondée par Philippos Stavrou Platini (CYP), qui a même modifié son patronyme en hommage au légendaire milieu de terrain français.

BALLONS DE FOOT

Lors d'un voyage en Allemagne pour la Coupe du monde 2006, Rodrigo Rafael Romero Saldívar (MEX) a acheté un ballon de foot afin d'échanger quelques passes avec un ami. Cette acquisition a lancé une passion : au 21 mai 2020, sa collection, localisée à San Andrés Cholula (Puebla, MEX), comptait 1 230 ballons. Il tient particulièrement à celui des JO 2012, où le Mexique avait remporté la médaille d'or au football.

Géants de jardin

LA MANGUE LA PLUS LOURDE
Germán Barrera et Reina María Marroquín (tous 2 COL) ont cultivé une mangue de 4,25 kg, poids vérifié à Guayatá (Boyacá, COL), le 25 juill. 2020. "C'est le fruit de notre attachement à la campagne de Guayatuno et de l'amour de la nature que nous ont transmis nos parents", a expliqué Germán.

LE SEIGNEUR DES TUBERCULES
Joe Atherton (GBR) est un multi-recordman GWR. Avant le championnat national des légumes géants CANNA UK en sept. 2021, il détenait déjà 6 titres pour ses légumes racines : **navet**, **salsifis**, **carotte**, **panais**, **radis** et **betterave** (voir à droite). Lors de cet événement, il concourait pour **le poireau le plus long** (à gauche), avec 1,36 m. "Lorsque vous tirez les tiges, c'est le stress total ! nous a confié Joe. Le plus difficile est de nettoyer tout le compost sur le légume."

LES RECORDS DE JOE†

Le Maître Jardinier le mieux noté (GPC)*
Depuis 2009, le Great Pumpkin Commonwealth (GPC) octroie le titre de "Maître Jardinier" à un cultivateur polyvalent s'adonnant à la culture de fruits et légumes géants. Chaque agriculteur peut concourir dans 8 catégories et ses 5 meilleurs scores de l'année sont évalués en fonction de la taille du spécimen présenté. Sur les 54 participants de 2021, l'institutrice Cindy Tobeck (USA) a remporté la 1re place avec un score inédit de 265,72 points. L'impressionnante récolte de Cindy comprenait une courge de 920,8 kg, une citrouille géante de 788,3 kg, une tomate de 3,26 kg, une courgette de 69,2 kg et une calebasse de 3,29 m de long.

LES PLUS LOURDS...

Fraise
Une fraise Elan de 289 g a été cultivée par Chahi Ariel (ISR), poids constaté à Kadima-Zoran (ISR), le 12 févr. 2021. Les conditions climatiques anormalement froides ont dû contribuer à cet exploit.

Prune
Yoshiyuki Tomiyama (JPN), de Niigata (JPN), a produit une prune Kiyo de 354,3 g, pesée le 14 août 2021. Avec une circonférence de 27,6 cm, le fruit était plus gros qu'une balle de baseball.

Tomate*
Une tomate cultivée par Dan Sutherland (USA) affichait un poids de 4,8 kg lors de sa pesée à Walla Walla (Washington, USA), le 15 juill. 2020.

Gourde*
Le plus gros spécimen de *Lagenaria* (reconnu par le GPC) est une calebasse de 213,41 kg. Cultivée par Steve Connolly (USA), son poids a été certifié le 10 oct. 2020.

LES PLUS HAUTS/LONGS...

Plant de coriandre
Mesuré le 12 nov. 2020, un plant de coriandre de Dalbir Maan (AUS) culminait à 2,25 m de haut, à Melbourne (Victoria, AUS). Dalbir avait utilisé de la bouse de vache pour assurer un engrais riche en nutriments.

Oignon vert
Au 18e Festival touristique de la culture de l'oignon vert de Zhangqiu qui s'est tenu le 15 nov. 2020, la vedette était un spécimen mesurant 2,53 m de long. Il était proposé par le Bureau des affaires agricoles et rurales du district de Zhangqiu (CHN), à Jinan (Shandong, CHN).

Tournesol
Hans-Peter Schiffer (DEU) a fait pousser un tournesol de 9,17 m, chiffre validé le 28 août 2014, à Kaarst (Rhénanie du Nord-Westphalie, DEU). C'est la 4e fois qu'il remporte ce titre GWR.

Papayer
Le 2 sept. 2021, un papayer de 14,55 m a été certifié conforme à Cafelândia (Paraná, BRA). Ce record est partagé par l'ancien propriétaire fermier Gilberto Franz et le propriétaire actuel, Tarcísio Foltz (tous 2 BRA).

Plant de tomate
Nutriculture (GBR) a dévoilé un plant de tomate de 19,8 m – plus de 3 fois la taille d'une girafe –, à Mawdesley (Lancashire, GBR), le 11 mai 2000.

Le plus de tomates présentes sur un rameau est de 1 269, récoltées par Douglas Smith (GBR) à Stanstead Abbotts (Hertfordshire, GBR), le 27 sept. 2021. Il a ainsi battu son propre record qui était de 839.

LA GOUSSE DE FÈVE LA PLUS LOURDE†
Le 23 sept. 2021, Joe Atherton (voir ci-dessus) a soumis une gousse de fève de 106 g – plus de 2 fois le poids d'une balle de golf –, au championnat national de légumes géants CANNA UK. Le championnat se tient chaque année à Malvern (Worcestershire, GBR).

LA CERISE LA PLUS LOURDE
Les frères Alberto et Giuseppe Rosso (ITA) ont produit une cerise Carmen de 33,05 g, chiffre vérifié le 22 juin 2021, à Pecetto Torinese (Turin, ITA). La famille Rosso cultive des cerises depuis plus d'un siècle et en compte aujourd'hui plus de 70 variétés dans ses vergers. Les cerises de cette région sont célèbres pour leur saveur sucrée.

*Chiffres validés par : *Great Pumpkin Commonwealth ; †Le championnat national de légumes géants CANNA UK*

LA COURGE VERTE LA PLUS LOURDE*

Todd et Donna Skinner (tous 2 USA) ont présenté une courge verte de 981,57 kg, authentifiée le 10 oct. 2021, à Dublin (Ohio, USA). À la pleine saison, ils passent plus de 50 h par semaine à prendre soin de leurs cultures. Les courges et les citrouilles appartiennent à la même famille et ne se distinguent que par la couleur de leur robe.

L'AUBERGINE LA PLUS LOURDE†

Peter Glazebrook (GBR) a présenté une aubergine de 3,12 kg en sept. 2021. Véritable légende des concours agricoles, Peter a cultivé une foule de spécimens prodigieux au fil des ans, dont **le chou-fleur le plus lourd** (27,48 kg) et **la pomme de terre la plus lourde**† (4,98 kg), records actuels.

LA COURGE BUTTERNUT LA PLUS LOURDE*

Âgé de 19 ans, Henry Swenson (USA) a dévoilé une courge butternut d'un poids officiel de 29,7 kg, à la Frerichs Farm de Warren (Rhode Island, USA), le 9 oct. 2021. Cultivé à partir d'une graine de "55,5 Brown" issue du précédent spécimen record, ce gigantesque butternut était 20 fois plus lourd qu'un représentant classique de l'espèce.

LA CITROUILLE LA PLUS LOURDE*

Primé au concours de Peccioli (ITA), le 26 sept. 2021, Stefano Cutrupi (ITA) a cultivé une citrouille Atlantic Giant d'un poids de 1 226 kg. Ce chiffre dépasse le record de 1 190,49 kg en vigueur depuis 2016. Stefano avait eu une saison phénoménale, remportant également les 2e et 3e prix.

Depuis quand cultivez-vous des citrouilles ?
J'ai commencé en 2008 et, depuis, je me suis concentré sur la culture des Atlantic Giants.

Qu'est-ce que ça vous a fait d'apprendre que vous aviez battu le record du monde ?
Je tournais le dos à l'écran des pesées. Quand mes amis ont vu le poids, ils m'ont soulevé de terre. J'ai tellement hurlé que j'en ai perdu la voix !

Quel est votre secret ?
Il n'y a pas de secrets. Comme pour tout, c'est une question d'objectif, de technique et de persévérance.

Pensez-vous pouvoir cultiver une citrouille encore plus lourde ?
Tout est possible. Les records sont faits pour être battus. On verra l'année prochaine !

S'inspirant de la série *Tiger King* de Netflix, l'artiste Mike Rudolph a décoré la citrouille géante pour la parade d'Halloween.

LA PLUS GRANDE CITROUILLE LANTERNE D'HALLOWEEN EN CIRCONFÉRENCE*

Cette décoration d'Halloween XXL a été créée à partir d'une citrouille de 5,91 m de circonférence, du pédoncule à la fleur, cultivée par Travis Gienger (USA, ci-dessus). Mesurée le 12 oct. 2020, elle a été transportée jusqu'à la ville de Travis, Anoka (Minnesota, USA), la "capitale d'Halloween", pour les festivités du 31 oct. Avec un poids plein de 1 065,9 kg, c'est aussi **la citrouille lanterne la plus lourde***.

LA COURGETTE LA PLUS LOURDE†

Vincent Sjodin (GBR) a cultivé une courgette géante de 116,4 kg – soit le poids de 17 boules de bowling ! Il attribue son succès à l'ajout de têtes et d'entrailles de poissons dans son compost.

Joyeux Noël !

LE PLUS ANCIEN SAPIN DE NOËL
Paul Parker (GBR) possède un sapin de Noël artificiel qui est dans sa famille depuis 1886. Dans un cache-pot ornemental, il mesure 30 cm et avait été acheté pour son arrière-grand-tante Lou, sans doute chez Woolworth's, chaîne de grands magasins à bas prix. L'arbre a été légué à Paul par sa mère en 2008, perpétuant une tradition de 136 ans.

Les célébrations religieuses – comme le Diwali, le Ramadan, la Pâque juive et le Jour des morts mexicain – inspirent souvent d'époustouflants exploits GWR, mais aucune fête n'en génère autant que Noël...

La 1re carte de vœux imprimée
Les 1res cartes de Noël fabriquées en série et commercialisées au Royaume-Uni datent de 1843. La lithographie représentait une famille partageant un repas de Noël ainsi que des scènes de charité. Seuls 12 exemplaires des 1 000 cartes originales ont survécu. L'une d'elles, envoyée par l'homme d'affaires Sir Arthur Cole à sa mère, s'est vendue aux enchères pour 20 000 £, le 24 nov. 2001, devenant ainsi **la carte de vœux la plus chère de l'histoire**.

Le plus haut sapin de Noël coupé
En déc. 1950, un Douglas taxifolié *(Pseudotsuga menziesii)* de 64,6 m a été érigé et décoré au Northgate Mall de Seattle (Washington, USA). Le centre commercial venait d'ouvrir en avril de la même année, et l'arbre cherchait à attirer l'attention des médias et des clients.

Composé de tubes d'acier, de béton, de grillage et de bois, peint et paré d'ornements, **le sapin artificiel le plus haut** a été réalisé par les services sociaux Arjuna Ranatunga de Colombo (LKA). Mesuré le 24 déc. 2016, il culminait à 72,1 m.

La plus longue liste adressée au père Noël
Beijing Hyundai et le Mohe Tourism Bureau (tous 2 CHN) ont cumulé 124 969 vœux festifs adressés au père Noël. La liste lui a été remise en main propre au Santa Village de Mohe (Heilongjiang, CHN), le 28 déc. 2017.

LA PLUS GRANDE COLLECTION DE BROCHES DE NOËL
Adam Wide (GBR) détenait 7 929 broches festives au 2 déc. 2021, à Berlin (DEU). Son plus ancien spécimen date des années 1920, et sa broche la plus luxueuse est une œuvre d'inspiration Art nouveau sertie de platine et de pierres précieuses.

La plus longue chaîne de papillotes à pétards de Noël
1 081 individus se sont alignés pour ouvrir les papillotes à pétard, décorations des tables britanniques, le 10 déc. 2015, lors d'un événement organisé par la Harrodian School de Barnes (Londres, GBR).

Le plus de personnes vêtues d'un pull de Noël
Le 19 déc. 2015, Kansas Athletics (USA) a réuni 3 473 participants arborant des pulls de Noël au charme très kitsch. Cette consécration du mauvais goût s'est tenue pendant le match de basket contre l'équipe du Montana, à Lawrence (Kansas, USA).

La plus grande chorale de chants de Noël
La Godswill Akpabio Unity Choir (NGA) a rassemblé 25 272 choristes, à l'Uyo Township Stadium d'Akwa Ibom (NGA), le 13 déc. 2014.

Le plus de choux de Bruxelles mangés en 1 min
Linus Urbanec (SWE) a avalé 31 de ces petits légumes qu'on adore ou qu'on déteste en 60 s, à Rottne (SWE), le 26 nov. 2008.

Le stollen, pâtisserie allemande fourrée aux fruits, noix, épices et pâte d'amande, est une autre spécialité festive. **La plus grande quantité de stollens dégustée en 1 min** est 336 g, par André Ortolf (DEU), à Krumbach (DEU), le 5 oct. 2018.

Même André aurait eu du mal à engloutir **le stollen le plus long**. Créé par Lidl (NLD), il mesurait 72,1 m – taille confirmée officiellement à la gare d'Haarlem (NLD), le 10 déc. 2010.

LA PLUS GRANDE COLLECTION SUR LE THÈME DE NOËL
Jean-Guy Laquerre (CAN) possédait 25 104 objets dédiés au père Noël, lors du dernier comptage en date. Sa collection comprenait 2 360 figurines, 2 846 cartes et cartes postales de 33 pays, 1 312 serviettes et 241 pins et broches.

La plus grande collection de bonshommes de neige appartient à Karen Schmidt (USA, encart) et comptait 5 127 articles au 19 mars 2013. Parmi ses objets préférés, citons un loriot construisant un bonhomme de neige et un bonhomme de neige chantant *Santa Baby*.

UN VRAI REPAS DE FÊTE

Gâteau de Noël
9 x 6 m, pour 3,825 kg. Créé par Just Bake (IND).

Pudding de Noël
Env. 1,5 m de large, pour 3 280 kg. Fabriqué par les villageois d'Aughton (Lancashire, GBR).

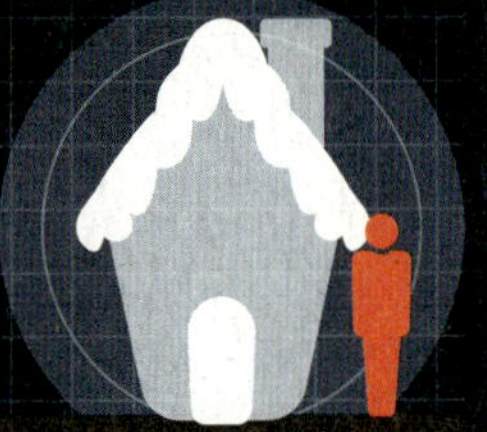

Maison en pain d'épice
18,28 m de long x 3,07 m au sommet ; volume de 1 110,1 m³. Confectionnée par Traditions Club (USA).

Bonhomme en pain d'épice
Env. 3,7 m de haut x 2,9 m de large, pour 651 kg. Préparé par IKEA Furuset (NOR).

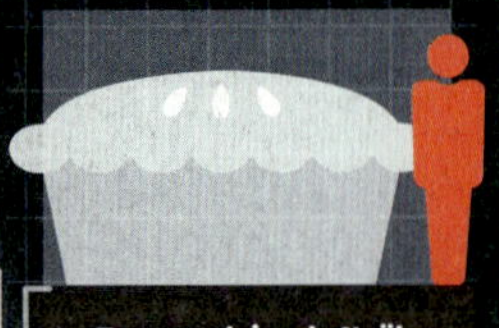

Tarte anglaise de Noël
6,1 x 1,5 m, pour 1 025 kg. Cuisinée à Burton upon Trent (Staffordshire, GBR), par Messrs L and W Radford Ltd.

Vin chaud aux épices
2 034,7 l. Fabriqué par Alessandro De Dea et Fabrizio Vigilante (tous 2 ITA).

Personne de taille moyenne (1,65 m)

LE PLUS RAPIDE À REVÊTIR UN COSTUME DE PÈRE NOËL

Theo Toksvig-Stewart (GBR) a revêtu une tenue de père Noël rouge et blanche en 28,91 s durant le tournage de l'épisode de Noël du jeu télé *QI* (BBC), le 17 août 2020. L'épreuve était destinée à l'animatrice du programme, Sandi Toksvig, mais elle a laissé son fils Theo prendre sa place.

LE PLUS DE PAPILLOTES À PÉTARDS DE NOËL OUVERTES PAR UN INDIVIDU EN 30 S

Le 12 déc. 2021, le DJ Joel Corry (GBR) a ouvert 41 papillotes de Noël consécutives au Jingle Bell Ball de la station de radio Capital FM. L'exploit s'est déroulé dans les coulisses de l'événement, organisé à l'O2 Arena de Londres (GBR).

LE PLUS DE PERSONNES DÉGUISÉES EN BONHOMME DE NEIGE

Le 8 déc. 2017, 489 personnes ont été réunies par le Centro Social e Cultural da Atalhada (PRT), toutes déguisées en bonhomme de neige, à Lagoa (Açores, POR). L'événement s'est tenu dans un village de Noël éphémère afin de lever des fonds au profit de la communauté locale.

LA PLUS GROSSE BOULE DE NOËL

Le Dubai Mall (Emaar Malls) a dévoilé une décoration festive et colorée de 4,68 m de diamètre, à Dubaï (UAE), le 19 déc. 2018. Suspendu au toit du centre commercial, le gigantesque ornement pesait 1 100 kg, soit quasiment l'équivalent du poids d'une MINI Cooper. Pour découvrir une grande collection de boules de Noël, rendez-vous p. 84.

L'ÉCOLE DE PÈRE NOËL LA PLUS PÉRENNE

La Charles W. Howard Santa Claus School a vu le jour en oct. 1937 à Albion (New York, USA) et a célébré ses 85 ans en 2022. Son fondateur, un ancien fermier, père Noël à ses heures perdues, a ouvert l'école à son domicile avant de la transférer vers un lieu plus spacieux dans le Midland (Michigan, USA). À l'origine, les diplômés recevaient le titre de BSC – Bachelor of Santa Claus (diplôme de père Noël).

LE FILM DE NOËL LE PLUS RENTABLE

Le Grinch (USA, 2018) a rapporté 513 537 178 $ de recettes globales entre les 8 nov. 2018 et 21 janv. 2022. Le dessin animé fantastique s'inspire de l'ouvrage paru en 1957 *Comment le Grinch a volé Noël* et écrit par Dr Seuss (alias Theodor Seuss Geisel). Le méchant Grinch vert avait la voix de Benedict Cumberbatch en anglais et celle de Laurent Lafitte en français.

LE SINGLE DE NOËL LE PLUS RENTABLE

Enregistré pour la 1re fois en 1942, *White Christmas* de Bing Crosby s'est vendu à plus de 50 millions d'exemplaires dans le monde, en vinyle, cassette et CD. Cet exploit n'en fait pas seulement un hit saisonnier mais aussi **le single le plus rentable** de tous les temps.
La version chantée par Crosby ressort chaque année et continue d'occuper les palmarès du XXIe siècle ; elle a ainsi été n° 48 des charts anglais en janv. 2022.

Fanatiques de fitness

Suite à la pandémie, GWR a observé une hausse spectaculaire de dossiers "fitness". Et pour cause, les candidats aux futurs records ont misé sur l'activité physique et sportive pour rester en forme et optimiser leur séjour forcé à la maison. Faisons connaissance avec ces athlètes qui poussent leur corps à l'extrême et redéfinissent les limites du possible.

EXERCICES EN 1 MIN

FENTES
Hommes : 75, par Christian Roberto López Rodríguez (ESP), le 13 août 2020
Femmes : 80, par Sandra Hickson (IRL), le 25 juill. 2019

JUMPING JACKS
Hommes : 132, par Fares Mohamed Shaban (EGY), le 15 mars 2021
Femmes : 132, par Melanie Bemis (USA), le 7 mai 2021

BURPEES
Hommes : 48, par Wesley Prado (BRA), le 23 juill. 2020
Femmes : 40, par Leigh Scott (GBR), le 23 mai 2018

48

80

SAUTS ACCROUPIS
Hommes : 80, par Ali Mounir (EGY), le 23 mars 2020
Femmes : 67, par Areej Al Hammadi (UAE), le 24 juin 2021

LE PLUS DE SOULEVÉS EN SQUAT DE SON PROPRE POIDS EN 1 MIN (FEMMES)
Karenjeet Kaur Bains (GBR) a réalisé 42 soulevés en squat de 67,5 kg, à Warwick (GBR), le 7 mars 2022. Sprinteuse dans son adolescence, Karenjeet s'est lancée dans l'haltérophilie à 17 ans. Elle est la 1re femme sikh à représenter la Grande-Bretagne dans cette discipline.

1. La chaise la plus longue (femmes, LA1)
Darine Barbar (LBN) s'est maintenue en position de la chaise contre un mur pendant 2 min et 8,24 s, le 4 juin 2021, à Dubai (UAE). Son exploit a marqué le lancement de l'initiative GWR en faveur des personnes en situation de handicap (voir p. 10-11). Darine a perdu sa jambe gauche à 15 ans, à la suite d'un cancer des os. Elle fait partie du groupe LA1 (amputation unilatérale au-dessus du genou).

2. Le plus de burpees poitrine au sol en 1 h (femmes)
Le 8 août 2021, Issy Watson (CAN) a effectué 829 burpees poitrine au sol en 60 min, à Victoria (Colombie-Britannique, CAN). Entre les répétitions, elle devait replacer les 2 bras perpendiculaires au buste, mains en appui sur le sol.

3. Le plus de sauts effectués avec une corde à sauter humaine en 1 min
L'équipe de gymnastique acrobatique Acropolis (GBR) a réussi 57 sauts à la corde à sauter humaine en 60 s, le 15 févr. 2022. L'équipe, qui affrontait celle des Wildcats Cheerteam (ITA) lors de l'émission TV *Lo Show dei Record* à Milan (ITA), a battu le précédent record de 9 sauts.

4. Le lâcher le plus long (balancement d'une barre à l'autre)
Le 10 nov. 2020, The Flying Phoenix, alias Najee Richardson (USA), a franchi 5,56 m d'une barre à l'autre, à Hainesport (New Jersey, USA). L'expert incontesté du lâcher a aussi exécuté **le lâcher le plus élevé** (2,28 m) et **le lâcher le plus long façon saut de chat (barre au mur)** (4,90 m).

5. Le plus long triathlon
Le 8 mai 2021, Adrian Bennett (GBR) a achevé son triathlon de 189 jours autour de Singapour, soit une distance de 7 519,67 km. Le professeur de design a dépassé de près de 20 km son objectif initial qui était de nager 225 km, pédaler 5 820 km et courir 1 450 km.

6. Le plus long L-sit suspendu à une barre (femmes)
Stefanie Millinger (AUT) a maintenu une position de L-sit suspendue à une barre avec un seul bras pendant 1 min

TRACTIONS
Hommes : 74, par Hong Zhongtao (CHN), le 30 oct. 2020
Femmes : 36, par Amanda Stacey (USA), le 19 août 2021

SQUATS SUR UNE JAMBE
Hommes : 52, par William Rauhaus (DEU), le 27 juill. 2016
Femmes : 42, par Kara Webb (AUS), le 1er févr. 2017

POMPES POINGS FERMÉS
Hommes : 113, par Jagdishram B. Midle (IND), le 3 mars 2019
Femmes : 70, par Eva Clarke (AUS), le 9 janv. 2015

SOULEVÉS DE TERRE
Hommes : 5 834,8 kg, par Viacheslav Pavlichuk (UKR), le 15 avr. 2021
Femmes : 3 160,5 kg, par Katie Carlisle (AUS), le 17 juill. 2021

et 38,05 s, à Salzbourg (AUT), le 13 août 2021. Acrobate et équilibriste, Stefanie s'entraîne jusqu'à 10 h par jour. Elle détient plusieurs titres GWR, dont celui du **plus long L-sit (femmes)** (10 min et 15 s) et du **plus long poirier** (59 min et 6 s).

7. Le plus de pompes avec les poings fermés en portant une charge de 18,14 kg en 3 min (hommes)
Le 1er oct. 2021, Mohammad Abdul Kader Feido (SYR) a réalisé 148 pompes avec les poings fermés en 180 s, à Lattaquié (SYR). Il détient aussi le record du **plus de pompes effectuées avec les mains retournées et ceint d'une charge de 18,14 kg en 1 min** (65) et du **plus de pompes en mode archer en 1 min** (122).

8. Le plus de tractions consécutives aux anneaux
Le gymnaste Simen Solberg Uriansrud (NOR) a exécuté 20 tractions d'affilée, le 13 juin 2021, à Oslo (NOR). Il devait réaliser chaque traction sur anneaux jusqu'à supporter tout son poids, le corps droit et les bras tendus latéralement. Simen a battu le précédent record d'une petite traction.

9. Le poirier le plus long sur une plateforme rotative (hommes)
Le 16 mars 2022, Nicolas Montes de Oca (MEX) a fait le poirier pendant 25,78 s sur une plateforme tournant à vive allure, à Amatlán (Morelos, MEX). Neuf jours plus tard, il a ajouté le record du **poirier le plus long sur un bras (hommes)** (1 min et 11,82 s) à son palmarès qui ne cesse de s'étoffer.

10. Le plus de saltos aériens avec un tissu de soie en 1 min
Le 13 déc. 2021, Celeste Dixon (AUS) a exécuté 23 rotations avant en 60 s en étant suspendue à un tissu de soie, à Adélaïde (AUS). Athlète de niveau olympique, Celeste a participé 5 fois au jeu télé *Australian Ninja Warrior*. Elle a réalisé **le plus de burpees avec saltos arrière en 30 s** (8) et a été **la plus rapide sur 10 m en marche sur les mains avec un ballon de gymnastique de 10 kg entre les jambes (femmes)** (10,55 s).

11. La roue de yoga tenue le plus longtemps
Sanjeevi Suresh (IND) a maintenu une Chakrasana – formation d'un pont en s'arcboutant vers l'arrière, avec les mains et les pieds fermement ancrés dans le sol – pendant 22 min et 52,5 s, le 22 juill. 2021, à Thoothukudi (Tamil Nadu, IND). Le jeune homme de 18 ans pratique le yoga depuis 5 ans.

LE PLUS DE POMPES SUR UN BRAS DU BOUT DES DOIGTS EN 1 MIN
Mahmoud Mohamed Ayoub (EGY) a effectué 72 pompes sur un bras et sur les bouts des doigts en 60 s, à El Kharga (EGY), le 10 mai 2021. Il détient de nombreux titres GWR sport et fitness.

Jeux de ballon

TARUN KUMAR CHEDDY (MUS)
Tarun a peaufiné ses dons sur l'île Maurice et remporté plusieurs titres GWR freestyle grâce à des ballons de basket, foot et rugby. Ses exploits comprennent **le plus de réceptions de ballon de basket avec la nuque en 1 min** (48) et **le plus de lancers et réceptions de ballon de rugby avec la nuque en 30 s** (22).

ASH RANDALL (GBR)
Les talents freestyle d'Ash lui ont permis de faire le tour du monde et d'en offrir une démonstration en public, aux côtés de vedettes comme One Direction ou la star bollywoodienne Shah Rukh Khan. Parmi les nombreux titres GWR d'Ash, citons **le plus de passements de jambe en 1 min** – à la fois **en avant** (127) et **en arrière** (99).

ZAILA AVANT-GARDE (USA)
La jeune espoir du basket Zaila est également jongleuse, monocycliste et lauréate du Scripps National Spelling Bee de 2021 (concours d'orthographe). Le 2 nov. 2020, après avoir exécuté **le plus de dribbles avec 4 ballons de basket en 1 min** (255), elle a aussi établi ou égalé 3 autres titres GWR.

JUNJI NAKASONE (JPN)
Le Japonais "JJ" s'y connaît en numéros freestyle et règne en maître sur les terrains de basketball. Ses records incluent **la plus longue rotation avec 3 ballons de basket** (30,12 s), **le plus haut jonglage avec un ballon de basket en rotation** (6,2 m) et **la plus longue rotation avec 4 ballons de basket** (21,65 s).

TAMÁS FELFÖLDI (HUN)
Membre du Face Team Acrobatic Sports Theatre, Tamás a égalé son précédent exploit du **plus de rotations "tour du monde" avec un bras en 1 min** (28), le 20 août 2020. Il avait atteint le record établi par Drew Hoops (GBR) le 27 juin 2014.

LE PLUS DE JONGLAGES AVEC UN BALLON DE FOOT

Les jongleries rythmées avec un ballon de foot nécessitent concentration et réflexes. Les freestylers pro peuvent dribbler avec la balle plusieurs fois par seconde – et parfois avec une partie du corps des plus improbables !

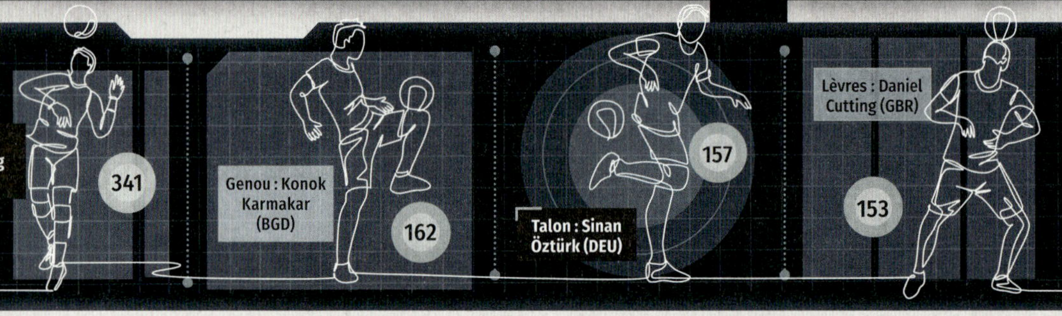

BEN NUTTALL (GBR)
Le freestyler professionnel Ben a fourbi ses armes de haute volée dans les rues de sa ville natale, Birmingham (GBR). Il a remporté des certificats GWR pour **le plus de jonglages d'un ballon de foot avec le genou en 30 s** (31) et **le plus de jonglages consécutifs d'un ballon de rugby avec les pieds** (187).

Le plus de rebonds de basket en 1 min (2 ballons)
Le 7 juill. 2021, Sean Daly (IRL) a fait rebondir 2 ballons de basket 729 fois en 60 s, à Cork (IRL). Accroupi, il accomplissait en moyenne 12 rebonds par seconde.

Le mile le plus rapide effectué avec un ballon de foot en équilibre sur la tête
Yee Ming Low (MYS) a parcouru 1 mile (1,6 km) en 8 min et 35 s avec un ballon en équilibre sur le front, au stade MPSJ de Selangor (MYS), le 20 mars 2010. Même si le règlement l'autorisait à perdre le contrôle du ballon et à repartir de l'endroit où la balle était tombée, Yee Ming Low a effectué la distance intégrale sans laisser choir 1 seule fois son précieux accessoire.

Le marathon le plus rapide en jonglant avec un ballon de foot
Abraham Muñoz (MEX) a parcouru 42,1 km en jonglant avec un ballon de foot en 5 h, 41 min et 52 s, lors du marathon de Mexico, le 28 août 2016. Il a perdu le contrôle du ballon à 4 reprises, la 1re fois après 4 h de course. Abraham a aussi réalisé **le 100 m le plus rapide** (17,53 s) et **le mile (1,6 km) le plus rapide** (8 min et 17,28 s) en jonglant avec un ballon. Et le 31 juill. 2017, il a réalisé **le plus de jongleries avec un ballon de foot en 1 h (hommes)** (11 901), à New York (USA).

La hauteur la plus élevée pour jongler avec un ballon de foot sur la nuque
Le 11 oct. 2019, le freestyler pro Daniel Cutting (GBR) a tenu tête au vent et à la pluie sur le terrain de sport de Stantonbury (Milton Keynes, GBR). Il a lancé un ballon de foot en l'air, à 6 m, et l'a rattrapé sur la nuque.

La hauteur la plus élevée pour réceptionner un ballon de foot
L'ancien joueur de sélection internationale Jamie Redknapp (GBR) a lancé un ballon en l'air à 18,6 m avant de le réceptionner en 3 mouvements, le 9 juill. 2015, à Londres (GBR). Jamie a relevé ce défi pour le jeu télévisé de sport *A League of Their Own* (CPL, GBR).

Le 7 juill. 2017, Jamie s'est associé au vainqueur espagnol de la Coupe du monde de football Cesc Fàbregas pour réaliser **le plus de passes de volée avec un ballon de foot en 30 s et en duo** (15).

JOHN FARNWORTH (GBR)
Qu'il jongle avec un ballon de foot dans l'Himalaya ou le Sahara, John recherche sans cesse de nouveaux défis freestyle. GWR l'a d'ailleurs honoré pour divers exploits, dont celui du **plus long dribble avec un ballon de foot sur une slackline en hauteur** (29,82 s) et **le plus de volées avec un ballon de foot en 30 s** (28).

John s'est produit un peu partout dans le monde, de Broadway aux finales de la Coupe du monde de la FIFA.

KONOK KARMAKAR (BGD)
Fort de ses multiples titres GWR, le freestyler Konok inspire nombre de recordmen bangladais. Son palmarès inclut **le plus de jonglages d'un ballon de foot avec le genou en 1 min** (162) et **le plus de jongleries avec un ballon de foot au pas de course en 30 s** (49) et **1 min** (90).

CHINONSO ECHE (NGA)
"Amazing Kid Eche" (Eche, l'enfant prodige) mérite son surnom. L'adolescent surdoué compte déjà 4 titres GWR à son actif, dont ▶ **le plus de jonglages consécutifs avec un ballon de foot en 1 min avec un autre ballon en équilibre sur la tête** (111) et **le plus de têtes avec un ballon de foot en position allongée en 1 min** (233).

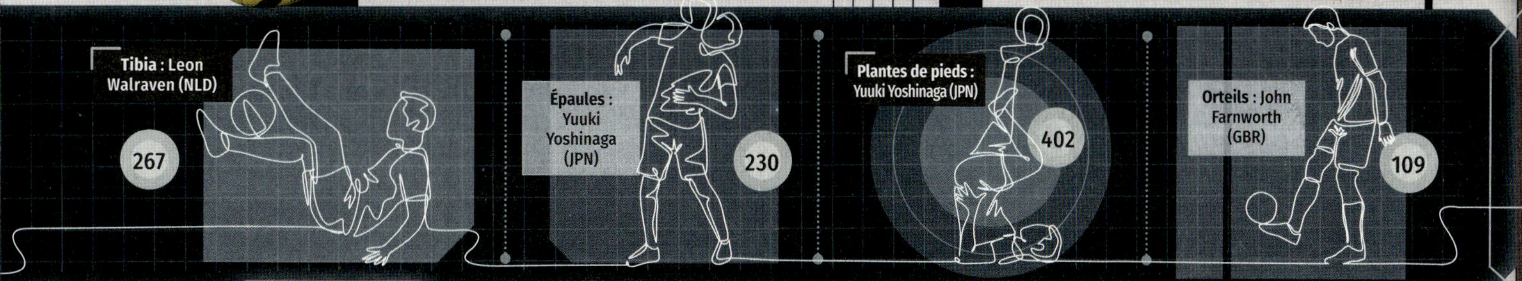

Le plus de jongleries avec un ballon de foot en 1 h
Le 22 sept. 2020, Maya Fung (USA) a totalisé 13 300 rebonds en jonglant avec un ballon de foot pendant 60 min, à Prosper (Texas, USA) – soit plus de 3 rebonds par seconde ! Freestyler urbaine et adepte de futsal, Maya a préparé son exploit pendant 3 ans. Elle a d'ailleurs dépassé **le record masculin** (voir ci-contre) de 1 399 rebonds. Le ballon n'a pas touché le sol pendant toute la démonstration.

Le plus de jonglages avec un ballon de foot en 1 min
Chloe Hegland (CAN) a réalisé 339 jonglages en 60 s avec un ballon de foot, à Pékin (CHN), le 3 nov. 2007. Elle détient aussi le record sur **30 s** (163), qu'elle a établi le 23 févr. 2008 à Madrid (ESP).

Le plus long échange d'un ballon de foot avec la tête entre 2 joueurs
Le 8 avr. 2021, Agim Agushi et Bujar Ajeti (tous 2 Kosovo) se sont renvoyé un ballon de foot avec la tête pendant 34 min et 1 s, à Pristina (Kosovo). Agim remportait le titre GWR pour la 3e fois.

Le plus long jonglage avec un ballon de foot...
- **Classique (hommes)** : 10 h, 7 min et 29 s, par Mark Jordan (USA), le 30 nov. 2018, à Stamford (Connecticut, USA).
- **Classique (femmes)** : 7 h, 5 min et 25 s, par Cláudia Martini (BRA), à Caxias do Sul (BRA), le 12 juill. 1996.
- **Avec la tête** : 8 h, 32 min et 3 s, par Tomas Lundman (SWE), à Lidingö (SWE), le 27 févr. 2004.
- **Avec la tête en position assise** : 4 h, 9 min et 26 s, par Tomas Lundman, le 20 avr. 2007, à Stockholm (SWE).
- **Avec les plantes de pieds** : 28 min et 47 s, par Masaru Kitagawa (JPN), à Yokohama (JPN), le 3 juill. 2016.
- **En position allongée** : 11 min et 9,97 s, par Akinori Wase (JPN), le 14 janv. 2017, à Yangon (MMR).

La plus longue rotation d'un ballon de basket sur un doigt en dribblant
Le 4 août 2020, à Buderim (AUS), le multi-recordman Brendan Kelbie (AUS) a dribblé avec un ballon de basket pendant 1 min et 14,40 s tout en faisant tourner un autre ballon sur un doigt. Le même jour, il a réalisé **la plus longue rotation d'un ballon de basket sur le nez** (9,57 s).

LAURA BIONDO (VEN)
Ancienne artiste du Cirque du Soleil, Laura est devenue championne du monde freestyle et cumule de nombreux titres GWR. Elle a ajouté 2 exploits à son palmarès lors du GWR Day 2021 (voir p. 12), dont celui du **plus de passements de jambe avec un ballon de foot en position assise et en 30 s (femmes)** (62).

Escalade

La gradation des ascensions mentionnées ici s'appuie sur le Yosemite Decimal System, un système créé pour définir la difficultés des marches, randonnées et escalades. Cette échelle associe l'escalade au niveau 5 et ses nombreuses gradations. Au-dessus de 5,10, des lettres sont ajoutées afin de nuancer les difficultés (5,15c est ainsi plus compliqué que 5,15a).

Les plus difficiles...

- **Escalade en solo intégral** : "Panem et Circenses" ("du pain et des jeux") est un sommet de cotation 5,14b, près d'Arco (ITA). Les 15 m d'escalade ont été grimpés en solo intégral par Alfredo Webber (ITA), 52 ans, en mars 2021.
- **Escalade par un amputé** : Urko Carmona Barandiaran (ESP), dont la jambe droite a été amputée au-dessus du genou après un accident de la route, a complété 2 parcours notés 5,13c sans prothèse. Les 2 escalades ont été effectuées sur des sites espagnols – "Ximpleta", à Margalef, en 2012, et "Paideia", à Rodellar, en 2015.
- **Ascension flash (hommes)** : Le 10 févr. 2018, Adam Ondra (CZE ; voir ci-contre) a grimpé la "Supercrackinette", cotée 5,15a, située à Saint-Léger-du-Ventoux (FRA), en mode "flash" (c.-à-d. dès la 1re tentative). Il s'agit de la seule ascension flash d'une voie 5,15a de l'histoire. Au 3 févr. 2022, Ondra détenait aussi le record du **plus de parcours 5,15 réussis** (70).
- **Ascension flash (femmes)** : Janja Garnbret (SVN) a escaladé la voie "Fish Eye", cotée 5,14b, située à Oliana (ESP), le 1er nov. 2021. Lors de cette randonnée, Garnbret a franchi une 2nde voie classée 5,14b en flash, connue sous le nom d'"American Hustle".

La 1re montée d'El Capitan par un paraplégique

Mark Wellman (USA) a perdu l'usage de ses jambes après une chute en 1982. Cela ne l'a pas empêché d'escalader El Capitan le 26 juill. 1989. Au cours des 8 jours du périple, avec son ami Mike Corbett, grimpeur en tête, Wellman a exécuté 7 000, tractions utilisant seulement ses bras et sa force centripète pour gravir la falaise par la voie "Shield".

L'ascension la plus rapide du "Naked Edge"

Le 22 mai 2020, John Ebers et Ben Wilbur (tous 2 USA) ont mis 24 min et 14 s pour gravir le "Naked Edge", formation rocheuse multi-pitch de 5,11b, située à Eldorado Canyon (Colorado, USA). Les grimpeurs doivent partir du pont situé à la base du canyon, effectuer les 150 m d'ascension verticale avant de revenir au pont pour valider le parcours.

LA 1RE ASCENSION EN SOLO INTÉGRAL D'EL CAPITAN, VOIE "THE NOSE"

Comptant parmi les formations rocheuses les plus difficiles à escalader, El Capitan est un monolithe granitique de 900 m situé au Yosemite National Park (Californie, USA). La voie la plus célèbre menant à son sommet est un parcours coté 5,13c appelé "The Nose". Elle ne fut pas gravie en solo intégral avant le 16 sept. 1993, quand Lynn Hill (USA) a trouvé le moyen de franchir l'écueil le plus périlleux, "Changing Corners".

Le plus de montées par la même voie

Le 26 févr. 2012, à 63 ans, Ken Nichols (USA) a terminé sa 10 000e ascension du "Dol Guldur", voie cotée 5,11 de l'East Peak (Connecticut, USA). Il avait emprunté cette voie pour la 1re fois en 1975 et apprécie beaucoup ses difficultés soutenues et linéaires.

Le parcours d'escalade le plus long

L'escalade la plus longue est latérale et non verticale. Ces chemins, nommés "traversées de ceinture", parcourent d'énormes formations rocheuses d'un bout à l'autre. La plus longue route continue (les grimpeurs n'ont jamais besoin de franchir de ravins) est "El Capitan Traverse", avec ses 4 267 m. Elle s'étend du versant droit inférieur jusqu'au versant gauche supérieur du monolithe du Yosemite National Park. Ce parcours a été suivi par les grimpeurs Chris McNamara et Mark Melvin (tous 2 USA) en avr. 1998.

La plus longue escalade horizontale

Le "Great Rift" est une traversée de 762 m qui suit le pont de l'autoroute M5 dans sa partie inférieure, près d'Exeter dans le Devon (GBR). Cette éprouvante "escalade fracturée" cotée 5,13 (elle suit les fissures naturelles présentes en surface) a été découverte par Tom Randall et Pete Whittaker (tous 2 GBR), qui ont mis 4 jours à la terminer en nov. 2021. La "Great Rift" n'offre aucune prise, à part l'étroite fente séparant les 2 voies du pont, que Randall et Whittaker ont utilisée pour installer le portaledge dans lequel ils dormaient la nuit.

D'autres ascensionnistes mettent jusqu'à 4 jours pour atteindre le sommet d'El Capitan, notamment en raison du poids du matériel et des vivres.

LA 1RE ESCALADE EN SOLO INTÉGRAL D'EL CAPITAN

Le 3 juin 2017, Alex Honnold (USA) a gravi le monolithe le plus réputé du Yosemite National Park sans cordes, ni harnais, ni aucune autre protection (voir encart) en 3 h et 56 min.

Avec l'aide de cordages, Honnold et Tommy Caldwell (USA) ont effectué **l'ascension la plus rapide d'El Capitan** (1 h, 58 min et 7 s), le 6 juin 2018. Ils ont été les 1ers grimpeurs à la faire en moins de 2 h.

Le 14 janv. 2015, Caldwell et Kevin Jorgeson (USA) ont terminé **la 1re ascension libre du "Dawn Wall" d'El Capitan**. Le duo a mis 19 jours pour gravir les 32 pitchs (longueurs de corde).

LES STYLES D'ESCALADE

LE CIRCUIT LE PLUS DIFFICILE
"Silence" est une voie d'escalade sportive de 45 m, cotée 5,15d et située dans la grotte de Hanshelleren, près de Flatanger (NOR). Il n'existe aucune autre voie d'une telle cotation et seule une personne l'a gravie : Adam Ondra (CZE), le 3 sept. 2017. La quasi-totalité de la voie est inversée, et suit donc le plafond de la grotte.

L'ASCENSION TRADITIONNELLE LA PLUS ARDUE
Près de Cadarese (ITA), "Tribe" est une voie suspendue de 30 m, avec une cotation estimée à 5,15a. Le 1er grimpeur traditionnel à avoir tenté cette voie était Jacopo Larcher (ITA, à droite), parvenu au sommet le 22 mars 2019.

Le record traditionnel féminin appartient à Beth Rodden (USA), le 14 févr. 2008, qui a gravi la voie "Meltdown", cotée 5,14c, une fissure verticale de 22 m du Yosemite National Park.

LE PARCOURS LE PLUS DIFFICILE (FEMMES)
Les ascensions les plus ardues menées par des femmes sont gradées 5,15b. Jusqu'à présent, seules 3 grimpeuses s'y sont essayées avec succès. La 1re est Angela Eiter (AUT, ci-dessous), qui a gravi "La Planta de Shiva" à Villanueva del Rosario (ESP), le 22 oct. 2017. Laura Rogora (ITA) et Julia Chanourdie (FRA) ont égalé son record avec des parcours cotés 5,15b en 2020.

L'ASCENSION D'EL CAPITAN LA PLUS RAPIDE (FEMMES)
Mayan Smith-Gobat (NZL, ci-dessus à droite et ci-dessous) et Libby Sauter (USA, à gauche) ont mis 4 h et 43 min pour escalader le "Nose" d'El Cap, le 31 oct. 2014. Elles ont amélioré de 19 min leur précédent record, établi 4 jours plus tôt.

LE BLOC LE PLUS DIFFICILE
"Burden of Dreams", à Lappnor (FIN), et "Return of the Sleepwalker", dans la Red Rock Canyon National Conservation Area (Nevada, USA), sont tous 2 cotés V17, la gradation de difficulté la plus élevée. Ils n'ont été gravis qu'une fois chacun : le premier par Nalle Hukkataival (FIN), le 23 oct. 2016, et le second par Daniel Woods (USA, ci-dessus), le 30 mars 2021.

LA 1[RE] PERSONNE NON VOYANTE À MENER L'ESCALADE DU OLD MAN OF HOY
Le 4 juin 2019, Jesse Dufton (GBR) s'est lancé dans l'ascension des 137 m du Old Man of Hoy, stack maritime de l'archipel des Orcades (GBR). Il était accompagné par une partenaire voyante, Molly Thompson. Ils ont ainsi gravi 6 pitchs de la face est, cotée à 5,9.

LE BLOC LE PLUS ARDU (FEMMES)
Trois adolescentes ont grimpé un bloc coté V15 (la 3e plus haute difficulté). Ashima Shiraishi (USA, à droite) avait 14 ans quand elle a gravi "Horizon", sur le mont Hiei (JPN), le 22 mars 2016. Âgée de 18 ans, Kaddi Lehmann (DEU) a quant à elle escaladé "Kryptos" situé près de Balsthal (CHE), en mai 2018. En mai 2019, à l'âge de 13 ans, Mishka Ishi (JPN) a franchi "Byaku-dou", sur le mont Hōrai (Japon).

Voyages épiques

LA PLUS LONGUE DISTANCE VERTICALE PARCOURUE À PIED EN 1 MOIS

Du 12 avr. au 11 mai 2021, Bárbara Padilla (GTM) a couvert 72 189,14 m lors de l'ascension et de la descente du volcan Tajumulco, à San Marcos (GTM). Elle a effectué 10 montées et descentes du stratovolcan, qui, du haut de ses 4 203 m, est le plus haut sommet d'Amérique centrale.

LA PLUS LONGUE DISTANCE À VÉLO SUR ROUTE EN 24 H PAR UNE ÉQUIPÉE DE 8 PERSONNES (FEMMES)

Les "Octowomen" – Meera Velankar, Zainab Shoaib, Preeti Maske, Tasneem Mohsin, Sowmya Chandran, Priya Narayan, Sushma Swamy et Anjana Sudeendra (toutes IND) – ont parcouru collectivement 660,11 km à bicyclette, le 14 nov. 2021. Cette course relais a eu lieu à Karnataka (IND).

La plus longue distance parcourue à vélo sur route…

Temps	Cycliste	Distance
6 h (hommes)	Christoph Strasser (AUT)	270,85 km
6 h (femmes)	Amanda Coker (USA)	221,89 km
12 h (hommes)	Christoph Strasser	532,22 km
12 h (femmes)	Amanda Coker	435,55 km
24 h (hommes)	Christoph Strasser	1 026,22 km
24 h (femmes)	Amanda Coker	824,79 km
1 semaine (femmes)	Alexandra Meixner (AUT)	3 258,38 km
1 semaine (hommes)	Arvis Sprude (LTV)	3 022,48 km
1 mois (femmes)	Alexandra Meixner	13 333,25 km

Tous les records ont été établis sur des vélos standards en 2021 et confirmés par la World Ultracycling Association (WUCA)

La 1re liaison à la rame en solo entre l'Europe et l'Amérique
Le soldat Jack Jarvis (GBR) a ramé de Lagos (POR) à Sandsprit Park (Floride, USA), entre le 3 déc. 2021 et le 24 mars 2022. La traversée de 8 334 km a nécessité 111 jours, 12 h et 22 min. Il avait entrepris ce périple en hommage à son grand-père. Ce fut aussi l'occasion de lever 60 000 £ pour l'association caritative *brainstrust*. En mer, son embarcation a été heurtée par un marlin et il a reçu un message vidéo du footballeur David Beckham (GBR).

La traversée de l'Atlantique à la rame et en solo la plus rapide (Route des alizés I, femmes)
Victoria Evans (GBR) a terminé son odyssée maritime entre Tenerife (ESP) et Port St Charles (BRB) en 40 jours, 21 h et 1 min, arrivant le 24 mars 2022. Requins et intempéries ne lui furent pas épargnés. Elle a fêté ses 35 ans pendant la traversée. La motivation d'Evans était de collecter des fonds pour l'association *Women in Sport*. Elle souhaitait montrer aux femmes et aux jeunes filles qu'avec de gros efforts et de la résilience, tout était possible.

La plus jeune personne à escalader l'Everest et le Lhotse (hommes)
Le plus jeune grimpeur de 2 des 5 plus hauts sommets du monde s'appelle Arjun Vajpai (IND, né le 9 juin 1993). Il avait 17 ans et 345 jours lors de son ascension des 8 516 m du Lhotse, le 20 mai 2011. Il avait déjà escaladé l'Everest (8 848,8 m), alias Sagarmāthā ou Chomolungma, le 22 mai 2010, devenant le plus jeune Indien à parvenir au sommet de **la plus haute montagne du monde**.

La plus longue distance parcourue à la nage dans l'océan
Le nageur de l'extrême, détenteur de multiples records, Pablo Fernández Álvarez (ESP), a parcouru 250 km au large du sud de la Floride (USA), les 19-20 juill. 2021, aidé par les courants favorables du Gulf Stream. Il a aussi établi le record de **la plus longue distance parcourue à la nage en pleine mer et en 24 h** (238 km), le 19 juill.

La plus longue nage en eau glacée
Le 3 avr. 2022, Krzysztof Kubiak (POL) a parcouru 4,70 km à la nage dans le lac Ełckie (POL) – température moyenne de 3,87°C – exploit confirmé par l'International Ice Swimming Association. En tout, il a passé 1 h, 23 min et 18 s dans l'eau.

Le tour du monde le plus rapide en voiture
Le record des **1ers et plus rapides homme et femme à avoir fait le tour de la Terre en voiture**, couvrant 6 continents, selon les règles applicables en 1989 et 1991 et en parcourant plus de la longueur d'un équateur (40 075 km), est détenu par Saloo Choudhury et son épouse Neena Choudhury (tous 2 IND). Le voyage a duré 69 jours, 19 h et 5 min, du 9 sept. au 17 nov. 1989. Le couple a conduit une Hindustan "Contessa Classic" de 1989, avec un départ et une arrivée à Delhi (IND).

LA 1RE ASCENSION INTÉGRALE DU MAUNA KEA

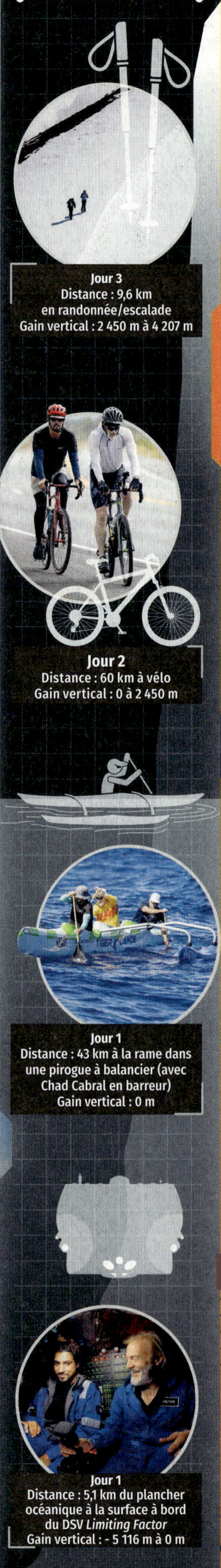

Les 1er-3 févr. 2021, l'explorateur Victor Vescovo et l'océanographe Dr Clifford Kapono (tous 2 USA) sont devenus **les 1res personnes à gravir le Mauna Kea** (Hawaï, USA), **du plancher océanique au sommet. Le Mauna Kea est la plus haute montagne du monde** : de sa base à sa crête, il mesure 10 200 m, même si plus de la moitié est immergée. L'Everest est certes plus élevé au-dessus du niveau de la mer, mais ce n'est pas le sommet le plus haut du monde. Nous détaillons ci-contre les 9 323 m d'ascension effectuée en sous-marin, en pirogue, à vélo et à pied.

LA PLUS JEUNE PERSONNE À ESCALADER LES 2 PLUS HAUTES MONTAGNES TERRESTRES

Le 27 juill. 2021, à 19 ans et 138 jours, Shehroze Kashif (PAK, né le 11 mars 2002) a gravi le K2 (8 611 m), situé à la frontière entre la Chine et le Pakistan, devenant ainsi **la plus jeune personne à escalader le K2.** Il avait déjà franchi l'Everest 77 jours plus tôt. Kashif a effectué sa 1re ascension à 11 ans, gravissant les 3 885 m du Makra (PAK).

LA 1RE FEMME ASIATIQUE À SKIER EN SOLO JUSQU'AU PÔLE SUD

Partie de l'Anse d'Hercule, sur la côte antarctique, le 21 nov. 2021, la physiothérapeute de l'armée britannique Preet Chandi (GBR) a atteint le pôle Sud le 3 janv. 2022. Avec un trajet de 40 jours, 7 h et 3 min, c'est le 3e meilleur temps réalisé par une femme. À ce jour, Johanna Davidsson (SWE) reste **la femme la plus rapide** sur ce trajet (38 jours, 23 h et 5 min), en 2016.

LA PLUS JEUNE PERSONNE À GRAVIR LES 7 SOMMETS VOLCANIQUES (HOMMES)

Le 22 déc. 2021, à 24 ans et 119 jours, Yousef Al Refaie (né le 25 août 1997, KWT) a franchi son 7e sommet volcanique : le mont Sidley (Antarctique). Son objectif était d'escalader le plus haut volcan de chaque continent et il avait débuté par le Kilimandjaro (TZA), le 30 déc. 2015. On le voit ici brandir le drapeau koweïti au sommet de l'Elbrouz (RUS).

LE PLUS DE TRAVERSÉES DE LA MANCHE À LA NAGE

Chloë McCardel (AUS) a traversé la Manche pour la 44e fois de sa carrière de nageuse marathonienne, le 13 oct. 2021, exploit confirmé par la Channel Swimming Association. Son palmarès comprend 3 doubles traversées et même 1 triple traversée. En moyenne, elle met un peu moins de 10 h et 25 min pour franchir les 33 km du détroit.

LE 1ER TOUR DU MONDE À LA VOILE ET EN SOLO PAR UN DOUBLE AMPUTÉ

Dustin Reynolds – alias le "Marin manchot" – est rentré chez lui à Hawaï (USA), le 4 déc. 2021, au terme de 7 ans et demi d'un tour du monde à la voile avec escales et en solo. Il avait dû subir l'amputation de son bras et sa jambe gauches en 2008 après un accident de moto. Reynolds a eu envie de s'attaquer à ce défi après avoir lu les récits d'autres navigateurs qui avaient effectué le tour du monde en solo. Et pourtant, il n'avait absolument aucune expérience de la mer !

LES PLUS JEUNES PILOTES À FAIRE LE TOUR DU MONDE EN SOLO ET EN AVION

Hommes : Travis Ludlow (GBR, né le 13 févr. 2003) avait 18 ans et 149 jours lorsqu'il a terminé son tour du monde aérien à Teuge (NLD), le 12 juill. 2021. Il pilotait un monomoteur Cessna 172R de 2001.

Femmes : Zara Rutherford (BEL, née le 5 juill. 2002) avait 19 ans et 199 jours lorsqu'elle a atterri à Kortrijk (BEL), le 20 janv. 2022. Grâce à cet exploit, elle est devenue **la plus jeune personne à avoir fait le tour du monde en solo en avion ultraléger**.

Sans limites

LA 1RE PERSONNE À TRAVERSER UN OCÉAN DANS UN BATEAU À COMMANDE VOCALE
Natasha Lambert (GBR), atteinte de paralysie cérébrale dyskinétique, a piloté un équipage de 5 personnes dans la traversée de l'Atlantique à bord du *Blown Away*, entre Grande Canarie et Sainte-Lucie du 22 nov. au 11 déc. 2020. Son père avait doté le bateau d'une technologie appelée "sip and puff", contacteur au souffle qui permet de contrôler le vaisseau avec le souffle et la langue. Le voyage a duré 18 jours, 21 h et 39 min.

Le 1er juill. 2013, Lambert – qui habite sur l'île de Wight – est devenue **la 1re personne à traverser la Manche avec un bateau à commande vocale**. À 16 ans, elle avait navigué de Boulogne (FRA) à Douvres (GBR) en 4 h et 30 min.

Le 1er amputé à terminer le Marathon des Sables
Créé en 1986, le marathon de l'extrême dans le désert sud-marocain du Sahara couvre 251 km – env. 6 marathons classiques. En avr. 1996, l'ancien officier de l'armée britannique Chris Moon (GBR) est devenu le 1er amputé à terminer la course. Il avait perdu son bras et sa jambe droits l'année précédente au cours du déblayage d'un champ de mines.

La 1re expédition au pôle Sud par un amputé
Le double amputé paralympique Cato Zahl Pedersen (NOR), qui avait perdu son bras gauche et la moitié de son bras droit dans un accident à 14 ans, a relié l'île Berkner, dans la barrière de glace de Filchner-Ronne (Antarctique), au pôle Sud entre nov. et déc. 1994. Il a atteint le pôle le 28 déc, avec ses coéquipiers norvégiens Odd Harald Hauge et Lars Ebbesen, au terme de leur expédition baptisée "Unarmed to the South Pole". Ils ont parcouru 1 400 km en 56 jours.

L'officier de la Royal Navy Alan Lock (GBR) est **la 1re personne non-voyante à réussir une expédition vers le pôle Sud**. Il a réalisé son exploit entre le 25 nov. 2011 et le 3 janv. 2012. Progressant vers le pôle depuis les côtes, il était accompagné de 2 coéquipiers voyants – Andrew Jensen et Richard Smith – et de la guide Hannah McKeand, ancienne détentrice du record de **l'expédition la plus rapide vers le pôle Sud (femmes)** (voir p. 97). Partis de la barrière de glace de Filchner-Ronne, ils ont mis 39 jours pour couvrir 890 km à ski et en luge.

Le plus long voyage en fauteuil roulant
Entre le 21 mars 1985 et le 22 mai 1987, Rick Hansen (CAN) – devenu paraplégique en 1973 – a parcouru 40 075 km en fauteuil roulant, traversant 4 continents et 34 pays. Il a commencé et achevé son périple à Vancouver (Colombie-Britannique, CAN). Grâce à son incroyable épopée, il a récolté 24 millions $ en faveur de la recherche sur les lésions médullaires.

La traversée du Qatar la plus rapide en fauteuil roulant
Ahmed Al-Shahrani (QAT) a traversé le Qatar du nord du sud au nord en 1 jour, 17 h et 55 min, pour finir à Al Ruwais le 3 avr. 2021. Il souhaitait encourager et rendre hommage aux athlètes handisport.

La plus grande distance verticale parcourue sur un mur d'escalade avec une seule main en 1 h (femmes)
La para-escaladeuse Anoushé Husain (GBR), née sans avant-bras droit et atteinte de plusieurs pathologies, a grimpé l'équivalent de 374,85 m sur un mur d'escalade en salle, au Castle Climbing Centre de Londres (GBR), le 5 avr. 2022.

Le marathon le plus rapide (LA2, femmes)
Amputée sous le genou, Amy Winters (USA) a mis 3 h, 4 min et 16 s pour terminer le marathon de Chicago (Illinois,USA), le 22 oct. 2006. Le 16 sept. 2007, elle avait également réalisé **le semi-marathon le plus rapide (LA2, femmes)** en 1 h, 25 min et 56 s, à Philadelphie (Pennsylvanie, USA). (Retrouvez la liste de la classification des invalidités GWR p. 11.)

En 2021, dotée de son nouveau patronyme Palmiero-Winters, elle a établi le record LA2 du **100 m le plus rapide sur tapis roulant**, en soutien au programme lancé par le Guinness World Records en faveur des handicapés (voir p. 10). Découvrez ci-contre un nouvel exploit stupéfiant de cette athlète formidablement endurante.

Le plus de médailles d'or aux Deaflympics
• **Hommes** : Le nageur Terence Parkin (ZAF) a gagné 29 médailles d'or aux jeux Deaflympic, entre 1997 et 2009. Avec 33 podiums cumulés – dont une médaille de bronze en cyclisme sur route à Taipei en 2009 –, Parkin totalise **le plus de médailles Deaflympics** de l'histoire.
• **Femmes** : La nageuse Cindy-Lu Bailey (AUS) a remporté 19 médailles d'or entre 1981 et 1997. Forte de 29 médailles au total, elle est aussi **la sportive deaflympienne la plus décorée (femmes)**.

LE PLUS DE MÉDAILLES D'OR INDIVIDUELLES REMPORTÉES AUX CHAMPIONNATS MONDIAUX DE PARASURF ISA
Entre 2015 et 2021, Bruno Hansen (DNK) a récolté 6 médailles d'or aux mondiaux de parasurf qui se tenaient en Californie (USA). Hansen est une légende chez les athlètes à mobilité réduite. Victime d'un braquage de voiture, Bruno s'est retrouvé paraplégique à 25 ans. Le surf l'a aidé à reconstruire sa vie. Bruno ne tarit pas d'éloge sur ses bienfaits physiques, psychologiques et spirituels. (Voir le tableau à droite pour d'autres records de parasurf.)

CHAMPIONS DU MONDE DE PARASURF ISA

Titre	Record	Détenteur
Le plus de médailles d'or individuelles (femmes)	3	Melissa Reid (GBR, à gauche) et Victoria Feige (CAN, à droite)
Le plus de médailles individuelles (hommes)	10	Davi Teixeira et Elias Figue Diel (tous 2 BRA)
Le plus de médailles individuelles (femmes)	6	Alana Nichols (USA)
Le plus de médailles par équipe	5	Brésil et USA
Le champion le plus jeune	11 ans et 138 jours	Davi Teixeira
Le champion le plus âgé	59 ans et 351 jours	Mark "Mono" Stewart (AUS)

Source : International Surfing Association

L'EVEREST ENVERS ET CONTRE TOUT

Le 1er amputé
Tom Whittaker (USA, né GBR) : 27 mai 1998. A escaladé **la plus haute montagne du monde** avec un pied artificiel.

Le 1er amputé d'une main
Gary Guller (USA) : 23 mai 2003. À la 2e tentative, depuis le flanc sud népalais.

La 1re femme amputée
Arunima Sinha (IND) : 21 mai 2013. du flanc sud avec une prothèse sous le genou.

Le 1er double amputé (flanc nord)
Mark Inglis (NZL) : 15 mai 2006. Avec 2 prothèses jambières.

Le 1er double amputé (flanc sud)
Xia Boyu (CHN) : 14 mai 2018. Avec 2 prothèses jambières.

La 1re personne non-voyante
Erik Weihenmayer (USA) : 25 mai 2001. **La 1re personne nonvoyante à escalader les Sept Sommets** (2008).

La 1re personne malentendante
(IH2*) Satoshi Tamura (JPN) : 21 mai 2016.
** perte d'audition supérieure à 55 dB*

LE SAUT SUR RAMPE LE PLUS LONG EN FAUTEUIL ROULANT

La vedette de motocross en fauteuil roulant Aaron Fotheringham (USA) a exécuté un saut sur rampe de 21,35 m, le 20 juill. 2018 en Californie (USA). Le même jour, il a établi 2 autres records GWR en fauteuil roulant : **le plus haut drop-in de quarter pipe** et **le hand plant le plus élevé** – tous 2 à 8,4 m.

LE PLUS DE SEMI-MARATHONS EN 1 MOIS

Stacey Kozel (USA) a enchaîné 23 semi-marathons dans 18 États américains entre les 18 juin et 17 juill. 2019. Elle a également effectué **le plus de semi-marathons en marchant avec des béquilles en 1 an** (90), de févr. 2019 à févr. 2020. Atteinte du lupus – maladie auto-immune –, Kozel est devenue paraplégique. Grâce à des attelles orthopédiques, elle n'a toutefois pas renoncé à sa passion de l'escalade.

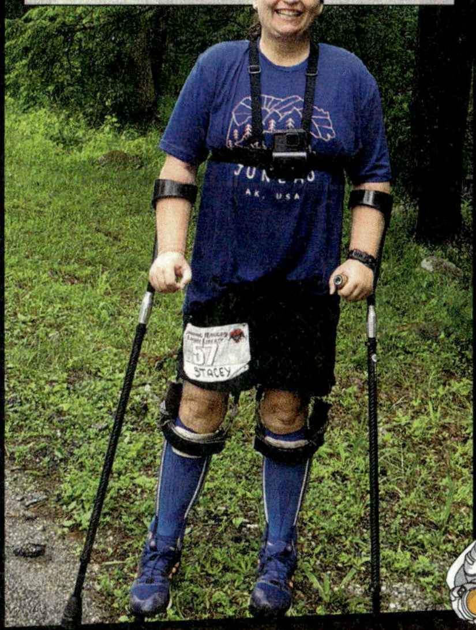

LE 1ER AMPUTÉ À TRAVERSER UN OCÉAN À LA RAME ET EN SOLO

Entre le 9 janv. et le 11 mars 2019, Lee "Frank" Spencer (GBR) a traversé l'Atlantique à la rame, reliant Portimão (POR) à Cayenne (FRA), à bord du *Rowing Marine*, parcourant ainsi 5 856 km, soit **la plus grande distance à la rame et en solo couverte par une personne amputée.** Avec un temps de 60 jours, 16 h et 6 min, c'est aussi **la traversée à la rame et en solo la plus rapide d'Europe vers l'Amérique du Sud.**

LE 1ER SKATEUR DOUBLEMENT AMPUTÉ À EXÉCUTER UN LOOPING À 360°

Le 8 oct. 2019, Felipe Nunes (BRA) a conquis la "Tony Hawk's Loop of Death", à Vista (Californie, USA). Son 1er skateboard lui avait été offert par un voisin. Conquis par ce moyen de transport, il a vite troqué son fauteuil roulant contre un skate pour ses déplacements.

L'AVION LE PLUS LOURD TRACTÉ SUR 100 M PAR UNE ÉQUIPE EN FAUTEUILS ROULANTS

Le 23 nov. 2018, dans le cadre de l'événement "Wheels4Wings", 98 personnes en fauteuil roulant ont tracté un Dreamliner 787-9 de Boeing pesant 127,6 t. L'aéroport d'Heathrow, British Airways et Aerobility (tous GBR) avaient parrainé cette démonstration collaborative surpuissante qui a permis de lever des fonds pour promouvoir l'inclusion des personnes handicapées dans l'aviation.

LA 1RE FEMME AMPUTÉE À TERMINER LE MARATHON DES SABLES

Amy Palmiero-Winters (voir ci-contre) a terminé cette course à travers le désert saharien entre les 7 et 12 avr. 2019. Palmiero-Winters – qui s'était entraînée à faire des burpees dans un sauna – avait recouvert sa jambe artificielle d'une peinture réfléchissant la chaleur et l'avait modifiée pour y intégrer une chambre à air isotherme.

LA 1RE COUREUSE AUTOMOBILE DE COMPÉTITION TÉTRAPLÉGIQUE

Le 2 mai 2015, Nathalie McGloin (GBR) a concouru sur le circuit de Brands Hatch dans le Kent (GBR), après avoir reçu sa licence de course automobile quelques jours plus tôt. Depuis, elle s'est classée plusieurs fois dans le Top 10 du Porsche Club Championship et a même participé à des courses du Classic Sports Car Club, opposée dans les 2 cas à des pilotes valides. En 2016, McGloin a cofondé l'association caritative Spinal Track, qui offre aux conducteurs handicapés la possibilité de conduire des voitures de course adaptées.

La Porsche Cayman S de McGloin a été modifiée pour lui permettre d'accélérer et de freiner avec les mains.

En revue

Le 1er triple flair en BMX
Le 6 janv. 2022, le pro du BMX Kieran Reilly (GBR) a exécuté 3 saltos arrière suivis d'une rotation à 180°, à l'Asylum Skatepark de Sutton-in-Ashfield (Nottinghamshire, GBR).

Le plus long lancer de fléchette dans le mille
Paul Webber (NZ) a envoyé une fléchette en plein centre d'une cible à 7 m, à Auckland (NZ), le 17 juill. 2021.

Le but le plus lointain marqué au football américain les yeux bandés
Daniel Schuhmacher (DEU) – punter des Rhein Fire de Düsseldorf – a marqué un but de 45,7 m, à Cologne (DEU), le 25 mars 2021, soit plus de 5 bus à impériale !

Le plus rapide à construire le *Star Wars Millennium Falcon*™ (#75192) de LEGO®
Le 28 août 2021, Joshua LaFrance (USA) a construit le vaisseau de Han Solo en 21 h, 36 min et 29 s, à Forest (Virginie, USA). Avec 7 541 pièces, c'était **le puzzle LEGO en 3D le plus grand** – record aujourd'hui détenu par les 135 cm du *Titanic* (#10294) avec 9 090 briques.

Le plus rapide à résoudre un Rubik's Cube les yeux bandés
Tommy Cherry (USA) a mis 14,61 s à résoudre un Rubik's Cube 3x3x3, les yeux bandés, à la compétition Florida Big & Blind & Time d'Orlando (USA), le 13 mars 2022.

Le plus rapide à résoudre 3 puzzles rotatifs en jonglant est de 4 min et 31,01 s. Angel Alvarado (COL) a réalisé cet exploit à Bogotá (COL), le 1er avr. 2022.

Le plus long équilibre d'une tronçonneuse sur le front
Le serial recordman David Rush (USA) a maintenu une tronçonneuse en équilibre sur son front pendant 31 min et 25 s, à Boise (Idaho, USA), le 14 déc. 2021. L'engin ne fonctionnait pas pendant la démonstration.

La plus longue rotation de 3 hula-hoops chaussée de rollers à hauts talons
Le 16 sept. 2021, Symoné, alias Rachel Brown (GBR), a fait tourner 3 hula-hoops pendant 4 min et 3 s, perchée sur des rollers à hauts talons, à Londres (GBR).

Le véhicule le plus lourd poussé sur 30 m
Le 14 mai 2021, Troy Conley-Magnusson (AUS) a poussé un camion de 11 770 kg sur 30,4 m, à Brisbane (Queensland, AUS). Cet exploit a permis de collecter 20 000 AUS$ (13 305 €) au profit d'associations caritatives locales. Troy souhaitait aussi rendre hommage à son mentor, Kevin Fast (CAN, voir p.83), et à Ava, jeune survivante de la leucémie.

LE PLUS RAPIDE À BOIRE 1 L DE SAUCE TOMATE
Le 9 juill. 2021, Mike Jack (CAN) a avalé 1 l de purée de tomate – l'ingrédient de cuisine, pas le condiment – en 1 min et 32,54 s, à London (Ontario, CAN). [Le même record pour le contenu d'une bouteille de **ketchup** de 396 g est de 17,53 s et appartient à André Ortolf (DEU).] Mike est végan et souhaite employer ses titres GWR pour montrer qu'on peut s'amuser avec des aliments sans matière d'origine animale. Voir ci-dessous pour 3 autres de ses exploits.

Le plus rapide à manger une laitue *(poids minimum 163 g)*	1 min et 31,05 s	6 mars 2021
Le plus rapide à manger 3 piments Bhut Jolokia	9,75 s	26 janv. 2019
Le plus de piments Bhut Jolokia mangés en 1 min	97 g	2 mars 2019

LE PLUS DE WINGS (CLAQUETTES) EN 1 MIN
La chorégraphe nominée aux Emmys, Chloe Arnold (USA), a exécuté 123 wings, à Los Angeles (Californie, USA), le 13 avr. 2022. Un wing consiste à décrire simultanément un cercle dans le sens des aiguilles d'une montre avec la jambe droite, et un autre dans le sens contraire avec la jambe opposée.

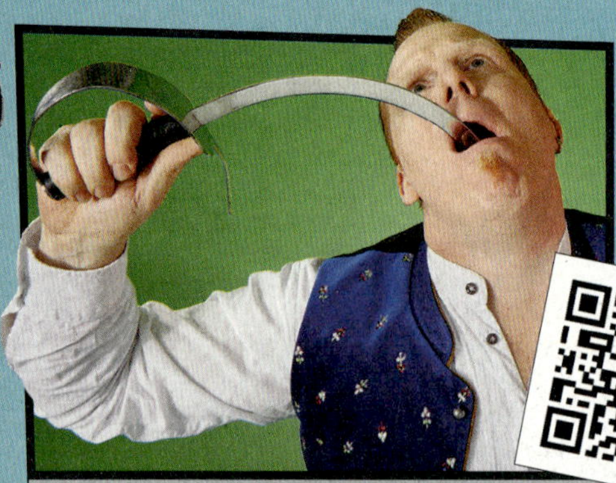

LE PLUS D'ÉPÉES AVALÉES TÊTE-BÊCHE
Le 10 févr. 2022, l'avaleur de sabres Franz Huber (DEU) a glissé 9 lames au fond de sa gorge tout en étant suspendu par les jambes, à Milan (ITA). Il détient aussi le record de **l'épée avalée la plus incurvée** (avec une courbure de 133°, en photo) et du **plus d'épées avalées simultanément** (28).

LE PLUS LONG MARATHON DE HOCKEY SUR GLACE
Le Chestermere Recreation Centre d'Alberta (CAN) a accueilli une bataille sur glace épique qui a duré 261 h et 15 s, entre les 30 mars et 11 avr. 2022. Les 40 participants ont joué l'équivalent en temps sur glace d'une pleine saison NHL pour lever des fonds destinés à l'Alberta Children's Hospital Foundation.

Les marathons sportifs les plus longs en 2021

Footvolley	24 h	D. Neuhold, L. Saurugger, J. Hofmann-Wellenhof et K. Hofmann-Wellenhof (tous AUT)
Pétanque (en individuel)	28 h et 23 min	Colin Haysham et Nicholas Third (tous 2 NZ)
Quatre coins	30 h et 2 min	À Grence, Chris Hetzel, Cole Hetzel, G. McElwee, A. Harris, M. Harris, M. Jackman, J. Blair, R. Turnbill et D. Grence (tous USA)
Touch rugby	33 h et 33 min	Hoylake Rugby Club (GBR)
Foot à 5	75 h	Permanent Staff, Catterick Garrison (GBR)
Basketball	120 h et 2 min	Revelas Family Foundation (USA)

LE PLUS DE JONGLES AVEC 6 OBJETS EN UTILISANT MAINS ET PIEDS EN 30 S
Le 9 nov. 2021, Kimberly Lester (GBR) a effectué 87 jongles avec 6 ballons de foot (taille 5), en utilisant la paume des mains et la plante des pieds, à Benidorm (ESP). Kimberly est une jongleuse de pied très renommée qui se produit autour du monde.

LE PLUS DE DOUBLES SAUTS À LA CORDE SUIVIS D'UN SAUT DE GRENOUILLE CONSÉCUTIFS
Geraldo Alken (NLD) a exécuté 7 de ces fastidieux enchaînements, à Papendrecht (NLD), le 3 oct. 2021. L'enchaînement consiste à sauter 2 fois à la corde, puis se lancer tête la 1re en se réceptionnant sur les mains, puis à se relever et sauter une nouvelle fois à la corde avant de toucher terre.

LE PLUS DE…

Rotations horizontales à 360° dans un tunnel aérodynamique en 1 min : 60, par Fuyuki Kono (JPN) à Koshigaya (Saitama, Japon), le 23 juill. 2021.

Cuillères en équilibre sur le corps : 85, par Abolfazl Saber Mokhtari (IRN) à Karaj (Iran), le 24 déc. 2021.

Lancers de troncs en 1 h : 161, par Jason Baines (CAN) durant les Montreal Highland Games de Québec (Canada), le 1er août 2021.

Ollies consécutifs sur un skateboard : 323, par David Tavernor (GBR).

LA PLUS LONGUE MARCHE SUR SLACKLINE…*

Entre 2 cabines téléphériques
Le 2 sept. 2021, Yannick Loerwald, Justin Kroppa et Thomas Spöttl (tous AUT) ont traversé une slackline de 65 m tendue entre 2 cabines téléphériques suspendues à 200 m au-dessus de la vallée de Brandnertal (AUT).

Entre 2 montgolfières
Quirin Herterich (DEU) a parcouru pieds nus 88 m sur une slackline reliant les sommets de 2 montgolfières flottant au-dessus de Rottach-Egern, à Tegernsee (DEU), le 10 oct. 2021. La traversée – sur une sangle en polyamide large de 25 mm – a pris 6 min et 41 s. Herterich a ensuite fait le chemin inverse et regagné le sol en rappel.

Les yeux bandés
Alexander Schulz (DEU) a parcouru une slackline de 1 712 m, à 800 m au-dessus du Cañon del Sumidero, à Chiapas (MEX), le 30 déc. 2021. La marche a demandé 1 h et 15 min, mais sa préparation 2 ans. Cet exploit répète le meilleur record personnel de Schulz, réalisé avec les yeux *non*-bandés !

**Chiffres confirmés par l'International Slackline Association (ISA)*

LE PLUS LONG LANCER DE MACHINE À LAVER
Johan Espenkrona (SWE) a projeté une machine à laver (poids minimum : 45,3 kg) sur une distance de 4,45 m, à Milan (ITA), le 15 févr. 2022.
Ce jour-là, il a détrôné Kelvin de Ruiter (NLD), même si Kelvin détient plusieurs titres GWR dont celui du **plus rapide à retourner une voiture 5 fois** (41,27 s) et **à porter un piano sur 20 m** (15,80 s) – 2 exploits réalisés en févr. 2022.

LE PLUS DE CANETTES DÉCOUPÉES EN 2 AVEC LES DENTS
Un décapsuleur ? Mais pour quoi faire ? Le 3 févr. 2022, René "Golem" Richter (CZE) a découpé en deux 36 canettes de soda avec ses dents en 60 s, sur le plateau de *Lo Show dei Record*, à Milan (ITA). Lors de cette même émission, 10 ans auparavant, il avait battu le record de **la plus lourde charge portée avec la bouche** : un banc en bois pouvant accueillir 6 femmes, pour un poids de 173,5 kg.

LE PLUS HAUT EMPILEMENT D'ÉTAGÈRES SUR UN ROLLA BOLLA
Un rolla bolla – ou rouleau d'équilibre – est un accessoire de cirque composé d'une planche que l'on place en équilibre sur un cylindre métallique. Le 20 sept. 2021, Rubel Medini (ITA) a érigé 11 étagères superposées sur un simple rolla bolla, à Benidorm (ESP), puis il s'est tenu en équilibre au sommet pendant au moins 5 s.

Le plus grand bonhomme de neige

Olympia est le plus imposant bonhomme de neige du monde – enfin, il s'agit d'une bonne dame de neige ! Elle dépasse même la statue de la Liberté. Cette tour de neige a brièvement dominé le paysage de Bethel (Maine, USA), mais nous l'avons représentée ici dans le lieu iconique du pays qui a inspiré son nom.

Olympia signifie "provenant de l'Olympe", la montagne grecque considérée comme le foyer des dieux. Aussi, pour visualiser les proportions gigantesques de notre divine dame de neige, nous l'avons relocalisée sur une colline rocheuse située dans la capitale grecque, Athènes, au milieu des ruines d'un célèbre temple antique : le Parthénon.

Chaque année, Bethel, dans le comté d'Oxford (Maine, USA), voit tomber 3 fois plus de neige que dans le reste du pays. En 1999, les habitants avaient mis à profit toute cette neige pour ériger Angus, un bonhomme de neige haut de 10 étages qui avait valu à la ville son 1er certificat GWR.

Avançons jusqu'en 2008, alors que la chambre de commerce de Bethel cherchait des idées pour attirer les touristes. Quelqu'un a suggéré de revisiter l'idée du bonhomme de neige et d'en construire un plus grand pour établir un nouveau record...

Achevée le 26 févr. 2008, après 1 mois de travail, l'impressionnante bonne dame de neige de Bethel culminait à 37,21 m, dépassant Angus de 2,58 m. Les carottes géantes étant rares (voir p. 86 !), les enfants ont fabriqué son nez avec du grillage et de la toile à fromage ; ils lui ont offert un radieux sourire grâce à des pneus et ont utilisé des skis pour dessiner ses cils.

Les divinités grecques étaient peut-être immortelles, mais pas Olympia : 5 mois après sa création, elle avait disparu avec la fonte des neiges.

Si elle avait survécu à la chaleur du soleil grec, Olympia aurait dépassé le Parthénon de 23,5 m !

De sa base au sommet de son crâne, la statue de la Liberté installée sur Liberty Island (New York, USA) mesure 34 m de haut – à peine quelques mètres de moins qu'Olympia (mesurée jusqu'à la pointe de son bonnet).

Wang Guanwutong

Deux breakdancers chinois très précoces ont marqué le GWR Day 2021 d'une façon unique – en s'emparant de la piste et en dévoilant leur talent.

À 11 ans, Wang Guanwutong pratique la breakdance depuis 7 ans et a même présenté ses mouvements de *b-boy* à la télé chinoise. Il a essayé pour la 1re fois à 5 ans l'airflare (ou vrille) – mouvement acrobatique durant lequel le breakdancer prend appui alternativement sur chaque main, tout en faisant tourner ses jambes en l'air. Guanwutong raconte qu'il a passé des mois à tomber avant de l'exécuter, mais il aime les défis et n'a jamais abandonné. Le 29 sept. 2021, il a réalisé **le plus d'airflares consécutifs (hommes)** (94), en établissant le record à sa 2e tentative.

Encore plus jeune, du haut de ses 7 ans, Qi Yufan, surnommée Guoguo, a gagné de nombreux concours de breakdance malgré son jeune âge, et vise déjà les jeux Olympiques. Elle a battu **le record pour les femmes** (et le record général), avec 121 airflares consécutifs le 10 oct. 2021.

1

2

1. Guanwutong détient 2 titres GWR, après avoir également exécuté **le plus d'airflares en 1 minute (homme)** – 55 – sur *Beyond Dreams* (Tianjin TV) le 30 janv. 2018.

2. Habitué à gagner des compétitions, Guanwutong espère un jour représenter son pays aux jeux Olympiques. La breakdance deviendra en effet discipline olympique à Paris en 2024.

Quand as-tu commencé la breakdance et qu'est-ce qui t'a attiré dans ce sport ?
J'apprends la breakdance depuis que j'ai 4 ans. J'ai vu une démonstration à la télé.

Une astuce pour les débutants ?
Il faut faire un entraînement de base et commencer lentement en apprenant les mouvements un pas après l'autre. On ne peut pas apprendre la breakdance en 1 jour ou 2. N'abandonnez jamais.

Qui sont tes inspirations ?
Mon père, qui le 1er m'a emmené dans un studio de danse, et mon entraîneur, Geng Bin.

Quel a été le sommet de ta carrière en compétition ?
Danser avec mon idole [le danseur hip-hop français] Bouboo, lors de sa performance finale durant *Street Dance of China Season III*. Et, bien sûr, remporter 2 titres Guinness World Records !

Que ressent-on quand on détient 2 records ?
C'est un plaisir et un honneur. Si on travaille dur, notre rêve devient réalité.

Est-ce que tu penses faire une longue carrière dans la breakdance ?
Le chemin est long et imprévisible, mais je continuerai à danser. La breakdance fait partie de ma vie. Et à l'avenir, je veux faire danser encore plus de monde !

Qi Yufan

Quand as-tu commencé le breakdance ?
En oct. 2018, quand j'avais 4 ans et demi. Je suis tombée amoureuse de cette discipline en regardant des émissions de téléréalité consacrée au hip-hop avec mon père.

Combien de fois par semaine t'entraînes-tu ?
Tous les jours – moins longtemps les jours d'école et un peu plus le week-end.

Qu'est-ce qui te plaît le plus dans la breakdance ?
Elle me rend joyeuse et m'a aidée à me faire beaucoup d'amis.

Qui t'inspire dans le monde de la breakdance ?
Mon père. Il n'est pas danseur, mais il a appris avec des vidéos et demande des conseils au professeur.

Que pensent ta famille et tes amis de tes records ?
Ils sont heureux et fiers de moi, mais ma mère m'a dit de ne pas me vanter !

Quelles sont tes ambitions ?
Je vais continuer à danser. Je veux danser sur les plus belles scènes – par exemple, aux jeux Olympiques.

1

1. Yufan a accroché son certificat GWR sur le mur de sa chambre. "Je le regarde tous les jours, confie-t-elle. C'est une récompense et il me permet de continuer."

2. Bien qu'elle ait déjà participé à de nombreuses compétitions, Yufan reconnaît qu'elle est toujours un peu stressée. Son conseil pour les débutants : "Écouter de la musique et s'entraîner !"

2

Michael "Dog" Artiaga

Lorsque Michael Artiaga (USA, né le 20 nov. 2007) s'est inscrit au championnat du monde 2020 de Classic *Tetris* (CTWC), il ignorait qu'il allait entrer dans l'histoire – et que le dernier joueur qui se dresserait entre la gloire et lui serait son propre frère !

Michael – alias DogPlayingTetris, ou Dog en abrégé – s'est toujours intéressé à l'informatique et a commencé à coder à 5 ans. Il s'est mis à jouer à *Tetris* sur NES seulement en 2019, inspiré par la victoire de Joseph Saelee, 16 ans, au CTWC 2018.

En déc. 2020, Michael et son frère aîné, Andy (alias PixelAndy), parmi 300 qualifiés, se sont hissés jusqu'à la finale du tournoi. Le 6 déc., l'épreuve passionnante s'est prolongée jusqu'au 5e jeu décisif et les 2 frères ont atteint le "kill screen" ; Michael a alors réalisé un "max-out" (999 999 points) et a remporté une victoire éclatante. Âgé de 13 ans et 16 jours, il est devenu **le plus jeune vainqueur du Classic *Tetris* World Championship**.

Comment as-tu connu *Tetris* ?
J'ai joué à *Tetris* sur la Game Boy de mon père, mais le jeu ne m'intéressait pas trop. C'est seulement après avoir vu la vidéo du match de 2018 entre Joseph Saelee et Jonas Neubauer au CTWC que je suis devenu accro.

Qu'est-ce qui te séduit dans ce jeu ?
Tetris est différent des autres jeux pratiqués en compétition, en raison de la rapidité de réflexion et du degré de compréhension qu'il exige.

Qu'est-ce que l'"hypertapping" ?
Cette technique nécessite de taper les boutons 10 fois par seconde, plutôt que de les maintenir pressés. Avant l'hypertapping, les joueurs se contentaient de maintenir les boutons droite ou gauche pour déplacer les pièces, ce qui n'était pas très rapide.

Es-tu bon à d'autres jeux vidéo ?
Je ne suis pas mauvais en speedrun sur *Super Mario Bros.* C'est un jeu qui a beaucoup de points communs avec *Tetris*.

Qu'as-tu ressenti en jouant contre ton frère et en le battant ?
C'était extraordinaire. C'est la 1re fois qu'on participait à un championnat du monde et on ne s'attendait pas à aller tous les 2 en finale. Pendant le match, on a seulement essayé de jouer le mieux possible. C'est super d'avoir terminé 1er et 2e.

Que ressent-on quand on sait qu'on est le meilleur du monde dans une discipline ?
Quand j'y pense, c'est incroyable. Lorsque j'ai commencé à jouer à *Tetris*, je n'imaginais pas du tout devenir pro. C'est génial, des gens du monde entier m'ont félicité après ma victoire. Elle a vraiment changé ma vie.

Pour toi, que signifie être reconnu par le Guinness World Records ?
C'est un rêve. Je me souviens quand je feuilletais les livres *GWR* à l'école ou quand je regardais les vidéos sur YouTube. Je n'aurais jamais cru y figurer un jour.

1. Michael et Andy avec leurs parents – "super-excités" de voir leurs fils s'affronter en finale.

2. Michael a reçu 3 000 $ de récompense, ce qui lui a permis d'acheter une batterie et une guitare, et d'investir dans une cryptomonnaie (voir p. 202-203).

3. Le CTWC 2020 s'est déroulé en ligne et les frères Artiaga ont joué chacun dans une pièce de leur maison. Peu après la victoire de Michael dans leur face-à-face final (photo), Andy a topé avec lui pour le féliciter.

4. Les frères Artiaga avec leur trophée. Michael à la suite de son titre de 2020 en a remporté un 2e en 2021, après avoir battu Jacob Huff 3 jeux à 1 ; son frère Andy a terminé 4e en 2021.

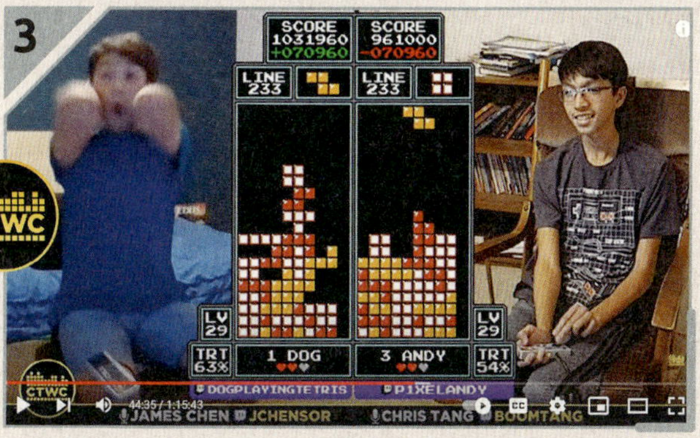

Pour découvrir plus de jeunes talents et leurs records, rendez-vous sur : **kids.guinnessworldrecords.com**

Abhimanyu Mishra

Imaginez un "grand maître d'échecs". Il y a de fortes chances que vous vous représentiez quelqu'un, disons, d'un certain âge... Abhimanyu "Abhi" Mishra (né le 5 févr. 2009), qui habite le New Jersey (USA), renverse ce préjugé avec autant d'habileté que les pièces de ses adversaires.
Lors d'une compétition en Hongrie le 30 juin 2021, Abhi a remporté sa 3e "norme de grand maître international". Cette victoire lui a permis d'augmenter son classement Elo (le chiffre qui quantifie le niveau des joueurs) au-delà du seuil de 2 500 points. Ces 2 exploits conjugués lui ont conféré le titre de "GMI". À 12 ans et 145 jours, il est devenu **le plus jeune grand maître du jeu d'échecs** de l'histoire.

Le jeune prodige ne compte pas s'arrêter là. "Maintenant que je suis GMI, le véritable voyage commence. Il y a tellement à apprendre et à accomplir. Je veux devenir super grand maître [soit un Elo supérieur à 2 700 points] à 15 ans. Mon objectif ultime serait de remporter le titre de champion du monde."

1

2

3

4

5

Comment as-tu connu les échecs ?
Mon père m'a appris les échecs quand j'avais 2 ans et demi. J'ai commencé les tournois à 5 ans. Mon père m'a inspiré et a été mon 1er professeur.

À quel moment, t'es-tu rendu compte que tu appréciais particulièrement ce jeu ?
Comme j'ai joué très tôt, il a vite fait partie de ma vie. J'ai commencé à jouer en tournoi et, au fil du temps, j'y ai pris goût.

Quels sont les bienfaits du jeu d'échecs ?
Les échecs renforcent nos capacités d'analyse et de calcul. Comme ce jeu est très proche de la vie réelle, il nous aide à prendre de bonnes décisions.

Pensais-tu devenir un jour grand maître ?
Dès que j'ai commencé à jouer, j'ai voulu devenir **le plus jeune grand maître**. Pour battre ce record, j'ai dû franchir les étapes, par exemple en devenant **le plus jeune maître international** [à 10 ans et 276 jours].

Combien d'heures joues-tu par jour ?
Pendant la pandémie, j'ai travaillé de 10 à 12 h quotidiennement. En règle générale, je pratique entre 7 et 8 h. Cela inclut l'analyse des ouvertures, des milieux et des fins de partie, l'étude de la tactique et le jeu en ligne.

Si tu pouvais jouer aux échecs contre n'importe quel joueur du monde de n'importe quelle époque, lequel choisirais-tu ?
J'aurais adoré jouer contre [le champion du monde] Bobby Fischer. Sa passion pour ce jeu reste inégalée, à tel point qu'il a appris le russe ; à cette époque, toute la littérature consacrée aux échecs était écrite dans cette langue.

Où te vois-tu dans 10 ans ?
Je veux être le meilleur dans le monde des échecs et régner sur ce jeu. Je me vois jouer le championnat du monde – ou peut-être même *devenir* champion du monde !

1. Abhimanyu est devenu une star dans la communauté des échecs, surtout depuis l'obtention de son titre de grand maître. Il bénéficie d'une couverture médiatique dans le monde entier et a fait la une du magazine *Chess Life*.

2. Quand il veut faire une pause loin de l'échiquier, Abhi aime lire et jouer aux jeux vidéo.

3. Abhi a gagné son 1er tournoi quand il avait 5 ans.

4. Le champion du monde actuel Magnus Carlsen est l'un des héros d'Abhi : "Il y a tant de choses que nous pouvons apprendre de lui", confie-t-il.

5. La plus jeune femme grand maître, Hou Yifan (CHN, née le 27 févr. 1994), a atteint ce niveau en 2008, à 14 ans et 184 jours.

Pour plus d'informations sur les jeunes talents, rendez-vous sur : kids.guinnessworldrecords.com

Scarlett Cheng

Il n'est jamais trop tôt pour commencer une collection. Scarlett Cheng (CHN) en est la preuve puisqu'elle a commencé à collectionner les baumes à lèvres à l'âge de 7 ans. Au 24 avr. 2021, elle en possédait 3 388 !

Scarlett vit à Hong Kong (CHN) avec sa famille et son trésor d'hydratants pour les lèvres. À l'honneur se trouve son 1er baume, un cadeau de sa grand-mère (voir **3**). Depuis cet humble début, Scarlett a constitué une collection internationale, avec des modèles provenant d'Israël, des États-Unis ou encore de Suède. Elle possède des baumes ayant le goût de ses bonbons favoris – Skittles et M&M's – et d'autres aromatisés aux céréales de petit déjeuner !

Scarlett est assistée dans sa collection par sa sœur aînée, âgée de 9 ans, Kaylyn. Elles aiment également fabriquer leur propre baume à lèvres bio qu'elles offrent à leur famille et à leurs amis. Pour Scarlett, collectionner ce type d'objets est un jeu et un plaisir.

1

2

Pourquoi collectionnes-tu les baumes à lèvres ?
Nous avons visité le Japon pendant les vacances d'hiver et il faisait si froid que mes lèvres étaient gercées. Alors, nous sommes allés dans une pharmacie : il y avait tellement de jolis baumes et tant d'arômes différents... que j'ai eu le déclic. Nous avons acheté les plus étonnants et nous les avons tous essayés.

Où ranges-tu tes baumes ?
J'expose mes préférés dans ma chambre et garde les autres dans des boîtes étiquetées. Heureusement, les baumes à lèvres sont petits et tiennent assez peu de place.

Quel est le baume le plus rare de ta collection ?
Les baumes à lèvres Sour Patch Kids sont très difficiles à trouver à Hong Kong. Je réussis à les obtenir aux États-Unis.

Lesquels souhaiterais-tu avoir ?
Je souhaiterais créer ma propre marque de baumes à lèvres, à mon nom et à mon effigie !

Que pensent ta famille et tes amis de ton record du monde ?
La plupart ont été très étonnés, car ils ne savaient pas que j'en avais autant. En tout cas, ils sont enthousiastes et très fiers de moi.

Apprends-nous un fait intéressant sur les baumes.
Les baumes à lèvres existent depuis le XIXe siècle. Incroyable, non ?

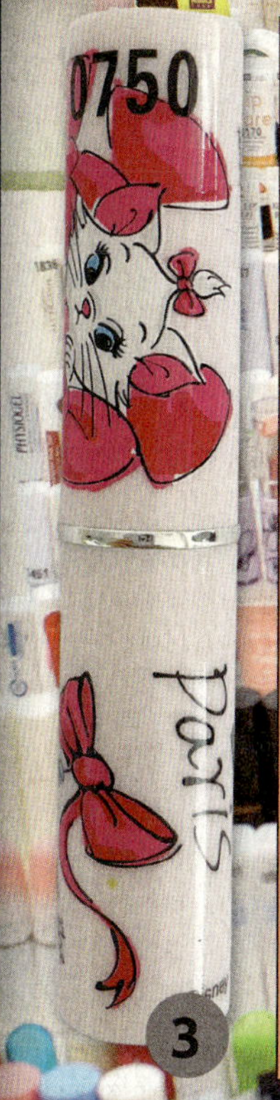

3

1. Scarlett et sa mère, Joyce. Ses parents soutiennent sans réserve la passion de Scarlett pour les baumes à lèvres.

2. Grandes fans des ouvrages du *Guinness World Records*, Scarlett et sa sœur Kaylyn ont encore plus de raison de fêter leur place dans l'histoire GWR. Toute la famille s'accorde à dire qu'obtenir un titre officiel GWR est un exploit "inoubliable".

3. Le 1er baume à lèvres de Scarlett reste son préféré. Cadeau de sa grand-mère, le baume est à l'effigie de la chatte Marie dans le film Disney *Les Aristochats* (1970).

4. Scarlett et Kaylyn sont également expertes dans la fabrication artisanale de baume à lèvres à partir de cire et d'huiles essentielles.

4

JEUNES TALENTS

Olivier Rioux

Sur le terrain de basket ou dans la rue, Olivier Rioux (Québec, CAN) a l'habitude de sortir du lot. L'adolescent, membre du club des plus de 2,10 m, profite de sa stature imposante pour conquérir la célébrité sportive.

À l'âge de 3 ans, il est devenu clair qu'Olivier grandissait plus vite que les autres enfants. Ses parents ont veillé à ce qu'il soit fier de sa taille et qu'il l'envisage de façon positive. Ils l'ont également encouragé à faire du sport. À 5 ans – il mesurait déjà 1,57 m ! –, Olivier a commencé le basket. Maintenant, il espère devenir professionnel et il fait partie de l'équipe IMG Academy, à Bradenton (Floride, USA).

C'est Olivier qui a eu l'idée de postuler pour un titre Guinness World Records. En parcourant un livre *GWR*, il s'est rendu compte qu'il était plus grand que ▶ **le plus grand adolescent**. Le 19 déc. 2020, la taille d'Olivier, âgé de 14 ans, a été homologuée à 226,9 cm : le record lui appartient !

1

2

3

4

Sais-tu pourquoi tu es si grand ?
Les médecins ont enquêté et pensent que la seule explication réside dans mes gènes familiaux. Mon père mesure 203 cm, ma mère 187 cm et mon frère aîné 205 cm.

Que ressens-tu par rapport à ta taille ?
Je l'adore. J'ai toujours été plus grand que mes copains ou mes coéquipiers. C'est ce que la nature m'a réservé. J'ai appris à considérer cette différence avec sérénité et joie.

Qu'est-ce qui est le mieux quand on est si grand ?
On me remarque partout où je vais. J'adore parler avec les gens qui viennent me voir, parce que chacune de leur réaction est unique.

Que disent tes adversaires quand ils te voient au début d'un match de basket ?
D'abord, ils sont impressionnés, mais après, ça ne les empêche pas de jouer physique !

Quels passions ou loisirs as-tu en dehors du basket ?
J'aime faire du dessin abstrait.

Quel est ton plan pour l'avenir ?
Je vise une carrière de basketteur professionnel et je ferai tout ce qu'il faut pour y arriver. J'espère aussi pouvoir influencer ma communauté en agissant pour l'environnement.

Que signifie pour toi d'avoir un diplôme GWR ?
C'est une grande réussite, parce que je lis les livres *GWR* depuis que je suis tout petit.

1. Des programmes tels que le Brookwood Elite au Québec ont aidé Olivier à perfectionner ses dons de basketteur. Les entraîneurs font l'éloge de sa dextérité et de ses talents de passeur.

2. Olivier avec sa famille : (depuis la gauche) son frère Émile, son père Jean-François et sa mère Anne Gariepy.

3. Selon Olivier, le pire avec sa taille, c'est de devoir baisser la tête pour franchir les portes. "Parfois, je me cogne et ça fait trop mal !"

4. Olivier adore Groot, l'alien qui ressemble à un arbre, dans *Les Gardiens de la galaxie*, parce qu'"il est grand, sympa et qu'il continue de grandir".

Tyler Hainey

Prodige de la trottinette, Tyler Hainey (GBR) fait des flips depuis des années. Après avoir maîtrisé le backflip simple, puis le double, il se tient prêt pour son prochain défi : battre le record établi une décennie plus tôt par l'un de ses héros.

Depuis le moment où il a ridé sa 1re trottinette, Tyler a eu du talent. En 2018, il a réalisé son 1er backflip – à 6 ans ! La même année, il est devenu champion GBR des moins de 8 ans et a continué à pratiquer pendant des heures. Même ses rares accidents ne peuvent l'arrêter, comme sa fêlure au menton, après une méchante chute. En 2021, une vidéo de Tyler effectuant son 1er double backflip est devenue virale, avec plus de 100 millions de vues sur les réseaux sociaux.

Tyler allait-il arriver à arracher le record du **plus de backflips en trottinette en 1 min** à Dakota Schuetz, la légende du freestyle ? Les 12 backflips de Kota tenaient depuis 2012, mais le 15 janv. 2022, Tyler en a exécuté 15 en 60 s. Et le 18 févr. 2022, Tyler s'est également emparé du **record de frontflip** – 6 en 1 min –, à Milan (ITA).

Pourquoi es-tu monté pour la 1re fois sur une trottinette ?
Un jour, j'ai repéré une trottinette dans un magasin et comme j'avais vu des tricks sur YouTube, j'ai voulu essayer.

Tu pratiques d'autres sports ?
J'ai fait du moto-cross à 3 ans et je sais aussi réaliser des backflips en BMX !

Qu'as-tu ressenti quand tu as réussi ton 1er backflip en 2018 ?
C'était super. J'avais peur, mais c'était cool. J'avais beaucoup travaillé pour y parvenir.

... et quand tu as réussi le double backflip en 2021 ?
C'était incroyable – j'étais si ému. C'est vraiment important pour moi, j'ai travaillé 3 ans pour réussir, sans jamais abandonner. Même si je suis tombé sur la tête une fois et que j'ai eu très mal, je savais que je pouvais y arriver.

Combien de temps t'entraînes-tu ?
Trois ou 4 jours par semaine – normalement quelques heures... et parfois toute la journée.

Quels sont tes autres loisirs ?
J'aime aller à la salle, faire du kickboxing et du trampoline, une discipline qui m'aide pour les tricks de trottinette.

Penses-tu que la trottinette pourrait devenir une discipline olympique un jour ?
J'espère vraiment ! J'aimerais concourir aux JO sur ma trottinette !

As-tu des astuces pour les autres enfants qui voudraient aller au skatepark à côté de chez eux ?
Il faut bien s'équiper, protections et casque, et rouler pour devenir de plus en plus à l'aise. Après, on peut commencer sur de petites rampes. Et puis rider avec des amis permet de maîtriser ses nerfs.

1. Tyler avec son idole Ryan Williams, rider du Nitro Circus.

2. Membre des Scooter Boys, Tyler (2e depuis la droite) coupe le souffle des juges de *Britain's Got Talent* avec sa performance de casse-cou en 2022.

3. Premier sur le podium au Scoot Jam en oct. 2018, avec ses copains Sam Voke (2e) et Helian González Piñeiro (3e).

4. Tyler pratique chez lui sur une rampe faite maison, construite par son père, Brian.

Pour en savoir plus sur les jeunes talents et leurs records, rendez-vous sur : kids.guinnessworldrecords.com

JEUNES TALENTS

Rafał Biros

Rafał Biros (POL, né le 28 avr. 2008) est un citoyen-astronome, l'un de ces nombreux amateurs qui scrutent les images venues de l'espace. En 2020, cet observateur d'étoiles est devenu lui-même une véritable étoile de la discipline.

Inspiré par son oncle (voir **4**), il s'est engagé dans le projet Sungrazer de la NASA, qui lui a donné accès aux images prises par SOHO (Observatoire solaire et héliosphérique). Le 13 nov. 2020, Rafał a remarqué un amas qui se déplaçait sur les clichés. À 12 ans et 199 jours, il est **la plus jeune personne ayant découvert une comète** – boule cosmique composée de glace et de roches ; celle-ci, en l'occurrence, mesurait 10 m de large. "Je n'en reviens toujours pas, avoue-t-il (avec sa famille, à droite) au magazine *Forbes*. C'est incroyable d'y être parvenu."

La découverte de Rafał prouve que l'astronomie – comme battre des records – est ouverte à tous, quel que soit son âge. Nous pouvons explorer la banque de données de *SOHO* sur **sungrazer.nrl.navy.mil**. Chasseurs de comètes, qu'attendez-vous pour commencer ?

1

2

3

4

5

Depuis combien de temps t'intéresses-tu à l'astronomie ?
Depuis la maternelle, l'espace m'intrigue. Je m'y suis de nouveau intéressé en mai 2020, durant le confinement, alors que je faisais l'école à la maison. J'ai commencé à chercher des comètes.

Qui t'a inspiré ?
J'ai connu le projet Sungrazer grâce à mon oncle Szymon, qui m'a appris à chasser les comètes. L'astronome Michał Kusiak (POL) m'a aussi inspiré. J'ai eu le grand plaisir de le rencontrer (**2**).

Parle-nous du moment où tu as compris que tu avais trouvé une comète.
Lorsque j'ai fait mon compte rendu, j'étais sûr à 99 % qu'il s'agissait d'une comète. Je n'en revenais pas. Et puis j'ai attendu avec anxiété la confirmation de ma 1re découverte !

Ta 1re comète a-t-elle été baptisée ?
Elle s'appelle SOHO-4094. Dans le projet Sungrazer, les explorateurs ne nomment pas les objets.

En as-tu découvert d'autres ?
Actuellement, j'ai trouvé 11 comètes. Dix appartiennent au groupe de Kreutz et la dernière au groupe de Meyer.

Quel est ton phénomène cosmique préféré ?
Mes objets célestes favoris sont les comètes. J'aime aussi les objets du ciel profond comme les nébuleuses et les galaxies. Malheureusement, ils sont difficiles à observer.

As-tu d'autres loisirs ?
J'adore la généalogie. Je réalise l'arbre de ma famille. C'est fascinant de retrouver ses ancêtres.

Qu'as-tu ressenti en entrant dans le livre *Guinness World Records* ?
C'est génial ! Je suis à la fois honoré et fier de faire partie de la famille GWR.

1. Géré par la NASA et l'ESA, *SOHO* a déjà permis de détecter plus de 4 300 comètes.

2. L'astronome Michał Kusiak – découvreur de 160 comètes et Polonais lui aussi – est l'un des héros de Rafał.

3. La comète NEOWISE avec ses 2 queues – découverte en 2020 – et la Lune, photographiées par Rafał et son oncle Szymon.

4. C'est l'oncle de Rafał qui lui a transmis le virus de la chasse aux comètes – mais il n'y a pas de rivalité entre eux !

5. Rafał, à Olsztyn (POL), devant la statue de Copernic, rend hommage à cet astronome polonais du XVIe siècle qui a placé le Soleil (et non la Terre) au centre de l'Univers.

Pour en savoir plus sur les jeunes talents et leurs records, rendez-vous sur **kids.guinnessworldrecords.com**

Brooke Cressey

Prenez une génie du calcul, ajoutez une application innovante conçue pour améliorer les performances en maths, qu'obtenez-vous ? Une nouvelle détentrice de record GWR !

Times Tables Rock Stars (*TTRS*) est un programme quotidien d'exercices utilisé par de nombreuses écoles pour perfectionner la maîtrise des nombres. Brooke Cressey (GBR) a été l'une des 1res à s'en servir. En 2021, à 8 ans, elle a rivalisé avec 400 000 autres jeunes cerveaux des maths dans le cadre du concours *TTRS* England Rocks, une série de défis de multiplications et de divisions contre-la-montre. Elle a gagné haut la main en répondant correctement à 41 627 questions en moins de 4 h (173 par min) !

Le 3 déc., elle a obtenu **le plus haut score sur *Times Tables Rock Stars* en 1 min** (210), chez elle dans le Kent (GBR). Son père, Mark, est impressionné par la rapidité de calcul de sa fille et confie que, rivée sur *TTRS*, elle ne cligne même pas des yeux, pour ne pas perdre le rythme ! Le voyage de Brooke dans le monde du GWR ne fait que commencer... En effet, elle a déjà prévu de battre son propre record.

As-tu toujours aimé les maths ?
J'ai toujours aimé les tables de multiplication. Quand j'ai découvert l'appli *TT Rock Stars*, je l'ai tout de suite adorée. J'ai commencé à l'utiliser vers sept. 2020 et j'ai encore la vidéo de mes 1ers essais !

Te souviens-tu de ton 1er score ?
J'ai eu 28.

Combien de temps as-tu mis pour atteindre la vitesse qui t'a permis de battre ce record ?
Il m'a fallu 6 mois. En mai 2021, j'arrivais à des scores de plus de 200.

Penses-tu pouvoir améliorer ton total de 210 calculs en 1 min ?
Oui, bien sûr ! Le lendemain de mon record du monde, j'ai fait 211 en mode "garage", mais ça n'est pas officiel.

Peux-tu nous donner ton conseil d'expert pour relever le défi *TTRS* ?
Il faut beaucoup de pratique et de détermination. C'est important de ne pas ressentir la pression.

Que pensent ta famille et tes amis de ton record ?
Ils sont tous très fiers – même si depuis j'ai eu droit à de nouveaux surnoms. Maintenant, on me traite de robot et on m'appelle la Calculatrice humaine !

Tu as battu près de 400 000 élèves lors de la compétition *TTRS* England Rocks 2021. Croyais-tu que tu allais gagner ?
Pour être honnête... oui ! J'étais convaincue que je pouvais le faire dès que j'ai battu régulièrement les plus hauts scores.

Que dirais-tu à quelqu'un qui trouve les maths ennuyeuses ?
Ce n'est pas grave – tout le monde a le droit d'avoir son opinion. Des applis comme *TT Rock Stars* rendent les maths sympas ! Essayez !

1. Brooke avec son père Mark, sa mère Shelley et sa sœur Paige. Ses parents ne cachent pas qu'ils ne savent pas d'où viennent les capacités de Brooke.

2. La génie des maths pratique env. 30 min de *TTRS* tous les matins. Elle peut résoudre 3 multiplications par seconde !

3. Brooke montre avec fierté ses récompenses : des trophées et produits officiels *TTRS*.

4. Lors de son triomphe au *TTRS* England Rocks 2021 – sous le pseudo "Heath Fox" –, Brooke a bien répondu à 2 880 questions de plus que son plus proche rival. Elle est bien sûr arrivée la 1re.

Lucky Diamond Rich

Pour Lucky Diamond Rich, se mettre en scène est naturel. Non content de jongler avec des tronçonneuses et d'avaler des sabres, il utilise sa peau comme une toile et s'est transformé en œuvre d'art vivante.

Né Gregory McLaren (NZL), Lucky rejoint à l'adolescence un cirque itinérant et se fait faire son 1er tatouage à 16 ans – une petite massue de jonglage qu'il fait tatouer sur la hanche de peur que sa mère n'approuve pas ! Lucky est immédiatement attiré par ce que l'on dépeint alors comme une forme d'art subversive, et décrit ses 1ers tatouages comme des "cartes postales" représentant les différentes régions qu'il a visitées.

Quand sa carrière d'artiste de rue décolle, Lucky expérimente les superpositions et fait recouvrir ses dessins à 100 % d'encre noire – y compris sur les paupières, les oreilles et les gencives. Ils sont ensuite recouverts de motifs blancs, sur lesquels sont ajoutés d'autres dessins en couleurs ! La passion de Lucky est reconnue en 2006, quand le GWR le désigne **l'homme le plus tatoué**. Aujourd'hui, sa peau est recouverte à plus de 200 %.

Lucky estime qu'il a passé plus de 1 000 h à faire transformer son corps par des centaines d'artistes. À présent, il préfère tatouer les autres et a mis sa carrière d'artiste de côté. Il est fier de partager les racines aborigènes de sa famille avec le peuple Quandamooka de la North Stradbroke Island (Queensland, AUS), et occupe désormais un emploi de travailleur social dans un centre de désintoxication à l'alcool et à la drogue de Victoria, où il accompagne les hommes aborigènes dans leur guérison.

1

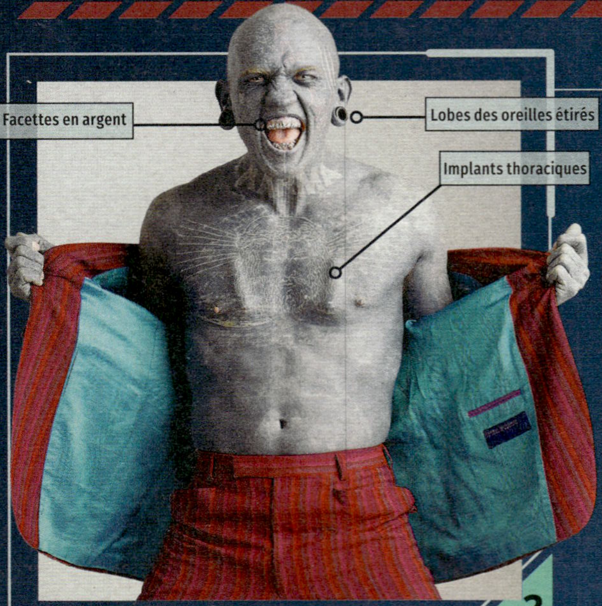

2

Lucky est recouvert de plusieurs couches de tatouages aux motifs colorés qui ressortent sur son corps entièrement tatoué d'encre noire.

INFORMATIONS

Nom	Lucky Diamond Rich (né Gregory McLaren)
Lieu de naissance	Nouvelle-Zélande
Titres du GWR	**L'homme le plus tatoué**
Compétences	Monocycle, avaleur de sabres, jongleur avec des tronçonneuses
Autres transformations du corps	Piercings, lobes des oreilles étirés et facettes de dent en argent

3

4

5

1. Lucky, en photo avec sa mère, avant de se lancer dans son épopée de tatouages qui lui vaudra ce record... et son nom actuel : "Je suis chanceux par nature, les diamants bruts sont les plus précieux et mon esprit s'est enrichi d'avoir appris à être quelqu'un de bien !"

2. "Chacun réagit différemment en me regardant, dit Lucky. Mais c'est comme le temps : je ne peux rien y changer, je dois juste l'accepter." Il ajoute : "Sous cette peau, je ne suis pas différent des autres, j'ai simplement beaucoup de tatouages... Ce que les gens pensent de moi ne m'intéresse pas ! Je me sens bien dans ma peau aujourd'hui."

3. Lucky est fier de ses origines autochtones et il arbore ici le drapeau des Aborigènes d'Australie. Conçu par Harold Thomas, artiste du peuple Luritja, ce drapeau a obtenu un statut de protection juridique et politique.

4. Posant sur un monocycle de 3 m de haut pour une séance photos du GWR, sous l'œil du rédacteur en chef, Craig Glenday. Pour Lucky, détenir un record du GWR est un "honneur et un privilège" et il apprécie qu'on le reconnaisse grâce aux livres dans lesquels il figure.

5. Lucky a dépassé le record détenu auparavant par Tom Leppard (GBR), le "Leopard Man of Skye", dont le corps était recouvert à 99,5 % d'encre. Lucky confie que tout est plus facile pour lui que pour les précédents détenteurs de records de tatouage, car l'art du tatouage est beaucoup moins stigmatisé et tabou.

Pour en savoir plus sur Lucky, consultez le chapitre Hall of Fame sur www.guinnessworldrecords.com/2023

Sommaire

Phileas Fogg n'a jamais voyagé à bord d'une montgolfière, bien que ce moyen de transport soit souvent représenté sur la couverture du livre !

Un roman pour inspiration
Notre énumération de lieux extraordinaires s'inspire du roman de Jules Verne *Le Tour du monde en quatre-vingts jours* écrit en 1873 et qui fêtera son 150e anniversaire en 2023.
Seriez-vous capable d'effectuer un tour du monde aussi rapidement que Phileas Fogg et son serviteur Passepartout ?

Le tour du monde en 300 records

Bienvenue pour ce tour du monde avec le GWR !
Depuis la pandémie de Covid-19, nous nous sommes habitués à voyager moins. Pour que vous ne perdiez pas le goût de la découverte, le GWR vous propose ce tour du monde virtuel ! Pour chaque destination, vous trouverez des informations dans la rubrique "En bref" et notre choix de lieux extraordinaires à voir absolument. Il s'agit d'un avant-goût de voyage... Qui sait ? Une fois les confinements et les masques révolus, ces quelques pages vous donneront peut-être envie de repartir à l'aventure ! Bon voyage !

LE TOUR DU MONDE EN 300 RECORDS

ÉTATS-UNIS

1 : Gateway Arch
Si vous êtes à Saint-Louis (Missouri), vous verrez sans doute la majestueuse Gateway Arch, **le plus haut monument commémoratif**. Ce dernier mesure 192 m de haut – l'équivalent de 63 étages – pour une largeur identique. Achevé le 28 oct. 1965, l'édifice en acier inoxydable marque l'expansion vers l'ouest du territoire américain après l'achat de la Louisiane en 1803 à la France de Napoléon, transaction qui fit doubler la taille des États-Unis. Pour jouir d'une vue panoramique à près de 50 km à la ronde, faites une promenade en tramway jusqu'au sommet de l'arche.

2 : Le parc d'attractions de Cedar Point
Les amateurs de sensations fortes n'auront que l'embarras du choix à Sandusky (Ohio), dans **le parc qui compte le plus d'attractions** : 72 selon les dernières données. La Top Thrill Dragster de 128 m, l'une des 17 montagnes russes, est **la 1re montagne russe "strata"**, c'est-à-dire dotée d'un circuit complet et d'un dénivelé compris entre 121,9 et 152 m. Tenez-vous bien !

3 : Le Narrows
Le parc national de Zion (Utah) est un paradis pour campeurs et randonneurs. Il abrite de nombreuses merveilles naturelles, notamment la Crawford Arch, formation rocheuse incurvée dont le sommet culmine à 300 m. Néanmoins, son site le plus fascinant reste le Narrows : **le canyon en fente le plus profond**. Creusé par la rivière Virgin dans du grès de Navajo, il est profond de près de 600 m mais pas plus large que 10 m. Il s'étire sur 25 km, serpentant dans le parc. Il faut env. 13 h pour le parcourir à pied.

4 : Dollywood
Dolly Parton est une icône de la country. Élevée dans la misère (selon ses propres mots), elle eut un formidable succès. Elle est **l'artiste restée le plus de décennies (6) dans le Top 20 du chart Hot Country Songs du Billboard**. Son parc à thème Dollywood, à Pigeon Forge (Tennessee), abrite des montagnes russes et des manèges, ainsi qu'un petit train à vapeur, le Dollywood Express. Des concerts y ont bien sûr lieu régulièrement.

5 : Graceland
Cette maison de style Revival de Memphis est un autre site incontournable du Tennessee. Elvis Presley, qui – 45 ans après sa mort – demeure **l'artiste solo le plus populaire** avec 1 milliard d'albums vendus dans le monde, en fit l'acquisition en 1957. Joignez-vous aux centaines de milliers de fans qui s'y rendent chaque année pour admirer le décor kitsch de la Jungle Room et les récompenses du King dans le Trophy Building.

6 : State Theatre
Les cinéphiles visitant le Midwest s'arrêteront à Washington (Iowa) pour voir un film dans **le cinéma resté continuellement en service le plus longtemps**. Le vénérable State Theatre ouvrit ses portes le 14 mai 1897. Le 5 janv. 2022, il était en activité depuis 124 ans et 236 jours. Le 1er film y fut projeté à l'aide d'un cinématographe fabriqué à Paris. Les billets coûtaient 15 ¢ (env. 5 $ actuels).

7 : Mauna Loa
Destination de vacances idyllique, Hawaï abrite aussi le Mauna Loa, **le plus grand volcan en activité**, dont le vaste dôme mesure 120 km de long et 50 km de large. Ses coulées de lave durcies occupent une superficie de 5 125 km² sur l'île. Le volcan est entré en éruption 33 fois depuis 1843, année de la 1re éruption connue.

8 : Stade Dodger
En 1957, les Brooklyn Dodgers quittèrent leur ville natale de New York pour le soleil de la Californie, où ils devinrent les Los Angeles Dodgers. Depuis son ouverture en 1962, le Dodger Stadium a accueilli près de 150 millions de fans. Il s'agit du **plus grand stade de base-ball de Major League** en termes de capacité : 56 000 spectateurs peuvent s'y asseoir. (À vrai dire, l'Oakland Coliseum peut en accueillir plus, mais seulement quand des sections supplémentaires sont ouvertes.). Des artistes renommés, comme les Beatles, Michael Jackson ou encore Beyoncé (voir p. 164-165), s'y sont produits. Pourquoi ne pas réserver une place pour assister à un match ou un concert ?

9 : San Antonio
Quiconque aime les légendes du Far West devrait se rendre dans cette ville texane pour voir le fort Alamo. En 1836, près de 200 combattants assiégés, dont Davy Crockett et James Bowie, y résistèrent durant 13 jours à l'offensive de quelque 2 500 soldats mexicains. C'est donc un lieu tout à fait approprié pour abriter
la plus haute sculpture de botte de cow-boy. Haute de 10,74 m, l'œuvre de Bob "Daddy-O" Wade prouve que tout est plus grand au Texas. Elle trône à l'extérieur du North Star Mall, au 7400 San Pedro Avenue.

10 : Hyperion
Quelque part dans le parc national de Redwood (Californie) se dresse un énorme Sequoia sempervirens. Surnommé Hyperion, ce séquoia à feuilles d'if est **l'arbre le plus haut**. En 2019, il mesurait 116,07 m, dépassant de loin "Big Ben". Ce titan possède aussi **la couronne la plus grande** (partie allant de la cime au début du feuillage) puisqu'elle mesure 90,9 m. Hyperion fut découvert le 25 août 2006, mais son emplacement reste un secret bien gardé afin de le protéger.

11 : Devils Tower
Ce mont photogénique du Wyoming s'est formé il y a plus de 50 millions d'années à la suite d'une poussée de lave qui s'est progressivement refroidie et contractée dans la roche sédimentaire voisine. Celle-ci, plus molle, s'éroda avec le temps, d'où l'émergence du fameux monolithe. Celui-ci est composé des **plus hautes colonnes volcaniques, ou orgues**, certaines culminant à 264 m au-dessus des plaines. Les amateurs de films de science-fiction reconnaîtront la mystérieuse montagne de Rencontres du troisième type (USA, 1977), de Steven Spielberg.

12 : Le Best Man
Si vous souhaitez vous marier rapidement, oubliez Las Vegas et filez à Shelbyville (Illinois). Vous y trouverez **la chapelle de mariage la plus rapide**, le Best Man, pouvant atteindre 99 km/h.
Le révérend Darrell Best a équipé son ancien camion de pompiers de vitres teintées, de bancs d'église, d'une chaire et même de grandes orgues. Les couples peuvent se marier sur la route ou se garer à l'endroit de leur choix, puis emprunter la chapelle pour se rendre à la réception de mariage !

En bref

- **Superficie :** 9 833 517 km²
- **Population :** 334,9 millions
- **À savoir :** C'est le pays des superlatifs. Les États-Unis représentent **l'économie la plus importante** avec un PIB de 22,94 billions $ en oct. 2021, selon le Fonds monétaire international. Étant donné la taille du pays, il n'est guère surprenant qu'il possède aussi **le plus d'aéroports** (19 919), selon les données les plus récentes. Saviez-vous qu'il y a eu 27 versions de la bannière étoilée depuis son adoption en 1775 comme drapeau national ?

Canada

1 : Peak 2 Peak Gondola
Si vous n'avez pas le vertige, empruntez **le plus haut téléphérique**, à Whistler (Colombie-Britannique). Situé à une hauteur de 436 m, soit 55 m de plus que l'Empire State Building, il n'est pas conseillé aux acrophobes. Pour plus de sensations fortes, vous pouvez monter dans une cabine équipée d'un plancher en verre ! Le téléphérique, qui relie les montagnes Whistler et Blackcomb séparées de 4,4 km, parcourt **la plus longue distance entre 2 pylônes**, soit 3,02 km.

2 : Festival de la galette de sarrasin
Cette fête québécoise ne manque pas d'atouts. Elle propose, entre autres, des plats alléchants et de superbes articles d'artisanat. Le 3 août 2019, elle a accueilli **le plus grand derby de démolition**, un spectacle impressionnant au cours duquel 125 fous du volant jouèrent à se heurter violemment, à Saint-Lazare-de-Bellechasse, lors d'une course automobile de 50 min organisée par Nicolas Tremblay, Julien Fournier et Paul Morin. Mathieu Langlois, qui conduisait une Toyota Corolla de 2001, a gagné la compétition et reçu 10 000 $ canadiens de récompense.

3 : Saint-Louis-du-Ha ! Ha !
Le Canada est le seul pays où vous pouvez envoyer une carte postale d'une ville dont **le nom compte un nombre record de points d'exclamation** ! Cité québécoise de 1 318 habitants, Saint-Louis-du-Ha ! Ha ! fut baptisée ainsi en 1874. La double exclamation "Ha ! Ha !" fait référence à l'archaïsme français "hâ-hâ" désignant un élément du paysage créant une frontière ou jouant son rôle, sans doute le lac Témiscouata voisin, dans le cas présent.

4 : Rogers Centre
Hébergeant l'équipe de base-ball des Blue Jays de Toronto, ce stade, qui s'appelait autrefois SkyDome, peut accueillir 67 000 spectateurs quand il y a des concerts, 55 000 supporters de foot canadien et 50 600 fans de base-ball (pas tous en même temps néanmoins !). Il est surtout connu pour posséder **le plus grand toit rétractable**. Achevé en juin 1989, ce dernier mesure 209 m dans sa partie la plus large et couvre 3,2 ha. Il faut 20 min pour l'ouvrir. Une fois qu'il est complètement relevé, le terrain et 91 % des sièges sont à ciel ouvert.

5 : Tour CN
Si vous êtes à Toronto, vous verrez probablement la tour CN, que vous le vouliez ou non, car cette tour de communications et d'observation s'élève à 553,34 m dans le ciel de la ville. Quand sa construction fut achevée le 2 avr. 1975,

En bref

- **Superficie :** 9 984 670 km²
- **Population :** 37,9 millions
- **À savoir :** le Canada est le 2e pays le plus vaste du monde et partage **la plus longue frontière du monde** avec les États-Unis (8 963 km). Ses côtes, qui s'étirent sur 243 798 km, si l'on compte les milliers d'îles, sont **les côtes les plus longues.** Le pays abrite aussi **la plus grande île artificielle :** l'île René-Levasseur de 2 020 km² à Québec. Entourée des eaux du réservoir Manicouagan, elle fut créée par la destruction délibérée d'un barrage. Elle est 2,5 fois plus vaste que New York.

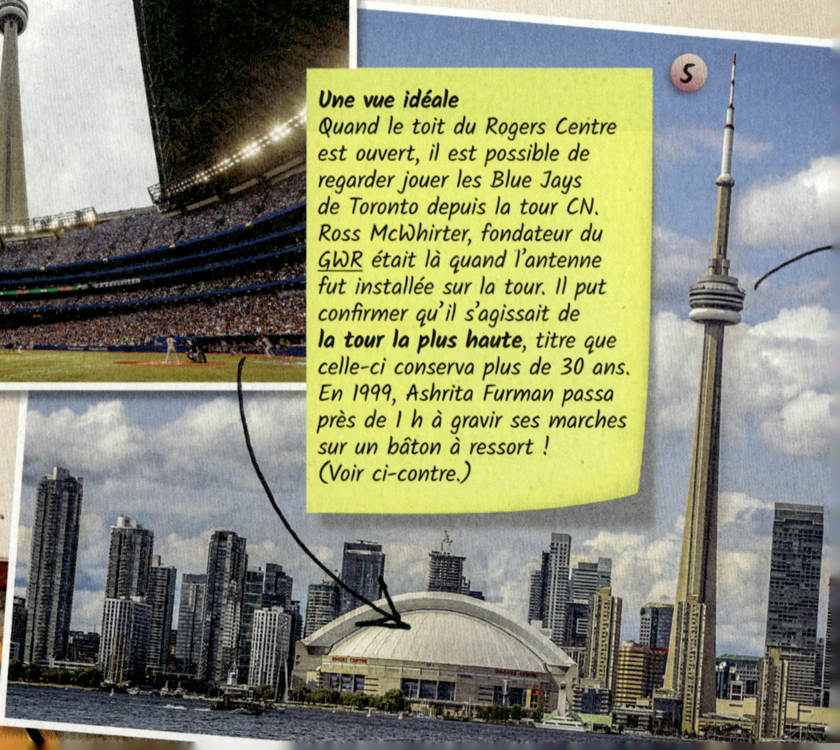

Une vue idéale
Quand le toit du Rogers Centre est ouvert, il est possible de regarder jouer les Blue Jays de Toronto depuis la tour CN. Ross McWhirter, fondateur du GWR était là quand l'antenne fut installée sur la tour. Il put confirmer qu'il s'agissait de ***la tour la plus haute****, titre que celle-ci conserva plus de 30 ans. En 1999, Ashrita Furman passa près de 1 h à gravir ses marches sur un bâton à ressort ! (Voir ci-contre.)*

c'était **la plus haute structure** et **la plus haute tour** (avant l'édification des tours Burj Khalifa et de Canton).

À 356 m du sol, **la promenade la plus haute** fait le tour du Restaurant 360. Si vous avez le courage de vous y aventurer, vous marcherez, équipé d'un harnais, sur un rebord de seulement 1,5 m de large. (Admirez la décontraction de Craig Glenday, le rédacteur en chef du GWR, sur la photographie ci-dessous !)

Vous pouvez atteindre la plateforme d'observation LookOut Level à 346 m en moins de 1 min grâce à 6 ascenseurs aux portes vitrées. Ce serait bien trop simple pour Ashrita Furman (USA), détenteur de multiples records du GWR. Le 23 juill. 1999, il a été **le plus rapide à atteindre le sommet de la tour sur un bâton à ressort** en gravissant les 1 899 marches en 57 min et 51 s.

6 : Régate de citrouilles géantes de Windsor

Lors de cette compétition annuelle, les participants parcourent 800 m sur le lac Pesaquid en Nouvelle-Écosse, à bord "d'un bateau-légume original" : une citrouille évidée ! Bien sûr, les citrouilles motorisées sont permises. Cet événement, qui est **la plus longue course sur l'eau en citrouille**, a fêté son 21ᵉ anniversaire en 2019. Il n'a pas eu lieu les deux années qui suivirent en raison de la Covid-19, mais il y a de l'espoir pour 2022.

7 : Stade olympique de Montréal

Des édifices droits finissent par pencher pour diverses raisons. Certains penchent dès le départ, comme la tour de ce stade. Cette merveille architecturale de 165 m de haut est **la plus haute tour penchée** du fait de son inclinaison à 45°.

Si vous désirez accéder à son sommet, un funiculaire sur 2 niveaux vous transporte en quelques minutes le long de son mur extérieur jusqu'à l'observatoire, qui permet d'admirer le panorama à 80 km à la ronde par temps clair.

8 : Patinoire du canal Rideau

Quand les températures chutent, le Canada devient un paradis pour les patineurs. Chaque année, le canal traversant Ottawa (Ontario) gèle, donnant naissance à **la patinoire naturelle la plus grande**. Mesurant 7,8 km de long, celle-ci couvre 165 621 m², soit l'équivalent de 90 patinoires olympiques. Joignez-vous aux 20 000 patineurs qui évoluent dessus chaque jour. Réchauffez-vous en cours de route autour d'un feu et reprenez des forces en dégustant des "queues de castor", des beignets à la cannelle et au sucre.

9 : Festival international de jazz de Montréal

Accueillant env. 3 000 artistes et 650 concerts par an (la plupart gratuits), le festival de jazz du Québec est à la hauteur de sa réputation. En juill. 2004, lors de son 25ᵉ anniversaire, il attira plus de 1,9 million de spectateurs, devenant **le plus grand festival de jazz**.

10 : Chutes du Niagara

À la frontière entre le Canada et les États-Unis, ces chutes attirent 22,5 millions de visiteurs par an. Ce sont **les chutes d'eau les plus visitées**. Elles ont un débit d'env. 169 900 m³ d'eau par minute. Imaginez près de 70 bassins olympiques ! Ne ratez pas l'occasion de vous approcher des cascades en bateau, mais n'oubliez pas votre imperméable !

Le 30 juin 1859, Charles Blondin, alias Jean-François Gravelet (FRA), a effectué **la 1ʳᵉ traversée sur une corde raide de la gorge du Niagara**. Il marcha sur une corde de 335 m de long, à 48 m de hauteur, au-dessus des cataractes rugissantes.

Statues sous-marines
Le parc national maritime du Yucatán abrite **le plus grand musée de statues sous-marines grandeur nature**. L'œuvre de Jason deCaires Taylor (GBR), Silent Evolution, réunit 480 statues représentant des habitants de la région. Les sculptures sont censées favoriser la reconstitution des récifs de coraux.

Mexique

1 : Grottes du Yucatán
La péninsule du Yucatán possède **le plus long réseau de galeries souterraines**, le Sistema Sac Actun ("Le système des Grottes blanches") et le Dos Ojos ("Les deux yeux"). Reliées, ces grottes sous-marines ont une longueur de 371,95 km, 4 fois supérieure à celle du canal du Panamá. Les plongeurs y accèdent par des lacs ou cénotes que les Mayas tenaient pour les portes du monde souterrain et où ils déposaient en guise d'offrandes des objets sacrés, voire des êtres vivants qu'ils sacrifiaient !

2 : Día de los Muertos
Chaque année, en novembre, le Mexique s'anime pour la fête des Morts, une célébration joyeuse et colorée. Des squelettes géants défilent dans les rues et des ofrendas, autels privés, sont ornés de photographies et d'objets ayant appartenu aux défunts. Le 1er nov. 2019, la municipalité d'Hidalgo réalisa **le plus grand autel du Jour des Morts**. D'une superficie de 1 044,3 m², soit env. 2 fois la taille d'un terrain de basket, il était décoré d'une myriade d'offrandes, dont 600 crânes en sucre, 1 000 bouquets de fleurs et 1 000 bougies.

3 : La Quebrada
À Acapulco, les plongeurs de la Quebrada ("Le Ravin") défient la mort en s'élançant d'une falaise de 35 m dans seulement 3,6 m d'eau. Ils exécutent régulièrement **les plus hauts plongeons**. Née à la suite d'un pari entre pêcheurs dans les années 1930, cette tradition devint l'une des attractions de la ville. Des têtes brûlées de 17 à 70 ans font des plongeons spectaculaires plusieurs fois par jour. Ces plongeurs firent une apparition remarquée dans L'Idole d'Acapulco avec Elvis Presley en 1963.

4 : Macro Mural Barrio de Palmitas
En 2014-2015, le collectif artistique Germen Crew peignit pendant 14 mois la ville de Pachuca en rouge… jaune, bleu et rose ! Avec l'aide d'habitants, ils créèrent une œuvre éclatante en réalisant **une fresque sur un nombre record de murs**, soit 209. Décorer cette surface de 20 000 m² faisait partie d'un projet gouvernemental destiné à souder les habitants et à réhabiliter le quartier.

5 : Grande Pyramide de Cholula
Aussi appelé Tlachihualtepetl ("la montagne faite par l'homme"), ce vaste monolithe en adobe de l'État de Puebla est **la pyramide la plus volumineuse**. Plus petite que la pyramide de Khéops en Égypte (voir p. 154), elle possède cependant un volume supérieur (2 millions de m³ de plus). L'actuelle pyramide fut bâtie par les Olmèques-Xicalanca entre 650 et 800. Près de 220 000 personnes la visitent chaque année.

En bref

- **Superficie :** 1 964 375 km²
- **Population :** 130,2 millions
- **À savoir :** Le Mexique est **le 10e pays le plus peuplé du monde**. Près de 25 % de ses habitants vivent à Mexico, la capitale, ou à proximité. Parmi ses nombreuses merveilles naturelles, citons **la plus grande stalactite immergée**, la Tunich Ha de 12,8 m du réseau souterrain Sistema Chac Mool, et l'Árbol del Tule, **l'arbre ayant la plus grande circonférence** (36,2 m env.) : un cyprès de Montezuma (Taxodium mucronatum) dans l'État d'Oaxaca.

Antilles

1 : Du rhum de 1780
Aucun voyage aux Antilles ne serait complet sans un verre de rhum, cette eau-de-vie typique obtenue par distillation de la canne à sucre. **Le rhum le plus ancien** a été fabriqué à La Barbade en 1780. En 2011, des bouteilles furent découvertes dans la cave d'une maison du Yorkshire de l'Ouest (GBR). En déc. 2014, les 16 dernières bouteilles rapportèrent 100 000 £ lors d'une vente aux enchères pour une œuvre de bienfaisance.

2 : Colibri d'Elena
Les ornithologues amateurs devront ouvrir l'œil pour apercevoir **l'oiseau le plus petit** : le colibri d'Elena (Mellisuga helenae) originaire de Cuba. Ne mesurant que 57 mm, le mâle est plus léger qu'une carte de jeu : il pèse 1,6 g. Les colibris d'Elena battent leurs ailes plus de 80 fois/s et absorbent chaque jour la moitié de leur poids sous forme de nectar.

3 : Université Saint-Thomas d'Aquin
Les fans de culture antillaise découvriront **la 1re université du Nouveau Monde** à Saint-Domingue (DOM). Ancien séminaire fondé en 1518 par des moines catholiques, l'université Saint-Thomas d'Aquin devint une université grâce à la bulle papale du 28 oct. 1538. L'établissement fut reconnu par l'Espagne en 1558.

4 : Tyrolienne à vélo de Toroverde
Si vous souhaitez admirer la vue de manière acrobatique, filez au parc d'aventure de Toroverde à Porto Rico pour emprunter **la plus longue tyrolienne à vélo**. Vous pédalerez au-dessus de la jungle le long de câbles de 322,25 m.

5 : Merengue
Malgré ses influences africaines et espagnoles, le merengue est un genre musical et une danse propres à la République dominicaine. Le 3 nov. 2019, plus de 844 personnes exécutèrent **la plus grande danse de merengue** dans la capitale, Saint-Domingue.

6 : Trou bleu de Dean
Situé à Long Island (BHS), ce trou bleu de 202 m de profondeur est le cadre extraordinaire de la compétition d'apnée annuelle Vertical Blue. Le 24 juill. 2018, Alexeï Moltchanov (RUS) réalisa **la plongée en immersion libre la plus profonde**. Il descendit à 125 m et remonta sans reprendre son souffle.

7 : Dynaste Hercule
Les personnes se rendant en Guadeloupe et à la Dominique devraient faire attention à d'imposants insectes volants qui sont **les plus longs coléoptères** ! Un spécimen de la sous-espèce Dynastes hercules hercules mesurait 172 mm de long.

En bref

- **Superficie :** 223 768 km²
- **Population :** 38,7 millions
- **À savoir :** Les Antilles comprennent plus de 700 îles. Cuba est la plus grande (elle est aussi vaste que les 5 autres îles les plus grandes réunies). Ne couvrant que 87 km², Saint-Martin est **la plus petite île habitée partagée**. Depuis 1648, elle est constituée d'une partie française, Saint-Martin, et d'une partie néerlandaise, Sint Maarten, au sud. Avant d'être colonisée, elle s'appelait Oualichi : "l'île aux femmes".

Amérique centrale et du Sud

1 : Réserve du récif de la barrière du Belize
L'Australie possède la plus célèbre (et **la plus longue**) barrière de corail (voir p. 146), mais si vous êtes en Amérique centrale, allez voir **le plus grand récif-barrière de l'hémisphère nord**. Couvrant 963 km², la réserve du récif-barrière de Belize est 2,5 fois plus vaste que La Barbade et constitue le 2e plus grand récif corallien après la Grande Barrière de corail. Le plateau sous-marin et le récif s'étirent du Mexique au nord au Guatemala au sud. Propice au snorkeling, à la voile, à la plongée, la réserve est un habitat précieux pour d'innombrables espèces menacées (tortues marines, lamantins et crocodiles).

2 : Mont Chimborazo
L'Everest étant **la plus haute montagne**, son sommet devrait être le plus éloigné du noyau terrestre. Ce n'est pourtant pas le cas. Le géant de l'Himalaya est le plus haut sommet par rapport au niveau de la mer. **Le sommet le plus éloigné du centre de la Terre** est le mont Chimborazo (ECU) : il se trouve à 6 384,4 km du noyau terrestre, c'est-à-dire 2 km de plus que l'Everest. C'est possible parce que la Terre est un "sphéroïde aplati" et présente un renflement au niveau de l'équateur.

3 : Îles Galápagos
L'archipel des Galápagos, au large de la côte équatorienne, joua un rôle essentiel dans la théorie de l'évolution. En 1835, le naturaliste Charles Darwin y passa 19 jours pour faire les recherches qui l'amenèrent à écrire son ouvrage révolutionnaire : De l'origine des espèces (1859).
C'est aussi là, notamment sur les îles Fernandina et Isabela, à la latitude de 0,16°N, que vit **le manchot le plus septentrional**, le manchot des Galápagos (Spheniscus mendiculus).

4 : Kerepakupai Merú
La plus haute chute d'eau, une des attractions touristiques du Venezuela, se trouve sur un affluent supérieur du fleuve Caroní. Jaillissant de la falaise de l'Auyán-tepui, elle possède une hauteur de 979 m, soit env. 18 fois celle des chutes du Niagara (voir p. 117). Elle est aussi appelée la chute de l'Ange, du nom de l'aviateur Jimmie Angel (USA), qui l'aperçut du ciel en 1933. Son nom local, dans la langue des Pemóns, se traduit approximativement comme "la cascade du lieu le plus profond".

5 : San Bartolo
L'archéologue William Saturno explorait l'ancienne cité guatémaltèque de San Bartolo en 2001, quand il découvrit **la plus ancienne peinture murale maya**, datant de 100 av. J.-C. Retraçant l'histoire de la création, cette fresque colorée donne un aperçu de la civilisation de l'époque, témoignant notamment du droit divin des rois. Perdu dans la jungle, le site abrite aussi **la plus vieille inscription maya**. Elle date de 300 à 200 av. J.-C.

6 : Forêt tropicale humide amazonienne
Imaginez un lieu où la canopée est si dense que l'on ne voit pas le ciel. C'est le cas de **la plus**

Les amphibiens de l'Amazone
Bien qu'elle soit de plus en plus menacée, cette vaste forêt tropicale humide abrite toujours une faune très diverse. Il existe plus de 8 000 espèces d'amphibiens connues, comme les grenouilles, et plus de 1 150 vivent au Brésil, qui comprend 60 % de la forêt amazonienne. C'est **le pays comptant le plus d'amphibiens.**

grande forêt tropicale humide qui couvre 9 pays, env. 6,5 millions km². La forêt verdoyante est traversée par le fleuve Amazone qui déverse jusqu'à 340 000 m³ d'eau par seconde ! Ce n'est pas **le fleuve le plus long** du monde (voir p. 141), mais c'est **le fleuve au plus gros débit**.

7 : Carnaval de Rio de Janeiro
Le célèbre carnaval brésilien a bien changé depuis sa naissance au début du XVIIIe siècle. Les participants se jetaient alors de l'eau, parfois du jus de citron ou de la boue... Avec ses costumes extravagants et ses défilés au son des percussions de la samba, **le plus grand carnaval** a lieu chaque année pendant la 1re semaine de mars. Il attire près de 2 millions de personnes par jour.

8 : Monserraté Cerro Abajo
Une course très difficile est organisée par Red Bull sur le Cerro de Monserrate. D'audacieux cyclistes dévalent cette colline dominant le centre de la capitale colombienne, Bogotá, à l'occasion de **la plus longue descente à vélo sur des escaliers**. Env. 80 % du circuit de 2,4 km est constitué de marches : il y en a plus d'un millier ! Adrien Loron (FRA) a remporté l'édition 2021 en 4 min et 31 s. Nous vous conseillons d'effectuer le parcours à pied...

9 : Salar de Uyuni
Situé dans le sud-est de la Bolivie, **le plus grand salant** (10 000 km²) a presque la superficie de la Jamaïque. Contenant près de 10 milliards t de sel, il se remplit d'une faible quantité d'eau à la saison des pluies (déc.-avr.), se parant de reflets magiques. Si vous voulez encore plus de sel, pourquoi ne pas séjourner dans **le plus grand hôtel de sel** ? Comportant 16 chambres, le Palacio de Sal est un hôtel de 4 500 m² dont les sols, les murs, les plafonds, les lits et même un terrain de golf de 9 trous sont en chlorure de sodium. Il fut reconstruit en 2007 avec 1 million de blocs de sel.

10 : Isla Escudo de Veraguas
Cette petite île au large de la côte du Panamá abrite une espèce endémique de taille réduite : le paresseux nain tridactyle (Bradypus pygmaeus). Cette espèce en danger est à la fois **le paresseux le plus rare** et **le plus petit**. Il ne mesure pas plus de 53 cm, soit un peu plus qu'un nouveau-né. Il faut 3 h en bateau pour accéder à l'île, mais les amateurs du **mammifère le plus lent** se précipiteront pour voir cette petite merveille.

11 : Machu Picchu
Quelques étrangers avaient vu cette citadelle inca après le départ de ses habitants à la fin du XVIe siècle, mais c'est l'historien Hiram Binghma (USA) qui la fit connaître au monde entier en 1911. Bâtie dans les Andes, dans la région de Cusco au sud du Pérou, elle est aujourd'hui **le site inca le plus visité**. En 2018, 1 578 030 personnes s'y sont rendues pour flâner parmi ses ruines si caractéristiques au milieu des nuages et voir des lamas.

12 : Phare du Cabo de Hornos
L'Atlantique et le Pacifique se rencontrent au cap Horn, la pointe méridionale d'Amérique du Sud, où les vents violents firent sombrer de nombreux bateaux. Afin d'empêcher d'autres tragédies, un phare fut construit sur l'île Hornos en Terre de Feu (CHL), en 1991. Des balises plus simples se trouvent plus au sud, mais ce phare, à la latitude 55,96° S, est **le phare le plus méridional.**

En bref

- **Superficie :** 18 504 123 km²
- **Population :** 521,1 millions
- **À savoir :** L'Amérique latine est renommée pour sa beauté naturelle et la richesse de ses cultures indigènes anciennes et actuelles. La région est aussi connue pour battre des records, qu'il s'agisse de sa jungle tropicale, ses récifs, ses fleuves et ses lacs. La cordillère des Andes, **la plus longue chaîne montagneuse**, est l'un de ses joyaux. Elle inclut quelques-uns des plus hauts pics : plus de 50 s'élèvent à plus de 6 000 m.

Royaume-Uni et Irlande

En bref

- **Superficie :** 313 883 km²
- **Population :** 72,3 millions
- **À savoir :** le Royaume-Uni comprend 4 nations : l'Angleterre, l'Écosse, le pays de Galles et l'Irlande du Nord. Le palais de Buckingham à Londres est la résidence de Sa Majesté la reine Elizabeth II, qui a fêté ses 70 ans de règne le 6 févr. 2022. C'est donc **la reine qui règne depuis le plus longtemps.** L'Irlande est le pays de la Guinness, qui dans les années 1950 inspira un certain livre des records…

1 : Alton Towers
Les amateurs de sensations fortes seront au 7e ciel dans ce parc à thème du Staffordshire, en Angleterre. Parmi les 10 montagnes russes, le Smiler, qui vous transporte à 85 km/h, est celle qui compte **le plus d'inversions** (14). Le complexe comprend aussi un parc aquatique, des parcours acrobatiques et un terrain de golf peu ordinaire.

2 : Les joyaux de la Couronne
Depuis plus de 600 ans, les emblèmes de la Couronne britannique sont conservés dans la tour de Londres (voir #4). Près de 140 objets, parmi lesquels des joyaux, des tenues de cérémonie et des sceptres, sont exposés au public. Incrustée de 444 pierres précieuses et semi-précieuses, la couronne de saint Édouard, dont on estime la valeur à 3,5 millions £, est **la couronne la plus chère.**

3 : St Patrick's Tower
Dans le quartier Liberties de Dublin, la capitale irlandaise, vous trouverez un moulin hors service de 45,7 m. Érigée en 1757, la tour Saint-Patrick alimentait la distillerie de Thomas Street, qui à son apogée produisait plus de 9 millions de litres de whisky par an. En 1860, avec l'avènement de la vapeur, les ailes furent retirées et, dans les années 1920, la distillerie ferma. Aujourd'hui, **le plus haut moulin à vent** est vide.

4 : La tour de Londres
Cette forteresse historique fut fondée au XIe siècle sur la rive nord de la Tamise, à l'époque de la conquête normande. Classée au patrimoine mondial de l'Unesco, elle abrite **le plus vieux musée,** le Royal Armouries Museum, qui a ouvert ses portes au public en 1660. Sa collection était déjà visible sur rendez-vous 8 ans plus tôt. Parmi les objets exposés figure **la plus grande armure,** qui mesure 2,05 m de haut. Elle était supposée avoir été portée par Jean de Gand, duc de Lancastre, au XIVe siècle. En fait, elle est d'origine allemande et aurait été fabriquée vers 1540.

5 : Stratford-upon-Avon
Ce bourg des West Midlands est célèbre dans le monde entier car il a vu naître William Shakespeare (1564-1616), le barde d'Avon, **le dramaturge dont les œuvres se vendent le mieux.** Ses œuvres, dont Hamlet, Macbeth et Roméo et Juliette, se seraient vendues à plus de 4 milliards d'exemplaires. Stratford abrite 5 maisons liées historiquement à Shakespeare, dont Hall's Croft (ci-dessous), où vécut sa fille Susanna. Des représentations de la Royal Shakespeare Company ont également lieu dans la ville. Les voir ou ne pas les voir, that is the question…

6 : Croke Park
Siège de la Gaelic Athletic Association, le stade national irlandais de Dublin accueille les "All-Ireland finals" de football gaélique, de hurling et de camogie. La finale du championnat de football gaélique senior en 1961 entre Down et Offaly (encadré) attira 90 556 spectateurs, soit **le public le plus nombreux**

pour un match de football gaélique. La finale de **hurling** en 1954 entre Cork et Wexford rassembla 84 856 personnes à Croke Park.

7 : Les Beatles

Faites un "magical mystery tour" à Liverpool, dans le nord de l'Angleterre, en hommage au **groupe aux meilleures ventes** (plus de 1 milliard de singles et d'albums vendus, selon des estimations). Participez à une visite en bus sur les lieux où les membres du groupe ont grandi. À Pier Head, vous verrez les statues en bronze de John, Paul, George et Ringo réalisées par le sculpteur Andy Edwards. Faites un selfie à Penny Lane et visitez les musées dédiés aux Fab Four avant de gagner Mathew Street pour danser le twist au Cavern Club, lieu légendaire où les Beatles jouèrent 292 fois de 1961 à 1963.

8 : Chaussée des Géants

Les 40 000 colonnes basaltiques réunies sur la côte atlantique constituent l'unique site d'Irlande du Nord inscrit au patrimoine mondial de l'Unesco. Elles résultent d'une ancienne activité volcanique, mais, selon des légendes populaires, c'est le géant irlandais Finn MacCool qui les aurait apportées là. À Port Noffer, vous verrez la "Giant's Boot" de Finn : une pierre érodée en forme de chaussure (du 93,5 au Royaume-Uni !). Le basalte est **la roche volcanique la plus courante** : elle forme plus de 90 % de la surface terrestre.

9 : Championnat du monde de lutte dans du jus de viande

À Stacksteads, en Angleterre, le pub Rose'N'Bowl accueille une compétition sportive impertinente au cours de laquelle des lutteurs s'affrontent dans de la sauce Lancashire froide. Les costumes et le niveau d'animation rapportent des points. Joel Hicks a remporté **le plus de victoires** (6). Chez **les femmes**, Emma Slater et The Oxo Fox, alias Roxy Afzal, se partagent le record avec 2 victoires chacune.

10 : Loch Ness

Les eaux paisibles du Loch Ness, dans les Highlands, en Écosse, sont devenues La Mecque des cryptozoologistes. Ces derniers pensent qu'un monstre se cache dans le lac de 56 km².

Bien qu'il n'y ait pas de preuve de l'existence de Nessie, les rumeurs sur la présence de "créatures aquatiques" dans la région remontent au VIe siècle. Personne n'a cherché Nessie avec plus d'ardeur que Steve Feltham. Il est installé près du lac depuis 1991, soit 30 ans, **la plus longue période d'observation du lac sans interruption dans l'espoir de voir le monstre du Loch Ness**. Vivant dans un bibliobus sur la rive, il scrute chaque jour le lac à la recherche de signes.

11 : Voie ferrée Ffestiniog

Fondée le 23 mai 1832, la voie ferrée Ffestiniog, au pays de Galles, est **la ligne de chemin de fer indépendante la plus ancienne**. Longue de 21,7 km, elle serpente à travers le paysage pittoresque du parc national de Snowdonia, du port de Porthmadog à Blaenau Ffestiniog, située à 213 m d'altitude. Si vous préférez voir le pays de Galles en péniche, gagnez le canal Llangollen et traversez la Dee via **l'aqueduc navigable le plus haut du monde** : le pont-canal de Pontcysyllte de 38,4 m de haut.

12 : Stonehenge

Cet ensemble de pierres circulaires dans la plaine de Salisbury, au Wiltshire, est l'un des sites préhistoriques les plus célèbres. Construit à la fin du néolithique, vers 2 500 av. J.-C., il comprend **les plus grands trilithes**, structures formées de 2 blocs de pierre dressés sur lesquels repose un 3e bloc. Les blocs les plus lourds pèsent plus de 45 t !

France

1 : Tour Eiffel
Du haut de ses 300 ou 324 m, si l'on inclut les antennes à son sommet, la célèbre tour Eiffel domine les toits de Paris. Elle fut conçue et construite à l'occasion de l'Exposition universelle de Paris par la société de l'ingénieur Gustave Eiffel, dont elle porte le nom. Lors de son inauguration, le 31 mars 1889, la tour en treillis de fer forgé était **la plus haute structure** au monde. Elle demeure **la plus haute structure en fer.** C'est aussi **le monument payant le plus visité** : chaque année, de 6 à 7 millions de visiteurs achètent un billet.

2 : Versailles
Aucun voyage à Paris ne serait complet sans une promenade dans **le jardin le plus vaste** : le parc du château de Versailles. Situé à env. 20 km à l'ouest de la capitale, il fut créé par André Le Nôtre pour Louis XIV à la fin du XVIIe siècle. Aujourd'hui, il couvre une superficie de plus de 800 ha (l'équivalent de plus de 30 500 courts de tennis !). Le superbe jardin à la française de 100 ha est célèbre pour ses fontaines, ses serres, ses sentiers et bosquets d'arbres parfaitement alignés. Le parc est également orné de 221 sculptures en bronze, en marbre ou en plomb.

3 : Viaduc de Millau
Si vous quittez Paris pour rejoindre la Méditerranée, vous jouirez d'une vue époustouflante depuis **le pont le plus haut** du monde. Le viaduc de Millau, qui enjambe la vallée du Tarn en Occitanie, repose sur 7 piliers en béton, le plus haut mesurant 244,9 m du sol à la chaussée. Si l'on inclut les pylônes de 87 m de haut, sa hauteur maximale est de 336,4 m. Reportez-vous à la p. 152 pour découvrir **le pont le plus en altitude**.

4 : Tour de France
Depuis 1903, la course de vélo la plus célèbre du monde sillonne la France, en faisant parfois un crochet dans un pays voisin. C'est **l'événement sportif le plus suivi.** Chaque année, jusqu'à 12 millions de personnes se pressent le long des routes pour voir les cyclistes durant les 23 jours de compétition.

5 : Louvre
Les amateurs d'art devraient aller admirer les 35 000 œuvres tapissant les murs du musée le plus emblématique de Paris. Le Louvre est **la galerie de peintures la plus visitée.** En 2018, 10,2 millions de touristes franchirent ses portes. L'inestimable Joconde de Léonard de Vinci est bien sûr le principal but de visite. En 1911, elle devint **l'objet le plus cher ayant été dérobé** (heureusement, on la retrouva en 1913 !)

En bref

- **Superficie :** 551 500 km² en incluant la Corse ; 643 801 km² en incluant ses 5 plus grands territoires d'outre-mer (la Guyane, la Guadeloupe, la Martinique, Mayotte et la Réunion).
- **Population :** 62,8 millions ; 68 millions avec les 11 territoires d'outre-mer habités.
- **À savoir :** la France est **le pays le plus visité** et a attiré 89,4 millions de touristes en 2018. Du fait de ses territoires d'outre-mer, elle compte **le plus de fuseaux horaires** (13 à certains moments de l'année).

Un mariage dispendieux !
En 2004, Vanisha Mittal (IND) et Amit Bhatia (GBR) décidèrent d'organiser leur cérémonie de mariage au château de Versailles ! Le père de la mariée – le magnat de l'acier et milliardaire Lakshmi Mittal – s'acquitta de la coquette somme de 55 millions $. Ce fut donc **le mariage le plus onéreux du monde** !

En bref

- **Superficie :** 301 340 km², avec la Sardaigne et la Sicile.
- **Population :** 62,3 millions
- **À savoir :** L'Empire romain remonte à la fondation de Rome en 753 av. J.-C., mais la république italienne moderne ne vit le jour qu'en 1861. L'Italie se targue de posséder **le plus de sites inscrits au patrimoine mondial de l'Unesco** (58 en juill. 2021), notamment Pompéi (détruite et conservée par l'éruption du Vésuve en 79), Venise et l'Etna.

Italie

1 : Venise

Souvent considérée comme la ville la plus belle et la plus romantique sur Terre, Venise est aussi **la cité la plus lacustre**. Bâtie sur 118 petites îles de la lagune de Venise, elle est fréquemment inondée, et de plus en plus en dehors de la période des marées, ce qui est inquiétant. Ainsi en 2019, une montée des eaux inattendue submergea plus de 80 % de la cité. Les Vénitiens se sont adaptés en sillonnant le Grand Canal de 3,8 km de long à bord de vaporetti (bateaux-bus) et en empruntant les quelque 400 ponts pour aller d'une rue à l'autre.

2 : Etna

Culminant à 3 329 m, l'Etna, en Sicile, est le plus grand volcan d'Europe en activité et l'un des volcans les plus actifs du monde avec **le plus d'éruptions volcaniques,** près de 200, la première connue datant de 1500 av. J.-C. Il émet aussi **les plus grands anneaux de vapeur** : des vortex de 200 m de diamètre ne se dissipant qu'après 10 min.

3 : Colisée

Achevé en l'an 80, l'amphithéâtre Flavien, ou Colisée, à Rome, couvre 2 ha, soit l'équivalent de 3 terrains de football. Il s'agit du **plus vaste amphithéâtre** jamais bâti, mais aussi du plus grand encore debout. À l'apogée de la Rome impériale, jusqu'à 87 000 personnes assistaient depuis ses 4 niveaux de gradins aux combats mortels entre gladiateurs et bêtes sauvages.

4 : Saint-Siège (Vatican)

Le Vatican, ou Saint-Siège, **le plus petit pays du monde**, est enclavé dans Rome. Résidence du pape et abritant 825 personnes en 2019, il ne couvre que 0,44 km². Il serait donc possible d'en installer 18 dans le parc de Versailles (voir ci-contre). Néanmoins, la résidence papale est **le plus grand palais religieux.** D'une superficie totale de 16 ha, elle abrite 1 000 salles, dont la célèbre chapelle Sixtine.

La Garde suisse du Vatican constitue **la plus ancienne formation militaire.** Créée en janv. 1506, elle trouverait ses origines avant 1400.

En 1349, un séisme détruisit les 3/5e du mur extérieur.

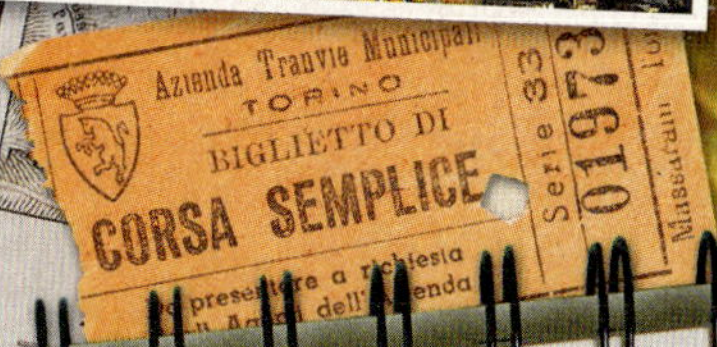

Buon appetito !

Les Italiens aiment les GROSSES portions de leurs plats nationaux.

Les plus grands...	Mesures	Détenteur du record
Cappuccino	4 250 l	Altoga/parc de Fiera Milano
Cazöla	931,4 kg	Piazza Litta, Ossana
Mortadelle	920,8 kg	Gino Venturi
Pancetta	150,5 kg	Ponte dell'Olio/Plaisance
Panettone	332,2 kg	Davide Comaschi
Pizza	1 261,6 m²	NIPfood/Fiera Roma
Tiramisu	3 015 kg	Associazione Cons.erva
Les plus longs...		
Gressins	116,5 m	Terminal Nord
Focaccia	169,2 m	PIAZZA GRANDE
Mozzarella	106,1 m	Ente Provinciale Turismo di Avellino
Porchetta	44,9 m	Bouchers de Monte San Savino
Salami (cuit)	16 m	Fratelli Daturi
Tiramisu	273,5 m	Galbani Santa Lucia

Espagne

1 : Gran Telescopio Canarias (GTC)
Le plus grand télescope optique se trouve sur l'île de La Palma aux Canaries. Mis en service le 13 juill. 2007, il comprend un miroir composé de 36 sections hexagonales, pour un diamètre total de 10,4 m. Réservez une visite de 90 min en journée auprès des "guides de lumière stellaire" du GTC.

2 : Sobrino de Botín
Célèbre pour son cochon de lait rôti qu'Ernest Hemingway mentionna dans son roman Le Soleil se lève aussi, le Sobrino de Botín situé à Madrid est **le restaurant le plus ancien**. En activité depuis son ouverture en 1725 par le chef français Jean Botín, il appartient aujourd'hui à Antonio González et sa famille, qui ont déjà régalé 3 générations de Madrilènes.

3 : Tomatina
Le dernier mercredi d'août, la ville de Buñol, près de Valence, organise sa fête annuelle de la Tomate. En 2012, l'événement fut très populaire : près de 40 000 personnes participèrent à **la plus grande bataille de nourriture**, se bombardant avec au moins 40 t de tomates !

4 : Croix de la Vallée des morts
Culminant à 152,4 m, **la croix la plus grande** surmonte l'église souterraine de la Vallée des morts à Madrid. C'est dans cet ensemble funéraire monumental que Francisco Franco, qui gouverna l'Espagne de 1939 à sa mort en 1975, reposait. Cependant, en 2019, sa dépouille fut retirée et enterrée dans un cimetière plus modeste de la ville.

5 : Loterie de Noël
Depuis 1812, les Espagnols ont l'habitude de participer à Noël à la loterie dotée de **la plus grosse cagnotte**. En 2021, une somme totale de 2,4 milliards € était en jeu. Le gain le plus important, "El Gordo" ("Le Gros"), s'élevait à 4 millions €.

6 : Sagrada Família
Dominant les toits de Barcelone, la Sagrada Família d'Antoni Gaudi, **la plus haute église de style Art Nouveau**, n'est toujours pas terminée. Depuis l'inauguration de la tour Marie, le 8 déc. 2021, elle mesure 138 m de haut. Sur les 18 flèches monumentales seulement 9 sont finies. Encore inachevée, la tour de Jésus devrait culminer à 172,5 m, faisant de la basilique, **l'église la plus haute** (voir p. 154).

7 : Aqueduc de Ségovie
Il s'agit du **plus grand aqueduc romain encore en service** : il existe depuis 19 siècles ! Situé à Ségovie, ce canal de 28 m de haut transporte l'eau de la rivière Fuente Fría jusqu'à la ville, à 32 km de là, où sa section de 683 m de long est soutenue par 2 rangées de 166 arcs semi-circulaires simples et doubles.

En bref

- **Superficie** : 505 370 km² incluant les Baléares et les Canaries.
- **Population** : 47,2 millions
- **À savoir** : Le tourisme est un des moteurs de l'économie du pays. L'Espagne compte **le plus de plages ayant obtenu un drapeau bleu**, soit 614. La monarchie constitutionnelle fut rétablie en 1978. L'actuelle "incarnation de l'Espagne", Felipe VI, avec son 1,97 m, est **le roi le plus grand**. L'Espagne possède **le plus vieil hymne national sans paroles**, la Marcha Real ("la marche royale"), composée en 1761.

Portugal

1 : Robe Morgadinha
En 2020, le centre culturel, de loisirs et social de Teivas, hameau situé à 235 km au nord de la capitale, Lisbonne, commanda **le plus grand costume de danse traditionnelle**. Cette robe de 8 m de haut s'inspire de la robe que l'on porte pour danser la morgadinha durant la fête de la Saint-Jean, au milieu de l'été.

2 : Piste sur pilotis
L'aéroport international de Madère possède **la plus longue piste soutenue par un pont**. Mesurant 1 020 m, elle surplombe l'océan et prolonge la piste d'atterrissage qui mesure 2 781 m.

3 : Parc Eduardo VII
Le plus grand drapeau portugais du monde mesure 20 m de large et se trouve dans ce splendide parc verdoyant de Lisbonne. C'est dans ce dernier que l'hypermarché Modelo lança une campagne publicitaire afin de soutenir le Portugal à l'occasion de la coupe du monde de la FIFA, le 5 juin 2010. **Le plus grand lâcher de ballons** (10 000), tous de couleur rouge, survola les pique-niqueurs.

4 : Arroz de Sardinha
Le 6 juill. 2019, dans le village de pêcheurs de Póvoa de Varzim, la Confraria dos Sabores Poveiros prépara **la plus grande portion de ce plat de riz aux sardines** en faisant cuire dans une casserole de 2 m de diamètre 1 027 kg de filets de sardines, d'oignons, d'ail, de poivrons rouges, de tomates, de paprika doux et de riz. Elle servit le plat aux habitants pour leur rappeler la saveur des produits frais de la région et l'importance de la cuisine locale.

5 : Livraria Bertrand
La librairie la plus ancienne se trouve Rua Garrett, dans le quartier à la mode du Chiado, à Lisbonne. Pedro Faure l'ouvrit en 1732 avant de la léguer à son gendre, Pierre Bertrand, dont l'établissement porte aujourd'hui le nom. Détruit par un séisme en 1755, l'édifice d'origine fut reconstruit. L'actuelle librairie date de 1773.

6 : Vagues géantes de Nazaré
Vous sentirez la puissance de l'Atlantique en contemplant à Nazaré la côte portugaise de Praia do Norte battue par les vagues. Les records aussi y sont battus ! Le 8 nov. 2017, Rodrigo Koxa (BRA) surfa sur **la plus grande vague** (24,38 m de haut). Le 11 févr. 2020, Maya Gabeira (BRA) établit le record **féminin** en domptant une vague de 22,4 m.

En bref

- **Superficie :** 92 090 km² avec les îles de Madère et les Açores.
- **Population :** 10,2 millions
- **À savoir :** Le Portugal occupe environ 20 % de la péninsule Ibérique et abrite la **plus grande forêt de chênes-lièges** (736 000 ha), soit 34 % de la surface mondiale. Ce fut longtemps un empire (durant près de 600 ans) qui s'étendit en Afrique, en Amérique, en Océanie ainsi qu'au sud et au sud-est de l'Asie. Il y a pour cette raison près de 250 millions de lusophones dans le monde.

Maya Gabeira en action, surfant sur une vague plus haute que la Maison-Blanche !

Pays nordiques

En bref

- **Superficie :** 3 487 860 km²
- **Population :** 27,7 millions
- **À savoir :** les pays nordiques comptent 5 États souverains (Danemark, Finlande, Islande, Norvège et Suède), les territoires autonomes des îles Féroé et le Groenland, **la plus grande île** (2 175 600 km²). La Norvège est **le pays le plus démocratique** selon l'indice de démocratie 2020 de l'unité de recherche du groupe The Economist, tandis que l'Islande est **le pays le plus paisible** (le Danemark arrivant en 2e position) d'après le Global Peace Index de 2021.

1 : Polar Park Arctic Wildlife Centre

Le zoo le plus septentrional se trouve à 1 h de route de Narvik, à 68,69°N. Les loups rôdent sur ses surfaces enneigées et les bœufs musqués s'y livrent à des face-à-face violents durant la saison des amours. Ne manquez pas d'aller voir les ours bruns dont la population avait augmenté au printemps 2020 grâce à la naissance de 3 petits.

2 : Jardin botanique arctique de Tromsø

Dépendant du musée de l'université arctique de Norvège, **le jardin botanique le plus septentrional** s'étire à l'intérieur du cercle polaire arctique, à 69,40°N. Bénéficiant de la chaleur du Gulf Stream, il compte 28 sections thématiques et des plantes de tous les continents, y compris d'Afrique, qui supportent l'hiver arctique. Il est généralement fleuri de mai à oct. On peut y flâner à n'importe quel moment et il est gratuit.

3 : Vikersundbakken

Les amateurs de sport qui n'ont pas le vertige iront voir **le plus haut tremplin de vol à ski**, à Vikersund (NOR). Inauguré en 1936, il a été reconstruit pour le championnat du monde de vol à ski de 2012 et s'élève à 225 m. Il a permis de nombreux records, notamment celui du **plus long saut à ski de compétition** : 253,5 m réalisé par Stefan Kraft (AUT), le 18 mars 2017.

4 : Château de Kajaani

Les passionnés d'histoire feront un trek à la latitude 64,22°N en Finlande pour admirer les ruines du **château le plus septentrional** ! Bâti sur une petite île de la rivière, entre 1604 et 1619, le château de Kajaani servit de prison. L'historien Johannes Messenius (SWE) y fut détenu. Les Russes firent exploser le château en 1716 après un siège de 5 semaines.

5 : Samsø Labyrinten

Perdez-vous dans les allées tortueuses du **plus grand labyrinthe arboré**. Ce dernier couvre 60 000 m², soit la taille de 12 terrains de football. Il s'étend sur la petite île de Samsø (DNK).

6 : HÔTEL DE GLACE

Si vous recherchez un lieu de séjour frais, vous trouverez difficilement plus glacial que l'HÔTEL DE GLACE de Jukkasjärvi (SWE). Il est recréé chaque année avec des blocs de glace de la rivière Torne. Il s'agit de **la plus vaste structure en glace**. En 2021, l'hôtel couvrait env. 2 870 m². Il abrite de 15 à 20 chambres standard et 12 "suites artistiques" conçues et sculptées par des artistes du monde entier.

7 : Colonie de macareux moines de Vestmannaeyjar

L'archipel islandais de Vestmannaeyjar (ou les îles Westman, qui comptent 4 300 habitants) abrite **la plus vaste colonie de macareux moines** (Fratercula arctica). Il y aurait 830 000 couples durant la saison de nidification entre avril et août, soit à peu près 20 % de la population mondiale de macareux moines. Cela fait env. 386 oiseaux pour chaque insulaire !

Un espace surprenant

Le Samsø Labyrinten a été aménagé avec des épicéas communs et 10 000 arbres feuillus nouvellement plantés. Neutre en carbone, il a servi à promouvoir la diversité biologique dans la région. Il est sillonné par 5,5 km d'allées.

6

8

7

9

8 : Globen
L'Avicii Arena, qui se détache au-dessus des toits de Stockholm, la capitale suédoise, est facilement reconnaissable. **Le plus grand édifice hémisphérique** mesure 85 m et possède un volume de 600 000 m³. Plus connu sous le nom de "Globen", il fut inauguré le 19 févr. 1989 et accueille des matchs de hockey et de futsal (football en salle), ainsi que des concerts.

9 : Ski
Depuis des siècles, le ski joue un rôle essentiel dans la conception nordique de la friluftsliv – "vie en plein air", popularisée à l'époque moderne par le dramaturge Henrik Ibsen (NOR). En sept. 2021, des archéologues retrouvèrent sur la plaque de glace de Digervarden **le second ski le plus ancien 7 ans après le 1er** ! Ces skis en bois avec des attaches en bouleau datent d'il y a 1 300 ans. Le ski exhumé en 2014 est exposé au musée de la Montagne norvégienne de Lom. Le 2nd est en cours d'étude au musée d'Histoire culturelle d'Oslo.

10 : Château de sable de Blokhus
Le 2 juill. 2021, la petite ville balnéaire de Blokhus (DNK) dévoila ▶ **le château de sable le plus haut**, une construction sophistiquée de 21,16 m de haut. L'équipe de 30 sculpteurs chargée par le Kulturhuset & Skulpturparken Blokhus de l'édification de cette forteresse sur le thème de la mer a utilisé plus de 5 805 t de sable.

11 : Olde, le manchot papou
Le zoo d'Odense (DNK) abrite un amateur de harengs qui réussit toujours à attirer les foules. Olde ("arrière-grand-mère" en danois) est un manchot papou (Pygoscelis papua) femelle qui fêta son 42e anniversaire le 16 mai 2021. Il s'agit du **plus vieux manchot vivant en captivité**. Le manchot papou vit entre 15 et 20 ans, mais celui-ci ne montre aucun signe de déclin !

12 : Parc d'attractions Bakken
Les amateurs de sensations fortes devraient se précipiter au Bakken, parc d'attractions de Copenhague, la capitale danoise, ouvert depuis 439 ans. Ce complexe inauguré en 1583 est **le plus ancien parc d'attractions en service**. Il abrite des stands, des boutiques indépendantes et 31 montagnes russes, notamment le Rutschebanen, un parcours de montagnes russes en bois construit en 1932.

Le territoire le plus au nord ?
En août 2021, des chercheurs du Groenland découvrirent une île inconnue qu'ils appelèrent Qeqertaq Avannarleq. Ils affirmèrent qu'elle se trouvait au nord d'Oodaaq, à 800 m de cet îlot pourtant situé à 83,67°N et considéré comme **la terre la plus septentrionale.** Allez-y pour le vérifier !

11

12

Allemagne

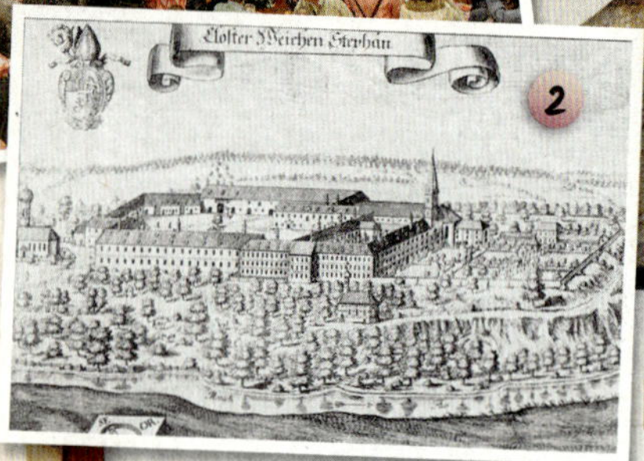

1 : Oktoberfest de Munich
Inaugurée il y a 200 ans en l'honneur d'un mariage royal, **la plus grande fête de la Bière**, l'Oktoberfest, est à la fois une foire et une fête. Elle propose d'innombrables variétés de bières, ainsi que des attractions et des spectacles. Lors de l'édition 2018, qui s'est tenue du 22 sept. au 7 oct., 7,9 millions de litres de bière furent consommés. Le site qui accueillit les 6,3 millions d'amateurs de bière couvrait 31 ha, soit à peu près les 3/4 du **plus petit pays**, le Vatican (voir p. 127).

2 : Abbaye de Weihenstephan
Les amateurs de bière devraient aussi faire un pèlerinage jusqu'à **la plus ancienne brasserie**. Cet ancien monastère bénédictin de Bavière obtint sa licence en 1040. Et si vous êtes dans la région, pourquoi ne pas faire un saut dans la 2e plus ancienne brasserie en activité ? L'abbaye de Weltenbourg, près de Kelheim, se trouve à 60 km au nord, et produit de la bière depuis 1050.

3 : Château de Burghausen
L'Allemagne ne manque pas de châteaux : elle en abrite plus de 2 000 ! Cependant, cette splendeur médiévale située sur un éperon surplombant Burghausen, entre la rivière Salzach et le lac Wöhrsee, est **le château le plus long** (1 051 m). Ancienne résidence secondaire des ducs de Bavière, il comprend une grande cour centrale, où vivait la famille, et 5 vastes cours extérieures. Flânez le long de ses remparts et admirez la vue époustouflante depuis la tour. Essayez de ne pas rendre tripes et boyaux dans le musée de la Torture !

4 : Ponts de Hambourg
Les amateurs de ponts apprécieront les quelque 2 500 ponts routiers, ferrés ou piétonniers de Hambourg, **la ville qui compte le plus de ponts**. Hambourg passe pour être la "Venise du Nord", mais ses ponts qui enjambent rivières, lacs et canaux sont en fait 6 fois plus nombreux que ceux de Venise !

5 : Spreuerhofstrasse
Ne mesurant que 31 cm à l'endroit le plus étroit, cette venelle de Reutlingen, au sud de Stuttgart, est **la rue la plus étroite** du monde. Elle date du XVIIIe siècle. Claustrophobes s'abstenir ! Elle est si étroite que seuls les enfants peuvent s'y faufiler. Et, comme un des murs bouge, dépêchez-vous d'aller la voir !

6 : Tirelire de Ludwigsburg
On sait que les Allemands aiment la "wurst" (saucisse), mais leur amour du cochon ne s'arrête pas là... À Ludwigsburg, vous pouvez prendre un selfie à côté de **la plus grosse tirelire en forme de cochon**. Haute de 5,58 m, la mascotte créée par Kreissparkasse est presque 2 fois plus longue qu'un camping-car Volkswagen.

En bref

- **Superficie :** 357 022 km²
- **Population :** 79,9 millions
- **À savoir :** L'Allemagne est la plus grande puissance économique d'Europe et le 2e pays européen le plus peuplé après la Russie. Elle fut le berceau de génies, du physicien Einstein au philosophe Hegel. Elle accueille chaque année de nombreux événements culturels : Festival du film de Berlin, Foire du livre de Francfort et Gamescom de Cologne, **la plus grande foire du jeu vidéo** (373 000 visiteurs en 2019).

Une grosse tirelire...
Les tirelires sont bizarrement très anciennes, puisqu'elles existeraient depuis le IIe siècle av. J.-C. Les plus anciennes tirelires en forme de cochon sont originaires de Java (IDN) : il s'agit de sangliers sauvages en terre cuite datant de 1100.

Benelux

En bref

- **Superficie :** 74 657 km²
- **Population :** 29,7 millions
- **À savoir :** La majeure partie de la Belgique, des Pays-Bas et du Luxembourg se trouvent au niveau de la mer ou en dessous. Env. 27 % des Pays-Bas sont situés sous le niveau de la mer, d'où leur nom. Il s'agit du **pays le plus bas** de la planète. Il n'y a donc rien d'étonnant à ce qu'il possède **le plus long barrage anti-tempête**, l'Oosterscheldekering, qui court sur 9 km. Il sert de protection en cas de tempêtes en mer du Nord.

1 : Kusttram

Empruntez **la ligne de tramway la plus longue !** Le "Tram du littoral" longe sur 68 km la côte belge depuis Knokke jusqu'à De Panne. Il ne fait pas moins de 68 arrêts.

2 : Saut de canal

Pour traverser les canaux néerlandais, certains habitants sautent par-dessus en s'aidant d'une perche, une technique devenue un sport : le fierljeppen ("sauter loin"). Marrit van der Wal (NLD) détient **le record féminin**. Elle réalisa un saut de 18,19 m, à Burgum, en 2019. Son compatriote Jaco de Groot battit **le record masculin** avec un bond de 22,21 m, à Zegveld, en 2017.

3 : Autel de Gand

Malgré sa notoriété, La Joconde ne fut dérobée qu'une fois (voir p. 126). **Le tableau le plus souvent volé** est l'Autel de Gand, aussi connu sous le nom de L'Adoration de l'Agneau mystique. Peint par Hubert van Eyck et achevé par son frère Jan en 1432, ce grand retable flamand de 12 panneaux fit l'objet de 13 délits et fut dérobé 7 fois. En 1934, 2 des panneaux furent volés. On n'en retrouva qu'un. Dépêchez-vous d'aller admirer cette œuvre !

4 : Gaufres

Existant sous des formes variées depuis des siècles, elles sont étroitement liées à cette région du monde, notamment à la Belgique. Même un amateur aurait eu du mal à avaler **la plus haute pile de gaufres** qui mesurait 91,5 cm. Le 28 juin 2020, celle-ci fut servie par Francis et Michel De Buck, 2 frères belges, dans leur café, De Buck Au Pingouin, à Blankenberge.

5 : Festival Pinkpop

Chaque année, quelque 50 000 fans de musique affluent dans la province néerlandaise du Limbourg pour assister au Pinkpop, **le festival annuel de rock le plus ancien**. Il s'est tenu pendant 50 années consécutives (1970-2019) avant d'être interrompu par la Covid-19. Ne paniquez pas : la fête devrait reprendre en 2022.

6 : Le Journal d'Anne Frank

Traduit en 55 langues, ce journal émouvant s'est vendu à plus de 30 millions d'exemplaires, ce qui en fait **le journal intime le plus vendu**. Anne Frank y décrit sa vie quand elle se cachait avec sa famille et des amis pour échapper aux persécutions nazies à Amsterdam (NDL), durant la Seconde Guerre mondiale. La maison-musée d'Anne Frank se visite.

Europe de l'Est, du Sud et centrale

En bref

- **Superficie :** 6 040 692 km²
- **Population :** 605 millions
- **À savoir :** Sur les 7 continents, l'Europe est le 6ᵉ en superficie, mais son cœur, de la fraîche Baltique à la chaude Méditerranée, est le berceau de bien des cultures et empires. Admirez **les plus vieux bateaux vikings** (700-750) sur l'île de Saaremaa (EST), dépensez 10 cts en Suisse pour dire que vous avez utilisé **la plus vieille pièce en circulation** (frappée depuis 1879), ou allez à Çatalhöyük (TUR) pour voir des maisons dans des grottes du Néolithique, **les plus vieilles habitations du monde** (v. 7 500-5 700 av. J.-C.).

1 : Grand Collisionneur de hadrons
À quelque 100 m sous terre, près de Genève (CHE), des physiciens de l'Organisation européenne pour la recherche nucléaire (CERN) tentent de recréer les conditions qui prévalaient juste après le Big Bang. Ils utilisent des accélérateurs de particules, comme le Grand Collisionneur de hadrons, qui propulsent des protons à une vitesse proche de la lumière. D'une circonférence de 27 km, cet anneau gigantesque est **l'instrument scientifique le plus grand**. Le CERN abrite aussi le Solénoïde compact pour muons (photo), qui étudie la matière noire et recherche d'autres dimensions. Le Grand Collisionneur n'est pas accessible, mais les personnes férues de science peuvent s'inscrire à une visite guidée gratuite du laboratoire du CERN.

2 : Théâtre de Dionysos
L'Acropole, au cœur d'Athènes (GRC), ne se résume pas au Parthénon (voir p. 102-103). Sur le versant sud se dresse **le 1ᵉʳ théâtre permanent,** construit vers 500 av. J.-C. en l'honneur de Dionysos, dieu du Vin et de la Fête. Pouvant accueillir à l'origine 17 000 personnes, il était rond avec des rangées de pierres sur une pente au-dessus de la scène. Outre des tragédies et des comédies, des concours d'art dramatique y étaient organisés. L'audience choisissait la pièce qu'elle préférait.

3 : Dentaprime HQ
Avis aux David, Davina, Donna, Danuta et Devendra : si vous allez en Bulgarie, rendez-vous à Varna, la 3ᵉ plus grande ville du pays. Sinon, vous raterez une occasion unique de faire un selfie. Ouverte en 2020, Dentaprime HQ est une magnifique clinique dentaire. Avec ses 3 647 m², c'est **le plus grand édifice ayant la forme d'une lettre de l'alphabet**. Quel que soit votre nom, admirez ce "D" depuis l'avion en arrivant dans cette ville portuaire située au bord de la mer Noire, ou la nuit quand il est illuminé !

4 : Château de Predjama
Dans le sud-ouest de la Slovénie, près de la ville de Postojna, vous pouvez explorer une forteresse à moitié souterraine. L'édifice de 35 m de haut n'est autre que **le plus grand château troglodytique** du monde. Les amateurs de Game of Thrones l'apprécieront, surtout en juillet, quand il accueille des tournois médiévaux en costumes. Dans le parc de la grotte de Postojna voisin, faites une promenade souterraine dans un paysage karstique envoûtant : le calcaire a donné naissance à des formations dignes de Dalí.

5 : Croisez un mangalitsa !
Si vous voyagez dans la campagne hongroise, vous penserez peut-être avoir des visions en apercevant un mangalitsa, car cet animal n'est pas courant. Avec son épais pelage rappelant la toison d'une brebis, le mangalitsa est **le porc domestique le plus poilu.** Il est apparu dans la région au XIXᵉ siècle.

6 : Gâteau à la broche
Votre visite de la Lituanie serait incomplète si vous ne goûtiez pas le šakotis. Cuite dans un four spécial ou sur un feu de bois, sa pâte sucrée est

lentement posée sur une broche à l'aide d'une louche, ce qui donne au gâteau une forme de branche d'arbre, d'où son nom de "gâteau aux arbres". Pesant 85,8 kg, **le plus grand šakotis** a été préparé par une équipe de 5 personnes de UAB Romnesa, à Druskininkai, en 2015. Ce gâteau est traditionnellement servi aux mariages et à Noël.

7 : Palais de la Hofburg
Outre les schnitzels, la musique classique et Red Bull, l'Autriche est aussi célèbre pour les étalons lippizans (élevés en Slovénie). Si vous aimez le dressage, allez donc voir l'école espagnole d'équitation du palais de la Hofburg à Vienne, **la plus grande école d'équitation occupant un palais**. Datant du XVIIIe siècle, la salle baroque de 55 x 18 m – garnie de nombreux lustres ! – permet d'admirer les exercices équestres compliqués réalisés par des chevaux et des cavaliers talentueux.

8 : Festival de lutte à l'huile de Kırkpınar
La lutte turque a ses règles et coutumes. Les participants s'enduisent d'huile d'olive avant un combat, ce qui rend les prises plus difficiles. Si vous avez envie de voir cela "en vrai", rendez-vous sur la péninsule de Sarayiçi, où **le plus ancien tournoi de lutte** se tient habituellement fin juin. Ce festival d'une semaine existe depuis le milieu du XIVe siècle. Le gagnant reçoit une ceinture dorée portée à travers la ville voisine d'Edirne à l'occasion d'une procession.

9 : Maison Keret
Varsovie, la capitale polonaise, regorge de sites touristiques, du Centre scientifique Copernic à la vieille ville pittoresque reconstruite après la Seconde Guerre mondiale, en grande partie d'après les toiles de Canaletto, peintre du XVIIIe siècle. Elle abrite aussi **la maison la plus étroite**, la maison Keret, qui ne mesure que 92 cm dans sa partie la plus étroite et 152 cm dans la plus large. La demeure minuscule compte une chambre, une cuisine et une salle de bains accessible par une échelle.

Il s'agit d'une installation artistique car elle n'est pas conforme aux règles de construction locales.

10 : Na zdraví !
Levez votre chope à la santé de la République tchèque, où l'on brasse de la bière depuis plus de 1 000 ans. Le pays compte des brasseries aussi connues que Staropramen et Pilsner Urquell. Vous serez en bonne compagnie car on y affiche **la consommation de bière par habitant la plus importante** : en 2019, elle était de 188,6 l par personne.

11 : Fête nationale du costume folklorique
Le folklore est un formidable moyen de garder vivantes les traditions. La fête nationale du costume folklorique en Roumanie met à l'honneur les costumes, la musique et les danses d'autrefois. En mai 2017, **le plus de participants en costume traditionnel roumain** s'y sont réunis (9 643) et 9 506 personnes ont exécuté **la plus grande danse roumaine**. Les 2 événements étaient organisés par la communauté Bistrița-Năsăud de Transylvanie. Le costume traditionnel n'est pas seulement coloré, il est aussi orné de symboles : la vigne pour la vie éternelle, les escargots pour l'évolution et les fleurs pour la beauté fugace.

Asie du Nord

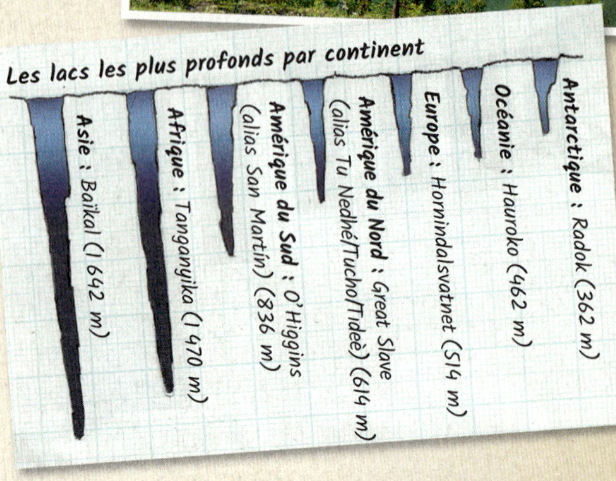

1 : Pont de Banpo
Ce pont, qui enjambe la rivière Han dans la capitale sud-coréenne, Séoul, a un charme particulier. C'est **le pont-fontaine le plus long**. Mesurant 1 140 m, il est doté de 380 becs mobiles qui projettent de l'eau à une distance plus de 2 fois supérieure à la longueur d'une piste de bowling. Le soir, des LED éclairent ces jets qui se transforment en kaléidoscopes.

2 : Lac Baïkal
Le lac le plus profond se trouve dans le sud-est de la Sibérie. D'une profondeur de 1 642 m, le lac Baïkal pourrait contenir 5 tours Eiffel empilées (voir p. 126) ! C'est aussi **le plus grand lac d'eau douce en volume** (23 615 km³) et **le lac le plus ancien** : il s'est formé il y a 20 à 25 millions d'années. En hiver, on y patine, fait de la luge ou de la motoneige et, en été, du kayak, des randonnées ou de la natation.

3 : Laïka
Allez voir à Moscou le monument à la gloire de Laïka, la chienne entrée dans l'histoire le 3 nov. 1957. Seule à bord du vaisseau Spoutnik 2, elle a décollé du cosmodrome de Baïkonour au Kazakhstan pour devenir **le 1er animal mis en orbite autour de la Terre**. Elle n'a survécu que quelques heures, ce qui n'a été révélé qu'en 2002. Grâce à son vol, l'exploration spatiale a fait un grand pas en avant.

4 : Musée de l'Intelligence
Les amateurs de devinettes et d'énigmes seront heureux de tester leurs aptitudes dans ce musée d'Oulan-Bator, la capitale de la Mongolie. Plus de 5 000 puzzles les attendent. Parmi les objets exposés, citons **la plus importante collection de jeux d'échecs** (438 en 2019). Ils appartiennent à Tumen-Ulzii Zandraa (MNG), qui a également fabriqué son propre jeu d'échecs en ébène, pierre et corne de vache.

5 : Sky Deck
Sa hauteur vertigineuse donne le tournis... Montez sur la plateforme au sol transparent de la Lotte World Tower de Séoul, située à 478 m. C'est **la plus haute plateforme d'observation en verre**. Un panneau de 45 mm d'épaisseur sépare les visiteurs du vide, mais il peut supporter plus de 500 kg par m², soit le poids d'un piano à queue. Atteignez le Sky Deck en empruntant l'élégant Sky Shuttle, **le plus haut ascenseur à double étage** puisqu'il s'élève à 496 m.

6 : Course de chiens de traîneau de Beringia
Située dans l'Extrême-Orient russe, la spectaculaire péninsule du Kamtchatka abrite des sources chaudes, des sommets enneigés et des volcans. En 1992, la région a aussi accueilli **la plus longue course de chiens de traîneau**, Beringia-92, qui s'est tenue sur 2 044 km (entre Esso et Markovo). Bien que sa longueur ait été réduite de moitié, cette course annuelle a toujours lieu.

7 : T Express
À l'Everland de Yongin-si, le parc à thème le plus vaste de Corée du Sud, un des parcours de montagnes russes sort du lot. La T Express, avec ses 56 m de haut, est **la plus haute montagne russe en bois** (record qu'elle partage avec

le Wildfire, en Suède, depuis 2016). Inaugurée en 2008, elle permet de dévaler des pistes qui craquent à 104 km/h !

8 : Lutte mongole
La lutte est une tradition millénaire en Mongolie. Au XIIIe siècle, l'empereur Genghis Khan encouragea ses soldats à la pratiquer pour rester en forme. Elle reste un des sports préférés dans le pays, où se déroulent chaque année plusieurs compétitions. Les concurrents gagnent quand ils forcent leurs adversaires à toucher le sol avec une partie de leur corps autre que les pieds. **Le plus important tournoi de lutte mongole**, qui a réuni 6 002 participants, était organisé par la Fédération nationale de lutte mongole, à Oulan-Bator, du 17 au 25 sept. 2011.

9 : Festival "Pôle du froid"
Emmitouflez-vous avant de partir en Sibérie en janv., car la température moyenne y est de de – 10 °C. La république de Sakha dans l'Extrême-Orient russe abrite **les lieux habités les plus froids**, un record détenu conjointement par les villes d'Oïmiakon (sur la photographie) et de Verkhoïansk, qui ont toutes deux enregistré des températures de – 67,7 °C. Il fait si froid que les automobilistes font parfois tourner leur moteur en permanence pour éviter qu'il gèle ! La fin de l'hiver est célébrée chaque année en mars lors du festival "Pôle du froid", où Chyskhaan, le "gardien du froid", un personnage du folklore, vous accueille.

10 : Steppes mongoles
Si vous visitez cette région vaste et accidentée, vous n'aurez pas de mal à éviter la foule... La Mongolie est **le pays souverain le moins peuplé**. Elle compte env. 3 198 913 habitants pour 1 553 556 km² de terre, soit une densité de 2,05 personnes par km².

11 : Festival des 1 000 chameaux
Vous associez peut-être les chameaux aux climats plus chauds, mais il y en a en Asie du Nord et en Asie centrale. Les populations de chameaux de Bactriane (*Camelus bactrianus*) ont diminué de façon inquiétante, d'où les efforts pour les mettre à l'honneur. Vous vous rendrez compte de leur importance au cours de **la plus grande course de chameaux**, qui a lieu à Dalanzadgad, dans le désert de Gobi (MNG). En 2016, elle a réuni 1 108 jockeys.

12 : Incheon
Cette cité industrielle portuaire de Corée du Sud a trouvé des manières innovantes de réhabiliter ses docks au cours des dernières années, notamment grâce à une œuvre d'art de 23 688,7 m² représentant les 4 saisons peinte sur 16 silos, comme s'il s'agissait de 16 livres rangés dans une bibliothèque. **La plus grande peinture murale** a été réalisée en 2018 par 22 artistes avec à peu près 865 400 l de peinture.

En bref

- **Superficie :** 18 882 616 km²
- **Population :** 223 millions
- **À savoir :** Couvrant l'Eurasie, la Russie est **le pays le plus grand**. Elle fait 2 fois la taille des États-Unis. Elle comprend le plus long fleuve d'Europe – la Volga (3 645 km) – et le lac le plus étendu – le lac Ladoga (18 130 km²). Sous Genghis Khan et ses descendants, la Mongolie fut **le plus grand empire contigu** (24 millions km² à la fin du XIIIe siècle). Depuis 1945, la péninsule coréenne est divisée en deux parties, l'une communiste et l'autre démocratique. La Corée du Sud est devenue une nation high-tech grâce à des marques comme Samsung.

Une ou deux bosses ?
Cette course de chameaux mongole se déroule lors d'une fête locale inaugurée en 1997. Celle-ci dure à présent 2 jours, comprend 2 courses, du polo à dos de chameau et des sports d'équipe tournant autour du chameau de Bactriane. Le dromadaire, cousin du chameau, n'a qu'une bosse.

Moyen-Orient

1 : Téléphérique de Jéricho
Dans la Bible, Jésus jeûna 40 jours et 40 nuits et fut tenté par le diable sur le mont de la Tentation. Beaucoup identifient ce dernier au mont de la Quarantaine qui surplombe Jéricho en Palestine et abrite un monastère grec orthodoxe. Jadis, il fallait 1 h pour y accéder, mais aujourd'hui, on y est en 5 min grâce au **téléphérique le plus bas du monde**. Ce dernier relie la station située à la source d'Élisée à 219,9 m sous le niveau de la mer au mont de la Tentation, à 50 m sous le niveau de la mer. Le trajet de 1 328 m offre une vue époustouflante sur Jéricho, **la plus vieille cité continuellement habitée**, dont l'existence remonterait à 9000 av. J.-C.

2 : Shibam
Cette cité yéménite est un exemple ancien d'urbanisme vertical. La plupart de ses 7 000 habitants vivent dans des gratte-ciel en brique crue séchée serrés les uns contre les autres. Les tours furent bâties après l'inondation qui dévasta Shibam en 1532-1533. Plus de 500 furent érigées au cours des décennies qui suivirent. Certaines, de plus de 30 m de haut, comptent 12 niveaux. La cité est donc **la ville de gratte-ciel la plus ancienne**.

3 : EpiQ Coaster
Les amateurs de sensations fortes apprécieront le parc d'attractions Quest du complexe Doha Oasis (QAT). Ce dernier comprend plus de 30 manèges et attractions, dont **la plus haute montagne russe couverte** : l'EpiQ. Celle-ci est à la hauteur de son nom puisqu'elle culmine à 56,7 m.

4 : Réserve naturelle d'Enot Tsukim
Après ces manèges qui décoiffent, détendez-vous dans ce paradis naturel sur les rives de la mer Morte (ISR). Située à près de 430 m sous le niveau de la mer, cette aire protégée constitue **la réserve naturelle** et **la zone humide la plus basse**. La mer Morte est trop salée pour que des végétaux y prospèrent, mais cette oasis de 5,8 km bénéficie de l'eau des aquifères des montagnes de Judée qui atténue la salinité. La hyène rayée (Hyaena hyaena, le plus gros carnivore du pays) et Steraspis squamosa, une des 210 espèces d'insectes recensées dans la réserve, font partie de la faune. Des visites guidées et des randonnées permettent de voir de plus près la nature.

5 : Cimetière d'Ur
La cité-État d'Ur, aujourd'hui en Irak, abritait **le 1er cimetière royal**. Plus de 1 800 tombes remontant au moins à 2600 av. J.-C. y furent découvertes. Seize d'entre elles recelaient des salles ornées d'objets spectaculaires, notamment des bijoux sophistiqués (encart), et les dépouilles de serviteurs et de membres de la cour. Prenez le temps de visiter le ziggourat voisin – édifice religieux typique de la Mésopotamie antique – érigé sous le règne d'Ur-Nammu (vers 2113-2095 av. J.-C.). Situé à Muqayyar, il comprenait à l'origine 3 niveaux. Seuls le 1er et une partie

En bref

- **Superficie :** 6 472 375 km²
- **Population :** 362,2 millions
- **À savoir :** s'étirant d'Israël à l'Iran et incluant toute la péninsule Arabique, le Moyen-Orient englobe les 560 000 km² du **désert de sable le plus vaste**, Rub' al-Khali (le quartier vide), dont la surface est supérieure à celle de la France métropolitaine ! La région allie des sites historiques antiques, comme Damas (SYR) – **la capitale la plus ancienne**, habitée depuis 2500 av. J.-C., et la ville ultramoderne de Dubaï et son emblématique Burj Khalifa, ▶ **l'édifice le plus haut** (voir p. 155).

La cuisine du Levant

Des portions gargantuesques de spécialités du Moyen-Orient pour les gourmets qui ont de l'appétit !

Les plus gros...	Poids	Préparé par :
Falafel	101,5 kg	Hilton Dead Sea Resort & Spa (JOR)
Kebbé	233 kg	Al-Midan (LBN)
Fatteh (portion)	3 438,2 kg	Chef Ramzi Choueiri & Al-Kafaàt étudiants (tous 2 LBN)
Fattoush	4 432,5 kg	Municipalité de Kab Elias (LBN)
Houmous (portion)	10 452 kg	Chef Ramzi Choueiri & Al-Kafaàt étudiants à l'université

du 2e subsistent. L'extérieur fut restauré dans les années 1980.

6 : Salle de concert Maraya
Les amateurs d'histoire admireront les tombeaux et monuments d'Al-Hijr, 1er site d'Arabie saoudite inscrit au patrimoine de l'Unesco. Si vous êtes dans la région, allez voir la salle de concert Maraya, **l'édifice-miroir le plus grand**. Créée par la Commission royale pour AlUla (SAU), la salle Maraya – qui signifie "en miroir" en arabe – possède une façade en verre de 9 740 m^2 qui reflète le magnifique paysage volcanique l'entourant. Avec ses 500 places, elle accueille des concerts et d'autres événements tout au long de l'année.

7 : Horloge de la tour Dokaae
Des millions de musulmans se rendent dans la ville sainte de La Mecque (SAU) lors du pèlerinage annuel, ou Hajj. Que vous y alliez pour vous recueillir dans la Grande Mosquée voisine – le site le plus sacré de l'islam – ou pour faire du tourisme, vérifiez l'heure sur la tour de l'Horloge royale Makkah (voir p. 155) de 120 étages. Elle arbore **le plus grand cadran d'horloge** : son diamètre de 43 m fait près de 2 fois la longueur d'une piste de bowling. Montez au sommet de la tour pour voir sa terrasse panoramique, ainsi que son musée d'astronomie qui occupe les 4 derniers étages.

8 : Tyrolienne de Jebel Jais
Dans l'émirat de Ras Al Khaïmah, faites le plein de sensations fortes sur **la plus longue tyrolienne**. Celle-ci s'étire sur 2 831 m, soit une distance supérieure à 26 terrains de football ! Les têtes brûlées survoleront la montagne Jebel Jais à une vitesse pouvant atteindre 150 km/h à une hauteur de 1 680 m. Créé par Toro Verde et le département du tourisme de Ras el Khaïmah (tous 2 UAE), ce parcours est le gage d'un moment d'euphorie ou de pure terreur. En tout cas, il est inoubliable !

9 : Caviar Almas
Le caviar est synonyme de luxe. Préparé avec les œufs dorés de l'esturgeon béluga (*Huso huso*) qui vit dans la partie sud de la mer Caspienne, au large de l'Iran, l'Almas est **le caviar le plus cher**. En 2006, 1 kg de cet "or noir" atteignait régulièrement 34 500 $. Les connaisseurs le dégustent en le plaçant sur le dos de la main entre l'index et le pouce.

10 : Piscine la plus profonde
Le Moyen-Orient est plus connu pour ses étendues arides. Ouverte en 2021, Deep Dive Dubai (UAE), ▶ **la piscine la plus profonde du monde**, y fait donc sensation. Le principal puits possède une profondeur de 60 m, soit 3 fois la hauteur de la Maison-Blanche. La piscine permet non seulement de se former à la plongée et de se détendre, mais aussi de découvrir la reconstitution d'une cité engloutie digne d'un film de science-fiction. Les accessoires ajoutent à l'ambiance, de la bibliothèque à la voiture de luxe dans son garage. Vous pouvez même faire une partie de baby-foot sous l'eau !

Tenue de deuil
Sa forme en double croix fait du kanaga l'un des masques les plus reconnaissables du peuple dogon. Il est porté par les membres de la société Awa lors des rituels funéraires appelés dama.

Afrique

1 : Cérémonies du Sigui
Le peuple dogon du Mali est célèbre pour ses spectaculaires danses de masques. Elles sont exécutées par la société Awa, groupe d'initiés exclusivement masculins qui sculptent leurs propres masques et apprennent à parler le sigi so ("langue de la brousse"). Parmi les responsabilités des Awa figurent les cérémonies du Sigui, qui peuvent se dérouler sur plus de 5 ans. Chaque village dogon accueille à tour de rôle une série de fêtes et de rituels. Célébrant le passage du savoir aux nouveaux intronisés, **la plus longue cérémonie religieuse** n'a lieu qu'une fois tous les 60 ans. Le prochain Sigui est prévu pour 2032.

2 : Université Al Quaraouiyine
Fondé en 859 à Fès (MAR), **le plus ancien établissement d'enseignement supérieur** forme des étudiants depuis plus de 1 000 ans et compte parmi ses anciens élèves le pape Sylvestre II et le géographe/diplomate Léon l'Africain. Établie d'abord comme mosquée, avec une école et une bibliothèque attenantes, l'université n'a été officiellement désignée ainsi qu'en 1963. Aujourd'hui, elle attire des universitaires du monde entier, en particulier ceux qui s'intéressent aux études islamiques et à la linguistique arabe.

3 : Lacs de soude d'Afrique de l'Est
La vallée du Rift au Kenya et en Tanzanie abrite **les lacs les plus alcalins**, qui peuvent atteindre 50 °C et des niveaux de pH de 10 à 12 – assez caustiques pour brûler la peau ! Cela ne décourage pas les flamants nains (Phoeniconaias minor), qui s'y rassemblent pour se nourrir d'algues donnant à leur plumage cette fameuse teinte rouge-rose. Les lacs de soude doivent leur corrosité aux fortes concentrations de carbonate de sodium, de chlore et de phosphore produites par les volcans locaux.

L'Afrique de l'Est abrite également **le lac le plus salé**, le lac Gaet'ale, situé dans la région Afar (ETH). Il contient 43,3 % de sel par mesure, ce qui le rend encore plus salé que la mer Morte.

4 : Pollia condensata
Pollia condensata est une plante herbacée vivace des forêts africaines qui produit des fruits d'un bleu métallique vif. Ces boules brillantes sont **les objets organiques les plus brillants**, leur réflectivité est d'environ 30 % de celle d'un miroir argenté. Ces baies n'ayant aucune valeur nutritive, les scientifiques pensent que cette brillance est un stratagème évolutif pour inciter les oiseaux à cueillir les fruits afin de les utiliser comme décoration de nid – encourageant la dispersion des graines.

5 : Biete Medhane Alem
Lalibela (ETH) est célèbre pour ses églises creusées dans la roche. On pense qu'elles ont été taillées dans le paysage rocheux aux alentours du XIIe siècle, dans le cadre d'un plan visant à créer une "nouvelle Jérusalem". La plus grande de toutes est la Biete Medhane Alem ("Maison du Sauveur du monde"). Longue de 33,5 m, elle est **la plus grande église monolithique**. Joignez-vous aux fidèles qui cherchent la bénédiction de la croix de Lalibela, un objet de procession de 7 kg présent dans l'église.

Safari d'observation

Embarquez pour un safari africain géant avec de très grosses bêtes !

Le plus grand...	Espèces	Poids/taille
Animal terrestre	Éléphant de savane d'Afrique	4-7 t/3-3,7 m
Rhinocéros	Rhinocéros blanc du Sud	3,6 t / 1,7 m
Mammifère d'eau douce	Hippopotame	3,6 t/1,45 m
Primate	Gorille de Grauer	163 kg/1,75 m
Oiseau	Autruche d'Afrique du Nord	156 kg/2,7 m
Lémurien	Indri	7,5 kg/72 cm
Le plus haut...		**Taille**
Animal terrestre	Girafe	5,5 m

6 : Grottes de Sudwala

Formées à partir de roches dolomitiques précambriennes à Mpumalanga (ZAF), **les plus anciennes grottes** de la planète auraient émergé il y a env. 240 millions d'années. Les grottes de Sudwala ont été ouvertes au public dans les années 1960 et peuvent désormais être visitées toute l'année. Sous terre, vous trouverez des concrétions (formations minérales) vieilles de 150 millions d'années, comme la "Roquette du Lowveld" et le "Monstre hurlant". Les plus aventureux peuvent essayer le Crystal Tour – à condition d'être prêts à patauger et à ramper dans les tunnels !

7 : Parc national Tsingy de Bemaraha

Le Grand Tsingy (MDG) est un massif calcaire de 600 km² datant du Jurassique qui, au fil de millions d'années d'érosion, a formé une "forêt de pierre" de pics acérés. Participez à une randonnée guidée à travers **la plus grande forêt de pierre** pour admirer ce paysage éthéré avec ses flèches naturelles de 90 m de haut. Le parc abrite également 11 espèces de lémuriens.

Située à env. 400 km au large de la côte est de l'Afrique, Madagascar est **la plus ancienne île** et la 4ᵉ plus grande du monde. Elle s'est détachée du sous-continent indien il y a 80 à 100 millions d'années.

8 : Sahara

Couvrant 10 pays et une superficie équivalente à 5 800 fois celle du Grand Londres, le Sahara est **le plus grand désert chaud** du monde. Sa chaleur étouffante, ses champs de dunes (ergs) balayés par le vent et ses immenses crêtes de sable (draa) constituent des conditions inhospitalières aux voyageurs, mais il reste un lieu de merveilles naturelles. L'une des créatures qui a élu domicile dans le désert est **le plus petit renard**, le fennec, qui mesure 40 cm de long et dont les oreilles géantes l'aident à se maintenir au frais.

9 : Couscous

La semoule cuite à la vapeur est un aliment de base délicieux de la cuisine nord-africaine, et peut être servie en accompagnement, en dessert ou comme plat principal. Il fallait avoir bon appétit pour engloutir **le plus grand bol de couscous**, qui a été préparé à la Foire internationale d'Alger (ALG) de 2004 et pesait 6,04 t, soit l'équivalent d'un éléphant adulte (voir ci-contre) !

10 : Sphinx de Gizeh

L'un des sites les plus connus d'Égypte, le Sphinx est une statue en calcaire représentant une créature mythologique au corps de lion et à la tête d'homme. On pense que le visage est celui de Khéphren (vers 2575-2465 av. J.-C.), bien que le nez ait disparu depuis des siècles. Taillé dans un seul bloc, le Sphinx est **la plus grande sculpture monolithique** avec ses 73,5 m de long. Il se dresse à proximité de la pyramide de Khéops, un record à elle toute seule (voir p. 154 et 160).

En bref

- **Superficie :** 30 293 969 km²
- **Population :** 1,37 milliard
- **À savoir :** L'Afrique a été le 1ᵉʳ continent habité par l'être humain – **les plus anciens ossements d'*Homo sapiens***, datant d'env. 300 000 ans, ont été mis au jour dans l'ouest du Maroc. Aujourd'hui, l'Afrique est le continent qui compte **le plus de pays** (54), dont le plus récent est le Soudan du Sud, et le plus de frontières (108, ou 110 si l'on inclut la République arabe sahraouie démocratique). Elle possède également 2 voies navigables exceptionnelles : le Nil, long de 6 695 km, **le plus long fleuve** du monde, et le Congo, **le fleuve le plus profond**, avec une profondeur maximale de 220 m.

Asie centrale et du Sud

1 : Nanga Parbat
Également connu sous le nom de Diamir, ce pic himalayen de la région du Cachemire sous administration pakistanaise est le 9e plus haut sommet, à 8 125 m. Il jouit d'une réputation redoutable auprès des alpinistes, qui doivent composer avec ses glaciers instables et ses tempêtes. Avec environ une tentative sur 5 d'ascensions du Nanga Parbat qui se termine en tragédie, il n'est pas étonnant qu'il soit surnommé "la montagne tueuse" ! C'est aussi **la montagne qui s'élève le plus rapidement**, avec une croissance de 7 mm par an.

2 : Cratère de Darvaza
Dans un champ de gaz naturel du désert de Karakoum (TKM) se trouve la "porte de l'Enfer" : un cratère qui brûle depuis 1971. On pense qu'il s'est formé après que le sol s'est effondré lorsque des équipements de forage ont ouvert une brèche dans un vide souterrain, et que les géologues ont mis le feu au cratère pour empêcher une importante fuite de méthane. Il est **le cratère de méthane qui brûle depuis le plus longtemps**.

En nov. 2013, l'aventurier George Kourounis (CAN) est descendu dans le puits de 30 m, vêtu d'une combinaison en aluminium résistant à la chaleur, devenant **la 1re personne à explorer le cratère de Darvaza**.

L'ère de ce cratère pourrait s'achever : en janv. 2022, le gouvernement turkmène a annoncé son intention de l'éteindre.

3 : Fruit du jacquier
Un voyage au Bangladesh ne serait complet sans une dégustation de son fruit national, le fruit du jacquier. Certains spécimens atteignent 90 cm de long et pèsent 5 fois plus qu'une boule de bowling : c'est **le plus gros fruit arboricole**. Un seul jacquier adulte (Artocarpus heterophyllus) peut produire jusqu'à 200 fruits par an. Son faible coût et sa haute valeur nutritionnelle font du fruit du jacquier un ingrédient de base de la cuisine bangladaise, que l'on retrouve dans les soupes, les salades et les currys.

4 : Thaipusam
Chaque année en janv.-févr., les hindous tamouls se réunissent pour célébrer le jour où Murugan, le dieu hindou de la guerre, a reçu une lance divine pour vaincre le démon Surapadman et ses frères. Les fidèles se livrent à des kavadi, actes de dévotion qui vont du transport de pots de lait de riz à l'empalement de brochettes dans leurs joues. **Le plus grand festival de Thaipusam** a lieu en Malaisie. Près d'un million de fidèles se lancent dans un trek de 8 h depuis le temple de Sri Mahamariamman dans la capitale, Kuala Lumpur, jusqu'aux grottes sacrées de Batu, à 15 km de là.

5 : Temple de Sri Ranganathaswamy
Ce site sacré vieux de 1 000 ans, situé sur l'île de Srirangam dans le Tamil Nadu (IND), est dédié à Ranganatha, forme de la divinité hindoue Vishnu. Le complexe comprend un gopuram (tour d'entrée) ornemental à 13 étages, achevé en 1987, haut de 72 m. Cet exemple renversant d'architecture dravidienne – à la fois **le plus haut** et **le plus grand complexe de temple hindou** – a postulé pour rejoindre le patrimoine mondial de l'Unesco. Il est en attente d'évaluation.

6 : Centre de réhabilitation des orangs-outans Sepilok

Vivant dans la canopée des forêts tropicales d'Indonésie, l'orang-outan (Pongo) est **le plus grand mammifère arboricole**. Depuis 1964, **le plus ancien sanctuaire d'orangs-outans** a permis à plus de 300 orphelins de retourner à la vie sauvage. Ce foyer pour grands singes malades est situé dans la réserve forestière de Kabili-Sepilok, d'une superficie de 43 km², dans l'État malaisien de Sabah, à Bornéo. Il participe activement à l'éducation et à la conservation, et vient en aide à d'autres espèces menacées, comme l'ours malais **(le plus petit ours)**, les gibbons et les éléphants. Il est ouvert toute l'année aux visiteurs et aux bénévoles désireux de s'investir.

7 : Angkor Vat

Construit par le roi khmer Suryavarman II pendant son règne de 1113 à 1150, le temple d'Angkor Vat (KHM) est **la plus grande structure religieuse** jamais construite. Promenez-vous dans son parc de 162,6 ha pour admirer les galeries ornées et le temple-montagne central. Angkor Vat était à l'origine dédié au dieu hindou Vishnu avant de se transformer progressivement en un centre de culte bouddhiste. Il accueillait autrefois une population d'env. 80 000 personnes, mais il a été abandonné au milieu du XVe siècle.

8 : Lac Toba

Il y a env. 75 000 ans, une super-éruption volcanique sur l'île actuelle de Sumatra a presque anéanti l'humanité… Sur une note plus joyeuse, elle a aussi créé le lac Toba, aujourd'hui idyllique. Avec ses 100 x 30 km, il est **le plus grand lac de cratère**. Le Toba contient également l'île de Samosir, lieu d'origine du peuple Batak Toba. Avec une superficie de 630 km², Samosir est **la plus grande île sur un lac sur une île.**

9 : Statue de l'Unité

Sur une île près du barrage de Sarovar, dans l'État indien du Gujarat, se dresse une statue de 182 m de haut à l'effigie de Sardar Vallabhbhai Patel, l'un des pères fondateurs de l'Inde. **La plus haute statue** du monde est visible à 7 km. Prenez l'ascenseur à l'intérieur de la statue jusqu'à la galerie d'observation, située à 153 m du sol. Elle offre une vue imprenable sur les réservoirs et les montagnes environnants, ou visitez-la de nuit pour voir un spectacle laser projeté sur la sculpture.

10 : Grotte Hang Son Đoòng

Au cœur du parc national de Phong Nha-Ke Bàng (VNM) se trouve Hang Son Đoòng, **la plus grande grotte**. Son entrée a été découverte par un agriculteur local en 1991, mais il a fallu attendre 18 ans avant qu'un relevé officiel ne soit effectué. Nous savons qu'elle s'étend sur au moins 6,5 km. Les explorateurs prêts à effectuer le voyage de 6 h à travers la jungle et la descente de 200 m à l'intérieur de la cavité seront récompensés par l'une des merveilles cachées les plus spectaculaires de la planète.

11 : Palais Nurul Iman

Pour un étalage éclatant d'opulence royale, rendez-vous à Brunei, État souverain situé sur la côte nord de Bornéo. À quelques kilomètres au sud-ouest de la capitale, Bandar Seri Begawan, se trouve le palais de la Lumière de la Foi, résidence officielle du 29e sultan de Brunei et siège du gouvernement du pays. **Plus grand palais occupé** du monde, il compte 1 788 pièces – plus du double du palais de Buckingham –, dont une salle de banquet de 5 000 places, une mosquée et un garage pour 110 voitures. Il possède également une écurie climatisée pour 200 poneys de polo et 5 piscines. La résidence royale n'est ouverte aux visiteurs que 3 jours par année lunaire, pendant la fête de Hari Raya, qui marque la fin du ramadan.

En bref

- **Superficie :** 10 551 875 km²
- **Population :** 2,5 milliards
- **À savoir :** Cette région est célèbre pour ses extrêmes géologiques, du mont Everest (Sagarmāthā ou Chomolungma), **la plus haute montagne** (8 848,8 m), au **point le plus profond de la mer**, le Challenger Deep (10 935 m), dans l'océan Pacifique. Ses merveilles architecturales, souvent liées à la spiritualité, ne sont pas moins impressionnantes que celles formées par la nature : la Thaïlande abrite à elle seule quelque 35 000 temples !

Chine

1 : Grande Muraille de Chine
La plus longue muraille est en fait un réseau de murs, de tranchées, de tours et de porte, reconstruit et complétés par plusieurs dynasties pendant plus de 2 000 ans. Une étude réalisée en 2012 a estimé son étendue historique totale à plus de 20 000 km, bien que seules quelques centaines de kilomètres soient encore intacts. Certains des tronçons les plus populaires se trouvent à Jiankou, Mutianyu et Jinshanling.

2 : Temple Yuan-Dao Guanyin
Les personnes qui visitent Taïwan peuvent trouver la paix au temple Yuan-Dao Guanyin. Le complexe est dominé par une statue assise de la déesse bouddhiste de la Miséricorde, Guanyin, parfois représentée avec mille bras et yeux. Après 20 ans de travail, il s'agit de **la plus grande sculpture en acier**, mesurant 30,3 m de haut pour 35,9 m de large.

3 : Pagode Sakyamuni
Le comté de Yingxian (Shanxi) abrite une tour à étages vieille de 1 000 ans, connue sous le nom de Muta. À partir d'une base en pierre, le bâtiment s'élève sur 5 niveaux pour atteindre 67,3 m, ce qui en fait **la plus haute pagode en bois**. Construite en 1056, sous la dynastie Liao, la structure a résisté aux séismes et aux tirs d'artillerie.

4 : Cité interdite
Occupant un site de 72 ha au cœur de Pékin, la Cité interdite est un complexe tentaculaire de cours, de salles et de jardins imposants. Résidence des empereurs des dynasties Ming et Qing, entre 1420 et 1924, elle doit son nom au fait que la plupart des citoyens n'avaient pas le droit d'y entrer. Aujourd'hui, les portes de la Cité interdite sont ouvertes aux touristes. Ce site classé au patrimoine mondial de l'Unesco est d'ailleurs **le palais le plus visité**. En 2018, il a accueilli plus de 17 millions de visiteurs.

5 : Panda géant
Ce mammifère noir et blanc est un trésor national. Seuls 1 864 pandas géants (Ailuropoda melanoleuca) vivent dans leur habitat naturel, les forêts tempérées des montagnes du sud-ouest de la Chine. Ils se nourrissent presque exclusivement de bambou, et les mâles peuvent peser jusqu'à 136 kg. **Le plus grand habitat du panda géant** est le sanctuaire du Sichuan. D'une superficie de 9 245 km², il concentre env. 30 % de la population mondiale.

6 : Armée de terre cuite
En 1974, des agriculteurs près de Xi'an (Shaanxi) ont découvert par hasard des fosses contenant env. 8 000 figurines de soldats et autres personnages en argile. Cette "armée de terre cuite" – **le plus grand groupe de statues grandeur nature** – a été créée pour veiller sur la tombe de Qin Shi Huangdi, 1er empereur de Chine, mort en 210 avant notre ère. Un musée existe aujourd'hui sur le site.

En bref

- **Superficie :** 9 596 960 km²
- **Population :** 1,39 milliard
- **À savoir :** La Chine a **la plus grande population** du monde. Son territoire traverse 5 fuseaux horaires mais, depuis 1949, elle n'en observe qu'un seul, ce qui en fait **le plus grand pays dans un seul fuseau horaire**. Mélange de tradition et de modernité, elle compte à la fois le monastère de Rongbuk – **le plus haut temple**, à 5 100 m d'altitude – et le Guangdong Science Center – **le plus grand musée scientifique**, d'une superficie de 126 514 m².

1

2

3

Japon

En bref

- **Superficie :** 377 915 km²
- **Population :** 124,6 millions
- **À savoir :** Le Japon est composé de 5 îles : Honshū, Hokkaido, Kyūshū, Shikoku et Okinawa. La 1re abrite Tokyo, **la plus grande capitale**, avec une population de 37 468 302 habitants. Le pays compte **la plus ancienne maison régnante**, avec la dynastie Yamato et sa ligne de succession de 126 empereurs. Les amateurs de sucreries doivent se rendre à Kyoto pour découvrir **la plus ancienne confiserie**, Ichimonjiya Wasuke, qui vend des sucreries depuis l'an 1000.

1 : Macaque japonais
Habitant la région montagneuse de Jigokudani (Honshū), les macaques japonais (Macaca fuscata) sont **les primates vivant le plus au nord**, à l'exception des humains. En hiver, lorsqu'il fait – 15 °C, les singes des neiges se réchauffent en se baignant dans des sources volcaniques.

2 : Musée Ghibli
Laissez-vous emporter dans l'univers du studio Ghibli à Mitaka. Le musée a été conçu par Hayao Miyazaki, réalisateur de Mon voisin Totoro (1988) et Le Château ambulant (2004). En tant que **studio d'animation non anglophone le plus prospère**, il a réalisé une recette de 1,39 milliard $ avec 19 longs métrages.

3 : Gundam Factory
Les fans de Mecha doivent inclure Yokohama dans leur itinéraire. Pour fêter le 40e anniversaire de la série télévisée d'animation Mobile Suit Gundam en 2020, la Gundam Factory a dévoilé une version de 18 m du Gundam RX-78-2, qui prend vie toutes les heures. Il s'agit du **plus grand robot humanoïde**.

4 : Ryōgoku Kokugikan
Faites un tour dans le quartier de Yokoami à Tokyo pour découvrir le sport national du Japon : le sumo. Cette forme ancienne de lutte est imprégnée de rituels, avec des combattants de taille exceptionnelle qui purifient le dohjō (cercle) avec du sel avant de se battre. Avec une capacité de 11 908 places, Ryōgoku est **le plus grand stade de sumo** et organise 3 des 6 tournois officiels (honbasho) – en janvier, mai et septembre. Les places au bord du cercle sont très prisées, mais attention aux lutteurs volants !

5 : Festival de la neige de Sapporo
Chaque année, en février, la plus grande ville d'Hokkaido fête la neige pendant 7 jours. Le festival a débuté en 1950, lorsqu'une série de sculptures réalisées par des étudiants dans le parc Odori a attiré 50 000 personnes. Depuis 1974, le festival comprend un concours international de sculptures sur neige. Des équipes passent plusieurs semaines à créer des œuvres d'art arctiques spectaculaires, comme **la plus grande sculpture sur neige Star Wars** en 2015, qui représentait Dark Vador armé d'un sabre laser, réalisée avec 3 175 t de neige.

6 : Fleur de cerisier
Le printemps arrive au Japon dans une tempête colorée de pétales roses et blancs produits par les sakura (cerisiers). LEGOLAND, à Nagoya, a célébré la fleur nationale en créant sa propre version de l'arbre avec des briques de jeu. Haut de 4,38 m et large de 4,93 m, c'est **le ▶ plus grand cerisier en briques LEGO**.

4

5

6

Le printemps arrive
Si vous espérez admirer les sakura de Kyoto en pleine floraison, ne vous y prenez pas trop tard ! Des études sur les saisons de floraison des cerisiers de la ville montrent que le pic de 2021 a eu lieu le 26 mars – le plus tôt depuis le début des enregistrements en 812 de notre ère.

Australie

1 : Sanctuaire de koalas Lone Pine
Les amateurs de faune doivent s'arrêter à Brisbane pour visiter cette vénérable institution. Créé en 1927 par Claude Reid, c'est **le plus ancien sanctuaire de koalas**. Il abrite plus de 130 de ces icônes australiennes câlines. Vous les photographierez facilement : les koalas passent jusqu'à 19 h à dormir – ils ne sont pas paresseux, ils préservent juste leur énergie, car les feuilles d'eucalyptus dont ils se nourrissent sont pauvres en nutriments.

2 : Championnat national de grand bi
Bien que ses origines soient françaises, cette bicyclette est célébrée chaque année à Evandale, en Tasmanie, lors de **la plus grande compétition de grand bi**. En plus de différentes courses, une foire sur le thème de l'époque victorienne est organisée. Les novices sont les bienvenus... mais bonne chance pour en faire entrer un dans votre valise !

3 : Wave Rock
Si vous passez par Hyden, à l'est de Perth, faites un arrêt selfie devant la Wave Rock. Vieille d'env. 2,7 milliards d'années et haute de 12 m, sa courbe gracieuse s'est formée au fil des millénaires : son granit a été érodé par le sol acide qui le recouvrait autrefois. Avec une surface exposée de 1 320 m², il s'agit de **la plus grande pente évasée**. Vous la trouverez sur la face nord de Hyden Rock.

4 : Grande Barrière de corail
S'il y a une chose à ne pas rater lors de votre voyage en Australie, c'est bien cette structure corallienne au large des côtes du Queensland. Avec ses 2 027 km de long, c'est **le plus long récif** (composé de milliers de mini-récifs). Plongez pour vous mêler à 1 500 espèces de poissons (10 % du total mondial !), dont les vedettes du Monde de Nemo : poissons-clowns, chirurgiens bleus, tortues marines et étoiles de mer. Un conseil : pour éviter les méduses, visitez le site en hiver (juin-août).

5 : Stadium Australia
Compte tenu de la passion des Australiens pour le sport, il n'est pas étonnant qu'ils aient construit un site à Sydney pour les jeux Olympiques d'été de 2000. Il a été conçu pour accueillir 110 000 spectateurs – **la plus grande capacité pour un stade olympique** –, mais quelque 114 000 personnes y ont assisté à la cérémonie de clôture. Aujourd'hui, il accueille les fans de rugby et de football, ainsi que les amateurs de concerts.

6 : Forêt de Daintree
Remontez le temps jusqu'à l'ère des dinosaures dans cette merveille tropicale sur la côte du Queensland. La forêt de Daintree est **la plus ancienne forêt tropicale**. Elle date d'env. 180 millions d'années, contre "seulement" 55 millions d'années pour l'Amazonie (voir p. 122). Avec une superficie d'env. 1 200 km², c'est aussi le plus grand bloc de forêt tropicale contiguë du pays.

En bref

- **Superficie** : 7 741 220 km²
- **Population** : 25,8 millions
- **À savoir** : L'Australie est **le plus petit continent** mais **la plus grande île continentale**. C'est aussi **le continent le plus plat**, sans grandes chaînes de montagnes et avec une altitude moyenne de 330 m. Sa caractéristique géologique la plus célèbre compense son absence de relief : Uluru – **le plus grand monolithe de grès**. L'Australie abrite de nombreux animaux uniques, dont l'un des plus emblématiques : le kangourou roux (*Osphranter rufus*), **le plus grand marsupial**.

Nouvelle-Zélande

1 : Profusion d'oiseaux
La Nouvelle-Zélande peut s'enorgueillir d'une multitude de records à plumes. Parmi eux, le kakapo (Strigops habroptila), ou perroquet-hibou, **le perroquet le plus lourd**. Les mâles pèsent jusqu'à 4 kg. Cette espèce étant en voie de disparition, les ornithologues amateurs doivent se soumettre à une procédure de quarantaine avant de se rendre sur l'une de leurs îles.

L'oiseau national, dont les Néo-Zélandais tirent leur surnom, est le kiwi. Pour avoir la chance d'en voir un à l'état sauvage, rendez-vous dans un parc de conservation ou une réserve naturelle, ou inscrivez-vous à une excursion guidée. Le kiwi austral (Apteryx australis) pond **les plus gros œufs proportionnellement à la taille du corps**. Une femelle pesant 1,7 kg a produit un œuf de 406 g, soit près de 1/4 de sa masse corporelle !

Le très rare manchot antipode (Megadyptes antipodes) est **le manchot le moins social**. Endémique à la Nouvelle-Zélande et à quelques îles subantarctiques, il niche seul, hors de la vue des autres oiseaux.

2 : Baldwin Street
Dunedin, la 2e plus grande ville de l'île du Sud, abrite cette courte rue, sans particularité si ce n'est une pente de 34,8 % (19°), soit **la rue la plus raide**. C'est l'occasion de mettre les muscles de vos mollets à l'épreuve ! Si vous y êtes en juillet, assistez à la course Cadbury Jaffa Race, au cours de laquelle des milliers de bonbons sont lâchés et roulent jusqu'en bas de la colline.

3 : Frying Pan Lake
Les amateurs de plein air adoreront la beauté sauvage de la vallée volcanique de Waimangu. Vous y trouverez le lac Frying Pan (ou Chaudron de Waimangu), **la plus grande source d'eau chaude**, d'env. 3,8 ha. Sa température moyenne atteint 60 °C, et elle est également acide. Mieux vaut donc la laisser aux organismes thermophiles (qui aiment la chaleur) tels que les bactéries et les algues.

4 : Arbre Ranfurly
La légende veut qu'en 1901, Lord Ranfurly, alors gouverneur de la Nouvelle-Zélande, ait planté un épicéa de Sitka (Picea sitchensis) sur l'île Campbell, l'une des plus méridionales du pays. Son compagnon le plus proche se trouve à 222 km, ce qui en fait **l'arbre le plus solitaire**. Les croisières d'expédition lui rendent parfois visite, mais au cas où vous ne pourriez pas en profiter, voici une photo.

5 : Grotte Matainaka
Pour découvrir l'un des sites les plus caratéristiques du pays, il faut aller sous terre. Rendez-vous sur la côte d'Otago, dans l'île du Sud, pour découvrir **la plus longue grotte marine**, qui s'étend sur 1,54 km. Avec ses parois de grès usées par l'action constante des vagues, elle s'allonge d'année en année. Pourquoi ne pas louer un kayak et pagayer dans ce monde souterrain obscur ?

6 : Wellington
Plongez dans l'histoire d'Aotearoa (le nom māori de la Nouvelle-Zélande), en mettant l'accent sur la culture indigène, au musée de la Nouvelle-Zélande Te Papa Tongarewa. Un trajet de 5 min à bord du funiculaire rouge emblématique vous amène sur les collines, un point d'observation panoramique qui donne sur **la capitale la plus au sud** de la planète (parmi les pays souverains), à 41,28°S.

En bref

- **Superficie** : 268 838 km²
- **Population** : 4,9 millions
- **À savoir** : Un tiers de la Nouvelle-Zélande est officiellement protégée en tant que réserve naturelle. L'activité volcanique millénaire a façonné son paysage distinctif, immortalisé par Le Seigneur des anneaux. C'est l'un des 2 seuls pays à avoir 2 hymnes nationaux (l'autre étant le Danemark). On lui doit aussi Edmund Hillary qui, avec Tenzing Norgay, a réussi **la 1re ascension de l'Everest** en 1953.

INGÉNIEUR LEGO

David Aguilar

À 5 ans, David Aguilar (AND) découvre les LEGO®. Il est alors loin d'imaginer que ce jeu mènerait à de telles innovations. Né sans avant-bras droit, David (également surnommé Hand Solo) conçoit sa 1re prothèse de bras LEGO à 9 ans. Bien que les pièces qu'il possède ne soient pas adaptées à un usage fonctionnel, l'étincelle est née et il met tout en œuvre pour perfectionner le bras en briques LEGO.

À 18 ans, il réalise une avancée déterminante, en désossant un hélicoptère LEGO Technic (#9396) pour créer son modèle Mark-I (MK-I), clin d'œil à la 1re armure du super-héros Iron Man. Munie d'une main préhensile et d'un coude articulé, **la 1re prothèse de bras en LEGO fonctionnelle** est assez résistante pour effectuer des pompes !

En 2021, David travaille déjà sur son MK-VI, avec lequel il espère faire fonctionner le coude et la main indépendamment. Et il rêve de réaliser entièrement des bras artificiels au moyen de l'impression 3D.

Depuis, cet inventeur inspirant est souvent sollicité pour animer des conférences. Il est d'ailleurs intervenu à l'occasion d'un colloque de la NASA sur l'innovation en 2019. La personnalité influente de David nous encourage à sortir des sentiers battus pour exploiter tout notre potentiel.

3

2

1

Le bras MK-II conçu par David (ci-dessus) comprend des parties du jet de course LEGO Technic (#42066).

INFORMATIONS

Nom	David Aguilar Amphoux
Lieu de naissance	Andorra la Vella (AND)
Surnom	Hand Solo
Études	Bio-ingénierie
Titres du GWR	• **1re prothèse de bras fonctionnelle en LEGO** • **1re prothèse de bras en LEGO contrôlée par le pied** • **1re prothèse de bras en LEGO munie d'un stylet**

1. À 9 ans, David présente sa 1re prothèse en LEGO. “Enfant, les LEGO ont été mon 1er jeu : c’était comme si on pouvait construire une infinité de choses. L’imagination était la seule limite !”

2. La prothèse MK-II se termine par une pince capable de saisir les objets et de se plier. En l’équipant d’un moteur LEGO, David réussit à soulever des objets plus lourds.

3. À chaque nouveau prototype, David améliore la fonctionnalité de ses prothèses. Ces modèles de briques en plastique sont surtout beaucoup plus abordables que les prothèses conventionnelles dont l’entretien est aussi coûteux.

4. Quand Zaure Bektemissova (FRA) découvre les inventions de David, elle entre en contact avec l’inventeur. Beknur, son fils de 8 ans, est né sans bras, et elle fait tout pour lui trouver des prothèses adaptées. En guise de réponse, David conçoit 2 nouveaux membres en LEGO : le MK-Beknur pour saisir les objets – **la 1re prothèse de bras en LEGO contrôlée par le pied** – et le eMK-Beknur, **la 1re prothèse de bras en LEGO munie d’un stylet**.

5. En 2020, David fait équipe avec le rédacteur du magazine *Briques Mag*, Sébastien Mauvais, dans l’émission télé *LEGO MASTERS France*. Et ils remportent le trophée en briques LEGO.

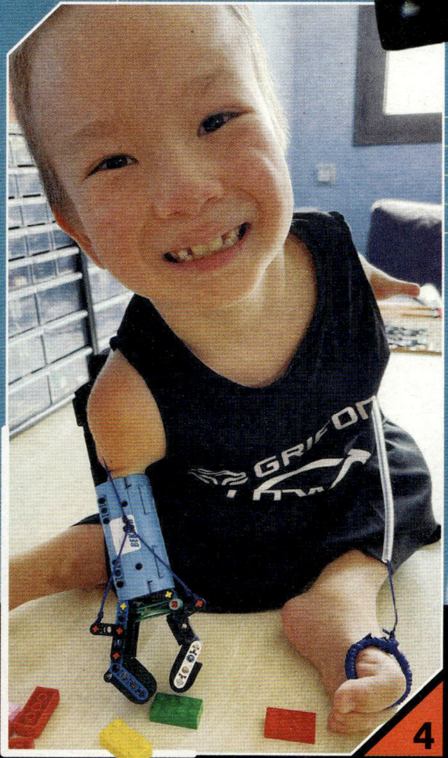
4

6. David sur son scooter électrique INOKIM OX Super muni d’un système de freins adapté et d’un bras artificiel. Il le doit à son père, Ferran Aguilar (encart), qui construit des véhicules sur mesure pour son fils depuis qu’il est enfant. Tous deux ont récemment travaillé sur le livre *Pieza a Pieza* (“Pièce par pièce”), qui relate la vie de David. Le texte publié en 2021 résume parfaitement ses incroyables talents en ingénierie : “L’Histoire du garçon qui s’est construit lui-même.”

5

6

Pour en savoir plus sur David, consultez le chapitre Hall of Fame sur **www.guinnessworldrecords.com/2023**

LA VOITURE LA PLUS LONGUE

Le 1er mars 2022, un beau classique a retrouvé sa place de n° 1 : American Dream, une limousine de 30,51 m de long qui peut accueillir 75 passagers. Elle a été conçue par le légendaire constructeur de voitures sur-mesure Jay Ohrberg. En 1986 déjà, elle faisait les gros titres comme la voiture la plus longue du monde (elle était alors légèrement plus courte). Mais en raison des coûts d'entretien et d'autres inconvénients (difficile de trouver une place de parking…), elle a été abandonnée dans un coin. En 2019, Michael Dezer, magnat de l'immobilier et collectionneur de voitures, a remarqué son triste état sur eBay et l'a récupérée auprès de son propriétaire historique, Michael Manning (en photo, tous 2 USA). Avec l'aide d'une équipe d'experts en restauration de voitures anciennes et pour la coquette somme de 250 000 $, American Dream a retrouvé tout son lustre. Pour l'admirer, faites un tour à Dezerland Park à Orlando (Floride, USA). Le détour en vaut la peine !

MISSION

Ingénierie épique

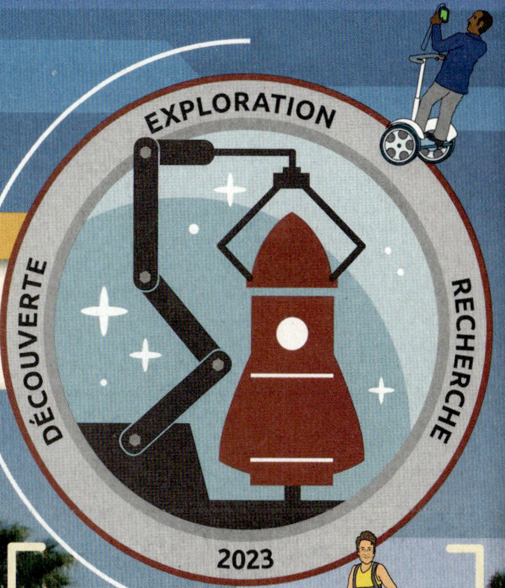

À l'intérieur d'American Dream se trouve un grand matelas à eau, une piscine, un jacuzzi, une baignoire, un mini-golf et même une hélisurface !

Ponts

LE PONT LE PLUS HAUT
Le pont Beipanjiang First s'élève à 565,4 m au-dessus de la rivière Beipan entre les provinces chinoises du Yunnan et du Guizhou. Ce pont routier à haubans a été inauguré le 29 déc. 2016. Le plus haut gratte-ciel d'Amérique du Nord, le One World Trade Center, passerait sous son tablier. Pour **le pont le plus grand**, voir p. 126.

LE 1ER PONT À DOUBLE HÉLICE
Le Helix Bridge de Singapour long de 280 m est, jusqu'à présent, unique en son genre. Conçu par Cox Architecture et Architects 61, avec les ingénieurs d'Arup, il utilise 2 hélices d'acier qui s'entrelacent pour créer un treillis métallique complexe. Inauguré le 18 juill. 2010, il a coûté plus de 55 millions €.

LE PLUS LONG PONT-TUNNEL
La traversée Hong Kong-Zhuhai-Macao sur le delta de la rivière des Perles atteint 29,6 km. Elle se compose de 3 ponts à haubans totalisant 22,9 km, d'un tunnel sous-marin et de 4 îles artificielles. En incluant les bretelles autoroutières d'accès, elle s'étend sur 55 km.

TYPES DE PONTS

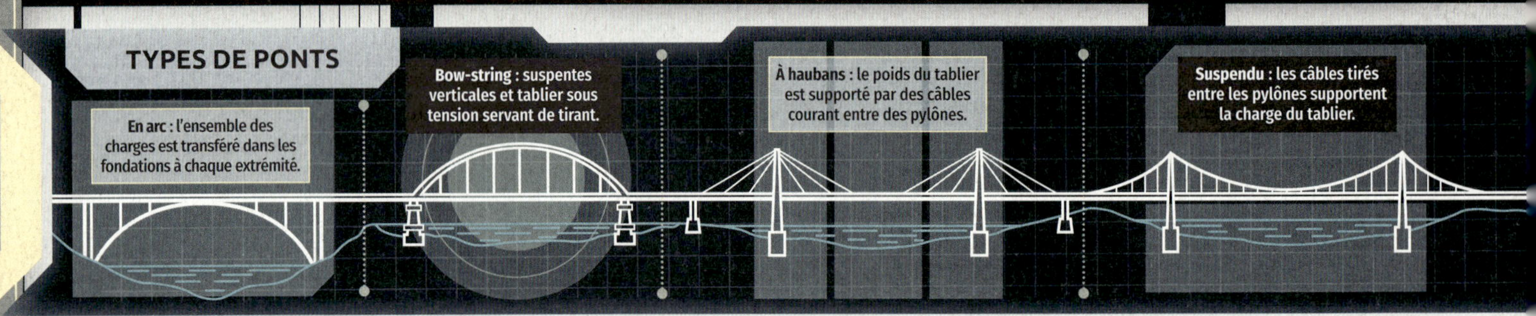

LE PLUS LONG PONT EN ACIER IMPRIMÉ EN 3D
Le pont MX3D, long de 8,7 m, enjambe l'Oudezijds Achterburgwal, un canal dans le quartier De Wallen d'Amsterdam (NLD). La société d'ingénierie MX3D a utilisé la technologie d'impression 3D robotique pour sa construction. Il s'agit donc d'une pièce continue de métal, sans joints ni sections séparées.

Le pont a été officiellement inauguré par la reine Máxima des Pays-Bas (à gauche) le 15 juill. 2021.

Le plus vieux pont suspendu automobile
En 2021, l'Union Chain Bridge a fêté ses 201 ans. Il enjambe le fleuve Tweed entre les villes anglaises de Horncliffe (Northumberland) et Fishwick (Berwickshire). Le pont utilisait à l'origine des chaînes en fer forgé pour supporter son tablier. Il affiche une limite de poids de 2 t et un seul véhicule peut le traverser à la fois.

Le 1er pont mobile rotatif
Le Gateshead Millennium Bridge, ou "Winking", inauguré le 17 sept. 2001, s'étend sur 126 m au-dessus de la Tyne à Newcastle upon Tyne (GBR). Plutôt que de se lever verticalement, le pont pivote dans le sens de la longueur sur chaque rive. Lorsqu'il s'ouvre pour permettre aux navires de passer, il évoque un œil qui cligne, d'où son surnom "Winking".

Le 1er pont à enroulement
Jusqu'à présent, le seul pont à enroulement du monde se trouve à Londres (GBR) dans le bassin de Paddington. Conçu par Heatherwick Studio et achevé

LA PLUS LONGUE PORTÉE D'UN PONT PÉDESTRE
Le pont pédestre Baglung Parbat est un pont suspendu traditionnel de 567 m, pour lequel câbles et tablier suivent la même courbe descendante entre les points d'ancrage. Il traverse la rivière Kali Gandaki (NPL) et a accueilli pour la 1re fois le public le 30 juill. 2020. La nuit, 300 lumières soulignent son arc.

LA PLUS LONGUE PORTÉE
La portée principale du pont du détroit d'Akashi, (alias Pont de la perle), pont suspendu japonais, mesure 1 991 m. Ce pont routier a été ouvert à la circulation le 5 avr. 1998, après 10 ans de construction. Le pont du détroit des Dardanelles (en encart), toujours en construction au nord-ouest de la Turquie, aura une portée de 2 023 m.

LE PLUS LONG PONT COUVERT
Reliant les rives du fleuve Saint-Jean, le pont couvert de Hartland (New Brunswick, CAN), mesure 391 m. Ce pont en poutre en treillis à 7 travées a été construit en 1901. En 1960, un pont plus large l'a contourné, mais il dessert toujours la circulation locale.

LE PLUS LONG PONT SUR L'EAU (CONTINU)
Le pont du lac Pontchartrain présente une paire de routes parallèles à 2 voies qui relient Mandeville à Metairie (Louisiane, USA). Le plus long des 2, inauguré en 1969, s'étend sur 38,42 km.

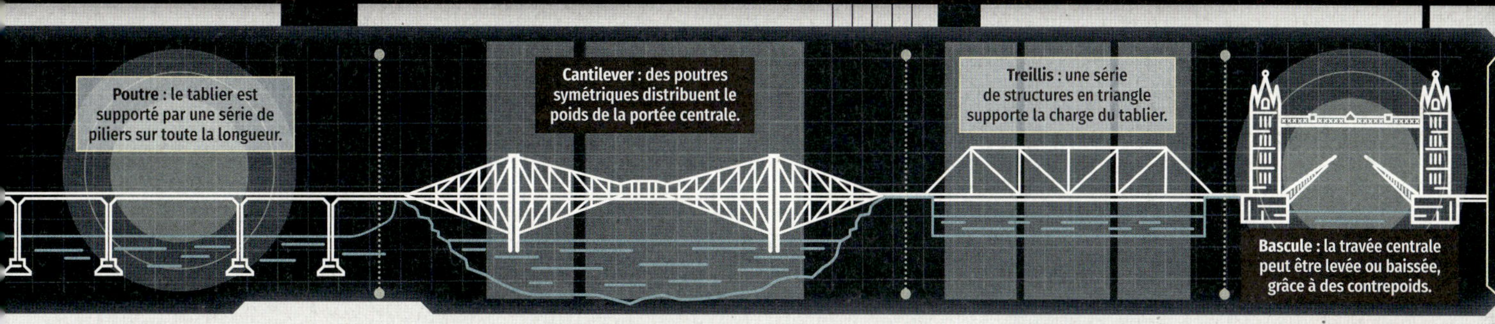

en 2004, le "Rolling Bridge" est une passerelle en bois et en acier destinée aux piétons. Elle utilise des vérins hydrauliques pour enrouler ses 8 segments comme une queue de scorpion. Fermée, elle forme un octogone. Déroulée, elle atteint 12,9 m au-dessus d'une section du canal.

Le pont le plus large
Le San Francisco-Oakland Bay Bridge (Californie, USA) est un complexe de ponts qui traverse la baie de San Francisco. Le segment Est (ouvert en 2013) présente une largeur de tablier de 78,74 m. Il inclut une route à 10 voies, une piste cyclable de 4,7 m et un espace où le pylône central soutient les 2 sections du pont. Il est conçu pour résister à un séisme de magnitude 8,5.

Les plus longs...
Pont en plastique
Le golf d'Aberfeldy à Perth and Kinross (GBR) incorpore un pont en plastique renforcé de 113 m de long avec une porte principale de 63 m qui enjambe la rivière Tay.

Portée de pont basculant
Utilisé à la fois pour les circulations routière et ferroviaire, le pont de Rethe possède une travée basculante longue de 104,2 m. Il enjambe un canal de navigation à Hambourg (DEU).

L'Allemagne accueille également **le plus long pont-canal**. Long de 918 m, celui de Magdebourg relie le Mittellandkanal au canal Elbe-Havel et peut être emprunté par des navires pesant jusqu'à 1 350 t.

Portée pour un pont mixte rail et route
Inauguré en mai 1997, le pont Tsing Ma à Hong Kong (CHN) a une portée principale de 1 377 m. Ce record devrait être dépassé par le pont Yavuz Sultan Selim (TUR). En 2021, ce dernier ne possédait pas encore d'infrastructure routière.

Pont flottant
La section sur ponton de l'Evergreen Point Floating Bridge (USA) mesure 2 349,5 m. Il relie Seattle à la banlieue de Bellevue, dans l'État de Washington, au-dessus du lac Washington.

LA PLUS LONGUE PORTÉE D'UN PONT EN ARC
Le 3e pont du Pingnan, dont la portée principale atteint 575 m, traverse le fleuve Xun dans le comté de Pingnan (Guangxi, CHN). Il a ouvert le 28 déc. 2020. La structure est connue sous le nom de "pont en arc en treillis", conception dans laquelle le tablier passe à travers l'arc qui porte la charge en étant supporté par des câbles.

Édifices les plus hauts

1. Bâtiment en bois
Située sur les rives du lac Mjøsa, à Brumunddal (NOR), Mjøstårnet est une tour multi-usage de 18 étages qui s'élève à 85,4 m. Elle a été conçue par Voll Arkitekter et bâtie par HENT et Moelven Limtre (tous NOR). Sa construction s'est achevée en mars 2019. Mjøstårnet abrite bureaux et appartements, un hôtel, un restaurant et une piscine. Ses structures porteuses sont réalisées en bois lamellé-collé – des lamelles de bois collées ensemble grâce à un adhésif durable.

2. Structure en bois
Une tour en treillis à Gliwice (POL) culmine à 118 m – soit 2 m plus haut que **le plus grand arbre**, Hyperion (voir p. 117). Construite en 1935, elle a d'abord servi aux transmissions radios avant d'être utilisée pour les téléphones portables. Bien que la tour de Gliwice soit la plus haute structure en bois existante, elle est toutefois plus petite que **la plus haute structure jamais construite** – la tour de transmission de Mühlacker (DEU) de 190 m, détruite en 1945.

3. Phare
Si la tour de contrôle portuaire de Djeddah (SAU) haute de 133 m n'a pas été construite spécifiquement pour l'aide à la navigation, elle apparaît tout de même sur la "Liste des phares" de la National Geospatial Intelligence Agency. La tour de surveillance, érigée en béton et acier en 1990, se dresse sur un quai à l'entrée du port maritime de Djeddah. Sa hauteur focale – la hauteur de sa lampe par rapport au niveau de la mer – atteint 137 m et elle émet 3 flashs blancs toutes les 20 s.

4. Pyramide
La pyramide de Khéops à Gizeh (EGY) culminait à l'origine à 146,7 m, mais l'érosion et le vandalisme ont réduit sa hauteur à 137,5 m. Tombe du pharaon Khéops, elle a été achevée vers 2560 avant notre ère, après env. 27 ans de construction. Il s'agit de la plus ancienne des Sept Merveilles du monde. La grande pyramide a été pendant près de 4 000 ans **la plus haute structure érigée par les humains**, jusqu'à la construction, en 1311, de la flèche de la cathédrale de Lincoln (GBR) qui atteignait 160 m, mais qui a fini par s'effondrer.

5. Pagode
Achevée en 2007, la pagode de Tianning à Changzhou (CHN) culmine à 153,7 m. Il a fallu 5 ans pour la construire et elle a coûté env. 300 millions de yuans (42 millions €). Ce temple de 13 étages est couronné d'une flèche dorée de 30 t, abritant une cloche de bronze pouvant être entendue à 5 km. La pagode de Tianning est le 5e temple construit sur ce site depuis la dynastie Tang (618-907).

6. Église
L'église principale d'Ulm, temple luthérien situé dans le Baden-Württemberg, possède une flèche qui culmine à 161,53 m. L'église a été construite en plusieurs phases sur plusieurs siècles, entre 1377 et 1890. Elle a été déclarée achevée en 1543, alors qu'elle atteignait 100 m ; la construction n'a repris qu'au XIXe siècle : les parties les plus basses de l'édifice ont été rénovées et consolidées, et un clocher a été ajouté aux fondations datant du XIVe siècle.

En Espagne, les travaux de la Basilica de la Sagrada Familia inachevée de Barcelone (voir p. 128) se poursuivent. Conçue par Antoni Gaudí, cette église en cours de construction depuis 1882 mesurera 172,5 m au sommet de la tour centrale.

7. Éolienne
Le Projet pilote de Gaildorf près de Stuttgart (DEU) possède 4 énormes éoliennes hybrides atteignant 178 et 246,5 m à l'extrémité des pales. Construites par la société d'ingénierie Max Bögl Wind AG (DEU), elles ont été connectées au réseau électrique le 19 déc. 2017. Au pied de chaque éolienne se trouve un réservoir qui alimente une centrale de pompage-turbinage dans la vallée. Elles produisent 42 GWh par an.

8. Grande roue
Inaugurée le 22 oct. 2021, la grande roue Ain Dubai sur la Bluewaters Island (UAE) mesure 250 m du sol à son sommet. Voir p. 148-149 pour plus d'informations.

La grande roue sans axe la plus haute, une version futuriste du traditionnel manège, se dresse à 142,5 m sur la rivière Bailang à Weifang (Shandong, CHN).

9. Minaret
Le plus haut édifice d'Afrique, un minaret culminant à 264,3 m, se dresse à Djamaa el Djazaïr, un vaste complexe religieux moderne d'Alger, la capitale algérienne. Situé dans une zone d'activité sismique, il est conçu pour résister à un séisme de magnitude 9. Djamaa el Djazaïr couvre env. 400 000 m^{2}, dont une salle de prière de 20 000 m^{2} capable d'accueillir 37 000 fidèles. Érigé entre 2012 et 2019, pour un coût estimé à 1 milliard $, il a été achevé le 29 avr. 2019.

10. Structure en fer
Culminant d'abord à 300 m – désormais 330 m grâce à l'ajout d'une antenne TV en mars 2022 – la tour Eiffel reste le symbole de Paris (voir p.126). Pourtant, sa construction a provoqué un tollé chez les artistes parisiens qui affirmaient que la "dame de fer" entacherait le paysage. La tour Eiffel a nécessité 18 038 éléments métalliques et 2 ans de construction. Inaugurée le 31 mars 1889, à temps pour l'Exposition universelle, elle restera **la structure la plus haute** du monde jusqu'au 27 mai 1930 et la construction du Chrysler Building haut de 319 m à New York (USA).

11. Hôtel
Le Gevora Hotel de Dubaï (UAE) mesure 356,33 m du rez-de-chaussée à son sommet. L'immeuble, immédiatement reconnaissable à sa façade dorée, comprend 75 niveaux et 528 chambres. Il comporte en outre 4 restaurants, une piscine extérieure, un spa de luxe et un club de santé. Il a fallu 4 ans pour construire cet hôtel luxueux, inauguré le 9 févr. 2018.

12. Immeuble en acier
Située dans l'hyper-centre de Chicago, la tour Willis (anciennement Sears) est la 3e plus haute construction d'Amérique du Nord. Le gratte-ciel de 108 étages culmine à 442 m, pèse 201 848 t et couvre 416 000 m^{2}. Deux mille ouvriers ont construit la tour, achevée en mai 1973. Par la suite, les immeubles super-hauts – gratte-ciel de plus de 300 m – ont été construits autour d'un cœur de béton armé.

13. Immeuble résidentiel
Haut de 472,4 m, la Central Park Tower à New York (USA) comprend 179 appartements de luxe et des services dont une piscine sur le toit, un gymnase et un club privé. Propriété d'Extell Development Company (USA), sa construction s'est achevée le 17 sept. 2019. L'appartement le "moins cher" se serait vendu 6 millions $, tandis que les plus beaux appartements-terrasse atteindraient 63 millions $.

Les 3 hôtels les plus hauts se trouvent tous à Dubaï : le Gevora (voir 11, ci-dessus), le J W Marriott Marquis Dubai (355 m) et le Rose Rayhaan by Rotana (333 m).

14. Bâtiment inoccupé
Goldin Finance 117, gratte-ciel de 128 étages de Tianjin (CHN), atteignait 596,6 m en sept. 2015, ce qui en faisait, cette année-là, le 5e plus haut du monde. Toutefois, le propriétaire de l'immeuble rencontre des difficultés financières, est forcé d'interrompre les travaux en déc., et le laisse inachevé et inoccupé. En réponse à ce fiasco et à d'autres revers de ce type, le gouvernement chinois a promulgué en avr. 2020 de nouvelles normes d'urbanisme qui interdisent la construction de bâtiment dépassant 500 m de haut.

15. Tour horloge
La Makkah Clock Royal Tower de La Mecque (SAU) mesure 601 m. Elle fait partie d'un complexe de 7 hôtels, l'Abraj Al Bait, proche de la Grande Mosquée sacrée de La Mecque. On estime son coût à 16 millions $. La tour présente **l'horloge la plus grande**, d'un diamètre de 43 m – 6 fois plus que celui de la tour Elizabeth du parlement britannique, plus connue sous le nom de "Big Ben".

16. Tour en spirale
Le Council on Tall Buildings and Urban Habitat définit une construction en "spirale", comme un édifice dont les plateaux ou la façade pivotent à mesure qu'ils s'élèvent. La tour Shanghai (CHN) s'élève à 632 m. On observe une rotation de 120° entre le rez-de-chaussée et le sommet de cet immeuble multi-usage de 128 étages. Cela offre moins de prise au vent et permet donc d'utiliser moins de contreventements en acier et d'obtenir un cône moins effilé que des structures comparables. La tour Shanghai a été officiellement achevée le 2 sept. 2014.

17. Tour
Le Tokyo Skytree s'élève à 634 m au-dessus du quartier de Sumida dans la capitale japonaise. Achevée en févr. 2012, l'une des principales fonctions du Skytree est de transmettre signaux télé et radios ; la tour qui l'a précédée, la Tokyo Tower (333 m), entourée désormais de nombreux gratte-ciel n'offraient plus une couverture complète pour la télévision numérique terrestre.

18. ▶ Édifice
Le plus haut de tous, Burj Khalifa, s'élève dans le ciel de Dubaï à 828 m – 2 fois la hauteur de l'Empire State Building. Le design à 3 ailes de la tour s'inspire du lys araignée, *Hymenocallis*, une fleur du désert. Développée par Emaar Properties (UAE), Burj Khalifa est officiellement inaugurée le 4 janv. 2010. Elle comporte également **le plus d'étages dans une construction** (163) et **la plateforme d'observation en extérieure la plus haute** (555,7 m) – nommée avec à propos At the Top, Burj Khalifa SKY, qui se trouve au 148e étage.

Le design en "canne" de Goldin Finance 117 devait être couronné par un atrium en forme de diamant.

Sur les 4 façades de la Makkah Clock Royal Tower, chaque horloge est couverte de 98 millions de mosaïques en verre et illuminée par 2 millions de LED.

L'ascenseur Mitsubishi Electric's NexWay de l'unité OB-3 dans la tour Shanghai traverse les 121 étages à 73,8 km/h, ce qui en fait l'ascenseur le plus rapide.

Bionique

Le 1er exosquelette motorisé
Développé entre 1965 et 1971, le Hardiman était une combinaison hydraulique expérimentale pesant 680 kg créée par General Electric (USA) pour l'armée américaine. Conçu pour transporter des charges de 340 kg, Hardiman a été abandonné au stade de prototype, en raison de ses "mouvements violents et incontrôlés".

La sélection de lettres la plus rapide avec une interface cerveau-ordinateur
En surveillant l'activité électrique du cerveau, il est possible de sélectionner des signaux capables de contrôler des dispositifs externes. Cette technique se montre prometteuse pour les personnes ayant des difficultés à parler ou à écrire. En mai 2021, une équipe de l'université de Stanford (USA) a testé une interface cerveau-ordinateur qui permet à des utilisateurs paralysés de composer des phrases à la vitesse de 90 caractères/min. Elle fonctionne en demandant à l'utilisateur de visualiser le tracé de la lettre.

Fondé sur une approche plus directe, **le 1er système pensée vers parole** a été décrit en avr. 2019 par une équipe de l'université de Californie, à San Francisco (USA). Ce dispositif contrôle l'activité neuronale de l'utilisateur imaginant parler, ce qui lui permet de générer un discours synthétique en grande partie compréhensible.

LA PLUS LONGUE DISTANCE À PIED PAR UNE PERSONNE PARAPLÉGIQUE
Paralysé depuis un accident de moto, Michael Roccati (ITA) est maintenant capable de marcher grâce à des implants placés sur la moelle épinière développés par le neuroscientifique Grégoire Courtine (FRA) et la neurochirurgienne Jocelyne Bloch (CHE). Dans le cadre de sa rééducation, il a marché 500 m, début 2022.

Le plus de prothèses contrôlées par le cerveau
En déc. 2014, Leslie Baugh (Colorado, USA), ayant perdu ses bras dans un accident, devient la 1re personne utilisant 2 prothèses de bras contrôlées par l'influx nerveux. Il a d'abord subi une intervention pour connecter ses nerfs aux bras bioniques, puis il a entraîné son cerveau à travailler avec les prothèses avant de pouvoir les contrôler. Les prothèses ont été développées par des chercheurs du laboratoire de physique appliquée Johns Hopkins de Laurel (Maryland, USA).

Le temps de réaction le plus rapide avec assistance artificielle
Un autre domaine de recherches en bionique consiste à utiliser la stimulation électrique – des nerfs ou des muscles – pour contrôler des parties du corps dont les nerfs ont été endommagés (voir ci-dessus). En mai 2019, des chercheurs de l'université de Chicago (la même équipe qui a développé DextrEMS, voir ci-contre) ont généré un temps de réaction assisté artificiellement de 50 ms en employant une stimulation électro-musculaire. C'est 5 fois plus rapide que la normale.

La neuroprothèse la plus commune
Des implants cochléaires équipent plus de 736 900 personnes dans le monde, selon les chiffres publiés par l'Institut national de la santé des États-Unis en déc. 2019. Ces dispositifs couplent un microphone externe avec un implant placé dans le crâne qui stimule directement le nerf auditif. Ils permettent à des patients atteints d'une surdité totale de retrouver un certain degré d'audition.

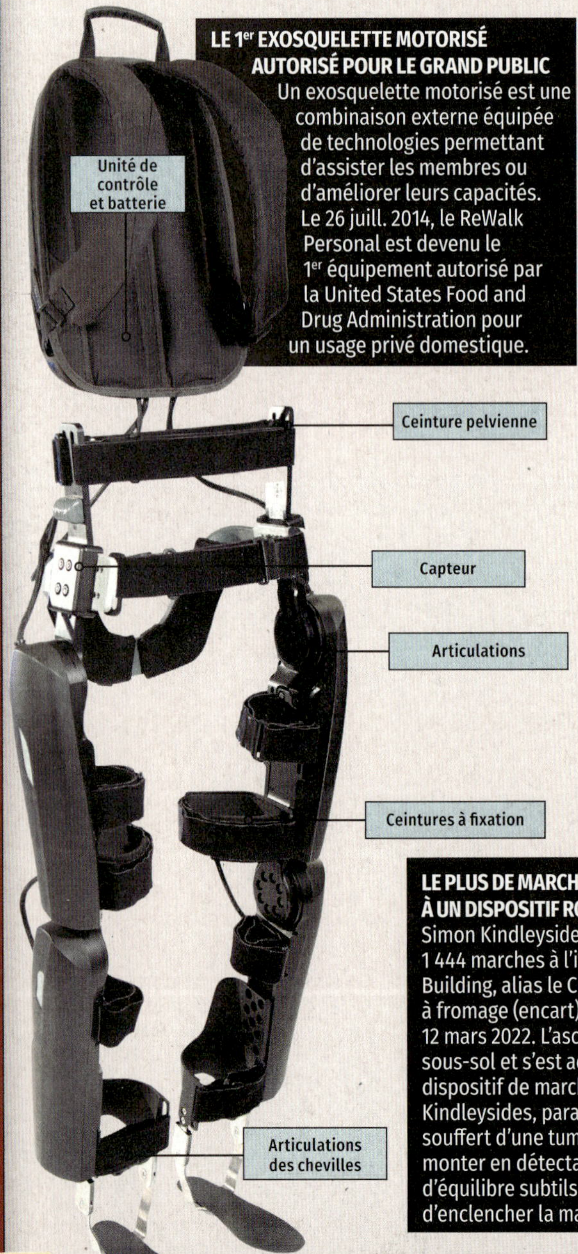

LE 1er EXOSQUELETTE MOTORISÉ AUTORISÉ POUR LE GRAND PUBLIC
Un exosquelette motorisé est une combinaison externe équipée de technologies permettant d'assister les membres ou d'améliorer leurs capacités. Le 26 juill. 2014, le ReWalk Personal est devenu le 1er équipement autorisé par la United States Food and Drug Administration pour un usage privé domestique.

LE PLUS DE MARCHES MONTÉES GRÂCE À UN DISPOSITIF ROBOTIQUE EN 8 H
Simon Kindleysides (GBR) a grimpé 1 444 marches à l'intérieur du Leadenhall Building, alias le Cheesegrater, ou la Râpe à fromage (encart), à Londres (GBR), le 12 mars 2022. L'ascension a commencé au sous-sol et s'est achevée au 50e étage. Le dispositif de marche robotique permet à Kindleysides, paraplégique après avoir souffert d'une tumeur au cerveau, de monter en détectant les changements d'équilibre subtils de son corps, avant d'enclencher la marche.

TECHNOLOGIE BIONIQUE

Le terme "bionique" décrit des dispositifs artificiels utilisés pour surmonter des handicaps ou augmenter des capacités. Les technologies bioniques imitent ou assistent les fonctions du corps humain – organes ou systèmes – plutôt que de simplement les remplacer. Les 4 types de bases sont listés ci-dessous.

Monitorage
Implants et dispositifs externes qui surveillent les fonctions corporelles. Les exemples incluent lecteurs de glycémie, électrocardiogrammes, ou montres connectées.

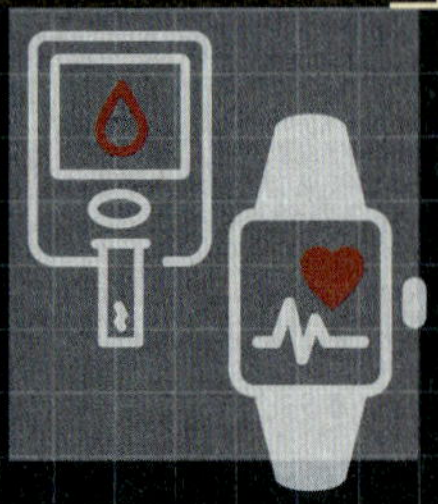

Orthèses
Dispositifs soutenant des fonctions corporelles affaiblies ou dégradées. On trouve les exosquelettes, les appareils auditifs et les stimulateurs cardiaques.

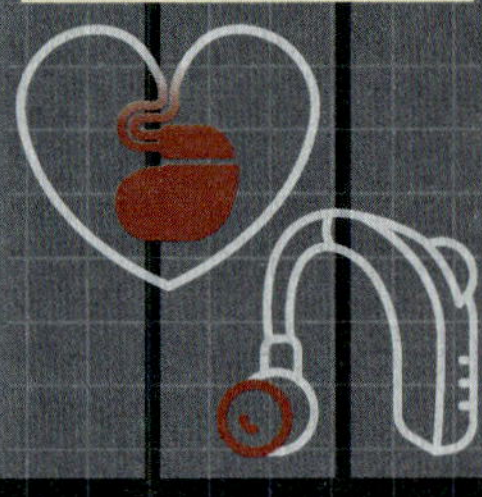

Prothèses
Dispositifs qui remplacent des fonctions corporelles perdues. On trouve les membres artificiels, les implants cochléaires ou les cœurs artificiels.

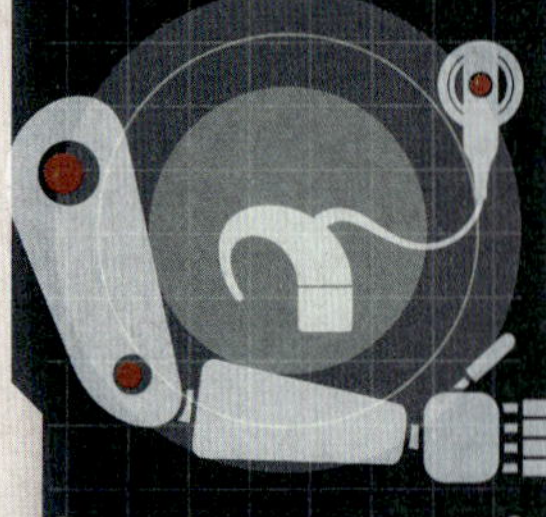

Augmentation cybernétique
Dispositifs qui améliorent des capacités ou des sens existants, ou en ajoutent. On peut citer des exosquelettes industriels à haute puissance ou des implants permettant de détecter les champs magnétiques.

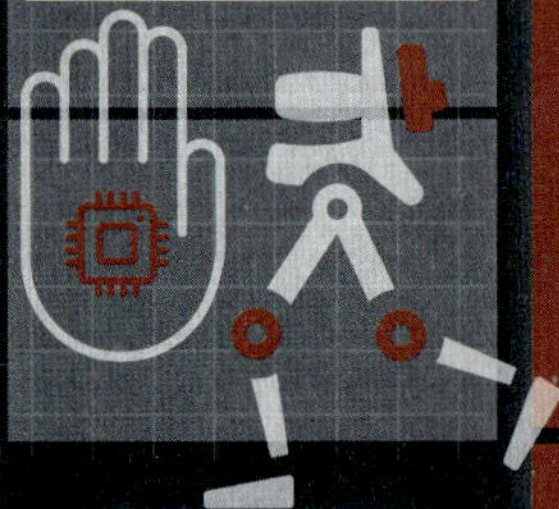

LA PLUS GRANDE COMPÉTITION POUR UTILISATEURS ET CONCEPTEURS DE DISPOSITIFS D'ASSISTANCE

Cybathlon est un championnat destiné à conduire des améliorations dans les technologies d'assistance. L'édition du 8 oct. 2016 a attiré 66 équipes venues d'aussi loin que la Chine ou le Brésil. L'événement, organisé en partenariat avec l'université ETH Zurich (CHE), se tient tous les 4 ans. Il met au défi les équipes de réaliser des tâches ordinaires, comme descendre un escalier en portant plusieurs objets.

LE CONTRÔLEUR DE MAIN BIONIQUE LE PLUS PRÉCIS

L'"index d'indépendance" est une échelle, notée de 0 à 1, utilisée pour décrire dans quelle mesure chaque doigt peut bouger indépendamment. En oct. 2021, une équipe de l'université de Chicago menée par le Dr Pedro Lopes (PRT) a testé un système baptisé DextrEMS, associant stimulations électriques et freins mécaniques, qui a obtenu un index d'indépendance de 0,6, proche de la moyenne de 0,8 pour un humain ordinaire.

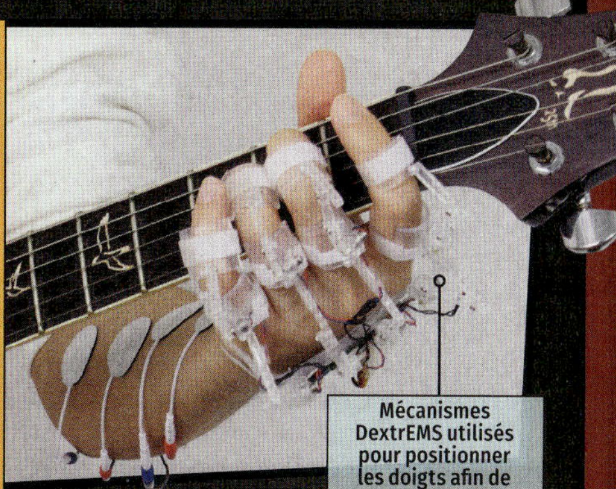

Mécanismes DextrEMS utilisés pour positionner les doigts afin de jouer de la guitare

LE PLUS DE BATTEMENTS DE TAMBOUR EN 1 MIN AVEC UNE PROTHÈSE DE BAGUETTE

Jason Barnes a réalisé 2 400 battements en 60 s, à Atlanta (Géorgie, USA), le 25 juill. 2018. Barnes a utilisé une prothèse de bras créée par Gil Weinberg (tous 2 USA). Il porte une bande électromyographique qui enregistre l'activité musculaire de son avant-bras et déclenche le battement du bras artificiel.

La majeure partie de la masse de la combinaison et de l'objet transporté est transférée au sol par les jambes.

L'EXOSQUELETTE HUMAIN LE PLUS FORT

Le Guardian XO est une combinaison robotique produite par Sarcos Robotics (USA) permettant à l'opérateur de soulever des objets pesant jusqu'à 90 kg, c'est-à-dire le poids d'un kangourou adulte ! L'opérateur ne supporte qu'env. 5 % de cette charge. Sarcos a dévoilé son prototype en avr. 2019. La combinaison est conçue pour manipuler des objets trop lourds pour être soulevés régulièrement de façon confortable, mais trop petits pour nécessiter le déploiement de palans mécaniques ou de chariots élévateurs.

L'EXOSQUELETTE LE PLUS VENDU

Selon les chiffres publiés par la société robotique Innophys (JPN), le 7 juill. 2021, 20 000 Muscle Suits ont été vendus depuis févr. 2016, date de la mise sur le marché du produit. L'exosquelette Muscle Suit qui soutient le bas du dos est conçu pour donner au porteur une capacité supplémentaire de transport de 25,5 kg.

Voies ferrées

LA PLUS GRANDE EXPO DE LOCOMOTIVES À VAPEUR
Le parc d'exposition de locomotives de Da'an (CHN) a présenté une flotte de 79 locomotives à vapeur, à Jilin (CHN), le 30 juin 2021. Chose étonnante, les chemins de fer chinois n'ont retiré du service ces locomotives de la série QJ qu'en 2002.

LE 1ER TRAIN SOLAIRE SUR UNE LIGNE RÉGULIÈRE
Le Byron Bay Solar Train a transporté ses 1ers voyageurs payants le 16 déc. 2017. Son toit incorpore un réseau de fins panneaux solaires qui génèrent une puissance de 6,5 kW. Le train emprunte une section de 3 km de l'ancienne ligne désaffectée Murwillumbah entre North Beach et Byron Beach, en Nouvelle-Galles du Sud (AUS).

LA LOCOMOTIVE À VAPEUR LA PLUS PUISSANTE ENCORE EN SERVICE
"Big Boy" 4014 de l'Union Pacific est capable d'un effort de traction atteignant 602 kN à 16 km/h. Construite en nov. 1941 par l'American Locomotive Company, elle a été retirée du service en 1959. Exhumée d'un musée en 2012, elle tire des trains touristiques depuis le 4 mai 2019.

LES PLUS LONGS RÉSEAUX FERRÉS

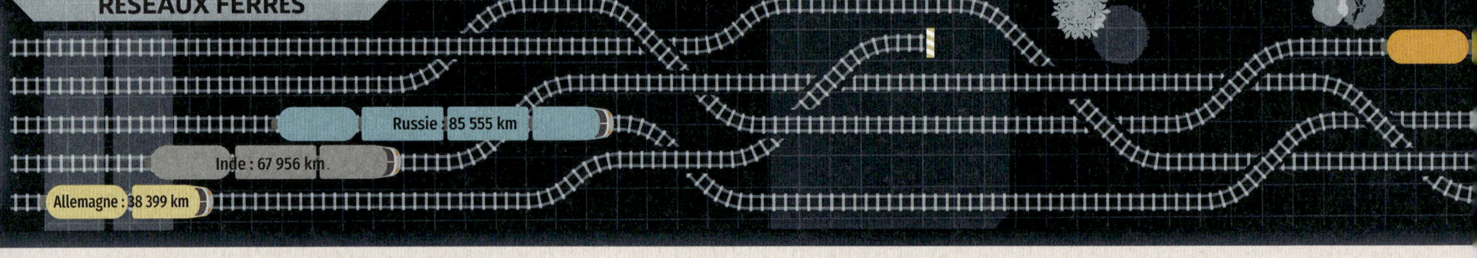

LA COMPAGNIE FERROVIAIRE LA PLUS FRÉQUENTÉE
En 2019, les Indian Railways ont transporté 8 439 000 000 passagers, selon les statistiques de l'Union internationale des chemins de fer. La fréquentation totale n'a que légèrement baissé en 2020 (8 086 000 000), malgré la Covid-19.

Le réseau ferroviaire le plus fréquenté (pays)
Env. 8 989 900 000 trajets ont été effectués sur les réseaux japonais en 2019, selon l'Union internationale des chemins de fer.
Le 1er opérateur, l'East Japan Railway Company, n'est devancé que par les chemins de fer indiens en matière de fréquentation.

Le métro le plus fréquenté
En 2019, le métro de Pékin (CHN) était fréquenté en moyenne quotidiennement par 10 869 000 voyageurs et en a transporté 3 962 351 000 en tout. L'année suivante, les restrictions dues à la pandémie ont ramené respectivement ces chiffres à 6 269 000 et 2 293 984 000.

La 1re trainspotter
La 1re mordue de train ou *trainspotter* confirmée, Fanny Johnson (GBR), s'est mise à tenir un journal intitulé "Noms des locomotives de la Great Western que j'ai vues" en 1861, à l'âge de 14 ans. Elle notait le numéro de série des diverses locomotives qu'elle voyait passer près de chez elle à Westbourne Park, à Londres (GBR). Ce passe-temps est encore populaire de nos jours, comme l'atteste **le trainspotter le plus suivi sur TikTok** (voir p. 210-211).

Le 1er service voyageurs régulier
L'Oystermouth Railway, devenu ultérieurement le Swansea and Mumbles Railway, a ouvert une ligne voyageurs à Swansea (GBR), le 25 mars 1807.

Le 1er métro
La 1re section du métro de Londres a été inaugurée le 10 janv. 1863 et les 1ers voyageurs l'ont empruntée le lendemain. D'abord baptisée Metropolitan Railway, elle parcourait 6 km entre Paddington et Farringdon Street. Afin de concevoir cette ligne, les ingénieurs ont utilisé la technique de la construction en tranchée : les tunnels en brique sont bâtis dans les tranchées avant d'être recouverts.

Le métro le plus long se trouve en Chine, à Shanghai. Il mesure 831 km et 2 de ses lignes, ouvertes le 30 déc. 2021, disposent de métros autonomes.

Tous les chiffres relatifs aux passagers datent de 2019, pour éviter les distorsions provoquées par les confinements dus à la Covid-19.

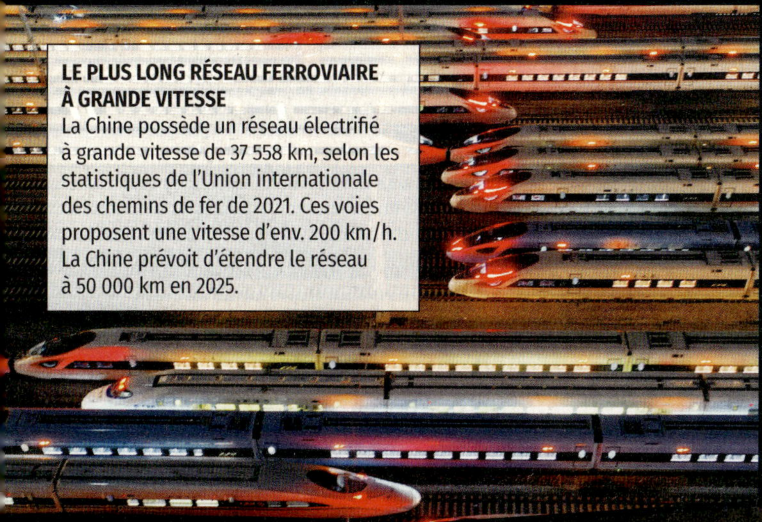

LE PLUS LONG RÉSEAU FERROVIAIRE À GRANDE VITESSE
La Chine possède un réseau électrifié à grande vitesse de 37 558 km, selon les statistiques de l'Union internationale des chemins de fer de 2021. Ces voies proposent une vitesse d'env. 200 km/h. La Chine prévoit d'étendre le réseau à 50 000 km en 2025.

LE TRAIN À SUSTENTATION MAGNÉTIQUE LE PLUS RAPIDE
Opéré par la Central Japan Railway Company, le L0 (A07) est un train à sustentation magnétique ou Maglev. Il a atteint 603 km/h sur une ligne d'essai à Yamanashi (JPN), le 21 avr. 2015. Le L0 pourrait relier Paris à Berlin en moins de 3 h.

LA LOCOMOTIVE À VAPEUR LA PLUS RAPIDE
Le 3 juill. 1938, la classe A4 Nº 4468 *Mallard* de la London North Eastern Railway a atteint 201,16 km/h lors de tests pour un nouveau système de freinage, à Rutland (GBR). Profilées et conçues pour maintenir une grande vitesse sur l'East Coast Main Line, relativement droite et plate, les locomotives classe A4 dépassaient régulièrement 160 km/h en service commercial. Aujourd'hui, la *Mallard* est exposée au National Railway Museum de York (GBR).

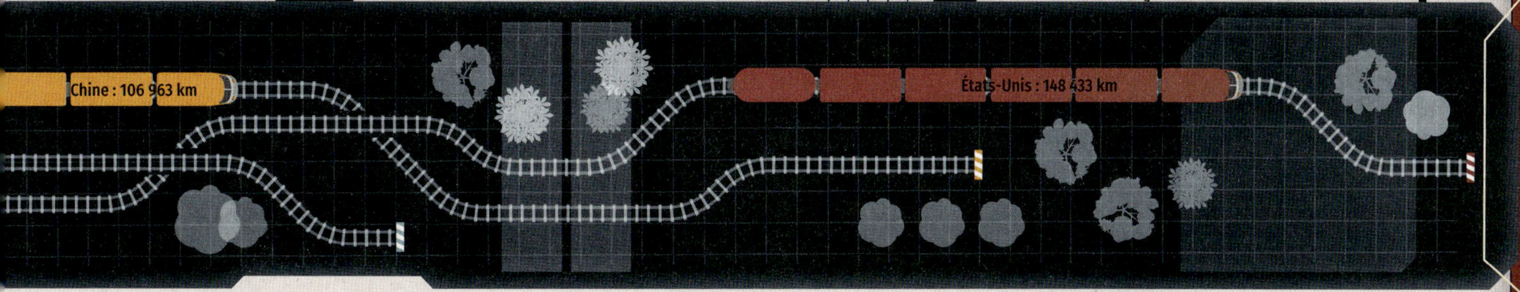

Le métro de New York (USA) recense **le plus de stations** (468), dont seulement 277 souterraines. En janv. 2022, le nombre de voyageurs a chuté à 2,2 millions, soit 40 % du niveau enregistré avant la pandémie.

La plus grande gare (nombre de quais)
Bâtie entre 1903 et 1913, la gare Grand Central Terminal entre Park Avenue et la 42ᵉ rue à New York comprend 44 quais, répartis sur 2 niveaux souterrains, avec 41 voies sur le plus haut et 26 sur le plus bas. La création d'une gare de banlieue pour le Long Island Rail Road, prévue pour la fin 2022, ajoutera 4 quais et 8 voies supplémentaires.

Le plus long quai ferroviaire se trouve à Gorakhpur Junction, une gare de l'Uttar Pradesh (IND). Le quai nº1 mesure 1 366 m avec les rampes d'accès et 1 355 m sans.

La plus grande distance parcourue par un train fou
Le 27 mars 1884, 8 wagons chargés de charbon ont traversé 156 km aux États-Unis, sans équipage. Vers 17 h, une tempête a arraché le toit d'une rotonde ferroviaire à Akron (Colorado) et a propulsé les wagons vers l'est. Comme la voie descendait vers les Grandes Plaines, ils ont accéléré jusqu'à 64 km/h. À Benkelman (Nebraska), 2 machinistes les ont poursuivis et sont parvenus à coupler leur locomotive avec le train, qu'ils ont fini par arrêter à 19 h 30.

Le plus long trajet pour un tramway urbain
La ligne 75 Victoria parcourt 22,8 km depuis Vermont South, dans la banlieue est de Melbourne (AUS), jusqu'au cœur de la ville dans le district financier. La ligne a été prolongée pour atteindre cette longueur le 26 janv. 2014.

L'Australie propose également **la plus longue voie ferrée en ligne droite**. Sur 478 km, dans la plaine de Nullarbor, la ligne du Trans-Australien est parfaitement droite (mais pas plate), entre le mile 496 (entre Nurina et Loongana, Australie-Occidentale) et le mile 793 (entre Ooldea et Watson, Australie-Méridionale).

LA PLUS LONGUE LIGNE FERROVIAIRE EXPLOITÉE PAR DES ENFANTS
Le Gyermekvasút (chemin de fer des enfants), en Hongrie, parcourt 11,7 km sur une voie étroite. Il est exploité par des enfants de 10 à 14 ans sous la supervision d'adultes. Connu sous le nom de Ligne 7, il compte 7 stations entre Hűvösvölgy et Széchenyihegy, sur les collines de Buda à Budapest. Le trajet dure env. 50 min. Cette ligne fonctionne sans interruption depuis le 31 juill. 1948.

La grande roue la plus haute

S'élevant à 250 m au-dessus d'une île artificielle dans les Émirats arabes unis, Ain Dubaï est une version high-tech et géante de l'attraction traditionnelle. Pour vous donner une idée de sa taille, nous l'avons représentée à côté de l'une des prouesses techniques de l'Ancien Monde – la Grande Pyramide de Gizeh (EGY).

Ain Dubaï est constituée de 2 400 km de câbles – c'est 12 fois la longueur du canal de Suez voisin.

Inaugurée le 21 oct. 2021, Ain Dubaï emmène ses passagers pour une révolution de 38 min dans le ciel et offre une vue imprenable sur la ligne d'horizon de Dubaï depuis la Bluewaters Island.

La grande roue la plus haute mesure 250 m du sol au sommet de sa couronne et comprend 48 nacelles qui lui donnent une capacité totale de 1 750 passagers. Ain Dubaï dépasse de 82,5 m la détentrice précédente du record, Las Vegas High Roller, et représente plus de 3 fois la taille de **la 1re grande roue**. L'image ci-contre permet de visualiser sur le plateau de Gizeh cette merveille de l'ingénierie créée en 1893 à Chicago (Illinois, USA). Bien que plus petite, la roue de George Ferris accueillait tout de même 2 160 passagers dans ses 36 cabines.

La grande roue de Chicago a été construite en 6 mois, mais ériger l'Ain Dubaï, haute de 60 étages, a nécessité de relever un nombre considérable de défis.

Au total, il a fallu env. 6 ans au maître d'œuvre, Hyundai Engineering & Construction, pour faire tourner Ain Dubaï. Les 192 câbles sous tension qui constituent la structure et lui procurent sa solidité n'ont pu être attachés qu'une fois la couronne achevée et positionnée. La roue a donc été bâtie à partir de 8 segments en forme de "part de pizza", reliés au moyeu par des poutrelles en acier et renforcés par un treillis métallique temporaire autour de l'anneau. Pour la comparer à d'autres constructions colossales, voir p. 154-155.

En revue

LE PLUS GRAND DÔME GÉODÉSIQUE
Le toit autoporteur du Jeddah Superdome présente un diamètre de 210,1 m et couvre un espace de 46 m de haut susceptible d'accueillir une piste d'athlétisme olympique. Cette salle événementielle polyvalente, située dans la 2e ville d'Arabie saoudite, a été construite entre févr. 2020 et juin 2021 (voir le processus de construction ci-dessus).

La 1re IA inventrice
En juill. 2021, DABUS – réseau neural créé par Stephen Thaler (USA) – est devenu la 1re intelligence artificielle nommée dans un dépôt de demande de brevet. DABUS et Thaler sont désignés comme co-inventeurs pour le brevet sud-africain ZA2021/03242 "Récipient pour nourriture et outils et méthodes pour concentrer l'attention". Les innovations décrites dans le brevet – un récipient en plastique utilisant la géométrie fractale pour faciliter son réchauffage et une lumière clignotante pour attirer l'attention – résultent du processus de traitement de DABUS qui a fini par trouver une solution potentiellement utile.

Le laser le plus puissant
Le centre de recherches nucléaires ELI, à Măgurele (ROM), possède 2 lasers de 10 pétawatts (PW) pouvant être utilisés ensemble pour projeter une énergie de 20 pétawatts sur une cible. Un pétawatt représente 1 000 billions (10^{15}) de watts. Appartenant au projet de recherches de l'Union européenne ELI (Extreme Light Infrastructure), ils ont atteint pour la 1re fois 10 pétawatts en mars 2019.

Le faisceau laser le plus puissant a culminé à 110 zettawatts au cm², au Center for Relativistic Laser Science (CoReLS) de Gwangju (KOR). Un zettawatt représente 1 000 trillions (10^{21}) de watts. Les résultats de ce test ont été publiés le 6 mai 2021.

La séquence du génome humain la plus complète
Le terme "génome" décrit l'ensemble de l'ADN d'un organisme, composé de milliards de paires de base. Le 27 mai 2021, le consortium de recherches international Telomere-to-Telomere (T2T) a publié un projet d'article sur une séquence baptisée T2T-CHM13, qui comprend les 3,055 milliards de paires de base d'un exemplaire de génome humain. Les recherches précédentes n'arrivaient pas à déchiffrer de longues séquences de motifs répétitifs.

La carotte sous-marine la plus profonde
Le 14 mai 2021, une carotte a été prélevée dans le fond marin de la fosse du Japon à 8 023 m sous le niveau de la mer. L'échantillon a été foré grâce à un carottier géant à piston de 40 m déployé par le navire de recherches japonais *Kaimei*. Les carottes sous-marines sont utilisées pour documenter les changements climatiques.

Le plus long tunnel d'assainissement
Le Túnel Emisor Oriente (tunnel d'évacuation de l'Est) de Mexico mesure 62,1 km pour un diamètre de 7 m. Cette canalisation transporte les eaux du bassin endoréique de Mexico (un lac sans écoulement) sous les montagnes du Nord vers un point où elles se déversent dans le Río Pánuco. Ce tunnel est plus long que **le plus long tunnel routier** – le tunnel Lærdal (NOR) et ses 24,5 km – et que **le plus long tunnel ferroviaire** – le tunnel de base du Saint-Gotthard, 57 km, entre Göschenen et Airolo (CHE).

LE PLUS DE DRONES EN VOL SIMULTANÉ
Shenzhen High Great Innovation Technology Development (CHN) a lancé 5 164 drones dans le ciel de Shenzhen (Guangdong, CHN), le 18 mai 2021. Les drones alignés méticuleusement ont assuré un spectacle lumineux unique. Chacun pesait 0,54 kg – le poids d'une boîte de haricots.

LA PLUS GRANDE COTTE DE MAILLES
Hill House, à Helensburgh (GBR), est recouverte d'une cotte de mailles de 2 700 m² soutenue par une structure en acier. Connue sous le nom de "Boîte de Hill House", elle a été créée par Carmody Groarke Architects pour le National Trust d'Écosse, afin de protéger ce chef-d'œuvre de l'Art nouveau – conçu par Charles et Margaret Mackintosh – au cours de sa restauration. La couverture métallique a été achevée le 31 mai

La cotte de mailles protège la maison de la pluie et lui permet de sécher.

LA PLUS LONGUE LIGNE DE TÉLÉPHÉRIQUE UTILISÉE COMME TRANSPORT EN COMMUN
La ligne 2 de Mexico mesure 10 555,3 m – plus de 4 fois la longueur du National Mall de Washington, DC –, entre la station "Constitución de 1917" et la station "Santa Marta". Conçue par Sistema de Transporte Público Cablebús (MEX), elle a été inaugurée le 8 août 2021. Ce système public et ses 308 cabines transportent 200 000 voyageurs par jour.

Le plus grand tunnelier
Fabriqué par Herrenknecht (DEU), le Mixshield S880 *Qin Liangyu* possède un bouclier d'un diamètre maximum de 17,63 m, présente une longueur de 120 m et pèse 4 850 t. Bouygues Construction (FRA) l'a utilisé pour forer un tunnel sous la mer entre Chek Lap Kok et Tuen Mun, à Hong Kong (CHN). Cette section de tunnel longue de 5 km a été excavée entre le 25 mars et le 3 nov. 2015, avec un bouclier réduit de 14 m, et a permis de terminer la construction avec d'autres machines Herrenknecht.

Le tunnelier le plus rapide, le Robbins Mk 12C de 3,4 m de diamètre, a foré un tunnel de redirection des eaux usées, le Katoomba Carrier, dans les Blue Mountains (AUS). En août 1994, il est parvenu à forer 172,4 m en 1 seul jour en enlevant 1 565,3 m^3 de roches.

Le plus long trajet en véhicule à piles à combustible sans ravitaillement
Les 23 et 24 août 2021, une Toyota Mirai à hydrogène a parcouru 1 360,37 km sans ravitaillement à Gardena (Californie, USA). L'événement organisé par Toyota Motor North America a vu les pilotes Wayne Gerdes et Bob Winger (tous 2 USA) se relayer au volant.

La plus grande machine de Rube Goldberg
Le dessinateur Reuben Garrett Lucius Goldberg, devenu célèbre pour ses descriptions très détaillées de machines excessivement complexes, a inspiré des inventeurs qui ont créé des équivalents réels. Chevrolet Menlo, Wang Xiqi et Guan Jian (tous CHN) ont ainsi conçu une machine de Goldberg à 427 étapes capable d'allumer un néon, homologuée à Langfang (Hebei), le 24 sept. 2021.

L'AVION ÉLECTRIQUE LE PLUS RAPIDE
Le 16 nov. 2021, le *Spirit of Innovation* Rolls-Royce, avec aux manettes le pilote d'essai Steve Jones (GBR), a parcouru 3 km à une vitesse moyenne de 555,9 km/h, à Wiltshire (GBR). Cet aéronef expérimental se base sur l'avion de course Nemesis NXT, auquel vient s'adapter un moteur électrique sur mesure de 400 kW (encart).

LE PLUS LONG TUNNEL PARCOURU PAR UN AVION
Le 4 sept. 2021, le cascadeur et pilote de Red Bull Air Race Dario Costa (ITA) a parcouru 1,73 km dans les tunnels de Çatalca, sur l'autoroute turque du Nord-Marmara. Avec seulement 4 m entre le bout de chaque aile et les parois, Costa a piloté son appareil à une vitesse moyenne de 245 km/h.

Costa a fêté sa sortie des tunnels après son vol de 44 s en réalisant une chandelle.

LA PLUS HAUTE BICYCLETTE FONCTIONNELLE
Adam Zdanowicz (POL) a roulé sur une bicyclette de 7,41 m, à Białystok (POL), le 21 déc. 2020. Il lui a fallu env. 1 mois pour dessiner et concevoir la bicyclette et 3 semaines pour la construire. Le vélo, en forme de sapin de Noël, est entièrement fabriqué en matériaux recyclables.

LE 1ER ROND-POINT SOUS-MARIN
Le 19 déc. 2020, le tunnel Eysturoy des îles Féroé a été ouvert à la circulation. Il intègre un rond-point sous-marin sous le Skálafjørður, fjord qui divise l'île d'Eysturoy. Le tunnel relie les villes de Runavík et de Strendur, toutes 2 situées sur l'île, avec la capitale des Féroé, Tórshavn, sur l'île de Streymoy.

MÉGASTAR DE LA MUSIQUE

Beyoncé

Elle a vendu plus de 200 millions de disques à travers le monde, joué dans des productions hollywoodiennes et pulvérisé des records dans l'industrie de la musique. À la fois icône de la mode, activiste et philanthrope, il n'est guère étonnant qu'on la surnomme "Queen Bey".

Dès son plus jeune âge, Beyoncé se révèle particulièrement douée pour le chant et la danse. À 8 ans, elle rejoint les Girl's Tyme, qui deviendront l'un des groupes féminins les plus populaires de l'histoire : Destiny's Child.

Le trio se sépare en 2006 et Beyoncé entame une carrière solo retentissante. Certains de ses succès tels que *Crazy in Love* et *Single Ladies* (Put a Ring On It) sont devenus des standards des dancefloors, tandis que *Halo* a été streamé plus de 1 milliard de fois sur Spotify. Avec l'album *Lemonade* sorti en 2016, elle devient **la 1re artiste dont les 6 1ers albums studio se classent tout de suite n° 1 aux États-Unis.**

Beyoncé repousse les limites sur et en dehors de la scène – à tel point qu'en 2021, elle fait partie des 12 célébrités intronisées lors de la cérémonie inaugurale du Black Music & Entertainment Walk of Fame à Atlanta (Georgie).

Et ce n'est pas tout. Son époux, Jay-Z, a remporté plusieurs titres du GWR (voir p. 180-181), et leurs enfants marchent sur leurs traces ; battre des records est devenu une tradition chez les Knowles.

1

2

3

INFORMATIONS

Nom	Beyoncé Giselle Knowles-Carter
Lieu de naissance	Houston (Texas, USA)
Titres du GWR	• **Le plus de BET Awards** : 32 • **Le plus de Grammy Awards pour une chanteuse** : 28 • **Le plus de nominations aux Grammys (femme)** : 79 • **Le plus de MTV Video Music Awards** : 30

4

5

6

1. En 2015, Beyoncé se rend en Haïti pour suivre la reconstruction de l'île suite au tremblement de terre de 2010. Sa fondation BeyGOOD a versé des aides aux propriétaires d'entreprises et familles afro-américains touchés par la crise de la Covid-19.

2. Beyoncé remettant un prix à Michael Jackson en 2003. Il fait partie de ceux qui l'ont inspirée musicalement : "Il m'a aidée à être l'artiste que je suis."

3. Avec Kelly Rowland et Michelle Williams, les autres membres de Destiny's Child, Beyoncé a connu un succès sans précédent. Dévoilé en août 2000, leur single *Independent Women Pt 1* est resté **le plus de semaines en tête du classement des charts singles américains pour un groupe féminin** : 11.

4. En 2019, Beyoncé a prêté sa voix à Nala et produit la bande originale du remake *Le Roi lion*. On y trouve le titre *Brown Skin Girl* interprété par sa fille Blue Ivy (née le 7 janv. 2012), qui est devenue **la plus jeune lauréate solo d'un Grammy**, à 9 ans et 66 jours.

5. Les époux Carter, Beyoncé et Jay-Z, ont sorti l'album studio *Everything is Love* et ont entrepris 2 tournées mondiales. Tous 2 ont remporté **le plus de prix aux Grammys pour un couple marié** : 51.

6. Lors de la 63e cérémonie des Grammy Awards, le 14 mars 2021, Beyoncé ajoute 4 trophées à sa collection, ce qui porte le nombre de ses récompenses à 28. Il s'agit du **plus de Grammys remportés par une artiste féminine**, mais aussi **par une chanteuse** – la 1re cérémonie des Grammy Awards a eu lieu en 1959.

Beyoncé a écrit et réalisé le docu-concert *HOMECOMING* sorti sur Netflix en 2019 et ayant reçu un Grammy.

Pour en savoir plus sur Beyoncé, consultez le chapitre Hall of Fame sur **www.guinnessworldrecords.com/2023**

LE PLUS DE VISIONNAGE AU LANCEMENT D'UN CONTENU NETFLIX

Sortie le 17 sept. 2021, la série originale Netflix *Squid Game* (Siren Pictures) a été vue par plus de 142 millions de ménages abonnés, au cours du 1er mois, soit deux tiers des abonnements de la plateforme. Réalisée par Hwang Dong-hyuk (KOR), la célèbre série de 9 épisodes a été en tête des classements dans 97 pays. Ce thriller survivaliste met en scène 456 participants risquant leur vie dans une série de jeux d'enfants pour une récompense de 45,6 milliards won (32 millions €).

Un mois après le lancement de la série, Bloomberg annonce que *Squid Game* a accru la valeur en bourse de Netflix de 19 milliards $.

MISSION

Divertissements

Les jeux de *Squid Game* sont tous inspirés de jeux d'enfants traditionnels sud-coréens.

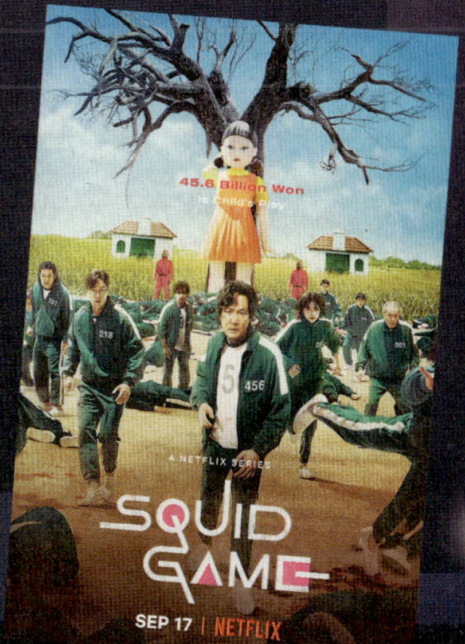

Effets spéciaux

LA PLUS GRANDE ANIMATRONIQUE
Un spinosaure confectionné par Stan Winston Studio (USA) pour *Jurassic Park 3* (USA, 2001) pesait 11 340 kg et mesurait près de 13,7 m de long. La créature hydraulique de 735 kW était montée sur un wagonnet motorisé.

LE PLUS DE VISAGES 3D DANS UN FILM EN STOP MOTION
Pour leur comédie cryptozoologique *Monsieur Link* (CAN/USA, 2019), les studios d'animation LAIKA (USA) ont utilisé 106 000 visages imprimés en 3D et en couleurs. Chaque visage affiche une expression différente approuvée par le réalisateur et pouvant être échangée dans les différents plans animés.

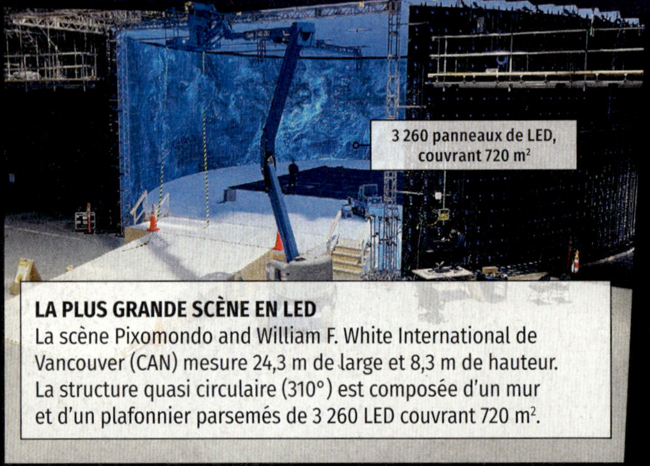

3 260 panneaux de LED, couvrant 720 m²

LA PLUS GRANDE SCÈNE EN LED
La scène Pixomondo and William F. White International de Vancouver (CAN) mesure 24,3 m de large et 8,3 m de hauteur. La structure quasi circulaire (310°) est composée d'un mur et d'un plafonnier parsemés de 3 260 LED couvrant 720 m².

LE PLUS D'ANIMAUX EN PHOTO RÉELLE CRÉÉS POUR UN FILM
Le Roi lion (USA/GBR, 2019) comprenait 86 espèces animales différentes générées par ordinateur (CG), créées par la Moving Picture Company (GBR). Plus de 1 280 artistes, dont 130 animateurs, ont réuni leur ménagerie virtuelle à partir de 237 000 images de référence.

TOP 10 DES FILMS À EFFETS SPÉCIAUX LES PLUS INFLUENTS SELON LA VISUAL EFFECTS SOCIETY

Le 1er Oscar pour des effets spéciaux
Cet Oscar a été remporté le 29 févr. 1940 par *La Mousson* (USA, 1939), à la barbe du *Magicien d'Oz*. Le film utilisait un écran fractionné avec une combinaison de prises de vues réelles et de miniatures pour dépeindre le tremblement de terre et les inondations.

Le plus d'Oscars remportés pour les effets visuels est de 8 (en incluant 2 trophées pour contribution spéciale). Dennis Muren (USA) en est l'heureux lauréat pour *Jurassic Park* et *Abyss*.

LE PLUS DE PLANS AVEC DES EFFETS VISUELS
Le nombre de plans avec effets visuels VFX des blockbusters ne cesse d'augmenter, et l'industrie cinématographie indienne dépasse maintenant Hollywood. L'épopée fantastique médiévale de S. S. Rajamouli, *La Légende de Baahubali – 1re partie* (IND, 2015), comprenait 4 500 plans VFX créés par une équipe de plus de 600 personnes travaillant pour 16 studios différents.

Le 1er bassin à nuages utilisé dans un film
L'apparence d'un ciel atmosphérique peut s'obtenir en versant certains liquides dans un bassin rempli de sel et d'eau fraîche. La 1re prise d'un bassin à nuages dans un long-métrage a été filmée par Scott Squires, sous la supervision de Douglas Trumbull (tous 2 USA), pour *Rencontres du troisième type* de Steven Spielberg.

La 1re substitution digitale d'un visage au cinéma
Dans *Jurassic Park*, la cascadeuse Nathalie B. Bollinger a tourné la scène où Lex Murphy (Ariana Richards) traverse un pan de plafond en étant poursuivie par un vélociraptor. Le visage de Richards fut inséré postérieurement par ILM (voir à droite) grâce à la technique de substitution faciale digitale.

Le plus de pluie artificielle en intérieur dans un film
Une scène tempêtueuse de *Sale temps à l'hôtel El Royale* (USA, 2018) a été tournée sur un plateau doté de 42 "pommeaux à pluie", capables de déverser 9 092 l d'eau par min – soit l'équivalent de 50 baignoires. L'eau devait ensuite être recyclée.

LE PLUS LONG PLAN CONTINU AVEC DES EFFETS VISUELS

La scène d'ouverture de *Gravity* d'Alfonso Cuarón (USA/GBR 2013) dure 12 min et 46 s sans aucune coupure visible. La scène montre des astronautes – dont les personnages joués par Sandra Bullock et George Clooney – entretenir le télescope spatial *Hubble* et être surpris par un champ de débris. Les effets ont été fournis par Framestore (GBR).

LE PLUS GRAND EFFET VISUEL

Les intérieurs de la planète Ego dans *Les Gardiens de la galaxie Vol. 2* (USA, 2017) ont été imaginés avec un grand souci de détails par Wētā FX (NZ). Le studio s'est appuyé sur la technique du logiciel Mandelbulb (créateur d'images fractales en 3D) pour produire les effets désirés, nécessitant au passage 361 milliards de polygones.

LA MAQUETTE CG LA PLUS COMPLIQUÉE DANS UN FILM

Le robot maléfique Devastator de *Transformers 2 : La Revanche* (USA, 2009) est composé de 52 632 pièces individuelles confectionnées à partir de 11,7 millions de polygones recouverts de 6 467 textures. C'est l'œuvre d'ILM (voir ci-dessous).

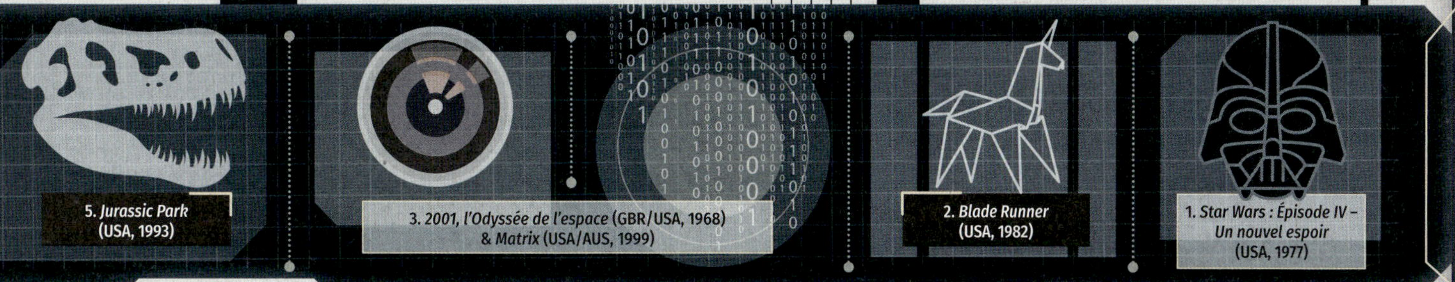

Les plus grosses séquences de combat au cinéma
La trilogie du *Seigneur des anneaux* (NZ/USA, 2001-2003) de Peter Jackson comportait des scènes de combats où s'affrontaient plus de 200 000 personnages. Ces derniers ont été créés par le logiciel de simulation de foule "Massive" de Wētā FX, qui fait appel à l'intelligence artificielle pour déterminer les interactions des personnages.

Le plus important budget de production cinéma
Avatar (USA, 2009) disposait d'un budget de 425 millions $, selon The Numbers. L'odyssée de science-fiction est ainsi devenue **la 1re œuvre à générer 2 milliards $**, le week-end des 29-30 janv. 2010. Au 21 mars 2022, c'était **le film le plus rentable de tous les temps**, avec 2 845 899 541 $ au box-office global.

Les plus grandes détonations d'explosifs au cinéma
Trois explosions nécessitant 136,4 kg de TNT ont été filmées le 8 mars 2019 pour *Mourir peut attendre* (GBR/USA, 2021). La prise, unique, a été tournée à Salisbury Plain (GBR) par EON Productions, les studios MGM, Universal Pictures, Chris Corbould et Event Horizon (tous GBR).

LE STUDIO D'EFFETS SPÉCIAUX LE PLUS PÉRENNE

Industrial Light & Magic (ILM) a été fondé le 26 mai 1975 par le réalisateur George Lucas durant le tournage de *Star Wars : Épisode IV – Un nouvel espoir* (1977, en haut à droite). Le studio a ensuite créé les effets spéciaux de plus de 350 films, dont les œuvres cultes *Abyss* et *Jurassic Park*, oscarisées plusieurs fois. ILM travaille toujours sur la franchise *Star Wars* et a produit les effets de *The Mandalorian* (2019, en bas à droite), de Disney.

100 ans de Disney

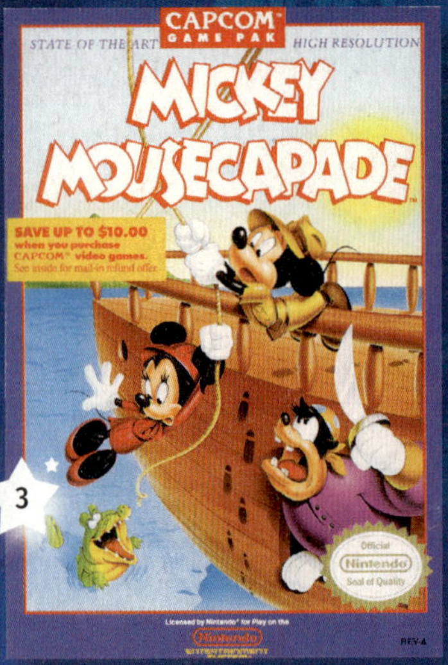

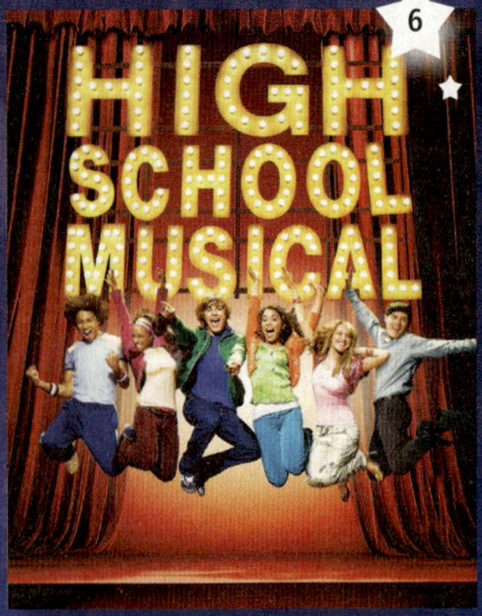

Top 10 des Films d'animation Disney
Metacritic évalue les films en termes de pourcentage d'après les avis de critiques professionnels : les meilleurs Disney puisent tant dans les nouveaux titres que dans les anciens !

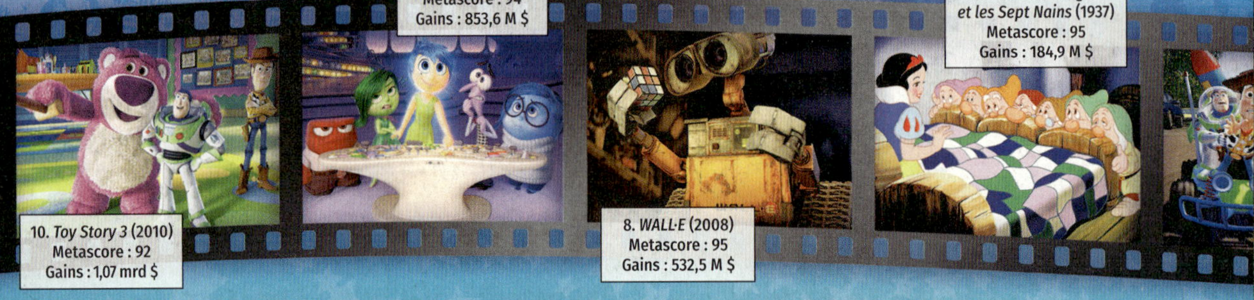

10. *Toy Story 3* (2010)
Metascore : 92
Gains : 1,07 mrd $

9. *Vice-versa* (2015)
Metascore : 94
Gains : 853,6 M $

8. *WALL·E* (2008)
Metascore : 95
Gains : 532,5 M $

7. *Blanche-Neige et les Sept Nains* (1937)
Metascore : 95
Gains : 184,9 M $

LE PLUS D'OSCARS
Mort en 1966, Walter Elias Disney (USA) n'en détient pas moins le record d'Oscars du cinéma : 26 Oscars, dont 4 d'honneur. Il a reçu le 1er en 1932 (ci-dessus, voir **1**) et le dernier à titre posthume en 1969, pour *Winnie l'ourson dans le vent.*

Le 16 oct. 1923, Walt Disney et son frère Roy fondent le Disney Brothers Cartoon Studio (renommé The Walt Disney Company). En 2023, ce studio pionnier célèbre son centième anniversaire – 100 ans de records au cinéma, à la télévision, dans les jeux vidéo et les parcs à thème. Avec des acquisitions comme Marvel et Star Wars qui étendent son empire, Disney est bien parti pour "vivre heureux pour toujours".

1. Le 1er dessin animé tout en couleurs
Sorti sur grand écran en 1932, *Des arbres et des fleurs*, de la série *Silly Symphonies* de Disney (8 min), est le 1er film en Technicolor, et **le 1er dessin animé à gagner un Oscar**, en 1932 (ci-contre).

2. Le box-office le plus élevé pour un film d'animation (ajusté en fonction de l'inflation ; marché intérieur)
Inspiré d'un conte du XIXe siècle des frères Grimm, *Blanche-Neige et les Sept Nains* (1937) est le 1er long-métrage de Disney. Il a révélé le potentiel des films d'animation au cinéma et, bien qu'une autre adaptation de conte de fées soit en tête du box-office aujourd'hui (voir **10**), *Blanche-Neige* détient toujours le record, de justesse, si on tient compte de l'inflation. Les recettes de 184,9 millions $ sur le seul marché américain, équivalent à 1,55 milliard $ d'aujourd'hui.

3. Le 1er jeu de plateforme Disney
Le 1er jeu vidéo Disney s'intitule simplement *Mickey Mouse* (Nintendo) et mettait en scène la fameuse mascotte de Disney en train de réceptionner des œufs. Il est sorti sur Game & Watch, le 9 oct. 1981. Plusieurs autres jeux ont suivi, mais il a fallu attendre 6 ans pour la sortie du 1er jeu de plateforme : *Mickey Mousecapade* (Hudson Soft), sur Nintendo Entertainment System, le 6 mars 1987.

4. Le box-office le plus élevé pour un divertissement
Le dessin animé *Le Roi lion* (1994) a été adapté en comédie musicale par la metteuse en scène Julie Taymor. La première à Broadway en 1997 est un succès rugissant et propulse le spectacle à l'international. Les 9,1 milliards $ de recettes de 2020 en font le titre de divertissement le plus lucratif, surpassant livres, films, pièces de théâtre, comédies musicales et jeux vidéo (pris individuellement et hors inflation).

5. Le jeu vidéo Disney ayant le plus de succès
Sorti sur PlayStation 2 en 2002, *Kingdom Hearts* (Square) s'était vendu à 6,3 millions d'exemplaires au 26 janv. 2019, selon VGChartz. C'était le début d'une franchise de jeu révolutionnaire réunissant des personnages de l'univers Disney.

8

10

11

9

12

13

6. *Toy Story* (1995)
Metascore : 95
Gains : 365,3 M $

5. *La Belle et la Bête* (1991)
Metascore : 95
Gains : 438,7 M $

4. *Fantasia* (1940)
Metascore : 96
Gains : 83,3 M $

3. *Ratatouille* (2007)
Metascore : 96
Gains : 626,5 M $

2. *Dumbo* (1941)
Metascore : 96
Gains : 6 M $

1. *Pinocchio* (1940)
Metascore : 99
Gains : 84,3 M $

LE PLUS GRAND CHÂTEAU DE PARC À THÈME
Inspiré de véritables palais et châteaux forts d'Europe, le château de Cendrillon du parc Walt Disney World en Floride culmine à 57,3 m. C'est la pièce maîtresse du parc depuis son ouverture en 1971. La structure iconique a été ajoutée au logo de la société en 1985, la faisant ainsi entrer dans la légende Disney.

6. Le plus de chansons d'une bande originale sur l'US Hot 100 simultanément
Le 11 févr. 2006, 9 pistes de *High School Musical* sont au classement du Hot 100. La chanson du film la plus haut placée, *Breaking Free*, gagne 82 places (de la 86e à la 4e) lors de la 2e semaine de classement, une ascension record à l'époque.

7. Le box-office le plus élevé pour un film de pirates
Les recettes générées par le deuxième opus de la saga, *Pirates des Caraïbes : Le Secret du coffre maudit* (2006), s'élèvent à 1,06 milliard $.

8. Le film d'animation le plus cher
La version moderne de *Raiponce* (2010) aurait nécessité un budget de 260 millions $, principalement pour animer la légendaire chevelure.

9. Le 1er film avec une coréalisatrice à enregistrer plus de 1 milliard $
Coécrit et codirigé par Jennifer Lee et Chris Buck (tous 2 USA), *La Reine des neiges* a réalisé 1,27 milliard $ de recettes depuis sa sortie (2013). En 2019, chacun a retrouvé son rôle dans *La Reine des neiges 2* (**10**), qui a généré 1,45 milliard $ de recettes. C'est **le film d'animation le plus rémunérateur** et le 10e de tous les films.

11. Le box-office le plus élevé pour un film d'animation original
Pixar rejoint Disney en 2006. *Les Indestructibles 2* (2018) récoltent 1,24 milliard $: un record pour un dessin animé original. Dans cette catégorie, il n'est battu que par les films *La Reine des neiges* (**9**, **10**), qui s'inspirent du conte éponyme (1844) d'Andersen.

12. Le box-office le plus élevé pour un film Disney
Disney a récemment acquis des géants hollywoodiens de la prise de vues réelle, dont Marvel (en 2009) et Lucasfilm (en 2012). Grâce à ces acquisitions, *Avengers: Endgame* (2019) est le film Disney au box-office le plus élevé, avec 2,8 milliards $.

13. La série TV originale à la demande la plus regardée
Disney a lancé sa plateforme de streaming Disney+ en nov. 2019. Son titre phare, *The Mandalorian*, est la série originale la plus populaire en ligne en 2020-2021, selon Parrot Analytics. La demande mondiale est 57,6 fois supérieure à la moyenne des séries TV (voir au verso).

Les chiffres du box-office sont tirés de The Numbers (oct. 2021) ; méthodologie du Metascore sur metacritic.com

Streaming télé

Expression de la demande entre le 6 mars 2021 et le 5 mars 2022

PARROT ANALYTICS

Pour définir l'intérêt d'une série télévisée, toutes plateformes confondues, du streaming aux likes en passant par les hashtags sur les réseaux sociaux, GWR travaille avec Parrot Analytics. Sa "valeur Demand Expressions per capita" (expression de la demande par tête) compare l'intérêt mondial pour une série par rapport à la moyenne. Une valeur de 10 indique une popularité 10 fois supérieure à la moyenne.

Variété : *The Tonight Show Starring Jimmy Fallon* (NBC), 26,2

Horreur : *American Horror Story* (FX), 31,6

Documentaire : *Cosmos : Nouveaux Mondes* (National Geographic), 14,6

Comédie : *The Big Bang Theory* (CBS), 43,0

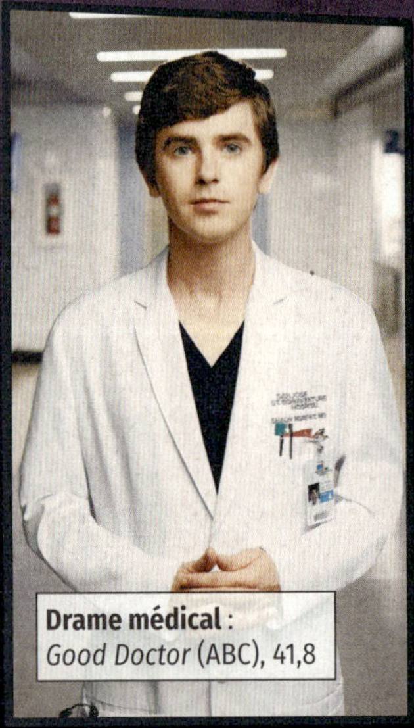

Drame médical : *Good Doctor* (ABC), 41,8

Programme télévisé (tout) : *Attack on Titan* (MBS), 75,4

**en millions d'heures de visionnage au cours des 28 premiers jours, en date du 1er mars 2022*

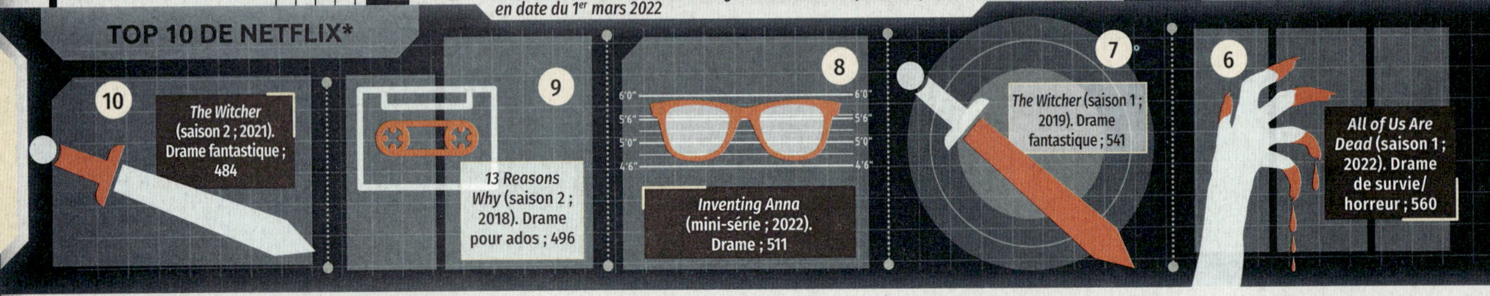

L'ACTEUR TÉLÉ LE MIEUX PAYÉ

Dwayne "The Rock" Johnson (USA) a gagné 270 millions $ (estimation) en 2021, selon *Forbes*. Il est l'acteur principal de la sitcom biographique *Young Rock* (NBC, depuis 2021), dans laquelle il joue son propre rôle.

Reese Witherspoon (USA) détient **le record féminin**, avec env. 115 millions $, la même année. Elle est l'actrice principale et la productrice de *The Morning Show* (Apple TV+, depuis 2019).

La série télé la mieux notée (actuel)

The Underground Railroad (Amazon Prime Video, 2021) affiche un score de 92 sur Metacritic, site de collecte de notes : c'est la série télé la mieux notée en 2021. Basée sur le roman éponyme de Colson Whitehead, cette mini-série de fiction se déroulant au XIXe s. dévoile la quête de liberté de Cora et Caesar, 2 esclaves tentant de fuir par un mystérieux chemin de fer souterrain, poursuivis par Ridgeway, un chasseur de primes. Elle a été primée au Golden Globe en tant que meilleure mini-série.

Le plus de Emmy Awards du Meilleur présentateur d'un programme de réalité ou de compétition

RuPaul Charles (USA) a reçu 6 récompenses aux Emmy Awards pour *RuPaul's Drag Race* (Logo TV/VH-1, 2016-2021). En tant que producteur, il a aussi remporté 4 fois le prix du Meilleur programme de compétition pour son émission de 2018 à 2021, ainsi que le prix du Meilleur programme de réalité non structuré pour *Drag Race: Untucked!* en 2021. Avec 11 récompenses, il est l'artiste noir le plus récompensé de l'histoire des Emmy.

Le 1er nominé transgenre officiel aux Emmy (1er rôle)

Le 13 juill. 2021, Michaela Jaé Rodriguez (USA) a été nominée pour le Meilleur 1er rôle dans une série dramatique au cours de la 73e cérémonie des Primetime Emmy Awards, pour le rôle de Blanca Rodriguez dans *Pose* (FX) ; voir aussi p. 182. **Le 1er nominé transgenre officiel** fut Laverne Cox (USA), en 2014, pour son rôle de Sophia Burset dans *Orange is the New Black* (Meilleure actrice invitée d'une série comique).

En 2021, Netflix a remporté 44 prix aux Emmy, soit plus que tous les autres diffuseurs, pour la 1re fois, et égalé le record de CBS (1974) du **plus de victoires d'un réseau en 1 an**.

La Servante écarlate (Hulu) a été nominée 21 fois en 2021, sans toutefois remporter de récompenses, battant le record des 17 de *Mad Men* (AMC) en 2012 : c'est **le plus grand faux espoir des Emmy Awards** !

Le plus de prix Nickelodeon Kids' Choice Awards de la Meilleure émission télé

Un *revival* de la sitcom américaine pour ados *iCarly* (Nickelodeon, 2021 ; série originale 2007-2012) a remporté

Adaptation de film : *Cobra Kai* (Netflix), 34,8

Adaptation de BD : *WandaVision* (Disney+), 61,3

Adaptation de livre : *Game of Thrones* (HBO), 73,1

Téléréalité : *Shark Tank India* (Sony), 27,0

Drame juridique : *Billions* (Showtime), 39,1

la récompense de la Meilleure émission télé pour la 4ᵉ fois aux Nickelodeon Kids' Choice Awards, le 9 avr. 2022, cérémonie animée par Miranda Cosgrove, qui a repris son rôle de Carly Shay. La sitcom est à égalité avec *Home Improvement* (ABC, 1991-1999 ; Nickelodeon) pour le plus de victoires dans cette catégorie.

513 183 993 : c'est **le plus de votes du public reçus dans le cadre d'une émission de prix pour enfants et ados**, les Nickelodeon Brazil Kids' Choice Awards (données vérifiées le 15 sept. 2021).

Le plus de candidatures pour un casting en ligne en 24 h
Le 10 août 2021, Netflix (USA) a reçu 4 139 réponses à un casting en ligne, à Los Angeles (Californie, USA). Organisé pour le lancement de Netflix Reality, l'événement visait à recruter des participants pour diverses émissions télé.

Le plus ancien présentateur d'émission télé musicale
Song Hae (KOR, né le 27 avr. 1927) avait 94 ans et 350 jours, le 12 avr. 2022, tel que vérifié à Séoul (KOR). Légende du divertissement en Corée, il présente l'émission de télé musicale *National Singing Contest* depuis 1988, un rôle qui lui vaut le surnom de "grand-père préféré des Coréens".

L'émission télé de musique live la plus ancienne animée par le même présentateur
Le 17 sept. 2021, Tamori (Kazuyoshi Morita) avait animé *Music Station* pendant 34 ans et 167 jours. Il a commencé le 3 avr. 1987. L'émission a été diffusée toutes les semaines par TV Asahi (tous 2 JPN) depuis le 24 oct. 1986.

Le baiser le plus long d'un programme télé (non scripté)
Brooke Blurton et Jamie-Lee Dayz (tous 2 AUS) se sont embrassés 5 min et 11 s dans la saison 7 de *The Bachelorette Australia* (Network 10), à Sydney (Nouvelle-Galles du Sud, AUS), le 2 nov. 2021. Le record précédent avait été établi 6 ans plus tôt, dans *The Bachelor Australia*.

LE PLUS DE NOMINATIONS AUX EMMY POUR UNE NOUVELLE COMÉDIE
En 2021, la 1ʳᵉ saison de *Ted Lasso* (USA, Apple TV+/Doozer Productions, depuis 2020) a reçu 20 nominations aux Emmy. Jason Sudeikis y joue le rôle d'un coach de football américain entraînant le club de football londonien de Rebecca Welton (Hannah Waddingham). Sept nominations ont débouché sur des prix, dont celui de la Meilleure série comique.

Livres et édition

LE LIVRE LE PLUS VENDU
Les chiffres exacts sont impossibles à définir mais, selon les recherches de la British and Foreign Bible Society (2021), entre 5 et 7 milliards d'exemplaires de la Bible ont vu le jour depuis la standardisation des textes il y a 1 500 ans.

L'archive écrite la plus ancienne
Une collection classée de 2 500 tablettes d'argile gravées datant d'env. 2350 av. J.-C. a été découverte en 1974 dans les ruines de la ville antique d'Ebla (ouest de la Syrie actuelle). Ces tablettes sont des registres officiels de l'État éblaïte, détaillant la propriété de terres et des accords commerciaux, ou des dictionnaires pour traduire des langues antiques.

La plus ancienne bibliothèque sans interruption
Située au pied du mont Sinaï (EGY), la bibliothèque du monastère Sainte-Catherine a été constituée entre 527 et 565 apr. J.-C. sur ordre de l'empereur byzantin Justinien Ier. Elle abrite l'une des collections les plus importantes du monde des 1ers manuscrits chrétiens avec 3 300 volumes.

La plus grande bibliothèque à chaînes
Avant l'invention de l'imprimerie en Europe, les livres étaient d'une valeur inestimable et très difficiles à remplacer. Ainsi, certaines bibliothèques du Moyen Âge protégeaient leurs collections en fixant les livres au mobilier au moyen d'une chaîne passant dans la reliure. Fondée au XIIe s., la bibliothèque à chaînes de la cathédrale de Hereford (GBR) détient 227 manuscrits médiévaux et env. 1 200 des 1ers livres imprimés.

Le 1er livre audio
Typhon (1902), une nouvelle de Joseph Conrad, a été enregistrée sur 4 disques vinyles par le British Royal National Institute of Blind People en 1935.

Le 1er e-book
Un exemplaire de la Déclaration d'indépendance des États-Unis a été saisi sur un ordinateur Xerox Sigma V par Michael Hart (étudiant de l'université de l'Illinois) le 4 juill. 1971. Consultable via ARPAnet (ancêtre d'Internet), ce fichier de texte brut est à l'origine du projet Gutenberg (service de mise à disposition d'ouvrages numérisés du domaine public, voir ci-contre).

Le livre imprimé le plus cher
Le 26 nov. 2013, le milliardaire américain David Rubenstein a acheté un exemplaire du *Bay Psalm Book* pour 14,16 millions $, chez Sotheby's, à New York (USA). Réalisé par les habitants de la colonie de la baie du Massachusetts en 1640, ce psautier est le 1er livre imprimé en Amérique du Nord britannique. Sur les 1 700 originaux, seuls 11 exemplaires ont survécu.

La plus grande maison d'édition
La Penguin Random House publie 70 000 titres numériques et 15 000 au format papier tous les ans. L'éditeur affichait un chiffre d'affaires de 3,37 milliards € en 2019, selon l'édition 2020 du Global 50 Ranking of the Publishing Industry.

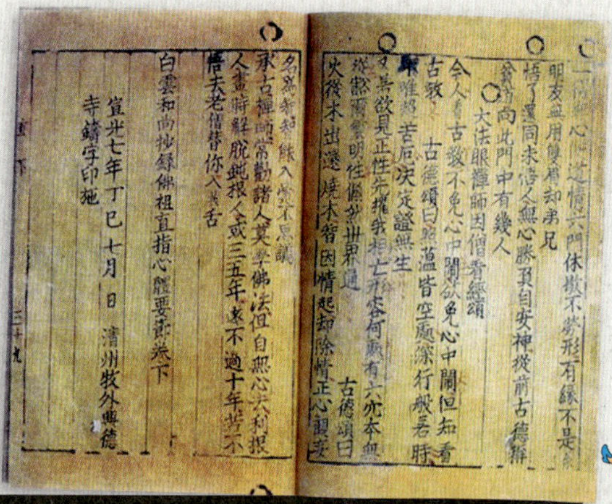

LE LIVRE LE PLUS ANCIEN IMPRIMÉ AVEC DES CARACTÈRES MOBILES MÉTALLIQUES
Le *Buljo jikji simche yojeol* (ou *Jikji*) est un ensemble coréen d'enseignements bouddhistes zen imprimé en juill. 1377, 73 ans avant la Bible de Gutenberg. Le colophon du *Jikji* indique qu'il a été "imprimé avec des caractères métalliques", allégation étayée par l'apparition de paires de caractères identiques au fil des 39 pages, suggérant leur réutilisation.

LA PLUS GRANDE COLLECTION DE BD
Lors du dernier décompte officiel, Bob Bretall (Mission Viejo, Californie, USA) détenait 101 822 bandes dessinées uniques. Le fan de *Spider-Man* conserve une grande partie de sa collection dans son garage (capacité de 3 voitures), mais il a aussi une "pièce à BD" (voir photo) avec des éditions spéciales et autres souvenirs.

CLASSIQUES NUMÉRIQUES

Créé par Michael Hart en 1971 (ci-contre), le projet Gutenberg est une bibliothèque de versions électroniques d'ouvrages tombés dans le domaine public. Classés par moyenne de téléchargements mensuels, les titres les plus populaires sont :

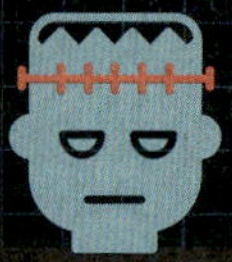

Frankenstein ou le Prométhée moderne, Mary Shelley (86 000)

Orgueil et Préjugés, Jane Austen (57 000)

Un chant de Noël : histoire de fantômes pour Noël, Charles Dickens (39 000)

La Lettre écarlate, Nathaniel Hawthorne (38 000)

Les Aventures d'Alice au pays des merveilles, Lewis Carroll (28 000)

Dracula, Bram Stoker (25 000)

Moby Dick ou Le Cachalot, Herman Melville (24 000)

Le Portrait de Dorian Gray, Oscar Wilde (22 000)

Une maison de poupée, Henrik Ibsen (22 000)

Les Aventures de Sherlock Holmes, Arthur Conan Doyle (21 000)

LA 1RE BIBLIOTHÈQUE

Le roi d'Assyrie Assurbanipal a créé une bibliothèque dans son palais de Ninive (nord de l'Irak actuel) entre 668 et 631 av. J.-C., contenant 30 000 tablettes d'argile d'écriture cunéiforme. Il existe certes des archives royales plus anciennes (voir ci-contre), mais la bibliothèque de Ninive a vu la 1re initiative de classement de textes littéraires sans visée administrative.

LES LIVRES DE FICTION LES PLUS VENDUS

Il est impossible d'identifier le roman le plus vendu de tous les temps, car des données fiables et vérifiées ne sont collectées que depuis le début des années 2000. *Peyton Place* (1956) de Grace Metalious et *La Vallée des poupées* (1966) de Jacqueline Susann ont fait beaucoup de bruit à leur sortie. Vendus à 30 millions d'exemplaires, ils sont peu à peu tombés dans l'oubli. Parmi les romans vendus à plus de 100 millions d'exemplaires, citons *Le Hobbit* (1937) de J. R. R. Tolkien, *Le Petit Prince* (1943) d'Antoine de Saint-Exupéry et *Harry Potter à l'école des sorciers* (1997) de J. K. Rowling. **Le livre de fiction le plus vendu (chiffres vérifiés indépendamment)** est *Cinquante nuances de Grey* (2011) de E. L. James, soit 16 994 323 exemplaires vendus avant nov. 2021.

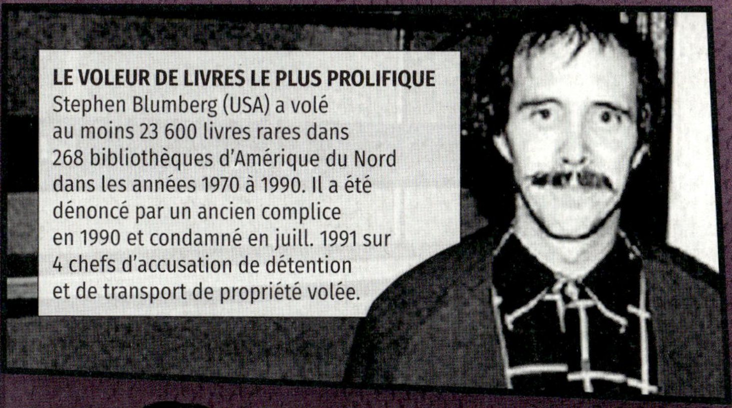

LE VOLEUR DE LIVRES LE PLUS PROLIFIQUE

Stephen Blumberg (USA) a volé au moins 23 600 livres rares dans 268 bibliothèques d'Amérique du Nord dans les années 1970 à 1990. Il a été dénoncé par un ancien complice en 1990 et condamné en juill. 1991 sur 4 chefs d'accusation de détention et de transport de propriété volée.

LE LIVRE DE FICTION LE PLUS VENDU (ACTUELLEMENT)

Midnight Sun de Stephenie Meyer s'est vendu à 1 847 843 exemplaires dans le monde en 2020, selon le NPD Group et Nielsen Book Research. Il s'agit d'une adaptation de *Twilight* (2005, même auteur), romance fantastique, ici narrée par le vampire Edward Cullen et non par Bella Swan.

LA PLUS GRANDE AVANCE POUR UN LIVRE (HORS FICTION)

65 millions $ ont été offerts à l'ancien président américain Barack Obama et à son épouse Michelle pour leurs mémoires (publiées en 2020 : *Une Terre promise* et en 2018 : *Devenir*). Le géant de l'édition Penguin Random House (ci-contre) a remporté la guerre des enchères pour ces 2 livres.

LA PLUS GRANDE BIBLIOTHÈQUE

La bibliothèque du Congrès (Washington, DC, USA) abrite actuellement plus de 173 millions de pièces, sur 1 348 km d'étagères, soit plus de 41 millions de livres et autre matériel d'imprimerie, 4,1 millions d'enregistrements et 15 millions de photographies. Sa rivale, la British Library de Londres, la suit de près avec 170 millions de pièces.

LE LIVRE LE PLUS TOXIQUE

Les Ombres des murs de la mort (1874) de Robert Kedzie (USA) comprend 86 feuilles de papier peint contenant jusqu'à 36 g d'arsenic. L'auteur alertait sur les colorants à base d'arsenic utilisés par les fabricants de papier peint. Il n'en reste que 4 exemplaires dont les pages contenant le poison sont scellées dans du plastique (ci-dessous) ou un contenant hermétique.

LE LIVRE LE PLUS CHER (VENTE PRIVÉE)

Le *Missel de Sherborne*, manuscrit médiéval richement décoré, a été acquis par la British Library en août 1998 dans un lot d'une valeur de 24,88 millions $. Cet ouvrage de 694 pages a été réalisé dans l'abbaye de Sherborne (Dorset, GBR) entre 1399 et 1407, sous la direction de John Siferwas (enlumineur) et John Whas (scribe).

Casse-tête

La Fédération mondiale de casse-tête parraine le championnat du monde de casse-tête (WPC) ainsi que le championnat du monde de sudoku (WSC). Le 1er WPC a eu lieu en 1992 : c'est **le championnat de casse-tête le plus ancien**. Il met au défi les participants de résoudre des casse-tête. Envie de participer ? Voici quelques jeux présentés aux dernières compétitions. Bonne chance !

Solutions p. 255

Le plus de victoires au championnat de casse-tête (WPC)

Catégorie	Nom	Médailles	Or	Argent	Bronze
Individuel	Ulrich Voigt (DEU)	19	11	6	2
Moins de 18 ans	Qiu Yanzhe (CHN)	4	4	0	0
Plus de 50 ans	Taro Arimatsu (JPN)	4	4	0	0
Équipe	USA	28	15	8	5

Au 11 janv. 2022

SUDOKU CLASSIQUE

Remplissez les cases vides avec des chiffres de 1 à 9, de telle sorte qu'ils n'apparaissent qu'une fois par ligne, par colonne et par carré de 3x3 cases.

7		5				3		
			6	5	3			
3				8		1		5
	9		5		6		1	
	5	3				9	6	
	4		7		9		8	
9		2		6				8
			9	1	8			
		8				4		1

MOTS CACHÉS

Trouvez les 3 occurrences de SENEC dans la grille ci-contre. Vous pouvez utiliser les 8 directions présentées ci-dessous à droite.

Senec en Slovaquie a accueilli le 25e championnat du monde de casse-tête en oct. 2016.

C	E	S	N	C
E	E	E	E	E
N	S	N	C	N
E	E	E	S	E
S	N	C	S	E

SERPENT

Placez un serpent dans la grille. Il est large d'une case et ne doit pas se toucher lui-même, pas même en diagonale. La tête et la queue sont représentées par des cercles. Les chiffres en dehors de la grille indiquent le nombre de cases sur la ligne ou la colonne occupées par le serpent.

					○
4					
4					
1					
	○				

SUDOKU X

Remplissez les cases vides avec les chiffres de 1 à 9, de telle sorte qu'ils n'apparaissent qu'une fois par ligne, par colonne et par carré de 3x3 cases. Chaque diagonale principale contient tous les chiffres de 1 à 9.

		2				4	8	
4			8					
9			4					2
				1		2	7	
			5		3			
	9	6		4				
5					9			1
					1			5
	2	1				7		

MOTS À PLACER

Entrez les mots donnés (noms de grands maîtres des échecs) dans la grille. Ils doivent pouvoir être lus horizontalement de gauche à droite ou verticalement de haut en bas. Tous les mots doivent se croiser et n'être utilisés qu'une seule fois. Aucun autre mot ne peut apparaître. Certaines lettres sont déjà données. Elles ne peuvent apparaître que dans un mot, qui ne doit lui-même contenir qu'une seule de ces lettres.

					I			
	E							
		A						
							P	
S								
						O		

TAL
PETROSIAN
SPASSKY
FISCHER
KARPOV
KASPAROV

CASSE-TÊTE DE DISSECTION

Divisez cette grille en 3 parties égales en suivant les lignes horizontales, verticales ou diagonales. Les cases ne peuvent être coupées en 2 que dans le sens de la diagonale. Les parties doivent être de même taille et de même forme, mais elles peuvent être pivotées et retournées.

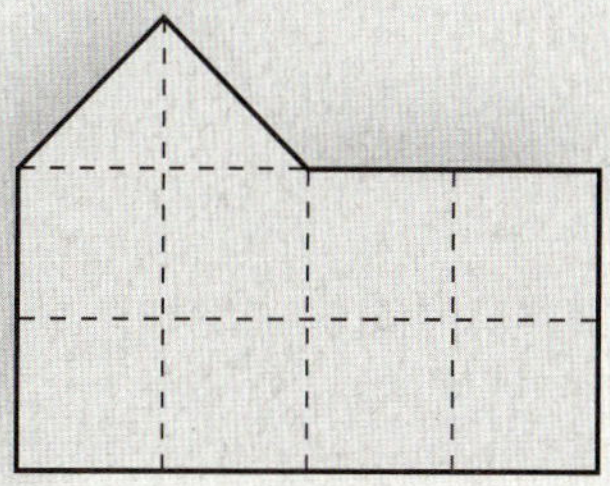

RONDE DES MOTS

Remplissez la grille avec les lettres. Les 6 cases hexagonales autour de chaque case bleue doivent contenir l'un des mots de la liste (peu importe l'ordre des lettres). Chaque mot ne doit être utilisé qu'une seule fois.

MOUTON
CASTOR
MEROUS

JEU DES DIFFÉRENCES

Entourez les 10 différences entre l'image du Taj Mahal et son reflet. Elles sont intentionnelles. Il s'agit d'éléments ayant disparu, ayant été déplacés ou ayant changé de taille, de forme ou d'orientation.

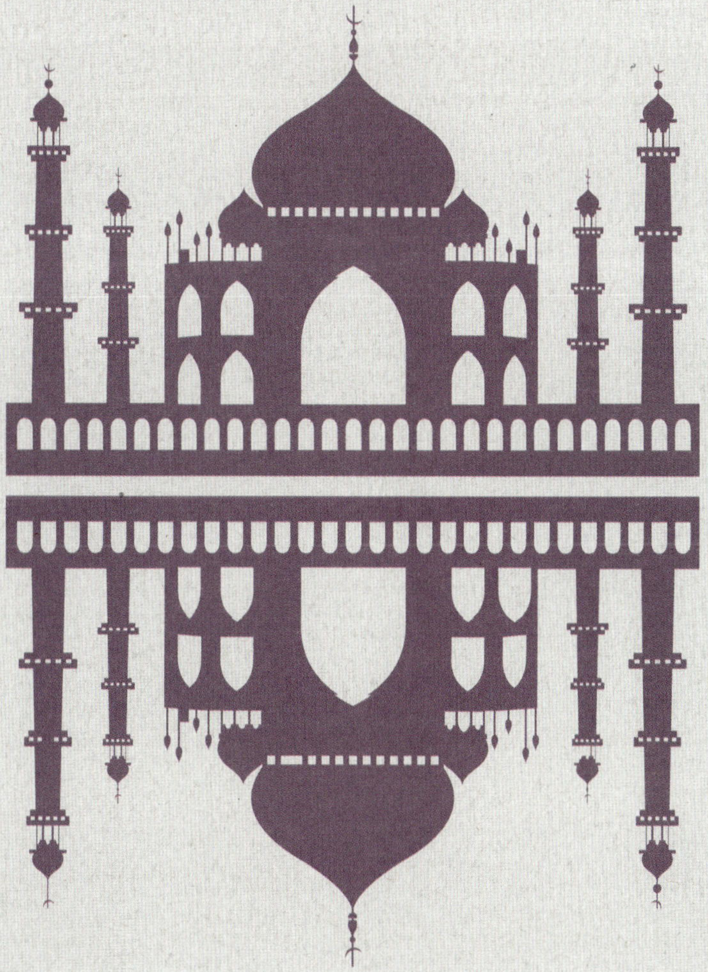

ÉNIGME DES ALLUMETTES

L'image ci-dessous représente les 9 chiffres en allumettes. Vous recevez un nombre en allumettes. L'objectif est de créer le plus grand entier positif en ne déplaçant que 2 allumettes maximum. L'entier doit être écrit sur une base 10, en n'utilisant que les chiffres présentés ci-dessous. Il est interdit de changer de point de vue ou de retourner la configuration présentée.

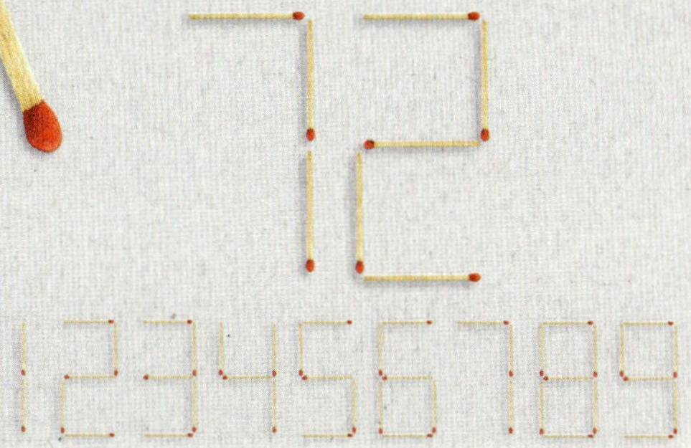

Puzzles

LE PUZZLEUR AYANT LE PLUS D'ABONNÉS SUR YOUTUBE
Le 1er janv. 2022, Karen Puzzles (alias Karen Kavett, USA) comptait 143 000 abonnés sur sa chaîne YouTube, une chaîne intégralement consacrée aux puzzles, ce qui n'est pas fréquent.

Le 1er casse-tête découpé
Nous devons le fameux casse-tête à pièces découpées à John Spilsbury (GBR), cartographe et graveur. En 1766, il crée une carte de l'Europe en bois, qu'il découpe le long des frontières à l'aide d'une scie à chantourner. Son objectif était d'aider les enfants à apprendre la géographie. Le terme français "puzzle" vient de l'anglais *jigsaw puzzle*, *puzzle* signifiant "casse-tête" et *jigsaw* étant un type de scie.

Les plus grands puzzles par catégorie
Le plus grand puzzle, d'une superficie de 6 122,68 m², a été créé par DMCC (UAE). Le record a été confirmé à Dubaï (UAE), le 7 juill. 2018. Ce puzzle unique de 12 320 pièces en bois représentait feu le scheikh Zayed bin Sultan Al Nahyan et couvrait l'équivalent de 23 courts de tennis.

Unique lui aussi, **le puzzle comportant le plus de pièces** a été réalisé par une équipe de 1 600 étudiants de l'université d'économie d'Hô-Chi-Minh-Ville (VIET). Le 24 sept. 2011, ils ont reconstitué l'image d'une fleur de lotus à l'aide d'une carte mentale – schéma permettant de visualiser et mémoriser des informations –, au stade de Phu Tho. Le puzzle de 551 232 pièces couvrait 344,52 m², soit 1,3 court de tennis.

Pintoo (Taïwan, CHN) a fabriqué **le puzzle en plastique comportant le plus de pièces**. Avec ses 4 800 pièces, il mesure 86,3 x 115 cm, soit la taille d'une grande serviette de bain, et représente une carte stylisée de l'île. Le plastique est le 3e matériau le plus utilisé dans la fabrication des puzzles, après le carton et le bois.

Le puzzle en ligne comportant le plus de pièces est le *Million Piece Mission*, créé par l'US Air Force. L'image de 1,03 gigapixel du National Museum of l'US Air Force est divisée en 1,2 million de pièces. Le puzzle a été mis en ligne le 15 juin 2020 à la suite de l'arrêt du programme de sensibilisation de l'USAF en raison de la pandémie de Covid-19.

Pour **les puzzles commercialisés les plus grands**, voir ci-contre.

Le marathon de puzzles le plus long
Les 30 et 31 oct. 2010, le concours de puzzles Hannut Marathon a réuni 112 équipes en Belgique. Elles avaient 25 h pour terminer le plus de puzzles possible (de 500 à 2 000 pièces).

LES PLUS PETITS PUZZLES COMMERCIALISÉS PAR CATÉGORIE
Terminé, le puzzle miniature de 1 000 pièces (épuisé), fabriqué par Standard Project (CHN) pour Tomax Puzzles, mesure 182 x 257 mm, comme cela a été validé à Hong Kong (CHN), le 12 déc. 2009. Chaque pièce mesure en moyenne 0,467 cm².

Les plus petites pièces de puzzle sont celles de Selegiochi (ITA). Le nano-puzzle est constitué de 99 pièces, chacune d'une surface moyenne de 0,361 cm². Terminé, le puzzle mesure 6,5 x 5,5 cm, moins qu'une carte à jouer !

100 %

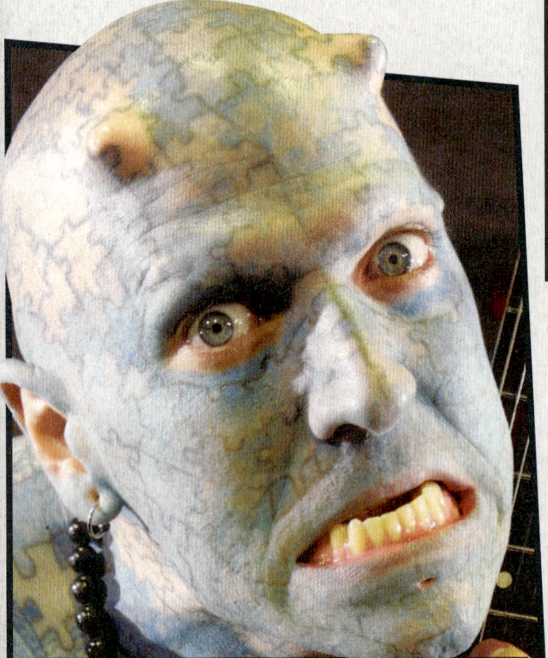

LE PLUS DE TATOUAGES AUX MOTIFS DE PUZZLE
Artiste, acteur et performeur, The Enigma (alias Paul Lawrence, USA) s'est fait tatouer 2 123 pièces de puzzle, comme cela a été attesté lors de *Lo Show dei Record*, à Milan (ITA), le 13 avr. 2011. Plus de 200 artistes ont réalisé ces tatouages. The Enigma a aussi des implants de cornes et des piercings, et s'est fait refaire les oreilles.

Le plus de personnes faisant un puzzle au même endroit
Chello Multicanal (ESP) a rassemblé 9 569 participants pour une session de puzzle de groupe, dans le cadre de la Fira de Barcelona (ESP), du 27 déc. 2011 au 4 janv. 2012.

La plus grande collection de puzzles
Luiza Figueiredo (BRA) possédait 1 047 puzzles lors du dernier décompte le 9 juill. 2017, à São Paulo (BRA). Collectionneuse depuis 1967, elle est passionnée depuis son 1er puzzle qu'elle a reçu à 7 ans.

Konrad et Renata Wachulec (tous 2 POL) constituent depuis 20 ans **la plus grande collection de puzzles de moulins à vent**. Les 505 puzzles sont visibles sur leur compte Instagram @ windmills_puzzles_and_we.

Le puzzle vendu le plus cher aux enchères
Un puzzle artisanal en bois a été vendu 27 000 $ lors d'une vente aux enchères caritative, à Gettysburg (Pennsylvanie, USA), le 28 sept. 2005. Fabriqué sur commande par Rachel Page Elliott (USA), puzzleuse reconnue, *The Outing* compte 467 pièces. La plupart sont en forme d'oiseau, de chat, de cheval ou de chien. Il représente un golden retriever et ses 5 chiots jouant dans l'herbe. Les bénéfices de la vente ont été reversés à la Golden Retriever Foundation.

UN VÉRITABLE CASSE-TÊTE !

Chaque pièce de puzzle porte un nom, mais il n'est pas universellement reconnu, ce qui brouille les cartes. Nous avons donc défini une nomenclature en anglais avec l'aide de la Fédération mondiale de puzzles (WJPF), que nous avons traduite en français :

LÉGENDE
1 : Moins le quart
2 : 9 h pile
3 : Et quart
4 : 3 h pile
5 : Carré
6 : Minus
7 : Couronne gauche
8 : Couronne haute
9 : Couronne basse
10 : Couronne droite
11 : 9 h et quart
12 : 6 h pile
13 : Flèche basse
14 : Flèche gauche
15 : Flèche droite
16 : Flèche haute

LE PUZZLE COMMERCIALISÉ COMPORTANT LE PLUS DE PIÈCES

Travel Around Art de Grafika (FRA) est composé de 54 000 pièces. Vendu 610 $ en 2020, il représente env. 50 toiles de maître accrochées dans une galerie. Mesurant 8,64 x 2,04 m, c'est aussi **le plus grand puzzle commercialisé.**

La Fédération mondiale de puzzles considère le puzzle précédent comme plusieurs petits puzzles : **le plus grand puzzle composé d'une seule image** est *Around the World*, ou *World Landmarks*, d'Educa Borrás (ESP, à gauche). Créé par Adrian Chesterman, ce puzzle de 42 000 pièces a été terminé par une équipe de 100 personnes (à droite), à Mutilva (ESP), en 22 h, 29 min et 20 s, le 27 avr. 2018.

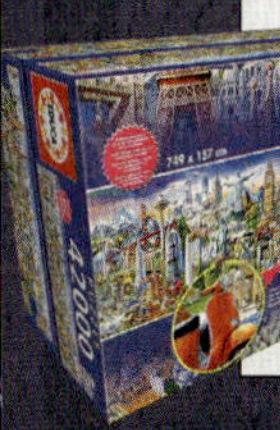

LA PLUS RAPIDE À TERMINER UN PUZZLE DE 1 000 PIÈCES EN COMPÉTITION

Le 24 juin 2018, lors du British Jigsaw Championship 2018 (Newmarket, Suffolk, GBR), Sarah Mills (GBR) a terminé un puzzle de 1 000 pièces en 1 h et 55 min, soit 6,9 s par pièce en moyenne. Mills a été 7 fois championne nationale.

LE PLUS GRAND PUZZLE EN BOIS DÉCOUPÉ À LA MAIN (PIÈCES)

En 2021, Jill Walterbach (USA) a dévoilé son puzzle de 101 010 pièces dans le magazine de jeux et de puzzles *AGPI Quarterly*. Avec ses 22 m de long et 30 cm de haut, ce puzzle enroulable représente une œuvre d'art abstraite en acrylique sur un panneau MDF replaqué érable de 0,6 cm d'épaisseur. Il compte 37 pièces verticalement et 2 730 horizontalement, chacune découpée à la scie à ruban (Seyco).

LE CHAMPIONNAT DU MONDE DE PUZZLES (WJPC)

Organisé par la Fédération mondiale de puzzles (ci-contre), **le 1er WJPC** s'est tenu à Valladolid (ESP), les 28 et 29 sept. 2019. Jana Hanzelková (CZE) a gagné en individuel en étant **la plus rapide à terminer un puzzle de 500 pièces** : 46 min et 35 s. Les WJPC suivants ont été annulés en raison de l'épidémie de Covid-19, mais le prochain est prévu en 2022.

Championnat du monde de puzzles

1	500 pièces le plus rapidement (paire)	34 min et 34 s	Demelza Becerra Robledillo et Ángel Heras Salcedo (tous 2 ESP)
2	500 pièces le plus rapidement (individuel)	46 min et 35 s	Jana Hanzelková (CZE)
3	Le participant au WJPC le plus âgé	76 ans et 68 jours	Dora Maria Polle Karczauninkat (DEU, née 23 juill. 1943)

ENVIE DE VOUS CASSER LA TÊTE ?

Si vous vous sentez capable de vous mesurer aux plus grands assembleurs de puzzles du monde, rendez-vous sur **worldjigsawpuzzle.org** pour vous inscrire au prochain championnat du monde !

LE 1ER VINYLE EN PUZZLE FONCTIONNEL

Le 23 sept. 2016, le trio Sugar Coat (GBR) sort un 45 tours en puzzle fonctionnel de son 1er single, *Me Instead*. Pressé à 35 exemplaires, il a été conçu par Cameron Allen, de Royal Mint Records, et s'inspire d'une œuvre d'art en puzzle dénichée dans une boutique d'occasion.

LE PLUS GRAND PUZZLE SPHÉRIQUE

Unima Industrial (HK) Ltd (CHN) a créé un puzzle de 4,77 m de circonférence représentant Winnie l'ourson et ses amis. Ce puzzle creux dont certaines pièces en plastique sont courbes a été réalisé à Hong Kong (CHN), puis présenté et validé au Convention and Exhibition Centre de la ville, le 10 janv. 2005.

Musique pop

LA PLUS LENTE PROGRESSION VERS LE TOP DES CHARTS SINGLES US
La chanson de pop alternative *Heat Waves* du groupe Glass Animals (GBR) a mis 59 semaines pour atteindre le sommet du Hot 100 du *Billboard*. Le titre est ainsi devenu n° 1 le 12 mars 2022, battant ainsi les 35 semaines de *All I Want for Christmas Is You* de Mariah Carey, en 2019.

LE PLUS DE N° 1 DE NOËL CONSÉCUTIFS AU ROYAUME-UNI
Les LadBaby, alias Mark et Roxanne Hoyle (tous 2 GBR), ont célébré leur 4e succès festif d'affilée en 2021 grâce au titre *Sausage Rolls for Everyone* – avec l'aide des pop stars Ed Sheeran et Elton John. Tous les bénéfices ont été reversés au Trussell Trust, une ONG luttant contre la faim et la pauvreté.

LE PLUS DE GOLDEN MELODY AWARDS POUR LA CHANSON DE L'ANNÉE
La "reine de la C-pop" Jolin Tsai (CHN) a remporté à 3 reprises l'équivalent pour la langue chinoise des Grammys de la meilleure chanson de l'année : *Marry Me Today* (2007, avec David Tao), *The Great Artist* (2013) et *Womxnly* (2019).

LE PLUS DE TROPHÉES *DAESANG* REMPORTÉS AUX MNET ASIAN MUSIC AWARDS
Après avoir triomphé dans les 4 catégories *daesang* ("grand prix") aux Mnet Asian Music Awards 2021, le groupe BTS (KOR) compte à son actif 17 trophées. Les rois de la K-pop sont membres du Hall of Fame GWR et détiennent déjà de multiples records catégories musique et réseaux sociaux. En 2021, ils posaient pour une séance photo spéciale munis d'une petite partie de leurs certificats.

LA CONSOMMATION MUSICALE EN 2021

Selon la Fédération internationale de l'industrie phonographique, en 2021, les gens ont écouté en moyenne 18,4 h de musique par semaine – **la plus forte consommation musicale de tous les temps.** Voici de quelle manière le monde s'est offert sa dose de musique...

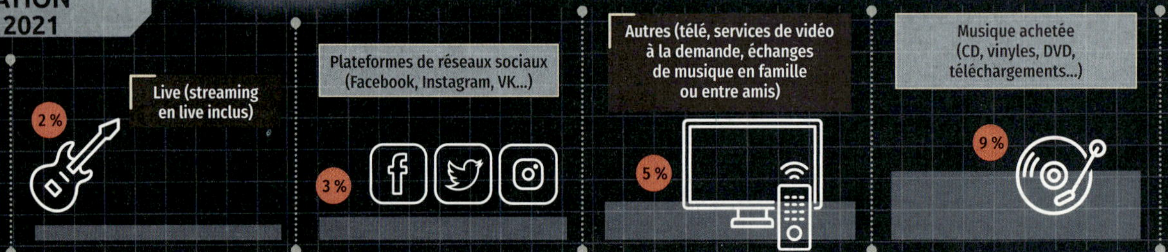

MEAT LOAF (1947-2022)
La star du rock, Meat Loaf (USA, né Marvin Lee Aday), est décédée le 20 janv. 2022. Ses 3 albums *Bat Out of Hell* (sortis en 1977, 1993 et 2006) forment **la trilogie d'albums la plus rentable**, avec des ventes estimées à 65 millions d'exemplaires. Le 1er volet culte s'est vendu à 44 millions à lui seul, devenant **l'album de rock le plus rentable pour un artiste solo.**

Le titre le plus streamé sur Spotify en 24 h
Easy on Me d'Adele (GBR, voir à droite) a été streamé 19 749 704 fois, le 15 oct. 2021. La ballade a généré 84 952 932 streams dans les 7 jours se clôturant le 21 oct. 2021, devenant ainsi **le titre le plus streamé en 1 semaine** de la plateforme. **Le record masculin** en 24 h est de 16 103 849 streams et appartient à Harry Styles (GBR) pour *As It Was*, le 1er avr. 2022. Le single, tiré du 3e album studio *(Harry's House)* de l'ex-vedette du groupe One Direction et intitulé *As It Was*, a dominé les charts Spotify dans 34 pays.

Le plus de followers sur Spotify
Ed Sheeran (GBR, voir à droite) totalisait 95 345 034 followers sur la plateforme de streaming musical au 12 avr. 2022, soit 17 millions de plus que sa plus proche rivale, la détentrice du **record féminin** Ariana Grande (USA), forte de ses 78,2 millions de followers. **Le groupe le plus suivi** était BTS (KOR, voir ci-dessus), avec 47,9 millions.

Le plus d'entrées simultanées dans le Top 10 des charts singles US
Dans le Hot 100 du *Billboard* daté du 18 sept. 2021, Drake (CAN) occupait 9 des 10 entrées du Top 10 – dont l'intégralité du Top 5. Les 9 titres classés étaient nouveaux et provenaient du 6e album studio du rappeur, *Certified Lover Boy*.

Le plus de nouvelles entrées simultanées dans les charts singles US
Vingt-six titres de l'album studio réenregistré par Taylor Swift (USA), *Red (Taylor's Version)*, ont débuté dans le Hot 100 du *Billboard* le 27 nov. 2021. Avec en tête de liste *All Too Well* (10 Minute Version) (Taylor's Version), devenue **la plus longue chanson n° 1 du Hot 100 du *Billboard***, grâce à ses 10 min et 13 s.

Le plus de nominations aux Grammys
Jay-Z (USA, né Shawn Carter), 3 fois nominé aux 64e Grammy Awards du 3 avr. 2022, totalise 83 nominations sur l'ensemble de sa carrière (voir aussi p. 164-165).

LA PLUS JEUNE PERSONNE TRIPLEMENT COURONNÉE POUR UNE MEILLEURE CHANSON ORIGINALE DE FILM
La chanson éponyme de *James Bond No Time to Die* (2020) a valu à Billie Eilish (USA, née 18 déc. 2001) 1 Grammy, 1 Golden Globe et 1 Oscar. Elle avait 20 ans et 99 jours quand elle a remporté l'Oscar, le 27 mars 2022.

LE SINGLE DIGITAL LE PLUS RENTABLE
Save Your Tears de The Weeknd (CAN, né Abel Tesfaye) a totalisé 2,15 milliards de "streams équivalent ventes" à travers le monde, devenant la chanson la plus vendue en 2021 d'après la Fédération internationale de l'industrie phonographique. The Weeknd avait déjà remporté ce titre en 2020, avec 2,72 milliards de streams pour *Blinding Lights*.

LA 1RE ARTISTE SOLO LATINO À DEVENIR N° 1 SUR SPOTIFY
Le 24 mars 2022, la chanteuse et célébrité TÉLÉ Anitta (BRA, née Larissa de Macedo Machado) s'est hissée sur la 1re marche du Top 200 global et quotidien de Spotify avec *Envolver* ("Envelopper"). Ce titre de reggaeton avait cumulé 6,39 millions de streams.

LE TITRE LE PLUS STREAMÉ SUR SPOTIFY
Shape of You d'Ed Sheeran (GBR) avait été streamé 3 026 657 640 fois au 23 janv. 2022 – le 1er titre à dépasser le seuil des 3 milliards. Ce titre est la chanson la plus populaire de la plateforme depuis le 22 sept. 2017, ayant détrôné *One Dance* de Drake.
En avr. 2022, Sheeran a remporté son procès devant les tribunaux où il se défendait d'accusations de plagiat pour ce single.

Le plus d'années consécutives avec un single n° 1 japonais
Au 28 mars 2022, les KinKi Kids (JPN), alias Koichi et Tsuyoshi Domoto, ont eu un n° 1 dans les charts pour la 26e année de suite grâce à *Kojundo Romance*.

Le 1er vainqueur du Grammy de la meilleure performance musicale globale
Aux Grammys 2022, Arooj Aftab (PAK/USA, né SAU) est devenue la 1re lauréate de cette nouvelle catégorie pour son titre de 7 min et 42 s *Mohabbat*, tiré de l'album de 2021, *Vulture Prince*.

À la même cérémonie, Bad Bunny (PRI, né Benito Ocasio) est devenu **le 1er lauréat du Grammy de l'album de la meilleure musique urbaine latina**, pour son opus *EL ÚLTIMO TOUR DEL MUNDO* (« Le dernier tour du monde»), sorti en 2020.

La chanson commercialisée la plus longue
Le 19 mai 2021, Mark Lee et The Pocket Gods (tous 2 GBR) ont sorti *Song for First Contact*, titre de 48 h et 17 min. Cet exploit fut dépassé le 1er oct. 2021 par Earthena (CAN), dont *Symphony of the Crown* durait 48 h, 39 min et 35 s.

Les revenus annuels les plus élevés pour un musicien (année actuelle)
Bruce Springsteen (USA) a touché 590 millions $ pour l'année calendaire 2021, selon *Rolling Stone*. Cette somme était majoritairement due à la vente des droits de Springsteen et des masters des enregistrements de ses 50 ans de carrière à Sony Music pour un montant estimé à 500 millions $ – soit **la plus importante cession de droits par un musicien**. Le fond de catalogue du Boss comprend 20 albums studio.

30 a également été l'album le plus rentable de 2021, avec 5 millions d'exemplaires vendus entre les 19 nov. et 31 déc. !

LE PLUS DE BRIT AWARDS POUR L'ALBUM DE L'ANNÉE REMPORTÉS PAR UN ARTISTE SOLO
Adele (GBR) a remporté le trophée du meilleur album britannique de l'année pour la 3e fois en 2022 avec son 4e album studio *30* (encart). Elle a aussi reçu celui du meilleur artiste britannique de l'année, nouvelle catégorie inaugurée en 2022 pour remplacer celles du meilleur artiste masculin et meilleure artiste féminine aux **1ers BRIT Awards non genrés**.

Lauréats

LES BAFTAS

Le plus de victoires pour un film
Le 4 mars 1971, le western *Butch Cassidy et le Kid* (1969) a obtenu 9 BAFTAS, dont celui du meilleur acteur et de la meilleure actrice dans un rôle principal (respectivement Robert Redford et Katharine Ross), et du meilleur scénario (William Goldman).

Le plus de victoires pour un acteur
Peter Finch (AUS, né GBR) a remporté 5 BAFTAS du meilleur acteur dans un rôle principal. Sa dernière récompense, pour *Network : main basse sur la télévision* (1976), lui a été décernée à titre posthume le 28 mars 1977.

LE PLUS DE VICTOIRES POUR UNE ACTRICE
Dame Judi Dench (GBR) a remporté 6 BAFTAS entre 1966 et 2002, le dernier en date pour *Iris* (2001). Elle est photographiée ici aux côtés de sir Kenneth Branagh, son réalisateur sur *Belfast* (2021 ; voir Oscars).

Le plus de victoires pour le meilleur costume
Milena Canonero (ITA ; 1982, 1986, 2007 et 2015) et Jenny Beavan (GBR ; 1987, 2002, 2016 et 2022) comptent chacune à leur actif 4 BAFTAS. Le dernier trophée en date de Beavan remonte à 2021 pour *Cruella* (2021).

Le plus de nominations pour la meilleure musique originale avant une victoire
Le 13 mars 2022, après 10 tentatives, le compositeur de musique de film Hans Zimmer (DEU) a enfin reçu son 1er BAFTA, pour la bande sonore du film de science-fiction *Dune*.

LE PLUS DE NOMINATIONS POUR UN FILM DE SF
Le 3 févr. 2022, l'épopée de Denis Villeneuve, *Dune* (2021), a totalisé 11 nominations, soldées par 5 victoires le 13 mars 2022. Il fait jeu égal avec Alfonso Cuarón et son *Gravity* (2013), autre film de science-fiction le plus nominé.

LES GOLDEN GLOBES

Le plus de victoires pour une actrice
Le 15 janv. 2012, Meryl Streep (USA) a ajouté un 8e Golden Globe à son palmarès. Sa 1re victoire (meilleure actrice dans un second rôle) lui fut attribuée pour *Kramer contre Kramer* (1979) et sa plus récente (meilleure actrice dans un film dramatique) pour *La Dame de fer* (2011), film dans lequel elle incarnait la Première ministre Margaret Thatcher (GBR).

Jack Nicholson et Alan Alda (tous 2 USA) se partagent **le plus de victoires pour un acteur**, avec 6 chacun. Nicholson a été couronné meilleur acteur dramatique pour *Chinatown* (1974), *Vol au-dessus d'un nid de coucou* (1975) et *Tendres Passions* (1983). Alda doit ses victoires au personnage de Hawkeye Pierce qu'il a tenu dans la série télé culte de CBS *M*A*S*H*, entre 1975 et 1983.

LA 1RE LAURÉATE TRANSGENRE
Le 9 janv. 2022, Michaela Jaé Rodriguez (USA) a reçu le trophée de la meilleure actrice dans une série dramatique télé. Elle a été honorée pour son interprétation de Blanca Rodriguez-Evangelista dans *Pose* (FX, 2018-2021). (Voir p. 172.)

LE LAURÉAT LE PLUS ÂGÉ
O Yeong-su (KOR, né 19 oct. 1944) avait 77 ans et 82 jours quand il a reçu le trophée du meilleur acteur dans un second rôle, catégorie télévision, le 9 janv. 2022. Il incarnait Oh Il-nam (#001) dans la série de survie de Netflix, *Squid Game* (2021-), véritable succès planétaire.

Le plus de victoires pour un film
La comédie dramatique musicale *La La Land* (2016) avait reçu 7 nominations aux Golden Globes et les a toutes remportées. Elle a ainsi obtenu le trophée de la meilleure comédie ou comédie musicale, et ses acteurs, Ryan Gosling et Emma Stone, celui du meilleur acteur et de la meilleure actrice.

Le plus de nominations
- **Acteur** : 22, pour Jack Lemmon (USA) entre 1960 et 2000. Il a remporté 4 victoires, la dernière en 2000, pour le téléfilm *Inherit the Wind* (1999).
- **Actrice** : 32, pour Meryl Streep entre 1979 et 2020.
- **Film** : 11 pour *Nashville* (1975) en 1976. Une seule victoire, pour la meilleure chanson originale de film avec *I'm easy*.

LA 1RE VICTOIRE D'UN ACTEUR SOURD
Aux 94e Oscars, du 27 mars 2022, Troy Kotsur (USA) a remporté la statuette du meilleur acteur dans un second rôle pour son interprétation de Frank Rossi dans *CODA* (2021). Sa partenaire, Marlee Matlin (USA), détenait déjà **la 1re victoire pour une actrice sourde** grâce à son rôle dans *Les Enfants du silence* (1986). Elle avait 21 ans et 218 jours lors de la cérémonie de 1987, devenant **la plus jeune lauréate de l'Oscar de la meilleure actrice**.

OSCARS

Le plus de nominations pour un acteur noir
Denzel Washington (USA) a décroché sa 10e nomination aux Oscars en févr. 2022, pour *Macbeth* (2021).

LE 1ER FILM D'ANIMATION EN LICE POUR LE MEILLEUR DOCUMENTAIRE
L'œuvre de Jonas Poher Rasmussen, *Flee* (2021) – sur un réfugié gay afghan – a reçu une nomination le 8 févr. 2022. Une 1re dans l'histoire des Oscars : *Flee* était nominé dans les catégories du meilleur film d'animation, du meilleur documentaire et du meilleur film étranger.

La 1re personne nominée dans 7 catégories différentes
Le 8 févr. 2022, sir Kenneth Branagh (GBR) a été nominé pour l'Oscar du meilleur réalisateur (c'était la 2e fois), du meilleur film et du meilleur scénario original grâce à *Belfast*. Il avait déjà été nominé dans les catégories meilleur acteur, meilleur acteur dans un second rôle, meilleure adaptation cinématographique et meilleur court-métrage en prise de vue réelle.

LA RÉALISATRICE PRIMÉE LA PLUS ÂGÉE
Dame Jane Campion (NZ, née 30 avr. 1954) avait 67 ans et 331 jours le 27 mars 2022, quand elle s'est vue décerner le trophée du meilleur réalisateur pour *The Power of the Dog* (2021). Campion est ainsi devenue **la 1re femme à cumuler 2 nominations pour l'Oscar du meilleur réalisateur**. Le long-métrage n'est pas en reste puisqu'il totalise **le plus de nominations pour un film mis en scène par une femme** (12).

LE PLUS DE VICTOIRES POUR UNE ACTRICE
Audra McDonald (USA) a remporté 6 trophées Antoinette Perry Awards, alias Tonys, pour ses performances d'actrice. Sa dernière récompense en date fut pour son rôle principal dans *Lady Day at Emerson's Bar & Grill* (2014). Elle est aussi la seule personne à avoir reçu une récompense dans les 4 catégories d'interprétation.

TONY AWARDS

Le plus de...

- **Victoires pour une comédie musicale** : *The Producers* a remporté 12 de ses 15 nominations, le 3 juin 2001, dont celle de la meilleure comédie musicale. Mis en scène par Susan Stroman, avec Matthew Broderick et Nathan Lane, le spectacle a détrôné *Hello Dolly !* et ses 10 statuettes, qui détenaient le record depuis 1964.
- **Victoires dans toutes les catégories d'interprétation** : aux 4ᵉ Tony Awards du 9 avr. 1950, la troupe de la production originale de Broadway jouant dans la comédie musicale de Rodgers & Hammerstein *South Pacific* est repartie avec des victoires dans les 4 catégories d'interprétation, soit toutes les catégories auxquelles les comédiens pouvaient prétendre.
- **Nominations pour une comédie musicale** : le 3 mai 2016, *Hamilton* a cumulé 16 nominations. Musique, chansons et livret sont de Lin-Manuel Miranda.
- **Nominations pour une pièce de théâtre** : *Slave Play* de Jeremy O Harris a reçu une nomination dans 12 catégories, le 15 oct. 2020. Son œuvre a aussi reçu **le plus de nominations sans victoire**.
- **Nominations pour une actrice** : Julie Harris et Chita Rivera (toutes 2 USA) ont été nominées chacune 10 fois dans leur carrière.
- **Victoires par différentes productions pour une même pièce** : *Mort d'un commis voyageur* (1949) d'Arthur Miller a été élue meilleure pièce de théâtre aux Tonys de 1949 puis meilleure reprise en 1984, 1999 et 2012.

LE PLUS DE VICTOIRES POUR UN COMPOSITEUR
Stephen Sondheim (USA) a obtenu 7 Tonys, dont celui de la meilleure musique pour *A Little Night Music* (1973) et *Sweeney Todd* (1979). L'orfèvre de la comédie musicale nous a quittés le 26 nov. 2021.

LES NICKELODEON KIDS' CHOICE AWARDS

Le plus de victoires
Nickelodeon a créé ses trophées annuels Kids' Choice Awards (KCA) en 1988 et leur a donné le nom de "blimps". Ils récompensent différentes catégories de pop-culture en se basant sur les votes du public. Aucune **célébrité féminine** n'a été plus couronnée aux KCA que Selena Gomez (USA), avec 11 trophées entre 2009 et 2019. Will Smith (USA) détient **le record masculin**, avec 11 victoires entre 1991 et 2009.

Taylor Swift (USA) totalise **le plus de nominations** (35) entre 2010 et 2022. Will Smith domine **le palmarès masculin**, avec 27 nominations entre 1989 et 2020.

Le plus de victoires pour un chanteur
Justin Bieber (CAN) a remporté son 9ᵉ blimp aux 35ᵉ KCA de Nickelodeon à Santa Monica (Californie, USA), le 9 avr. 2022. Le trophée de la collaboration musicale préférée lui a été décerné pour son single à succès *Stay*, avec The Kid LAROI.

Le record féminin dans cette catégorie est détenu par Ariana Grande (USA), forte de 8 blimps. (Selena Gomez cumule plus de récompenses, mais 6 lui ont été décernées en tant qu'actrice.)

Le plus de victoires pour un groupe musical
Les BTS (KOR) ont remporté 6 blimps : vedette musicale internationale préférée (2018 et 2021), groupe musical préféré (2020-2022) et chanson préférée avec *Dynamite* (2021). La victoire de 2022 marquait leur 3ᵉ trophée consécutif dans cette catégorie.

LE PLUS DE VICTOIRES POUR UN DESSIN ANIMÉ
Bob l'éponge (USA) a été élu meilleur dessin animé à 19 reprises, en 2003-2007 et 2009-2022. La série animée créée par Stephen Hillenburg, aujourd'hui disparu, a remporté son 14ᵉ trophée consécutif le 9 avr. 2022.

Le plus de victoires pour un auteur
Le blimp KCA pour le livre préféré a été décerné de 1995 à 2016. L'autrice d'*Harry Potter*, J. K. Rowling (GBR), a totalisé 7 victoires, en 2000-2002, 2004, 2006-2008.

Le record masculin est détenu par le créateur du *Journal d'un dégonflé*, Jeff Kinney (USA), couronné à 6 reprises, en 2010-2012, 2014-2016.

Le plus de victoires pour une franchise cinéma
Seules 2 franchises cinématographiques ont remporté 3 trophées du film préféré. Le spin-off télévisé du dessin animé *Alvin et les Chipmunks* fut le 1ᵉʳ, avec une victoire en 2008, 2010 et 2012. L'exploit a été égalé par les 3 adaptations de *Hunger Games* entre 2013-2015.

GRAMMYS

Le plus de victoires pour un groupe
U2 (IRL/GBR) a cumulé 22 Grammys depuis 1988. L'année la plus fructueuse du groupe fut 2006, avec 5 récompenses glanées.

Le plus de victoires pour un groupe en 1 seule année est de 8. Établi en 2000, ce record appartient à Santana (USA).

Le plus de victoires pour un rappeur
Les rappeurs Jay-Z (né Shawn Carter, USA) et Ye, alias Kanye West (USA), totalisent chacun 24 récompenses, les dernières ayant été remportées aux 64ᵉ Grammys du 3 avr. 2022.

LE PLUS DE VICTOIRES POUR LE MEILLEUR ALBUM ROCK
Les Foo Fighters (USA) ont remporté 5 Grammys du meilleur album rock : le 1ᵉʳ pour *There Is Nothing Left to Lose* en 2001 et le dernier pour *Medicine at Midnight* en 2022. Le batteur Taylor Hawkins (tout à gauche) est mort le 25 mars 2022.

Le plus de nominations consécutives pour l'album de l'année
Six artistes ont reçu 3 nominations consécutives pour l'album de l'année, la dernière en date étant la chanteuse Billie Eilish épaulée par son co-auteur/producteur/frère Finneas O'Connell, le 23 nov. 2021. Une seule autre interprète féminine avait égalé le record d'Eilish : Roberta Flack, en 1973-1975.

Le 1ᵉʳ parolier à remporter 2 victoires de suite pour la meilleure chanson de l'année
En 2021, Dernst "D'Mile" Emile II (USA) a été récompensé pour la chanson de l'année qu'il avait coécrite pour H.E.R., *I Can't Breathe*. Il avait récidivé le 3 avr. 2022 avec la coécriture de *Leave the Door Open* pour Silk Sonic.

LE PLUS DE NOMINATIONS CONSÉCUTIVES POUR LA CHANSON DE L'ANNÉE
H.E.R. (Having Everything Revealed, alias Gabriella Wilson, USA) est la 6ᵉ artiste à cumuler 3 nominations consécutives pour le Grammy de la meilleure chanson de l'année. La chanteuse de R&B a été nominée pour *Hard Place* en 2020, *I Can't Breathe* en 2021 et *Fight for You* aux 64ᵉ Grammys du 3 avr. 2022. Elle est repartie victorieuse en 2021 (en photo).

Top 25 des records du jeu vidéo

Installez-vous confortablement pour cette présentation de nos records préférés des jeux vidéo, des ancêtres aux jeux qui valent des milliards, compilés par les gourous du jeu de GWR. Parmi ces 25 records, vous trouverez des personnages de légende, les meilleures ventes et les chouchous de la critique. Que vous soyez dingue de Mario, gaga des Pokémon ou fan de Fortnite, découvrez les records qui ont secoué le monde du jeu vidéo !

25 LA PLUS GRANDE BATAILLE EN PVP MULTIJOUEUR

EVE Online (CCP Games, 2003) est un jeu de rôle en ligne massivement multijoueur (MMORPG) reconnu pour ses batailles joueur contre joueur (PVP) épiques, aux dégâts coûtant des sommes... astronomiques ! Le 6 oct. 2020, la bataille de 14 h appelée Fury at FWST8 a attiré 8 825 joueurs et vu la destruction de 1 308 navires.

24 LE MMORPG LE PLUS ACCLAMÉ PAR LA CRITIQUE

Presque 18 ans depuis la sortie de *World of Warcraft* et l'acclamation de la critique, en nov. 2004. Depuis, le MMORPG de Blizzard Entertainment conserve une note Metacritic de 93/100, soutenu par diverses mises à jour et extensions. Des millions de joueurs continuent à se connecter chaque jour pour se battre contre de terribles mages, dragons et autres êtres surnaturels, et entre eux bien sûr.

23 LA SÉRIE DE SUPER-HÉROS LA PLUS ACCLAMÉE

Toutes les histoires de super-héros ne se prêtent pas à un jeu vidéo, mais la discrétion, les enquêtes et les combats du Chevalier noir sont des ingrédients de choix. Les 4 épisodes de la série *Batman : Arkham* de Rocksteady affichent une note moyenne de 86,87 % sur Metacritic. Plus de 30 millions d'exemplaires ont été vendus depuis *Arkham Asylum* (2009), dont l'univers devrait s'étendre en 2022 avec *Suicide Squad: Kill the Justice League*.

22 LE PLUS GRAND CASTING POUR UN JEU VIDÉO

Avec leurs budgets de millions de dollars et leurs équipes de développement pléthoriques, les jeux vidéo modernes rivalisent avec les productions de cinéma. Le jeu d'action *Red Dead Redemption 2* (2018) de Rockstar Games a nécessité 8 ans de travail et fait intervenir 1 200 acteurs pour les dialogues ou la capture de mouvements. Le jeu a été acclamé par la critique dès sa sortie et a engrangé 725 millions $ de revenus dans les 3 premiers jours.

21 LA PLUS GRANDE LONGÉVITÉ POUR UNE SÉRIE DE JEU DE COMBAT

Avec la sortie de *Street Fighter V: Champion Edition* en 2020, la franchise de jeu de bagarre de Capcom entamait sa 32e année. Le jeu original *Street Fighter* est sorti sur les bornes d'arcade le 30 août 1987. La série a ensuite explosé avec des personnages comme Ryu, Ken et Chun-Li, et leurs mouvements signature, pour devenir la franchise la plus célèbre du monde. *Street Fighter* s'est vendu à 50 millions d'exemplaires, tous titres confondus.

LE PLUS DE VENTES DE JEUX DE COMBAT À PIÈCES

Street Fighter II: The World Warrior (1991) a écrasé les autres *beat them all* (jeu de combat à progression), totalisant 200 000 systèmes d'arcade vendus. Les joueurs pouvaient choisir leur combattant et enchaîner des mouvements d'attaque, aujourd'hui appelés "combos".

20 LA PLUS GRANDE COLLECTION

Antonio Romero Monteiro (USA) avait accumulé 20 139 jeux vidéo à Richmond (Texas, USA), au 2 févr. 2019. Il possède quelques pièces exceptionnelles comme l'intégralité des jeux pour la Nintendo 64DD, sortie uniquement au Japon, et le très rare *CJ Elephant Fugitive* (Codemasters, 1994) pour Game Gear. Le préféré d'Antonio ? *Super Castlevania IV* (1991) de Konami pour la Super NES.

19 LA PLUS GRANDE CONVENTION DE JEU VIDÉO

Depuis la 1re Game Developers Conference en 1988 (25 personnes), les conventions de jeu vidéo sont devenues de véritables événements mondiaux où la crème de l'industrie du jeu croise les cosplayers. L'édition 2019 de la Gamescom, salon international annuel se tenant à Cologne (DEU), a attiré 373 000 visiteurs en 5 jours. Les fans et les pros s'y bousculeront en plus grand nombre encore après la levée des restrictions liées à l'épidémie de Covid-19.

18 LE PLUS RAPIDE À TERMINER *SUPER MARIO BROS.*

Le speedrun, consistant à finir un jeu le plus vite possible, est un monument de la sous-culture, avec des diffusions en direct sur Internet, des forums et même des conventions. L'un des défis les plus courants : *Super Mario Bros.*, le grand classique Nintendo de 1985. Le 2 déc. 2021, Niftski (USA) l'a fini en 4 min et 54,881 s, avec un émulateur PC, des glitches et un timing au pixel près, soit 0,083 s de moins que le minimum de temps requis en théorie.

17 LA SÉRIE DE JEU DE TIR À LA 1RE PERSONNE LA PLUS VENDUE

Le 21 avr. 2021, Activision Blizzard annonce que la franchise *Call of Duty* s'est vendue à plus de 400 millions d'exemplaires depuis la sortie du 1er opus le 29 oct. 2003. La série compte 18 titres principaux et 15 jeux spin-off et exclusifs. Au fil des ans, *Call of Duty* s'est étendu au-delà de la Seconde Guerre mondiale, mettant en scène l'espionnage de la guerre froide et des champs de bataille grouillant de drones façon science-fiction.

16 LE PLUS LONG MARATHON DE JEU VIDÉO

Danseuse invétérée, Carrie Swidecki (USA) s'est trémoussée pendant 138 h et 34 s sur *Just Dance 2015* (Ubisoft, 2014), les 11-17 juill. 2015, à Bakersfield (Californie, USA). Carrie s'est prise de passion pour les jeux de danse avec *Dance Dance Revolution* (Konami, 1998). Elle est entrée au panthéon International Video Game Hall of Fame en 2018.

CARRIE EN ACTION
Carrie détient aussi un titre GWR pour **le score le plus élevé sur une série de jeu de danse en 24 h** (276), le 23 juill. 2016, et **le plus long marathon de jeu vidéo sur téléphone portable**, soit 55 h, 1 min et 51 s, sur *Pokémon GO*, les 4-7 juin 2019.

15 RECORD DE LONGÉVITÉ D'UNE SÉRIE DE JEU DE FOOT

Avec la sortie de *FIFA 22* le 1er oct. 2021, la franchise *FIFA* d'EA Sports existait depuis 27 ans et 290 jours. Née le 15 déc. 1993 avec *FIFA International Soccer*, elle s'est vendue à plus de 325 millions d'exemplaires. Le dernier opus était à l'effigie de Kylian Mbappé (ci-contre), vainqueur du championnat de France. C'est toutefois le milieu de terrain Ronaldinho (BRA) qui a figuré sur **le plus de jaquettes *FIFA*** (9).

14 LE JEU DE SIMULATION SOCIALE LE PLUS POPULAIRE

Tous les joueurs ne sont pas accros au carnage façon *Gears of War* ou *GTA*. Depuis sa sortie en 2000, la série des *Sims* captive le monde avec les interactions quotidiennes de personnages virtuels. 200 millions d'exemplaires auraient été vendus, tous formats confondus. La série a été créée par Will Wright, qui voulait construire une "maison de poupées virtuelle" après avoir perdu sa maison lors d'un incendie. La version la plus populaire, *The Sims 4* (Maxis, 2014), comptait 10 millions d'utilisateurs actifs par mois au printemps 2020 et 36 millions de joueurs enregistrés le 31 mars 2021.

13 LE 1ER JEU VIDÉO MULTIPLATEFORME

Initialement programmé pour l'ordinateur PDP-1 au Massachusetts Institute of Technology en 1961-1962 par Steve Russell (USA), *Spacewar* a été porté sur de nombreux appareils dans les universités américaines. Les joueurs livraient combat aux commandes de vaisseaux spatiaux autour d'une étoile exerçant une force gravitationnelle. *Spacewar* a donné naissance au **1er tournoi de jeu vidéo** : les Intergalactic Spacewar Olympics, le 19 oct. 1972, à l'université de Stanford.

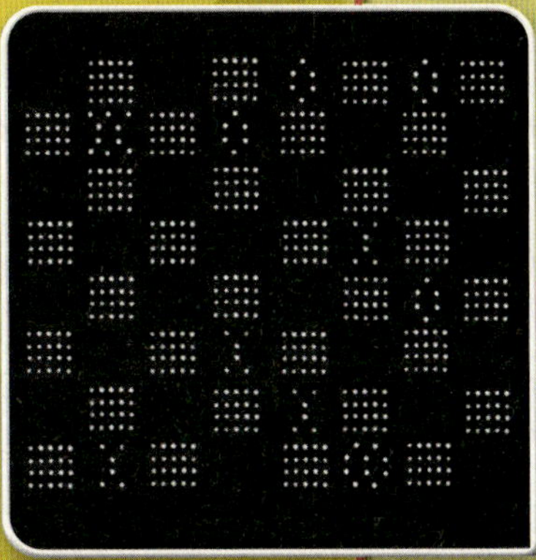

LE 1ER JEU VIDÉO
Le programme de jeu de dames conçu par Christopher Strachey (GBR) pour l'ordinateur Ferranti Mark I a été joué pour la 1re fois en juill. 1952. Un opérateur humain jouait contre l'ordinateur, le damier étant affiché sur un tube Williams.

12 RECORD DE REVENUS POUR UN JEU SUR MOBILE

LE PLUS DE VICTOIRES CONSÉCUTIVES SUR *HONOR OF KINGS*
Le 26 janv. 2019, Saobai (CHN) enregistrait sa 333e victoire consécutive sur *Honor of Kings*. Le joueur d'e-sport de 18 ans était supervisé par un adjudicateur officiel du GWR, sous le regard de 15 millions de personnes.

Honor of Kings (Tencent Games, 2015) avait rapporté 12,8 milliards $ au 6 oct. 2021, selon les estimations des analystes. Bien que peu connue à l'international, où elle porte le nom d'*Arena of Valor*, cette arène de bataille en ligne multijoueur (MOBA) sur mobile est un phénomène culturel en Chine, son pays d'origine. En 2020, son développeur, Tencent, annonçait 100 millions de joueurs par jour, dont la moitié de femmes.

11 LA CONSOLE LA PLUS VENDUE

La PlayStation 2 (PS2) de Sony s'est vendue à 155 millions d'exemplaires en 13 ans, entre 2000 et 2012. Véritable révolution dans le divertissement à domicile, la PS2 et les 6 générations suivantes permettaient de jouer, d'aller en ligne et de regarder des DVD. Malgré son remplacement par la PS3 en 2006, sa production s'est poursuivie pendant 6 ans. Des développeurs tiers ont aussi continué à créer des jeux pour pour des plateformes anciennes, mais encore populaires (voir ci-dessous).

LE PLUS DE JEUX DESTINÉS À UNE MÊME CONSOLE

L'une des raisons pour lesquelles la PlayStation 2 a eu tant de succès est l'énorme bibliothèque de jeux disponibles. Entre le lancement de la console le 4 mars 2000 et celui du dernier jeu PS2 (Pro Evolution Soccer 2014) le 13 nov. 2013, quelque 4 380 titres uniques ont été lancés pour cette plateforme.

10 LE JEU VIDÉO AVEC HÉROÏNE LE PLUS VENDU

Les aventures de Lara Croft ont passionné les joueurs pendant plus de 25 ans, avec plus de 85 millions d'exemplaires vendus de la série *Tomb Raider*, au 28 oct. 2021, selon l'éditeur Square Enix. Lara a fait preuve d'une longévité exceptionnelle, depuis la pin-up stylisée de *Tomb Raider* en 1996 (ci-contre, à gauche) à l'héroïne affirmée de 2013. Le développeur Crystal Dynamics a utilisé des techniques de capture performantes pour lui donner plus de réalisme.

LE PLUS DE COUVERTURES DE MAGAZINE POUR UN PERSONNAGE DE JEU VIDÉO

L'impact de Lara Croft sur la culture pop se traduit par son apparition sur 1 230 couvertures de magazine, du domaine du jeu vidéo, de la culture, du *lifestyle* et du cinéma. L'intrépide héroïne a fait l'objet de 3 films hollywoodiens, incarnée par Angelina Jolie (2 fois) et Alicia Vikander. Une suite avec Vikander est prévue pour 2022.

9 LE JEU VIDÉO LE PLUS PORTÉ

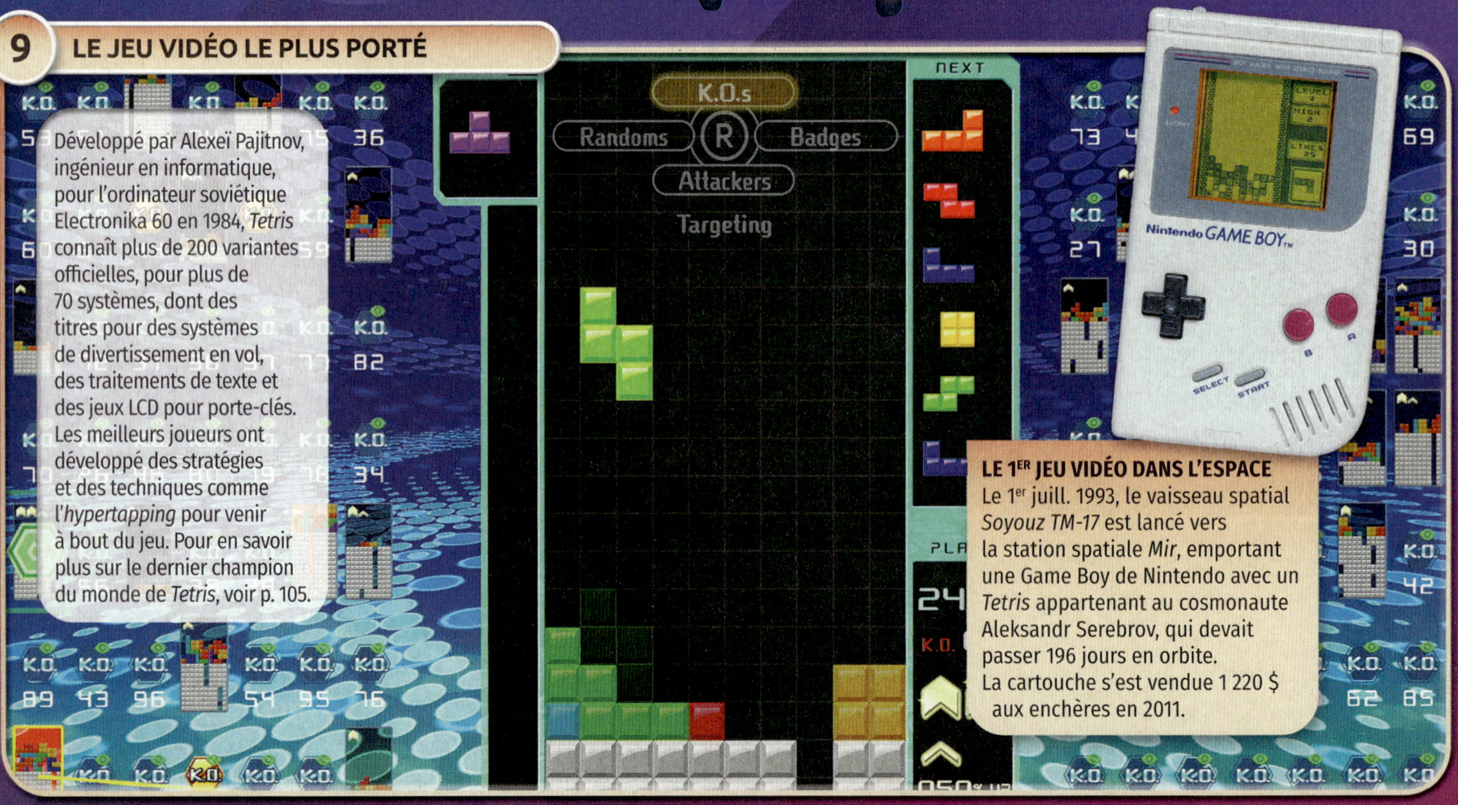

Développé par Alexeï Pajitnov, ingénieur en informatique, pour l'ordinateur soviétique Electronika 60 en 1984, *Tetris* connaît plus de 200 variantes officielles, pour plus de 70 systèmes, dont des titres pour des systèmes de divertissement en vol, des traitements de texte et des jeux LCD pour porte-clés. Les meilleurs joueurs ont développé des stratégies et des techniques comme l'*hypertapping* pour venir à bout du jeu. Pour en savoir plus sur le dernier champion du monde de *Tetris*, voir p. 105.

LE 1ER JEU VIDÉO DANS L'ESPACE

Le 1er juill. 1993, le vaisseau spatial *Soyouz TM-17* est lancé vers la station spatiale *Mir*, emportant une Game Boy de Nintendo avec un *Tetris* appartenant au cosmonaute Aleksandr Serebrov, qui devait passer 196 jours en orbite. La cartouche s'est vendue 1 220 $ aux enchères en 2011.

8 L'ÉQUIPE eSPORTS AUX PLUS HAUTS REVENUS

Team Liquid domine le sport électronique de compétition, avec des gains de 38 476 764 $ en 2 148 tournois, au 11 févr. 2022. L'organisation néerlandaise déploie de nombreuses équipes dans plusieurs disciplines. La majeure partie des sommes empochées (23 millions $) est issue de l'équipe *Dota 2*, vainqueur de The International en 2017 et finaliste en 2019. Team Liquid a également remporté des sommes à 7 chiffres dans le cadre de *Fortnite*, *StarCraft* et *Counter-Strike: Global Offensive* (ci-contre).

7 LA PLUS GRANDE PLATEFORME DE CONTENU GÉNÉRÉ

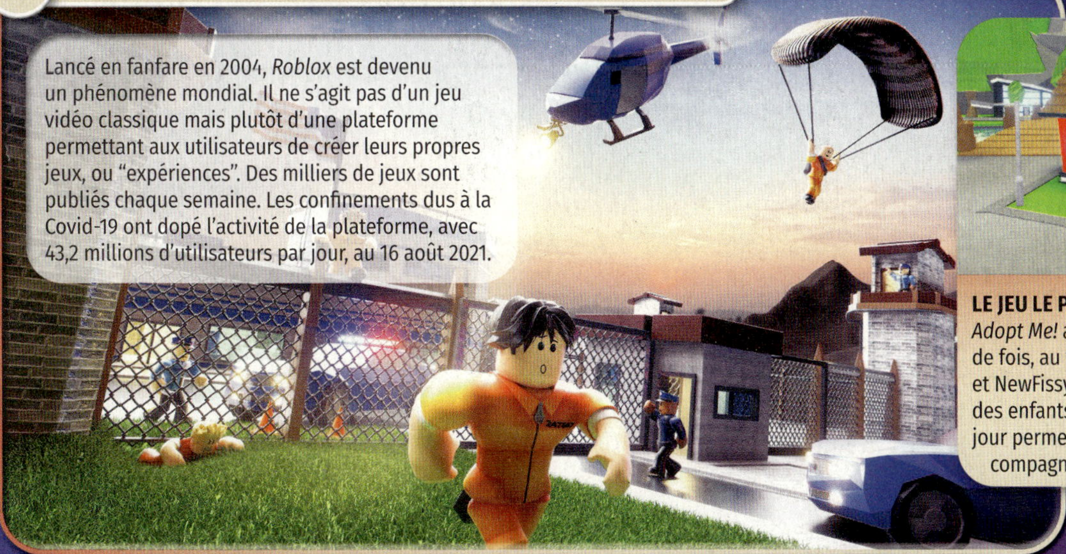

Lancé en fanfare en 2004, *Roblox* est devenu un phénomène mondial. Il ne s'agit pas d'un jeu vidéo classique mais plutôt d'une plateforme permettant aux utilisateurs de créer leurs propres jeux, ou "expériences". Des milliers de jeux sont publiés chaque semaine. Les confinements dus à la Covid-19 ont dopé l'activité de la plateforme, avec 43,2 millions d'utilisateurs par jour, au 16 août 2021.

LE JEU LE PLUS VISITÉ SUR *ROBLOX*

Adopt Me! avait été visité plus de 27,2 milliards de fois, au 11 févr. 2022. Créé par Bethink et NewFissy, le jeu visait initialement à élever des enfants virtuels. En 2019, une mise à jour permettant d'adopter des animaux de compagnie a propulsé la popularité du jeu.

6 LE DIVERTISSEMENT AYANT ENGRANGÉ LE PLUS VITE 1 MRD $

LE PLUS DE VENTES POUR UN JEU D'AVENTURE-ACTION

Le succès de *GTA V* se poursuit grâce à *GTA Online*, qui maintient l'intérêt des joueurs ayant terminé l'aventure de Trevor, Michael et Franklin. Le 7 févr. 2022, *GTA V* s'était vendu à 160 millions d'exemplaires, pour 6,4 milliards $.

Lors de sa sortie, le 17 sept. 2013, le classique du crime *Grand Theft Auto V* inaugurait une nouvelle ère de succès commerciaux pour les jeux vidéo. Après 5 ans de développement pour un budget de 265 millions $, il a amorti ses coûts de production en quelques heures. En 3 jours, *GTA V* atteignait des ventes de 1 milliard $, un record jamais égalé par un jeu ou un film.

5 LA SÉRIE DE RPG LA PLUS VENDUE

Rouge et *Vert* (voir encadré ci-dessous), les 2 premiers jeux *Pokémon* de Nintendo, ont connu un succès retentissant à leur sortie en févr. 1996. Depuis, 7 générations de jeux de rôle (RPG) *Pokémon* se sont succédé, totalisant 37 titres. En mars 2021, *Pokémon* s'était vendu à 380 millions d'exemplaires, avec 25 films dérivés – **le plus de films dérivés d'une série de jeu vidéo**.

LE JEU SUR MOBILE LE PLUS TÉLÉCHARGÉ AU LANCEMENT
Sorti le 6 juill. 2016, *Pokémon Go* est un jeu en réalité augmentée affichant des Pokémons virtuels dans le monde réel. Un mois après son lancement, 130 millions de joueurs l'avaient installé sur leur téléphone.

4 LE PLUS ACCLAMÉ PAR LA CRITIQUE

Depuis la sortie fulgurante de *La Légende de Zelda* en 1986, les nouveaux jeux de la série *Zelda* de Nintendo font toujours un tabac. En outre, la 1re version en 3D de la série, *Ocarina of Time* (21 nov. 1998), racontant les aventures de Link, est le plus grand jeu de tous les temps. Au 22 oct. 2021, *Ocarina of Time* affichait une note de 99/100 sur Metacritic, un site collectant des notes : c'est **le jeu vidéo le plus acclamé par la critique de tous les temps**, suivi de 4 autres jeux, avec un metascore de 98.

LA PLUS GRANDE COLLECTION D'OBJETS *ZELDA*
Comme tous les jeux de cette double page, la série *Zelda* a ses inconditionnels. Anne Martha Harnes (NOR) est passionnée depuis 1994, lorsqu'elle s'est lancée dans *A Link to the Past* sur SNES. En 2008, elle a commencé à collectionner des objets Zelda, totalisant 1 816 pièces uniques lors du dernier comptage.

3 LE PLUS JOUÉ SIMULTANÉMENT

LA STREAMEUSE TWITCH LA PLUS SUIVIE
Les streamers jouent un rôle clé dans le succès de *Fortnite*. L'une des personnalités les plus en vue s'appelle Imane Anys (CAN, née MAR), pseudo Pokimane, avec ses 7 230 762 de followers sur Twitch, au 8 févr. 2021.

Bien que le plus récent de cette liste, *Fortnite Battle Royale* (2017) a atteint un niveau de popularité seulement dépassé par le jeu n° 1. 80 millions de joueurs se connectent tous les mois pour 1 ou 2 parties, et on compte env. 4 millions de joueurs en ligne chaque jour, voire plus pour les événements en live. Le 1er déc. 2020, l'événement Galactus – l'aboutissement d'une collaboration de 3 mois avec Marvel – a vu 15,3 millions de joueurs se battre dans le cadre du Dévoreur de mondes.

2 LE PERSONNAGE LE PLUS REPRÉSENTÉ

Depuis sa 1re apparition en tant que Jumpman dans le cabinet d'arcade *Donkey Kong* en 1981, le plombier espiègle de Nintendo est apparu dans 240 jeux uniques et dans de nombreux portages et remakes. Hormis ses aventures de plateformes habituelles, Mario s'est essayé à toutes les disciplines, du kart au golf en passant par la peinture et même l'enseignement de la saisie sur clavier. En 2022, Mario devrait faire son retour sur le grand écran pour la 1re fois depuis 1993, avec Chris Pratt en salopette bleue.

LE JEU LE PLUS CHER
Le 11 juill. 2021, un exemplaire neuf de *Super Mario 64* – dans son emballage depuis 1996 – s'est vendu à Heritage Auctions pour 1,56 m $. Il a battu le record précédent, celui d'un exemplaire de *La Légende de Zelda*, vendu 870 000 $ 2 jours plus tôt.

LA MEILLEURE VENTE DE JEU LUIGI
Ayant longtemps vécu dans l'ombre de son frère Mario, le petit nerveux Luigi a dû attendre 2001 pour avoir son propre jeu. Sa dernière aventure, *Luigi's Mansion 3* (2019), prouve toutefois qu'il a ses inconditionnels, avec 9,59 millions d'exemplaires vendus, au 31 mars 2021.

1 LE JEU LE PLUS VENDU

Lorsqu'il est sorti en 2011, personne n'aurait parié sur *Minecraft*, avec ses graphismes cubiques et son gameplay ouvert à l'infini. Il a rapidement connu un succès fou et fait maintenant partie du paysage vidéoludique. En avr. 2021, *Minecraft* s'était vendu à 238 millions d'exemplaires. À la suite de récentes mises à jour, son graphisme a été propulsé au top (ci-contre) et il a vu la naissance de jeux d'aventure dérivés comme *Story Mode* (ci-dessous).

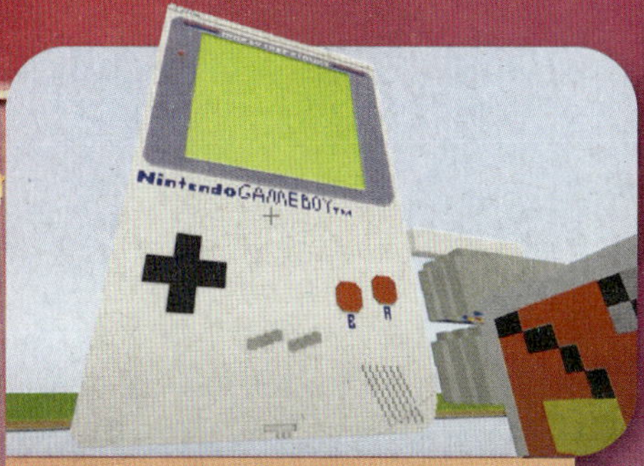

LE 1ER JEU VIDÉO GAME BOY RECRÉÉ DANS *MINECRAFT*
De nombreux records GWR sont inspirés de la créativité des joueurs de *Minecraft*, mais l'un des plus impressionnants est l'élaboration d'une Game Boy virtuelle fonctionnelle par le YouTuber MrSquishy (USA), en 2017. La console virtuelle permet de jouer à *Pokémon Rouge* (voir ci-contre) avec un clone du processeur de la Game Boy réalisé avec 375 000 blocs de commande !

ARRÊT SUR IMAGE

L'orchestre de géants

L'équipe du GWR adore les instruments de musique surdimensionnés ! Nous n'avons malheureusement jamais pu les réunir pour former un big band… Alors recourons à notre imagination pour nous représenter cet orchestre en tournée à l'opéra de Sydney (AUS). Les notes qui s'élèveraient de la scène créeraient probablement un grondement digne d'un séisme ! Le plus petit instrument jouerait un sol dièse plus bas que la note la plus grave d'un piano à queue, d'autres atteindraient les limites du spectre auditif humain !

Incroyable mais vrai : tous ces instruments sont fonctionnels, bien qu'en jouer puisse nécessiter plusieurs personnes !

Le plus grand violon (**1**) requiert 3 musiciens : 1 pour appuyer sur les cordes et 2 pour actionner l'archet (5,2 m). Ce violon de 4,27 m de haut a été fabriqué par des maîtres luthiers de Vogtland (DEU). Il est 7 fois plus grand qu'un violon standard.

Parmi les cordes, citons **le plus grand ukulélé** (**2**), un géant de 3,9 m de long – 7,5 fois plus grand qu'un modèle soprano ! Lawrence Stump (USA) l'a fabriqué après avoir aidé son fils à en créer un dans le cadre d'un projet scolaire.

Le musicien jouant du **plus grand saxophone** (**3**) doit avoir du souffle ! L'instrument mesure 2,7 m et arbore un pavillon de 39,1 cm de diamètre. Créé par J'Elle Stainer (BRA), ce saxophone sous-contrebasse atteint une fréquence de 25,95 Hz, à peine audible par l'oreille humaine.

Impossible à utiliser seul, **le plus grand accordéon** (**4**) mesure 2,53 m de haut et 1,9 m de large pour 200 kg (le poids cumulé des 3 personnes requises pour en jouer !). Il a été nommé Castelfidardo, en référence à la ville d'Italie où il a vu le jour. La fabrication de cet instrument à l'échelle 5:1 a nécessité plus de 1 000 h.

Par rapport à un instrument standard, **la plus grande batterie** (**5**) relève d'une échelle de 5,2:1. Fabriquée par Drumartic (AUT), elle possède une grosse caisse de 2,9 m de diamètre, plus qu'un cercle de lancer en athlétisme. On ne l'appelle pas The Big Boom pour rien !

Dans cet orchestre démesuré, citons **le plus grand piano** (**6**), un instrument de 1,8 t fabriqué par Daniel Czapiewski (POL). Large de 2,49 m, haut de 1,92 m, il compte 156 touches (contre 68 normalement), soit 12 octaves, ce qui est nécessaire pour accompagner un tel ensemble !

En revue

LA PLUS GRANDE ÉQUIPE ESPORTS COMPOSÉE DE PERSONNES HANDICAPÉES
Permastunned Gaming est un collectif multinational d'eSports exclusivement réservé aux joueurs en situation de handicap. L'association comptait 33 membres en avr. 2022. Le cerveau de cette initiative, Alexander Nathan (né NLD, ci-dessus), habite en Belgique. Le groupe est spécialisé dans des jeux comme *Dota 2*, *Call of Duty* et *Tekken*.

La production théâtrale la plus rapide
Le 20 févr. 2022, le Rubber Chicken Theatre (GBR) a mis en scène une représentation de *Return to the Forbidden Planet* en 9 h, 59 min et 3 s, à Stirling (GBR). Le chronomètre a démarré à la distribution des scripts à l'équipe, qui n'avait pas eu connaissance du titre de l'œuvre. Pour que le record soit validé, la représentation devait durer au moins 90 min et se produire devant au moins 50 spectateurs payants.

La plus longue interview radio
Bhanu Bhakta Niraula de la station Himal FM s'est entretenu avec l'activiste et expert touristique Ang Phinjo Sherpa (tous 2 NPL) 25 h et 26 min, à Katmandu (NPL), les 8-9 nov. 2021.

Le plus long marathon vidéo en stream live a duré 45 h et 45 min et a été mené par l'influenceur et entrepreneur devenu artiste de hip-hop Mahmoud "TheRealMood" Shehada (CAN), à Dubaï (UAE), les 16-18 déc. 2021.

Le plus petit night-club mobile
Le "Doof Shed" fait 1,097 m² et contient une piste de danse, une sono et un éclairage dynamique. Imaginée par les jumeaux Harry et Evangelos "Boonie" Labrakis (tous 2 AUS), la minuscule discothèque a été homologuée par le GWR le 15 mai 2021, à Sydney (Nouvelle-Galles du Sud, AUS).

La plus grosse levée de fonds pour un projet Kickstarter
L'auteur fantastique Brandon Sanderson (USA) a réuni 41 754 153 $, entre les 1er mars et 1er avr. 2022 sur la plateforme de financement participatif. Son projet – financer l'autopublication de 4 nouveaux romans – a atteint son objectif de 1 million $ en moins de 35 min.

La célébrité décédée la mieux rémunérée
L'auteur pour enfants Roald Dahl (GBR, 1916-1990) a gagné 513 millions $ entre les 30 oct. 2020 et 2021, selon *Forbes*. Il doit la majeure partie de cette somme à l'acquisition par Netflix de la Roald Dahl Story Company – dans laquelle les héritiers de l'écrivain détiennent encore 75 % de parts.

La série de jeux vidéo la plus pérenne
Avec le lancement de *Space Invaders Gigamax* (Square Enix), le 26 mars 2020, le jeu de tir rétro atteint sa cible depuis 41 ans et 284 jours. Le 1er titre original de Taito était sorti le 16 juin 1978.

Le plus rapide à finir *Elden Ring* en mode "Any %" (PC)
"RockCandy" (USA) a parcouru le Pays de l'entre-deux en 25 min et 48 s, le 19 avr. 2022, selon Speedrun.com. Son record fut égalé par "Hyp3rsomniac" (USA) 5 jours plus tard. Le jeu d'action RPG de Bandai Namco a été co-créé par le réalisateur de jeu vidéo Hidetaka Miyazaki et l'auteur de *Game of Thrones* George R. R. Martin.

LA PLUS PETITE SALLE DE CINÉMA OPÉRATIONNELLE
Le Little Prince Micro-Cinema de Stratford (Ontario, CAN) a une superficie d'à peine 16,29 m², chiffre vérifié le 27 nov. 2021. La salle de 13 places, bâtie en 2019, diffuse gratuitement des courts-métrages en journée, les longs métrages étant projetés le soir.

LE PLUS JEUNE VAINQUEUR DE LA *RUPAUL'S DRAG RACE*
Krystal Versace, alias Luke Fenn (GBR, né le 10 oct. 2001), avait 20 ans et 46 jours lorsqu'elle a remporté la finale de la saison 3 de *RuPaul's Drag Race GBR*, le 25 nov. 2021. La plus jeune finaliste de cette franchise adore se travestir depuis ses 13 ans. Elle s'est envolée vers la victoire grâce à son playback de *You don't own me* de Dusty Springfield.

BETTY WHITE (1922-2021)
L'actrice et humoriste Betty White (USA, née 17 janv. 1922) a fait ses débuts devant les caméras en 1939 et était toujours en activité en 2019, 80 années plus tard, soit **la plus longue carrière télé pour un artiste (femmes)**. La "Craquante" nous a quittés le 31 déc. 2021.

LE 1ER ACTEUR SOURD À TENIR LE RÔLE D'UN SUPERHÉROS MARVEL
Les Éternels (USA, 2021) mettent en scène Lauren Ridloff (USA) dans le rôle de Makkari. Nominée aux Tonys et actrice dans la série de zombies *The Walking Dead*, Ridloff est une pionnière. Sous les traits d'une super-héroïne super-rapide, elle communique avec les autres personnages par le langage des signes.

LE 1ER JEU VIDÉO À REMPORTER UN HUGO
Le 18 déc. 2021, *Hades* (Supergiant Games, 2020) a remporté le 1er trophée du meilleur jeu vidéo aux prestigieuses récompenses de la littérature fantastique et de science-fiction. Unanimement salué par la critique, ce jeu de donjon propose aux joueurs d'aider Zagrée – fils d'Hadès dans la mythologie grecque – à s'échapper des Enfers.

LE PLUS D'ÉPISODES POUR UN PROGRAMME TÉLÉ JEUNESSE EN DIRECT
Le 19 janv. 2022, l'émission de télé enfantine quotidienne tokyoïte *Oha Suta* a célébré ses 25 ans d'existence avec la diffusion de son 5 500e épisode à la télévision japonaise. Fumika Fujibuchi du GWR est passée sur le plateau pour offrir un certificat officiel à l'animateur Subaru Kimura (au centre) et au présentateur Ike Nwala (à droite).

LA PLUS JEUNE CHANTEUSE D'OPÉRA
Victory Brinker (USA, née le 4 févr. 2012) n'avait que 7 ans et 314 jours au début d'une série de concerts présentés au Pittsburgh Public Theater en 2019. La vocaliste classique d'*America's Got Talent* peut atteindre 3 octaves et chanter en 8 langues.

LE PLUS JEUNE CHANTEUR DE MARIACHI
Mateo Adalberto López (USA, né le 28 août 2014) se produit dans des groupes de mariachi depuis le 21 avr. 2019, alors qu'il avait 4 ans et 236 jours. Une fois ses chansons inspirées du folklore mexicain devenues virales sur les réseaux sociaux, il a participé aux émissions *Mexico's Got Talent* et *Little Big Shots* de NBC.

La plus grande danse de Soul Train
Pour marquer les 50 ans d'existence de l'émission de variétés *Soul Train*, le 21 nov. 2021, la chaîne câblée BET (USA) a proposé à 536 personnes de se déhancher à Marcus Garvey Park (New York, USA). Conformément à la tradition, les danseurs ont formé 2 rangées puis, à tour de rôle, ont exécuté leurs pas de boogie au milieu.

Le plus de visionnages d'un film en salle
Entre les 16 déc. 2021 et 15 mars 2022, Ramiro Alanis (USA) a visionné 292 fois *Spider-Man: No Way Home* (voir ci-dessous), à Riverview (Floride, USA). Ramiro avait déjà remporté ce titre pour ses 191 visionnages d'*Avengers: Endgame* (USA, 2019), un record battu alors par Arnaud Klein (FRA), qui avait assisté à 204 séances de *Kaamelott : Premier volet* (FRA/BEL, 2021) en 2021.

La 1re femme lauréate du Filmfare Lifetime Achievement Award
La chanteuse Lata Mangeshkar (IND) est décédée le 6 févr. 2022. Surnommée "le rossignol de Bollywood", elle est devenue, en 1994, la 1re femme – et la 3e personne – à recevoir le Lifetime Achievement Award lors des trophées Filmfare, qui récompensent les performances artistiques et techniques de l'industrie cinématographique en langue hindi.

Le jeu de chaises musicales le plus austral
Le 28 déc. 2021, une équipe de 15 participants et 17 assistants – aux couleurs de 8 nations différentes – menée par Cindy Y. Chang (USA/JPN) a joué aux chaises musicales sous une latitude de 89,999848°S, près du pôle Sud, dans l'Antarctique. La liste des chansons comprenait *Ice Ice Baby* de Vanilla Ice et *Walk This Way* de Run DMC. Le gagnant de la partie fut Joshua Leyba (USA).

LE PLUS GRAND ORCHESTRE
Le 13 nov. 2021, 8 573 musiciens – dont des élèves et des professionnels du Simón Bolívar Orchestra – se sont réunis pour interpréter la *Marche slave* de Tchaïkovski, à Caracas (VEN). Âgés de 12 à 77 ans, les musiciens faisaient tous partie du programme d'éducation musicale El Sistema (VEN).

LA BD LA PLUS CHÈRE
Un exemplaire d'*Amazing Fantasy #15* (1962, tout à gauche) de Marvel s'est négocié 3,6 millions $, chez Heritage Auctions, le 9 sept. 2021. La BD contient la 1re apparition de Spiderman et son prix de vente original était de 12 cents.
Le 13 janv. 2022, la page 25 de *Marvel Super-Heroes Secret Wars #8* (à gauche) de Marvel s'est envolée à 3,36 millions $, soit **la page de BD la plus onéreuse jamais vendue aux enchères**.

Spidey est **le super-héros cinématographique le plus rentable**, totalisant 8 milliards $ au box-office, en janv. 2022.

LA BANDE-ANNONCE CINÉMA LA PLUS VUE EN 24 H
Un teaser de *Spider-Man: No Way Home* (USA, 2021) a cumulé 355,5 millions de vues entre les 23-24 août 2021. La vidéo présentait Tom Holland en immersion dans les multiples univers Marvel. Il y était confronté aux méchants des précédentes incarnations de la franchise *Spiderman*, en compagnie d'autres acteurs ayant précédemment tenu le rôle principal. À l'occasion du lancement du film, 601 fans se sont rassemblés au Jio World Drive de Bombay (IND), le 15 déc. 2021. **Le plus grand rassemblement de Spider-Men** a été organisé par Sony Pictures Entertainment (IND).

SUPERSTAR DU FOOTBALL

Cristiano Ronaldo

Cristiano Ronaldo passe sa carrière de footballeur à réécrire les livres de records. En 2021, il conforte sa place parmi les plus grands joueurs de l'histoire de ce sport, en devenant le meilleur buteur en sélection masculine.

Né à Madère (POR), Ronaldo développe un talent qui lui ouvre les portes des plus grands clubs européens – du Sporting Lisbonne au Manchester United, en passant par le Real Madrid et la Juventus. Ailier étincelant, il se transforme en avant-centre redoutable et marque 450 buts en 438 matchs pour le Real, au point de devenir leur meilleur buteur de tous les temps. Il règne en maître dans la Ligue des champions de l'UEFA, en établissant les records du **plus de sélections** (183) et du **plus de buts** (140).

C'est quand il enfile le maillot de son pays que Ronaldo est le plus fier... Il fait ses débuts pour le Portugal en 2003 et devient le porte-bonheur de ses coéquipiers qu'il guide vers la victoire de l'Euro 2016. Lors du tournoi de l'Euro 2020 (reporté), Ronaldo frappe 5 fois en 4 matchs pour égaliser le record du **plus de buts marqués par un joueur en sélection** – longtemps détenu par Ali Daei (IRN), auteur de 109 buts entre 1993 et 2006. Ronaldo s'empare du record de Daei lors d'un match de qualification à la coupe du monde le 1er sept. 2021 (voir **6**), et au 29 mars 2022, il avait inscrit 115 buts. Ayant par ailleurs joué 186 matchs internationaux, il est propulsé ex aequo à la 3e place sur la liste des joueurs les plus capés en sélection de tous les temps (voir p. 222). Ronaldo pourrait-il ajouter ce record à sa collection avant de mettre un terme à sa carrière ?

1

2

3

INFORMATIONS

Nom	Cristiano Ronaldo dos Santos Aveiro
Lieu de naissance	Madère (POR)
Records du monde actuels	**Le plus de buts en...** • **sélection (homme) :** 115 • **Ligue des champions de l'UEFA :** 14 • **Champions League :** 140
Trophées et récompenses	7 x titres de ligue nationale 5 x titres en Champions League 5 x Ballon d'Or de la FIFA 1 x Championnat d'Europe de l'UEFA

1. Enfant, Ronaldo est surnommé Abelhinha ("petite abeille") quand il joue à Madère. Il joue 2 ans pour le Nacional Madère, avant de signer pour le Sporting Lisbonne à 12 ans et de quitter son île.

2. Ronaldo rejoint le club de Manchester United en 2003 où il devient aussitôt un héros avec les Old Trafford Faithful et inscrit 118 buts en 292 matchs. Il fait son retour dans le même club en 2021 et joue son 1er match de Premier League après 12 ans et 118 jours – **le plus long intervalle entre des matchs disputés en Premier League anglaise**.

3. En 2009, Ronaldo signe au Real Madrid pour 130 millions $ à l'époque. Il aide les géants espagnols à dominer la Ligue des champions, en remportant 4 titres en 9 saisons. En 2013-2014, il marque **le plus de buts lors d'une saison de Ligue des champions de l'UEFA**, en frappant 17 fois en 11 matchs.

4. Grâce à son succès sur le terrain, Ronaldo est sans doute devenu la personnalité sportive la plus célèbre au monde. Au 16 fév. 2022, il comptait **le plus de followers sur Instagram** (402 millions) et était **la personne la plus "likée" sur Facebook** (150,8 millions).

5. Ronaldo conduit le Portugal à la victoire à l'Euro 2016, en battant la France 1-0 en finale. Il inscrit ses premiers buts en sélection lors de l'Euro 2004 et détient désormais **le record de matchs disputés** (25) et **de buts** (14) pour ce tournoi.

6. Le 1er sept. 2021, Ronaldo devient **le joueur ayant inscrit le plus de buts de football en sélection nationale masculine** avec 2 frappes de la tête contre la République d'Irlande. Sur son total actuel de 115 buts, il en a inscrit 28 avec la tête.

4

5

6

"C'est toujours agréable de battre des records du monde. Alors faisons encore monter le compteur !"

Pour en savoir plus sur Ronaldo, consultez le chapitre Hall of Fame sur www.guinnessworldrecords.com/2023

LA RÉPUBLIQUE LA PLUS RÉCENTE
Le 30 nov. 2021, La Barbade a officiellement retiré à Elizabeth II son poste de cheffe d'État pour devenir une république : une nation dirigée par un président élu, et non par un monarque. Aux 12 coups de minuit, une salve de 21 coups de canon dans la capitale, Bridgetown, a signalé la passation des pouvoirs à la 1re présidente du pays et nouvelle cheffe d'État, Dame Sandra Mason, bien que la Première ministre Mia Mottley ait conservé le pouvoir en tant que cheffe du gouvernement. Mme Mason et Mme Mottley sont photographiées ci-contre (respectivement au centre et à gauche) dans un groupe comprenant également la légende du cricket Sir Garfield Sobers, la chanteuse Rihanna et le prince Charles.

Lors de cette cérémonie, Rihanna a été déclarée héroïne nationale. Avec Sobers, elle est la seule titulaire actuelle de cet honneur.

MISSION
Monde moderne

Entre autres succès musicaux, Rihanna a obtenu le plus de singles n° 1 aux États-Unis en 1 an pour une femme (4 en 2010).

Passer à l'action

LA PLUS JEUNE PERSONNALITÉ DE L'ANNÉE DU *TIME*
La militante écologiste Greta Thunberg (SWE, née le 3 janv. 2003) a été nommée personnalité de l'année par le magazine *TIME* à 16 ans et 354 jours, le 23 déc. 2019. Elle est photographiée ici en nov. 2021 à Glasgow (GBR), s'adressant à d'autres manifestants qui avaient afflué dans la ville écossaise pendant la COP26, conférence des Nations unies sur les changements climatiques (voir aussi p. 215).

LE PLUS LONG VOYAGE D'UNE MARIONNETTE
Une marionnette géante surnommée "Little Amal" a parcouru env. 8 000 km de Gaziantep (TUR) à Manchester (GBR), entre le 27 juill. et le 3 nov. 2021. Représentant une réfugiée syrienne de 9 ans, Amal ("espoir" en arabe) a visité 65 villes européennes – dont Londres, sur la photo – afin de mettre en lumière la crise des réfugiés syriens.

LA PLUS GRANDE MARCHE LGBTQ+
5 millions de personnes auraient participé à la WorldPride NYC 2019 à New York (USA), du 28 au 30 juin. La marche marquait les 50 ans de la descente de police au Stonewall Inn de Manhattan, le 28 juin 1969, qui a servi de catalyseur au mouvement de défense des droits des homosexuels.

LE PLUS GRAND RASSEMBLEMENT ANTIGUERRE
Le 15 févr. 2003, env. 3 millions de personnes se sont rassemblées à Rome (ITA) pour s'opposer à la menace d'invasion de l'Irak par les États-Unis. Les statistiques de la police et des médias indiquent que des millions d'autres personnes ont manifesté dans près de 600 villes du monde, et que 10 à 15 millions de pacifistes sont descendus dans la rue pour protester.

LE PLUS GRAND DON DE...

Prothèses imprimées en 3D (1 h) : 323, Veritas Technologies (USA) 3 mai 2017

Fruits et légumes frais (1 jour) : 224 064 kg Sacramento Convention & Visitors Bureau (USA) 7 sept. 2016

Chaussures (1 jour) : 17 526 paires Iglesia Ni Cristo (PHL) 29 avr. 2016

Peluches : 7 586 Équipe EnerMech Dragon's Glen Challenge (GBR) 25 janv. 2014

Nourriture pour animaux (1 mois) : 23 519,5 kg Ceneo (POL) 11 août-9 sept. 2017

LA PLUS LONGUE CHAÎNE HUMAINE (PLUSIEURS PAYS)
Le 23 août 1989, dans un acte de solidarité réclamant l'indépendance vis-à-vis de l'URSS, env. 2 millions de personnes se sont donné la main dans 3 États baltes. La chaîne s'étendait sur 675 km à travers l'Estonie, la Lettonie et la Lituanie.

La plus longue chaîne humaine s'est étendue sur 1 050 km le 11 déc. 2004, de Teknaf à Tentulia (BGD).

L'évaluation du nombre de participants implique une part de conjecture et d'estimation. GWR utilise des données provenant de nombreuses sources, telles que les actualités et les réseaux sociaux, les organisateurs, les forces de l'ordre locales et les études/rapports rétrospectifs.

La 1re grève du travail enregistrée
Au cours de la 29e année du règne de Ramsès III (v. 1157 av. J.-C.), les artisans de la nécropole royale de Deir el-Medina (EGY) ont posé leurs outils en réaction à des rations tardives. Cet incident est documenté sur le "Papyrus de la Grève".

Le 1er pays à adopter le droit de vote des femmes
Lord Glasgow, gouverneur de Nouvelle-Zélande, a signé la loi électorale le 19 sept. 1893, faisant de son pays la 1re nation autonome du monde occidental à accorder le droit de vote aux femmes. De nombreuses sociétés précoloniales disposaient du droit de vote des femmes. Par exemple, les femmes votaient, et mettaient leur veto, dans les conseils de guerre de la confédération iroquoise d'Amérique du Nord, qui remonterait au milieu du XIIe siècle.

La plus grande mobilisation environnementale
Le 22 avr. 1970, le tout 1er Jour de la Terre a vu 20 millions de personnes à travers les États-Unis s'engager sur les questions environnementales par le biais d'une série d'activités comprenant des marches de protestation, des rassemblements, des conférences et des nettoyages. Cette mobilisation a été menée par le militant pacifiste John McConnell – qui, en 1969, avait proposé une journée en l'honneur de notre planète –, le sénateur du Wisconsin Gaylord Nelson et l'écologiste Denis Hayes (tous USA).

La plus longue grève de personnel d'hôtel
Le 15 juin 2003, les 130 employés de l'hôtel Congress Plaza à Chicago (Illinois, USA) se sont mis en grève en raison de griefs concernant les salaires et les contrats. L'action a pris fin 9 ans et 349 jours plus tard, le 30 mai 2013.

La plus longue grève de personnel de pub a commencé le 3 mars 1939, à la suite de la nomination d'un travailleur

LE PRIX ENVIRONNEMENTAL LE PLUS ÉLEVÉ
Le 17 oct. 2021, 5 lauréats ont reçu chacun le premier prix Earthshot de 1 million £ (1,4 m $) pour leurs idées avant-gardistes visant à lutter contre le changement climatique. Le prix a été lancé en 2020 par le prince William et Sir David Attenborough (tous 2 GBR). Parmi les lauréats figurent les défenseurs de l'environnement bahaméens Coral Vita, qui ont conçu un système révolutionnaire permettant de faire pousser du corail sur terre et de le réensemencer dans l'océan (voir photo). Un réseau de fermes de ce type pourrait contribuer à régénérer les écosystèmes des récifs.

LE PLUS GRAND MOUVEMENT ANTIRACISTE
Black Lives Matter (BLM) a été cofondé en 2013 par Patrisse Cullors, Alicia Garza et Opal Tometi (toutes USA). L'engagement au sein de BLM est monté en flèche après le meurtre de George Floyd le 25 mai 2020. Le mois suivant, 15 à 26 millions de personnes, rien qu'aux États-Unis, ont participé à une manifestation de BLM.

LA PLUS GRANDE MARCHE POUR LES ANIMAUX
Le 9 sept. 2017, 20 000 à 30 000 personnes ont participé à la "parade des animaux" organisée à Tel Aviv (ISR). Elles demandaient l'amélioration du bien-être des animaux dans l'agriculture, l'interdiction de la fourrure et une plus large adoption du véganisme. L'événement était organisé par env. 25 organisations caritatives de défense des animaux, dont Vegan Friendly (ISR).

LA PLUS LONGUE ACTION MILITANTE POUR LA PAIX
Concepción "Connie" Picciotto (née María de la Inmaculada Concepción Martín, ESP) a maintenu un sit-in contre les armes nucléaires pendant 34 ans et 177 jours. Son action a duré du 1er août 1981 à sa mort, à 80 ans, le 25 janv. 2016. Son campement se trouvait sur Lafayette Square, face à la Maison-Blanche à Washington, DC (USA).

Connie a commencé son action avec un autre manifestant antinucléaire, William Thomas, décédé en 2009.

Fournitures scolaires : 18 012 kg Xiaomi Technology India 8 nov. 2019

Sous-vêtements (1 h) : 10 289, Ryan Avery et The Action Center (tous 2 USA) 10 oct. 2021

Vélos (1 h) : 979 DaVita Villagewide (USA) 26 avr. 2017

Viennoiseries : 24 480 kg Grupo Bimbo (MEX) 22 oct. 2020

Livres (1 semaine) : 657 061 Rotary Clubs of Jamaica 1er-8 mai 2010

non syndiqué au bar Downey's à Dublin (IRL). Un piquet de grève est resté devant la taverne jusqu'au 27 nov. 1953, soit 14 ans et 269 jours, ce qui en fait l'une des plus longues grèves jamais enregistrées.

Le plus de mouvements révolutionnaires non-violents en 1 décennie
Les années 2010 (2010-2019) ont vu l'émergence de 96 campagnes de résistance civile essentiellement pacifiques. Parmi elles, les manifestations contre la corruption en Afrique du Nord et au Moyen-Orient – appelées "Printemps arabe" – et le mouvement d'indépendance catalan en Espagne. Cette décennie a aussi vu la montée de Black Lives Matter en 2013 (voir ci-dessus), la grève étudiante pour le climat en 2019, et **la plus grande manifestation pour les droits des femmes** : 4,47 millions de personnes ont participé à la "Marche des femmes sur Washington" de 2017 dans la capitale américaine, ainsi qu'à des marches au niveau national et international.

Le plus de fonds collectés par un/une...

Événement	Collecteur de fonds	Somme	Cause (année)
Festival de musique virtuel	"One World : Together at Home", par Global Citizen et WHO	127,9 m $	Lutte contre la Covid-19 (2020)
Marche/course (individuel)	Captain sir Tom Moore (GBR)	32,8 m £ (44,5 m $)	NHS (2020)
Marche/course par un amputé (individuel)	Terry Fox (CAN)	14,7 m $ CAN (12,7 m $)	Recherche contre le cancer (1980)
Collecte de fonds en direct	Z Event 2021 (FRA)	10,06 m € (11,64 m $)	Divers (2021)
Nage	BT Swimathon (GBR)	1,97 m £ (3,3 m $)	Divers (1998)
Spectacle de Broadway	Hugh Jackman (AUS)	1,78 m $	Lutte contre le sida (2012)

Correct au 1er avr. 2022

LA PLUS GRANDE GRÈVE GÉNÉRALE
250 millions de travailleurs ont participé à une grève générale en Inde le 26 nov. 2020. Déclenchée par le mécontentement concernant les lois sur l'emploi et la protection sociale, elle a été soutenue par 10 syndicats et plusieurs partis de gauche. L'action a touché tous les services et les industries, y compris les transports, l'agriculture, les banques et le transport maritime.

Cryptomanie

La 1re cryptomonnaie décentralisée

À l'été 2008, un utilisateur connu sous le nom de Satoshi Nakamoto a rejoint une communauté en ligne appelée "Cypherpunks" et fait circuler un document intitulé *Bitcoin : un système de paiement électronique peer-to-peer*, qui promettait de résoudre un problème auquel la communauté était confrontée depuis des années : comment créer une monnaie numérique sûre et fiable sans autorité de contrôle centrale.

Au fil des mois, Nakamoto a développé son idée, qui utilisait un grand livre de comptes visible par le public et sécurisé par cryptographie (innovation qu'il a appelée "blockchain") pour enregistrer toutes les transactions. Il utilisait aussi les ressources de la communauté pour valider leur authenticité (par un processus appelé "minage"). Début 2009, il a mis en place le bitcoin, **la 1re blockchain**, et a extrait le "bloc genèse" le 3 janv., gagnant 50 bitcoins en récompense.

La 1re transaction en bitcoin

Le 9 janv. 2009, Nakamoto a envoyé 10 bitcoins à Hal Finney (USA), un des 1ers adeptes du bitcoin. Il ne s'agissait que d'un test : Finney avait participé au débogage du logiciel Bitcoin original et voulait vérifier que la blockchain se mettait bien à jour.

La 1re transaction commerciale en bitcoin – lors de laquelle la cryptomonnaie est utilisée pour acheter un bien – a eu lieu le 22 mai 2010. Le programmeur Laszlo Hanyecz (USA) a offert 10 000 bitcoins en ligne à quiconque lui commanderait 2 pizzas. Une personne a accepté le bitcoin (qui valait 41 $) et a commandé à Hanyecz une pizza à 25 $. Hanyecz a considéré l'opération comme une "pizza gratuite", car l'extraction de bitcoins était facile, et ne regrette pas son achat, même si ces bitcoins auraient valu env. 350 millions $ au 24 févr. 2022.

La 1re bourse de cryptomonnaies

À mesure que la communauté entourant le Bitcoin se développait, de nouvelles institutions financières sont apparues pour répondre à ses besoins. Outre divers services peer-to-peer, le BitcoinMarket du développeur Dustin Dollar (USA, qui a commencé ses activités le 17 mars 2010) s'est imposé comme un acteur important. Il permettait aux utilisateurs de négocier des bitcoins et de les échanger contre des monnaies fiduciaires telles que le dollar américain. BitcoinMarket a été la 1re bourse de cryptomonnaies pendant env. 1 an, avant d'être éclipsée par une bourse plus facile d'utilisation appelée Mt. Gox.

Le plus grand piratage de cryptomonnaie

L'ascension fulgurante de Mt. Gox a servi d'avertissement. Au fil de sa croissance, elle a commencé à fonctionner davantage comme une banque conventionnelle. Les clients conservaient les bitcoins sur des comptes hébergés sur le site. Les serveurs de Mt. Gox enregistraient donc leur propriété, pendant que, sur la blockchain bitcoin, tout était encore enregistré dans les portefeuilles de Mt. Gox.

En 2013, des hackers ont obtenu les identifiants de ces portefeuilles "chauds" en ligne, et ont transféré plus de 850 000 bitcoins, mettant la bourse en faillite. Au moment où le piratage a été annoncé, en févr. 2014, la valeur des devises volées – provenant des actifs de Mt. Gox et des comptes de ses clients – s'élevait à 450 millions $.

La 1re saisie de cryptomonnaie

De nombreux adeptes du bitcoin ont été attirés par la perspective d'une monnaie hors de portée de l'État, qui ne pourrait être saisie, ni sa valeur manipulée par une autorité centrale. Dans la pratique, l'erreur humaine et le zèle des enquêteurs font que la promesse d'une monnaie anonyme est difficile à tenir. La 1re personne dont les cryptomonnaies ont été saisies par les forces de l'ordre était un trafiquant de drogue présumé de Caroline du Sud (USA), dont 11,02 bitcoins (d'une valeur de 968 $) ont été confisqués dans le cadre d'une descente de police, le 12 avr. 2013.

La plus grande saisie de cryptomonnaie a été effectuée le 8 févr. 2022 par le ministère américain de la Justice. Il a saisi 3,6 milliards $ auprès d'Ilya Lichtenstein et Heather Morgan (tous 2 USA), accusés d'avoir tenté de blanchir 119 754 bitcoins volés lors du piratage de la bourse Bitfinex en 2016.

La cryptomonnaie la plus précieuse

Bien qu'il ait inspiré de nombreuses autres monnaies, le bitcoin – **la plus ancienne cryptomonnaie** – reste la référence des actifs numériques. Au 24 mars 2022, 1 bitcoin valait 42 989 $ et la monnaie dans son ensemble avait une capitalisation boursière de 816,69 milliards $. L'un des grands gagnants de cette croissance est son mystérieux créateur, Satoshi Nakamoto. Personne n'a entendu parler de lui depuis 2011, et l'étendue de ses avoirs n'est pas claire, mais cette récompense de 50 bitcoins vaut maintenant 2,1 millions $.

LE 1ER PAYS À ADOPTER LE BITCOIN COMME MONNAIE LÉGALE
Le 9 juin 2021, le Salvador a adopté une loi faisant du bitcoin une monnaie légale, ce qui signifie que les organisations et les particuliers sont tenus d'accepter le bitcoin en paiement d'une dette. On espérait que cette mesure, condamnée par la Banque mondiale, réduirait le coût des transferts internationaux – une considération importante pour un pays qui dépend de l'argent envoyé par les travailleurs à l'étranger.

LE JETON DE FAN LE PLUS PRÉCIEUX
Les jetons de fans sont des NFT qui permettent à leurs propriétaires d'accéder à des clubs exclusifs associés à des équipes sportives. Les jetons de fans les plus précieux sont ceux de l'équipe de Premier League anglaise Manchester City (dont la valeur combinée s'élevait à 47,1 millions $ au 24 mars 2022).

NFT NOTABLES

Développés en 2014 (voir ci-dessous à droite), les jetons non fongibles, ou NFT, utilisent la même technologie blockchain que les cryptomonnaies pour créer des actifs uniques et échangeables, pouvant être utilisés pour authentifier la propriété de plus ou moins n'importe quoi. Voici des exemples un peu fous mis en vente…

"Brindilles non fongibles" par BetweenTwoNaps
Posséder le NFT confère la propriété de la brindille

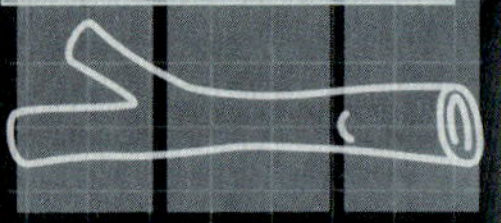

"Just setting up my twttr" par Jack Dorsey
L'auteur du 1er tweet sur Twitter

"Un an de pets" par Alex Ramirez-Mallis
52 min d'enregistrements

***Morons* par Banksy**
Une œuvre se moquant des marchés de l'art et du NFT

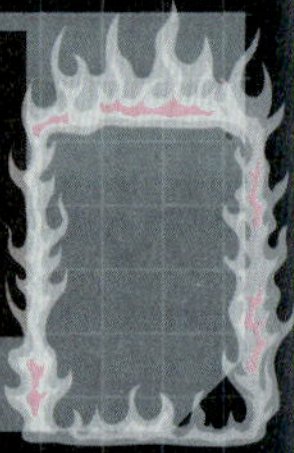

"Bras droit" par Oleksandra Oliynykova
Droits de placement de tatouage sur le bras droit d'une joueuse de tennis croate

"Sandwich du Fyre Festival" par Trevor DeHaas
Sandwich au fromage mou d'un festival de musique raté

"Numéro aléatoire" par The N Project
Juste ça : l'acheteur reçoit un numéro aléatoire

L'ŒUVRE D'ART NFT LA PLUS CHÈRE (ÉDITION LIMITÉE)
L'œuvre *Everydays: The First 5000 Days*, de l'artiste numérique Beeple (alias Mike Winkelmann, USA), a été vendue 69 346 250 $, aux enchères chez Christie's, le 11 mars 2021. La pièce est un composite des 13 années d'œuvres d'art quotidiennes de Beeple. L'enchère gagnante est venue de l'entrepreneur de blockchain MetaKovan (alias Vignesh Sundaresan, IND/SGP).

LA PIÈCE DE COLLECTION NFT LA PLUS CHÈRE
Les objets de collection NFT sont des séries d'œuvres d'art en édition limitée construites à partir de modèles préenregistrés. Les NFT de l'une des 1res séries – "CryptoPunks" de Larva Labs (CAN) – atteignent des prix très élevés. Le plus cher est le CryptoPunk #5822, qui a été acheté 23,7 millions $ par le crypto-entrepreneur Deepak Thapliyal le 12 févr. 2022.

LE PRIX PLANCHER LE PLUS ÉLEVÉ POUR UNE COLLECTION NFT
Bien que ce soient les CryptoPunks les plus rares (voir ci-dessus) qui atteignent les prix les plus élevés, la collection de NFT connue sous le nom de "Bored Ape Yacht Club" – conçue par Yuga Labs (USA) –, plus petite et plus exclusive, est la plus chère à acquérir. Au 21 mars 2022, la valeur du NFT le moins cher de la collection (le "prix plancher") est de 295 225 $.

LE 1ER NFT NÉGOCIABLE
Quantum (voir ci-dessous, à gauche) a établi le concept de NFT, alors qu'il ne s'agissait que d'une démonstration technologique. Les 1ers NFT conçus pour être échangés sur le marché ouvert étaient les CryptoKitties, développés par Dapper Labs (CAN) dans le cadre d'un jeu vidéo du même nom, et sortis le 28 nov. 2017.

LE 1ER NFT
Lors d'un hackathon appelé "Seven on Seven" qui s'est déroulé à New York (USA), le 5 mai 2014, l'artiste Kevin McCoy a été associé au développeur Anil Dash (tous 2 USA). Ensemble, ils ont conçu un système basé sur la blockchain (qu'ils ont appelé "monegraph", mais que nous connaissons maintenant sous le nom de NFT) pour authentifier les œuvres d'art numériques. À la fin de l'événement, McCoy a frappé un NFT – *Quantum* – qu'il a ensuite vendu à Dash pour 4 $.

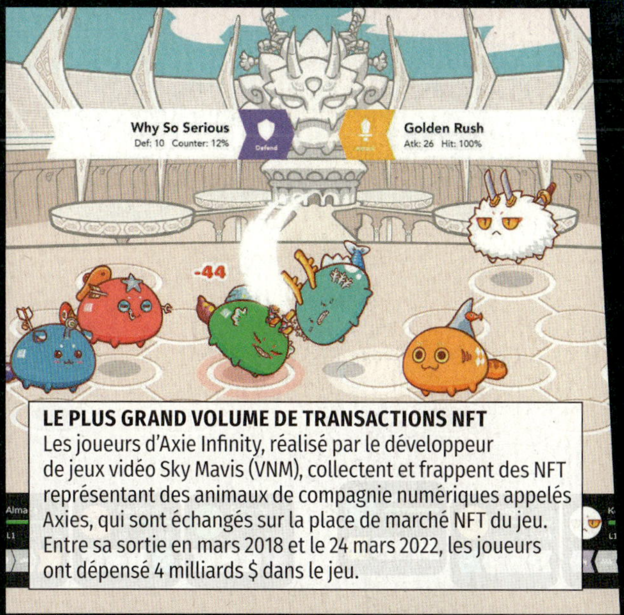

LE PLUS GRAND VOLUME DE TRANSACTIONS NFT
Les joueurs d'Axie Infinity, réalisé par le développeur de jeux vidéo Sky Mavis (VNM), collectent et frappent des NFT représentant des animaux de compagnie numériques appelés Axies, qui sont échangés sur la place de marché NFT du jeu. Entre sa sortie en mars 2018 et le 24 mars 2022, les joueurs ont dépensé 4 milliards $ dans le jeu.

La plupart des NFT sont hébergés sur la blockchain Ethereum et les transactions ont lieu en ETH. Elles ont été converties ici en monnaie fiduciaire pour plus de clarté.

Sur son 31

Depuis des milliers d'années, les hommes utilisent les vêtements non seulement pour survivre, mais aussi pour s'exprimer. Les modes et les notions de beauté sont en perpétuelle évolution. Jetez un œil à notre histoire des superlatifs de la mode, des bijoux de l'âge de pierre au style pop du XXIe siècle.

LE MAQUILLAGE LE PLUS TOXIQUE
La céruse vénitienne, ou "blanc de Saturne", était utilisée pour blanchir la peau en Europe aux XVIe et XVIIe siècles. Mélange de poudre de plomb blanc (carbonate de plomb) hautement toxique et de vinaigre, son application pouvait entraîner la perte des cheveux et des dents, la formation de taches sur la peau et même un déclin cognitif précoce.

LE BIJOU LE PLUS ANCIEN
Un groupe de 33 coquilles perforées d'escargots de mer *Tritia gibbosula* a été créé et porté il y a au moins 142 000 ans, au début du Mésolithique. Les coquillages ont été mis au jour entre 2014 et 2018 dans la grotte de Bizmoune, près d'Essaouira (MAR).

LES 1RES LUNETTES DE SOLEIL
Des "lunettes de neige" inuites datant du IIIe siècle ont été découvertes sur des sites archéologiques d'Alaska et de Sibérie. Il s'agit d'un masque oculaire en bois ou en os perforé de fines fentes qui protège les yeux des rayons éblouissants du soleil se reflétant sur la neige.

LE COLLIER LE PLUS PRÉCIEUX
"L'Incomparable" a été estimé en 2013 à 55 millions $. Fabriqué par le joaillier Mouawad (CHE), le collier contient un diamant sans défaut de 407,48 carats ainsi que 102 diamants "satellites" taillés dans différentes formes.

LE CHAPEAU LE PLUS CHER VENDU AUX ENCHÈRES
Un bicorne qui aurait été porté par Napoléon Bonaparte lors de la bataille de Marengo en 1800 a été vendu aux enchères 1,8 million € en 2014. Il s'agit de l'un des 120 chapeaux de ce type portés par Napoléon, tous fabriqués par la société parisienne Poupard et Cie.

LE GRILLZ LE PLUS PRÉCIEUX
Un grillz chargé de pierres précieuses porté par Katy Perry dans son clip *Dark Horse* a été évalué à 1 m $, le 11 oct. 2017. Cette décoration dentaire a été créée par le dentiste esthétique Dr William Dorfman (USA).

LE PLUS VIEUX MANNEQUIN
Un torse avec une tête grandeur nature a été découvert dans la tombe de Toutankhamon (vers 1341-1323 av. J.-C.). Il était rangé à côté d'un coffre de vêtements et on pense qu'il était utilisé pour exposer les tenues du jeune souverain. Les trous de chevilles dans les épaules suggèrent que le mannequin avait à l'origine des bras.

LA PLUS ANCIENNE TENUE TISSÉE
Une chemise en lin à col en V trouvée dans le cimetière de Tarkhan, au sud du Caire (EGY), a été datée au carbone de 3482-3102 av. J.-C. La robe de Tarkhan, comme on la surnomme, présente des manches et un corsage plissés, et a été fabriquée à partir de 3 pièces de lin tissées à la main.

LE PULL LE PLUS CHER VENDU AUX ENCHÈRES
Un cardigan gris en mohair à 5 boutons porté par le leader de Nirvana, Kurt Cobain, lors du passage du groupe sur *MTV Unplugged* en 1993 a été vendu 334 000 $, le 26 oct. 2019. Ce cardigan est usé et endommagé, avec un bouton manquant, des brûlures de cigarettes et une mystérieuse tache brune autour de la poche avant droite.

LE PLUS DE DIAMANTS INCRUSTÉS DANS UNE BAGUE
Cette bague élaborée en forme de fleur de souci a été sertie de 12 638 diamants taillés individuellement par Renani Jewels de Meerut (Uttar Pradesh, IND), le 30 nov. 2020. L'Inde a toujours été un centre mondial de production et de commerce de diamants, et on estime qu'env. 90 % des diamants naturels aujourd'hui sur le marché ont été taillés à Surat.

100 %

LE JEAN LE PLUS CHER
Ce jean Levi Strauss & Co. "XX" vieux de 129 ans a été acheté par un collectionneur anonyme pour 100 000 $ en mai 2018. Bien qu'il ait l'air presque neuf, il date de 1893, soit 20 ans après que Levi Strauss a breveté son concept de denim à rivets métalliques. Un bémol : le jean était une commande spéciale pour Solomon Warner, un commerçant de l'Arizona, qui avait un tour de taille de 111 cm et une longueur de jambe de 91 cm.

LE GANT LE PLUS CHER VENDU AUX ENCHÈRES
Un gant blanc clouté de strass ayant appartenu à Michael Jackson (USA) a été acheté 420 000 $ le 21 nov. 2009. Jackson portait ce gant lors de l'émission télévisée spéciale des 25 ans de la Motown en 1983, lorsqu'il a fait le moonwalk pour la 1re fois en interprétant *Billie Jean*.

Le *grand habit* était la "robe de cour" exigée des femmes de la cour royale de Louis XIV.

LA JUPE LA PLUS LARGE
Si notre pharaon adepte de la mode voulait sortir en jupe, il se ferait remarquer avec un *grand habit*… Il devrait aussi passer les portes de travers ! Les exemples les plus extravagants de cet ensemble du XVIIIe siècle mesuraient jusqu'à 2,1 m de large. Les jupes étaient soutenues par des sous-vêtements en canne et en tissu appelés "paniers".

LES PLUS VIEILLES CHAUSSURES
D'anciennes sandales en armoise associées à plusieurs groupes indigènes d'Amérique du Nord ont été datées au carbone 14 de 9 300 à 10 500 ans. Certaines chaussures de ce type sont connues sous le nom de sandales "Fort Rock", d'après la grotte de l'Oregon (USA) où les 1res paires ont été découvertes.

LES CHAUSSURES DE CINÉMA LES PLUS CHÈRES VENDUES AUX ENCHÈRES
Une paire de souliers en rubis portée par Judy Garland dans *Le Magicien d'Oz* (USA, 1939) a été vendue 666 000 $, le 24 mai 2000. C'est l'une des 5 paires connues à avoir survécu au tournage. Les souliers de Dorothy étaient argentés dans le roman de L. Frank Baum et ont probablement été modifiés pour mieux ressortir sur la route de brique jaune en Technicolor du film.

LES PLUS VIEILLES CHAUSSETTES
Une paire de chaussettes en laine rouge découverte dans l'ancienne cité égyptienne d'Oxyrhynchus date du IVe siècle. Elles sont divisées en 2 orteils, pour permettre de les porter avec des sandales.

LES PLUS LONGUES CHAUSSURES
La poulaine, ou "soulier à la polonaise", ou "Crakow", était portée par les hommes et les femmes entre les années 1340 et 1460. Les récits de l'époque suggèrent que ces chaussures à pointe élancée pouvaient atteindre 60 cm de long.

Une fois, deux fois, trois fois... adjugé !

LOTS eBAY EXTRAVAGANTS ET ÉCLECTIQUES

Source : eBay (USA, 1995-2020)

10 "Black Betsy", appartenant à la légende du baseball Shoeless Joe Jackson : 577 610 $. Bois de pacanier, taché de jus de tabac.

9 Lamborghini Aventador SV Roadster : 659 800 $. Modèle vert citron avec seulement 1 500 km au compteur.

8 *All-Star Comics* #8 : 936 223 $. Publiée en déc. 1941, cette BD voit les débuts de Wonder Woman.

7 Ferrari Enzo : 1 m $. Une des 399 voitures de ce type. Offre gagnante : 55 $ de plus que celle du plus proche rival.

6 Carte de baseball T206 Honus Wagner : 1,1 m $. Carte de cigarette rare issue d'une édition limitée.

Le plus grand marteau

Jim Bolin (USA) a créé un marteau en bois – utilisé par les commissaires-priseurs et les juges – de 5,09 x 1,54 m, tel que mesuré le 20 août 2019 à Marshall (Illinois, USA). Il se trouve à l'extérieur du palais de justice du comté de la ville, montré ici avec le juge local Tracy W. Resch. Dans une salle des ventes, les marteaux sont utilisés pour signifier la fin des enchères, d'où l'expression "prix du marteau".

LES VENTES AUX ENCHÈRES LES PLUS ÉLEVÉES

1. Os de dinosaures

Un squelette de *Tyrannosaurus rex* surnommé "Stan" a réalisé 31 847 500 $ chez Christie's, à New York (USA), le 6 oct. 2020. Nommé d'après le paléontologue amateur Stan Sacrison, qui a trouvé ces restes en 1987, il s'agit de l'un des spécimens de *T. rex* les plus complets jamais mis au jour. Stan sera l'une des pièces maîtresses d'un nouveau Muséum d'Histoire naturelle à Abu Dhabi (UAE).

2. Ouvrage imprimé d'une femme autrice

Une 1re édition en 3 volumes du roman d'horreur gothique *Frankenstein* (voir p. 174) de Mary Shelley paru en 1818 a été vendue 1 170 000 $ chez Christie's, à New York, le 14 sept. 2021. Il battrait un exemplaire d'*Emma*, de Jane Austen, qui avait atteint 354 240 $ en 2008.

3. Maillot de cricket (en ligne)

Le maillot n° 63 porté par Jos Buttler (GBR) lors de la finale de la coupe du monde ICC s'est vendu sur eBay pour 65 100 £, le 8 avr. 2020. Le gardien de guichet a mis le haut aux enchères afin de collecter des fonds pour les hôpitaux à la suite de l'épidémie de Covid-19. Buttler le portait lors du *super over* qui a vu l'Angleterre battre la Nouvelle-Zélande et remporter la compétition.

4. Œuvre de Banksy

L'œuvre à moitié déchiquetée *Love is in the Bin* (2018) de Banksy (GBR) a atteint 18 582 000 £ lors de sa vente chez Sotheby's, à Londres (GBR), le 14 oct. 2021. Cette œuvre a d'abord été nommée *Girl with Balloon* en 2006, atteignant un prix de vente record pour Banksy de 1,04 million £ en 2018. Une fois le marteau tombé, l'œuvre s'est autodétruite grâce à une déchiqueteuse intégrée à son cadre, d'où son nom.

5. Console de jeux (en ligne)

Un prototype de la Nintendo PlayStation Super NES CD-ROM créé par Sony et Nintendo en 1992 a été vendu 360 000 $, aux Heritage Auctions, le 8 mars 2020. Il s'agirait du dernier des 200 prototypes réalisés via une entreprise commune ratée des 2 sociétés. Pour **le jeu vidéo le plus cher**, voir p. 191.

Tous les chiffres de vente comprennent les frais de vente aux enchères, sauf indication contraire.

5 — Maison avec bunker antiguerre : 2,1 m $. Ancien silo à missiles dans l'État de New York avec chambre souterraine secrète.

4 — La ville d'Albert (Texas, USA) : 2,5 m $. Cinq citoyens vivent sur le site de 5,2 ha. Les ajouts du vendeur comprennent une taverne.

3 — Déjeuner avec Warren Buffett : 2,6 m $. Événement caritatif annuel, organisé par l'une des personnes les plus riches au monde.

2 — *Gulfstream II* : 4,9 m $. Jet privé doté d'une gamme d'équipements haut de gamme. Peut accueillir jusqu'à 12 passagers.

1 — Gigayacht : 168 m $. Yacht de luxe de 123 m avec héliport, spa, cinéma, salle de sport, 10 suites VIP et plus encore.

6. Couronne fantaisie
Une couronne en plastique ayant été portée par le défunt artiste de hip-hop The Notorious B.I.G. (USA, né Christopher Wallace) a été vendue 594 750 $, chez Sotheby's, à New York, le 16 sept. 2020. Le rappeur l'avait portée lors d'une séance photo avec le photographe Barron Claiborne, 3 jours avant sa mort.

7. Montre
Le 9 nov. 2019, une édition unique en acier inoxydable de la Patek Philippe Grandmaster Chime a atteint 31,1 millions de dollars lors de la 8e vente aux enchères caritative Only Watch qui s'est tenue chez Christie's, à Genève (CHE). Ses caractéristiques uniques comprennent 2 cadrans (un opalin doré et un noir ébène) dans un boîtier réversible, ainsi qu'une inscription indiquant "The Only One".

8. Carte Pokémon (en ligne)
Une carte Hologramme Pikachu Illustrator Trainer Promo quasi neuve a été vendue 900 000 $ aux enchères Goldin, le 24 févr. 2022. Conçue par la créatrice de Pikachu, Atsuko Nishida, elle est l'un des 41 exemplaires connus.

9. Pièce de monnaie
Le 9 juin 2021, un Double Eagle de 1933 s'est vendu 18 872 250 $, chez Sotheby's, à New York. Sa valeur nominale est de 20 $ et c'est la seule pièce de ce type dont le gouvernement américain a autorisé la possession par des particuliers.

10. Baskets usagées
Une paire dédicacée de Nike Air Ships de Michael Jordan a atteint 1 472 000 $, lors d'une vente Sotheby's, à Las Vegas (USA), le 24 oct. 2021. Elles ont été portées par le joueur légendaire en 1984 lors de son 5e match pour les Chicago Bulls, pendant sa 1re saison en NBA.

11. Vache
Poshspice (voir photo) est la vache de race limousine la plus chère. Elle a été vendue pour 250 000 guinées (358 610 $), chez Harrison & Hetherington, à Carlisle (GBR), le 29 janv. 2021. Une génisse frisonne nommée Mist a réalisé 1,3 million $, lors d'une vente aux enchères dans le Vermont (USA), le 13 juill. 1985. Elle a été achetée par un syndicat dirigé par l'avocat de Boston Jerome Rappaport.

La figurine *Star Wars* la plus chère vendue aux enchères en ligne
Un jouet Boba Fett doté d'une fusée s'est vendu 185 850 $, via Hake's Auctions, le 7 nov. 2019. Fabriqué par la société de jouets Kenner en 1979, ce prototype n'a jamais été mis en vente. La plupart des exemplaires ont été détruits dans l'usine, et seule une poignée a été commercialisée.

Fast-food

LES 1ERS FAST-FOODS

Une révolution a eu lieu dans l'Empire romain aux Ier et IIe siècles, inspirée par l'explosion de la taille des villes. Elle a vu l'apparition de points de vente avec des comptoirs ouverts sur la rue. Ces restaurants – souvent décorés de façon ornementale (voir encart) – comportaient une cuisine à l'arrière et des plans de travail d'où étaient servis des plats chauds et des boissons.

La plus grande chaîne de fast-food (par établissement)
Au 31 déc. 2020, McDonald's (USA) possédait 39 198 établissements dans le monde, devant les 37 540 de Subway et les 32 660 de Starbucks. Fondée en 1940 par Richard et Maurice McDonald, la chaîne de hamburgers est désormais aussi la plus importante en termes de **revenus**, avec un chiffre d'affaires de 19,2 milliards $ en 2020. Si l'on tient compte de ses franchisés, le chiffre d'affaires total s'élève à 93,3 milliards $ pour la même période.

Le fast-food le plus septentrional
Un établissement Subway est situé à 71,2883°N, 156,7835°O, à Utqiaġvik (Alaska, USA), à env. 530 km au-dessus du cercle polaire. Aucune succursale d'une chaîne de restauration rapide n'est plus proche du pôle Nord.

Le fast-food le plus au sud est le Domino's Pizza de Punta Arenas (CHL), situé à 53,1381°S, 70,8895°O. La succursale de cette franchise de restauration rapide aux 18 300 employés est située à 1 496 km au nord du cercle antarctique. Il existe des restaurants plus au sud, mais ils ne font pas partie d'une chaîne de fast-food. The Galley Takeaways, par exemple, est une friterie située à 46,6001°S, 168,3459°E à Bluff, sur l'île du Sud (NZ).

Le plus grand restaurant de hamburgers
I'M HUNGRY à Jeddah (SAU) couvrait 2 860 m² – env. 1,3 fois la taille d'une patinoire de hockey sur glace –, lorsqu'elle a été mesurée le 12 déc. 2019.

Le plus rapide assemblage de hamburger
Le 21 août 2021, Tom Sinden (GBR) a assemblé un hamburger en 7,81 s, à Warlingham (Surrey, GBR). Le fromage, la tomate, l'oignon et la laitue étaient prétranchés et le steak haché précuit.

Les plus grands...
- **Bhaji à l'oignon** : 175,48 kg, préparé par Oli Khan et Surma Takeaway Stevenage (tous 2 GBR), à Londres (GBR), le 4 févr. 2020.
- **Fish and chips (portion)** : 54,99 kg, créé par Resorts World Birmingham (GBR), le 9 févr. 2018.
- **Poulet frit (portion)** : 1 667,3 kg, préparé par le Karafesu Project Council, à Nakatsu (JPN), le 15 sept. 2019.

La plus longue chimichanga
Macayo's (USA) a préparé une version de 7,8 m de cette spécialité mexicaine, à Phoenix (Arizona, USA), le 25 sept. 2021.

La livraison de pizza à la plus haute altitude
Entre les 5 et 8 mai 2016, Pizza Hut Africa (ZAF) et Yum ! Brands (USA) ont transporté une pizza pepperoni à 5 897 m d'altitude, au sommet du mont Kilimandjaro (TZA).

Le 4 juill. 2012, Pizzas 4 Patriots (USA) a envoyé 30 000 pizzas aux forces armées américaines stationnées en Afghanistan via DHL Express. **La plus grande livraison de pizzas** a été partagée entre les troupes de l'aérodrome de Kandahar, de la base aérienne de Bagram et du Camp Bastion (aujourd'hui Camp Shorabak).

La plus longue distance pour livrer une pizza est de 19 870 km. Paul Fenech (AUS) avec Canteen, association de lutte contre le cancer chez les jeunes, et STA Travel, a livré en main propre la pizza Margherita (froide) à Niko Apostolakis, à Wellington (NZ), le 1er juill. 2006, après un voyage de 3 jours depuis Opera Pizza, à Madrid (ESP).

LE NUGGET DE POULET LE PLUS CHER VENDU AUX ENCHÈRES

Le 4 juin 2021, l'utilisateur d'eBay "polizna" a vendu un nugget de poulet McDonald's 99 997 $. On ignore si le nugget a atteint ce prix parce qu'il faisait partie d'un repas exclusif lancé en collaboration avec les icônes de la K-pop BTS, ou parce qu'il ressemblait à un équipier du célèbre jeu vidéo *Among Us* (Innersloth, 2018).

LES FRITES LES PLUS CHÈRES

La Crème de la Crème Pommes Frites a été mise en vente au prix de 200 $ chez Serendipity 3, à New York (USA), le 12 juill. 2021. Ce plat onéreux est accompagné d'une sauce Mornay à base de crème provenant de vaches Jersey 100 % nourries à l'herbe, et de gruyère truffé suisse de type raclette affiné pendant 3 mois. Le tout est couronné d'une couche d'or 23 carats comestible.

TOP 10 DES CHAÎNES DE FAST-FOOD

1. Starbucks 38,44 mrds $
2. McDonald's 33,83 Md $
3. KFC 15,07 mrds $
4. Subway 8,18 mrds $
5. Domino's Pizza 6,08 mrds $
6. Taco Bell 5,80 mrds $
7. Dunkin' 5,74 mrds $
8. Pizza Hut 5,13 mrds $
9. Haidilao 4,52 mrds $
10. Tim Hortons 4,05 mrds $

La "valeur" d'une marque est la valeur globale d'une entreprise. Elle tient compte de son chiffre d'affaires, de sa réputation, son identité de marque et d'autres actifs incorporels.

Source : Brand Finance, 2021

LA PLUS GRANDE BROCHE DE VIANDE KEBAB
Le 31 déc. 2008, une broche à rôtir chargée de 4 022 kg de viande de poulet a été présentée à Paphos (CYP), par Zith Catering Equipment (CYP). La montagne de viande pesait plus que l'hippopotame moyen.

LE PLUS DE BIG MAC CONSOMMÉS
Donald Gorske (USA) a mangé son 32 672e Big Mac®, à Fond du Lac (Wisconsin, USA), le 1er janv. 2022. Il a l'habitude de manger 14 de ces burgers par semaine, qu'il achète en gros et réchauffe chez lui au micro-ondes. En près de 50 ans, il ne s'en est privé que 8 jours.

LA PLUS GRANDE PIZZA DISPONIBLE DANS LE COMMERCE
Le Moontower Pizza Bar de Burleson (Texas, USA) peut vous préparer une pizza de 1,98 m². Surnommée *The Bus* en raison de sa forme rectangulaire, elle coûte 299,95 $ hors taxes, comprend une seule garniture et peut être livrée dans une zone limitée. Sa fabrication prend du temps, et les commandes doivent être passées 48 h à l'avance.

LA PLUS GRANDE COLLECTION DE JOUETS DE FAST-FOOD
Lorsqu'il s'achète à manger, Percival R. Lugue (PHL) a l'œil sur les jouets gratuits. Au 4 nov. 2014, il avait stocké 10 000 jouets de fast-food, un total vérifié à Apalit, Pampanga (PHL). Il a dû leur construire une maison, que ses amis surnomment le "Happy Meal géant".

LA PLUS GRANDE COLLECTION D'OBJETS LIÉS AU BURGER
Lors du dernier comptage officiel, Hamburger Harry, alias Harry Sperl (DEU) de Daytona Beach (Floride, USA), avait amassé 3 724 objets liés au burger. Parmi eux, la burgermobile du film *Good Burger* (USA, 1997) et un lit à eau hamburger. Le bien le plus précieux de Harry est une moto Harley-Davidson appelée *Hamburger Harley*.

TikTok

LE PLUS RAPIDE À ATTEINDRE 1 MILLION DE FOLLOWERS
Les stars de la K-pop BTS (KOR ; @bts_official_bighit) ont atteint 1 million de followers sur TikTok en 3 h et 31 min, le 25 sept. 2019. BTS est aussi **le groupe de musique le plus suivi**, avec 49 millions de fans sur le réseau. (Pour en savoir plus sur BTS, voir p. 180.)

LE CHEF LE PLUS SUIVI
Burak Özdemir (TUR ; @cznburak) a rassemblé 57,2 millions de fans avec des vidéos de lui préparant des plats turcs classiques. Son surnom "CZN" provient d'une entreprise textile appelée Cinzano qui appartenait à son père.

LA FAMILLE LA PLUS SUIVIE
La "1re famille de TikTok" est constituée des D'Amelios (tous USA), de gauche à droite : Heidi (@heididamelio), Charli (@charlidamelio), Marc (@marcdamelio) et Dixie (@dixiedamelio). Ensemble, leurs fans représentent 216,9 millions de personnes, soit env. la population du Brésil ! Sur ce total, 64 % sont ceux de Charli.

LA VIDÉO LA PLUS AIMÉE
Un clip de Bella Poarch (née PHL, basée aux États-Unis ; @bellapoarch) qui fait du playback et des grimaces sur *Soph Aspin Send (M to the B)* de Millie B, a obtenu 56,4 millions de likes. En mai 2021, Poarch a sorti son 1er single, faisant de l'influenceuse et ancienne combattante de la marine américaine **la musicienne la plus suivie**, avec 89 millions de fans.

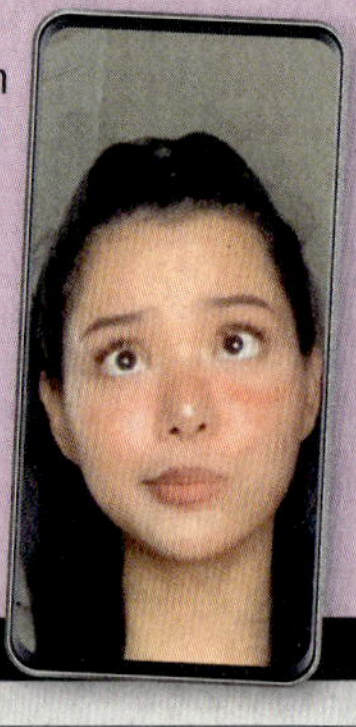

TOP 10 DES PERSONNES LES PLUS SUIVIES SUR TIKTOK

Source : Social Blade, au 14 avr. 2022

TikTok

La plateforme de réseaux sociaux la plus rapide à atteindre 1 milliard d'utilisateurs actifs mensuels*
Le 27 sept. 2021, TikTok a annoncé que la plateforme avait atteint le milliard d'utilisateurs actifs mensuels, 5 ans après son lancement. Le réseau de partage de vidéos en format court a été lancé le 26 sept. 2016 (initialement sous le nom de A.me) par la société de technologie Web ByteDance (CHN). Il a été rebaptisé TikTok au niveau mondial en sept. 2017. Il a devancé Facebook (qui a mis 8,7 ans), YouTube (8,1 ans) et Instagram (7,7 ans).

L'application la plus téléchargée (année en cours)*
TikTok a été téléchargée 656 millions de fois en 2021, soit plus de 100 millions de plus que son concurrent le plus proche, Instagram. Sur ce total, 94 millions de téléchargements ont eu lieu aux États-Unis. Les résultats sont publiés dans un rapport d'Apptopia.

La contributrice la mieux rémunérée
TikTok Charli D'Amelio – **la TikTokeuse la plus suivie** (voir ci-dessus) – a gagné env. 17,5 millions $ en 2021, selon Forbes, le 7 janv. 2022. En plus des contrats publicitaires, sa richesse a été stimulée par le lancement d'une ligne de vêtements pour Hollister, et des émissions sur Hulu et Snap Originals de Snapchat, en tandem avec sa sœur Dixie.

Charli D'Amelio a été **la 1re personne à atteindre 100 millions de followers**, le 22 nov. 2020. Elle est aussi **l'utilisatrice la plus aimée**, avec 10,8 milliards de likes. @vietdoosan et @anurupakofficial se partagent **le record masculin** (8,6 milliards de likes chacun), selon Social Blade.

Le concert en direct le plus vu
Plus de 5,5 millions de spectateurs uniques ont regardé le concert d'Ed Sheeran (GBR) sur TikTok le 25 juin 2021 (dont 2 rediffusions le lendemain). Le concert de 1 h comptait 12 chansons. Organisé pendant le championnat d'Europe de football de l'UEFA, le spectacle TikTok Euro 2020 a eu lieu à Portman Road, où est basée l'équipe de football chère au musicien, l'Ipswich Town FC.

Le plus de commentaires sur une vidéo
Le 24 sept. 2021, l'amateur anonyme de *Minecraft* @meqs a posté "Commentez pour un cookie". À ce jour, 10,7 millions de TikTokeurs ont accédé à cette requête.

Les plus suivis…
- **Musicien (hommes) :** Le beatboxer Spencer X (USA, né Spencer Polanco Knight ; @spencerx) a accumulé 55 millions de fans. En plus de vidéos solo de ses propres compositions et de ses reprises, celui qui se décrit comme un "homme de musique de bouche" a collaboré avec Alicia Keys et DJ Marshmello.
- **Jumeaux :** Avec des vidéos de danse, de gymnastique, de sketchs, de farces et de défis, les frères Lucas et Marcus Dobre-Mofid (tous 2 USA ; @dobretwins) ont 35,3 millions de fans sur leur compte commun.
- **Passionné de trains :** Le collégien Francis Bourgeois (GBR ; @francis.bourgeois) a rassemblé 2,2 millions de followers. Il a ravivé son amour pour les trains lors du confinement en 2020 et son enthousiasme lui a fait connaître un succès fulgurant, populaire au-delà de la communauté des fans de trains. (Voir aussi p. 158-159.)

*Tous les chiffres datent du 14 avr. 2022, sauf indication contraire. Tous les records sont exclusifs à la plateforme TikTok, sauf ceux marqués d'une *.*

LA VIDÉO LA PLUS VUE

Publiée le 9 déc. 2019, "Zach Kings Magic Broomstick" avait été vue 2,2 milliards de fois au 15 mars 2022. Dans la vidéo, Zach King (USA ; @zachking) revêt l'uniforme de Poudlard et semble léviter sur un balai, avant qu'on ne découvre qu'il s'agit d'une illusion. Star des réseaux sociaux, ce passionné de magie était auparavant l'homme le plus suivi sur TikTok, après avoir connu la gloire sur Vine.

L'HOMME LE PLUS SUIVI

L'humoriste Khabane "Khaby" Lame (ITA, né SEN ; @khaby.lame) a accumulé 136,3 millions de fans pour ses parodies de vidéos de "life hacks". "Ce sont mon visage et mes expressions faciales qui font rire les gens", a-t-il déclaré au *New York Times*.

LE CONTRIBUTEUR LE MIEUX RÉMUNÉRÉ (HOMMES)

Josh Richards (USA ; @joshrichards) a gagné env. 5 millions $ en 2021, comme l'a rapporté *Forbes* le 7 janv. 2022. Cela place ce TikTokeur aux multiples talents en 4e position sur la liste des contributeurs les mieux payés de la plateforme pour l'année.

L'ACTRICE LA PLUS SUIVIE

La danseuse et animatrice JoJo Siwa (USA, née Joelle Joanie Siwa ; @itsjojosiwa) compte 41,1 millions de fans. En plus de prêter sa voix à Jay et Kira dans *Angry Birds : Copains comme cochons* (FIN/USA, 2019), elle a joué dans de nombreuses séries télévisées et est aussi juge dans l'émission *So You Think You Can Dance*.

APPRENEZ SUR TIKTOK AVEC GUINNESS WORLD RECORDS

TikTok n'est pas seulement une vitrine pour certains détenteurs de records du GWR (voir tableau à droite). La plateforme a également été un tremplin pour quelques stars locales de GWR, qui ont organisé la série de contenus "Learn on TikTok" en 2021. Parmi eux (de gauche à droite) : les savants fous Orbax & Pepper, le rédacteur en chef Craig Glenday et le fanatique de sport Will Munford.

Le Guinness World Records lui-même a développé un public fidèle de 19,5 millions de fans. TikTok est le format idéal pour présenter les détenteurs de records étonnants. Voici nos 10 publications TikTok les plus vues en 2021 – un aperçu des multiples talents de GWR.

Record (*battu depuis)	**Vues** (millions)	**Détenteur**
La plus grande ouverture buccale (hommes)	95,2	Isaac Johnson (USA)
Le plus de noix de coco écrasées d'une main en 1 min* (1)	50	Abheesh P. Dominic (IND)
La plus petite femme	38	Jyoti Amge (IND)
Le plus rapide à faire sauter 15 boules de billard (2)	33,4	Florian "Venom" Kohler (FRA)
Les plus longs ongles sur une paire de mains (femmes)*	30	Ayanna Williams (USA)
Le plus de Big Macs mangés en 1 vie	27,8	Donald Gorske (USA)
Le plus long nez sur une personne vivante	23	Mehmet Özyürek (TUR)
La plus longue projection d'eau par la bouche	22,6	Kirubel Yilma (ETH)
La plus grande ouverture buccale (femmes) (3)	17,6	Samantha Ramsdell (USA)
La plus grande crête	15	Joe Grisamore (USA)

Le plus grand producteur de bœuf

Les États-Unis ont produit 12,35 millions t de viande bovine en 2020, selon l'édition 2021 du rapport *Perspectives de l'alimentation* de l'Organisation des Nations unies pour l'alimentation et l'agriculture (FAO). C'est 2,5 millions t de plus que son plus proche rival, le Brésil. À quoi ressemblerait toute cette viande si elle était servie en une seule fois ?

Il est difficile de visualiser plusieurs millions de tonnes de viande de bœuf. Nous les avons donc représentées sous la forme d'un double cheeseburger de taille XXXXXL. Nous avons servi ce hamburger improbable au centre du National Mall, avec le Washington Monument comme brochette. Le diamètre des 2 steaks hachés serait d'env. 420 m.

En plus des taches de graisse qu'il laisserait sur le National Mall, ce burger a un coût environnemental élevé. La production mondiale de viande bovine est responsable d'env. 2,83 milliards t de gaz à effet de serre chaque année, soit env. 6 % de toutes les émissions mondiales. Bien qu'elle soit plus efficace que la moyenne mondiale, la production de bœuf aux États-Unis génère tout de même env. 243 millions t de CO_2 par an – soit l'équivalent de l'empreinte carbone de la Belgique et des Pays-Bas réunis !

Ce burger a beau paraître gigantesque, l'appétit des États-Unis est à la hauteur. Ce pays est **le plus grand consommateur de viande de bœuf**, avec 12,39 millions t par an, soit une moyenne de 37,6 kg par personne, l'équivalent de 415 Big Mac. Ce chiffre se rapproche du régime de Donald Gorske, qui a obtenu le record du **plus de Big Mac consommés** (voir p. 209).

En revue

La ville la plus sûre
Copenhague (DNK) a obtenu un score de 82,4 dans le *Safe Cities Index* 2021 de *The Economist*. Toronto (CAN) arrive juste derrière, avec 82,2. Le rapport évalue 60 villes. Les notes sont calculées sur 100, en fonction des résultats obtenus dans 76 catégories, dont la sécurité personnelle et numérique, la robustesse des infrastructures et, depuis 2021, la sécurité environnementale.

La température la plus élevée enregistrée en Antarctique
Le 6 févr. 2020, une température de 18,3 °C a été enregistrée à la station de recherche Esperanza (ARG), à l'extrémité de la péninsule Antarctique, et ratifiée ensuite par l'Organisation météorologique mondiale.
La température la plus élevée dans le cercle arctique a été de 38 °C, enregistrée 4 mois plus tard, le 20 juin, à Verkhoyansk (67,55°N ; 133,38°E), dans la région de la République de Sakha (alias Yakoutie, RUS).

LA PLUS LONGUE CARRIÈRE ACTIVE DANS L'ARMÉE DE L'AIR
Robert Taylor (GBR) a servi dans la RAF du 10 janv. 1969 jusqu'à sa retraite le 11 févr. 2020, soit 51 ans et 32 jours. Spécialiste des radars, il dit avoir choisi de rester aussi longtemps dans le service "principalement par respect pour la RAF et par un véritable engagement envers elle".

Le plus grand rolex ougandais
Composé d'un œuf au plat et de légumes enveloppés dans un chapati, le "rolex" est l'un des aliments de la cuisine de rue en Ouganda. Raymond Kahuma (UGA) en a réalisé un de 204,6 kg – env. 700 fois plus que la normale –, dans le village de Kasokoso, district de Wakiso, le 4 nov. 2021. "C'était tellement surréaliste de gagner un titre GWR, a-t-il déclaré. Surréaliste n'est même pas le bon mot – *fou* !"

Le plus long meguila
Avner Moriah (ISR) a créé un meguila de 28,03 m – il s'agit d'un rouleau de parchemin faisant référence au récit biblique du livre d'Esther –, tel que vérifié à Har Adar (ISR), le 18 déc. 2020. Fruit de 15 ans de travail, il comprend 29 feuilles de parchemin en peau de vache peintes à l'aquarelle et à la gouache, avec des détails à la feuille d'or, d'argent et de cuivre.

La plus grande œuvre d'art de rue à la craie (individuelle)
Le 24 juill. 2021, Giovanni Bassil (LBN) a recréé à la craie une version de 200 m² du drapeau de son pays, à Beyrouth (LBN). De la taille d'un écran de cinéma, son œuvre est d'autant plus impressionnante que les températures élevées rendaient l'asphalte brûlant, ce qui provoquait la rupture répétée de la craie.

Le plus de promesses de dons pour une campagne
Grâce au projet "Save Your Food", 880 749 personnes se sont engagées à réduire le gaspillage de nourriture, tel que vérifié le 26 janv. 2022. Ce projet a été lancé par le ministère turc de l'Agriculture et des Forêts, en collaboration avec l'Organisation des Nations unies pour l'alimentation et l'agriculture. Le 21 mars, le même ministère a créé **le plus grand album en ligne de personnes plantant des arbres**, recueillant 383 783 photos.

LE HAMBURGER LE PLUS CHER
Ajouté au menu du restaurant De Daltons, à Voorthuizen (NLD), en avr. 2022, le "Golden-Boy" vous coûtera 5 000 €. Le chef Robbert Jan De Veen a élaboré ce délice épicurien à partir de bœuf Wagyu, de crabe royal, de fines tranches de jambon Joselito Bellota Ibérico, de cheddar Wyke Farms et de rondelles d'oignon panées au champagne Dom Pérignon. Le tout est agrémenté de caviar de béluga, de mayonnaise aux œufs de canard fumés, de truffe blanche, d'une sauce barbecue aromatisée au café Kopi Luwak et au whisky single malt Macallan, et de tomates tigrées marinées infusées dans du thé matcha japonais. Les petits pains sont infusés au Dom Pérignon et recouverts d'or. Les clients doivent réserver 2 semaines à l'avance.

LA TENSION LA PLUS ÉLEVÉE D'UNE BATTERIE DE FRUITS
Le professeur Saiful Islam et la Royal Society of Chemistry (tous 2 GBR) ont généré 2 307,8 V à partir d'une batterie de 2 923 citrons, à Manchester (GBR), le 15 oct. 2021. Elle a délivré un courant de 0,84 milliampère et une puissance de 1,94 W. À quelques jours du sommet de la COP26 de l'ONU, l'événement a été organisé pour souligner l'importance des stratégies innovantes pour parvenir à un monde sans carbone.

LE PLUS LONG MARIAGE D'UN COUPLE VIVANT
GWR a eu la tristesse d'apprendre le décès d'Eugene Gladu le 3 janv. 2022. Lui et son épouse Dolores (née Nault ; tous 2 USA) étaient mariés depuis 81 ans et 223 jours. Leur mariage a eu lieu à Woonsocket (Rhode Island, USA), le 25 mai 1940 (encadré). Nous présentons nos condoléances à leur famille et accueillons volontiers de nouvelles candidatures pour cette catégorie.

LA CARTE DE COLLECTION POKÉMON LA PLUS CHÈRE
Une carte Pikachu Illustrator PSA Grade 10 ultra-rare a été achetée à titre privé par le YouTuber Logan Paul (USA) pour 5 275 000 $, le 22 juill. 2021. Paul a reçu son certificat GWR le 2 avr. 2022, après avoir fait ses débuts à la WWE, à WrestleMania 38. Il est entré sur le ring en portant sa carte de collection autour du cou.

LA 1re VIDÉO YOUTUBE À 10 MILLIARDS DE VUES
Au 13 janv. 2022, la vidéo *Baby Shark Dance* de PINKFONG (KOR) a été vue 10 milliards de fois sur YouTube. Cette chanson dansante et musicale pour enfants a été mise en ligne pour la 1re fois en 2016 et a dépassé *Despacito* de Luis Fonsi en 2020 en tant que **clip le plus vu** et **vidéo la plus vue** de la plateforme.

LE PLUS DE CHAÎNES YOUTUBE D'UNE MÊME PERSONNE AVEC PLUS DE 100 000 ABONNÉS
Au 31 juill. 2021, Jack Massey Welsh (GBR) possédait 10 chaînes YouTube, qui comptaient chacune plus de 100 000 abonnés. Il s'est fait connaître avec la chaîne *JackSucksAtLife*, pour laquelle il se filme en train de jouer à *Minecraft* tout en ajoutant un commentaire comique.

Le clip le plus vu sur YouTube en 24 h d'un artiste solo
La chanteuse/rappeuse de BLACKPINK, Lisa, alias Pranpriya Manobel (THA), a sorti son 1er single solo *LALISA* le 10 sept. 2021. La vidéo qui l'accompagne a été vue 73,6 millions de fois au cours de ses premières 24 h en ligne. Ce chiffre a éclipsé les 55,4 millions de vues enregistrées par *thank u, next* d'Ariana Grande le 30 nov. 2018.

Le plus rapide à atteindre 1 million de likes sur Instagram
Le post Instagram de Juliette Freire (BRA) annonçant qu'elle avait gagné *Big Brother Brésil* a généré 1 million de likes en 3 min, le 4 mai 2021. C'est 2 fois plus rapide que le précédent record, établi la veille par la chanteuse Billie Eilish (USA).

L'image la plus aimée d'Instagram est une photo d'un œuf postée par le Egg Gang sur le compte "world_record_egg". Au 1er févr. 2022, elle comptait 55 746 040 likes.

La plus ancienne convention hacker
La DEF CON s'est tenue pour la 1re fois à Las Vegas (Nevada, USA), en 1993, et a lieu chaque année depuis 28 ans. En 2020, elle a pris la forme d'un événement virtuel intitulé DEF CON SAFE MODE. La convention attire un large éventail de personnes impliquées dans la sécurité informatique, notamment des hackers, des avocats et des cryptographes ; des fonctionnaires en civil des forces de l'ordre, de l'armée et des agences de sécurité nationale y participent également.

La DEF CON 27 (tenue du 8 au 11 août 2019) a attiré 30 000 participants, ce qui en fait **la plus grande convention hacker**.

Le plus grand concours de programmation
Organisé par Tata Consultancy Services de Mumbai (IND), CodeVita a attiré 136 054 participants le 10 avr. 2021. Destiné aux étudiants, CodeVita souligne l'importance du codage dans un monde de plus en plus axé sur la technologie, en promouvant la programmation comme un sport.

LE PLUS RAPIDE À ATTEINDRE 1 MILLION D'ABONNÉS SUR INSTAGRAM
Il n'a fallu que 43 min à Kim "V" Tae-hyung (KOR) pour atteindre 1 million de fans sur Instagram, le 6 déc. 2021. Ses collègues de la sensation K-pop BTS ont tous lancé leurs propres comptes Instagram le même jour à la même heure.

Leah a clairement un faible pour les nuggets. En 2020, elle a établi le **record sur 3 min** avec 775,1 g.

LE PLUS DE NUGGETS DE POULET MANGÉS EN 1 MIN
Leah Shutkever (GBR) a englouti 352 g de bouchées de poulet croustillantes à Milan (ITA), le 10 févr. 2022. Découvrez d'autres titres GWR de cette légende de la vitesse p. 82.

LE PLUS DE DÉLÉGUÉS INSCRITS À UNE CONFÉRENCE SUR LE CLIMAT
39 509 délégués ont demandé à participer à la 26e Conférence des Nations unies sur les changements climatiques (COP26). Elle a été organisée par le Royaume-Uni, en partenariat avec l'Italie, au SEC Centre de Glasgow, du 31 oct. au 13 nov. 2021. Parmi les participants figuraient des représentants indigènes de la forêt amazonienne (ci-dessus), tandis que des activistes climatiques tels que Ocean Rebellion (à droite) et Greta Thunberg (voir p. 200) organisaient des manifestations à l'extérieur.

HANDISPORT

Ellie Simmonds

La nageuse handisport Ellie Simmonds a raccroché ses lunettes de natation en 2021, mettant un terme à une carrière étincelante dans les bassins où elle a battu plusieurs records du monde, décroché 19 médailles d'or aux jeux Paralympiques et aux championnats du monde, pour devenir une icône du handisport.

Ellie commence la natation à 5 ans et intègre le *British Swimming Talent Programme* à 10 ans, après avoir été remarquée lors d'une compétition. Atteinte d'achondroplasie – une forme de nanisme –, elle concourt dans les catégories féminines S6 et SM6 de la natation handisport. Ellie explose au plan international à 13 ans, en remportant 2 médailles d'or aux jeux Paralympiques de Pékin 2008. Élue Personnalité sportive de l'année par la BBC, elle est très populaire au Royaume-Uni.

Malgré la pression due à son statut de grande favorite aux jeux Paralympiques de Londres 2012, Ellie relève le défi avec panache en pulvérisant de 5 s en finale le record du monde en 400 m S6 et en décrochant une 2e médaille d'or sur le 200 m 4 nages individuel SM6, battant aussi le record du monde. Après avoir remporté un autre titre paralympique aux Jeux de Rio 2016, Ellie a nagé pour la dernière fois en compétition à l'occasion des jeux Paralympiques de Tokyo 2020 – et du même coup affronté la nouvelle génération d'athlètes paralympiques que ses prouesses ont inspirée.

1

2

Ellie est marraine de la Dwarf Sports Association UK. "Reconnaître les capacités, non le handicap."

3

INFORMATIONS

Nom	Eleanor May Simmonds, OBE
Lieu de naissance	Walsall (West Midlands, GBR)
Records du monde *(S6 nage libre sauf indication ; LD = longue distance, CD = courte distance)*	**LD 800 m :** 11'03"41 **CD 200 m :** 2'44"21 **CD 400 m :** 5'27"58 **CD 4 x 100 m** (34 points) : 4'26"20 **CD 200 m 4 nages individuel (SM6) :** 3'05"13 **CD 4 x 100 m 4 nages :** 4'56"23

1. Ellie figure dans la liste des New Year Honours de 2013 et a reçu au Buckingham Palace de Londres la médaille de l'OBE (officier de l'Ordre de l'Empire britannique) pour ses services rendus au sport paralympique. À 14 ans, elle était devenue **la plus jeune personne de l'histoire à être nommée MBE** (membre de l'Ordre de l'Empire britannique).

2. Lors des JO de Pékin 2008, Ellie, alors âgée de 13 ans, remporte sa 1re médaille d'or paralympique sur le 100 m nage libre S6 et enchaîne avec le titre du 400 m nage libre S6.

3. Encouragée par le public britannique lors des JO de Londres 2012, Ellie décroche 2 médailles d'or, une d'argent et une de bronze, battant le record du monde du 400 m nage libre catégorie S6 et du 200 m 4 nages individuel catégorie SM6.

4. Devenue populaire dans les médias britanniques, Ellie apparaît dans des émissions TV en prime time, comme *The Jonathan Ross Show* en mai 2021.

5. Lors des championnats du monde de natation handisport 2019, Ellie est une fois encore médaillée, tout comme sa compatriote Maisie Summers-Newton – qui, à l'instar de nombreux nageurs, considère Ellie comme une modèle.

6. Ellie travaille pour l'association caritative World Against Single Use Plastic (WASUP) pour nettoyer sa ville natale de Walsall – dans le cadre d'une campagne de volontariat, en prévision des jeux du Commonwealth 2022 qui se tiendront à Birmingham.

4

5

6

Pour en savoir plus sur Ellie, consultez le chapitre Hall of Fame sur **www.guinnessworldrecords.com/2023**

Ellie tenant l'un de ses certificats du GWR. "Si vous voulez vraiment quelque chose, vous seul pouvez vous empêcher de l'atteindre."

LA 1RE JOUEUSE ISSUE DES QUALIFICATIONS À REMPORTER UN GRAND CHELEM (ÈRE OPEN)

À l'US Open 2021, Emma Raducanu (GBR, née CAN) a réussi un exploit sportif inattendu, qualifié de "conte de fées de New York". Alors qu'elle disputait son 4e tournoi WTA, et était classée 150e mondiale, Raducanu a remporté 3 matchs de qualifications et 7 autres dans le tableau principal pour s'adjuger le titre – et sans perdre un set. La joueuse de 18 ans a battu Leylah Fernandez (CAN, page opposée, à gauche) 6-4, 6-3 dans **la 1re finale simple de Grand Chelem entre 2 joueuses non têtes de série (ère Open)**. À elles 2, elles n'avaient que 37 ans et 307 jours.

MISSION

Sports

Le sacre de Raducanu à l'US Open lui a rapporté la bagatelle de 2,5 millions $.

JO d'hiver

LE MEILLEUR SCORE EN PROGRAMME COURT DE PATINAGE ARTISTIQUE (HOMMES)

Nathan Chen (USA) a obtenu 113,97 pts pour son programme court le 8 févr., au Capital Indoor Stadium de Pékin. Au son de *La Bohème*, il a notamment réussi un quadruple flip. Il a pris l'or en individuel masculin avec un total de 332,60 pts – 22 de plus que son 1er poursuivant.

LE PLUS DE TITRES EN 1 OLYMPIADE D'HIVER (PAYS)

La Norvège s'est adjugé 16 médailles d'or à Pékin 2022 – 2 de plus que le record précédent. Les Scandinaves ont dominé le podium dans 6 sports, le leader du classement des médailles Johannes Thingnes Bø (encart) remportant 4 épreuves de biathlon à lui seul.

Les jeux Olympiques et Paralympiques d'hiver 2022 se sont déroulés à Pékin (CHN) respectivement les 4-20 févr. et 4-13 mars. Nous avons sélectionné quelques-unes des meilleures performances.

Le plus de participations aux JO d'hiver pour un athlète
La patineuse de vitesse Claudia Pechstein (DEU, née le 22 févr. 1972) a disputé ses 8e JO d'hiver à Pékin, autant que le sauteur à ski Noriaki Kasai (JPN) entre 1992 et 2018. Pechstein a disputé la finale du mass start féminin à 49 ans et 362 jours, le 19 févr., devenant **la participante la plus âgée aux JO d'hiver (femme)**. Cheryl Bernard était suppléante de l'équipe canadienne de curling en 2018, à l'âge de 51 ans, mais n'a pas disputé la compétition.

Le participant le plus âgé aux JO d'hiver (hommes) est Carl August Kronlund (SWE, né le 25 août 1865), qui avait disputé la 1re épreuve de curling masculin à 58 ans et 156 jours, le 28 janv. 1924, à Chamonix (FRA).

LE PLUS DE MÉDAILLES D'OR INDIVIDUELLES EN DIFFÉRENTES ÉDITIONS

Le 7 févr. 2022, la patineuse de vitesse Ireen Wüst (NLD) s'est imposée sur le 1 500 m, signant ses 5e JO de suite avec un titre individuel. Elle a fait passer son total de médailles à 13 à Pékin (6 en or, 5 en argent, 2 en bronze) – **le plus de médailles olympiques en patinage de vitesse**.

Le meilleur score total en danse sur glace
Gabriella Papadakis et Guillaume Cizeron (tous 2 FRA) se sont emparés de l'or à Pékin avec 226,98 pts. Les vice-champions olympiques 2018 ont commencé par **le meilleur score en danse rythmique** (90,83), le 12 févr. et ont obtenu 136,15 pts en danse libre 2 jours plus tard. Voir Dernière Minute (p. 246-247) pour plus d'informations.

Dans la compétition de couple mixte les 18-19 févr., Sui Wenjing et Han Cong (tous 2 CHN) ont ravi leur public avec **le meilleur score en couple mixte** (239,88), comprenant **le meilleur score en programme court** (84,41).

Le 10 000 m patinage de vitesse le plus rapide (hommes)
Nils van der Poel (SWE) a pris l'or en 12 min et 30,74 s, le 11 févr. 2022 – seul record actuel de patinage de vitesse non établi en altitude. Van der Poel est aussi détenteur du record sur **5 000 m**, avec 6 min et 1,56 s, à Salt Lake City (USA), le 3 déc. 2021.

LE PLUS DE MÉDAILLES EN PATINAGE DE VITESSE SUR PISTE COURTE

Arianna Fontana (ITA) a reçu 1 médaille d'or et 2 d'argent à Pékin pour un total de 11 récompenses olympiques. Surnommée *L'Angelo Biondo* ("L'Ange blond"), elle avait gagné sa 1re médaille à Turin 2006, à 15 ans. En 16 ans, elle a remporté 2 titres, 4 médailles d'argent et 5 en bronze, montant sur le podium sur toutes les distances olympiques.

Les champions d'hiver

	Record	Nom	Sport	Date
Le 1er champion		Charles Jewtraw (USA)	Patinage de vitesse	26 janv. 1924
La 1re championne		Herma Szabo-Plank (AUT)	Patinage artistique	29 janv. 1924
Le plus de médailles	15	Marit Bjørgen (NOR)	Ski de fond	2002-2018
Le plus de médailles (hommes)	13	Ole Einar Bjørndalen (NOR)	Biathlon	1998-2014
Le plus de titres en 1 Olympiade	5	Eric Heiden (USA)	Patinage de vitesse	1980
Le plus de titres en 1 Olympiade (femmes)	4	Lidiya Skoblikova (URSS)	Patinage de vitesse	1964
Le plus jeune médaillé en individuel	14 ans et 363 jours	Scott Allen (USA, né le 8 févr. 1949)	Patinage artistique	6 févr. 1964
La plus jeune médaillée en individuel	15 ans et 69 jours	Andrea Mitscherlich (GDR, née le 1er déc. 1960)	Patinage de vitesse	8 févr. 1976
Le champion le plus jeune	13 ans et 85 jours	Kim Yun-mi (KOR, née le 1er déc. 1980)	Patinage de vitesse piste courte	24 févr. 1994
Le champion le plus jeune (hommes)	16 ans et 259 jours	Billy Fiske (USA, né le 4 juin 1911) Toni Nieminen (FIN, né le 31 mai 1975)	Bobsleigh Saut à ski	18 févr. 1928 14 févr. 1992
Le champion le plus âgé	54 ans et 102 jours	Robin Welsh (GBR, né le 20 oct. 1869)	Curling	30 janv. 1924
La championne la plus âgée	43 ans et 106 jours	Anette Norberg (SWE, née le 12 nov. 1966)	Curling	26 févr. 2010

LE PLUS DE MÉDAILLES EN LUGE
Natalie Geisenberger (DEU) a décroché 7 médailles olympiques en luge entre 2010 et 2022. Elle a dominé le podium en simple dames et relais par équipe dans 3 éditions consécutives – Sotchi 2014, Pyeongchang 2018 et Pékin 2022 –, sans oublier le bronze en simple à Vancouver 2010. Elle est aussi 9 fois championne du monde.

LE PLUS DE TITRES EN SKI ALPIN EN 1 OLYMPIADE (PAYS)
La Suisse a dominé le programme de ski alpin à Pékin, remportant 5 des 11 épreuves : la descente (Beat Feuz, photo) et le géant (Marco Odermatt) chez les hommes, ainsi que la descente (Corinne Suter), le Super-G (Lara Gut-Behrami) et le combiné (Michelle Gisin) chez les femmes.

Le 1 000 m patinage de vitesse piste courte le plus rapide (femmes)
Suzanne Schulting (NLD) a gagné son quart de finale olympique en 1 min et 26,514 s, le 11 févr. 2022, battant un record du monde vieux de près de 10 ans. Elle a pris l'or plus tard dans la journée.

Le 23 oct. 2021, Schulting a fait équipe avec Selma Poutsma, Yara van Kerkhof et Xandra Velzeboer (toutes NLD) pour signer **le relais féminin 3 000 m le plus rapide** (4 min et 2,809 s, également à Pékin.

Jeux olympiques : le plus de... Médailles de curling
Oskar Eriksson (SWE) a gagné 4 médailles en 3 Olympiades, de 2014 à 2022. Il était membre de l'équipe de curling suédoise victorieuse à Pékin et a pris le bronze en double mixte avec Almida de Val.

Titres en luge (hommes)
Tobias Arlt et Tobias Wendl (tous 2 DEU) ont remporté le double et le relais en équipe dans 3 Olympiades consécutives : Sotchi 2014, Pyeongchang 2018 et Pékin 2022, pour un total de 6 médailles d'or. Les "Toby" étaient membres de l'équipe allemande toute-puissante qui a tout raflé à Pékin, avec Johannes Ludwig et Natalie Geisenberger, détentrice du **plus de médailles féminines** et **totales** (voir ci-dessus).

Titre en hockey sur glace féminin (pays)
À Pékin, le Canada a validé un 5e titre olympique en hockey féminin depuis 2002, en battant les États-Unis 3-2 en finale le 17 févr. Les filles ont dominé le tournoi avec 57 buts marqués en 7 rencontres jusqu'à l'or. L'équipe était emmenée par l'attaquante Sarah Nurse, qui a signé **le plus de points en un tournoi olympique de hockey féminin** (18). Nurse a offert 13 passes décisives, un record, et marqué 5 fois, notamment en finale.

Jeux paralympiques : le plus de... Titres en biathlon
Vitaliy Lukyanenko (UKR) a gagné 8 titres paralympiques en biathlon de 2006 à 2022. À Pékin, il a remporté les épreuves sur 6 et 10 km pour malvoyants et était membre de l'équipe ukrainienne qui a raflé 22 médailles en 18 épreuves. Lukyanenko a disputé 6 JO, décrochant 11 médailles en biathlon, ainsi que 4 autres en ski de fond.

Titres en snowboard
Brenna Huckaby (USA) a remporté son 3e titre paralympique le 11 mars en banked slalom. Elle s'est aussi emparée du bronze en snowboard cross. Elle a égalé le total de médailles d'or de la pionnière du para-snowboard Bibian Mentel-Spee (NLD), décédée en 2021.

Médailles en curling en fauteuil
Ina Forrest (CAN) a obtenu sa 4e médaille paralympique – en bronze – quand le Canada a remporté la petite finale contre la Slovaquie le 11 mars. Les équipes de curling en fauteuil sont mixtes : à Pékin, 2 coéquipiers de Forrest, Dennis Thiessen et Mark Ideson, ont décroché **le record masculin** grâce à leur 3e médaille.

LA PLUS JEUNE CHAMPIONNE OLYMPIQUE DE SKI FREESTYLE
Eileen Gu (CHN, née USA le 3 sept. 2003) a gravé son nom dans l'histoire olympique en remportant l'épreuve de big air à 18 ans et 158 jours, à Pékin, le 8 févr. 2022. La chouchoute du public a remporté un succès spectaculaire sur son dernier run avec un double cork 1620 safety grab – une figure qu'elle n'avait jamais tentée avant – pour dépasser Tess Ledeux (FRA) de 0,75 pt. Gu a ensuite pris l'or en halfpipe (ci-dessus) et l'argent en slopestyle.

LE PLUS DE TITRES PARALYMPIQUES (HOMMES)
Brian McKeever (CAN) a gagné 3 titres en ski de fond aux jeux Paralympiques 2022, pour un total de 16 médailles d'or, autant que le skieur alpin Gerd Schoenfelder (DEU) en 1992-2010. McKeever a disputé 6 JO en 20 ans, dans la catégorie malvoyants.
Le record féminin est de 22 titres, par Ragnhild Myklebust (NOR) en ski de fond, course sur luge et biathlon, entre 1988 et 2002.

Football

LE PLUS DE BUTS POUR UN MÊME CLUB EN PREMIER LEAGUE
Sergio Agüero (ARG) a inscrit 184 buts dans l'élite anglaise pour Manchester City, du 15 août 2011 au 23 mai 2021. Pour son dernier match, il a inscrit un doublé contre Everton et a dépassé les 183 pions de Wayne Rooney avec Manchester United. Agüero compte aussi **le plus de triplés en Premier League** (12).

Le plus de sélections masculines
En sept. 2021, la FIFA a mis à jour sa liste de "centenaires" masculins. Le 1er du classement est Soh Chin Ann avec 195 sélections officielles pour la Malaisie entre le 19 nov. 1969 et le 18 oct. 1984 (auxquelles s'ajoutent 24 matchs de JO, soit 219 capes au total). Le défenseur central avait fait ses débuts en équipe nationale à 19 ans et a défendu les couleurs de son pays pendant 15 ans, participant notamment aux tournois olympiques 1972 et 1980.

Un autre Malaisien a été rétrospectivement reconnu par la FIFA : Mokhtar Dahari, 3e meilleur buteur en sélection internationale avec 89 buts. Dahari (né le 13 nov. 1953) est aussi devenu **le plus jeune à inscrire 50 buts en sélection**, atteignant ce chiffre à seulement 22 ans et 273 jours face à l'Inde, le 12 août 1976.

Le plus de titres d'affilée en Bundesliga
Le 23 avr. 2022, le Bayern Munich s'est adjugé son 10e titre national de suite avec une victoire 3-1 contre le Borussia Dortmund. C'est la plus longue série de victoires dans les "5 grands championnats" européens (Espagne, Allemagne, Italie, Angleterre, France). Avec ce dernier sacre, le milieu offensif Thomas Müller est devenu champion d'Allemagne pour la 11e fois – **le plus de titres de Bundesliga pour un joueur.**

Le Bayern détient aussi **le plus de titres dans l'élite allemande** (32), dont 31 dans l'ère Bundesliga (à partir de 1963) après celui glané en 1931-1932.

Le plus de titres en championnat de France
Le 23 avr. 2022, le Paris Saint-Germain a été sacré champion de France pour la 10e fois, égalant le total de l'AS Saint-Étienne de 1956-1985 à 1980-1981. L'Olympique de Marseille compte 9 couronnes, en plus de sa victoire en amateur lors de la saison 1928-1929.

Le milieu du PSG Marco Verratti (ITA) a quant à lui soulevé l'Hexagoal pour la 8e fois : **le plus de titres Ligue 1 pour un joueur.**

Le plus de matchs d'affilée en Liga
Iñaki Williams (ESP) a disputé 224 rencontres consécutives en championnat espagnol, sur 6 saisons du 20 avr. 2016 au 17 avr. 2022. L'attaquant de l'Athletic Bilbao a dépassé les 202 matchs d'affilée de Juan Antonio Larrañaga, le 1er oct. 2021.

La plus longue invincibilité à l'extérieur en Premier League
Le 19 sept. 2021, Manchester United (GBR) battait West Ham United 2-1, au London Stadium, pour signer son 29e match à l'extérieur sans défaite en championnat. Les Red Devils ont obtenu 19 succès et 10 nuls pendant cette série commencée le 17 févr. 2020 et finalement achevée le 16 oct. 2021, avec un revers 4-2 contre Leicester City.

LE PLUS DE BUTS EN UNE SAISON DE BUNDESLIGA
Robert Lewandowski (POL) du Bayern Munich a marqué 41 buts en 1re division allemande 2020-2021. Il a trouvé les filets à la dernière minute de l'ultime match contre Augsburg pour effacer des tablettes le légendaire Gerd Müller, auteur de 40 buts en 1971-1972 avec le Bayern.

Le plus de générations d'une famille à marquer pour le même club de Série A
Daniel Maldini (ITA) a réussi ses débuts avec l'AC Milan, le 25 sept. 2021, en marquant sur le terrain de La Spezia. Son père, le défenseur Paolo, avait inscrit son dernier but de championnat avec Milan le 30 mars 2008 ; son grand-père, Cesare, l'avait fait pour la dernière fois le 3 sept. 1961.

Le plus de saisons consécutives à marquer en Ligue des champions
Le 28 sept. 2021, Karim Benzema (FRA) et Lionel Messi (ARG) ont tous les 2 trouvé les filets, marquant pour la 17e saison de suite en Ligue des champions. Messi (voir page suivante) a inscrit son 1er but avec le Paris Saint-Germain contre Manchester City, tandis que Benzema a sauvé l'honneur lors du revers 2-1 du Real Madrid contre le Sheriff Tiraspol.

L'Italie a inscrit 93 buts durant sa série de 37 matchs sans défaite et n'en a concédé que 12, soit une différence de 81.

LA PLUS LONGUE SÉRIE D'INVINCIBILITÉ EN SÉLECTION MASCULINE
L'Italie est restée invaincue pendant 37 rencontres, du 10 oct. 2018 au 8 sept. 2021, décrochant 30 victoires et 7 nuls sous les ordres de Roberto Mancini. Les Azzurri ont notamment battu l'Angleterre en finale de l'UEFA EURO 2020, le 11 juill. 2021 (photo), avant de plier 2-1 contre l'Espagne en Ligue des nations de l'UEFA.

LE PLUS DE MATCHS OLYMPIQUES FÉMININS
Formiga (née Miraildes Maciel Mota, BRA) a disputé 33 rencontres olympiques entre 1996 et 2021. Les JO de Tokyo étaient la 7e participation de la milieue brésilienne, présente à tous les tournois féminins à ce jour.

LE PLUS DE TITRES EN COUPE D'ASIE AFC FÉMININE
La Chine a enregistré un 9e succès en coupe d'Asie après sa victoire 3-2 contre la Corée du Sud, le 6 févr. 2022, à Navi Mumbai (IND). Menées 2-0 à la pause, les Chinoises l'ont finalement emporté sur un but de Xiao Yuyi dans le temps additionnel. Créée en 1975, la coupe d'Asie féminine a été gagnée par 7 pays différents.

Le plus de participations en Ligue des champions féminine
Le 24 avr. 2022, Wendie Renard (FRA) est devenue la 1re joueuse à disputer 100 matchs de Ligue des champions féminine. La défenseure de l'Olympique Lyonnais a inscrit un penalty – son 31e but européen – pour battre les rivales du PSG 3-2, en demi-finale aller.

Au même jour, **le plus de buts en Ligue des champions féminine** était de 57, par la coéquipière de Renard, Ada Hegerberg (NOR).

Le plus de buts inscrits en un tournoi olympique féminin
Vivianne Miedema (NLD) a frappé 10 fois à Tokyo (JPN), les 21-30 juill. 2021. Elle a inscrit 8 buts en 3 matchs du Groupe F, puis un doublé en quart.

Le record masculin est de 12, par Ferenc Bene (HUN), aux JO 1964, déjà à Tokyo. Il avait marqué les 6 buts de la Hongrie qui avait écrasé le Maroc 6-0, le 11 oct.

LA PLUS GRANDE AFFLUENCE POUR UN MATCH FÉMININ
Pas moins de 91 648 spectateurs ont suivi la demi-finale aller de Ligue des champions féminine entre le FC Barcelone et le VfL Wolfsburg, au Camp Nou (ESP), le 22 avr. 2022. Le Barça s'est imposé 5-1 et a battu son record d'affluence établi au tour précédent.

Le plus de titres en Copa América
Le 10 juill. 2021, l'Argentine s'est défaite des hôtes brésiliens 1-0, au Maracanã de Rio de Janeiro, et ont décroché leur 15e couronne continentale. C'est autant que l'Uruguay entre 1916 et 2011.

Le plus de titres en Ligue des champions africaine
Le club Al Ahly (EGY) a remporté la Ligue des champions de la Confédération africaine de football (CAF) pour la 10e fois, le 17 juill. 2021. Titré 42 fois en championnat, Al Ahly a battu les Kaizer Chiefs (ZAF) 3-0, au stade Mohammed V de Casablanca (MAR).

Le plus de titres de meilleur joueur de futsal masculin
Le futsal est une forme de football en salle par équipe de 5 faisant la part belle à la technique. Ricardinho (PRT, né Ricardo Filipe da Silva Braga) a été sacré meilleur joueur par le site Futsal Planet à 6 reprises, en 2010 et 2014-2018. Il a pris sa retraite en 2021 après avoir offert la 1re coupe du monde de futsal à son pays, le 3 oct., à Kaunas (LTU).

Le record féminin est de 8, pour Amandinha (BRA, née Amanda Lyssa de Oliveira Crisóstomo), de 2014 à 2021.

LE PLUS JEUNE JOUEUR EN CHAMPIONNAT D'EUROPE DE L'UEFA
Kacper Kozłowski (né le 16 oct. 2003) avait 17 ans et 246 jours lorsqu'il a joué pour la Pologne contre l'Espagne (1-1), le 19 juin 2021, dans le cadre de l'UEFA EURO 2020. Le milieu est entré en jeu pour battre le record établi par Jude Bellingham 6 jours plus tôt, lors de la victoire 1-0 de l'Angleterre contre la Croatie. Retrouvez d'autres records dans le tableau ci-dessous.

EURO : les plus jeunes et les plus âgés

Record	Âge	Nom	Date
Le plus jeune joueur (match à élimination directe)	18 ans et 4 jours	Jude Bellingham (GBR, né le 29 juin 2003)	3 juill. 2021
Le plus jeune buteur	18 ans et 141 jours	Johan Vonlanthen (CHE, né COL, le 1er févr. 1986)	21 juin 2004
Le plus jeune buteur (finale)	20 ans et 64 jours	Pietro Anastasi (ITA, né le 7 avr. 1948)	10 juin 1968
Le buteur le plus âgé (finale)	34 ans et 71 jours	Leonardo Bonucci (ITA, né le 1er mai 1987)	11 juill. 2021
Le buteur le plus âgé	38 ans et 257 jours	Ivica Vastić (AUT, né le 29 sept. 1969)	12 juin 2008
Le joueur de champ le plus âgé	39 ans et 91 jours	Lothar Matthäus (DEU, né le 21 mars 1961)	20 juin 2000
Le joueur le plus âgé	40 ans et 86 jours	Gábor Király (HUN, né le 1er avr. 1976)	26 juin 2016

LE PLUS DE BUTS EN LIGA
Lionel Messi (ARG) a quitté le FC Barcelone en 2021 après 474 buts en 520 matchs de championnat. Il compte notamment **le plus de triplés en Liga** (36). Lors de ses 17 saisons avec les Catalans, il été sacré meilleur buteur du pays à 8 reprises, en 2010, 2012-2013 et 2017-2021 – **le plus de titres de Pichichi**. Pendant sa carrière en Espagne, la Pulga a aidé le Barça à gagner 10 titres en Liga.

Super Bowl

Chaque année, le championnat de football américain NFL se joue lors d'une grande finale opposant les vainqueurs de la National Football Conference et de l'American Football Conference. Le Super Bowl est devenu l'un des plus grands événements sportifs au monde, entre spectacle, action et coups d'éclat.

LE PLUS DE TOUCHDOWNS
Jerry Rice est entré dans l'en-but 8 fois en 4 Super Bowls : avec les San Francisco 49ers en 1988-1989 et 1994, et les Oakland Raiders en 2002. Membre du Hall of Fame, il a accumulé plusieurs records offensifs, dont **le plus de points** (48), **le plus de yards à la réception** (589) et **le plus de réceptions** (33).

ÉQUIPES

Le plus de victoires
Deux franchises ont remporté 6 fois le Super Bowl : les Pittsburgh Steelers (1974-1975, 1978-1979, 2005 et 2008) et les New England Patriots (2001, 2003-2004, 2014, 2016 et 2018). Les Patriots comptent aussi **le plus de participations au Super Bowl** (11).

Le plus de points
Les San Francisco 49ers de 1989 ont battu les Denver Broncos 55-10, au Super Bowl XXIV. Jerry Rice (voir à gauche) y a réalisé **le plus de touchdowns en un match** (3), exploit qu'il rééditera au Super Bowl XXIX. En 1994, les 49ers ont battu les San Diego Chargers 49-26, **le match au score global le plus élevé**. Le quarterback Steve Young y a délivré **le plus de passes de touchdown en un match** (6).

Le plus d'interceptions en un match
En 2002, au Super Bowl XXXVII, les Tampa Bay Buccaneers ont été infranchissables, avec 5 interceptions face aux Oakland Raiders, dont 3 ont été retournées en touchdowns.

Le plus de placages en un match est 7, par les Pittsburgh Steelers (1975), les Chicago Bears (1985), les Denver Broncos (2015) et les LA Rams (2021).

JOUEURS

Le plus jeune
Jamal Lewis (né le 26 août 1979) a foulé la pelouse du Super Bowl XXXV à 21 ans et 155 jours, le 28 janv. 2001. Le rookie a parcouru 102 yards à la course et a signé un touchdown lors du large succès des Baltimore Ravens 34-7 contre les New York Giants.

L'ENTRAÎNEUR VICTORIEUX LE PLUS JEUNE
Sean McVay (né le 24 janv. 1986) a remporté le trophée Vince Lombardy à 36 ans et 20 jours, lors de la victoire des Rams 23-20 contre les Cincinnati Bengals, au Super Bowl LVI, le 13 févr. 2022. McVay était déjà **l'entraîneur le plus jeune**, quand les Rams avaient perdu 13-3 contre les Patriots 3 ans plus tôt. Il avait 33 ans et 10 jours.

Le plus de participations pour un entraîneur
Bill Belichick a coaché les New England Patriots dans 9 Super Bowls, entre 2001 et 2018. Ils en ont gagné 6, permettant à Belichick de compter **le plus de victoires pour un entraîneur**. Il a aussi été sacré 2 fois en tant que coordinateur de la défense des New York Giants, aux Super Bowls XXI et XXV.

Le plus long...
- **Field goal** : 54 yards, par Steve Christie (CAN), pour les Buffalo Bills, au Super Bowl XXVIII de 1993.
- **Punt return** : 61 yards, par Jordan Norwood, au Super Bowl L de 2015, pour les Denver Broncos.
- **Punt** : 65 yards, par Johnny Hekker, pour les LA Rams, au Super Bowl LIII de 2018.
- **Course sur mêlée** : 75 yards, par Willie Parker, au Super Bowl XL en 2005, pour les Pittsburgh Steelers.
- **Réception de passe** : 85 yards, par Muhsin Muhammad, pour les Carolina Panthers, au Super Bowl XXXVIII en 2003.
- **Touchdown** : 108 yards, sur un retour de kickoff, par Jacoby Jones pour les Baltimore Ravens, au Super Bowl XLVII en 2012.

LE PLUS DE VICTOIRES
Tom Brady a décroché son 7e sacre le 7 févr. 2021, quand les Tampa Bay Buccaneers ont battu les Kansas City Chiefs 31-9. Le quarterback comptait déjà 6 titres avec les New England Patriots. Âgé de 43 ans et 188 jours pour sa dernière victoire, Brady (né le 3 août 1977) est devenu **le joueur du Super Bowl le plus âgé**. Le tableau ci-dessous récapitule ses nombreux records.

Brady au Super Bowl

Le plus de...	Total
Participations	10
Yards à la passe	3 039
Yards à la passe (un match)	505
Passes réussies	277
Passes réussies (un match)	43
Passes de touchdown	21
Meilleur joueur	5

LE PLUS DE TOUCHDOWNS À LA COURSE
Emmitt Smith a inscrit 5 touchdowns en bout de course lors de ses 3 succès au Super Bowl en 1992, 1993 et 1995 avec les Dallas Cowboys. Il a marqué 3 fois en 2 matchs contre les Buffalo Bills et a été désigné MVP après le Super Bowl XXVIII qui l'a vu courir 132 yards et inscrire 2 touchdowns. Smith en a signé 2 autres au Super Bowl XXX contre les Pittsburgh Steelers (photo).

Tous les joueurs sont de nationalité américaine, sauf mention contraire. L'année se réfère au début de la saison.

SPORTS

World Series

Depuis 1903, une série de 7 matchs oppose les vainqueurs de l'American et de la National League, et représente le temps fort de la Major League Baseball. Les New York Yankees mènent la danse avec **le plus de World Series remportées par une équipe** (27). Nous revenons ici sur quelques-uns des records qui ont fait la légende du "Classique de l'Automne".

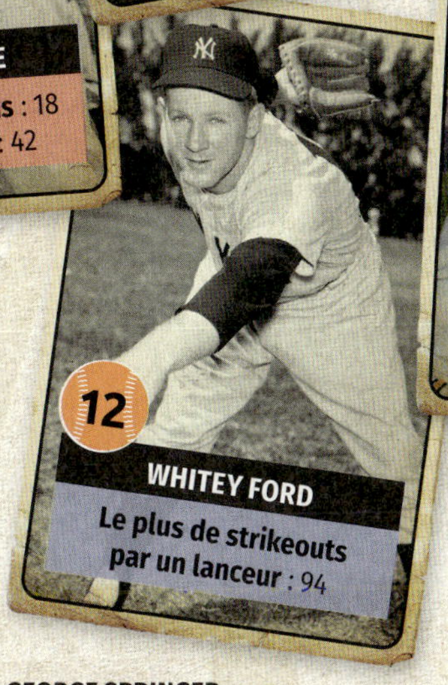

Tous les joueurs sont de nationalité américaine, sauf mention contraire.

1. ALBERT PUJOLS
Dans le Match 3 des World Series 2011, le 22 oct., Pujols (né DOM) a frappé 3 home runs et 1 simple – pour 14 bases au total – pour les St Louis Cardinals.

2. DON LARSEN
Le 8 oct. 1956, le lanceur des New York Yankees a éliminé les 27 batteurs des Brooklyn Dodgers qu'il a défiés. Il a lancé 97 balles au Yankee Stadium, signant le seul match parfait en World Series.

3. FREDDIE LINDSTROM
Le rookie Lindstrom (né le 21 nov. 1905) avait 18 ans et 318 jours quand il a joué 3e base pour les New York Giants face aux Washington Senators, dans le Match 1 des World Series 1924, le 4 oct.

4. BABE RUTH
Surtout réputé comme batteur, George Herman "Babe" Ruth Jr a aussi lancé dans 14 manches pour les Boston Red Sox, au Match 2 des World Series 1916, le 9 oct.

5. MADISON BUMGARNER
Le lanceur gaucher Bumgarner a obtenu une moyenne minuscule de 0,25 ERA en 3 World Series (2010, 2012 et 2014) pour les San Francisco Giants.

6. GEORGE SPRINGER
Springer a frappé 5 home runs pour les Houston Astros, lors des World Series 2017 contre les LA Dodgers. C'est autant que Reggie Jackson (Yankees, 1977) et Chase Utley (Philadelphia Phillies, 2009).

7. MARIANO RIVERA
Entre 1996 et 2009, le lanceur des Yankees Rivera (né PAN) a été crédité de 11 sauvetages en 7 World Series. Le MVP de 1999 a terminé sa carrière avec 5 titres de champion et une ERA de 0,99 sur les séries.

8. MICKEY MANTLE
Mantle a frappé 18 home runs en 12 World Series entre 1951 et 1964 pour les New York Yankees. Le batteur a aussi signé **le plus de points** (42) et **le plus de points produits** (40).

9. YOGI BERRA
Le receveur des Yankees Lawrence "Yogi" Berra a gagné 10 fois les World Series en tant que joueur entre 1947 et 1962 – et a ensuite gagné 3 titres comme entraîneur. Berra a disputé **le plus de World Series** (14) et **le plus de matchs** (75), et compte aussi **le plus de coups** (71).

10. JACK QUINN
Quinn (né SVK, 1er juill. 1883) avait 47 ans et 95 jours quand il était lanceur dans le Match 3 des World Series 1930 pour les Philadelphia Athletics, le 4 oct.

11. REGGIE JACKSON
"Mr October" a été sacré MVP des World Series 2 fois, avec les Oakland Athletics en 1973 et les Yankees en 1977. Il a égalé Sandy Koufax (LA Dodgers, 1963, 1965) et Bob Gibson (St Louis Cardinals, 1964, 1967).

12. WHITEY FORD
Edward "Whitey" Ford a réussi 94 strikeouts pour les Yankees en World Series entre 1950 et 1964. Il a lancé **le plus de manches** (146) et totalise **le plus de victoires pour un lanceur** (10).

Sports américains

LE PLUS DE TITRES OLYMPIQUES EN BASKET FÉMININ
Aux JO de Tokyo en 2021, Diana Taurasi (à g.) et Sue Bird ont décroché leur 5e titre olympique de suite avec la Team USA. Le duo a commencé à l'UConn en 2000 et a réécrit les livres d'histoire de la Women's National Basketball Association (WNBA) avec le Seattle Storm (Bird) et le Phoenix Mercury (Taurasi) – voir à droite.

Taurasi et Bird : leurs records en WNBA

DIANA TAURASI		SUE BIRD	
Le plus de points inscrits	9 174	Le plus de matchs	549
Le plus de paniers	2 891	Le plus de minutes en jeu	17 261
Le plus de paniers tentés	6 719	Le plus d'assists (passes décisives)	3 048
Le plus de paniers à 3 points	1 205	Le plus d'assists en finales WNBA	16
Le plus de lancers francs	2 187	Le plus de turnovers	1 333
Le plus de lancers francs tentés	2 513	Le plus de sélections All-Star	12

LE PLUS JEUNE MVP DANS UN MATCH ALL-STAR DE MLB
Le 13 juill. 2021, Vladimir Guerrero Jr (CAN, né le 16 mars 1999) a été désigné meilleur joueur All-Star à 22 ans et 119 jours. Le frappeur a offert la victoire à l'American League 5-2 contre la National League au Coors Field de Denver, avec 2 points produits et 1 home run de 142,6 m.

MLB

Le moins de manches pour un lanceur pour atteindre 100 strikeouts en 1 saison
Jacob deGrom n'a eu besoin que de 61 2/3 manches pour atteindre les 100 strikeouts avec les New York Mets lors de la saison 2021 de Major League Baseball. C'était face aux San Diego Padres, le 11 juin.

Le moins de matchs pour un lanceur pour atteindre 1 500 strikeouts
Le 21 juin 2021, Yu Darvish (JPN) a éliminé son 1 500e batteur en 197 matchs de MLB, lors du succès des San Diego Padres 6-2 contre les Los Angeles Dodgers. C'est 9 matchs de moins que le record de Randy Johnson.

Le plus de coups sûrs en début de saison
Yermín Mercedes (DOM) a commencé la saison 2021 sur un rythme effréné, avec 8 coups sûrs réussis pour les Chicago White Sox les 2-3 avr.

NHL

Le plus d'engagements disputés
Au 16 mars 2022, Sidney Crosby (CAN) avait participé à 23 694 engagements pour les Pittsburgh Penguins depuis 2005-2006, quand la National Hockey League a commencé à suivre cette statistique. Crosby en a remporté 12 339 et perdu 11 355.

Le plus d'engagements remportés est de 13 586, par Patrice Bergeron (CAN) pour les Boston Bruins.

Le plus de points en une période (joueur)
Le 17 mars 2021, Mika Zibanejad (SWE) a contribué à 6 buts en 2e période pour mener les New York Rangers à la victoire 9-0 contre les Philadelphia Flyers. Zibanejad a inscrit 3 buts (avec autant de joueurs, en surnombre et en sous-nombre) et offert 3 passes décisives. Il égale Bryan Trottier (CAN), lors de la 2e période de la victoire 9-4 des New York Islanders contre les New York Rangers, le 23 déc. 1978.

**Toutes les joueurs sont américains, sauf mention contraire.*

LE PLUS DE TOUCHDOWNS À LA PASSE EN UN MATCH DE PLAY-OFF NFL
Gabriel Davis a capté 8 passes pour un total de 201 yards et 4 touchdowns lors du play-off de division entre les Buffalo Bills et les Kansas City Chiefs, le 23 janv. 2022, à l'Arrowhead Stadium de Kansas City. Bien que son 4e touchdown ait donné 3 points d'avance à son équipe à 13 s de la fin, les Bills ont fini par s'incliner 42-36 en prolongation.

LE PLUS DE STRIKEOUTS CONSÉCUTIFS POUR UN LANCEUR MLB
La saison 2021 a vu 2 lanceurs égaler le record de 10 strikeouts consécutifs que Tom Seaver avait établi pour les New York Mets contre les San Diego Padres le 22 avr. 1970. Aaron Nola (Philadelphia Phillies) a sorti 10 batteurs des Mets le 25 juin, et Corbin Burnes (encadré), des Milwaukee Brewers, l'a imité contre les Chicago Cubs le 11 août.

LE PLUS DE 3 POINTS EN NBA
Stephen Curry a inscrit son 2 974e panier à 3 points pour les Golden State Warriors, le 14 déc. 2021, dépassant le record de Ray Allen, et avec 511 matchs de moins. Curry, qui avait atteint 3 117 paniers bonifiés le 17 mars 2022, détient aussi **le record sur 1 saison** (402, en 2015-2016).

LA VICTOIRE LA PLUS LARGE EN NBA
Le 2 déc. 2021, les Memphis Grizzlies ont broyé l'Oklahoma City Thunder 152-79, soit une marge de 73 pts. Le record précédent (68, par les Cleveland Cavaliers contre le Miami Heat) tenait depuis 30 ans. Oklahoma a désormais concédé les plus larges défaites à domicile et à l'extérieur en NBA.

NFL

Le field goal le plus lointain
Justin Tucker a signé l'action de l'année de la National Football League avec son field goal de 66 yards à la dernière seconde pour les Baltimore Ravens, le 26 sept. 2021. Son tir a rebondi sur la barre avant de passer entre les montants, scellant la victoire 19-17 contre les Detroit Lions au Ford Field de Detroit.

Le plus de matchs avec plus de 100 yards à la passe
Cooper Kupp, des Los Angeles Rams, a disputé 11 matchs en dépassant les 100 yards à la passe en 2021, autant que Michael Irvin pour les Dallas Cowboys en 1995 et que Calvin Johnson des Detroit Lions en 2012. Kupp a aussi réussi **le plus de réceptions en play-off** (33 en 4 matchs) et a été élu MVP du Super Bowl LVI qui a vu les Rams remporter le trophée Vince Lombardi.

Le plus de plaquages de quarterbacks en 1 saison
Le ligne arrière TJ Watt a été crédité de 22,5 plaquages pour les Pittsburgh Steelers en 2021. Watt a égalé le total de Michael Strahan avec les New York Giants en 2001.

Le plus de yards à la passe
Tom Brady totalise 84 520 yards à la passe entre 2000 et 2021 pour les New England Patriots et les Tampa Bay Buccaneers. Le légendaire quarterback a dépassé le record de Drew Brees le 3 oct. 2021, lors de la victoire des Bucs 19-17 contre les Patriots.

NBA

Le plus jeune à réussir un triple-double
Josh Giddey (AUS, né le 10 oct. 2002) a signé 17 pts, 14 assists et 13 rebonds pour l'Oklahoma City Thunder, à 19 ans et 84 jours, le 2 janv. 2022. Le défenseur de 203,2 cm jouait contre les Dallas Mavericks.

Le plus de 3 points en un quart-temps (équipe)
3 équipes ont glissé 11 paniers à 3 pts en un quart-temps en 2021 : les Houston Rockets (1er févr.), les Charlotte Hornets (13 mars) et les Atlanta Hawks (6 avr.). Les Milwaukee Bucks (28 mars 2006) et les Cleveland Cavaliers (31 janv. 2010) avaient fait aussi bien.

WNBA

Le plus de rebonds
Sylvia Fowles totalise 3 712 rebonds avec le Minnesota Lynx et le Chicago Sky entre 2008 et 2021. Fowles compte aussi **le meilleur pourcentage de paniers** (59,7 %), soit 2 347 sur 3 930 tentatives.

Le meilleur taux de lancers francs
À la fin de la saison 2021, Elena Delle Donne avait réussi 956 de ses 1 018 lancers francs. Soit un taux de réussite de 93,9 %, 3 points de plus que le record **NBA** de 90,7 % de Stephen Curry (voir ci-dessus).

En 2019, Lamar Jackson est devenu MVP de NFL à 23 ans – seul Jim Brown était plus jeune.

LE PLUS DE MATCHS À 100 YARDS À LA COURSE POUR UN QUARTERBACK
Le 7 nov. 2021, Lamar Jackson a égalé le record de Michael Vick avec 10 matchs à plus de 100 yards à la course. Entre le 18 nov. 2018 – son 1er match de titulaire à ce poste – et le 11 oct. 2021, Jackson a permis aux Baltimore Ravens de réussir **le plus de matchs à 100 yards à la course (équipe)** – 43, autant que les Pittsburgh Steelers en 1974-1977.

LE PLUS DE MATCHS DE NHL DISPUTÉS À LA SUITE
Le 25 janv. 2022, le défenseur Keith Yandle a établi un nouveau record d'endurance avec son 965e match de saison régulière d'affilée, pour les Philadelphia Flyers contre les New York Islanders. La série de Yandle – passée à 981 au 13 mars – dure depuis 13 ans et représente plus de 20 000 min sur la glace.

Cricket

LE PLUS DE GUICHETS EN UNE COUPE DU MONDE T20

Wanindu Hasaranga de Silva (LKA) a pris 16 guichets en 8 matchs, à la Coupe du monde T20 masculine de l'ICC 2021 aux Émirats et à Oman. Le joueur a frappé à une moyenne de 9,75 courses par guichet. Consultez le tableau ci-dessus pour tous les records de la Coupe du monde T20.

Coupe du monde T20 masculine ICC

Le plus de...	Total	Nom	Équipe
Matchs	35	Tillakaratne Dilshan	Sri Lanka
Courses	1 016	Mahela Jayawardene	Sri Lanka
Guichets	41	Shakib Al Hasan	Pakistan
Éliminations (gardiens)	32	MS Dhoni	Inde
Réception (fielder)	23	AB de Villiers	Afrique du Sud
Six	63	Chris Gayle	Indes occidentales

LE PLUS DE VICTOIRES EN COUPE DU MONDE FÉMININE ICC

Les Australiennes ont décroché leur 7e coupe du monde ODI, le 3 avr. 2022, en battant l'Angleterre de 71 courses, en finale à Christchurch (NZ). L'ouvreuse Alyssa Healy a réalisé **le plus de courses par une joueuse en finale de Coupe du monde ICC** (170).

Le plus de six en une manche internationale

Le 9 sept. 2021, Jaskaran Malhotra (USA, né IND) a frappé 6 six en une manche dans le match de One-Day International (ODI) entre les États-Unis et la Papouasie-Nouvelle-Guinée, à l'Al Amerat Cricket Ground d'Oman. Il est devenu le 4e joueur de l'histoire à y parvenir, avec Herschelle Gibbs (ZAF), Yuvraj Singh (IND), et Kieron Pollard (TTO) pour les Indes occidentales.

Les manches de 173 pts de Malhotra comprenaient 16 six – à une longueur du record du **plus de six en un ODI**, par l'Anglais Eoin Morgan (né IRL) en Coupe du monde de cricket contre l'Afghanistan, le 18 juin 2019.

Le plus de guichets internationaux à la suite

Jason Holder (BRB) a pris 4 guichets consécutifs lors du match de T20 des Indes occidentales contre l'Angleterre, le 30 janv. 2022 à Bridgetown (BRB). Il égale la prouesse de Lasith Malinga (LKA, 2 fois), Rashid Khan (AFG), Anuradha Doddaballapur (DEU, né IND) et Curtis Campher (IRL, né ZAF).

Patel a pris 10 guichets pour 119 courses en 47,5 manches. Mais la Nouvelle-Zélande a perdu avec 372 courses d'écart.

LE PLUS DE GUICHETS EN UNE MANCHE DE TEST

Les 3-4 déc. 2021, Ajaz Patel (NZ, né IND) a pris les 10 guichets de la 1re manche, au stade Wankhede de Mumbai. Le spinner gaucher est devenu le 3e joueur seulement à réaliser cet exploit, après l'Anglais Jim Laker contre l'Australie, les 30-31 juill. 1956, et Anil Kumble (IND) contre le Pakistan, le 7 févr. 1999.

Le plus de courses internationales (femmes)

Au 3 avr. 2022, Mithali Raj (IND) totalisait 10 868 courses inscrites en cricket international : 699 en Test, 2 364 en T20 International et **le plus de courses en ODI (femmes)** (7 805), soit 1 813 courses de plus que toute autre joueuse en format 50-over. Raj compte aussi **le plus de cinquante en ODI (femmes)** (66).

Le plus de réceptions pour un gardien de guichet à ses débuts en Test

Le gardien Alex Carey (AUS) a réussi 8 réceptions aux Ashes contre l'Angleterre, au Brisbane Cricket Ground (AUS), les 8 et 10-11 déc. 2021. Il en a réussi 3 dans la 1re manche et 5 dans la seconde.

Le plus de guichets pris en un T20 International

Le 26 août 2021, Frederique Overdijk (NLD) a empoché 7 guichets pour 3 courses contre la France en qualifications de la Coupe du monde féminine T20, à Carthagène (ESP). Elle a éliminé 6 batteurs.

Le 24 oct. 2021, Peter Aho (NGA) a obtenu **les meilleurs chiffres au lancer en T20 International (hommes)** : il a pris 6 guichets pour 5 courses en 3,4 manches contre le Sierra Leone, à l'University of Lagos Cricket Oval (NGA).

SHANE WARNE (1969-2022)

Le cricket a perdu l'une de ses légendes en 2022, quand le lanceur Shane Warne (AUS) est décédé le 4 mars, à 52 ans. Il avait pris 708 guichets en Test, devancé seulement par Muttiah Muralitharan, et comptait **le plus de guichets en Test contre une même équipe** (195, face à l'Angleterre). Sa 1re élimination d'un Anglais, face à Mike Gatting le 4 juin 1993, est qualifiée de "balle du siècle".

LE PLUS JEUNE À MARQUER UN CENTURY INTERNATIONAL

Amy Hunter (IRL, née le 11 oct. 2005) a fêté ses 16 ans en grande pompe en 2021 avec un 121 non éliminé en ODI pour l'Irlande contre le Zimbabwe, à l'Harare Sports Club. Elle est devenue la plus jeune à inscrire un century, hommes et femmes confondus, en cricket international.

Tennis

Le plus de titres Masters 1000 en simple
Le 7 nov. 2021, Novak Djokovic (SRB) a décroché son 37e titre en Masters 1000 de l'ATP (Association of Tennis Professionals), battant Daniil Medvedev 4-6, 6-3, 6-3 au Masters de Paris-Bercy (FRA). Djokovic a repris une longueur d'avance sur Rafael Nadal, 6 mois après que l'Espagnol l'avait rejoint avec son 36e titre au Masters de Rome (ITA).

Toujours en 2021, Djokovic a amélioré son record du **plus de titres de Joueur ATP de l'année** avec une 7e couronne. Remise pour la 1re fois à Arthur Ashe en 1975, cette distinction est délivrée depuis 1990 au joueur qui termine l'année calendaire à la 1re place du classement de l'ATP.

Le plus d'années à gagner un tournoi ATP
Rafael Nadal a gagné au moins un tournoi de l'ATP pendant 19 années consécutives, entre 2004 et 2022. Il a décroché le titre à l'Open d'Australie à Melbourne, le 9 janv. 2022, pour passer devant le record de Roger Federer (18 en 2001-2015, 2017-2019) et Andre Agassi (18 en 1987-1996, 1998-2005).

Le plus de titres de Tournoi ATP de l'année
Le Masters d'Indian Wells en Californie a été désigné Tournoi ATP de l'année pendant 7 ans de suite entre 2014 et 2021. Indian Wells, l'un des 9 Masters 1000 du calendrier, fait mieux que les 6 trophées remportés par l'Open de Miami en 2002-2006 et 2008.

Le plus de participations au tournoi olympique simple dames
À Tokyo, en 2021, Samantha Stosur (AUS) a disputé ses 5es JO en simple dames. Elle fait aussi bien que Venus Williams entre 2000 et 2016. Venus et sa sœur Serena (toutes 2 USA) comptent **le plus de médailles d'or olympiques** (4), dont 3 ensemble, en double.

Le record masculin de participations aux JO est aussi passé à 5 à Tokyo, par Lu Yen-hsun (alias Rendy Lu), de Taïwan (CHN). Le joueur de 37 ans s'est incliné au 1er tour du tournoi masculin avant d'annoncer sa retraite.

La fin de match la plus tardive dans un tournoi ATP en simple
Le match du 1er tour entre Alexander Zverev (DEU) et Jenson Brooksby (USA) à l'Open mexicain d'Acapulco s'est terminé à 4 h 55, le 22 févr. 2022. Zverev s'est imposé 3-6, 7-6, 6-2 en pleine nuit, après un 2e set de 1 h et 51 min.

Le plus de tournois du Grand Chelem disputés en simple
Le 30 juin 2021, Venus Williams a disputé son 90e Grand Chelem en simple – 24 ans après son 1er, Roland-Garros 1997, à 16 ans. Au 1er tour de Wimbledon, elle a signé sa 271e victoire, avant de s'incliner au tour suivant.

Le plus de titres du Grand Chelem en fauteuil
Shingo Kunieda (JPN) a remporté son 47e Majeur de tennis-fauteuil à l'Open d'Australie, le 27 janv. 2022. Il a battu Alfie Hewett 7-5, 3-6, 6-2 en finale à Melbourne, pour obtenir son 26e sacre en simple, en plus de ses 21 titres en double.

Toujours à Melbourne, le vétéran de 47 ans David Wagner (USA) a amélioré le record de **titres du Grand Chelem en double quad masculin** à 22. **Le record en simple quad masculin** est de 15, par Dylan Alcott (AUS, voir à droite).

LE PLUS JEUNE VAINQUEUR D'UN TOURNOI ATP 500
Le 8 août 2021, Jannik Sinner (ITA, né le 16 août 2001) a remporté le Citi Open de Washington (USA) à 19 ans et 357 jours. Il a battu Mackenzie McDonald 7-5, 4-6, 7-5 en finale pour devenir le 1er joueur de moins de 20 ans à décrocher un tournoi de l'ATP 500.

LE 1er GRAND CHELEM DORÉ (HOMMES)
Le 12 sept. 2021, Dylan Alcott (AUS) a gagné l'US Open en simple quad, signant un "Grand Chelem doré" – soit une victoire dans les 4 Majeurs en simple ou double ainsi que l'or olympique ou paralympique, la même année. Il a été égalé par Diede de Groot (NLD, encart) dans la même catégorie, en tennis-fauteuil féminin simple. **Le 1er Grand Chelem doré** a été réalisé par Steffi Graf (DEU) en 1988.

LE PLUS D'ACES EN UN MATCH DE L'US OPEN (FEMMES)
Au 2e tour, Karolína Plíšková (CZE) a réussi 24 services gagnants pour battre Amanda Anisimova, le 3 sept. 2021, sur le court Arthur Ashe de New York. Sa jumelle, Kristýna, a réalisé **le plus d'aces dans un match (femmes)** (31), contre Monica Puig, à l'Open d'Australie, le 20 janv. 2016.

LE PLUS DE TITRES DU GRAND CHELEM EN SIMPLE (HOMMES)
Le 30 janv. 2022, Rafael Nadal (ESP) a battu Daniil Medvedev en finale de l'Open d'Australie pour décrocher son 21e titre majeur en simple. Il devance Roger Federer et Novak Djokovic d'une unité et devient pour la 1re fois seul détenteur du record. Il a notamment remporté Roland-Garros 13 fois – **le plus de victoires dans un même Grand Chelem (ère Open)**.

Athlétisme

Les plus rapides...
100 m (T63, femmes)
Ambra Sabatini (ITA) a gagné l'or olympique en 14,11 s, le 4 sept. 2021, à Tokyo (JPN). La sprinteuse de 19 ans a ouvert la voie à un triplé italien dans l'épreuve. Elle avait débuté la compétition en 2020 après avoir perdu la jambe gauche lors d'un accident de la route l'année précédente.

200 m (T12, femmes)
Omara Durand (CUB) a glané 3 titres aux jeux Paralympiques de Tokyo, dont le 200 m en 23,02 s, le 4 sept. 2021. Elle compte 8 titres paralympiques dans les catégories T12 et T13 pour les athlètes malvoyants. Elle détient aussi le record du **400 m T12** en 51,77 s, tandis que son **100 m T12** en 11,40 s aux jeux Paralympiques de Rio 2016 est le sprint le plus rapide jamais enregistré par une para-athlète sur cette distance.

LE 60 M HAIES EN SALLE LE PLUS RAPIDE (HOMMES)
Le 24 févr. 2021, Grant Holloway (USA) a signé un chrono de 7,29 s au 60 m haies du meeting de Madrid (ESP), du World Athletics Indoor Tour. Il a battu le record de Colin Jackson datant de 27 ans de 0,01 s. Holloway était invaincu depuis 6 ans dans cette épreuve.

LE 10 KM COURSE SUR ROUTE LE PLUS RAPIDE (FEMMES SEULEMENT)*
Le 12 sept. 2021, Agnes Tirop (KEN) a couru 10 km en 30 min et 1 s, à l'épreuve Road to Records d'Herzogenaurach (DEU). Elle a amélioré de presque 30 s le record d'Asmae Leghzaoui établi en 2002. Agnes a tragiquement perdu la vie en oct. 2021. Un millier de personnes ont assisté à ses funérailles.

800 m fauteuil (T54, hommes)
Daniel Romanchuk (USA) a parcouru les 2 tours de piste en 1 min et 29,54 s, aux Swiss Nationals d'Arbon (CHE), le 24 mai 2021.

2 000 m (femmes)
Francine Niyonsaba (BDI) a couru 2 km en 5 min et 21,56 s, le 14 sept. 2021, à Zagreb (HRV). Ancienne spécialiste du 800 m, elle a dû passer à de plus longues distances quand le règlement de la fédération World Athletics a interdit aux coureuses ayant un taux de testostérone naturellement élevé de participer aux courses entre 400 m et 1 mile. Elle est la 1re athlète identifiée comme ayant des variations du développement sexuel à signer un record du monde.

5 km sur route (hommes)
Le 31 déc. 2021, Berihu Aregawi (ETH) a gagné la Cursa dels Nassos, à Barcelone (ESP), en 12 min et 49 s. Le record **féminin**, établi à la même course, est signé Ejgayehu Taye (ETH) en 14 min et 19 s. World Athletics sépare les records sur route entre courses mixtes et féminines. **Le 5 km le plus rapide (femmes seulement)*** est de 14 min et 29 s, par Senbere Teferi (ETH), le 12 sept. 2021, à Herzogenaurach (DEU).

Le 10 km sur route le plus rapide (femmes, course mixte)* est de 29 min et 14 s, par Yalemzerf Yehualaw (ETH), le 27 févr. 2022, à Castellón (ESP).

10 000 m (femmes)
Letesenbet Gidey (ETH) a gagné les qualifications olympiques éthiopiennes en 29 min et 1,03 s, le 8 juin 2021, à Hengelo (NDL). Elle a amélioré de 5 s le record féminin établi seulement 2 jours plus tôt par Sifan Hassan dans le même stade.

Gidey détient aussi le record du **5 000 m féminin** – 14 min et 6,62 s, le 7 oct. 2020 – et **le semi-marathon féminin le plus rapide (course mixte)**, le 24 oct. 2021, avec 21 km parcourus en seulement 1 h, 2 min et 52 s, à Valence (ESP).

LE LANCER DE POIDS LE PLUS LOINTAIN (HOMMES)
Ryan Crouser (USA) a envoyé le poids à 23,37 m, le 18 juin 2021, aux qualifications olympiques des États-Unis, à Eugene (Oregon). Il a explosé le record du monde de 23,12 m qui tenait depuis 31 ans. Crouser, du haut de ses 2,01 m, a vécu une année 2021 hors norme avec le record **en salle** pour son 1er lancer de la saison, à 22,82 m, le 24 janv. 2021. Il a par ailleurs conservé son titre en lancer de poids olympique à Tokyo.

LE 400 M HAIES LE PLUS RAPIDE
Lors d'une finale extraordinaire du 400 m haies masculin aux JO de Tokyo, le 3 août 2021, Karsten Warholm (NOR) a franchi la ligne en 45,94 s, écrasant son propre record du monde **masculin** de juill. de 0,75 s. Médaillé de bronze, Alison dos Santos a enregistré un temps de 46,72 s qui lui aurait valu le record un mois plus tôt.

Le lendemain, Sydney McLaughlin (USA) a battu le record **féminin** et a pris l'or en 51,46 s. Elle a battu l'ancienne détentrice Dalilah Muhammad au terme d'une épreuve à suspense.

** En attente de validation par World Athletics*

LE 100 M LE PLUS RAPIDE (T62, FEMMES)
Le 3 juin 2021, Fleur Jong (NLD) a couru en 12,64 s, aux championnats européens World Para Athletics de Bydgoszcz (POL). Le 28 août, elle a remporté son 1er titre paralympique avec **le saut en longueur le plus long (T62, femmes)**, à 6,16 m. Jong a perdu ses jambes sous les genoux et 8 doigts après une infection bactérienne contractée à 16 ans.

Les plus lointains...
Triple saut en salle (hommes)
Le 16 janv. 2021, Hugues Fabrice Zango (BFA) a volé sur 18,07 m, lors d'une épreuve à Aubière (FRA). Il a battu le record de 17,92 m établi en 2011 par son entraîneur, Teddy Tamgho. Zango est le 1er Burkinabé détenteur d'un record du monde d'athlétisme.

Javelot (F46, hommes)
Dinesh Priyantha (LKA) est devenu le 1er Srilankais médaillé d'or aux jeux Paralympiques, le 30 août 2021, grâce à un lancer à 67,79 m.

Le même jour, l'ancien lutteur Sumit Antil (IND) a établi le record **F64** 3 fois en 6 lancers. Son jet à 68,55 m au 5e tour lui a permis de décrocher le titre dans la catégorie pour ses débuts paralympiques.

LE PLUS DE MÉDAILLES OLYMPIQUES EN ATHLÉTISME (FEMMES)
Allyson Felix (USA) a obtenu ses 10e et 11e podiums olympiques lors des JO de Tokyo, avec le bronze au 400 m et l'or au relais 4 x 400 m. Elle compte notamment **le plus de titres olympiques en athlétisme (femmes)** : 7. À Tokyo, elle participait à ses 5es JO. Elle avait débuté à Athènes 2004, remportant l'argent au 200 m à 18 ans.

Le record **masculin** est de 12 médailles (9 d'or, 3 d'argent) par le "Finlandais volant" Paavo Nurmi (en haut, à gauche) entre 1920 et 1928.

LE PLUS DE PARTICIPATIONS AUX JO EN ATHLÉTISME
À 51 ans, le 6 août 2021, Jesús Ángel García (ESP) a disputé son 8e 50 km marche olympique, terminant 35e. Il avait disputé ses 1ers JO à Barcelone en 1992. Il a signé sa meilleure place, 4e, à Pékin 2008. García ne sera pas à Paris 2024, le 50 km marche ne figurant plus au programme olympique.

Les plus hauts...
Saut à la perche (hommes)*
Le 7 mars 2022, Armand Duplantis (SWE, né USA) a franchi une barre à 6,19 m, au meeting indoor de Belgrade (SRB). C'était la 3e fois que "Mondo" établissait un record du monde. Il estime avoir eu besoin de 50 tentatives pour réussir à sauter à cette hauteur en compétition.

Le plus de...
Victoires en Ligue de diamant
La lanceuse de disque Sandra Perković (HRV) a remporté 2 meetings en 2021 et compte désormais 44 victoires, plus que tout autre athlète. Elle partage le record de **titres féminins en Ligue de diamant** (6) avec la lanceuse de poids Valerie Adams (NZ) et la sauteuse (longueur, triple saut) Caterine Ibargüen (COL).

Titres olympiques en lancer de marteau (femmes)
Anita Włodarczyk (POL) a conforté sa place de meilleure lanceuse de marteau de l'histoire avec un 3e titre olympique de suite à Tokyo. Elle a scellé sa victoire avec un lancer à 78,48 m, le 3 août 2021. Son record de **lancer de marteau le plus lointain (femmes)** est de 82,98 m, réalisé le 28 août 2016.

LE TRIPLE SAUT LE PLUS LONG (FEMMES)
Le 1er août 2021, Yulimar Rojas (VEN) a couru, bondi et rebondi à 15,67 m pour prendre l'or aux JO de Tokyo. Elle était déjà assurée du titre avant son dernier saut de la compétition, grâce auquel elle a battu le record mondial d'Inessa Kravets de 15,50 m, datant de 1995. Rojas possède aussi le record **en salle** avec 15,43 m, établi le 21 févr. 2020, à Madrid (ESP).

Voir p. 246-47 pour les derniers résultats du championnat du monde 2022.

Handisports

Le 500 m contre-la-montre le plus rapide (C4, femmes)
Aux jeux Paralympiques de Tokyo, Kadeena Cox (GBR) a bouclé 2 tours de l'Izu Velodrome en 34,812 s pour prendre l'or au contre-la-montre féminin de para-cyclisme (C4-5), le 27 août 2021. Cox a aussi fait équipe avec Jody Cundy et Jaco van Gass pour établir le record en **sprint mixte par équipe (C1-5)** en 47,579 s pour la Grande-Bretagne avant de passer à l'athlétisme, où elle a terminé 4e du 400 m T38 remporté par Lindy Ave (DEU) en 1 min pile, **le 400 m T38 le plus rapide (femmes)**.

Le 1 km contre-la-montre le plus rapide (C1, hommes)
Li Zhangyu (CHN) a pris l'or en contre-la-montre para-cycliste C1-3, en 1 min et 8,347 s, le 27 août 2021, à Tokyo. C'était son 3e titre paralympique de suite sur cette distance. Alexandre Léauté (FRA) a gagné l'argent en **C2** en 1 min et 9,211 s, et Jaco van Gass (GBR, né ZAF) s'est emparé du bronze avec le record **C3** en 1 min et 5,569 s. Le temps des compétiteurs est ajusté selon leur niveau de handicap pour déterminer leur classement général dans l'épreuve.

Le 100 m le plus rapide (T12, hommes)
Le 29 août 2021, Salum Ageze Kashafali (NOR, né COD) a couru vers la gloire olympique en 10,43 s, à Tokyo. C'est juste 0,01 s de moins que **le 100 m le plus rapide (T46-47)** de Petrucio Ferreira dos Santos (BRA) datant des mondiaux 2019 à Dubaï (EAU) – le chrono le plus rapide de la distance en para-athlétisme.

LE 1 500 M NAGE LIBRE PETIT BASSIN LE PLUS RAPIDE (T21, FEMMES)
Dunia Camacho Marenco (MEX) a parcouru 1 500 m dans un bassin de 25 m, en 23 min et 55,27 s, en Nouvelle-Écosse (CAN), le 25 juill. 2018. En 2021, elle a reçu 4 certificats GWR pour ses records en T21, validés par la Down Syndrome International Swimming Organisation. Les nageurs atteints du syndrome de Down se qualifient difficilement aux jeux Paralympiques puisqu'ils sont inscrits en catégorie S14 et défient des athlètes souffrants de retards intellectuels, mais sans handicap physique.

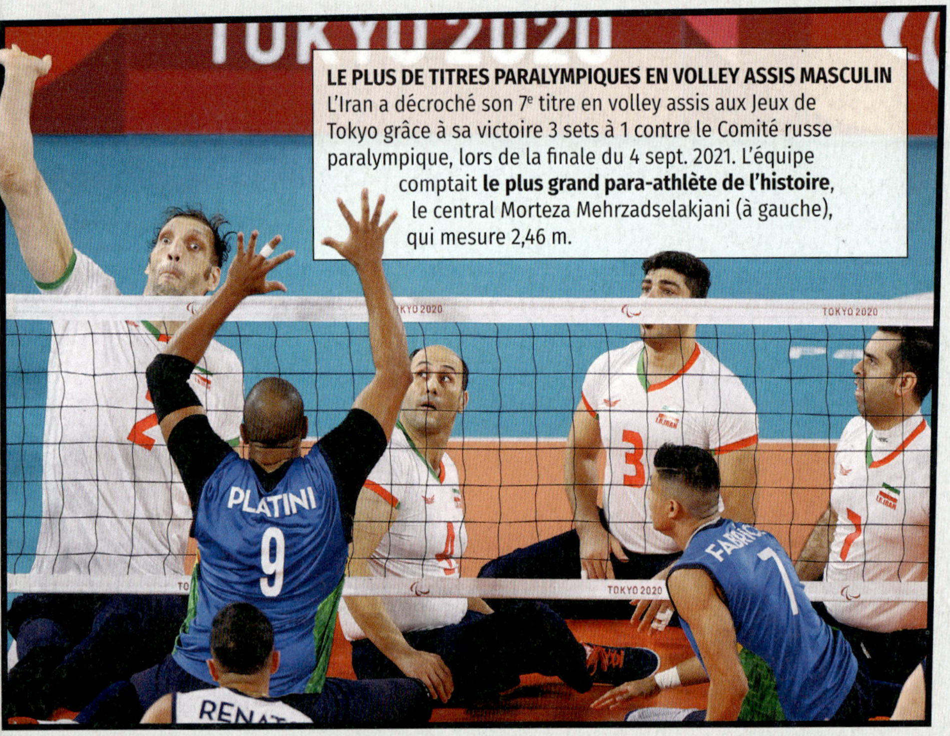

LE PLUS DE TITRES PARALYMPIQUES EN VOLLEY ASSIS MASCULIN
L'Iran a décroché son 7e titre en volley assis aux Jeux de Tokyo grâce à sa victoire 3 sets à 1 contre le Comité russe paralympique, lors de la finale du 4 sept. 2021. L'équipe comptait **le plus grand para-athlète de l'histoire**, le central Morteza Mehrzadselakjani (à gauche), qui mesure 2,46 m.

Le 200 m le plus rapide (T37, hommes)
Le sprinteur Nick Mayhugh (USA) a couru la finale à Tokyo en 21,91 s, le 4 sept. 2021. Il avait déjà signé **le 100 m T37 le plus rapide**, en 10,95 s, 8 jours plus tôt, et a terminé les Jeux avec 3 titres et 1 médaille d'argent. Mayhugh, atteint de paralysie cérébrale, est aussi membre de la sélection américaine d'handifoot à 7.

Le lancer de disque le plus lointain (F52, femmes)
Elizabeth Rodrigues Gomes (BRA) a réalisé un lancer à 17,62 m pour remporter l'or paralympique, le 30 août 2021. Atteinte de sclérose en plaques et âgée de 56 ans, elle disputait ses 1ers Jeux.

LE 100 M FAUTEUIL LE PLUS RAPIDE (T34, FEMMES)
Le 29 août 2021, Hannah Cockroft (GBR) a glané sa 3e couronne paralympique de suite au 100 m, en 16,39 s, à Tokyo (JPN). C'était une année record pour Cockroft, qui, en mai, avait établi les records T34 sur **200 m** (29,27 s), **400 m** (53,99 s) et **800 m** (1 min et 48,87 s) – chaque fois à Arbon (CHE).

LE 3 KM POURSUITE INDIVIDUELLE LE PLUS RAPIDE (C5, FEMMES)
Dame Sarah Storey (GBR) a pédalé 3 km en 3 min et 27,057 s, aux jeux Paralympiques de Tokyo, le 25 août 2021. Elle a battu le record du monde en poursuite individuelle féminine C5 lors des qualifications à l'Izu Velodrome et a rattrapé sa compatriote Crystal Lane-Wright en 8 tours pour prendre l'or en finale. Storey, qui disputait ses 8es Jeux, a gagné 2 titres de plus et en totalise 17, faisant d'elle la para-athlète britannique la plus titrée.

Storey a gagné 5 de ses 17 titres paralympiques en natation avant de passer au cyclisme en 2005.

LE 400 M NAGE LIBRE LE PLUS RAPIDE (S11, FEMMES)
La paranageuse Anastasia Pagonis (USA, avec son chien guide Radar ci-dessus) a perdu la vue à l'âge de 14 ans. Elle compte des millions d'abonnés sur TikTok, où elle partage sa vie quotidienne de non-voyante. Le 26 août 2021, à 17 ans, elle a battu son propre record du monde sur le 400 m nage libre S11 en 4 min et 54,49 s et a remporté sa 1re médaille d'or paralympique.

Le 100 m nage libre le plus rapide (S10, hommes)
Le parasportif le plus titré à Tokyo était Maksym Krypak (UKR), qui a pris 7 médailles, dont 5 en or. Il a gagné le titre en 100 m nage libre S10 en 50,64 s, le 28 août 2021, et a établi les records S10 au **100 m dos** (57,19 s) et **100 m papillon** (54,15 s).

Une autre nageuse au-dessus du lot en S10 était Aurélie Rivard (CAN), qui a signé les records féminins au **100 m nage libre** (58,14 s) et **400 m nage libre** (4 min et 24,08 s) pour s'offrir un doublé en or.

Le 50 m papillon le plus rapide (S5, hommes)
Zheng Tao s'est imposé au 50 m papillon paralympique en 30,62 s, le 27 août 2021. C'est l'un des 4 titres remportés par le nageur chinois à Tokyo, lui qui avait commencé le sport à 13 ans après une électrocution qui l'a privé de ses bras. Il a aussi établi le record du **50 m dos** (S5) à Tokyo, en 31,42 s.

LE POWERLIFT LE PLUS LOURD (- 41 KG, FEMMES)
Le 28 nov. 2021, Lingling Guo (CHN, ici aux Jeux de Tokyo) a soulevé 109,5 kg aux mondiaux d'haltérophilie handisport de Tbilissi (GEO). Elle est la seule femme en haltérophilie handisport à détenir des records dans 2 catégories de poids, après avoir établi le record en **- 45 kg** avec 118 kg en 2019.

LE PLUS DE TITRES PARALYMPIQUES EN HOCKEY SUR GLACE
Le défenseur Josh Pauls (USA) a décroché sa 4e médaille d'or aux jeux Paralympiques d'hiver à Pékin 2022, s'offrant même un but en finale pour battre les rivaux canadiens 5-0, le 13 mars. Pauls est né sans tibias et a été amputé des jambes à 10 mois. Il avait gagné son 1er titre à Vancouver 2010, à 17 ans, et a disputé 19 matchs aux jeux Paralympiques.

Le powerlift le plus lourd (- 88 kg, hommes)
Le 4 déc. 2021, Abdelkareem Khattab (JOR) a soulevé 250 kg aux mondiaux de powerlift handisport à Tbilissi (GEO). Il a écrasé son propre record du monde établi à Dubaï, le 21 juin, avec 10 kg de plus lors de sa dernière tentative.

D'autres records d'haltérophilie sont tombés à Tbilissi :
- 55 kg, femmes : 133,5 kg, par Mariana Shevchuk (UKR), le 30 nov. C'était le 3e record du monde de l'année pour l'athlète atteinte de nanisme.
- 79 kg, femmes : 144 kg, par Bose Omolayo (NGA), le 2 déc.
- 86 kg, femmes : 152,5 kg, par Folashade Oluwafemiayo (NGA), le 3 déc. C'était son 4e record du monde depuis début 2021.
- 107 kg, hommes : 251 kg, par Ali Akbar Gharibshahi (IRN), le 5 déc.

Le meilleur score en pistolet à air comprimé à 10 m femmes (SH1)
La paratireuse Sareh Javanmardi (IRN) a conservé son titre à Tokyo en marquant 239,2 pts sur le pas de tir d'Asaka, le 31 août 2021. Les participants à la catégorie SH1 peuvent porter le poids de leur arme eux-mêmes.

Lui aussi médaillé d'or, Dragan Ristić (SRB) a signé un nouveau record en **carabine à 50 m tir couché mixte (SH2)** – 252,7 pts –, le 4 sept. 2021.

LE SAUT EN LONGUEUR LE PLUS LOINTAIN (T64)
Markus Rehm (DEU) a bondi à 8,62 m, le 1er juin 2021, aux championnats d'Europe World Para Athletics, à Bydgoszcz (POL), surpassant son propre record de 14 cm. C'est le saut le plus long pour n'importe quel para-athlète, avec une distance qui lui aurait valu l'or aux 6 dernières éditions des JO valides. À Tokyo, Rehm, surnommé "Blade Jumper" a remporté son 3e titre paralympique dans la discipline.

LE VAINQUEUR D'UN MAJEUR LE PLUS ÂGÉ

Phil Mickelson (USA, né le 16 juin 1970) est devenu le vainqueur le plus âgé d'un tournoi majeur en 160 ans, lorsqu'il a remporté le PGA Championship 2021 à 50 ans et 341 jours. Son succès à Kiawah Island (Caroline du Sud, USA) intervient plus de 30 ans après sa 1re victoire sur le PGA Tour.

LE SCORE LE PLUS BAS EN UN TOUR DE MAJEUR

À l'Évian Championship 2021, Lee Jeong-eun (dite Jeongeun Lee6 (KOR), ci-contre) et Leona Maguire (IRL) ont toutes 2 signé un tour à 61 coups, égalant le record en Majeur détenu par Kim Hyo-joo (KOR) depuis Évian 2014. La carte de 61 de Lee au 2e tour lui a valu **le score le plus bas en Majeur (36 premiers trous)** avec 127 coups (66, 61 ; 15 sous le par). Elle a terminé 2e.

Le score total le plus bas sur le tour européen PGA

Le 25 avr. 2021, Garrick Higgo (ZAF) a gagné son 1er tournoi du tour européen avec la manière, avec seulement 255 coups sur les 4 tours (65, 64, 63, 63 ; 25 sous le par), à l'Open de Gran Canaria Lopesan (ESP). Thaworn Wiratchant avait aussi signé une carte de 255 à l'Open d'Indonésie 2005, mais avait bénéficié de balles replacées – en raison de la météo, les joueurs pouvaient améliorer leur lie en relevant leur balle en certains endroits du parcours.

Le plus jeune vainqueur d'un tournoi de classement mondial (hommes)

Ratchanon "TK" Chantananuwat (THA, né le 5 mars 2007) n'avait que 15 ans et 36 jours quand il a gagné la Trust Golf Asian Mixed Cup de Pattaya (THA), le 10 avr. 2022. Il a terminé avec une carte de –20, au Siam Country Club, devenant le plus jeune vainqueur d'un tournoi officiel de classement.

Le record féminin est détenu par Atthaya Thitikul (THA, née le 20 févr. 2003), qui avait 14 ans et 139 jours en remportant le Ladies European Thailand Championship, les 6-9 juill. 2017, également à Pattaya.

Le score le plus bas à l'open britannique (36 premiers trous)

Louis Oosthuizen (ZAF) a atteint la moitié de l'open 2021 en seulement 129 coups (64, 65 ; –11), au Royal St George (GBR). Il a terminé 3e à égalité, derrière le vainqueur Collin Morikawa. L'année 2021 d'Oosthuizen a été mitigée : il a empoché 6 306 679 $, mais n'a pas gagné un seul titre **– les gains les plus élevés sur 1 saison du PGA Tour sans victoire**.

Le prize money le plus élevé

Organisé les 10-14 mars, au TPC Sawgrass de Ponte Vedra Beach (Floride, USA), le Players Championship 2022 mettait en jeu 20 millions $. Le tournoi, perturbé par la météo, a été remporté par Cameron Smith (AUS), qui a empoché 3,6 millions $ avec une carte de 275 (–13).

Le record féminin est de 5,8 millions $, offerts à l'open britannique 2021. Il s'est tenu les 19-22 août au Carnoustie Golf Links d'Angus (GBR) et a été remporté par Anna Nordqvist, qui a reçu 870 000 $.

Le score le plus bas en un tour des JO (hommes)

Le 1er août 2021, Rory Sabbatini (SVK, né ZAF) a fini son dernier tour avec une carte de 61, synonyme de médaille d'argent, conclue par un birdie au 18e trou du Kasumigaseki Country Club de Kawagoe (Saitama, JPN). Né en Afrique du Sud, Sabbatini a obtenu la nationalité slovaque par sa femme, Martina, sa caddie lors des JO.

Le moins de putts en un tour du PGA Tour

Le 6 août 2021, Cameron Smith est devenu le 12e golfeur à prendre 18 putts en 18 trous sur le PGA Tour. Il disputait le 2e tour du WGC-FedEx St. Jude Invitational à Memphis (Tennessee, USA).

Le plus âgé à remporter son 1er tournoi sur le tour européen

Richard Bland (GBR, né le 3 févr. 1973) avait 48 ans et 101 jours quand il a gagné le British Masters, le 15 mai 2021. Bland a disputé 477 tournois sans succès avant de goûter enfin à la victoire au The Belfry (Warwickshire, GBR).

LE SCORE LE PLUS BAS SOUS LE PAR AU WOMEN'S PGA CHAMPIONSHIP

Le 27 juin 2021, Nelly Korda (USA) a gagné le Women's PGA Championship – son 1er Majeur – avec une carte de –19, à Johns Creek (USA). Korda a égalé les scores de Cristie Kerr (USA) en 2010, de Yani Tseng (Taiwan, Chine) en 2011 et d'Inbee Park (KOR) en 2015. Organisé depuis 1955, le Women's PGA Championship s'appelait avant le LPGA Championship.

La sœur de Nelly, Jessica, est aussi golfeuse professionnelle. Leur frère, Sebastian, a remporté un tournoi junior du Grand Chelem.

LE SCORE LE PLUS BAS SOUS LE PAR SUR LE PGA TOUR

Le 9 janv. 2022, Cameron Smith (AUS) a gagné le tournoi des Champions 2022 avec une carte de –34 sur les 72 trous du Kapalua Plantation Course à Maui (Hawaï, USA). Smith a réussi 8 birdies sur son dernier tour pour devancer Jon Rahm et Matt Jones, qui étaient dans les temps de passage du record précédent de –31, signé Ernie Els en 2003 sur la même épreuve.

LE PLUS DE POINTS EN RYDER CUP

Sergio Garcia (ESP) a offert 28,5 pts à l'Europe en 10 participations à la Ryder Cup de 1999 à 2021. Son bilan dans l'épreuve est de 25 victoires **(le plus de matchs gagnés)**, 7 égalités et 13 défaites. Garcia s'est offert ces 2 records lors de l'édition 2021 de la compétition biennale, malgré la défaite de l'Europe 19-9 contre les États-Unis.

Sports de balle

LE PLUS DE TITRES OLYMPIQUES EN TENNIS DE TABLE
Lors des JO de Tokyo 2020, la légende du tennis de table Ma Long (CHN) a gagné son 5e titre olympique. "Le Dragon" a pris l'or dans les épreuves individuelles et par équipe pour la 2e fois d'affilée, et avait déjà gagné avec son équipe à Londres 2012.

LE PLUS DE BUTS EN HANDBALL OLYMPIQUE MASCULIN
Mikkel Hansen a inscrit 165 buts en 4 tournois olympiques avec le Danemark, de 2008 à 2021. L'arrière gauche a battu le record de 127 buts lors des JO de Tokyo en s'adjugeant **le plus de buts en un tournoi** (61). Le Danemark s'est contenté de l'argent après sa défaite contre la France en finale (voir ci-dessous).

Le plus de...
Médailles olympiques en tennis de table
Dimitrij Ovtcharov (DEU, né UKR) compte 6 podiums aux JO entre 2008 et 2021. Fils d'un champion soviétique de la discipline, il a pris le bronze en simple et l'argent par équipe aux Jeux de Tokyo en 2021.
Le record féminin est de 5, par Wang Nan (CHN). Elle a décroché 4 titres et 1 médaille d'argent de 2000 à 2008.

Titres olympiques de handball (hommes)
La France s'est adjugé son 3e titre olympique masculin à Tokyo en battant le Danemark 25-23, le 7 août 2021. Elle avait déjà pris l'or en 2008 et 2012.
Le record féminin est aussi de 3, par le Danemark, entre 1996 et 2004. Sa victoire 38-36 en prolongation contre la Corée du Sud, en finale d'Athènes 2004, lui a permis de devenir la 1re nation à remporter 3 titres olympiques de suite en handball.

Victoires en Ligue des champions EHF de handball
Le 13 juin 2021, le FC Barcelona (ESP) a battu Aalborg Håndbold 36-23 en finale de Ligue des champions 2021 et a soulevé sa 10e couronne depuis 1991. Les géants espagnols ont mis fin à une disette de 6 ans dans la compétition. Leur saison européenne aura été parfaite, puisqu'ils ont remporté les 20 matchs disputés.

LE PLUS DE VICTOIRES EN CHAMPIONS CUP DE RUGBY
Toulouse (FRA) a obtenu son 5e sacre européen après sa victoire 22-17 contre La Rochelle, le 22 mai 2021, à Twickenham (Londres, GBR). Le demi d'ouverture Romain Ntamack, auteur de 17 pts, marche dans les pas de son père, Émile, membre de l'équipe de Toulouse qui avait remporté son 1er titre européen (alors Heineken Cup) en 1996.

Championnats du monde de fistball féminin
Le 31 juill. 2021, l'Allemagne a validé son 4e titre de suite, son 7e au total, avec un succès net 3-0 (11-4, 11-3, 11-7) face aux hôtes autrichiens, à Grieskirchen. Le fistball est similaire au volleyball, mais la balle ne peut être touchée qu'avec le poing ou le bras (et non la paume), et peut rebondir après chaque contact.

Championnats du monde de floorball féminin
La Suède poursuit sa domination aux mondiaux de floorball (voir aussi en bas à g.) avec un 10e sacre dans la compétition féminine, en 2021. Les filles ont battu la Finlande 4-3 en prolongation, lors de la finale, le 5 déc., à Uppsala (SWE).

Titres de Super League
En 2021, St Helens (GBR) a remporté son 9e titre national de rugby à XIII après sa victoire en Grand Final contre les Catalan Dragons 12-10, le 9 oct. Son 1er titre, lors de l'année inaugurale, date d'avant la création de la Grand Final en 1998.

Essais en English Premiership
Chris Ashton a aplati 2 fois pour les Leicester Tigers contre les Exeter Chiefs, le 27 mars 2022, pour égaler Tom Varndell (tous 2 GBR) et ses 92 essais dans l'élite anglaise du rugby à XV.
Le plus d'essais sur 1 saison est de 20, par le troisième ligne d'Exeter Sam Simmonds (GBR), en 2020-2021. Il a aussi marqué un essai en finale de Premiership.

LE PLUS DE CHAMPIONNATS DU MONDE DE FLOORBALL MASCULIN
Le 11 déc. 2021, la Suède a battu la Finlande 6-4, à l'Hartwall Arena d'Helsinki, pour enlever son 9e titre mondial masculin. Inventé en Suède dans les années 1960, le floorball est une forme de hockey en intérieur avec une balle en plastique perforée.

LE PLUS DE TITRES OLYMPIQUES EN HOCKEY FÉMININ
Aux JO de Tokyo, les Pays-Bas ont pris l'or olympique pour la 4e fois de leur histoire en battant l'Argentine 3-1 en finale, le 6 août 2021. Après leur défaite aux tirs au but contre la Grande-Bretagne à Rio 2016, les Néerlandaises ont repris le chemin de la victoire avec un 3e titre en 4 éditions. La milieue Eva de Goede et l'attaquante Lidewij Welten ont égalé **le record individuel** de 3 titres établi par Rechelle Hawkes (AUS) en 1988, 1996 et 2000.

Cyclisme

LE PLUS DE MÉDAILLES OLYMPIQUES SUR PISTE
Jason et Laura Kenny (tous 2 GBR) forment le couple en or du cyclisme olympique sur piste. À Tokyo (JPN), Jason a amélioré le record **masculin** avec 9 médailles (dont **le plus en or** : 7), avec l'argent au sprint par équipe et la victoire en keirin. Laura a égalé le record **féminin** de 6 médailles d'Anna Meare (AUS), avec l'argent en poursuite par équipe et l'or en Madison, avec Katie Archibald.

La plus longue distance sur piste en 1 h (femmes)
Le 30 sept. 2021, Joscelin Lowden (GBR) a parcouru 48,405 km en 60 min, au Tissot Vélodrome de Granges (CHE). Lowden a tenté son record quelques jours après avoir participé à 3 courses sur route du championnat du monde de l'Union cycliste internationale (UCI). Elle a amélioré de près de 400 m le record de l'heure de Vittoria Bussi et a dépassé le "record absolu" de Jeannie Longo de 48,159 km, que la Française avait établi en 1996 avec une position aérodynamique qui a depuis été interdite par l'UCI.

Le 500 m sprint féminin par équipe le plus rapide
Aux JO de Tokyo, Zhong Tianshi et Bao Shanju (toutes 2 CHN) ont bouclé 2 tours du vélodrome d'Izu en 31,804 s, le 2 août 2021. Les règles pour le sprint féminin ont changé après ces olympiades, avec 3 coureuses sur 3 tours de piste.
Le 750 m sprint féminin par équipe le plus rapide est de 46,064 s, par l'Allemagne (Pauline Grabosch, Lea Friedrich et Emma Hinze), le 20 oct. 2021.

LE PLUS DE VICTOIRES CONSÉCUTIVES À LA VUELTA
Le 5 sept. 2021, Primož Roglič (SVN) a décroché son 3e succès de suite au tour d'Espagne, autant que Tony Rominger (CHE) en 1992-1994 et Roberto Heras (ESP) en 2003-2005. Roglič a connu une année 2021 grandiose avec l'or au contre-la-montre olympique le 28 juill., qu'il a terminé avec 1 min d'avance sur ses poursuivants.

LE 4 KM POURSUITE PAR ÉQUIPE FEMMES LE PLUS RAPIDE
Le 3 août 2021, l'Allemagne de Franziska Brausse, Lisa Brennauer, Lisa Klein et Mieke Kröger a gagné l'épreuve olympique au Japon en 4 min et 4,242 s. Les filles ont battu le record du monde 3 fois au vélodrome d'Izu, prenant le dessus sur les championnes sortantes britanniques en finale.

LE 3 KM POURSUITE INDIVIDUELLE FEMMES LE PLUS RAPIDE (C4)
Pour ses 1ers jeux Paralympiques, à 41 ans, Emily Petricola (AUS) a établi le record en 3 min et 38,061 s, lors des qualifications de la poursuite individuelle C4, le 25 août 2021. Elle a remporté l'or en mettant un tour à Shawn Morelli en finale. Petricola, 5 fois championne du monde, souffre de sclérose en plaques depuis l'âge de 27 ans et s'est mise au cyclisme en 2015.

LE PLUS DE VICTOIRES D'ÉTAPE AU TOUR DE FRANCE
Mark Cavendish (GBR) a gagné 4 étapes sur le Tour 2021, égalant les 34 victoires du grand Eddy Merckx (BEL) entre 1969 et 1975. Le coureur vétéran a réussi un retour gagnant en rejoignant l'équipe Deceuninck-Quick-Step sur le tard. Il a ensuite remporté le classement par points.

Le 4 km poursuite individuelle hommes le plus rapide
Ashton Lambie (USA) a couvert 4 km en 3 min et 59,930 s – à une moyenne de 60 km/h, en départ arrêté –, le 18 août 2021, à Aguascalientes (MEX). L'ancien vététiste a repris le record à Filippo Ganna.

En paracyclisme sur piste, seules les catégories masculines C4, C5 et B parcourent plus de 4 km. Ces 3 records ont été battus aux JO de Tokyo. Jozef Metelka (SVK) s'est qualifié pour la finale **C4** en 4 min et 22,772 s et Dorian Foulon (FRA) a pris le record **C5** en 4 min et 18,274 s. Tristan Bangma et son pilote Patrick Bos (tous 2 NLD) sont allés en finale **B** – pour athlètes malvoyants – en 3 min et 59,470 s.

Le plus de médailles en course sur route féminine aux mondiaux de l'UCI
Depuis 2006, Marianne Vos (NLD) a glané 9 médailles en championnat du monde féminin de cyclisme sur route. Elle a terminé 2e à l'édition 2021 en Belgique et totalise 3 médailles d'or et 6 d'argent.

Le plus jeune champion olympique en VTT
Tom Pidcock (GBR, né le 30 juill. 1999) avait 21 ans et 361 jours quand il a gagné le cross-country, le 26 juill. 2021, à Izu. Il a fini avec 20 s d'avance sur le peloton.

Endurance

LE PAYS LE MOINS PEUPLÉ À GAGNER UN TITRE OLYMPIQUE

Le 27 juill. 2021, Flora Duffy a gagné le triathlon féminin à Tokyo pour offrir l'or aux Bermudes (62 278 habitants). Duffy a nagé 1,5 km, pédalé 40 km et couru 10 km en 1 h, 55 min et 36 s. Pour **le plus petit pays à gagner un titre olympique**, rendez-vous en p. 244-245.

Toujours en 2021, Duffy a égalé **le plus de victoires en séries mondiales de triathlon (femmes)** : 3, comme Emma Snowsill (AUS) en 2003 et 2005-2006.

Le triathlon IRONMAN 70.3 le plus rapide (femmes)

Aussi connu sous le nom de "semi-IRONMAN", le 70.3 est organisé sur la moitié de la distance de l'épreuve : 1,9 km de nage, 90 km de vélo et 21,1 km de course à pied. Le 5 août 2018, Daniela Ryf (CHE) a franchi l'arrivée de l'IRONMAN 70.3 de Gdynia (POL), en 3 h, 57 min et 55 s. Ryf est quintuple championne du monde sur cette distance.

Le triathlon IRONMAN le plus rapide (femmes) est de 8 h, 22 min et 41 s, par Sara Svensk (SWE), à l'IRONMAN Cozumel (MEX), le 21 nov. 2021.

Le plus de jours consécutifs à courir un marathon (femmes)

Entre le 31 mars et le 3 juill. 2020, Alyssa Clark (USA) a couru 42,1 km par jour pendant 95 jours consécutifs. Au début de la pandémie de Covid-19, Clark est restée confinée avec son époux à la base de l'US Navy à Naples (ITA). Elle a commencé à courir un marathon sur tapis et a continué après le confinement, s'offrant même une séance à minuit trente lors d'une escale en Allemagne avant son retour aux États-Unis.

LE TRIATHLON IRONMAN® LE PLUS RAPIDE

Kristian Blummenfelt (NOR) a remporté l'IRONMAN Cozumel en 7 h, 21 min et 12 s, le 21 nov. 2021. Le champion olympique a écrasé le record mondial en IRONMAN dès sa 1re tentative. Ses temps : 39 min et 41 s (natation), 4 h, 2 min et 35 s (cyclisme) et 2 h, 35 min et 24 s (course).

Blummenfelt détient aussi le record de **l'IRONMAN 70.3** – en 3 h, 29 min et 5 s –, qu'il a établi à Bahreïn en 2018.

Le plus rapide au marathon de Londres en fauteuil

Marcel Hug (CHE) a décroché son 3e titre au marathon de Londres, le 3 oct. 2021, en 1 h, 26 min et 27 s. Pour la 2e année de suite, la course avait été reportée d'avril à octobre en raison de la pandémie de Covid-19.

Le record féminin est également tombé ce jour-là, dans les mains de Manuela Schaar (CHE), en 1 h, 39 min et 52 s. Schaar a aussi signé **le marathon féminin en fauteuil le plus rapide** en 1 h, 35 min et 42 s, le 17 nov. 2019, à Ōita (JPN).

Le 50 km le plus rapide

En janv. 2022, World Athletics a validé les 3 premiers records sur 50 km. **Le record hommes** est pour Ketema Negasa (ETH), vainqueur du Nedbank Runified 50k en Afrique du Sud, en 2 h, 42 min et 7 s, le 23 mai 2021, couru au rythme moyen de 3,15 min/km. Irvette van Zyl (ZAF) a établi **le record féminin (femmes seulement)** à la même épreuve en 3 h, 4 min et 24 s. **Le record féminin (course mixte)** est de 2 h, 59 min et 54 s, par Desiree Linden (USA), le 13 avr. 2021, au Brooks 50K & Marathon d'Eugene (USA).

LA PLUS LONGUE DISTANCE COURUE EN 24 H*

Les 28-29 août 2021, Aleksandr Sorokin (LTU) a couru 309,399 km à la course UltraPark Weekend 24 Hour au parc Wolności de Pabianice (POL). Il a écrasé le record légendaire de Yiannis Kouros de 303,506 km qui datait de 1997. Sorokin a couru l'équivalent de 7 marathons en 1 journée, au rythme moyen de 4,39 min/km.

Le plus de tours en backyard ultramarathon

Les backyard ultras mettent les compétiteurs au défi de faire une boucle sur un parcours de 6,7 km toutes les heures jusqu'à ce qu'il ne reste plus qu'un coureur. La distance est calculée pour faire 100 miles (160,8 km) en 24 h. Les 16-19 oct. 2021, Harvey Lewis (USA) a bouclé 85 tours pour remporter le Big's Backyard Ultra, à Bell Buckle (USA). L'épreuve a commencé à 7 h le samedi et s'est terminée à 21 h le mardi ; Lewis a parcouru 569,96 km. C'est 4 tours de plus que le record précédent (81) de John Stocker, au Suffolk Backyard Ultra, les 5-8 juin 2021.

Le record féminin est de 68 tours, par Courtney Dauwalter (USA), qui a remporté l'édition virtuelle 2020 du Big's Backyard Ultra.

* *En attente de validation par l'IAU*

LA PLUS RAPIDE À GRAVIR LES WAINWRIGHTS

Du 11 au 17 juin 2021, Sabrina Verjee (GBR) a gravi les 214 collines du parc national de Lake District de Cumbria (GBR) en 5 jours, 23 h et 49 min. La liste des sommets figure dans *A Pictorial Guide to the Lakeland Fells* d'Alfred Wainwright. Verjee, vétérinaire de 40 ans, n'a dormi que 8 h pendant sa randonnée de 523 km.

LE PLUS DE VICTOIRES À L'ULTRA-TRAIL DU MONT BLANC (HOMMES)

Le 28 août 2021, François D'Haene (FRA) a décroché son 4e sacre à l'ultramarathon alpin, un de plus que Kílian Jornet et Xavier Thévenard. D'Haene a terminé la course de 171,5 km à travers les sommets français, suisses et italiens en 20 h, 45 min et 59 s. La course se déroule chaque année et attire plus de 2 000 participants.

Sports mécaniques

Les plus rapides...

Grand Prix de F1
Au volant de sa Ferrari, Michael Schumacher (DEU) a bouclé les 53 tours du Grand Prix d'Italie 2003 à Monza en 1 h, 14 min et 19 s, soit une vitesse moyenne de 247,585 km/h.

Durant sa carrière, le septuple champion du monde a également signé **le plus de meilleurs tours en F1** (77), entre le 30 août 1992 et le 22 juill. 2012.

Course de championnat du monde des rallyes
Kris Meeke (GBR) a terminé le rallye de Finlande 2016, à Jyväskylä, à une vitesse moyenne de 126,62 km/h, avec sa Citroën DS3 WRC. Surnommé le "Grand Prix des graviers", le rallye de Finlande est réputé pour ses vitesses affolantes.

Tour au TT de l'Île de Man
Le 8 juin 2018, Peter Hickman (GBR) a roulé en catégorie TT Senior à une vitesse moyenne de 217,989 km/h, avec sa BMW S1000RR. Il lui a suffi de 16 min et 42,778 s pour faire un tour.

Vitesse en MotoGP
Johann Zarco (FRA) a atteint 362,4 km/h lors des essais libres du Grand Prix du Qatar, à Lusail, le 27 mars 2021. Brad Binder (ZAF) a fait aussi bien au Grand Prix d'Italie, à Scarperia e San Piero, le 29 mai, toujours pendant les essais libres.

LE PLUS DE COURSES GAGNÉES EN WRC (FEMMES)
Michèle Mouton (FRA) a remporté 4 rallyes au championnat du monde entre les 10 oct. 1981 et 14 août 1982. Son 1er succès, au rallye de San Remo 1981 sur une Audi Quattro, a été suivi de 3 victoires en 1982 et d'une 2e place au général. Mouton est aussi la seule femme à avoir gagné le Pikes Peak International Hill Climb, en 1985.

LE PLUS DE COURSES GAGNÉES EN MOTOGP
Valentino Rossi (ITA) a raccroché son casque en 2021 après une carrière éblouissante marquée par 89 succès (dont 13 en 500 cm^3, ancêtre du MotoGP). Neuf fois champion du monde (7 en MotoGP), il a piloté pour Honda, Yamaha et Ducati, et totalise **le plus de départs en MotoGP** (372), sur 29 circuits différents.

Le plus de victoires en National Hot Rod Association
Le 15 août 2021, John Force (USA) a décroché sa 154e victoire en Funny Car, au Menards NHRA Nationals de Topeka (USA), à 72 ans ! Force, père de Brittany (voir ci-contre), a couru ses 9 premières saisons sans rien gagner avant de devenir le 1er pilote à atteindre 100 victoires. Voir p. 79 pour plus d'informations.

Le plus de victoires en NHRA (femmes) est de 45, par Angelle Sampey (USA), en moto Pro Stock. Son dernier succès remonte au 17 oct. 2021, au NHRA Thunder Valley Nationals de Bristol (USA), où elle avait pris l'ascendant sur Karen Stoffer dans une finale 100 % féminine.

Le plus de courses gagnées en NASCAR
En 2021, Kyle Busch (USA) a porté son record à 222 victoires dans les 3 divisions de courses de stock-car. Il en a gagné 59 en NASCAR Cup Series et compte aussi **le plus de victoires en Xfinity Series** (102) et en **Truck Series** (61). Busch a dépassé les 200 succès de Richard Petty – tous obtenus en Cup Series entre 1960 et 1984 – lors de la course TruNorth Global 250 de Truck Series, le 23 mars 2019, à Ridgeway (USA).

Le plus de courses gagnées en championnat du monde de Superbike
Jonathan Rea (GBR) a remporté 13 courses au cours de la saison 2021 de Superbike, pour un total de 112 victoires – presque 2 fois plus que son 1er poursuivant, Carl Fogarty (59). Rea a été le 1er pilote à franchir la barre des 100 victoires, le 22 mai 2021, au MotorLand Aragón (ESP).

LE TOUR LE PLUS RAPIDE EN F1
Lewis Hamilton (GBR) a terminé un tour de l'Autodromo Nazionale Monza à une vitesse moyenne de 264,362 km/h, pour Mercedes, lors des qualifications du Grand Prix d'Italie 2020. Il a couvert les 5,7 km de piste en 1 min et 18,887 s. Hamilton a réécrit l'histoire de la F1 en devenant le 1er pilote à dépasser les 100 poles et les 100 victoires.

Lewis Hamilton

Le plus de...	Total
Courses gagnées	103
Pole positions	103
Victoires sur des circuits différents	31
Poles sur des circuits différents	32
Départs consécutifs	265 (2007-2020)

Données correctes au début de la saison 2022

LE PLUS DE VICTOIRES À L'INDIANAPOLIS 500
Hélio Castroneves (BRA) a égalé A. J. Foyt, Al Unser Sr. et Rick Mears (tous USA) avec son 4e sacre en Indy 500, le 30 mai 2021. Son chrono de 2 h, 37 min et 19,3846 s constitue **l'Indy 500 le plus rapide** pour une course de 200 tours. Sa vitesse moyenne sur l'Indianapolis Motor Speedway était de 306,885 km/h.

L'ASCENSION LA PLUS RAPIDE DU MONT WASHINGTON

Le 15 août 2021, à bord de sa Subaru WRX STI de 862 ch (642 kW), Travis Pastrana (USA) a atteint le sommet du mont Washington en 5 min et 28,670 s. Créée en 1904, la course "Climb to the Clouds" est l'une des plus anciennes des États-Unis. Son tracé de 12,2 km présente un dénivelé positif de 1 417 m.

LE PLUS RAPIDE AU SOL (F1, VALIDÉ PAR LA FIA)

Le 20 juill. 2006, Alan van der Merwe (ZAF) a piloté une BAR Honda modifiée à 397,483 km/h, sur un kilomètre lancé, sur le circuit de Bonneville Salt Flats (USA). Le projet "Bonneville 400" de Honda visait à voir si une F1 pouvait atteindre 400 km/h. Ancien pilote d'essai, van der Merwe est aujourd'hui pilote de la voiture médicale de F1.

Le plus de départs en F1
Kimi Räikkönen (FIN) a pris sa retraite au terme de la saison 2021 après 349 départs et plus de 18 000 tours bouclés. Il avait fait ses débuts au GP d'Australie 2001 et a couru pour Sauber, McLaren, Ferrari (2 fois), Lotus et Alfa Romeo. Räikkönen a été titré en 2007 avec Ferrari et totalise 21 courses gagnées, 18 poles et 103 podiums.

Le plus de départs en Formule E
Au 12 févr. 2022, Lucas di Grassi (BRA) et Sam Bird (GBR) avaient disputé l'intégralité des courses (87) du championnat électrique depuis sa création. Di Grassi n'a connu qu'une seule écurie, Audi Sport ABT Schaeffler, avec laquelle il a été sacré en 2016-2017. Il a gagné 12 courses, 1 de moins que Sébastien Buemi (CHE), auteur du **plus de victoires en Formule E**. Bird a couru pour Envision Virgin Racing et Jaguar TCS Racing pour 11 succès au total.

Le plus jeune gagnant d'une course de WRC
Le 18 juill. 2021, Kalle Rovanperä (FIN, né le 1er oct. 2000) s'est imposé au rallye d'Estonie à 20 ans et 290 jours. Il conduisait une Toyota Yaris WRC, épaulé par son copilote Jonne Halttunen, et a terminé avec 1 min d'avance sur ses poursuivants.

LE PLUS DE VICTOIRES EN FORMULA DRIFT

Inaugurée en 2004, la Formula Drift est une série de compétitions dans laquelle les participants sont jugés sur leur trajectoire, leur angle et leur style. Fredric Aasbø (NOR, à gauche) est le roi des drifters et a gagné 16 épreuves entre le 21 juin 2014 et le 28 août 2021. En 2021, il a gagné son 2e championnat de Formula Drift.

LA PLUS RAPIDE DANS UNE COURSE DE TOP FUEL NHRA (1 000 PIEDS)

Le 1er nov. 2019, Brittany Force (USA) a atteint 544,23 km/h, au NHRA Nationals de Las Vegas (USA). Elle a parcouru 1 000 pieds (304 m) en 3,659 s. La vitesse est calculée par des capteurs sur 20 m en bout de piste, tandis que le "temps écoulé" chronomètre la durée entière de la course.

Records de la National Hot Rod Association (1 000 pieds et 0,25 mile)

Catégorie	Temps écoulé	Vitesse	Pilote	Lieu	Date
Top Fuel	3,623 s		Brittany Force	Mohnton, Pennsylvanie	14 sept. 2019
		338,17 mph	Brittany Force	Las Vegas, Nevada	1er nov. 2019
Funny Car	3,793 s		Robert Hight	Brainerd, Minnesota	18 août 2017
		339,87 mph	Robert Hight	Sonoma, Californie	29 juill. 2017
Pro Stock	6,450 s		Erica Enders	Gainesville, Floride	13 mars 2022
		215,55 mph	Erica Enders	Englishtown, New Jersey	30 mai 2014
Moto Pro Stock	6,665 s		Karen Stoffer	Gainesville, Floride	13 mars 2022
		205,04 mph	Matthew Smith	Sonoma, Californie	24 juill. 2021
Pro Mod	5,621 s		Jose Gonzalez (DOM)	Gainesville, Floride	14 mars 2021
		261,22 mph	Erica Enders	Norwalk, Ohio	22 juin 2019

Pilotes et lieux tous USA, sauf mention contraire

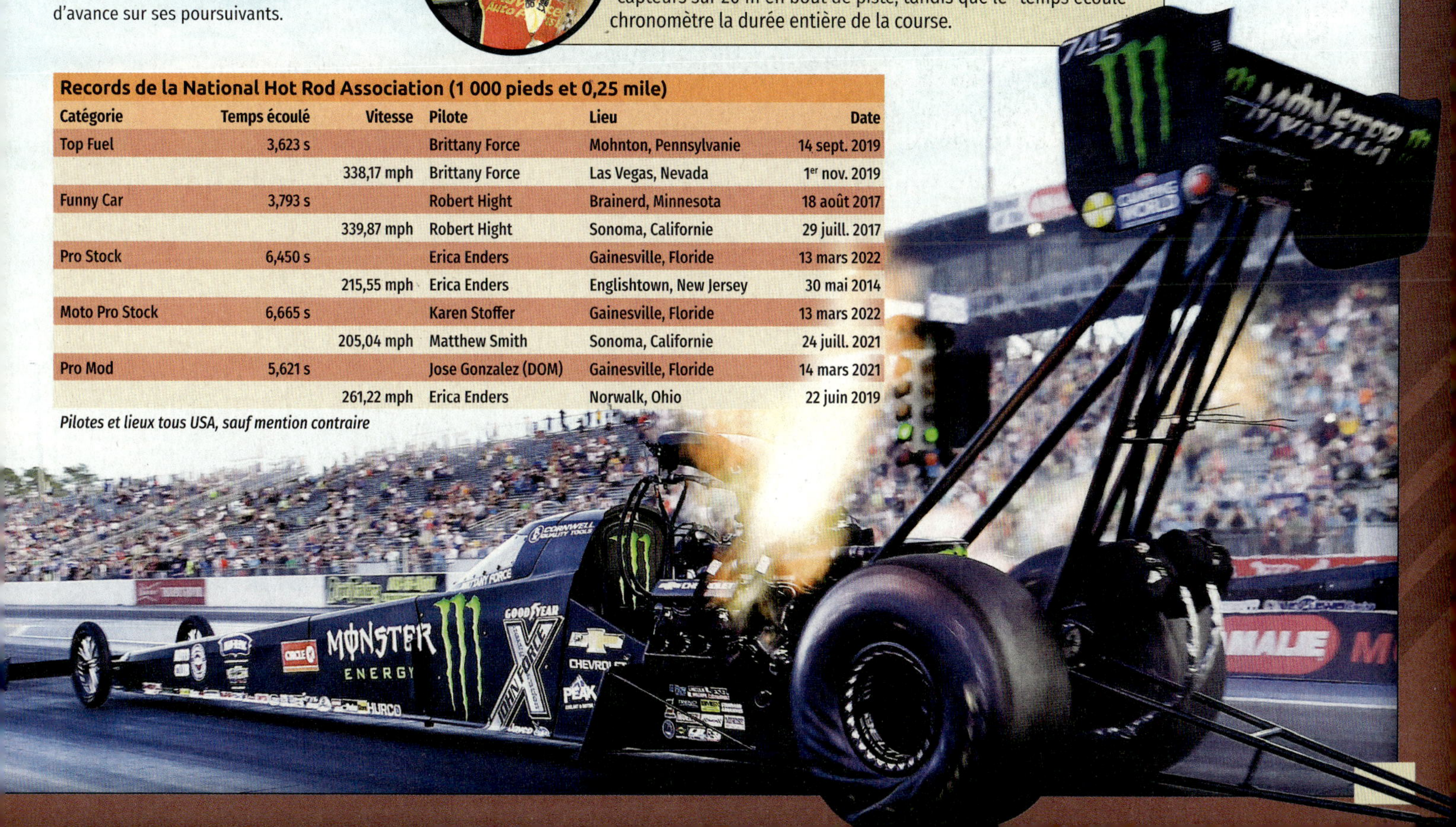

Sports de combat

LE PLUS DE COMBATS UFC (FEMMES)

Le 25 sept. 2021, Jéssica Andrade (BRA) est devenue la 1re femme à combattre dans l'octogone pour la 20e fois. Elle a battu Cynthia Calvillo par TKO au 1er round dans le combat des poids mouches à l'UFC 266. Ancienne championne du monde poids pailles, elle totalise 13 victoires et 7 défaites.

Le plus de titres olympiques en...
Lutte gréco-romaine
Mijaín López (CUB) a battu Iakobi Kajaia 5-0, le 2 août 2021, pour obtenir son 4e titre olympique super-lourds d'affilée. C'est aussi **le plus de médailles d'or olympiques individuelles consécutives (hommes)**, comme le régatier Paul Bert Elvstrøm (DNK), le lanceur de disque Al Oerter (USA), Carl Lewis (USA) au saut en longueur et le nageur Michael Phelps (USA) au 200 m 4 nages.

Judo
Le 31 juill. 2021, Teddy Riner (FRA) a été sacré pour la 3e fois avec l'équipe française mixte de judo. C'est autant que Tadahiro Nomura (JPN) en super-légers, sacré en 1996, 2000 et 2004. À Tokyo, Riner a aussi pris le bronze en poids lourds pour totaliser 5 podiums – **le plus de médailles olympiques de judo**, autant que Ryoko Tani (JPN) en super-légers chez les femmes, entre 1992 et 2008.

Taekwondo (poids lourds, femmes)
Milica Mandić (SRB) a gagné l'or pour la 2e fois en + 67 kg, à Tokyo, égalant ainsi Chen Zhong (CHN) à Sydney 2000 et Athènes 2004.

LE 1ER CHAMPION DU MONDE SUPER-MOYEN INCONTESTÉ

Le 6 nov. 2021, Saúl "Canelo" Álvarez (MEX, à droite) a battu Caleb Plant pour récupérer les 4 ceintures des super-moyens. Qualifié meilleur boxeur pound-for-pound par *The Ring*, Álvarez compte 57 victoires, 2 nuls et 1 défaite.

Le plus de victoires en UFC hors décision
Au 11 déc. 2021, Charles Oliveira (BRAS) avait gagné 18 combats d'Ultimate Fighting Championship par KO ou soumission. Il a amélioré son record à l'UFC 269 en battant Dustin Poirier avec une soumission au 3e round pour conserver son titre en légers. C'était la 15e fois qu'Oliveira poussait un adversaire à s'incliner – **le plus de soumissions en UFC.**

Le record féminin est de 10, par Amanda Nunes (BRA) entre le 3 août 2013 et le 6 mars 2021. Son record du **plus de victoires consécutives en UFC (femmes)** (12) s'est arrêté à l'UFC 269 avec une défaite surprise contre Julianna Peña.

Le plus de coups significatifs portés en un combat UFC
Max Holloway (USA) a réussi 445 coups significatifs en 5 rounds de son combat poids plumes contre Calvin Kattar, le 16 janv. 2021, à l'UFC Fight Island 7, à Abou Dhabi (UAE).

LE PLUS DE COMBATS GAGNÉS PAR UN SUMO

En déc. 2021, le GWR a remis 5 certificats à la légende sumo Hakuho Sho (JPN, né MNG), jeune retraité après une brillante carrière. Il a gagné 1 187 combats, dont 1 093 en *makuuchi*, la plus haute division des sumos, soit **le plus de combats d'élite remportés**. Au cours des 6 tournois annuels (*honbasho*), Hakuho a signé **le plus de victoires de championnats d'élite** (45) – dont le plus sans défaite (16) quand il a réussi des tournois parfaits. Il a pris sa retraite en étant **le *yokozuna* au plus long règne**, après avoir disputé 84 *honbasho* au plus haut niveau.

Le plus de victoires en *kata* homme aux mondiaux de karaté
Les mondiaux de karaté comprennent 2 disciplines principales : le *kata*, où les participants exécutent une série de mouvements et de postures, et le *kumite*, où 2 combattants s'affrontent. Le 20 nov. 2021, Ryo Kiyuna (JPN) a gagné son 4e titre mondial de suite en *kata*, à Abou Dhabi (UAE).
- ***Kata* femmes** : 4, par Yuki Mimura en 1988, 1990, 1992 et 1996 ; et Atsuko Wakai (toutes 2 JPN), entre 1998 et 2004.
- ***Kumite* hommes** : 5, par Rafael Aghayev (AZE), entre 2006 et 2016.
- ***Kumite* femmes** : 4, par Guusje van Mourik (NLD), entre 1982 et 1988.

Le plus de médailles aux mondiaux de la Fédération internationale de judo (IJF)
Le 12 janv. 2021, Clarisse Agbegnenou (FRA) a décroché sa 18e médaille d'or chez les - 63 kg au championnat du monde de l'IJF. Elle égale ainsi l'exploit de Majlinda Kelmendi (XXK) en - 52 kg femmes.

Le plus de médailles au total est de 39, par Urantsetseg Munkhbat (MNG) en - 48 kg et - 52 kg féminins.

Le père de Hakuho, Jigjidiin, avait offert l'argent à la Mongolie en lutte libre aux JO de 1968.

LE PLUS DE TITRES OLYMPIQUES EN ESCRIME INDIVIDUELLE (HOMMES)

Le 24 juill. 2021, Áron Szilágyi (HUN, à droite) a décroché son 3e titre de suite au sabre en battant Luigi Samele 15-7 en finale à Tokyo. 2 autres escrimeurs, Ramón Fonst et Nedo Nadi, comptent aussi 3 titres olympiques, mais dans plusieurs disciplines.

Sports extrêmes

LA VITESSE LA PLUS ÉLEVÉE EN CHUTE LIBRE (FEMMES, VALIDÉ PAR LA FAI)
Le 29 oct. 2021, Maxine Tate (USA) a atteint une vitesse verticale moyenne sur 3 s de 459,09 km/h, au championnat national 2021 de l'United States Parachute Association, à Eloy (USA). Tate, championne de saut en parachute, a battu son propre record 4 fois en 8 sauts.

LE PLUS JEUNE CHAMPION AUX X GAMES
Gui Khury (BRA, né le 18 déc. 2008) a gagné le Best Trick en Skateboard Vert à 12 ans et 210 jours, le 16 juill. 2021. Khury est devenu le 1er à réussir un 1080 en compétition sur une rampe de vert, et a éliminé notamment Tony Hawk, 10 fois champion.

La vitesse la plus élevée en chute libre (hommes, validé par la FAI)
Kyle Lobpries (USA) a atteint 512,97 km/h en chute libre, au championnat national USPA 2021, du 28 oct., à Eloy (USA). Les sauteurs utilisent un appareil GPS pour enregistrer leur vitesse verticale moyenne sur 3 s dans la fenêtre de points, qui commence de l'altitude de sortie (3 962-4 267 m au-dessus du sol) et se termine à env. 1 706 m.

Le bûcheronnage sportif le plus rapide à la hot saw
Le 21 août 2021, Robert Ebner (DEU) n'a mis que 4,87 s à couper 3 disques (des "cookies") sur un tronc horizontal de 46 cm de diamètre, au championnat allemand STIHL TIMBERSPORTS de Gelsenkirchen. En hot saw, les participants utilisent des tronçonneuses très puissantes pour couper des disques dans une section de bois de seulement 15 cm.

Une semaine après la prestation d'Ebner, Ole Magnus Syljuberget (NOR) a réussi **le bûcheronnage le plus rapide en stock saw** : 8,51 s, au Nordic Pro Championship de Stenkullen (SWE). Les participants doivent couper 2 disques d'une section de bois de 10 cm.

Le Marathon des glaces en Antarctique le plus rapide (femmes)
Le 17 déc. 2021, Evija Reine (LVA) a bravé la neige et des températures avoisinant - 15 °C pour terminer **le marathon le plus au sud**, en 4 h, 6 min et 11 s. Elle a terminé avec plus de 1 h d'avance sur sa 1re poursuivante. Zvija, étudiante en médecine de 30 ans, a battu le record de Fiona Oakes qui avait signé un temps de 4 h, 20 min et 2 s, en 2013.

LE PLUS DE VICTOIRES AU RED BULL CLIFF DIVING WORLD SERIES (FEMMES)
Rhiannan Iffland (AUS) a obtenu son 5e titre de suite en 2021. Elle domine la compétition depuis qu'elle a reçu une wildcard en 2016. Après l'annulation de l'édition 2020, elle a réalisé sa 2e saison parfaite de suite en 2021 en gagnant sa 13e épreuve consécutive.

L'ESCALADE DE VITESSE À 15 M LA PLUS RAPIDE (FEMMES)
Aleksandra Mirosław (POL) a grimpé un mur de 15 m, en 6,84 s, aux JO, le 6 août 2021. L'escalade sportive a été introduite à Tokyo et comptait aussi des épreuves de bloc et de difficulté. Mirosław, double championne du monde, a terminé à la 4e place du classement général.

Le record masculin a aussi été battu en 2021, par Veddriq Leonardo (IDN), en 5,20 s, à Salt Lake City (USA), le 28 mai.

Le plus de titres aux X Games (été)
Le 16 juill. 2021, Garrett Reynolds (USA) a remporté son 14e titre aux X Games, améliorant son record de médailles d'or en BMX Street (12). Il a dominé le podium 2 fois en Real BMX. Il rejoint un club prestigieux composé de Dave Mirra (USA) et Jamie Bestwick (GBR) en BMX aussi ; et du skateur Bob Burnquist (BRA), tous titrés 14 fois.

Le plus de médailles aux X Games (hiver)
Aux X Games Aspen 2022, Mark McMorris (CAN) et Jamie Anderson (USA) ont tous 2 amélioré leur total avec 21 médailles. McMorris a pris l'or en Snowboard Slopestyle pour la 6e fois (record) et Anderson l'argent en Snowboard Slopestyle et Big Air féminins.

Autre star à Aspen : Kelly Sildaru (EST) est devenue **l'adolescente la plus médaillée aux X Games**. Elle a pris l'or en Ski SuperPipe, le 21 janv., sa 10e médaille dans la compétition avant ses 20 ans.

LE PLUS DE MÉDAILLES EN DISCIPLINES D'ÉTÉ DES X GAMES (FEMMES)
Letícia Bufoni (BRA) compte 12 médailles en skate aux X Games : 6 en or, 3 en argent et 3 en bronze. Le 17 juill. 2021, elle s'est emparée du record féminin du **plus de titres en Skateboard Street** avec un 5e sacre dans l'épreuve. Bufoni compte aussi 1 médaille de bronze à l'épreuve multisport RWN des X Games Barcelone 2013.

Le plus de victoires au Red Bull Cliff Diving World Series (hommes)
En 2021, le plongeur Gary Hunt (FRA, né GBR) a soulevé son 9e trophée King Kahekili en 12 saisons. Étonnamment, Hunt admet avoir le vertige – mais seulement quand il n'y a pas d'eau sous ses pieds.

Natation

LE 200 M NAGE LIBRE EN PETIT BASSIN LE PLUS RAPIDE (FEMMES)
Le 16 déc. 2021, Siobhán Haughey est devenue la 1re nageuse de Hong Kong (CHN) à établir un record du monde avec 1 min et 50,31 s au 200 m nage libre lors des mondiaux de natation FINA (25 m) d'Abou Dhabi (UAE). Haughey a aussi gagné le titre en 100 m nage libre.

LE PLUS DE MÉDAILLES EN UNE OLYMPIADE (FEMMES)
Emma McKeon (AUS) est montée 7 fois sur le podium aux JO de Tokyo 2021, égalant la prouesse de la gymnaste Maria Gorokhovskaya (RUS), à Helsinki 1952. McKeon a gagné 4 médailles d'or – en 50 m, 100 m, 4 x 100 m nage libre et 4 x 100 m 4 nages – et 3 médailles de bronze.

Le 4 x 100 m 4 nages le plus rapide (hommes)*
Le 1er août 2021, les États-Unis – Ryan Murphy (dos), Michael Andrew (brasse), Caeleb Dressel (papillon) et Zach Apple (libre) – ont pris l'or olympique en 3 min et 26,78 s. Plusieurs records de relais ont été battus à Tokyo :
- **4 x 100 m nage libre (femmes)** : 3 min et 29,69 s, par l'Australie (Bronte Campbell, Meg Harris, Emma McKeon et Cate Campbell), le 25 juill.
- **4 x 200 m nage libre (femmes)** : 7 min et 40,33 s, par la Chine (Yang Junxuan, Tang Muhan, Zhang Yufei et Li Bingjie), le 29 juill.

Le 200 m brasse le plus rapide (femmes)
Le 30 juill. 2021, Tatjana Schoenmaker (ZAF) a nagé vers l'or olympique au 200 m brasse en 2 min et 18,95 s, à Tokyo. Elle a battu le record de Rikke Møller Pedersen de 2 min et 19,11 s, qui tenait depuis 2013.

LE 4 X 100 M 4 NAGES MIXTE LE PLUS RAPIDE
La finale de la 1re épreuve olympique de natation mixte s'est déroulée le 31 juill. 2021 à Tokyo et a été remportée par la Grande-Bretagne en 3 min et 37,58 s. L'équipe était composée de (de g. à dr.) : Kathleen Dawson (dos), Adam Peaty (brasse), Anna Hopkin (nage libre) et James Guy (papillon). C'était la 3e équipe britannique avec laquelle Peaty établissait un record du monde.

LE PLUS DE MÉDAILLES EN NATATION PARALYMPIQUE (HOMMES)
Daniel Dias (BRA) a gagné 27 médailles paralympiques de 2008 à 2021 : 14 en or, 7 en argent et 6 en bronze. Né avec des handicaps aux membres supérieurs et inférieurs, Dias n'a appris à nager qu'à 16 ans. Il a obtenu 3 médailles de bronze à Tokyo avant d'annoncer sa retraite sportive.

Le 50 m brasse le plus rapide (femmes)
Le 22 mai 2021, Benedetta Pilato (ITA), 16 ans, a touché le mur en 29,30 s aux championnats d'Europe de Budapest (HUN). C'était le même bassin que celui où Lilly King avait établi le record précédent en 2017.

Le 100 m papillon en petit bassin le plus rapide (femmes)
Kelsi Dahlia (USA) a gagné la 1re course de la finale de l'International Swimming League (ISL) 2021 en 54,59 s, le 3 déc. 2021. Dahlia représentait les Cali Condors à Eindhoven (NLD). D'autres records en petit bassin ont été battus en 2021 :
- **100 m dos (hommes)** : 48,33 s, par Coleman Stewart (USA), à l'ISL, le 29 août, à Naples (ITA).
- **50 m dos (femmes)** : 25,27 s, par Maggie Mac Neil (CAN, née CHN), aux mondiaux de natation FINA (25 m) d'Abou Dhabi (UAE), le 20 déc. 2021.
- **1 500 m nage libre (hommes)** : 14 min et 6,88 s, par Florian Wellbrock (DEU), à Abou Dhabi, le 21 déc. 2021.

Le plus de titres à différents mondiaux de natation FINA (25 m)
Ranomi Kromowidjojo (NLD) a gagné des titres dans 6 éditions des mondiaux en petit bassin entre 2008 et 2021, soit autant que Ryan Lochte (USA) entre 2004 et 2014. Kromowidjojo a décroché 2 médailles d'or à Abou Dhabi en déc. 2021 avant d'annoncer sa retraite le mois suivant. Elle totalise 45 médailles aux mondiaux FINA.

Le 400 m en nage avec palmes le plus rapide (hommes)
Le 21 mars 2021, Oleksii Zakharov (UKR) a signé un temps de 2 min et 55,57 s en coupe du monde de nage avec palmes de la CMAS (Confédération mondiale des activités subaquatiques), à Lignano Sabbiadoro (ITA). Les participants portent un masque, un tuba et une monopalme.

Le record **féminin** est de 3 min et 12,10 s, par Sun Yi Ting (CHN), le 16 juill. 2018, à Belgrade (SRB).

LE 100 M PAPILLON LE PLUS RAPIDE (HOMMES)
Le 31 juill. 2021, Caeleb Dressel (USA) a pris l'or au 100 m papillon en 49,45 s aux JO de Tokyo (JPN), améliorant de 0,05 s son propre record de 2019. Dressel a gagné 5 titres à Tokyo, asseyant son statut de l'un des meilleurs nageurs de l'histoire. Au 1er févr. 2022, il détenait **le plus de records actifs en natation** (9).

**Tous les records de natation sont en grand bassin (de 50 m), sauf mention contraire.*

Sports aquatiques

Les 1ers champions olympiques en surf
Le 27 juill. 2021, Ítalo Ferreira (BRA) et Carissa Moore (USA) ont été sacrés champions olympiques de surf aux JO de Tokyo. La compétition s'est déroulée sur la plage de Tsurigasaki à Chiba (JPN). Ferreira a battu le local de l'épreuve Kanoa Igarashi en finale masculine, avant que Moore surpasse Bianca Buitendag.

Le plus d'épreuves de World Surf League gagnées
Quelques jours avant ses 50 ans, la légende du surf Kelly Slater (USA) a décroché le Billabong Pro Pipeline à Hawaï (USA), le 5 févr. 2022 – son 56e titre en World Surf League (anciennement Association of Surfing Professionals). Slater a battu Seth Moniz en finale pour décrocher son 8e titre Billabong, 30 ans après le 1er. Slater, 11 fois champion du monde, l'a qualifié de "plus belle victoire de sa vie".

Le 1 000 m en canoë sprint le plus rapide (C2, hommes)
Serguey Torres et Fernando Jorge (tous 2 CUB) ont gagné l'or olympique en C2 hommes en 3 min et 24,995 s, le 3 août 2021, au Sea Forest Waterway de Tokyo. C'était le 1er titre cubain en canoë sprint.

Le plus de titres individuels aux mondiaux de canoë slalom ICF
Le 26 sept. 2021, Jessica Fox (AUS, née FRA) totalisait 8 titres individuels après avoir empoché l'or en slalom extrême féminin aux mondiaux de canoë slalom de la Fédération internationale de canoë à Bratislava (SLV). Fox avait déjà gagné 3 titres en catégorie K1 et 4 en C1 – sans compter ses 3 titres mondiaux par équipe.

Le meilleur score en plongeon olympique
Le 7 août 2021, Yang Jian (CHN) a obtenu 112,75 pts pour ses 4,5 saltos avant au tour final du plongeon à 10 m des JO de Tokyo. Yang a surpassé les 112,10 pts de Matthew Mitcham à Pékin 2008, mais a dû se contenter de l'argent derrière Cao Yuan.

L'apnée en poids constant bi-palmes la plus profonde (femmes)
Le 2 juill. 2021, Jennifer Wendland (DEU) est descendue à 93 m, aux Depth Games AIDA de Limassol (CYP). Elle a battu le record précédent d'Alenka Artnik de 1 m.

La vitesse la plus élevée en kite-surf masculin (mille nautique)
Sylvain Hoceini (FRA) a atteint 39,11 nœuds (72,43 km/h) sur 1 mille nautique (1,8 km), le 15 juill. 2020, à La Palme (FRA). L'exploit d'Hoceini a été validé par le World Sailing Speed Record Council.

LE PLUS DE MÉDAILLES DE PLONGEON EN UNE OLYMPIADE (PAYS)
La Chine a obtenu 12 médailles aux JO de Tokyo, remportant 7 des 8 épreuves ainsi que 5 deuxièmes places. C'est autant que les États-Unis aux JO 1932, quand ils avaient fait main basse sur les 4 épreuves. Le plongeon synchronisé a été ajouté en 2000, doublant les médailles en jeu.

LE PLUS DE POINTS EN SKI NAUTIQUE (HOMMES)
Le 14 oct. 2021, Joel Poland (GBR) a marqué 2 660,12 pts aux mondiaux de la Fédération internationale de ski nautique et wakeboard, à Sunset Lakes (Okahumpka, USA). Poland a slalomé au bout d'une ligne de 10,25 m à 58 km/h, a marqué 11 620 pts en figures et a sauté à 69 m de distance.

LE PLUS DE TITRES EN CANOË EN UNE OLYMPIADE
Lisa Carrington (NZ) a gagné 3 épreuves à Tokyo, autant que Vladimir Parfenovich (URSS) en 1980, Ian Ferguson (NZ) en 1984 et Danuta Kozák (HUN) en 2016. Carrington a triomphé en 200 m et 500 m K1, ainsi qu'en 500 m K2, les 3-5 août 2021.

Le comité olympique néo-zélandais a remis la Lonsdale Cup 2021 à Carrington en hommage à ses succès.

LE 2 000 M DEUX DE COUPLE POIDS LÉGERS LE PLUS RAPIDE
Fintan McCarthy et Paul O'Donovan (tous 2 IRL) ont gagné leur demi-finale olympique d'aviron en 6 min et 5,33 s, le 28 juill. 2021. Le duo a empoché le titre le lendemain. Six records d'aviron sont tombés au Sea Forest Waterway de Tokyo le 28 juill., grâce à un puissant vent de dos.

Records d'aviron aux JO de Tokyo 2020

Catégories	Temps	Nationalité	Rameurs
Quatre de couple hommes	5'32"03	Pays-Bas	Tone Wieten, Koen Metsemakers, Abe Wiersma et Dirk Uittenbogaard
Quatre de couple femmes	6'05"13	Chine	Cui Xiaotong, Lyu Yang, Zhang Ling et Chen Yunxia
Deux sans barreuse femmes	6'47"41	Nouvelle-Zélande	Grace Prendergast et Kerri Gowler
Huit femmes	5'52"99	Roumanie	Viviana Iuliana Bejinariu, Maria Tivodariu, Amalia Bereș, Ioana Vrînceanu, Magdalena Rusu, Mădălina Bereș, Denisa Tîlvescu, Georgiana Dedu et cox Daniela Druncea
Deux de couple poids légers femmes	6'41"36	Italie	Valentina Rodini et Federica Cesarini

LE PLUS DE BUTS OLYMPIQUES EN WATER-POLO (FEMMES)
Maggie Steffens (USA) a marqué 56 fois en 19 matchs olympiques de water-polo entre 2012 et 2021. À Tokyo, elle a dépassé le record de Tania Di Mario (47 buts) et est devenue la seule femme, avec sa coéquipière Melissa Seidemann, à décrocher 3 titres dans l'épreuve. Elle détient aussi **le record de buts en une Olympiade** (21), à Londres 2012.

En revue

Le plus de...
Participations aux JO pour une sportive
À Tokyo, la tireuse Nino Salukvadze (GEO) a disputé ses 9es Jeux consécutifs. Elle a terminé 31e au pistolet à air à 10 m, 25e au pistolet à 25 m, et était porte-drapeau de la Géorgie lors de la cérémonie d'ouverture. Elle a gagné 1 médaille d'or, 1 d'argent et 1 de bronze en 33 ans de JO. **Le plus de participations aux JO** est de 10, par le cavalier Ian Millar (CAN), entre 1972 et 2012.

Tokyo a accueilli une autre athlète inusable, la gymnaste de 46 ans Oksana Chusovitina (UZB), qui a participé aux qualifications du saut de cheval féminin. C'étaient ses 8es JO consécutifs depuis 1992 – **le plus de participations aux JO pour une gymnaste**.

Points inscrits au tir à l'arc à poulies 60 m, 36 flèches (femmes)
Ella Gibson (GBR) a totalisé 358 pts sur 360, le 12 sept. 2021, à la Battle of Britain 1440 organisée à Burnham-on-Sea (GBR). Tous les records de tir à l'arc à 36 flèches doivent être établis sur un tour de 1440, comprenant 144 flèches sur 4 distances : 30 m, 50 m, 70 m et 90 m pour les hommes ; et 30 m, 50 m, 60 m et 70 m pour les femmes.

Victoires d'étape au Dakar
Stéphane Peterhansel (FRA) a remporté 82 étapes du légendaire rallye entre 1988 et 2022. Il en a gagné 10 dans l'édition 2022 organisée en Arabie saoudite, décrochant son 49e succès en voiture. Il a également gagné 33 étapes à moto.

Médailles remportées aux mondiaux ISU de patinage synchronisé par équipe
Entre 2000 et 2022, Marigold IceUnity (FIN) a gagné 14 médailles : 5 en or, 7 en argent et 2 en bronze.

Titres individuels open aux mondiaux de boulingrin en salle (femmes)
Katherine Rednall (GBR) s'est offert un 4e titre individuel, le 20 janv. 2022, en battant Alison Merrien en 2 sets, au Potters Leisure Resort d'Hopton-on-Sea (GBR).

Championnats mondiaux de lancer de fer à cheval
Alan Francis a validé son 25e titre masculin en 2021, remportant ses 15 matchs, à Winnemucca (USA). Dans le même tournoi, Joan Elmore a égalé **le record féminin** de 10 succès, établi par Vicki Chapelle Winston (tous USA) entre 1956 et 1981.

LE PAYS LE MOINS PEUPLÉ À GAGNER UNE MÉDAILLE OLYMPIQUE
Saint-Marin (34 009 habitants) a gagné 3 médailles aux JO de Tokyo en 2021. Alessandra Perilli (née ITA) a lancé les hostilités avec le bronze en trap féminin le 29 juill. 2021, puis a glané l'argent en trap mixte par équipe avec Gian Marco Berti 2 jours plus tard (ci-dessus). Myles Amine (né USA, encart) a aussi pris le bronze en lutte libre masculine 86 kg, le 5 août.

LE PLUS DE VICTOIRES EN COUPE DU MONDE DE TIR À L'ARC
Sara López (COL) a scellé son 6e titre mondial en arc à poulie féminin le 29 sept. 2021, battant Toja Ellison 147-145 en finale, à Yankton (USA). López dépasse désormais les 5 sacres masculins en arc classique de Brady Ellison. La coupe du monde de tir à l'arc a été créée en 2006 et comprend 4 épreuves de qualifications avant la finale.

Combats UFC
Le 19 févr. 2022, Jim Miller (USA) est entré dans l'octogone pour la 39e fois afin d'affronter Nikolas Motta en poids légers, à l'UFC Vegas 48. Miller a mis son adversaire KO au 2nd round, signant sa 23e victoire – autant que Donald "Cowboy" Cerrone (USA), détenteur du **plus de victoires en UFC.** Cerrone avait combattu 37 fois.

Combats UFC gagnés par KO/TKO
Derrick Lewis (USA) a mis KO 13 adversaires en UFC entre le 19 avr. 2014 et le 18 déc. 2021. Le poids lourd s'est emparé du record absolu de KO après son succès au 1er round contre Chris Daukaus, à l'UFC Fight Night 199 de Las Vegas (USA).

LE PLUS DE MONDIAUX DE TRIAL
Toni Bou (ESP) domine toujours la moto trial en 2021, après avoir décroché son 30e championnat du monde. Il a gagné 15 titres outdoor aux mondiaux de la Fédération internationale de motocyclisme (FIM) et 15 titres indoor aux X-Trials de la FIM – à la suite, depuis 2007.

LE MEILLEUR SCORE EN CYCLISME ARTISTIQUE UCI (INDIVIDUEL MESSIEURS)
Les cyclistes artistiques présentent un programme de 5 min sur des pignons fixes. Lukas Kohl (DEU) a obtenu 214,20 pts, à Oberbüren (CHE), le 18 sept. 2021.
Le record en paire ouverte est aussi tombé en 2021, pour Max Hanselmann et Serafin Schefold (tous 2 DEU) avec 173,50 pts, à Öhringen (DEU), le 29 août.

LE PLUS DE MÉDAILLES OLYMPIQUES EN ÉQUITATION
Isabell Werth (DEU) a obtenu 12 podiums en 6 JO de 1992 à 2021. Avec Bella Rose 2, elle a pris l'or en dressage par équipe et l'argent en individuel, les 27-28 juill. 2021, au Baji Koen Equestrian Park de Tokyo (JPN). Werth est l'une des 3 seuls athlètes à avoir gagné l'or dans 6 JO, avec la rameuse Birgit Fischer et le bretteur Aladár Gerevich.

LE 1 500 M EN SALLE LE PLUS RAPIDE (HOMMES)
Le 17 févr. 2022, Jakob Ingebrigtsen (NOR) a couru 1 500 m en 3 min et 30,60 s, au meeting World Athletics Indoor Tour de Liévin (FRA). Le coureur de 21 ans, cadet d'une fratrie de 3 coureurs, a gagné l'or au 1 500 m des JO de Tokyo, le 7 août 2021.

Le poids total en haltérophilie +87 kg le plus lourd (femmes)
Li Wenwen (CHN) a soulevé 355 kg, le 25 avr. 2021, aux championnats asiatiques d'haltérophilie, à Tachkent (UZB). Elle a notamment réussi **l'arraché le plus lourd** (148 kg) et **l'épaulé-jeté le plus lourd** (187 kg). Li s'est ensuite emparé de l'or en poids super-lourds femmes aux JO de Tokyo, à seulement 21 ans.

L'épaulé-jeté 81 kg le plus lourd (hommes)
La jeune sensation Karlos Nasar (BGR) a soulevé 208 kg, le 12 déc. 2021, aux mondiaux de la Fédération internationale d'haltérophilie (IWF) de Tachkent. Nasar est devenu champion du monde des 81 kg à seulement 17 ans, battant les records du monde Jeunes, Junior et Senior de l'IWF.

Le meilleur score en 1 frame de snooker
Jimmy Robertson (GBR) a signé 178 pts en 1 seule frame, à l'Open d'Écosse 2021 de Llandudno (Pays de Galles, GBR), le 7 déc. Lors de son 2e tour contre Lee Walker, il a nettoyé la table pour 133 pts, en plus des 44 obtenus par faute, et n'a empoché qu'une seule rouge.

La 1re personne atteinte du syndrome de Down à terminer un triathlon sprint (femmes)
Le 7 août 2021, Jade Kingdom (GBR) a participé à la version sprint du Triathlon de Londres ; elle a nagé 750 m, pédalé 20 km et couru 5 km. Elle a terminé l'épreuve en 2 h, 39 min et 55 s, récoltant plus de 15 000 £, reversées au North Devon Hospice.

Le 100 miles le plus rapide (femmes)
Le 18 févr. 2022, Camille Herron (USA) a bouclé le championnat USATF 100 miles de course sur route, à Henderson (USA), en 12 h, 41 min et 11 s. C'était sa 1re course dans la catégorie Masters (40-44 ans). Elle a gardé un rythme moyen de 7,37 min/mile pour battre son propre record. Elle a terminé avec 30 min d'avance sur son 1er poursuivant masculin. Elle a aussi battu le record d'ultra-distance avec **la plus longue distance courue en 12 h (femmes)** : 152,83 km.

Le marathon en fauteuil le plus rapide (T53/54, hommes)
Le 21 nov. 2021, Marcel Hug (CHE) a mis 1 h, 17 min et 47 s pour franchir l'arrivée du marathon international d'Oita (JPN). Il améliore de plus de 2 min l'ancien record remontant à 22 ans, qui était de 1 h, 20 min et 14 s – déjà à Oita et déjà par un Suisse, Heinz Frei.

LE PLUS DE VICTOIRES EN COUPE SUDIRMAN DE BADMINTON
Le 3 oct. 2021, la Chine a décroché son 12e championnat international d'équipe mixte 3-1 contre le Japon, à Vantaa (FIN). Organisée depuis 1989, la coupe Sudirman est une compétition biennale qui se joue au meilleur des 5 matchs en individuel hommes et femmes, doubles et doubles mixtes.

Shiffrin est la seule skieuse, hommes et femmes confondus, à avoir gagné la coupe du monde dans les 6 disciplines individuelles.

LE PLUS DE COURSES DE COUPE DU MONDE DE SKI ALPIN DANS UNE DISCIPLINE
Le 11 janv. 2022, Mikaela Shiffrin (USA) a remporté son 47e slalom de coupe du monde de la Fédération internationale de ski, à Schladming (AUT), soit le plus de victoires dans une discipline de ski alpin. Elle dépasse Ingemar Stenmark, auteur de 46 victoires en géant en 1975-1989. C'était le 73e succès de Shiffrin, qui a consolidé sa 3e place au classement des meilleurs skieurs de l'histoire.

Dernière minute

Les records suivants ont été homologués et ajoutés à notre base de données après la clôture officielle des contributions de cette année.

Le défilé de mode à la plus haute altitude terrestre
Le 23 sept. 2021, un défilé de mode écologique a eu lieu à 5 500 m d'altitude, au point de vue du 6e lac Gokyo (NPL). Il était organisé par Pankaj K. Gupta (IND), Ramila Nemkul et Riken Maharjan (tous 2 NPL).

La plus grande pyramide de lave-linge
Pour célébrer la Semaine nationale du recyclage, Currys et Ainscough Training Services (tous 2 GBR) ont construit une pyramide de 1 496 lave-linge à Bury (Lancashire, GBR), le 24 sept. 2021. L'édifice final mesurait 13,6 m de haut.

Le plus de variétés de fromages sur une pizza
Le 25 sept. 2021, le chef Julien Serri, le fromager François Robin et le YouTubeur Morgan Niquet (tous FRA) ont préparé une pizza composée de 834 fromages différents, à Lyon (FRA). Ce délicieux mets était destiné au salon de la restauration Sirha.

La plus longue ligne de cartes postales
Viewspire (USA) a aligné 23 446 cartes postales à Commerce Township (Michigan, USA), le 9 oct. 2021, dans le cadre de Viewfest 2021, événement communautaire organisé par un psychologue.

Le plus rapide à changer les 4 roues d'une voiture
Le 16 oct. 2021, une équipe de 4 apprentis de la chaîne de garages Lucky Car (AUT) a changé les 4 roues d'une Ford Focus en 49,03 s, à Vienne (AUT).

Le plus grand oreiller
Le 23 oct. 2021, That Pillow Guy a dévoilé un oreiller géant à l'effigie du vlogger de YouTube David Dobrik (tous 2 USA) mesurant 18,3 x 5,03 x 1,55 m, à Vernon Hills (Illinois, USA).

Le plus grand burger vegan
Finnebrogue Artisan (GBR) a préparé un burger vegan de 162,5 kg, comme cela a été vérifié le 18 nov. 2021 à Downpatrick (Down, GBR). C'était une version réduite du Naked Evolution Burger, garnie de bacon vegan, oignons croustillants, fromage vegan, sauce burger, laitue, tomates et cornichons.

Le plus long temps debout sur une jambe (les yeux bandés)
Le 21 nov. 2021, Max Petoe (AUS), 12 ans, est resté en équilibre sur une jambe les yeux bandés pendant 35 min, à Melbourne (Victoria, AUS).

Le 50 m brasse parcours court le plus rapide (hommes)
Hüseyin Emre Sakçı (TUR) a nagé 2 longueurs d'un bassin de 25 m en 24,95 s, le 27 déc. 2021. Il concourait à Gaziantep (TUR).

Le plus de pays identifiés d'après leur contour en 1 min
Adam Saeed (BHR) a identifié 85 pays d'après leur contour, le 11 janv. 2022, à Manama (BHR). Il a repris le record, après l'avoir déjà battu avec 70 pays, le 8 juill. 2021.

Le plus de huit avec un ballon de basket en 1 min
Luka Trpin (SVN) a passé un ballon de basket entre ses jambes en formant des huit 74 fois en 60 s, à Ljubljana (SVN), le 15 janv. 2022.

Le semi-marathon le plus rapide habillé en ninja
Le 15 janv. 2022, Kit Marlar (GBR) a couru 21 km en 1h, 44 min et 21 s, habillé en guerrier *ninjutsu*. Il participait au semi-marathon de Battersea Park, à Londres (GBR).

Le plus rapide à trancher 5 pommes en l'air avec une épée
Moyin Xingluo, alias Liang Yizhi (CHN), a tranché 5 pommes en l'air en 11,13 s, le 17 janv. 2022, à Tai'an (Shandong, CHN). Il a lancé les fruits en l'air et rengainé son épée après chaque coupe. Son exploit a été retransmis en direct sur la plateforme vidéo Douyin.

La 1re femme arbitre de la coupe d'Afrique des nations
Salima Mukansanga (RWA) a arbitré la victoire 2-1 du Zimbabwe sur la Guinée, au stade Ahmadou Ahidjo de Youandé (CAM), le 18 janv. 2022. À la tête d'une équipe d'arbitres féminine, elle avait déjà arbitré les jeux Olympiques et la coupe du monde féminine de la FIFA.

Le plus d'auteurs jeunes adultes identifiés par le titre de leur livre en 1 min
Le 24 janv. 2022, V. Varun Sriram (IND), 8 ans, a nommé 42 écrivains jeunes adultes d'après leurs œuvres en 60 s, à Chennai (IND).

Le plus grand bonbon gélifié
Le 27 janv. 2022, Shiba (IRN) a dévoilé à Téhéran (IRN) un bonbon en forme de dauphin de 1 212,5 kg. C'est env. 6 fois le poids moyen d'un grand dauphin *(Tursiops truncatus)*. Le bonbon mesurait 3,5 m de long et 2 m de large.

Le plus grand don de pulls en 1 h
Lakshyaraj Singh Mewar (IND) a célébré son anniversaire le 28 janv. 2022 en distribuant 2 800 pulls en 60 min, à Udaipur (Rajasthan, IND).

Le plus de pompes spiderman en 1 min
Le 29 janv. 2022, le "roi des pompes" Luis Vargas (USA) a réalisé 89 pompes Spiderman en 60 s, à Marblehead (Massachusetts, USA).

Deux jours plus tôt, il avait établi ce même record chargé d'un **sac de 9 kg**, avec 71 répétitions en 1 min aussi.

L'éclair le plus grand
Un éclair a parcouru une distance horizontale de 768 km dans les États du Mississippi, de la Louisiane et du Texas (USA), le 29 avr. 2020. L'événement a été vérifié par l'Organisation météorologique mondiale le 1er févr. 2022.

L'éclair le plus long a été ratifié le même jour. Il s'est produit au-dessus de l'Uruguay et du nord de l'Argentine, le 18 juin 2020, et a duré 17,102 s.

Le plus de donuts (spins) consécutifs sur glace dans une voiture électrique
Le cascadeur Terry Grant (GBR) a réussi 69 pirouettes successives sur une mer gelée, à Piteå (SWE), le 3 févr. 2022. Au volant d'une voiture électrique Porsche Taycan 4S Cross Turismo de série équipée de pneus d'hiver, il devait rester dans un cercle au diamètre égal à 2 fois la longueur de sa voiture.

La marche de 20 m sur corde raide la plus rapide (avec le corps en feu)
Le 3 févr. 2022, Maurizio Zavatta (ITA) a traversé une corde raide de 20 m à 10,5 m du sol en 14,34 s – le corps en feu ! Cet exploit de funambulisme a eu lieu sur l'emblématique circuit automobile de Monza, ITA, pour le *Lo Show dei Record*.

Le même jour, Niklas Brennsund (NOR) a traversé **le plus de murs en papier en 1 min avec le corps en feu** (13).

Le plus de rubans de sensibilisation en 1 h (équipe)
Le 4 févr. 2022, 54 bénévoles de l'Emirates Oncology Society (UAE) ont fabriqué ensemble 2 828 rubans, à Dubaï. Ce record visait à sensibiliser le public à la Journée mondiale contre le cancer.

Le plus de verres empilés sur une balle en équilibre sur un bâton tenu dans la bouche
Le 6 févr. 2022, Richard Ljungman (SWE) a maintenu en équilibre 14 verres empilés, à Göteborg (SWE). Richard est un équilibriste professionnel et le fondateur de l'école de cirque suédoise Cirkusskolan.

La nage en eau glacée la plus rapide sur 1 km (hommes)
Marcin Szarpak (POL) a nagé 1 km en 11 min et 48,1 s, lors du 4e championnat du monde de l'Association internationale de natation en eau glacée, à Głogów (POL), le 7 févr. 2022. La température de l'eau était de 3 °C.

Le plus de ballons d'eau éclatés sous l'aisselle en 1 min
Le 10 févr. 2022, Mr Cherry, alias Cherry Yoshitake (JPN), a fait exploser 16 ballons d'eau en 60 s, sur le plateau de *Lo Show dei Record*, à Milan (ITA).

Le plus grand dessin GPS tracé à vélo en continu en 12 h (individuel)
Le 14 févr. 2022, "the Pedalling Picasso", alias Anthony Hoyte (GBR), a tracé un dessin sur l'application GPS Strava en parcourant 112 km autour de Milan (ITA). Ce dernier représentait un artiste avec un pinceau derrière l'oreille.

L'ascension double la plus rapide avec tremplin
GWR a appris avec tristesse le décès du bûcheron sportif détenteur du record du monde Martin Komárek (CZE) en mars 2022. Le 18 févr., Martin a réalisé une ascension double avec tremplin en 1 min et 57 s, à Milan (ITA). Il s'agit d'escalader un poteau et d'en atteindre le sommet en découpant des encoches dans le bois et en insérant des tremplins sur lesquels se tenir debout.

Le plus de nouilles udon avalées en 3 min
Jeremy Lanig (USA) a englouti 1 565 g de nouilles *udon* en 180 s, sur le plateau de *Sekai no Hate Made ItteQ !*, à Takamatsu (Kagawa, JPN), le 20 févr. 2022. Le professeur d'anglais fou de nouilles a réussi à rendre le record à la préfecture de Kagawa, connue pour ses *udon*.

Le plus de planches de bois brisées en 1 min par une équipe de 2 (mixte)
Ceintures noires du 1er degré de taekwondo – et couple marié –, Lisa et Chris Pitman (tous 2 GBR) ont brisé 316 planches de bois à la main, à Milan (ITA), le 24 févr. 2022.

Le plus de retournements d'un chien en 1 min
Le 24 févr. 2022, Maya s'est retournée 52 fois en 60 s, à Stukenbrock (DEU). Elle se produisait avec l'entraîneur Wolfgang Lauenburger (DEU).

Le kilomètre le plus rapide traversé à la nage du passage de Drake (de l'océan Pacifique à l'océan Atlantique)
Le passage de Drake, étendue d'eau sauvage entre l'Amérique du Sud et l'Antarctique, relie les océans Pacifique et Atlantique. Bárbara Hernández Huerta (CHL) y a réalisé le kilomètre à la nage le plus rapide le 27 févr. 2022, en 15 min et 3 s. Spécialiste des nages extrêmes en eau libre, Huerta est surnommée la sirène de la glace.

La plus grande collection de souvenirs *Sonic le Hérisson*
Barry Evans (USA) a amassé 3 050 objets relatifs au bolide à piquants de Sega, comme vérifié le 1er mars 2022, à Dayton (Texas, USA). Il a commencé sa collection il y a plus de 30 ans.

La plus grande exposition de lampes à pétrole
Le 1er mars 2022, 1 171 078 lampes à pétrole étaient exposées sur les rives de la rivière Shipra, à Ujjain (Madhya Pradesh, IND), pour le festival annuel Maha Shivaratri, supervisé par le département de la culture du gouvernement du Madhya Pradesh.

La traversée à la nage la plus rapide de False Bay (hommes)
Kyle Stephens (ZAF, né le 17 mars 2005) a parcouru à la nage les 32,8 km (17,7 milles nautiques) entre Miller's Point et Rooi Els

(ZAF), en 8 h, 8 min et 15 s, le 1er mars 2022. À 16 ans et 349 jours, il est également **le plus jeune** à l'avoir traversée.

Le 20 févr. 2022, Simon Ince (ZAF, né le 30 juill. 1959) est devenu **le plus âgé à traverser False Bay à la nage**, à 62 ans et 205 jours. La Cape Long Distance Swimming Association du Cap et la False Bay Swimming Association ont ratifié ces records.

Le plus d'argent collecté par une campagne en ligne en 1 semaine
Le Disasters Emergency Committee (GBR) a collecté 61 997 547 £ entre les 3 et 10 mars 2022. Quinze organismes d'aide britanniques se sont unis pour demander des dons en faveur des personnes déplacées par le conflit en Ukraine.

Le plus de personnes déballant un article en même temps (plusieurs endroits)
Samsung India Electronics Private Ltd a organisé son événement "Epic Unboxing" dans toute l'Inde, le 5 mars 2022. 1 820 personnes ont ouvert simultanément le nouveau smartphone Samsung Galaxy S22 Ultra.

Le plus de sauts par un robot en 1 min
PENTA-X (JPN) a exécuté 170 sauts à la corde en 60 s, à Kanagawa (JPN), le 5 mars 2022. Le robot, fabriqué par la société Ricoh, a ainsi pulvérisé le précédent record de 106.

Le plus lourd soulevé de terre à l'elephant bar (femmes)
Le 6 mars 2022, Tamara Walcott (USA) a réalisé un soulevé de terre de 290,7 kg à l'elephant bar, au Arnold Sports Festival, à Columbus (Ohio, USA).

Le marathon le plus rapide couru par un couple marié (temps total)
Mao Ichiyama et Kengo Suzuki (tous 2 JPN) ont réalisé un temps de course combiné de 4 h, 26 min et 30 s, au marathon de Tokyo (JPN), le 6 mars 2022. Ils ont battu le précédent record de 2017 de 35 s.

Le plus de roulements de ballons de football d'un œil à l'autre en 1 min
Le freestyler Yuuki Yoshinaga (JPN) a fait rouler un ballon de football entre ses yeux 251 fois en 60 s, à Katsushika (Tokyo, JPN), le 19 mars 2022.

La plus grande collection de canettes de soda (même marque)
Christian Cavaletti (ITA) possédait 12 402 canettes Pepsi au 19 mars 2022. Il a commencé sa collection avec son frère en 1989 et amassé des objets provenant de 81 pays différents.

Le plus long triple saut (femmes)
Yulimar Rojas (VEN) a sautillé, marché et sauté 15,74 m, lors des championnats du monde d'athlétisme en salle, le 20 mars 2022. Rojas a battu ses propres records du monde **en salle** et **en plein air** (voir p. 231), à Belgrade (SRB).

Le même jour, Armand Duplantis (SWE, né USA) a porté son record du **plus haut saut à la perche (hommes)** à 6,20 m, tandis que Grant Holloway (USA) égalait son **meilleur temps au 60 m haies en salle (hommes)**, 7,29 s.

Le plus de nationalités dans un cours de yoga
Le professeur de yoga Nisha Agrawal a donné un cours de 40 min à des personnes de 114 pays différents, à Doha (QAT), le 25 mars 2022. Il était organisé par le Centre sportif indien sous l'égide de l'ambassade d'Inde du Qatar.

Le meilleur score en patinage artistique sur glace
Gabriella Papadakis et Guillaume Cizeron (tous 2 FRA) ont remporté leur 5e titre de champions du monde avec un score de 229,82, à Montpellier (FRA), les 25-26 mars 2022. Leur score global – qui bat leur propre record des jeux Olympiques d'hiver (voir p. 220) – incluait la **danse rythmique** (92,73) et la **danse libre** (137,09).

Le plus long mot en briques LEGO®
Le 26 mars 2022, 3 étudiants de l'université de Boston – Luo Wenqi, Wei Xiaoya et Zhang Yufan (tous CHN) – ont écrit le mot "Terriers" avec 9 697 briques LEGO dans le Massachusetts (USA). Rhett le terrier de Boston est la mascotte de l'université.

Le plus de victoires au championnat du monde de bandy féminin
Les Suédoises ont remporté leur 10e titre mondial de bandy, le 27 mars 2022, en battant la Norvège 12-0, lors de la finale qui s'est tenue à Åby (SWE). Elles n'ont été jusqu'ici qu'une seule fois battues, en 2014, 3-1 en finale par la Russie.

Le faisceau d'énergie le plus puissant dans un cyclotron
Le 28 mars 2022, le cyclotron en anneau supraconducteur (SRC) de RIKEN (JPN) ,à Wakō (Saitama, JPN), a produit un faisceau d'énergie de 82 400 MeV (méga électron-volts).

Le plus long marathon rap (individuel)
Du 1er au 3 avr. 2022, Dalcon, alias Daniel Alcon (GBR), a rappé un flux continu de paroles pendant 39 h, 37 min et 54 s, à son domicile de Valence (ESP). Alcon avait droit à 30 s de pause entre les morceaux et 5 min de pause par h.

La course de bateaux universitaire femmes la plus rapide
Cambridge (GBR) a remporté la Women's Boat Race en 18 min et 22 s, le 3 avr. 2022. C'est la 5e victoire consécutive des Light Blues dans cette course où s'affrontent des équipages d'Oxford et de Cambridge sur un parcours de 6,7 km le long de la Tamise à Londres (GBR).

Le plus de matchs de WWE (femmes)
Natalya (née Natalya Neidhart, CAN/USA) avait participé à 1 137 combats de World Wrestling Entertainment au 3 avr. 2022. Cette lutteuse professionnelle est la fille de Jim Neidhart, membre de la Hart Foundation et du Hall of Fame.

➊ La plus haute pile de M&M's®
Le 7 avr. 2022, Ibrahim Sadeq (IRQ) a édifié une tour de 7 M&M's® en moins de 2 min, à Nasiriyha (IRQ). Ibrahim est le codétenteur du record du **plus d'œufs en équilibre sur le dos de la main** (18). (Voir p. 82-83 pour plus d'informations.)

La plus grande image mosaïque en papier roulé (quilling)
Le 8 avr. 2022, Quilling Card (VNM) a dévoilé une reproduction de 26,73 m² du tableau de Vincent van Gogh, *La Nuit étoilée*, réalisée avec l'art ancien du papier roulé, quilling, à Ho Chi Minh Ville (VNM).

Le même jour, 300 personnes ont fabriqué des cartes d'anniversaire en quilling – **le plus de personnes pratiquant simultanément le quilling**.

La vitesse de skateboard debout la plus rapide en descente (équipe)
Le 9 avr. 2022, 4 membres de l'équipe Virgin Media Speed Demons – Peter Dashwood – Connolly, Jonathan Braun, Aaron Skippings (tous GBR) et Jennifer Alina Schauerte (DEU, née USA) – ont atteint 84,95 km/h en skateboard. Conformément au règlement, ils ont formé une chaîne en se donnant la main sur les 100 m de descente dans la forêt de Dalby (North Yorkshire, GBR).

Les 100 m les plus rapides dans la course d'obstacles FISO
Le 10 avr. 2022, Mark Julius Rodelas (PHL) a terminé une course de 100 m avec 12 obstacles Ninja en 27,12 s, lors du Philippine OCR 100M Open, à Pasig. La Fédération internationale de Sports d'Obstacles (FISO) organisait cet événement.

Le record femmes de 39,42 s a été établi à ce même événement, par Kaizen Dela Serna (PHL).

La plus vieille gorille en captivité
Fatou, gorille des plaines occidentales *(Gorilla gorilla gorilla)*, a fêté ses 65 ans le 13 avr. 2022. Elle serait née à l'état sauvage vers 1957. Elle est arrivée au zoo de Berlin en Allemagne en mai 1959 et y a résidé pendant 63 ans. Les gorilles en captivité ont généralement une espérance de vie entre 40 et 50 ans.

Le plus rapide à tenir 10 crayons en équilibre
Lors d'une visite au siège du GWR à Londres (GBR), le 13 avr. 2022, Lewis Woodhead (GBR), 10 ans, a testé la stabilité de sa main en tenant 10 crayons en équilibre en 16,35 s. Chaque crayon mesurait au moins 15 cm et devait rester en position verticale pendant au moins 5 s.

Le lustre le plus lourd
Un lustre de la mosquée Masjid Misr, dans la nouvelle capitale administrative de l'Égypte, pèse 24 300 kg, l'équivalent de 4 éléphants. Construit par Asfour Crystal International (EGY), son poids a été vérifié le 14 avr. 2022. Avec ses 22,7 m dans sa dimension maximum – plus haut que la Maison Blanche à Washington, DC –, c'est aussi **le plus grand lustre** du monde.

Le plus rapide à résoudre le puzzle du tétraèdre tournant en chute libre
Chinmay Prabhu (IND) a résolu le Pyraminx QiYi en 24,22 s pendant son tout 1er saut en parachute. Il a sauté au-dessus de Sri Racha, à Chonburi (THA), le 14 avr. 2022.

Le plus de vues pour un chat sur YouTube
Le chat Ragdoll Puff, originaire de New York (USA), avait accumulé 7 532 180 184 vues sur sa chaîne YouTube "That Little Puff", au 21 avr. 2022. Appartenant à Lynch Zhang (USA), "Chef Puff" a d'abord été célèbre sur TikTok grâce à ses vidéos d'inspiration culinaire, dans lesquelles il prépare et cuisine de nombreux plats.

La plus grande émeraude non taillée
Le 22 avr. 2022, le poids de l'émeraude de Chipembele a été confirmé à 7 525 carats (1,5 kg). Elle appartenait à Eshed-Gemstar et Avraham Eshed (tous 2 ISR). Le nom "Chipembele" signifie "rhinocéros" dans le dialecte du peuple Bemba de Zambie, où la gigantesque pierre a été extraite.

Le plus grand rassemblement de personnes déguisées en astronautes
716 cosplayers cosmiques ont atterri à Derry (GBR), le 23 avr. 2022. La mission était organisée pour lancer "Our Place in Space", une maquette du système solaire conçue par l'artiste Oliver Jeffers, le professeur Stephen Smartt et le Nerve Centre, centre d'arts médiatiques d'Irlande du Nord.

Le plus de victoires au championnat du monde de snooker (ère moderne)
Le 2 mai 2022, Ronnie O'Sullivan "The Rocket" a remporté son 7e titre de champion du monde de snooker, au Crucible Theatre de Sheffield (GBR), égalant ainsi l'exploit de Stephen Hendry (tous 2 GBR). O'Sullivan a battu Judd Trump 18-13 en finale et aussi égalé **le record de participations au championnat du monde de snooker** de Steve Davis (GBR) (30).

Le plus de personnages de mangas sous licence dans un jeu sur mobile
Puzzle RPG *Jumputi Heroes* (LINE Corporation, 2018) met en scène 1 010 personnages de l'anthologie de manga japonaise *Weekly Shōnen Jump*, comme cela a été vérifié le 2 mai 2022.

Le souvenir de sport le plus cher vendu aux enchères
Le 4 mai 2022, un mystérieux acheteur s'est offert le maillot n° 10 de Diego Maradona lors de la défaite 2-1 de l'Argentine contre l'Angleterre à la coupe du monde de la FIFA 1986 pour 7 142 500 £, chez Sotheby's, à Londres (GBR).

Index

Les entrées **en gras** se réfèrent aux entrées principales sur un sujet ; les entrées **EN CAPITALES ET EN GRAS** signalent un chapitre.

Réponses

Voici les solutions aux jeux de la Fédération mondiale de casse-tête p. 176-177.

Sudoku classique

7	8	5	1	9	2	3	4	6
4	2	1	6	5	3	8	7	9
3	6	9	4	8	7	1	2	5
8	9	7	5	3	6	2	1	4
2	5	3	8	4	1	9	6	7
1	4	6	7	2	9	5	8	3
9	1	2	3	6	4	7	5	8
5	7	4	9	1	8	6	3	2
6	3	8	2	7	5	4	9	1

Serpent

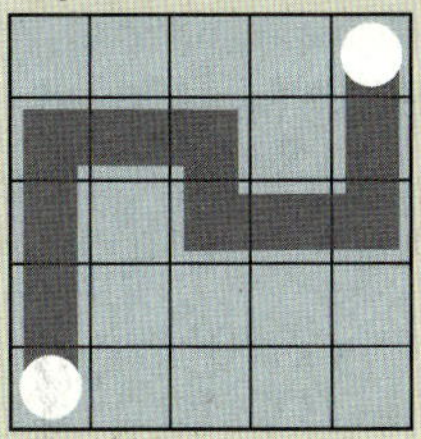

Mots à placer

					F			
S					I		K	
P	E	T	R	O	S	I	A	N
A		A			C		R	
S		L			H		P	
S					E		O	
K	A	S	P	A	R	O	V	
Y								

Casse-tête de dissection

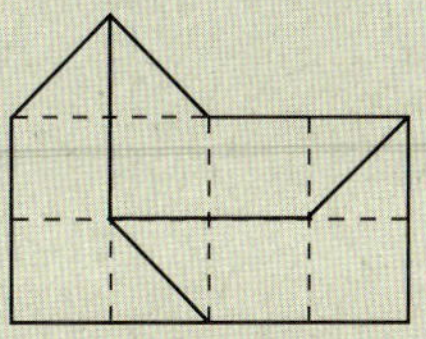

Ronde des mots

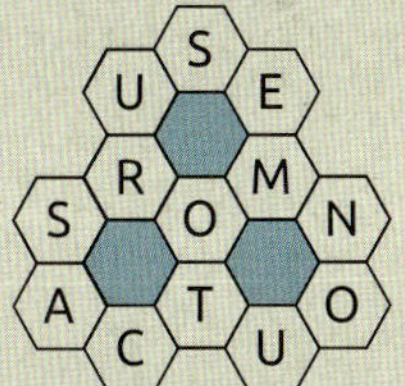

Énigme des allumettes

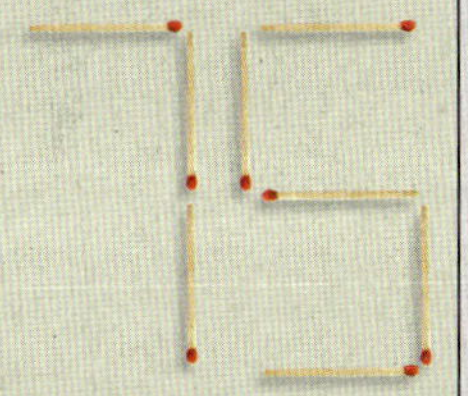

Mots à placer

C	E	S	N	C
E	E	E	E	E
N	S	N	C	N
E	E	E	S	E
S	N	C	S	E

Sudoku X

7	6	2	1	3	5	4	8	9
4	1	3	8	9	2	6	5	7
9	8	5	4	6	7	1	3	2
3	5	8	9	1	6	2	7	4
1	4	7	5	2	3	9	6	8
2	9	6	7	4	8	5	1	3
5	7	4	6	8	9	3	2	1
6	3	9	2	7	1	8	4	5
8	2	1	3	5	4	7	9	6

Jeu des différences

CONSULTANTS

Pour l'homologation des records, GWR collabore avec de nombreuses institutions, fédérations et associations spécialisées, dont certaines sont présentées ci-dessous. Pour la liste complète, rendez-vous sur **www.guinnessworldrecords.com/records/partners.**

8000ers.com
Eberhard Jurgalski a conçu le système "Elevation Equality", une méthode de classification des chaînes de montagnes et sommets. Son site Internet est devenu la principale source de statistiques sur l'altitude de l'Himalaya et du Karakoram.

AbleGamers
Fondée en 2004 par Mark Barlet, cette organisation caritative US mise sur le jeu pour combattre l'isolement social, favoriser les communautés inclusives et améliorer la qualité de vie des personnes handicapées. AbleGamers a ouvert le monde du jeu à des milliers de personnes et créé des solutions matérielles adaptatives en travaillant avec des équipes d'ingénieurs et des partenaires de recherche. #SoEveryoneCanGame

CANNA UK National Giant Vegetables Championship
Chaque année, Martyn Davis accueille des cultivateurs experts au Malvern Autumn Show (Worcestershire, GBR). Il vérifie que tous les légumes respectent des critères stricts et qu'ils sont correctement mesurés.

Channel Swimming Association
La CSA apporte une aide logistique aux nageurs qui traversent le détroit de Douvres. C'est l'organe directeur de la natation dans la Manche depuis 1927. La CSA ne ratifie que les traversées effectuées selon ses règles et accompagnées par ses observateurs.

Classic *Tetris* World Championship
Fondé en 2010 par Vince Clemente et Adam Cornelius, le Classic *Tetris* World Championship est la 1re compétition internationale de *Tetris*. Des centaines de joueurs de tous âges s'affrontent pour devenir le meilleur joueur de *Tetris* au monde. Le CTWC se joue avec la version 1989 de *Tetris* sur la Nintendo Entertainment System originale.

Council on Tall Buildings and Urban Habitat
Basé à Chicago (USA), le CTBUH est la principale ressource mondiale pour les professionnels en matière de conception, construction et fonctionnement des grands immeubles et des villes de demain.

ESPN X Games
Depuis 1995, les X Games d'ESPN sont la principale compétition de sports extrêmes, mettant en vedette les meilleurs athlètes du monde en BMX, skateboard et motocross l'été, ainsi qu'en ski, snowboard et motoneige l'hiver.

Gerontology Research Group
Créé en 1990, le GRG a pour mission de ralentir et, à terme, d'inverser le vieillissement via l'application et le partage des connaissances scientifiques. Il conserve aussi la plus grande base de données de supercentenaires (âgés de plus de 110 ans), gérée par Robert Young, consultant senior en gérontologie de GWR.

Great Pumpkin Commonwealth
Le GPC se consacre à la culture de potirons géants, entre autres légumes prodigieux, en établissant des normes et des règlements universels qui assurent la qualité des fruits et l'équité de la compétition.

International Ice Swimming Association
Fondée par Ram Barkai en 2009, l'IISA vise à donner un cadre à la nage en eau glacée (moins de 5 °C). Elle a mis en place un ensemble de règles afin de garantir une sécurité maximale et de normaliser les distances, temps et conditions de nage.

International Slackline Association
L'ISA vise à soutenir et à développer toutes les communautés de slackline et à fournir une gouvernance pour la slackline en tant que sport de compétition.

International Surfing Association
Fondée en 1964, l'ISA est reconnue par le Comité international olympique comme l'autorité d'administration mondiale du surf. L'ISA a couronné ses premiers champions du monde hommes et femmes en 1964, le 1er champion du monde de *big wave* en 1965, le champion du monde junior en 1980, le champion du monde de kneeboard en 1982, le champion de paddleboard en 2012 et le champion du monde de parasurf en 2015. L'ISA, présidée par Fernando Aguerre, compte parmi ses membres les fédérations nationales de surf de 109 pays sur 5 continents.

The IRONMAN Group
Le groupe IRONMAN est le plus grand administrateur au monde pour les sports à participation massive.
Grâce à lui, plus d'un million de personnes profitent chaque année d'offres de sports variés : triathlon, cyclisme, course à pied et trail/dirt.

Metacritic
Depuis 2001, Metacritic établit une évaluation, le Metascore, afin de classer les films, musique, jeux vidéo et émissions de télévision à partir des critiques les plus respectés et les plus fiables au monde.

The Numbers
TheNumbers.com est la plus grande base de données Internet sur le box-office, avec des chiffres sur 50 000 films et 200 000 personnes de l'industrie du cinéma. Fondée en 1997 par Bruce Nash, elle est consultée par plus de 8 millions de personnes chaque année.

Ocean Rowing Society International
Créé en 1983 par Kenneth F Crutchlow et Peter Bird, ensuite rejoints par Tom Lynch et Tatiana Rezvaya-Crutchlow, l'ORSI répertorie toutes les tentatives de traversées océaniques ou des grandes étendues d'eau à la rame, et classe, vérifie et homologue les exploits des rameurs.

Parrot Analytics
Parrot Analytics est le leader mondial d'analyse de la demande de contenu pour le marché de la télévision moderne multiplateforme. Elle suit plus de 1,5 milliard d'expressions de la demande dans plus de 100 langues.

Polar Expeditions Classification Scheme
Le PECS est un système de classification des longs séjours polaires non motorisés, supervisé par un comité d'experts des expéditions polaires, dirigé par Eric Philips. Ce système liste les régions polaires, les modes de transport, les itinéraires et les formes d'aide pour que les aventuriers puissent classer, promouvoir et garder traces de leurs voyages.

Times Tables Rock Stars
Times Tables Rock Stars est un programme créé en 2010 par le professeur de mathématiques Bruno Reddy pour des enseignants, des familles et des tuteurs. Il permet d'améliorer la vitesse de mémorisation des tables de multiplication de plus de 1 million d'enfants chaque année. Il est sous licence pour d'autres établissements scolaires depuis 2013 et plus de 16 000 écoles primaires et secondaires l'ont adopté dans le monde entier.

VGChartz
VGChartz est une société de recherche et de veille économique créée en 2005 par Brett Walton. Elle publie plus de 7 000 estimations hebdomadaires uniques sur les ventes/expéditions de jeux vidéo et de matériel. Sa base de données est en constante expansion.

World Cube Association
La WCA règlemente les compétitions de casse-tête que l'on résout en faisant tourner des groupes de pièces, comme le Rubik's Cube. Elle vise à organiser davantage de compétitions dans plus de pays, avec les mêmes règles et les mêmes conditions.

World Jigsaw Puzzle Federation
La WJPF est une organisation internationale consacrée aux puzzles, qui rassemble des amateurs du monde entier pour le Championnat du monde de puzzles. Elle vise à organiser et superviser ce championnat, à faire reconnaître les compétitions de puzzles en tant que sport, à fixer des règles et règlements pour les compétitions, à favoriser l'amitié entre les amateurs de puzzles et à stimuler les innovations dans le domaine des puzzles. Le président actuel est Alfonso Álvarez-Ossorio.

World Karate Federation
La WKF est l'organe directeur international du karaté. Avec 198 fédérations nationales et son siège à Madrid, ESP, la WKF gère le karaté pour ses 100 millions de fans dans le monde et organise des événements dans le monde entier.

World Meteorological Organization
Le Dr Randall Cerveny, professeur de sciences géographiques spécialisé dans la météorologie et le climat, est rapporteur des extrêmes météorologiques et climatiques pour l'Organisation météorologique mondiale depuis 2007.

World Open Water Swimming Association
Fondée par Steven Munatones en 2005, la WOWSA est l'organe directeur international du sport de natation en eau libre. Elle propose des programmes d'adhésion et de certification, des publications et des ressources en ligne.

World Puzzle Federation
L'association WPF a pour objectifs de superviser le World Puzzle Championship, le World Sudoku Championship et d'autres événements de la WPF, de fournir des moyens pour un échange international d'idées sur les puzzles, de stimuler les innovations dans le domaine des puzzles et d'encourager l'amitié entre les amateurs de puzzles du monde entier.

World Sailing Speed Record Council
Le WSSRC a été reconnu par l'International Yacht Racing Union (aujourd'hui World Sailing) en 1972. Ce conseil d'experts compte des membres originaires d'Australie, de France, de Grande-Bretagne et des États-Unis.

World Ultracycling Association
La WUCA est une organisation à but non lucratif qui soutient l'ultra-cyclisme dans le monde entier. Elle détient le plus grand fonds de records cyclistes pour tous les types de cycles et homologue les records de ses membres.

the ablegamers charity

8000ers.COM

Ocean Rowing Society — Founded 1983

Channel Swimming Association

CTWC

Council on Tall Buildings and Urban Habitat

X GAMES

metacritic

PARROT ANALYTICS

Great Pumpkin Commonwealth

INTERNATIONAL SLACKLINE ASSOCIATION

Three Counties 1797

isasurf International Surfing Association

Gerontology Research Group

IISA International Ice Swimming Association

WOWSA

WORLD CUBE ASSOCIATION

TIMES TABLES ROCK STARS

WORLD KARATE FEDERATION WKF

THE IRONMAN GROUP

WORLD JIGSAW PUZZLE FEDERATION

World Puzzle Federation

THE NUMBERS®

World Ultracycling Association WUCA ULTRACYCLING.COM

VGC

Nous travaillons également avec des centaines de spécialistes qui connaissent leur sujet. Cette année, les nouveaux experts de GWR sont, entre autres, spécialisés en cryptomonnaies, escalade, mobilisations pacifiques, mégafaune disparue et effets spéciaux. Pour la liste complète, rendez-vous sur **www.guinnessworldrecords.com/records/partners.**

Tom Beckerlegge, auteur primé, a vu ses livres traduits dans le monde entier. Il est le consultant en chef de GWR pour le sport, il met à jour des centaines de nouveaux records tous les ans dans les disciplines sportives, coopérant avec de nombreuses fédérations sportives pour se tenir toujours informé. Cette année, il a découvert les ultramarathons, la Formula Drift et l'incroyable carrière de la pilote de rallye Michèle Mouton.

Yvette Cendes est chercheuse en astronomie au Centre d'Astrophysique de Harvard et du Smithsonian (USA). Elle est spécialiste en radioastronomie et en signaux qui varient dans le temps, allant des exoplanètes aux supernovae, en passant par les trous noirs qui détruisent les étoiles. Elle a écrit pour le magazine *Astronomy* et *Scientific American*, et laisse des commentaires "astronomer here!", lus par des millions de personnes dans le monde, sur Reddit en tant qu'u/Andromeda321.

Erica Chenoweth enseigne à la Harvard Kennedy School et au Radcliffe Institute for Advanced Study, université de Harvard. Elle a écrit/édité neuf livres et des dizaines d'articles sur les mouvements de masse, la résistance non violente et l'activisme politique. Elle gère aussi le NAVCO Data Project et codirige le Crowd Counting Consortium, qui analyse la portée des mobilisations américaines. Leurs recherches ont été présentées dans *The New York Times, The Washington Post* et *The Economist*.

Mike Chrimes a quitté son poste de Directeur de la politique d'ingénierie et de l'information à l'Institut du Génie Civil en 2014. Spécialiste de l'information, il a contribué à de nombreux livres et articles sur l'histoire de l'ingénierie et les services d'information, tels que *The Consulting Engineers* (2020), avec Hugh Ferguson, et *Early Main Line Railways 2* (2019). Il a reçu un prix Histoire et Patrimoine de la Société américaine des ingénieurs civils et a été honoré d'un MBE pour services rendus à l'ingénierie.

Ian Failes a fondé *befores & afters*, un magazine en ligne sur les effets spéciaux et l'animation, une publication imprimée et un podcast. Il a aussi contribué à *fxguide, Cartoon Brew, VFX Voice, 3D Artist, 3D World, Syfy, Digital Arts, MovieMaker, Develop* et *Polygon*, et co-anime le podcast visuel *VFX Notes*. Il intervient régulièrement dans des conférences, telles que FMX, SIGGRAPH, Trojan Horse Was a Unicorn et SPARKFX. Son premier livre, *Masters of FX*, a été publié en 2015.

Hugh Ferguson est un ingénieur civil professionnel qui a travaillé comme entrepreneur, ingénieur-conseil, journaliste et éditeur. Après avoir obtenu un diplôme d'ingénieur civil, il a travaillé dans l'industrie avant de rejoindre le magazine *New Civil Engineer*, qu'il a dirigé de 1976 à 1990. Il est l'auteur (ou co-auteur) de plusieurs ouvrages, dont : *The Civil Engineers* (2011), *Engineers* (2012), *The Contractors* (2013), *Constructionarium* (2016) et *The Consulting Engineers* (2020).

David Fischer est le principal consultant sportif américain de GWR depuis 2006. Il a écrit pour *The New York Times* et *Sports Illustrated for Kids*, et a travaillé pour *Sports Illustrated, The National Sports Daily* et NBC Sports. Il est l'auteur de *Tom Brady : A Celebration of Greatness on the Gridiron* (2021), *The New York Yankees of the 1950s : Mantle, Stengel, Berra, and a Decade of Dominance* (2019) et *The Super Bowl : The First Fifty Years of America's Greatest Game* (2015).

John Fitzpatrick est un ancien conservateur des oiseaux au Field Museum of Natural History de Chicago et a été directeur exécutif du Cornell Lab of Ornithology de 1995 à 2021. Il a écrit plus de 150 articles scientifiques et coécrit quatre livres, dont le principal manuel universitaire d'ornithologie. En 2002, il a lancé avec ses collègues la plateforme numérique *eBird*, aujourd'hui l'un des plus grands projets de science citoyenne.

Bryan G Fry possède un double diplôme en biologie moléculaire et philosophie scientifique. Né aux États-Unis, il a été attiré en Australie par ses nombreuses créatures toxiques et a passé un doctorat sur les peptides toxiques du taïpan intérieur (**serpent terrestre le plus venimeux** ; voir p. 41). Il est aujourd'hui professeur associé à l'université du Queensland, où il est chef de groupe du Venomics Laboratory. Il a exploré plus de 40 pays et a aussi été intronisé au sein de l'Explorers Club.

Robin Hutton est scénariste et productrice pour des productions d'événements majeurs et pour l'industrie cinématographique. Elle a écrit le best-seller du *NY Times, Sgt. Reckless : America's War Horse* (2014) et *War Animals : The Unsung Heroes of World War II* (2018). Elle est la présidente de l'association à but non lucratif Angels Without Wings. En 2019, elle a institué la médaille de la bravoure Animals in War & Peace et, en 2022, une nouvelle médaille pour service distingué (voir p. 50).

Emily Lakdawalla est une communicatrice scientifique, autrice et éducatrice spécialisée en sciences planétaires et exploration spatiale. Elle contribue aux publications de la Planetary Society depuis 2002 et est rédactrice associée de *Sky & Telescope*. Son premier livre, *The Design and Engineering of Curiosity*, devrait être suivi d'un ouvrage complémentaire, *Curiosity and Its Science Mission : A Mars Rover Goes to Work*, en 2022. Un astéroïde porte également son nom : 274860 Emilylakdawalla.

Michael Levy, journaliste indépendant, est le rédacteur en chef du magazine *Climbing*. Il a aussi écrit pour le *New York Times, Outside* et *Rock and Ice*. Michael a fait de l'escalade dans le monde entier, des parois du Yosemite en Californie (USA), aux falaises de calcaire d'Asie du Sud-Est ; des hauts sommets de la chaîne de l'Alaska à ceux de la Cordillère blanche péruvienne.

Jonathan McDowell écrit sur l'histoire technique de l'exploration spatiale et tient à jour un catalogue d'objets spatiaux sur son site Internet **planet4589.org**. Astrophysicien, il a aussi publié des articles sur la cosmologie, les trous noirs, les galaxies, les quasars et les astéroïdes. Il contribue à développer des algorithmes pour l'observation des rayons X dans l'équipe du télescope Chandra de la NASA.

Merav Ozair, experte en blockchain et cryptomonnaies, connaît bien les marchés financiers et possède une formation en science des données et stratégie quantique. Elle applique son expertise à la recherche et à l'expérimentation de la finance décentralisée, aux jetons non fongibles (NFT) et aux organisations autonomes décentralisées, dans différents secteurs et cas d'utilisation commerciale. Elle a aussi un doctorat de la Stern School of Business de l'université de New York et a co-fondé ChainVision.

Martin Pratt est un expert international en tracé de frontières, gestion des frontières et résolution des conflits territoriaux. Il dirige Bordermap Consulting. Il est aussi professeur honoraire à l'université de Durham (GBR), où il a été pendant plus de 20 ans directeur de recherche à l'International Boundaries Research Unit. Géographe et cartographe de formation, il est spécialisé dans les aspects techniques de la délimitation des frontières terrestres et maritimes.

Robert Riener est professeur de systèmes sensori-moteurs à l'Institut de robotique d'ETH Zurich (CHE), et professeur de médecine à l'hôpital universitaire Balgrist depuis 2003. Il a publié plus de 400 articles évalués par des pairs, 20 chapitres de livres et déposé 25 brevets. Il est aussi à l'origine du Cybathlon, destiné aux athlètes qui utilisent des technologies d'assistance de pointe et aux ingénieurs qui les développent.

Karl P N Shuker, docteur en zoologie et en physiologie comparée de l'université de Birmingham (GBR), est membre de la société zoologique de Londres, de la Société royale d'entomologie et de la Société des auteurs. Il a écrit 25 livres et des centaines d'articles sur de nombreux aspects de l'histoire naturelle. Son travail met l'accent sur les animaux anormaux, dont de nouvelles espèces redécouvertes et non reconnues.

Maria Vassilopoulos est une professionnelle de l'édition et une historienne du commerce du livre. Elle prépare un doctorat sur l'histoire de l'industrie britannique de la librairie et de l'édition. Elle a travaillé pour *The Bookseller*, la British Library et Waterstones, et rédigé des articles sur l'histoire de la Publishers Association et de The Book Society. Elle est aussi archiviste pour la Society of Young Publishers.

Matthew White est le consultant en musique, cricket et tennis de GWR. Entre 2009 et 2022, il a aussi vérifié et corrigé plus de 50 000 enregistrements publiés pour l'**annuaire le plus vendu** au monde. Journaliste de formation, Matthew a obtenu le poste de ses rêves au sein de l'équipe qui a produit les quatre dernières éditions du *Guinness Book of British Hit Singles & Albums*. Son dernier projet est un guide des musiciens de son comté natal du Suffolk, GBR.

Cassidy Zachary est une historienne de la mode spécialisée dans la signification sociale et culturelle de la robe à travers l'histoire, jusqu'à aujourd'hui. Elle a créé et co-anime (avec April Calahan) le podcast iHeartRadio *Dressed : The History of Fashion*, que *Vogue* a décrit comme "la référence en matière de podcasting de mode". Cassidy est aussi la coautrice du livre *Fashion and the Art of Pochoir*, paru en 2015.

Steven Zhang est paléontologue et chercheur associé honoraire à l'université de Bristol (GBR). Il est spécialiste de l'évolution et de l'histoire fossile des proboscidiens, qui comprennent les éléphants et leurs cousins éteints : mammouths, mastodontes, stégodontes et deinothères. Afin de raconter l'histoire de ces animaux préhistoriques, il a mené des activités de vulgarisation paléontologique dans des musées et a été consulté pour plusieurs documentaires télévisés.

Nous remercions également...

Evan Ackerman (*IEEE Spectrum*) ; DC Agle, Ron Baalke, Glenn Orton (NASA/JPL) ; Rachael Anderson (Ekso Bionics) ; Scott Banks (Boardwalk Organ Restoration Committee) ; Mark Aston ; Emmanuel Barraud (EPFL) ; Karl Battams (US Naval Research Laboratory) ; Edward Bell (Tiniest Babies Registry) ; Brian Bianco (Inspiration4) ; Annabelle Bozec (Herrenknecht AG) ; David Bruson ; David Bruzon, Anna Burgess (Harvard University Library) ; Alice Carter (British Library) ; Martyn Chapman ; Richard Chen (cryptoart.io) ; Brenna Connor, David Walter, Lee Graham (NPD Group) ; Philip Currie (University of Alberta) ; Tammie deVoogt Blaney (International Association of Structural Movers) ; Amy Dickin, Hattie Thorpe-Gunner (PDSA) ; Pádraig Egan ; Taylah Egbers, Louise Baker, Sarah Cuthbert-Kerr (National Trust for Scotland) ; Kiah Erlich, Melinda Widlake, Michael Edmonds, Sarah Blask (Blue Origin) ; Federico Ferroni, Alex Reynolds (International Surfing Association) ; Barbara Finlay, Linda Beltz Glaser (Cornell University) ; Rosemary Firman, Abby Jones (Hereford Cathedral) ; Andrew Gallup (SUNY) ; Karla Grahn (Fly Denver) ; Victoria Grimsell ; Bryony-Hope Green (British Esports Association) ; Thaneswar Guragai ; Robert Gwynne, Simon Bayliss (National Railway Museum) ; Steven Haddock (Monterey Bay Aquarium Research Institute) ; JD Harrington, Sean Potter (NASA/HQ) ; Terry Harrison (New York University) ; Nick Hartwell (Nixus Sport and Entertainment) ; Suzanne Herrick, Joanna Danks (Minnesota Historical Society) ; Heidi Huebner (PUP Program, LAWA) ; Paul Hunn ; Daniel Huot, Shaneequa Vereen, Courtney Beasley, Kathryn Hambleton (NASA/Johnson Space Center) ; Alan Jamieson (Minderoo-UWA Deep-Sea Research Centre) ; Sarah Jeffery (Martin-Baker) ; Rachel Jones ; Steve Jones (Antarctic Logistics & Expeditions) ; Eliza Kavanagh (Publishers Association) ; Danny Klein (Food News Media) ; Louise Lee (Blue Cross) ; Tammy Lee Long, Madison Tuttle (NASA/Kennedy Space Center) ; Leah Linder, Benjamin Popkin (TikTok) ; Pedro Lopes (University of Chicago) ; Emma Lowe (*The Bookseller*) ; Jérôme Mallefet (Université catholique de Louvain) ; Pádraig Mallon, Jacqueline McClelland (Irish Long Distance Swimming Association) ; Ray Mansell ; Borislav Marinov (Exoskeleton Report) ; Rick Mayston ; Mark McBride-Wright (Equal Engineers) ; Mary Melnyk ; Thomas Mills, Tim Shephard (Dwarf Sports Association) ; Joël Minet (Muséum national d'Histoire naturelle) ; Monsters of Schlock (Burnaby Q Orbax and Sweet Pepper Klopek) ; François Moreau (Bouygues Construction) ; Peter Morris, David Allen, Henry Rzepa, Anna Simmons (Royal Society of Chemistry) ; Anushia Nair (data.ai) ; Greg Newby (Project Gutenberg) ; Kara O'Keeffe (Wisconsin Historical Society) ; Justin O'Schmidt (Southwest Biological Institute) ; Corina Oertli, Roland Sigrist (Cybathlon) ; Mariam Olayiwola ; Matthew Oliver ; Uffe Paulsen (Royal Danish Library) ; Gary Rendsburg (Rutgers University) ; Barry Rice (*Carnivorous Plant Newsletter*) ; Matthew Rogerson, Emma Beer (Institution of Civil Engineers) ; Ethan Ruparelia, Dan Schrieber (*QI/No Such Thing as a Fish*) ; William Ryan (Library of Congress) ; Eric Sakowski (Highest Bridges) ; Nancy Segal (Twin Studies Center) ; Tulsi Shah (Carmody Groarke) ; Lily Shallom (APOPO) ; Will Shortz, Matúš Demiger (American Crossword Puzzle Tournament) ; Nevan Simone, Amit Gupta, Jamie Stephens, Maria Esteva, Weijia Xu, Moriba Jah (University of Texas/ASTRIAGraph) ; Tina Smart ; Christopher Smout (Institution of Mechanical Engineers) ; Samuel Stadler (Parrot Analytics) ; Jaclyn Swope (Nielsen IQ) ; Martyn Tovey ; Gijs van der Velden, Merlin Moritz, Kasper Siderius (MX3D) ; Paul Walker-Emig ; Heather Weintraub (Christie's) ; Annabel Williams (Guide Dogs) ; Nick Williamson, James Bartlett, Daryl Chapman, Helen Atwere, Denise Matthews, Rob Grant (RNIB) ; Mark Woods (Bible Society) ; Anatoly Zak (Russian Space Web) ; Lojdová Zdislava (Extreme Light Infrastructure Beamlines).

Copyright

Vice-PDG Édition mondiale
Nadine Causey

Éditeur en chef
Craig Glenday

Responsable éditorial
Adam Millward

Éditeur
Ben Hollingum

Graphisme
Tom Beckerlegge, Rob Dimery

Relecture et révision
Matthew White

Responsable Édition et Production
Jane Boatfield

Responsable iconographique
Fran Morales

Recherches iconographiques
Abby Taylor, Alice Jessop

Conception graphique
Paul Wylie-Deacon, Rob Wilson, Jo Mansfield de 55design.co.uk

Conception graphique de la couverture
Rod Hunt

Recherche de talents
Charlie Anderson

Direction de la production et de la distribution
Patricia Magill

Coordination de production
Thomas McCurdy

Consultants de production
Roger Hawkins, Kevin Sarney, Maximilian Schonlau, Jens Pähler

Responsable du contenu spécial
Michael Whitty

Photographies originales
Brien Adams, Dan Austin, Alberto Bernasconi, Felix Brandstetter, Dojo Films, Jon Enoch, Rubén Gil, Chuck Green, Laura Grisamore, Paul Michael Hughes, Diyan Kanardzhiev, Edwin Koo, Kat Ku, Rob Partis, Rod Penn, Kevin Scott Ramos, Alex Regish, Tim Stubbings

Indexation
Marie Lorimer

Direction des ventes mondiales
Joel Smith

Direction des licences internationales
Helene Navarre

Responsable des comptes clés UK Mavis Sarfo

Responsable de la chaîne logistique et de la distribution
Isabel Sinagola

Directiondu marketing monde Nicholas Brookes

Responsable de la communication (UK et International)
Amber-Georgina Maskell

Responsable RP (UK & International)
Madalyn Bielfeld

Attaché de communication (UK et International)
Alina Polianskaya

Responsable de contenu (UK et International)
Eleonora Pilastro

Responsable de communication (Amériques)
Elizabeth Vaughan

Responsable RP (USA et Canada)
Amanda Marcus

Responsable RP (LATAM)
Alice Pagán

Attachée de presse (Amériques)
Kylie Galloway

Responsable de contenu (USA et Canada)
Ali Rodriguez

Responsable de contenu (LATAM)
Luisa Sanchez

Reprographie
Resmiye Kahraman de Born Group

Impression et façonnage
MOHN Media Mohndruck GmbH, Gütersloh, Allemagne

19-8871-9/ ISBN : 978-2-01-946319-9

Dépôt légal : septembre 2022

Pour l'édition française

Responsable éditoriale : Anne Le Meur, assistée de Camille Lenglet

Réalisation : Dédicace/NordCompo (Villeneuve-d'Ascq)

Traduction : Olivier Cechman, Karine Descamps, Charlotte Faraday, Alice Gallori, Cécile Giroldi, Laurent Laget, Agnès Letourneur avec la contribution de Maëlle Letourneur, Guillaume Marlière, Christine Mignot, Ghislaine Tamisier

Relecture : Anne Fragonard et Odile Raoul
L'éditeur remercie Jean-Michel Westelynck de la fédération française Handisport pour sa relecture attentive.

Les records sont faits pour être battus : c'est l'un des critères clés pour composer une catégorie de record. Si vous pensez pouvoir battre un record, présentez votre candidature. Contactez-nous avant de vous lancer dans une tentative.

Développement durable

100% RECYCLED PAPER STEINBEIS PAPER GUARANTEED QUALITY

Chez Guinness World Records, nous portons toute notre attention au développement durable. En accord avec cet engagement, le livre est imprimé sur du papier recyclé, récupéré à 100 % et issu de pulpe désencrée post-consommation. Le papier n'a subi aucun blanchiment au chlore dans son processus de production. Il bénéficie de l'écolabel européen et de l'écolabel allemand Blue Angel.

Il a été produit en Allemagne par Steinbeis Papier, qui compte parmi les papetiers européens les plus énergétiquement efficaces, faibles en émissions et respectueux des ressources tout au long du processus de production (approvisionnement régional en papier récupéré, production en mode "création de valeur", selon un cycle presque totalement circulaire d'usage de l'énergie et de l'eau).

minus 52% CO_2

GWR s'engage dans l'approvisionnement éthique et responsable en papier et en encre. Nous faisons en sorte que tous nos partenaires de la chaîne d'approvisionnement respectent les normes internationales les plus exigeantes en termes de durabilité et d'économies d'énergie. Pour plus d'informations, merci de nous contacter.

Grâce à l'utilisation innovante de technologies combinées de chaleur et d'électricité, l'impression de ce livre a émis 52 % de CO^2 en moins par rapport aux processus traditionnels.

Guinness World Records Limited a recours à des méthodes de vérification très précises pour certifier les records. Malgré ses efforts, des erreurs peuvent subsister. Guinness World Records Limited ne peut être tenu pour responsable des erreurs ou omissions que comporterait cette édition. Toute correction ou précision de la part des lecteurs est bienvenue.

Guinness World Records Limited utilise le système métrique dans cette édition. Pour la conversion des monnaies, lorsqu'une date précise est indiquée, nous appliquons le taux de change en vigueur à l'époque. Si seule l'année est mentionnée, nous appliquons le taux de change au 31 décembre de l'année.

Il est important de prendre conseil auprès de personnes compétentes préalablement à toute tentative de record. Les candidats agissent à leurs risques et périls. Guinness World Records Limited conserve l'entière liberté d'inclure ou non un record dans ses ouvrages. Être détenteur d'un record ne garantit pas sa mention dans une publication de Guinness World Records.

IMPRIMÉ EN ALLEMAGNE

THE JIM PATTISON GROUP

GUINNESS WORLD RECORDS OFFICIALLY AMAZING

Crédits iconographiques

1 Getty; **2** NASA/KSC, Rod Hunt; **3** Nintendo/Games Press; **4** GWR/Alamy; **5** Alamy/Shutterstock; **6** Shutterstock; **7** Shutterstock/Getty Images; **8** Jon Enoch/GWR, Shutterstock; **9** Jon Enoch/GWR, Diyan Kantardzhiev/GWR, Games Press/Mojang, Games Press/Milestone, Shutterstock, Moby Games/EA, Games Press/Epic Games, YouTube; **10** GWR, Alex Regish/GWR, Alamy, Shutterstock; **11** Shutterstock; **12** Shutterstock, GWR; **13** GWR; **14** NASA; **15** Science Photo Library, NASA; **16** NASA, National Reconnaissance Office, Shutterstock; **17** NASA, NASA/KSC, NASA/Bill Ingalls, ATK, Shutterstock, NASA/Joel Kowsky, Amy Thompson; **18** Shutterstock, Getty, Virgin Galactic; **19** NASA, U.S. Army White Sands Missile Range/Applied Physics Laboratory, Shutterstock, Blue Origin; **20** Inspiration4/Twitter, NASA, Shutterstock; **21** SCH, NASA, Shutterstock, ESA, James Blair/NASA, Rod Hunt; **22** Tulsa World, Northrop Grumman, Getty; **23** CelesTrak, Brad Sease, NASA, Anatoly Zak/RussianSpaceWeb.com, Getty, Esperance Museum; **24** NASA, NASA/JPL-Caltech/University of Arizona, NASA/JPL-Caltech, Science Photo Library, CNSA, Shutterstock; **25** CNSA/EPA, NASA/JPL-Caltech, NASA/Johns Hopkins APL, NASA/JPL/Cornell University, Shutterstock; **26** ESO/M. Kornmesser, NASA/JPL-Caltech/ASI/USGS, NASA/JPL-Caltech/SSI; **27** NASA/MOLA Science Team/O. de Goursac, Adrian Lark, NASA/ESA/A. Simon, NASA/JPL-Caltech/MSSS, NASA/JHUAPL/SwRI, NASA/JPL-Caltech/Keck, NASA/ScienceCasts, Maxar/ASU/P. Rubin/NASA/JPL-Caltech; **28** Alamy, ESO/M. Kornmesser; **29** NASA/ESA/Zolt Levay, Science Photo Library, NASA/JPL-Caltech/STScI, ESO, Shutterstock, R. Sahai et J. Trauger (JPL)/NASA/ESA; **30** Thomas Shea/USA TODAY NETWORK; **31** ESA/ATG medialab, NASA/STScI; **32** SpaceX, Science Photo Library, NASA; **33** NASA, ESA, B. Welch (JHU) et D. Coe (STScI), ESA & NASA/*Solar Orbiter*/EUI team, NASA/Aubrey Gemignani; **34** Blue Origin, Getty, Shutterstock; **35** NASA, Shutterstock, Getty; **37** APOPO, Alamy, Brian Mckay, Shutterstock; **38** Shutterstock, Roman et Alexandra Uchytel, Prehistoric Fauna; **39** Roman et Alexandra Uchytel, Prehistoric Fauna, Roman Yevseyev, Science Photo Library, National Museum of Ireland; **40** Shutterstock, Brian Mckay, A. Palci/Flinders University; **41** Shutterstock, Alamy; **42** Alamy, Shutterstock, Tormod Amundsen/Biotope; **43** Shutterstock, Alamy, Angie Cederlund; **44** naturepl.com, Shutterstock, Science Photo Library; **45** Alamy, naturepl.com, Shutterstock; **46** Shutterstock, Alamy, Rajani Kurup/Anil John Johnson/Sabulal Baby, 2020 Walter de Gruyter GmbH, Berlin/Boston, Dr Steven Haddock; **47** NOAA, Alamy, Dr J. Mallefet - FNRS - UCLouvain, Science Photo Library, Discover Puerto Rico; **48** Kat Ku/GWR, Shadai Perez/GWR, Shutterstock; **49** Alberto Bernasconi/GWR, Shutterstock; **50** Nancy Latham Parkin, US War Dogs Association, Getty, National Archives, Dominika Frej for Gallop, Shutterstock; **51** Alamy, APOPO, Denver International Airport, Toronto Zoo, GWR; **52** Alamy, Shutterstock; **53** Alamy, Shutterstock; **54** Alamy, Qianshi Lin, Shutterstock; **55** Shutterstock, David Lees, Alamy, Zhao Chuang/PNSO; **56** GWR, Getty, Back to Healing/Damla Karaarslan; **57** GWR; **58** Brien Adams/GWR, GWR; **59** Shutterstock, Kevin Scott Ramos/GWR; **60** Martin Volken/moment.ch, Getty, Alzheimer's Research UK, Shutterstock; **61** Alamy, Shutterstock; **62** John Wright/GWR, Alberto Bernasconi/GWR, GWR, Paul Michael Hughes/GWR, Shutterstock; **63** Alberto Bernasconi/GWR, Kevin Scott Ramos/GWR, Shutterstock, Walter Succu/GWR; **64** Ranald Mackechnie/GWR, Paul Michael Hughes/GWR, Kevin Scott Ramos/GWR, Shutterstock; **65** Kevin Scott Ramos/GWR; **66** Shutterstock; **67** Dan Austin/GWR, Laura Grisamore/GWR, Shutterstock; **68** Penguin, Shutterstock; **69** Shutterstock; **70** Alamy, Shutterstock; **72** Kevin Scott Ramos/GWR, GWR, Mohammed Daw/GWR; **73** National University Hospital, Singapore, Kwek Family, Paul Michael Hughes/GWR, Peter Allen/DMG Media Licensing, Rob Partis; **74** Ryan Schude/GWR; **75** Alamy; **76** Go Visuals; **77** One Inch Dreams, onetotwo/Quirin Herterich, Shutterstock, SWNS, Rod Penn/GWR; **78** Piccard Family, Shutterstock, Photocall Ireland, Solar Impulse Foundation; **79** Getty, Alamy, GWR; **80** Paul Michael Hughes/GWR, Davide Canella/GWR, Shutterstock; **81** Rod Penn/GWR, Shutterstock, GWR; **82** Edwin Koo/GWR, Shutterstock, Alberto Bernasconi/GWR; **83** Shutterstock, GWR; **84** GWR, Diyan Kantardzhiev/GWR, Shutterstock; **85** Paul Michael Hughes/GWR, GWR, Shutterstock; **86** Shutterstock; **87** SWNS; **88** Diyan Kantardzhiev/GWR, GWR, Shutterstock; **89** Getty, Universal Pictures/Alamy, Alamy; **90** Alberto Bernasconi/GWR, Shutterstock, Paul Michael Hughes/GWR; **91** Captn Brandy/GWR, Shutterstock; **92** Shutterstock; **93** Richard Bradbury/GWR, Chukwuebuka Freestyle Entertainment, GWR, Shutterstock; **94** J. Chin/National Geographic/Shutterstock, John Bachar; **95** Pavel Blazek, Paolo Sartori, Javipec/ASP/Red Bull Content Pool, Chris Alstrin, Cheyne Lempe, Bobby Sorich, Alastair Lee/Posing Productions, Alamy; **96** Enrique Alvarez, Shutterstock; **97** Alamy, Shutterstock; **98–99** Miss Isle, International Surfing Association, Shutterstock, Getty, Marathon des Sables; **100** GWR, Alberto Bernasconi/GWR, Photos with Finesse, Ruben Gil/GWR; **101** Alberto Bernasconi/GWR, Ruben Gil/GWR; **102** Alamy, Shutterstock; **103** Shutterstock; **104** GWR; **105** Justin Clemons/Guardian/eyevine; **106** Rajiv Mundayat, Justin N Lane/Courtesy of US Chess, Shutterstock; **108** Casey Brooke Lawson, J-F Rioux, Marvel/Disney/Shutterstock; **109** Robert Partis/GWR; **110** ESA/NASA/SOHO; **111** Tim Stubbings/GWR; **112** Jon Enoch/GWR, Ranald Mackechnie/GWR, Drew Gardner/GWR, Shutterstock; **113** Shutterstock, Rod Hunt; **114** Shutterstock; **115** Shutterstock; **116** Cedar Point, Getty, Shutterstock, Alamy, Allison Missal Akright/Fridley Theatres; **117** Kevin Scott Ramos/GWR, David Torrence/GWR, Shutterstock; **118** Alamy, Getty, Shutterstock; **119** Shutterstock, Alamy; **120** Alamy, Jason deCaires Taylor, Shutterstock; **121** Alamy, Shutterstock; **122** Shutterstock, Alamy; **123** Shutterstock, Alamy; **124** Shutterstock, Alamy, Shakespeare Trust, Sportsfile pictures; **125** Getty, Alamy, Chris Parry/Ffestiniog Railway, Shutterstock; **126** Shutterstock; **127** Shutterstock; **128** Alamy, Shutterstock; **129** Shutterstock, Alamy, Getty; **130** Tommy Simonsen, Shutterstock, Janne Peräaho, Satu Härkönen, Alamy, VisitSamsø; **131** Asaf Kliger, Shutterstock, Getty, Alamy, Andreas Christoffer Nilson/Secretsoftheice.com, Bakken; **132** Shutterstock, Alamy; **133** Shutterstock, Martin De Jong, Alamy, Pinkpop, Diego Delso/delso.photo; **134** Shutterstock, CERN, Alamy; **135** Stefan Seelig, Alamy, Jakub Szczęsny/Forgemind ArchiMedia, Shutterstock; **136** Shutterstock, Alamy, Lotte; **137** Alamy, Shutterstock, Getty; **138** Shutterstock, Getty, Alamy; **139** Shutterstock; **140** Alamy, Getty, Shutterstock; **141** Alamy, Shutterstock; **142** Shutterstock, Alamy, Getty; **143** Shutterstock, Alamy, Oxalis Adventure; **144** Alamy, Getty, Shutterstock; **145** Shutterstock, Dick Thomas Johnson, Getty, Alamy; **146** Shutterstock, Alamy, Ian Moore/Evandale Village Fair, Getty; **147** Getty, Te Papa, Shutterstock, Alamy, Ellen Rykers, David Wall; **148** Getty; **149** Wlad SIMITCH/M6; **150** Chuck Green/GWR; **151** Shutterstock, Alamy; **152** Shutterstock, Sameer Regmi/Discover Parbat, Getty, Merlin Moritz/MX3D; **153** Alamy, Shutterstock; **154** Shutterstock, Alamy, Max Bögl Group, Marshall Gerometta; **155** Alamy, Stefan Fussan/Marshall Strabala et Jun Xia, Shutterstock; **156** EPFL, ReWalk Robotics, Alamy, Shutterstock; **157** ETH/Alessandro Della Bella, The University of Chicago, Ben Rollins/GWR, Sarcos Technology et Robotics Corporation, Innophys Co. Ltd; **158** Alamy, Shutterstock; **159** Getty, Alamy; **160** Shutterstock; **161** Shutterstock; **162** Geometrica, Inc., National Trust for Scotland, Alamy; **163** Rolls-Royce, Samo Vidic/Red Bull Content Pool, faroephoto.com; **164** Alamy, UNOCHA/David Gough, Getty, Kwaku Alston for Disney Studios, Shutterstock; **165** Shutterstock; **166** Netflix; **167** Netflix, Cameron Allen; **168** Stan Winston Studio, PIXOMONDO, LAIKA, Disney/Alamy, Makuta, Shutterstock, Getty; **169** Warner Bros./Shutterstock, Framestore, Marvel/Disney/Alamy, DreamWorks/Paramount/Alamy, Lucasfilm/Shutterstock, Lucasfilm/Disney, Shutterstock; **170** Disney/Alamy, Hudson Soft/Moby Games, Square/Games Press, Disney, Alamy, Pixar/Disney/Alamy; **171** Disney/Alamy, Pixar/Disney/Alamy, Marvel/Disney/Alamy, Lucasfilm/Disney/Alamy, Shutterstock; **172** NBCUniversal Media/Getty, CBS Entertainment, FX, ABC/Art Streiber, Alamy, National Geographic/Fox, MBS, Shutterstock; **173** Curtis Bonds Baker/Netflix, HBO Entertainment/Alamy, Sony Entertainment Television India (SET)/Studio Next, Marvel Studios/Disney Plus, Paramount+, Shutterstock, Apple TV+; **174** Alamy, Ryan Schude/GWR, Shutterstock; **175** Alamy, Shutterstock, Stephen J. Greenberg/NLM, NLM, Rod Hunt; **176** Shutterstock, World Puzzle Federation; **178** Shutterstock, Alamy; **179** Cameron Allen; **180** Getty, GWR, Alamy, Shutterstock; **181** Shutterstock, Getty; **182** Alamy, Getty, Warner Bros.Pictures/Alamy, FX Network TV/Alamy, Netflix, Shutterstock, Vice Studios/Alamy, Netflix/Alamy; **183** Shutterstock, Nickelodeon, Getty; **184** Blizzard/Games Press, Warner Bros./Games Press, Rockstar Games; **185** Capcom/Games Press, Koelnmesse GmbH/Oliver Wachenfeld, Shutterstock; **186** Activision, Ryan Schude/GWR, EA; **187** EA/Games Press, TiMi Studio Group, Shutterstock; **188** Shutterstock, Square Enix/Games Press, Square Enix/Moby Games, Nintendo/Games Press, Alamy; **189** Roblox/Games Press, Adopt Me, Rockstar/Games Press, Shutterstock; **190** The Pokémon Company/Games Press, Nintendo, Paul Michael Hughes/GWR, Epic Games; **191** Nintendo/Games Press, Heritage Auctions, Telltale Games/Games Press, Shutterstock; **192–93** Paul Michael Hughes/GWR, Kevin Scott Ramos/GWR, Ranald Mackechnie/GWR, Richard Bradbury/GWR, Alamy; **194** Getty, James Ellerker/GWR, Marvel/Disney/Alamy, Supergiant Games/Games Press; **195** Getty, Heritage Auctions, Marvel/Disney/Alamy; **196** Getty, Alamy, Shutterstock; **197** Shutterstock, Alamy; **198** Getty; **199** Alamy, Getty, Kevin Scott Ramos/GWR; **200** Getty, David Levene, Alamy, Aivars Liepiņš, Shutterstock; **201** Alamy, Shutterstock; **202** Shutterstock; **203** Shutterstock, Alamy, Dapper Labs, ASOBIMO/Games Press, Getty; **204** Kerameikos Archaeological Museum, Shutterstock, Getty, Bizmoune Cave, Essaouira Ministry of Youth, Culture and Communication, Julien's Auctions/Vincent Sandoval, Mouawad, Canadian Museum of History; **205** Daniel Buck Auctions, Shutterstock, University of Oregon Museum of Natural and Cultural History, David Jackson, dbking, Metropolitan Museum of Art, Rod Hunt; **206** Shutterstock, Christie's Images, Jos Buttler/Twitter, Heritage Auctions, Ashley Littlejohn Photography; **207** Shutterstock, Goldin Auctions, Sotheby's/SquareMoose, Getty, Sotheby's, Hake's Auctions, Rod Hunt; **208** Shutterstock, Maximum Games/Games Press; **209** Kevin Scott Ramos/GWR, Drew Gardner/GWR, Brian Braun/GWR, Al Diaz/GWR; **210** Shutterstock, Getty; **211** Zachary Fu & Dustin Ong, Alamy, Getty, Max Morse for TechCrunch, Shutterstock; **212–13** Getty, Dmitriy Kuznietsov, Shutterstock; **214** Alamy, Kevin Galvan; **215** Alamy, Alberto Bernasconi/GWR, Getty; **216** Getty, Shutterstock; **217** Getty, Shutterstock; **218** Shutterstock, Getty; **219** Shutterstock, Getty, Guide Dog Foundation; **220** Shutterstock, Getty; **221** Shutterstock, Getty; **222** Shutterstock; **223** Alamy, Shutterstock, Getty; **224** Shutterstock, Alamy, Getty; **225** Getty, Shutterstock, Alamy; **226** Getty, Shutterstock; **227** Getty, Shutterstock; **228** Alamy, Getty, Shutterstock, iZimPhoto/Jekesai Njikizana; **229** Shutterstock, Getty; **230** Getty, Shutterstock, Alamy; **231** Imago Images, Shutterstock, Alamy; **232** Shutterstock; **233** Guide Dog Foundation, Shutterstock, Alamy, Getty; **234** Shutterstock, Getty; **235** Shutterstock; **236** Rod Hunt, Shutterstock, Getty, Alamy; **237** Shutterstock, Rod Hunt, Mexican Triathlon Federation, Marek Janiak/UltraPark Weekend, Stephen Wilson, Getty; **238** LAT Images, Getty, Shutterstock, Alamy; **239** Getty, Shutterstock; **240** Shutterstock, Getty, GWR; **241** United States Parachutist Association/David Cherry, ESPN, Shutterstock, Getty; **242** Getty, Shutterstock; **243** Shutterstock, Alamy, Getty; **244** Getty, Pep Segalés/FIM, Imago Images; **245** Shutterstock, Alamy; **256** Rod Hunt

Tous les efforts ont été réalisés pour identifier les détenteurs des droits, créditer les images et obtenir les autorisations nécessaires à leur utilisation. En cas d'omission, nous remercions les détenteurs des droits de nous en informer.

Juges officiels : Alfredo Arista, Camila Borenstain, Joanne Brent, Jack Brockbank, Ahmed Bucheeri, Spencer Cammarano, Sarah Casson, Swapnil Dangarikar, Brittany Dunn, Kanzy El Defrawy, Michael Empric, Pete Fairbairn, Victor Fenes, Fumika Fujibuchi, Michael Furnari, John Garland, Andrew Glass, Iris Hou, Louis Jelinek, Lena Kuhlmann, Maggie Luo, Rishi Nath, Hannah Ortman, Kellie Parise, Pravin Patel, Justin Patterson, Glenn Pollard, Natalia Ramirez, Susana Reyes, Philip Robertson, Paulina Sapinska, Tomomi Sekioka, Lucia Sinigagliesi, Brian Sobel, Richard Stenning, Claire Stephens, Sheila Mella Suárez, Şeyda Subaşı Gemici, Lorenzo Veltri, Xiong Wen, Peter Yang

Remerciements : 55 Design Ltd (Hayley Wylie-Deacon, Tobias Wylie-Deacon, Rueben Wylie-Deacon, Linda Wylie, Vidette Burniston, Lewis Burniston, Paul Geldeart, Sue Geldeart), After Party Studios (Richard Mansell), Amanda Joiner, Banijay Italy, Carlotta Rossi Spencer, Cepak Ltd, Charlie Burland *in memoriam*, Chris Theriault, Codex Solutions Ltd, Coventry Communications (Jon Coventry), Della Galton, Devonte Roper, Dojo Films, Duncan Hart, Electric Robin, Exhibit Hosts, Facebook (Dan Biddle), FJT Logistics Ltd (Ray Harper), Gabriela Ventura, Georgia & Peter I'anson, Gracie & Jack Lewis, Imagination Station Toledo, Integrated Colour Editions Europe Ltd (Roger Hawkins, Susie Hawkins), Jim Pattison Jr, John Corcoran, Julie Moskalyk, Kathryn Huneault, Kidoodle (Brenda Bisner), Mintaka (Tim Stuart, Torquil Macneal), Mohn Media (Astrid Renders, Kevin Sarney, Maximilian Schonlau, Jeanette Sio), Montreal Science Center, Orchard Media & Events, Prestige Design (Jackie Ginger), Production Suite (Beverley Williams), Ripley Entertainment, Rob Partis, Science North, Snapchat (Rebecca Ozarow, Lucy Luke), Stark RFID, Steinbeis Papier GmbH, SLB Enterprises (Susan Bender, Sally Treibel), Tacita Barrera,

TikTok (Normanno Pisani, Sanjit Sarkar), US Space & Rocket Center, William Anthony, YouGov

Dédicace : Nous dédions cette édition à Roger Hawkins (ci-dessus), consultant en production, qui a pris sa retraite après 35 ans de bons et loyaux services. Oncle Rog faisait partie de notre équipe depuis l'édition 1989. Grâce à lui, ce sont plus de 70 millions de livres qui ont pu être produits et imprimés en toute sérénité. Roger : tes compétences techniques inégalées et ton enthousiasme pour le GWR vont nous manquer !

Codes pays

ABW Aruba
AFG Afghanistan
AGO Angola
AIA Anguilla
ALB Albanie
AND Andorre
ANT Antilles néerlandaises
ARG Argentine
ARM Arménie
ASM Samoa américaines
ATA Antarctique
ATF Terres australes et antarctiques françaises
ATG Antigua-et-Barbuda
AUS Australie
AUT Autriche
AZE Azerbaïdjan
BDI Burundi
BEL Belgique
BEN Bénin
BFA Burkina Faso
BGD Bangladesh
BGR Bulgarie
BHR Bahreïn
BHS Bahamas
BIH Bosnie-Herzégovine
BLR Biélorussie
BLZ Bélize
BMU Bermudes
BOL Bolivie
BRA Brésil
BRB Barbades
BRN Brunéi Darussalam
BTN Bhoutan
BVT île Bouvet
BWA Botswana
CAF République centrafricaine
CAN Canada
CCK îles Cocos
CHE Confédération helvétique (Suisse)
CHL Chili
CHN Chine
CIV Côte-d'Ivoire
CMR Cameroun
COD Congo, république démocratique du
COG Congo
COK îles Cook
COL Colombie
COM Comores
CPV Cap-Vert
CRI Costa Rica
CUB Cuba
CXR île Christmas
CYM îles Caïmans
CYP Chypre
CZE République tchèque
DEU Allemagne
DJI Djibouti
DMA Dominique
DNK Danemark
DOM république dominicaine
DZA Algérie
ECU Équateur
EGY Égypte
ERI Érytrée
ESH Sahara occidental
ESP Espagne
EST Estonie
ETH Éthiopie
FIN Finlande
FJI Fidji
FLK îles Falkland (Malouines
FRA France
FRG Allemagne de l'Ouest
FRO îles Féroé
FSM Micronésie, États fédérés
GAB Gabon
GBR Royaume-Uni
GDR Allemagne de l'Est et URSS
GEO Géorgie
GHA Ghana
GIB Gibraltar
GIN Guinée
GLP Guadeloupe
GMB Gambie
GNB Guinée-Bissau
GNQ Guinée équatoriale
GRC Grèce
GRD Grenade
GRL Groenland
GTM Guatemala
GUF Guyane
GUM Guam
GUY Guyana
HKG Hong Kong
HMD îles Heard-et-MacDonald
HND Honduras
HRV Croatie (Hrvatska)
HTI Haïti
HUN Hungrie
IDN Indonésie
IND Indie
IOT Territoire britannique de l'océan Indien
IRL Irlande
IRN Iran
IRQ Iraq
ISL Islande
ISR Israël
ITA Italie
JAM Jamaïque
JOR Jordanie
JPN Japon
KAZ Kazakhstan
KEN Kenya
KGZ Kirghizistan
KHM Cambodge
KIR Kiribati
KNA Saint-Christophe-et-Niévès
KOR Corée, république de
KWT Koweït
LAO Laos
LBN Liban
LBR Liberia
LBY Libye
LCA Sainte-Lucie
LIE Liechtenstein
LKA Sri Lanka
LSO Lesotho
LTU Lituanie
LUX Luxembourg
LVA Lettonie
MAC Macao
MAR Maroc
MCO Monaco
MDA Moldavie
MDG Madagascar
MDV Maldives
MEX Mexique
MHL îles Marshall
MKD république de Macédoine
MLI Mali
MLT Malte
MMR Myanmar (Birmanie)
MNE Monténégro
MNG Mongolie
MNP îles Marianne du Nord
MOZ Mozambique
MRT Mauritanie
MSR Montserrat
MTQ Martinique
MUS Maurice
MWI Malawi
MYS Malaisie
MYT Mayotte
NAM Namibie
NCL Nouvelle-Calédonie
NER Niger
NFK île Norfolk
NGA Nigeria
NIC Nicaragua
NIU Niue
NLD Pays-Bas
NOR Norvège
NPL Népal
NRU Nauru
NZ Nouvelle-Zélande
OMN Oman
PAK Pakistan
PAN Panama
PCN îles Pitcairn
PER Pérou
PHL Philippines
PLW Palaos
PNG Papouasie-Nouvelle-Guinée
POL Pologne
PRI Porto Rico
PRK Corée du Nord
PRT Portugal
PRY Paraguay
PYF Polynésie française
QAT Qatar
REU Réunion
ROM Roumanie
RUS Fédération de Russie
RWA Rwanda
SAU Arabie saoudite
SDN Soudan
SEN Sénégal
SGP Singapour
SGS Géorgie du Sud-et-les-îles Sandwich du Sud
SHN Sainte-Hélène
SJM Svalbard et îles Jan Mayen
SLB îles Salomon
SLE Sierra Leone
SLV El Salvador
SMR Saint-Marin
SOM Somalie
SPM Saint-Pierre-et-Miquelon
SRB Serbie
SSD Soudan du Sud
STP São-Tomé-et-Príncipe
SUR Suriname
SVK Slovaquie
SVN Slovénie
SWE Suède
SWZ Swaziland
SYC Seychelles
SYR Répblique arabe de Syrie
TCA îles Turques-et-Caïques
TCD Tchad
TGO Togo
THA Thaïlande
TJK Tadjikistan
TKL Tokelau
TKM Turkménistan
TMP Timor oriental
TON Tonga
TPE Taiwan
TTO Trinidad-et-Tobago
TUN Tunisie
TUR Turquie
TUV Tuvalu
TZA Tanzanie
UAE Émirats arabes unis
UGA Uganda
UKR Ukraine
UMI îles mineures éloignées des États-Unis
URY Uruguay
USA États-Unis d'Amérique
UZB Ouzbékistan
VAT Cité du Vatican
VCT Saint-Vincent-et-les-Grenadines
VEN Venezuela
VGB îles Vierges (britanniques)
VIR îles Vierges (États-Unis)
VNM Vietnam
VUT Vanuatu
WLF îles de Wallis-et-Futuna
WSM Samoa
YEM Yémen
ZAF Afrique du Sud
ZMB Zambie
ZWE Zimbabwe

Où est Wadlow ?

Cette année encore, la couverture vous invite à découvrir le monde. C'est la suite des aventures du Guinness World Records des deux dernières éditions. L'artiste maintes fois récompensé Rod Hunt a créé cette illustration fourmillant de détails rien que pour nous et, cette fois, c'est dans l'espace qu'elle nous projette… et il s'y en passe des choses !

Pour le *GWR 2023*, Rod a représenté une constellation de records des gens, des animaux et des choses. Presque chaque détail de cette couverture cosmique est associé à un record : il y en a près de 200 en tout. Bien sûr, on y retrouve **l'homme le plus grand de l'histoire**, du haut de ses 272 cm. C'est Robert Wadlow (USA) habillé en astronaute ! Ci-dessous, nous vous présentons 20 records figurant en 1re et en 4e de couverture du livre (voir en page de garde pour une version sans texte). Pour rire un peu, nous allons voir combien de temps vous mettez pour tous les identifier… Et pour un point en plus, est-ce que vous trouverez la Tesla Roadster qui est devenue, en 2018, **la 1re voiture commerciale dans l'espace** ?

La couverture de cette année peut être accolée à celles de 2021 et 2022 pour révéler toute l'œuvre de Rod Hunt.

La femme la plus grande
Rumeysa Gelgi (TUR) : 215,16 cm. *Voir p. 56*

La plus grande envergure de cornes pour une chèvre
Albino (CHE) : 1,44 m. *Voir p. 36*

Le plus de sauts consécutifs au-dessus de voitures avec un pogo stick
Tyler "TPhil" Phillips (USA) : 6 voitures. *Voir p. 12*

Le 1er clip musical filmé dans l'espace
Commandant Chris Hadfield (CAN) : 12 mai 2013. *Voir p. 21*

Le 100 m en chaise roulante le plus rapide (T34, femme)
Hannah Cockroft (GBR) : 16,39 s. *Voir p. 232*

L'homme le plus tatoué
Lucky Diamond Rich (NZ) : plus de 200 % de son corps. *Voir p. 112*

Le plus de tunnels sur le visage
James Goss (GBR) : 15 tunnels. *Voir p. 62*

Record de temps pour résoudre un cube magique 3x3x3 avec une main
Max Park (USA) : 6,82 s. *Voir p. 74*

Le plus grand groupe de statues à taille humaine
Terracotta Army (CHN) : environ 8 000. *Voir p. 144*

Le plus de chiens-guides dressés
The Guide Dogs for the Blind Association (GBR) : 36 670 chiens. *Voir p. 51*

La plus grande ouverture de bouche (femme)
Samantha Ramsdell (USA) : 6,52 cm. *Voir p. 58*

La citrouille-lanterne la plus lourde
Cultivée par Travis Gienger (USA) : 1 065,9 kg. *Voir p. 87*

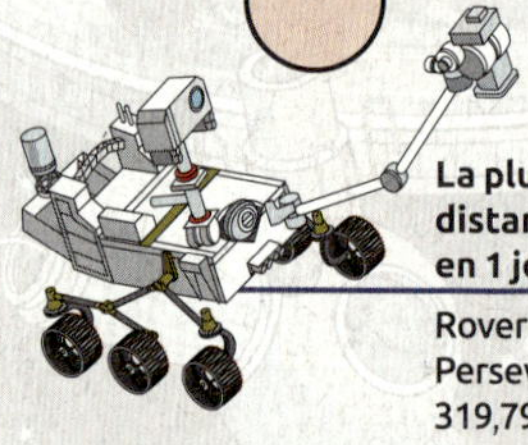

La plus grande distance parcourue en 1 jour martien
Rover Perseverance : 319,79 m. *Voir p. 25*

La 1re collision entre deux satellites
Iridium 33 frappé par Kosmos-2251 (tous 2 RUS) : 10 fév. 2009. *Voir p. 22*

Le plus grand ukulélé
Lawrence Stump (USA) : 3,99 m. *Voir p. 193*

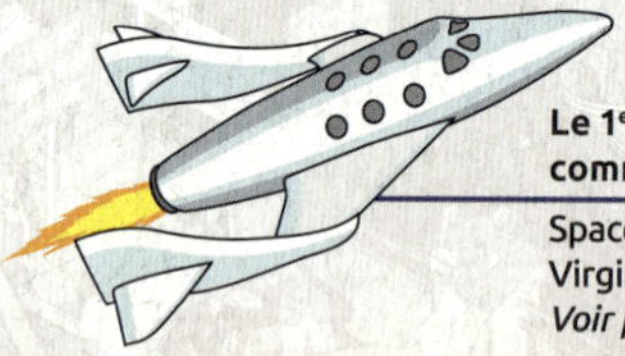

Le 1er avion-fusée commercial
SpaceShipTwo Unity de Virgin Galactic : 11 juill. 2021. *Voir p. 18*

La 1re prothèse de bras en LEGO fonctionnelle
David Aguilar (AND) : 2017. *Voir p. 148*

Le plus grand chat domestique
Fenrir Antares Powers (USA) : 47,83 cm *Voir p. 48*

Le plus long saut de canal
Jaco de Groot (NLD) : 22,21 m. *Voir p. 133*

Le plus grand télescope à miroir dans l'espace
Télescope spatial James Webb : 6,5 m. *Voir p. 30*

À PROPOS DE L'ILLUSTRATEUR
On s'en serait douté, Rod Hunt était passionné de BD quand il était jeune. C'est ce qui l'a amené à prendre le crayon et, à l'adolescence, à envisager une carrière d'illustrateur. Au fil des années, Rod a peaufiné sa technique artistique. D'abord, il conçoit son projet, fait des ébauches et des crayonnés, puis il crée un dessin plus complexe. Ensuite, il le scanne dans son ordinateur et le construit, calque après calque, avec un logiciel d'illustration.

Plus d'informations sur Rod et ses illustrations incroyables sur www.rodhunt.com

DISCOVER YOUR
WORLD
USAF